Einführung in die Arbeitspolitik

Arbeitsbeziehungen und Arbeitsmarkt in sozialwissenschaftlicher Perspektive

Von
Universitätsprofessor
Dr. Berndt Keller

3., völlig überarbeitete und stark erweiterte Auflage

R. Oldenbourg Verlag München Wien

Die Deutsche Bibliothek – CIP-Einheitsaufnahme

Keller, Berndt:
Einführung in die Arbeitspolitik : Arbeitsbeziehungen und
Arbeitsmarkt in sozialwissenschaftlicher Perspektive / von
Berndt Keller. – 3., völlig überarb. und stark erw. Aufl. –
München ; Wien : Oldenbourg, 1993
ISBN 3-486-22438-7

© 1993 R. Oldenbourg Verlag GmbH, München

Das Werk einschließlich aller Abbildungen ist urheberrechtlich geschützt. Jede Verwertung
außerhalb der Grenzen des Urheberrechtsgesetzes ist ohne Zustimmung des Verlages unzulässig und strafbar. Das gilt insbesondere für Vervielfältigungen, Übersetzungen, Mikroverfilmungen und die Einspeicherung und Bearbeitung in elektronischen Systemen.

Gesamtherstellung: R. Oldenbourg Graphische Betriebe GmbH, München

ISBN 3-486-22438-7

INHALTSVERZEICHNIS

1.	**Einleitung und Problemstellung**	**1**
1.1.	Einleitung	1
1.2.	Gliederung	6
2.	**Korporative Akteure I: Arbeitgeber-/Unternehmerverbände**	**9**
2.1.	Die Industrie- und Handelskammern	10
2.2.	Arbeitgeberverbände: Aufbau und Aufgaben	12
2.3.	Arbeitgeberverbände: Politikformulierung und Organe	18
3.	**Korporative Akteure II: Gewerkschaften**	**23**
3.1.	Organisationsprinzipien und bestehende Organisationen	23
3.2.	Der DGB und seine Mitgliedsgewerkschaften	26
3.3.	Organisationsgrade und Organisationsprobleme	29
3.4.	Interne Probleme der Interessenrepräsentation	32
3.5.	Außenbeziehungen und Effekte	36
4.	**Korporative Akteure III: Staat/Staatliche Agenturen**	**39**
4.1.	Einleitung	39
4.2.	Historische Rollen und allgemeine Funktionen des Staates	41
4.3.	Makro-Korporatismus als temporärer Regulierungsmodus	45
4.4.	Bedrohungen und Herausforderungen	51
4.5.	Mikrokorporatismus - Wird der Staat überflüssig?	58
5.	**Mitbestimmung I: Betriebsverfassung**	**61**
5.1.	Strukturprinzipien und Gremien	63
5.2.	Die Praxis der Betriebsverfassung	69
5.3.	Das duale System der Interessenvertretung	78
5.4.	Arbeitnehmervertretung und Strukturierung des Arbeitsmarktes	81
5.5.	Die Novellierung des BetrVG	84
6.	**Mitbestimmung II: Mitbestimmung auf Unternehmensebene**	**95**
6.1.	Die Sonderregelung für den Montanbereich	96
6.2.	Die Regelungen für die übrige Privatwirtschaft	100
6.3.	Mitbestimmung in vergleichender Perspektive	107
7.	**Tarifvertragswesen I: Rechtlich-institutionelle Probleme**	**111**
7.1.	Die gesetzliche Grundlage	111
7.2.	Schlichtung als autonomes Regelungsverfahren	118
8.	**Tarifvertragswesen II: Tarifvertragspolitik**	**129**
8.1.	Von der quantitativen zur qualitativen Lohnpolitik	129
8.2.	Arbeitszeitpolitik I: Wochenarbeitszeitverkürzung	135
8.3.	Exkurs: Wochenendarbeit	146
8.4.	Arbeitszeitpolitik II: Lebensarbeitszeitverkürzung	150
9.	**Arbeitskampfprobleme: Streik und Aussperrung**	**163**
9.1.	Juristische Aspekte	164
9.2.	Sozialwissenschaftliche Aspekte von Streiks	168
9.3.	Sozialwissenschaftliche Aspekte von Aussperrungen	172
9.4.	Die Änderung des Par.116 Arbeitsförderungsgesetz	177

10.	**Arbeitsbeziehungen im öffentlichen Dienst**	**187**
10.1.	Einleitung	187
10.2.	Das Tarifvertragssystem	189
10.3.	Das System der Besoldungsbeziehungen	195
10.4.	Arbeitskonflikte	200
11.	**Technologischer Wandel und soziale Folgen**	**205**
11.1.	Kern/Schumann: Das Ende der Arbeitsteilung?	206
11.2.	Baethge/Oberbeck: Die Zukunft der Angestellten	213
11.3.	Piore/Sabel: Das Ende der Massenproduktion	218
11.4.	MIT: Lean Production	221
12.	**Arbeitsmarktprobleme I: Theorien**	**227**
12.1.	Neoklassische Arbeitsmarkttheorien	228
12.2.	Keynesianische Beschäftigungstheorie	237
12.3.	Segmentationstheorien	240
12.4.	Arbeitslosigkeit (insbes. Strukturierung)	247
13.	**Arbeitsmarktprobleme II: Arbeitsmarktpolitik**	**263**
13.1	Vorbemerkungen	263
13.2.	Instrumente des AFG	266
13.3.	Kritik des AFG	282
13.4.	Politikwissenschaftliche Ansätze	302
13.5.	Das Beschäftigungsförderungsgesetz	309
14.	**Zukunft der Arbeitsbeziehungen**	**329**
14.1.	Vorbemerkung	329
14.2.	Die Ausgangssituation	330
14.3.	Institutionelle Sicherungen und Anpassung durch Flexibilität	334
14.4.	Folgen der Dezentralisierung der Regulierungsebene	342
14.5.	Zerfall makrokorporatistischer Arrangements vs. Mikrokorporatismus auf Betriebsebene	353
14.6.	Aufgaben zukünftiger Tarifpolitik und Probleme ihrer Träger	361
15.	**Regulierungspolitik als Arbeitspolitik**	**373**
15.1	Einleitung und definitorische Abgrenzung	373
15.2.	Deregulierung in der Bundesrepublik	376
15.3.	Zur Kritik der Deregulierungskonzepte	382
15.4.	Aufgaben und Bausteine einer Re-Regulierung	388
15.5.	Schluß	404
16.	**Nationale Arbeitspolitik und europäischer Binnenmarkt**	**407**
16.1.	Einleitung	407
16.2.	Akteure	413
16.3.	Politikfelder	418
16.4.	Europäisierung der Arbeitsmärkte?	427
16.5.	Ausblick	433
	Index	437
	Personenverzeichnis	441

Verzeichnis der Tabellen und Schaubilder

Mitglieder der Bundesvereinigung der Deutschen Arbeitgeberverbände 13

Deutscher Gewerkschaftsbund: Mitgliederstand 27

Korporatistisches und neokonservatives Regulierungsmodell 50

Gesamtergebnisse der Betriebsratswahlen 73

Tarifvertrag: schuldrechtlicher und normativer Teil 113

Schätzungen über Beschäftigungswirkungen von Arbeitszeitverkürzungen 138/139

Wochenarbeitszeitregelung in der Metallindustrie 142

Streiks und Aussperrungen 175

Bevölkerung und Erwerbstätigkeit 251

Einnahmen, Ausgaben und Ausgabenstruktur der Bundesanstalt für Arbeit 281

Beschäftigungs- und Entlastungswirkungen der aktiven Arbeitsmarktpolitik 284

1. EINLEITUNG UND PROBLEMSTELLUNG

1.1. Einleitung

Arbeitspolitik ist ein relativ junges (Lehr- und Forschungs-)Gebiet, das sich erst in den 80er Jahren rapide entwickelt hat. Seit einigen Jahren beobachten wir, wie sich Arbeitspolitik zunehmend aus der Sozialpolitik ausdifferenziert, in deren Rahmen ihre Fragestellungen bisher - wenn überhaupt - zumeist behandelt wurden, und immer deutlicher zu einem eigenständigen Fach wird. Die fortschreitende Etablierung im Kanon der sozialwissenschaftlichen Fächer zeigt sich u.a. daran, daß die Veröffentlichungen quantitativ und qualitativ schnell zunehmen. Als akademische Disziplin weist Arbeitspolitik allerdings (noch) keine deutlichen Konturen auf, was Vorteil und Nachteil zugleich ist. Nicht nur in der öffentlichen Diskussion werden mit dem Begriff recht unterschiedliche Inhalte verbunden. Wir gehen von folgender (Nominal-) Definition aus: "Unter Arbeitspolitik wird der Prozeß der Einflußnahme von betrieblichen, überbetrieblichen und staatlichen Handlungsträgern auf die Organisation des Arbeits- und Produktionsprozesses und seine sozialen Folgewirkungen - unter Berücksichtigung unterschiedlicher Interessenlagen - verstanden."[1]

Innerhalb der Arbeitspolitik gehen wir davon aus, daß nicht technologische Eigengesetzlichkeiten und/oder ökonomischer Determinismus herrschen, sondern daß die sozio-ökonomischen Verhältnisse grundsätzlich durch (tarif-)politische Prozesse gestaltet, gesteuert und kontrolliert werden können.[2] Es geht um die zunehmend wichtigeren <u>Handlungsspielräume und -alternativen</u> bei der Gestaltung dieser betrieblichen und überbetrieblichen Politikfelder, d.h. um verschiedene Formen der politischen Regulierung und damit um eine <u>Endogenisierung von Politik</u>. Lange Zeit

---

[1] Wissenschaftszentrum Berlin für Sozialforschung, Bericht 1986-1987, Berlin 1988, 82; ähnlich auch Naschold,Fr./Dörr,G., Arbeitspolitik - Thesen und Themen, WZB-Mitteilungen 50 (1990), 12-14. Eine allgemeinere Definition lautet: "Das Ensemble widerstreitender Interessen, Strategien und Strukturen, welches das Verhältnis zwischen Management und Arbeitskräften bestimmt, verstehen wir als Arbeitspolitik." Müller-Jentsch,W./Stahlmann,M., Management und Arbeitspolitik im Prozeß fortschreitender Rationalisierung, Österreichische Zeitschrift für Soziologie 13 (1988), 9.

[2] Lutz spricht in anderem Kontext von der "Lösung aus den Verkürzungen des technologischen Determinismus". Lutz,B., Das Ende des Technikdeterminismus und die Folgen - soziologische Technikforschung vor neuen Aufgaben und neuen Problemen, in: Lutz,B. (Hg.), Technik und sozialer Wandel. Verhandlungen des 23.Deutschen Soziologentages in Hamburg 1986, Frankfurt-New York 1987, 48; vgl. auch verschiedene Beiträge in: Hartwich,H.-H.(Hg.), Politik und die Macht der Technik. 16. Wissenschaftlicher Kongreß der DVPW - Tagungsbericht, Opladen 1986.

Kapitel 1: Einleitung und Problemstellung

ist diese Sichtweise innerhalb der (Industrie-)Soziologie, Rechtswissenschaft und Ökonomie nahezu vollständig ausgeklammert worden.[3]
Wir wollen im folgenden Arbeitspolitik begreifen als <u>interdisziplinäres</u> Forschungsgebiet, welches "Versatzstücke" aus den verschiedenen konventionellen Disziplinen umfaßt[4], so z.B.

- aus der Geschichte vor allem die Sozial- und Wirtschaftsgeschichte,
- aus der Rechtswissenschaft insbesonders das individuelle und vor allem das kollektive Arbeitsrecht (u.a. Tarifvertrags- und Arbeitskampfrecht)[5],
- aus der Soziologie besonders die Betriebs- und Industrie-[6], aber auch Teile der Arbeits-[7] und Wirtschaftssoziologie[8],
- aus der Politikwissenschaft[9] u.a. die Verbandsforschung,
- aus der Psychologie vor allem die Arbeitspsychologie[10],
- aus der Betriebswirtschaftslehre u.a. die Bereiche Personal und Organisation[11]

---

[3] Vgl. Naschold,Fr., Politik und politische Institutionen in neokorporatistischen und Public-Choice-Ansätzen - Anmerkungen zu einem Theorieprogramm, in: Hartwich,H.-H.(Hg.), Macht und Ohnmacht politischer Institutionen. 17.Wissenschaftlicher Kongreß der DVPW - Tagungsbericht, Opladen 1989, 210-221.

[4] Gleichwohl kann eine "Einführung in die Arbeitspolitik" natürlich nicht das Studium der entsprechenden Disziplinen ersetzen!

[5] Vgl. einführend u.a. Kreutz,P., Art. Arbeitsrecht, in: HDWW, 7. Bd., Stuttgart-New York 1977, 297-300; Rüthers,B., Art. Arbeitsrecht, in: Mickel,W.W.(Hg.), Handlexikon zur Politikwissenschaft, München 1984, 21-24.

[6] Vgl. u.a. Schmidt,G.et al.(Hg.), Materialien zur Industriesoziologie, Opladen 1982; Littek,W. et al.(Hg.), Einführung in die Arbeits- und Industriesoziologie, 2.erw.Aufl. Frankfurt-New York 1983.

[7] Vgl. u.a. Mikl-Horke,G., Organisierte Arbeit. Einführung in die Arbeitssoziologie, 3. durchges. Aufl. München-Wien 1989.

[8] Vgl. u.a. Buß,E., Lehrbuch der Wirtschaftssoziologie, Berlin-New York 1985; Kutsch,Th./Wiswede,G., Wirtschaftssoziologie. Grundlegung - Hauptgebiete - Zusammenschau, Stuttgart 1986; Türk,K. Einführung in die Soziologie der Wirtschaft, Stuttgart 1987; Reinhold,G. (Hg.), Wirtschaftssoziologie, München-Wien 1988.

[9] Abromeit,H./Blanke,B.(Hg.), Arbeitsmarkt, Arbeitsbeziehungen und Politik in den achtziger Jahren, Opladen 1987.

[10] Vgl. u.a. Hacker,W., Arbeitspsychologie. Psychische Regulation von Arbeitstätigkeiten, Bern-Stuttgart-Toronto 1986; Frieling,E./Sonntag,K., Lehrbuch der Arbeitspsychologie, Bern 1987; Graf,S./Holling,H./Nicholson,N. (Hg.), Arbeits- und Organisationspsychologie. Internationales Handbuch in Schlüsselbegriffen, München 1989; Frei,F./Udris,I.Hg.), Das Bild der Arbeit, Bern 1990, Ulich,E., Arbeitspsychologie, Stuttgart 1991.

[11] Staehle,W.H., Management. Eine verhaltenswissenschaftliche Perspektive, 6. überarb.Aufl. München 1991.

- aus der Volkswirtschaftslehre vor allem verschiedene Aspekte der Arbeitsökonomik[12] bzw. Arbeitsmarkttheorie und -politik.

Wir wollen durchgängig bei allen Themen nicht ihre historischen Dimensionen behandeln, die in der Regel anderswo vergleichsweise gut dokumentiert sind. Wir wollen uns vielmehr vorrangig mit den jeweiligen aktuellen Bezügen befassen in der Hoffnung, dadurch einen - vom Effekt her wahrscheinlich eher bescheidenen - Beitrag zum Verständnis und zur Analyse gegenwärtiger Probleme zu leisten. Darin besteht das eigentliche inhaltliche Ziel dieser einführenden, überblicksartigen Darstellung, zumal das Ende der "Arbeitsgesellschaft", das zu Beginn der 80er Jahre von verschiedenen vorschnellen Vordenkern propagiert wurde, noch lange nicht in Sicht ist.[13] Weiterhin wollen wir gelegentlich einen Blick über die Grenzen auf andere entwickelte westliche Industrienationen werfen, ohne jedoch systematisch einen internationalen Vergleich anzustreben; so können wir Besonderheiten der (west-)deutschen Entwicklung und Situation sowie Vor- und Nachteile verschiedener Problemlösungsstrategien im internationalen Kontrast deutlicher erkennen.

Außerdem wollen wir versuchen, keine rein disziplinäre Betrachtung zu liefern, sondern gemäß dem formulierten Anspruch interdisziplinär vorzugehen - oder doch zumindest verschiedene (Fach-)Perspektiven additiv zu berücksichtigen. Schließlich wollen wir jeweils nach der Behandlung der rechtlichen Situation, durch die die Rahmenbedingungen des Handelns (im Sinne von constraints und opportunities) festgelegt werden, vor allem das tatsächliche Verhalten der korporativen Akteure genauer analysieren, welches in arbeitspolitischer Perspektive von zentraler Bedeutung ist.[14]

Der Untertitel "Arbeitsbeziehungen und Arbeitsmarkt in sozialwissenschaftlicher Perspektive" signalisiert die beiden großen inhaltlichen Schwerpunkte dieser Einführung. Während die vorliegenden Darstellungen über das System der Arbeitsbeziehungen[15] ("industrial and labor relations")[16] häufig Arbeitsmarktprobleme (vor allem

---

[12] Franz,W., Arbeitsökonomik, Berlin-Heidelberg 1991.

[13] Vgl. für andere Dahrendorf,R., Wenn der Arbeitsgesellschaft die Arbeit ausgeht, in: Matthes,J.(Hg.), Krise der Arbeitsgesellschaft? Verhandlungen des 21. Deutschen Soziologentages in Bamberg 1982, Frankfurt-New York 1983, 25-37.

[14] Arbeitsrecht und Arbeitspolitik unterscheiden sich durch diese unterschiedliche Schwerpunktsetzung.

[15] Ich teile folgende Einschätzung des aktuellen Forschungsstandes: "Ungeachtet aller Verdienste, die sich die Arbeitsrechtswissenschaft, die Industrie- und Betriebssoziologie oder die ökonomische Theorie der Lohnbildung ... erworben haben, hat jedoch die wissenschaftliche Analyse der Arbeitsbeziehungen in der Bundesrepublik bislang weder Kontinuität gewonnen noch einen eigenständigen

Kapitel 1: Einleitung und Problemstellung

verschiedene Arbeitsmarktpolitiken) weitgehend ausblenden[17], berücksichtigen Studien über Arbeits<u>markt</u>probleme oft die korporativen Akteure bzw. Institutionen des Systems der Arbeitsbeziehungen nicht hinreichend; im folgenden wollen wir beide Perspektiven einbeziehen, um durch ihre Integration eine realistischere Analyse zu ermöglichen. Insofern besteht ein gewisser innovativer Anspruch der vorliegenden Einführung.[18] Die verschiedenen Systeme sozialer Sicherung, die klassischerweise den Gegenstandsbereich der Sozialpolitik(-lehre) ausmachen, wollen wir im folgenden nur insofern berücksichtigen, als sie arbeitspolitische Strategien aktuell beeinflussen (vor allem Arbeitslosenversicherung); ansonsten sei auf die vergleichsweise breite, qualitativ gute, aktuelle (Lehrbuch-)Literatur zur Sozialpolitik verwiesen.[19]

Grundsätzlich haben wir zwei Möglichkeiten beim Aufbau bzw. bei der Gliederung einer Einführung: Wir können entweder von verschiedenen <u>Politikfeldern</u> ausgehen, oder wir können mit den korporativen Akteuren beginnen. Im folgenden wollen wir sowohl auf der Basis längerer didaktischer Erfahrung als auch vor allem aus methodologischen Gründen das <u>Akteurskonzept</u> wählen. Arbeitspolitische Probleme sind bisher nur selten mit den Mitteln des methodologischen Individualismus analysiert worden; im folgenden wollen wir der neueren Theorieentwicklung Rechnung tragen,

---

Forschungszweig etablieren können. Im internationalen Vergleich - man denke nur an den angelsächsischen Sprachraum, wo die industrial relations einen festen Platz im Konzert der etablierten und "verberuflichten" Disziplinen einnehmen, liegt die interdisziplinäre Forschung hierzulande weit zurück." Cordes,H., Arbeit und Politik. Ausgewählte Neuerscheinungen zur gesellschaftlichen Regulierung der Arbeit, Neue Politische Literatur 34 (1989), 97.

[16] Als Synonyme tauchen in der Literatur u.a. häufig auf: "Industrielle Beziehungen", "Austauschbeziehungen zwischen Kapital und Arbeit" oder "Arbeitnehmer-Arbeitgeber-Beziehungen".

[17] Vgl. u.a. von Beyme,K., Gewerkschaften und Arbeitsbeziehungen in kapitalistischen Ländern, München 1977; Müller-Jentsch,W., Soziologie der industriellen Beziehungen. Eine Einführung, Frankfurt-New York 1986; Weiss,M., Labour law and industrial relations in the Federal Republic of Germany, Brussels 1987.

[18] Die in den vergangenen Jahren - vor allem aus politikwissenschaftlicher Perspektive - vorgelegten Sammelbände haben den wesentlichen Vorteil, dieses Forschungsfeld überhaupt anzugeben. Vgl. Jürgens,U./ Naschold, Fr.(Hg.), Arbeitspolitik, Opladen 1984; Naschold,Fr.(Hg.), Arbeit und Politik, Frankfurt-New York 1985; Abromeit,H./Blanke,B.(Hg.), Arbeitsmarkt, Arbeitsbeziehungen und Politik in den achtziger Jahren, Opladen 1987.

[19] Vgl. für andere: Lampert,H./Kühlewind,G.(Hg.), Das Sozialsystem der Bundesrepublik Deutschland. Bilanz und Perspektiven, Nürnberg 1984; Bieback,K.-J.(Hg.), Die Sozialversicherung und ihre Finanzierung. Bestandsaufnahme und Perspektiven, Frankfurt 1986; Frerich,J., Sozialpolitik. Das Sozialleistungssystem der Bundesrepublik Deutschland. Darstellung, Probleme und Perspektiven der Sozialen Sicherung, München-Wien 1987; Schmidt,M.G., Sozialpolitik. Historische Entwicklung und internationaler Vergleich, Opladen 1988; Alber,J., Der Sozialstaat in der Bundesrepublik 1950-1983, Frankfurt-New York 1989; Bäcker,G./Bispinck,R./Hofemann,K./Naegele,G. Sozialpolitik und soziale Lage in der Bundesrepublik Deutschland, 2 Bde, Köln 1989; Petersen,H.-G., Sozialökonomik, Stuttgart-Berlin 1989; Lampert,H., Lehrbuch der Sozialpolitik, 2.überarb. Aufl. Berlin-Heidelberg 1991.

die durch eine Erschütterung des lange Zeit dominierenden Systemansatzes gekennzeichnet ist.[20] Die Strategie, dem struktur-individualistischen Paradigma zu folgen, d.h. von den Interessen und der (Handlungs-)Logik der beteiligten Akteure her zu argumentieren, soll der Analyse innovative Züge verleihen.[21] Das Ziel des individualistischen Programms besteht nicht nur in der Analyse von individuellem Handeln und individuellen Effekten, sondern gerade auch in der Erklärung sozialer Strukturen und Prozesse sowie kollektiver Phänomene.[22]

Mit Coleman[23] wollen wir im folgenden individuelle und korporative Akteure unterscheiden. Individuen schließen sich zu Korporationen (z.B. Vereinen, Parteien, Staaten, aber auch Verbänden) zusammen, wenn sie meinen, durch Zusammenlegung ihrer individuellen Ressourcen (vor allem Zeit und Geld) ihre Ziele eher und besser erreichen zu können als bei rein individuellem Einsatz ihrer Mittel.[24] Aus der Ressourcenzusammenlegung resultieren zwei Probleme:
- Wie wird über den Einsatz der zusammengelegten Ressourcen entschieden (Frage der Organisation korporativer Entscheidungen)?
- Wie wird das Gesamtergebnis des Einsatzes der gepoolten Ressourcen in individuelle Erträge aufgeteilt (Frage der Verteilung des Korporationsertrages)?

---

[20] Vgl. zusammenfassend Keller,B./Groser,M. "Industrial and Labor Relations" als interdisziplinärer Ansatz. Zum gegenwärtigen Stand von Theorie und Methode, Zeitschrift für Soziologie 9 (1980), 396-415; Schienstock,G., Towards a theory of industrial relations, British Journal of Industrial Relations 19 (1981), 170-189; Schienstock,G., Industrielle Arbeitsbeziehungen - Ein Vergleich verschiedener Theorieansätze, Institut für Höhere Studien, Institutsarbeit Nr.142, Jänner 1981; Schienstock, Industrielle Arbeitsbeziehungen. Eine vergleichende Analyse theoretischer Konzepte in der "industrial relations"-Forschung, Opladen 1982; Schienstock, G., Sozialwissenschaftliche Theoriebildung im Bereich der Arbeitsbeziehungen, in: Endruweit,G. et al.(Hg.), Handbuch der Arbeitsbeziehungen, Berlin 1985, 305-325; Streeck,W., Status und Kontrakt als Grundkategorien einer soziologischen Theorie der industriellen Beziehungen. Discussion Paper FS I 88-3, Wissenschaftszentrum Berlin für Sozialforschung 1988; Dabschek,B., A survey of theories of industrial relations, in: Barbash,J./Barbash,K.(eds.), Theories and concepts in comparative industrial relations, Columbus 1989, 155-183.

[21] Vgl. demgegenüber zur Anwendung des systemtheoretischen Paradigmas auf unsere Fragestellung Weber,H., Selbststeuerung der Verbände, in: Hartwich,H.-H./Wewer,G.(Hg.), Regieren in der Bundesrepublik III. Systemsteuerung und "Staatskunst", Opladen 1991, 175-189.

[22] Vgl. u.a. Raub,W./Voss,Th., Individuelles Handeln und gesellschaftliche Folgen. Das individualistische Programm in den Sozialwissenschaften, Darmstadt-Neuwied 1981; Wiesenthal,H., Rational choice. Ein Überblick über Grundlinien, Theoriefelder und neuere Themenakquisition eines sozialwissenschaftlichen Paradigmas, ZfS 16 (1987), 434-449; Elster,J., Subversion der Rationalität, Frankfurt-New York 1989; Coleman,J. Foundations of Social Theory, Cambridge-London 1990.

[23] Coleman,J., Macht und Gesellschaftsstruktur, Tübingen 1979.

[24] Die Bildung von Gewerkschaften bezweckt also z.B. eine Milderung individueller Nachteile auf dem Arbeitsmarkt durch Übertragung von Individualrechten auf einen korporativen Akteur.

Dieses Modell der Ressourcenzusammenlegung, innerhalb dessen korporative Akteure als Netzwerke korporativer Mitgliedschaftsbeziehungen mit zentralen Koordinationsmechanismen verstanden werden können, müssen wir unterscheiden vom Marktmodell, das als dezentrales Netzwerk bilateraler Austauschbeziehungen charakterisiert werden kann. Beide Modelle sind als einander ergänzende Varianten individualistisch orientierter Sozialtheorie anzusehen.[25]

1.2. Gliederung

Ausgangspunkt der Analyse sollen die verschiedenen, vor allem korporativen Akteure des Systems der Arbeitsbeziehungen bzw. des Arbeitsmarktes sein, wobei wir gemäß der gängigen "industrial and labor relations"-Forschung drei Gruppen unterscheiden:
- Arbeitgeber und ihre Verbände, d.h. Unternehmens- und Arbeitgeberverbände,
- Arbeitnehmer und ihre kollektiven Interessenvertretungen, d.h. Betriebsräte (auf betrieblicher) und Gewerkschaften (auf sektoraler Ebene),
- Staat bzw. staatliche Agenturen.

Zunächst werden wir diese korporativen Akteure in den Kapiteln 2 bis 4 kurz vorstellen. Danach wollen wir in den Kapiteln 5ff. die verschiedenen Politikfelder im einzelnen behandeln; hierbei werden wir - wiederum aus didaktischen Gründen - mit der niedrigsten Ebene beginnen und Schritt für Schritt bis zur höchsten fortschreiten:
- betriebliche Ebene (Betriebsverfassung),
- überbetriebliche Ebene (Unternehmensmitbestimmung),
- sektorale bzw.Branchenebene (Tarifvertragsprobleme),
- gesamtwirtschaftliche Ebene (technischer Wandel).

Anschließend werden wir Arbeitsmarktprobleme in verschiedenen Perspektiven angehen. Gegen Ende des Buches gehen wir auf ausgewählte aktuelle Probleme ein.

Wir wollen in den jeweiligen Kapiteln zunächst allgemeine Grundlagen vermitteln. Anstelle eines umfangreichen und unübersichtlichen, die echten und/oder vermeintlichen Lesefrüchte des Autors dokumentierenden Literaturverzeichnisses am Ende des Buches finden sich am Ende eines jeden Kapitels Hinweise auf vor allem aktuelle und überblicksartige Literaturtitel, die aufgrund von Erfahrungen in einer ganzen Reihe von ein- und weiterführenden Lehrveranstaltungen geeignet scheinen, die jeweils behandelten Inhalte zu vertiefen und zu ergänzen.

---

[25] Vgl. Vanberg,V., Markt und Organisation. Individualistische Sozialtheorie und das Problem korporativen Handelns, Tübingen 1982.

Einführende Literatur:

Abromeit,H./Blanke,B.(Hg.), Arbeitsmarkt, Arbeitsbeziehungen und Politik in den achtziger Jahren, Opladen 1987

Adamy,W./Steffen,J., Handbuch der Arbeitsbeziehungen, Bonn 1985 und Opladen 1985

Berghahn,V.R./Karsten,D., Industrial relations in West Germany, Oxford-New York-Hamburg 1987

Endruweit,G./Gaugler,E./Staehle,W.H./Wilpert,B.(Hg.), Handbuch der Arbeitsbeziehungen. Deutschland - Österreich - Schweiz, Berlin-New York 1985

Fürstenberg,Fr., Structure and strategy in industrial relations, Deventer-Boston 1991

Gladstone,A. et al.(eds.), Current issues in labour relations: An international perspective, Berlin-New York 1989

Gladstone,A. et al.(eds.), Labour relations in a changing environment, Berlin-New York 1992

Jürgens,U./Naschold,Fr.(Hg), Arbeitspolitik, Opladen 1984

Müller-Jentsch,W.(Hg.), Basisdaten der industriellen Beziehungen, Frankfurt-New York 1989

Müller-Jentsch,W.(Hg.), Konfliktpartnerschaft. Akteure und Institutionen der industriellen Beziehungen, München-Mering 1991

Müller-Jentsch,W., Soziologie der industriellen Beziehungen. Eine Einführung, Frankfurt-New York 1986

Naschold,Fr.(Hg.), Arbeit und Politik, Frankfurt-New York 1985

Weiss,M., Labour law and industrial relations in the Federal Republic of Germany, Brussels 1987

Weiss,M./Krieger,H.(Hg.), Die Arbeitsbeziehungen in der Bundesrepublik Deutschland. Ein Glossar, Luxemburg 1991.

2. KORPORATIVE AKTEURE I:
ARBEITGEBER-/UNTERNEHMERVERBÄNDE

Unser theoretisches und empirisches Wissen über die verschiedenen korporativen Akteure ist recht unterschiedlich: Während wir über Gewerkschaften vergleichsweise gut und umfassend informiert sind, sind unsere Kenntnisse über Arbeitgeber bzw. Unternehmer und deren Verbände recht rudimentär.[1] "The general lack of systematic study of employer associations has meant that there are few established frameworks for analysing these institutions."[2]
Dies gilt besonders für die Ebene der einzelnen (Mitglieds-)Verbände, weniger für die Dachorganisationen. Diesem eigentlich erstaunlichen Wissensdefizit, über dessen Ursachen (u.a. defensive Informationspolitik, mangelnde Öffentlichkeitsarbeit, Zugangsprobleme) hier nicht weiter spekuliert werden soll, wollen wir im folgenden ein Stück weit abhelfen; dabei kommt uns die Tatsache zugute, daß in den 80er Jahren eine Reihe von nationalen sowie international vergleichenden Forschungsprojekten über diese Verbände durchgeführt worden sind[3], während in den späten 60er und 70er Jahren fast ausschließlich die Gewerkschaften im Mittelpunkt des wissenschaftlichen Interesses gestanden hatten. Wir wollen uns im folgenden zunächst mit dem formalen Aufbau (u.a. Organe, Organisation der Willensbildungsprozesse), sodann mit der Beschreibung der realen Verhältnisse befassen.
Wir haben zu unterscheiden zwischen den drei charakteristischen Säulen unternehmerischer Interessenorganisation, d.h. zwischen

---

[1] Vgl. als umfangreiche Zusammenfassung älterer Arbeiten bis Ende der 70er Jahre Rampelt,J., Zur Organisations- und Entscheidungsstruktur in westdeutschen Unternehmerverbänden - Ein Literaturbericht, IIM/dp 79-111, Wissenschaftszentrum Berlin 1979; vgl. als Übersicht über neuere Arbeiten Czada,R., Unternehmerverbände zwischen Staat und Markt. Neue Beiträge zur politischen Ökonomie sektoraler Interessenvermittlung, Journal für Sozialforschung 27 (1987), 407-415; Abromeit,H., Interessenverbände der Unternehmer, Journal für Sozialforschung 27 (1987), 417-423; Müller-Jentsch,W., Die theoretische Unwahrscheinlichkeit und empirische Vielfältigkeit der Verbandsbildung, Soziologische Revue 11 (1988), 159-168.

[2] Plowman,D.H., Management and industrial relations, in: Adams,R.J.(ed.), Comparative industrial relations. Contemporary research and theory, London 1991, 59. Auf die Bedeutung der Erforschung von Arbeitgeberverbänden bzw. -interessen ist in der IR-Literatur gelegentlich hingewiesen worden. Vgl. für andere Flanders,A., Management and unions, London 1970, 215.

[3] Vgl. Schmitter,Ph.C./Streeck,W., The organization of business interests. A research design to study the associative action of business in the advanced industrial societies of Western Europe. Revised and extended version, Discussion paper IIM/LMP 81-13, Wissenschaftszentrum Berlin 1981.

Kapitel 2: Arbeitgeber-/Unternehmerverbände

- Arbeitgeberverbänden, die vor allem für die Sozialpolitik zuständig sind und der tarifpolitischen Interessenvertretung gegenüber den Gewerkschaften dienen (Dach- bzw. Spitzenverband: Bundesvereinigung der Deutschen Arbeitgeberverbände - BDA),
- Unternehmerverbänden bzw. Wirtschaftsverbänden, die vor allem die breit gefächerten gemeinsamen wirtschaftspolitischen Belange der gesamten Industrie (u.a. Steuerwesen, Wirtschaftsrecht) durch lobbying gegenüber Parlament, Parteien und Öffentlichkeit verfolgen (Spitzenverband: Bundesverband der Deutschen Industrie - BDI),
- sowie den Kammern (Industrie- und Handelskammern bzw. Handwerkskammern) als Vertretern der Interessen der gewerblichen Wirtschaft (Dachverband: Deutscher Industrie- und Handelstag - DIHT bzw. Zentralverband des Deutschen Handwerks).

Insgesamt besteht ein dichtes Netz von Verbänden industrieller Produzenteninteressen, in denen nahezu alle Einzelinteressen organisiert sind und arbeitsteilig-kooperativ vertreten werden. Wichtige Koordinationsaufgaben übernimmt der Gemeinschaftsausschuß der Deutschen Gewerblichen Wirtschaft.[4] In unserem Kontext von "Arbeitspolitik" sind vor allem die Arbeitgeberverbände wichtig, die in historischer Perspektive die Antwort der Unternehmer auf die Bildung von Koalitionen seitens der Arbeitnehmer waren (sog. Antistreikvereine).[5] Wir wollen die Beziehungen zwischen Verbänden und Staat (Verbände als Träger öffentlicher Funktionen) zunächst ausklammern; hierauf kommen wir in Kap.4. zurück.

2.1. Die Industrie- und Handelskammern

Ein in der bisherigen Forschung wenig beachteter Fall[6] aus dem intermediären Verbändebereich sind die Industrie- und Handelskammern, die als Vertretung der allgemeinen Wirtschaftsinteressen aller Betriebe und Branchen auf regionaler Ebene

---

[4] "The BDI and BDA and other social and economic policy organisations have also set up the Institut der Deutschen Wirtschaft - IDW, an economic research institute, which conducts studies on economic and social policy and eludicates the mutual objectives of private enterprise, particularly vis-a-vis the general public." N.N. West Germany Employers' organisations, European Industrial Relations Review 188 (1989), 25.

[5] Vgl. Müller-Jentsch,W., Soziologie der industriellen Beziehungen. Eine Einführung, Frankfurt-New York 1986, 128-140.

[6] Zu den Ausnahmen gehören Frentzel,G., Die Industrie- und Handelskammern und der Deutsche Industrie- und Handelstag, Frankfurt 1967; Adam,H., Der Einfluß der Industrie- und Handelskammern auf politische Entscheidungsprozesse, Frankfurt-New York 1979.

anzusehen sind. Im Gegensatz zu Unternehmer- und Arbeitgeberverbänden, die die Rechtsform von Vereinen des bürgerlichen Rechts haben, sind die Kammern - nicht dagegen ihr Dachverband, der DIHT - öffentlich-rechtliche Körperschaften, denen staatliche und halbstaatliche Aufgaben zugeteilt wurden. Das "Gesetz zur vorläufigen Regelung des Rechts der IHKn" vom 18.12.1956 nennt in Par.1 folgende Aufgaben der Kammern: Wahrung des Gesamtinteresses, Förderung der gewerblichen Wirtschaft und Interessenausgleich, Kammergutachten, Sorge für Wahrung von Anstand und Sitte, Anlagen und Einrichtungen, Ursprungszeugnisse, Handelsbescheinigungen, übertragene Aufgaben. Diese Aufgaben lassen sich zu drei Blöcken zusammenfassen:
- Wahrung des Gesamtinteresses der angeschlossenen Betriebe,
- Durchführung hoheitlicher Aufgaben,
- freiwilliges Dienstleistungsangebot.

Die Kammern erfüllen ihre Aufgaben in Auftrags- und Selbstverwaltung.

Die massiven staatlichen Organisationshilfen erfolgen quasi im Austausch gegen sachverständige Entscheidungshilfen seitens der Kammern und einen Konflikt- und Interessenausgleich durch Interessenaggregation. Allerdings verursachen die Organisationshilfen auch eine Reihe von wesentlichen Folgeproblemen (u.a. Behördenimage der Kammern, Nicht-Wahrnehmung der Aktivitäten durch die Mitglieder). Die Kammern sind trotz einer staatlichen Bestandsgarantie mitgliederabhängige Organisationen, deren Stabilität und Funktionsfähigkeit - jenseits rechtlicher Normierung - wesentlich von Ressourcen abhängen, welche die Mitglieder freiwillig einbringen (Zeit für ehrenamtliche Tätigkeiten, Wissen, zusätzliche finanzielle Mittel, Folgebereitschaft)[7]: Unter der Rubrik "geschickter" Umgang mit dem Staat lassen sich folgende Strategien als Reaktion auf diese Folgeprobleme nachweisen: Kombination von (staatlich zugewiesenen) Kontrollfunktionen als Beratungsdienstleistungen bzw. Service, Sicherung und Ausbau von Einflußsphären durch Mitwirkungs- und Anhörungsrechte, Sicherung der organisatorischen Autonomie.

Das zentrale Bündel von Strategien zur Mitgliedermobilisierung läßt sich als "Ausbau von Serviceleistungen" zusammenfassen. Hierbei lassen sich zunächst unterscheiden Dienstleistungsangebote, die durch Gutachtertätigkeit in verschiedene staatliche Programme eingebunden sind und eine Vielzahl freiwilliger Angebote an die Mitglieder, wobei bei letzteren die Finanzierung nicht aus dem Kammeretat, sondern über Teilnehmergebühren erfolgt. Innerhalb des zuerst genannten Bereichs lassen

---

[7] Groser,M./Hilbert,J./Voelzkow,H., Die Organisation von Wirtschaftsinteressen im Kammersystem der Bundesrepublik Deutschland. Materialien zur sozialwissenschaftlichen Planungs- und Entscheidungstheorie Nr.9, Universität Bielefeld, Fakultät für Soziologie 1986.

sich unterscheiden Innovations- und Technologieberatung, verschiedene Bemühungen im Existenzgründungsbereich sowie Flächennutzungs- und Bauleitplanung. Innerhalb des Angebots ohne staatliche Unterstützung können unterschieden werden Börsen, praxisbezogene Fort- und Weiterbildungsseminare und Anschluß an EDV-Systeme. Aufgrund der technologischen Entwicklung haben die Kammern in den vergangenen Jahren oft eine Vielzahl neuer Tätigkeiten übernommen bzw. freiwillige zusätzliche Aktivitäten entfaltet und so innerhalb kurzer Zeit neue Schwerpunkte innerhalb der Kammerarbeit entwickelt (u.a. Innovations- und Existenzgründungsberatung sowie berufliche Anpassungsfortbildung).

Aufgrund dieser Übernahme staatlicher Aufgaben bzw. der Ausstattung mit staatlichen Vollmachten besteht für alle zur Gewerbesteuer veranlagten Betriebe Zwangsmitgliedschaft mit Beitragspflicht, während die übrigen Verbände aufgrund freiwilliger Mitgliedschaft auf vertraglicher Basis bestehen. Daraus resultieren staatliche Organisationshilfen (Rechtsstatus als Körperschaft des öffentlichen Rechts, Kammerzugehörigkeit kraft Gesetz, Selbstverwaltung) und eine überfachliche regionale Begrenztheit.

2.2. Arbeitgeberverbände: Aufbau und Aufgaben

Die grundsätzlich bestehende Alternative "einheitlicher Unternehmensverband vs. besonderer Arbeitgeberverband" durch funktionale Differenzierung ist in der Bundesrepublik - im Gegensatz etwa zu England - zugunsten der zuletzt genannten Strategie entschieden worden. Da die (Sonder-)Interessen der Einzelmitglieder arbeitsteilig-kooperativ durch verschiedene spezialisierte Verbände vertreten werden, besteht aus der Mikroperspektive Grund zu Doppel- und Mehrfachmitgliedschaften; diese sind wegen der Differenzierung der Interessenvertretung durch die verschiedenen Verbände unproblematisch und sinnvoll.

Die Organisation der unternehmerischen Interessen erfolgt zum einen nach dem Fachprinzip (der vertikalen Integration, d.h. nach Wirtschaftszweigen bzw. Branchen), zum andern nach dem Regional- bzw. Territorialprinzip (der horizontalen Integration, d.h. nach Gebieten); hieraus resultiert die typische Doppelorganisation in fachliche und überfachliche Arbeitgeberverbände (46 Fachspitzenverbände bzw. 12 Landesverbände). Ihr Zweck ist die Wahrung der gemeinsamen Interessen ihrer Mitglieder als Arbeitgeber sowie der Interessenausgleich zwischen ihnen. Diese Aufgaben erfüllen sie insbesondere durch den Abschluß von Tarifverträgen sowie durch Hilfe und Beratung ihrer Mitglieder in allen Fragen des Arbeits- und Tarifrechts sowie bei Rechtsstreitigkeiten vor den Arbeits- und Sozialgerichten. Damit können wir grob

Mitglieder der Bundesvereinigung der Deutschen Arbeitgeberverbände

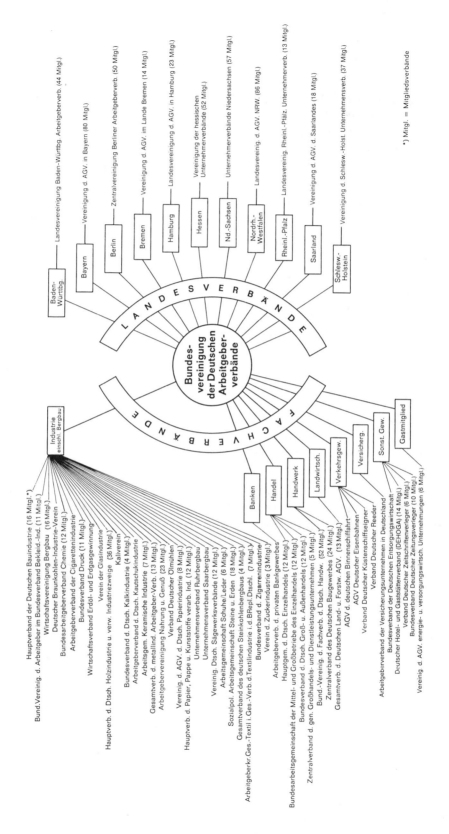

*) Mtgl. = Mitgliedsverbände

zwischen externen (Interessendurchsetzung)[8] und internen (Selbsthilfe-)Funktionen unterscheiden (sog. innerer und äußerer Zweckkreis).

Die Verbände der Industrie verfügen über ein gewisses Übergewicht innerhalb der BDA, die als Dachorganisation einen komplexen "Verband der Verbände" und keinen Zusammenschluß einzelner Unternehmen darstellt; die BDA ist ein "Verband dritten Grades", dessen Mitglieder selbst Spitzenverbände auf fachlicher bzw. regionaler Ebene sind. Die BDA erfüllt u.a. wesentliche Koordinationsaufgaben in allen Fragen von allgemein-überregionalem Interesse; sie wahrt die "gemeinschaft-lichen sozialpolitischen Belange .., die über den Bereich eines Landes oder den Bereich eines Wirtschaftszweiges (und damit der Fachspitzen- bzw. Landesverbände, B.K.) hinausgehen und die von grundsätzlicher Bedeutung sind" (BDA -Satzung, Par.2). Adressaten der Verbandspolitik sind vor allem staatliche Entscheidungsträger (besonders Regierung und Ministerialbürokratie, weniger das Parlament) sowie die Öffentlichkeit.

Die BDA schließt ebenso wie der DGB selbst keine Tarifverträge, koordiniert aber die verschiedenen Tarifpolitiken ihrer Mitgliedsverbände, u.a. indem sie für bestimmte Kernfragen einheitliche Richtlinien formuliert ("Katalog der zu koordinierenden lohn- und tarifpolitischen Fragen").[9] Das Ausmaß der Koordination dieser Rahmenbedingungen hat seit den 50er Jahren erheblich zugenommen und geht inzwischen faktisch über Empfehlungen an die formal unabhängigen und nicht an Weisungen gebundenen Mitglieder weit hinaus.[10]

Im Binnenverhältnis zwischen Mitgliedsverbänden und Spitzenorganisation hat in langfristiger Perspektive eine innerorganisatorische <u>Zentralisierung der Entscheidungskompetenzen</u> stattgefunden: Der Dachverband wahrt und sichert faktisch die Einheitlichkeit der Tarifpolitik durch Kontrolle der tarifpolitischen Willensbildung, obwohl er formal über keinerlei Weisungsbefugnis gegenüber den Mitgliedverbänden verfügt (Erhöhung der Effektivität der Verhandlungen).

---

[8] Vgl. hierzu Sisson,K., The management of collective bargaining. An international comparison, Oxford 1987.

[9] Dieser sog. Tabu-Katalog wurde zuletzt 1988 modifiziert. "Die wesentlichen Änderungen des Kataloges enthalten aktualisierte Aussagen zu einigen schwergewichtigen Themenkreisen der Tarifpolitik, die aufgrund der aktuellen Tarifentwicklung in den einzelnen Wirtschaftsbereichen einen erhöhten Koordinierungsbedarf ausgelöst haben. Dabei handelt es sich im wesentlichen
- um die tarifvertragliche Festlegung der Arbeitstage, um die flexible Arbeitszeitverteilung ...
- um gewerkschaftliche Forderungen auf betriebsnahe bzw. differenzierte Tarifpolitik ...
- um die Grenzen der Arbeitszeitverkürzung."
BDA, Jahresbericht 1988, Bergisch-Gladbach 1988, 35.

[10] Eine ähnliche Aufgabe übernehmen auf anderer Ebene die Fachspitzenverbände.

Der Organisationsgrad läßt sich bei Arbeitgeberverbänden kaum sinnvoll als Quotient aus Anzahl der Mitgliedunternehmen und Gesamtzahl der Unternehmen (z.b. der Branche) definieren, da Klein- und Großbetriebe in diesem Fall gleich behandelt würden. Daher wird häufig der Quotient aus der Zahl der beschäftigten Arbeitnehmer der Mitgliedsfirmen und der Gesamtzahl der Beschäftigten im Organisationsbereich als Indikator genommen. Eine gelegentlich gewählte Alternative besteht im Quotienten aus Bilanz- oder Umsatzsumme der Mitgliedsfirmen zu der aller Firmen im Organisationsbereich. Bei prinzipiell freiwilliger Mitgliedschaft beträgt der Organisationsgrad relativ unabhängig von der Art der Operationalisierung über 80%, wobei Großunternehmen eine höhere Organisationsbereitschaft und -dichte aufweisen als kleine. Auch in anderen vergleichbaren westlichen Industrieländern liegt der Organisationsgrad traditionell ähnlich hoch und damit erheblich über dem der Arbeitnehmer.[11]

Bei den Unternehmern können wir davon ausgehen, daß für sie - im Gegensatz zu den Arbeitnehmern - der enge Zusammenschluß in Interessenverbänden in Anbetracht der Konkurrenzsituation auf den Arbeits- und Produktmärkten zunächst nur von nachrangiger Bedeutung ist; (Einzel-)Interessen werden primär über den Markt bzw. durch betriebliche Aktionsparameter, also individuell und nicht kollektiv realisiert. Die Frage, weshalb Unternehmen unter diesen Bedingungen (Konkurrenzverhalten auf den Märkten vs. Solidarverhalten in der Organisation) überhaupt einem Verband beitreten und sich damit kollektiv gefaßten Entscheidungen unterwerfen, können wir beantworten, wenn wir auf einen allgemeinen Ansatz zurückgreifen, den vor allem Olson[12] entwickelt hat und der die neuere Verbandsforschung entscheidend befruchtet und verändert hat.[13]

---

[11] Nicht Mitglieder der BDA sind der Arbeitgeberverband Eisen- und Stahlindustrie (wegen der Konstruktion des Arbeitsdirektors in der Montanmitbestimmung bzw. der dadurch beeinträchtigten Gegnerfreiheit des Verbandes) sowie die eigenständigen Arbeitgeberverände des öffentlichen Dienstes, zu denen jedoch rege informelle Kontakte bestehen. Vgl. zu letzteren Keller,B., Kommunale Arbeitgeber und ihre Verbände - Zur sozialwissenschaftlichen Analyse einer "Forschungslücke", Zeitschrift für öffentliche und gemeinwirtschaftliche Unternehmen 10 (1987), 262-272; Keller,B., Interessenaggregation und -transformation in Verbänden öffentlicher Arbeitgeber, in: Windhoff-Héritier,A.(Hg.), Verwaltung und ihre Umwelt. Festschrift für Thomas Ellwein, Opladen 1987, 258-276.

[12] Vgl. Olson,M., Die Logik des kollektiven Handelns. Kollektivgüter und die Theorie der Gruppen, Tübingen 1968.

[13] Einen anderen Erklärungsansatz entwickeln Offe,C./Wiesenthal, H., Two logics of collective action, Political Power and Social Theory 1 (1980), 67-115; zur Kritik Streeck,W., Interest heterogeneity and organizing capacity: Two class logics of collective action?, in: Czada,R./Windhoff-Heritier,A.(eds.), Political choice. Institutions, rules and the limits of rationality, Frankfurt-Boulder 1991, 161-198. Traxler,F., Gewerkschaften und Arbeitgeberverbände: Probleme der Verbandsbildung und Interessenvereinheitlichung, in: Müller-Jentsch,W.(Hg.), Konfliktpartnerschaft. Akteure und Institutionen der industriellen Beziehungen, München-Mering 1991, 139-165. Wiesenthal,H.,

Olson unterscheidet zunächst zwischen
- öffentlichen oder kollektiven Gütern, die definitionsgemäß allen (organisierten und unorganisierten) Gruppenmitgliedern zugute kommen, wenn sie überhaupt erstellt werden, und zu deren Bereitstellung freiwillige Beiträge daher kaum geleistet werden bzw. die keinen Anreiz zum Verbandsbeitritt ausüben
- und individuellen oder privaten Gütern, die ex definitione ausschließlich den (Gruppen- bzw. Verbands-)Mitgliedern zugute kommen bzw. Nicht-Mitgliedern rechtlich und/oder faktisch vorenthalten werden können.

Weiterhin betont Olson in seiner Theorie des kollektiven Handelns grundsätzliche Unterschiede zwischen kleinen und großen Gruppen: Große (latente) Gruppen sind im Gegensatz zu kleinen dadurch charakterisiert, daß keine spürbaren Interdependenzen zwischen den Handlungen der beteiligten Individuen festzustellen sind. Olson zeigt, daß sich Individuen in großen Gruppen keinesfalls spontan zusammenschließen, da es sich bei den zu erwartenden Vorteilen um öffentliche Güter im definierten Sinne handelt. Wegen der fehlenden Wahrnehmbarkeit (wechselseitigen Abhängigkeiten) besteht für den einzelnen folglich in großen Gruppen kein unmittelbarer Anlaß, zur Erstellung von Kollektivgütern beizutragen. Aus diesem Zusammenhang von Gruppengröße und individuellem Handeln entsteht für ganz unterschiedliche Gruppen das free rider-Problem ("Trittbrett- oder Schwarzfahrerproblem"): Individuen beteiligen sich nicht an den Kosten der Erstellung des Kollektivgutes, ohne daß sie von dessen Nutzung ausgeschlossen werden können.

Es bedarf daher besonderer Vorkehrungen in Form von "Zwang" oder "selektiver Anreize", damit rational und eigeninteressiert handelnde Individuen gemeinsame Ziele auch tatsächlich durch eigene Beiträge fördern. Für Situationen, in denen die Ausübung von Zwang durch die Organisation selbst und/oder durch vom Staat erlassene Gesetze nicht möglich ist, empfiehlt Olson eine andere Strategie: Neben Kollektiv- müssen auch Individualgüter angeboten werden, die ex definitione nur den Mitgliedern zugute kommen. Derartige private Güter wirken als "selektive Anreize", die positiv und negativ sowie wirtschaftlicher und besonders in kleinen Gruppen nicht-wirtschaftlicher Art sein können.

Was bedeutet nun dieser Ansatz für unser Problem? Die eine (externe) Hauptaufgabe, nämlich der Abschluß von Tarifverträgen mit der zuständigen Gewerkschaft, stellt - ähnlich wie u.a. Öffentlichkeitsarbeit, wie Lobbyismus und Repräsentationsfunktion des Verbandes - eindeutig ein Kollektivgut dar, von dem auch Nicht-Mitglieder profitieren können. Bei großen Gruppen wie den Arbeitgeberverbänden muß deshalb ein Verband, der wegen seiner privatrechtlichen Basis auf freiwilliger Mit-

---

Kapitalinteressen und Verbandsmacht. "Two logics of collective action" revisited, in: Abromeit,H./Jürgens,U.(Hg.), Die politische Logik wirtschaftlichen Handelns, Berlin 1992, 38-61.

gliedschaft beruht und daher keinen "Zwang" ausüben kann, auch private Güter anbieten bzw. selektive Anreize (mit interner Wirkung) zur Verfügung haben. Dazu gehören vor allem
- das Recht auf schriftliche und/oder mündliche Auskunft und Beratung (von Geschäftsführung und Personalabteilung) durch Referenten bzw. Sachbearbeiter des Verbandes in allen arbeits- und tarifrechtlichen Fragen,
- Hilfestellung des Verbandes bei Rechtsstreitigkeiten (Prozeßvertretung, insbesonders vor den Arbeitsgerichten),
- Sammlung, Aufbereitung und Verbreitung von (sowohl allgemeinen als auch produktspezifischen) relevanten Informationen technischer, wirtschaftlicher, wirtschaftspolitischer und rechtlicher Art (durch allgemeine oder spezielle Rundschreiben),
- Erstellung von Betriebsvergleichen und Vermittlung der Ergebnisse,
- Herstellung von Kontakten.

Manche dieser umfangreichen Vorteile (durch Erstellung privater Dienstleistungen seitens des "Selbsthilfeverbandes" nur für seine Mitglieder) sind vor allem für kleinere Unternehmen von Bedeutung, die z.B. nicht über eine eigene Rechtsabteilung verfügen oder kostspielige technische Einrichtungen nicht allein anschaffen können. Größere Betriebe treten eher dem Verband bei, weil sie eine einheitliche und allgemeine Vertretung der Interessen nach außen für notwendig halten. Insofern können die Kalküle der unternehmerischen Akteure hinsichtlich ihrer Bereitschaft zum Verbandsbeitritt durchaus unterschiedlich sein.[14]

Die umfangreiche Kritik am Ansatz von Olson[15] macht es notwendig, eher von einer theoretischen Alternative auszugehen und <u>individuelle Kosten-/Nutzenkalküle über die existierenden Handlungsalternativen sowie deren Beeinflussung durch die verschiedenen korporativen Akteure</u> in den Mittelpunkt der Betrachtung zu stellen. Die Kosten einer Mitgliedschaft werden kalkuliert im Verhältnis zu ihren Nutzen, die günstigere Alternative wird gewählt. Hierbei kann der Nutzen sowohl wie bei Olson private als auch im Gegensatz zu Olson kollektive Elemente enthalten; die Kosten müssen im Gegensatz zu Olson nicht nur aus Kosten im ökonomischen Sinne bestehen. Die selektiven Anreize sind zwar Teile des Individualkalküls, machen es jedoch nicht vollständig aus. In die individuelle Nutzenfunktion gehen neben privaten

---

[14] Dieser theoretisch interessante Sonderfall ungleicher "Größe" der Gruppenmitglieder ist für den Anwendungsfall Arbeitgeberverbände wichtig, für (Einzel-)Gewerkschaften hingegen irrelevant, da stets Individuen, nicht hingegen korporative Akteure Mitglieder werden.

[15] Zur Kritik zusammenfassend: Keller,B., Olsons "Logik des kollektiven Handelns". Entwicklung, Kritik - und eine Alternative, PVS 29 (1988), 388-406.

also auch kollektive Elemente ein; der verwandte Rationalitätsbegriff wird weiter gefaßt als bei Olson, der ihn ökonomistisch verengt.

Bei unserem Anwendungsbeispiel gehören zu den Kosten der Arbeitgeber vor allem
- monatliche Mitgliedsbeiträge, die insbesondere bei kleineren Unternehmen eine Rolle spielen,
- Aufwand für die Erstellung und Weitergabe von Informationen (zeitintensive Auskunftserteilung),
- Verpflichtungen zu einem bestimmten Verhalten auf Arbeits- und Produktmärkten (Folgebereitschaft gegenüber Verbandsbeschlüssen),
- Zeitaufwand für ehrenamtliche Mitarbeit im Verband, die mit Firmengröße und Problemart variiert.

Zu den Nutzen gehören vor allem bestimmte Serviceleistungen des Verbandes.

2.3. Arbeitgeberverbände: Politikformulierung und Organe

Eine gewisse Heterogenität der Interessen (z.B. zwischen kleinen und großen Mitgliedern, infolge regionaler Zuständigkeiten oder wegen der Zugehörigkeit zu verschiedenen Branchen) ist bereits aufgrund der erheblichen organisatorischen Breite vorgegeben. Das zentrale Problem der verbandsinternen Politikformulierung und -koordinierung besteht folglich in der Aufgabe, die vorhandenen, recht unterschiedlichen Interessen der großen Mitglieder(-gruppen) durch innerverbandliche Vorkehrungen zu selektieren und zu aggregieren, zu verallgemeinern und zu vereinheitlichen, um kollektives und solidarisches Handeln zu ermöglichen bzw. um die externe Handlungsfähigkeit vor allem gegenüber den Gewerkschaften zu sichern.[16] Die Herstellung von innerverbandlicher Solidarität, "d.h. der Primat von kooperativen Orientierungen gegenüber selbstbezogenen Kosten-Nutzen-Kalkülen"[17], wird so zum wesentlichen Problem bzw. zur zentralen Aufgabe des Verbandes. Unsolidarisches Handeln infolge dominierender Partikularinteressen bzw. autonome unternehmerische Entscheidungen im Rahmen einer profitorientierten Konkurrenzwirtschaft müssen möglichst verhindert werden. Weber faßt diesen Sachverhalt treffend zusammend, indem er den Sinn der Verbände darin sieht, "daß sie gesellschaftlich strukturell verankerte, heterogene bzw. divergierende und konfligierende Interessen absor-

---

[16] "Since employers' associations are not only coalitions whose members share certain vital interests but also alliances of competitors, maintaining the cohesiveness of the association is bound to be a primary association aim." Windmuller,J.P., Comparative study of methods and practices, in: ILO (ed.), Collective bargaining in industrialised market economies: A reappraisal, Geneva 1987, 38.

[17] Traxler,F., Interessenverbände der Unternehmer. Konstitutionsbedingungen und Steuerungskapazitäten, analysiert am Beispiel Österreichs, Frankfurt-New York 1986, 14.

bieren, die aus der Verfolgung selbstbezogener, rationaler Strategien resultierenden, potentiell selbstdestruktiven Interessen integrieren und sie zu zweckvoller kollektiver Aktion so zusammenfassen, daß sie möglichst makropolitischen Erfordernissen und Politiken entsprechen"[18].

Diese Vereinheitlichung der Interessen eines bestimmten Spektrums geschieht häufig durch spezifische innerverbandliche Vorkehrungen, d.h. durch bewußte Entscheidungsdezentralisation in fachlich begrenzten Sachfragen, indem der Verband den Fachgruppen bzw. -ausschüssen als verbandlichen Untereinheiten eine relativ weitgehende Autonomie nicht nur satzungsrechtlich, sondern auch tatsächlich zugesteht. Im Vergleich zum (heterogenen Gesamt-)Verband sind diese Fachgruppen von der Interessenlage her relativ homogene Organe der Entscheidungsfindung und -absicherung, die wichtige Zulieferer- und Vorbereitungsfunktionen erfüllen. Sie verfügen über weitgehende Entscheidungskompetenz sowie Autonomie und leisten inhaltlich-fachlich einen erheblichen Teil der notwendigen Verbandsarbeit. Das Ausmaß der ehrenamtlichen Mitarbeit im Verband ist gerade bei dessen Ausschüssen erheblich; den Regelfall stellt die wiederholte Entsendung der entsprechenden Experten dar, die häufig aus den großen Mitgliedsfirmen stammen.

Diese Strategien einer horizontalen innerverbandlichen Differenzierung garantieren zum einen einen hohen Beteiligungsgrad der verschiedenen Mitglieder(-interessen) an der innerverbandlichen Willensbildung und erleichtern deren Einbindung bzw. Integration durch Verpflichtung auf gemeinsame Beschlüsse. Zum anderen lassen sie aber auch potentielle Bewertungsunterschiede durch verschiedene Mitglieder(-gruppen) frühzeitig deutlich werden bzw. ermöglichen eine Konfliktbewältigung durch internes Interessenclearing. Der innerverbandliche Kommunikationsprozeß zwischen den Mitgliedern sowie zwischen diesen und den Gremien wird verbessert; personelle Verflechtungen durch Mitgliedschaft in verschiedenen Gremien erleichtern und stützen die Integration der Teilentscheidungen zu einem notwendigen einheitlichen Verbandswillen.

Die Verbandsorgane, die im Rahmen des formalen, in den Satzungen vorgezeichneten Organisationsaufbaus für die interne Politikformulierung und -koordinierung arbeitsteilig zuständig sind, lassen sich zunächst grob unterscheiden in statuarische (vor allem Mitgliederversammlung) und exekutive Funktionen (u.a. Vorstand):
- Bei der Mitgliederversammlung, die sich aus Vertretern der Mitgliedsfirmen bzw. bei Spitzenverbänden aus Vertretern der Mitgliedsverbände zusammensetzt,

---

[18] Weber,H., Unternehmerverbände zwischen Markt, Staat und Gewerkschaften. Zur intermediären Organisation von Wirtschaftsinteressen, Frankfurt-New York 1987, 17.

besteht zumeist ein nach der Anzahl der beschäftigten Arbeitnehmer, nach Unternehmensgröße oder Umsatz differenziertes Stimmrecht, d.h. das demokratische Prinzip "one man, one vote" gilt häufig nicht.[19] Sowohl aufgrund der langen Abstände im Tagungsrhythmus (ungefähr einmal jährlich) als auch wegen ihrer Größe und Kompetenzen (u.a. Satzungsänderungen, Festsetzung der Beiträge, Genehmigung des Haushaltsplans, Wahl des Vorstandes) ist die aufgrund ihrer Größe recht schwerfällige Mitgliederversammlung faktisch nicht das entscheidende und politikbestimmende Organ des Verbandes; dieses repräsentativ zusammengesetzte Gremium dient eher der formaldemokratischen Legitimation der Verbandsführung als der faktischen Entscheidungsfindung bei aktuellen Problemen.

- Der Vorstand, das von der Mitgliederversammlung gewählte Leitungsorgan, ist zumeist ehrenamtlich tätig; er ist aufgrund seiner Größe und Sitzungsfrequenz kaum in der Lage, die in der Satzung formulierten Kontrollaufgaben effektiv wahrzunehmen. Daher haben manche vor allem größere Verbände außerdem noch ein Präsidium als eigentliches kleineres Kontrollorgan eingerichtet.

- Die mit hauptamtlichen Mitarbeitern besetzte Geschäftsführung mit dem Hauptgeschäftsführer an der Spitze ist satzungsrechtlich lediglich ausführendes Organ des Vorstandes und soll als administrative Einheit die laufenden Aufgaben erledigen. Die Geschäftsführung ist faktisch jedoch u.a. wegen ihres hohen Informationsniveaus und ihrer großen fachlichen Kompetenzen bzw. ihres "Sachverstandes" ebenso von größerer Bedeutung für die Verbandspolitik wie die formal vom Vorstand eingesetzten zahlreichen Fachausschüsse, vor allem der tarifpolitische Ausschuß. Interessenunterschiede zwischen Mitgliedern und Verbandsfunktionären können auch hier auftreten.

Die häufig anzutreffenden personellen und institutionellen Verflechtungen von verschiedenen Verbandsgremien (z.B. Mitgliederversammlung, Vorstand, Fachausschüssen) in horizontaler und vertikaler Richtung erleichtern die Formulierung eines einheitlichen Verbandswillens durch Integration der Teilentscheidungen. Formale Abstimmungen in den "legislativen" Verbandsorganen ratifizieren und legitimieren zumeist nur Sachentscheidungen, die bereits auf konsensualer Basis gefallen sind.

Bei den internen Willensbildungsprozessen wird auf möglichst breite Mehrheiten Wert gelegt. Sog. Kampfabstimmungen sind ebenso selten wie ausgeprägte Fraktionsbildungen, vor allem weil durch solche Strategien das notwendige solidarische Handeln bei Verbänden mit freiwilliger Mitgliedschaft kaum gewährleistet wer-

---

[19] Solche Regelungen führen im übrigen häufig zu einer Vormachtstellung der großen, ökonomisch wichtigeren Mitglieder (sog. Verbandsoligarchie).

den könnte. Aus demselben Grund werden bei einer Verletzung von Pflichten, die sich für die Mitglieder aus der Verbandssatzung ergeben, verbandsautonome Sanktionierungen (durch sog. Verbandsstrafen in Form von Geldbußen oder sogar Ausschluß) nur sehr selten ausgesprochen: Ein gewisses Maß an Solidarität im Binnenverhältnis der Mitglieder, vor allem die Befolgung der Tarifgebundenheit, ist eine notwendige Voraussetzung für Handlungs- und Entscheidungsfähigkeit im Außenverhältnis, d.h. gegenüber dem Tarifvertragspartner. Kontinuität ist zudem ein wichtiger Faktor in der Verbandspolitik.

Die Verbandsfinanzen, die für die Aktionsfähigkeit des Verbandes wesentliche interne Ressource, gehören zu den am besten gehüteten Geheimnissen. Die Höhe der Mitgliedsbeiträge ist häufig nach Kriterien wie der Mitarbeiterzahl des Unternehmens oder der Lohnsumme gestaffelt, wobei unterschiedliche Beiträge häufig auch ein differenziertes Stimmrecht in den Verbandsgremien implizieren. Die sog. Beitragsehrlichkeit stellt gelegentlich bei kleineren Unternehmen ein Problem dar. Weiterhin existieren seit langem, verstärkt aber seit den 70er Jahren häufig verbandsinterne zentrale Unterstützungsfonds, die dreistufig aufgebaut sind:
- als Unterstützungsfonds bei den Tarifträgerverbänden,
- als Gefahrengemeinschaften bei den Fachverbänden auf Bundesebene
- sowie als Schutzgemeinschaft bei der BDA.

Bei Arbeitskämpfen werden Unterstützungszahlungen an betroffene Unternehmen oder Branchen geleistet, um die ökonomischen Nachteile auszugleichen; durch diese Verbandsleistungen kann die Bereitschaft zur aktiven Teilnahme an Kampfmaßnahmen gesteigert bzw. der (bei Arbeitskämpfen zumindest latenten) Bedrohung der Verbandssolidarität angesichts differierender Einzelinteressen entgegen gewirkt werden.[20] Die entsprechenden Richtlinien sind nicht öffentlich bekannt.

Das Verbandspersonal, eine weitere wichtige, extern beschaffte Ressource, ist zum großen Teil fachlich sehr gut qualifiziert. Der Akademikeranteil ist groß, die entsprechenden Tätigkeiten sind hochgradig professionalisiert. Die Zahl der hauptberuflichen Verbandsmitarbeiter ist häufig beträchtlich.

---

[20] International vergleichend: Lange,T., The role of lockouts in labor conflicts. A legal study of American and German approaches, Frankfurt-Bern 1987, 146-156.

Einführende Literatur:

Prigge,W.U., Metallindustrielle Arbeitgeberverbände in Großbritannien und der Bundesrepublik Deutschland, Opladen 1987

Rampelt,J., Zur Organisations- und Entscheidungsstruktur in westdeutschen Unternehmerverbänden. Ein Literaturbericht, IIM/dp 79-111, Berlin 1979

Schmitter,Ph./Streeck,W., The organization of business interests. A research design to study the association action of business in advanced industrial societies of Western Europe. Revised and extended version, IIM/LMP 81-13, Berlin 1981

Streeck,W./.p.Schmitter,Ph., Private interest government: Beyond market and state, London 1985

Traxler,F., Interessenverbände der Unternehmer. Konstitutionsbedingungen und Steue-rungskapazitäten, analysiert am Beispiel Österreichs, Frankfurt-New York 1986

Weber,H., Unternehmerverbände zwischen Markt, Staat und Gewerkschaften. Zur intermediären Organisation von Wirtschaftsinteressen, Frankfurt-New York 1987

Windmuller,J.P./Gladstone,A. (eds.), Employers associations and industrial relations, Oxford 1984.

3. KORPORATIVE AKTEURE II: GEWERKSCHAFTEN

Nach gängiger (Nominal-)Definition sind Gewerkschaften freiwillige, auf Dauer angelegte Interessenvereinigungen von abhängig beschäftigten Arbeitnehmern mit dem Ziel der Absicherung und Verbesserung ihrer wirtschaftlichen und sozialen Lage bzw. Arbeitsbedingungen. Gewerkschaften müssen versuchen, das Arbeitsmarktgeschehen faktisch eher zugunsten ihrer Mitglieder bzw. programmatisch zugunsten aller Arbeitnehmer zu kontrollieren oder zumindest zu beeinflussen, d.h. eine "Einschränkung der Substituierbarkeit der Arbeitskräfte"[1] zu erreichen. Ihre Erfolgsaussichten hängen entscheidend von der Organisationsform (vor allem Berufs-, Betriebs-, Industriegewerkschaft) ab, die der der Arbeitsmärkte ähnlich sein muß.[2] Das wesentliche Instrument der Interessendurchsetzung innerhalb eines institutionalisierten Systems der Konfliktaustragung ist der Tarifvertrag einschließlich des Streikrechts, von dem in periodischen Abständen Gebrauch gemacht wird.

3.1. Organisationsprinzipien und bestehende Organisationen

Die im Zusammenhang mit der Industrialisierung entstandene deutsche Gewerkschaftsbewegung war von ihren Anfängen als regionale, solidarische Selbsthilfe-, Unterstützungs- und Widerstandsorganisation um die Mitte des 19. Jahrhunderts bis in die Zeit der Weimarer Republik berufsständisch und weltanschaulich zersplittert. Die frühen Gewerkschaften in den 60er Jahren des 19. Jahrhunderts waren zumeist berufsständische Organisationen hochqualifizierter Facharbeiter (z.B. Buchdrucker, Arbeiter in der Zigarrenindustrie) mit dadurch recht homogenen Interessenlagen. Die ersten umfassenderen Organisationen der vergleichsweise schlecht qualifizierten Arbeitnehmer entstanden erst nach 1890. Aber auch nach der Institutionalisierung der Koalitionsfreiheit im Jahre 1918 bzw. nach dem Übergang von der "klassischen" zur "befestigten" Gewerkschaft im Verlauf des 1.Weltkrieges blieb eine gewisse, wenngleich abnehmende Zersplitterung in Richtungsgewerkschaften noch erhalten.[3]

---

[1] Müller-Jentsch,W., Berufs-, Betriebs- oder Industriegewerkschaften, in: Endruweit,G. et al. (Hg.), Handbuch der Arbeitsbeziehungen, Berlin-New York 1985, 369.

[2] Dieser Zusammenhang läßt sich in historischer Perspektive dahingehend zusammenfassen, "daß die frühen Gewerkschaften als Organisationen von Subkontraktoren, handwerklich hochqualifizierten Arbeitskräften und frühen Nutznießern der Industrialisierung Kontrolle über ihre fachspezifischen Arbeitsmärkte ausüben konnten, während die Masse jener, die ihre billige Arbeitskraft auf den Jedermanns-Arbeitsmärkten feilbieten mußten, noch keine gewerkschaftliche Interessenvertretung hatten." Müller-Jentsch,W./Stahlmann,M., Management und Arbeitspolitik im Prozeß fortschreitender Industrialisierung, Österreichische Zeitschrift für Soziologie 13 (1988), 11.

Kapitel 3: Gewerkschaften

Während der Phase des Neuaufbaus nach der Zerschlagung des Faschismus im Jahre 1945 bot sich die historisch wohl einmalige Chance einer strukturellen Neugliederung der Interessenorganisationen, wobei deutlich an die Tendenzen zur Entwicklung von Industrie- und Einheitsgewerkschaften in der Zeit der Weimarer Republik angeknüpft werden konnte. Gewerkschaften in der Bundesrepublik sind ähnlich wie in den skandinavischen Ländern, aber im Gegensatz zu einer Reihe anderer Länder (wie England, Frankreich, Italien) i.d.R. nach dem Industrieverbandsprinzip organisiert. Dieses Prinzip bedeutet, daß im Gegensatz etwa zu Berufs- oder Betriebsverbänden in einer Branche nur eine einzige Gewerkschaft bestehen soll, d.h. daß Kriterien wie Beruf, Qualifikation, Betriebszugehörigkeit, politische Einstellung oder Religion der Arbeitnehmer keine Bedeutung haben sollen ("ein Betrieb, eine Gewerkschaft"). Überschneidungen in den Organisationsbereichen[4] sind daher eher die Ausnahme, während sie bei anderen Organisationsprinzipien den Regelfall darstellen. In England z.B. dominieren derartige Abgrenzungsstreitigkeiten heute noch und erschweren häufig die Interessendurchsetzung.

Industriegewerkschaften sind i.d.R. Einheitsgewerkschaften[5], d.h. im Gegensatz etwa zu Richtungsgewerkschaften wie z.B. noch in der Weimarer Republik weltanschaulich/ideologisch und (partei-)politisch grundsätzlich unabhängig und neutral: Dies bedeutet aber nicht notwendigerweise, daß sie sich immer und unbedingt jeglicher Stellungnahme im politischen Willensbildungsprozeß enthalten müssen. Die Neugründung der deutschen Gewerkschaften nach dem II. Weltkrieg unter Kontrolle der westlichen Alliierten folgte weitgehend dem Prinzip der Einheitsgewerkschaft, ohne daß dieses sich jedoch in reiner Form und ausschließlich hätte durchsetzen können.

---

[3] Vgl. zur Geschichte für andere: Klönne,A./Reese,M., Die deutsche Gewerkschaftsbewegung. Von den Anfängen bis zur Gegenwart, Hamburg 1984; Matthias,E./Schönhoven,K.(Hg.), Solidarität und Menschenwürde. Etappen der deutschen Gewerkschaftsgeschichte von den Anfängen bis zur Gegenwart, Bonn 1984; Borsdorf,U.(Hg.), Geschichte der deutschen Gewerkschaften, Köln 1987.

[4] Wie zwischen ÖTV und IGBE in der Energiewirtschaft oder zwischen IGChPK und IGBSE in der Baustoffindustrie. Im Sommer 1990 kam es zu einem massiven, in diesem Ausmaß in den alten Bundesländern nicht gekannten Konflikt zwischen der IGBE und der ÖTV über Fragen der Abgrenzung der Organisationsbereiche in den neuen Bundesländern. Der Spruch der Schiedsstelle des DGB vom Februar 1991 bestätigte die Abgrenzung nach den in den alten Bundesländern geltenden Prinzipien und bestimmte, daß die ÖTV auch in den neuen Bundesländern für die Beschäftigten der leitungsgebundenen Energieversorgung und der Wasserwirtschaft zuständig ist.

[5] Vgl. zu Strukturen und Konsequenzen andersartiger, "pluralistischer" Vertretungsformen Prigge,W.-U., Zwischengewerkschaftliche Konflikt- und Kooperationsbeziehungen unter den Bedingungen eines Gewerkschaftspluralismus: Großbritannien, Frankreich und Belgien, in: Marr,R.(Hg.), Euro-strategisches Personalmanagement. Sonderband 1991 der Zeitschrift für Personalführung, München-Mering 1991, 469-510.

Wichtige Ausnahmen vom Industrieverbandsprinzip sind vor allem
- die Deutsche Angestelltengewerkschaft - DAG,
- der Christliche Gewerkschaftsbund -CGB,
- der Deutsche Beamtenbund - DBB.

Im Vergleich zu den DGB-Gewerkschaften, die sowohl mehr Angestellte als auch mehr Beamte als ihre Konkurrenten organisieren, sind die anderen Dachverbände nur in wenigen Bereichen von Bedeutung:
- Der DBB hat knapp 800.000 Mitglieder (ca. 8% aller Organisierten); seine ca.40 Mitgliedsverbände organisieren ausschließlich im öffentlichen Dienst (vor allem Beamte), wo sie ein wesentliches Gegengewicht zu den dort vertretenen DGB-Gewerkschaften darstellen. Die Interessenpolitik des DBB, der nach herrschender Meinung nicht über das Tarifverhandlungs- und Streikrecht verfügt, zielt vor allem auf eine Beeinflussung von Parlament und Öffentlichkeit.[6]
- Die DAG als "Standesorganisation" nur der Angestellten hat in ihren 8 Bundesberufsgruppen ca. 500.000 Mitglieder (ca. 5% aller gewerkschaftlich Organisierten); sie kann nur in wenigen Bereichen eine wirklich eigenständige und unabhängige, berufsständisch orientierte Interessenpolitik betreiben; ihr organisatorischer Schwerpunkt liegt bei Banken und Versicherungen.
- Der CGB als "Richtungsgewerkschaft" hat knapp 300.000 Mitglieder (ca. 3% aller Organisierten); er ist sowohl tarif- als auch gesellschaftspolitisch so gut wie bedeutungslos.[7]

Im folgenden wollen wir uns im wesentlichen mit den relativ dominierenden DGB-Organisationen befassen, die ca. 80% aller organisierten Arbeitnehmer umfassen. Die relativen Kräfteverhältnisse sind im übrigen im Zeitablauf ziemlich stabil.

---

[6] Vgl. Keller,B., Arbeitsbeziehungen im öffentlichen Dienst. Tarifpolitik der Gewerkschaften und Interessenpolitik der Beamtenverbände, Frankfurt-New York 1983. Vgl. auch Kap.10.

[7] Umfangreiches empirisches Material zur Entwicklung und aktuellen Situation der westdeutschen Gewerkschaften präsentiert Armingeon in seinen verschiedenen Arbeiten. Vgl. Armingeon,K., Gewerk-schaften in der Bundesrepublik Deutschland 1950 - 1985: Mitglieder, Organisation und Außenbeziehungen, PVS 28 (1987), 7-34; Armingeon, K., Gewerkschaften heute - krisenresistent und stabil?, Gewerkschaftliche Monatshefte 39 (1988), 330-342; Armingeon,K., Gewerkschaftliche Entwicklung und ökonomischer, beschäftigungsstruktureller und politischer Wandel: Das Beispiel der Gewerk-schaften in der Bundesrepublik Deutschland, Soziale Welt 39 (1988), 459-485; Armingeon,K., Die Entwicklung der westdeutschen Gewerkschaften 1950 - 1985, Frankfurt-New York 1988.

3.2. Der DGB und seine Mitgliedsgewerkschaften

Der 1949 gegründete Deutsche Gewerkschaftsbund - DGB als <u>Dachorganisation</u> der Einzelgewerkschaften hat vor allem die Aufgabe der Vertretung der "gesellschaftlichen, wirtschaftlichen, sozialen und kulturellen Interessen der Arbeitnehmer" gegenüber Staat und Öffentlichkeit. Die Position des DGB gegenüber seinen Einzelgewerkschaften ist insgesamt vergleichsweise schwach: Sein Einfluß auf die Tarifpolitik der Mitgliedsverbände und damit auf den Kernbereich ökonomischer Interessenvertretung ist recht gering; die Einzelgewerkschaften sind sowohl in ihrer Politik autonom als auch finanziell unabhängig.[8] Der DGB dient vor allem als Koordinationsorgan der recht heterogenen Interessen der Einzelgewerkschaften sowie als deren Repräsentationsgremium nach außen.

Seine <u>Organe</u> sind
- Bundeskongreß als formal höchstes Gremium, das sich aus insgesamt 525 Delegierten der Einzelgewerkschaften zusammensetzt und die Richtlinien der Gewerkschaftspolitik bestimmt,
- Bundesausschuß als höchstes Organ zwischen den alle drei Jahre stattfindenden Bundeskongressen, der u.a. Stellungnahmen zu gewerkschaftspolitischen Fragen verfaßt und den Haushalt beschließt,
- Bundesvorstand, der aus den Vorsitzenden der Einzelgewerkschaften und dem geschäftsführenden Bundesvorstand besteht und die Vertretung des DGB nach innen und außen übernimmt,
- Revisionskommission (u.a. Überwachung der Kassenführung, Jahresabrechnung).

Der DGB, der derzeit aus 16 Einzelgewerkschaften besteht, wird durch seine Einzelgewerkschaften finanziert, die 12% ihres Beitragsaufkommens entrichten. Die mitgliederstärksten Einzelgewerkschaften sind die IG Metall (mit über 2.6 Millionen) und die Gewerkschaft Öffentliche Dienste, Transport und Verkehr - ÖTV (mit 1.2 Millionen).[9]

---

[8] Eine differenziertere Analyse ergibt dreierlei: "Zum einen ist der DGB im Vergleich zu seinen Vorgängerorganisationen mächtiger; zum zweiten hat der DGB in der Nachkriegszeit Macht gegenüber der Gesamtheit seiner Mitglieder eingebüßt; zum dritten haben die mitgliederstarken Gewerkschaften von dieser Dezentralisierung von Macht profitiert, während für kleine Gewerkschaften der DGB ein starker Dachverband geblieben ist." Armingeon, Die Entwicklung der westdeutschen Gewerkschaften, 38.

[9] Wir dokumentieren den letzten Mitgliederstand in den alten Bundesländern, da die Mitgliederzahlen und -entwicklungen in den neuen Bundesländern derzeit noch recht ungesichert sind.

Deutscher Gewerkschaftsbund
Mitgliederstand am 31. Dezember 1990 *

Gewerkschaft	Arbeiter männlich	Arbeiter weiblich	Arbeiter Gesamt	Angestellte männlich	Angestellte weiblich	Angestellte Gesamt	Beamte männlich	Beamte weiblich	Beamte Gesamt	Gesamt männlich	Gesamt weiblich	Insgesamt männl. u. weibl.	in %
IG Bau-Steine-Erden	394.781	28.596	423.377	31.345	8.029	39.374	–	–	–	426.126	36.625	462.751	5,8
IG Bergbau und Energie	276.938	1.121	278.059	38.553	5.987	44.540	221	–	221	315.712	7.108	322.820	4,1
IG Chemie-Papier-Keramik	450.623	90.515	541.138	93.004	41.807	134.811	–	–	–	543.627	132.322	675.949	8,5
Gew. der Eisenbahner Deutschlands	133.016	14.610	147.626	6.723	4.521	11.244	141.341	12.142	153.483	281.080	31.273	312.353	3,9
Gew. Erziehung und Wissenschaft	–	–	–	19.453	31.932	51.385	65.266	72.504	137.770	84.719	104.436	189.155	2,4
Gew. Gartenbau, Land- u. Forstwirtschaft	31.384	6.621	38.005	2.513	902	3.415	2.549	85	2.634	36.446	7.608	44.054	0,6
Gew. Handel, Banken u. Versicherungen	34.538	19.387	53.925	124.629	226.141	350.770	–	–	–	159.167	245.528	404.695	5,1
Gew. Holz und Kunststoff	123.158	18.910	142.068	7.488	3.175	10.663	–	–	–	130.646	22.085	152.731	1,9
Gew. Leder	23.484	16.553	40.037	1.776	802	2.578	–	–	–	25.260	17.355	42.615	0,5
IG Medien	95.433	27.562	122.995	39.123	22.602	61.725	–	–	–	134.556	50.164	184.720	2,3
IG Metall	1.992.891	321.816	2.314.707	300.823	111.175	411.998	–	–	–	2.293.714	432.991	2.726.705	34,4
Gew. Nahrung – Genuss – Gaststätten	151.752	69.474	221.226	26.287	27.690	53.977	–	–	–	178.039	97.164	275.203	3,5
Gew. Öffentl. Dienste, Transport u. Verkehr	474.416	111.470	585.886	279.339	304.916	584.255	68.216	14.242	82.458	821.971	430.628	1.252.599	15,8
Gew. der Polizei	6.333	2.791	9.124	8.336	8.932	17.268	131.609	4.779	136.388	146.278	16.502	162.780	2,1
Deutsche Postgewerkschaft	88.486	62.633	151.119	10.152	32.649	42.801	216.068	68.925	284.993	314.706	164.207	478.913	6,0
Gew. Textil-Bekleidung	89.487	130.464	219.951	16.789	13.140	29.929	–	–	–	106.276	143.604	249.880	3,1
DGB – Gesamt	4.366.720	922.523	5.289.243	1.006.333	844.400	1.850.733	625.270	172.677	797.947	5.998.323	1.939.600	7.937.923	100,0
	82,6 %	17,4 %	100 %	54,4 %	45,6 %	100 %	78,4 %	21,6 %	100 %	75,6 %	24,4 %	100 %	
			66,6 %			23,3 %			10,1 %				
Vergleichszahlen 31.12.1989	4.324.534	895.876	5.220.410	1.014.891	818.410	1.833.301	639.139	168.270	807.409	5.978.564	1.882.556	7.861.120	
	82,8 %	17,2 %	100 %	55,4 %	44,6 %	100 %	79,2 %	20,8 %	100 %	76,1 %	23,9 %	100 %	
			66,4 %			23,3 %			10,3 %				

* ohne die neuen Bundesländer

Kapitel 3: Gewerkschaften

Im Jahre 1978 erfolgte der Beitritt der bis dahin unabhängigen Gewerkschaft der Polizei - GdP, nachdem die ÖTV ihre organisationspolitischen Bedenken und Eigeninteressen zurückgestellt und den bei ihr organisierten Polizeibediensteten den Übertritt zur GdP empfohlen hatte; vorausgegangen war der Bruch der Verhandlungsgemeinschaft zwischen ÖTV und DAG bzw. die Bildung einer neuen Tarifgemeinschaft für Angestellte im öffentlichen Dienst.[10]

Die Industriegewerkschaft Druck und Papier - DruPa, faktisch eine der letzten berufsständischen Organisationen, bildete im Frühjahr 1989 nach erheblichen und langwierigen Anlaufschwierigkeiten zusammen mit der Deutschen Journalistenunion (dju), dem Schriftstellerverband (VS), der DGB-Gewerkschaft Kunst, die aus der relativ dominierenden Rundfunk-Fernseh-Film-Union (RFFU) sowie fünf kleineren Berufsverbänden besteht, die neue IG Medien - Druck und Papier, Publizistik und Kunst.[11] Bei diesem Zusammenschluß zu "einer einheitlichen Kraft aller Arbeitnehmer im Medienbereich" mußten stark divergierende Interessen (u.a. Verwendung der Verbandsvermögen und Streikkassen, Höhe der Mitgliedsbeiträge, Grad an Autonomie der einzelnen, insgesamt acht Fachgruppen mit unterschiedlichen Partikularinteressen gegenüber dem Verband bzw. dem Vorstand) zusammengebracht werden. Die überwiegende Mehrzahl der ca. 185.000 Mitglieder der neuen Gewerkschaft brachte mit ca. 155.000 die IG Druck und Papier ein, deren Einfluß folglich dominieren wird. - Eine derartige endgültige Selbstauflösung von Verbänden in Verbindung mit dem Aufgehen in eine größere Organisation ist ohne Parallele. Die neue Gewerkschaft wurde durch die neueren technologischen Entwicklungen gerade im Medienbereich mit einer zunehmenden Konzentration in Gestalt von Multi-Media-Konzernen und einer damit verbundenen Zentralisierung auf Arbeitgeberseite zweckmäßig bzw. notwendig. Inwieweit der Einfluß über die Tarif- und Sozialpolitik hinausgehen wird, bleibt abzuwarten.[12]

Ein sinnvoller nächster Schritt im Rahmen einer umfassenden Strukturreform[13] wäre ein Zusammengehen der konkurrierenden Gewerkschaften DAG und HBV zu einer

---

[10] Vgl. Keller, Arbeitsbeziehungen im öffentlichen Dienst, 151.

[11] Vgl. als Überblick "Interessenvertretung durch die Mediengewerkschaft", Die Mitbestimmung 35 (1989), Heft 4.

[12] Vgl. zu praktischen Problemen Oberzig,K., In der IG Medien gärt es, Die Mitbestimmung 38 (1992), 36-39 sowie "Einheitlichkeit läßt sich nicht herbeibeten oder durch Beschlußlagen dekretieren", Die Mitbestimmung 38 (1992), 39-41.

[13] In analytischer Perspektive ist zu unterscheiden zwischen dieser Strukturreform und den zunehmenden Problemen wechselseitiger Abgrenzung von Organisationsbereichen, die vor allem aus dem ökonomisch-technologischen Wandel resultieren. Vgl. zu letzteren Gergs,H./Schmidt,R./Trinczek,R.,

gemeinsamen, großen Organisation für den privaten Dienstleistungsbereich. Beide weisen durchaus Gemeinsamkeiten in den Zielsetzungen auf z.b. bei der Neuordnung von Berufen und arbeiten sowohl auf lokaler Ebene als auch in Tarifverhandlungsrunden partiell zusammen. Das zentrale Problem resultiert aus den unterschiedlichen Organisationsprinzipien: Die DGB-Gewerkschaften wollen nicht auf ihre Mitglieder verzichten, die Angestellte sind, und die DAG möchte ihr "Standesprinzip" nicht aufgeben. Eine einheitliche "Dienstleistungsgewerkschaft", die als Einheitsgewerkschaft eine effektivere Interessenpolitik betreiben könnte als gespaltene Interessenvertretungen, setzt eine grundlegende, längst überfällige Organisationsreform des DGB voraus.[14]

Formal ist die Einzelgewerkschaft i.d.R. dreistufig nach räumlichen Kriterien (Ort bzw. Kreis, Bezirk, Bund) gegliedert. Ein mehrstufiges Delegiertensystem hat auf jeder Stufe repräsentative (Gewerkschaftstag als formal höchstes) und exekutive (besonders Vorstand) Organe. Die in den Satzungen formal festgelegten Willensbildungsprozesse stimmen wie in anderen Großorganisationen nicht unbedingt mit den tatsächlichen überein. Verschiedene Untersuchungen belegen eine Kompetenzanhäufung beim Vorstand, der u.a. die Finanzhoheit hat, Personalentscheidungen über hauptamtliche Mitarbeiter entscheidend beeinflußt und die gesamte zentralisierte Tarifpolitik steuert - von seinem Informationsvorsprung und den Kontrollmöglichkeiten der innerverbandlichen Kommunikationsmittel ganz zu schweigen.[15]

3.3. Organisationsgrade und Organisationsprobleme

Die Gesamtmitgliederzahl aller DGB-Gewerkschaften ist seit 1950 von 5.5 auf knapp 8 Millionen gestiegen, wobei diese Entwicklung zum großen Teil die zunehmende Zahl abhängig Beschäftigter widerspiegelt. Die reine Mitgliederzahl verweist auf den programmatischen Anspruch, die Interessen (breiter Teile) der abhängig Beschäftigten zu vertreten; außerdem hängen die finanziellen Ressourcen der Ge-

---

"Die Claims der Einzelgewerkschaften sind umstritten" - Zu den Abgrenzungsschwierigkeiten der Organisationsbereiche im DGB. Eine Problemskizze, WSI-Mitteilungen 45 (1992), 149-157.

[14] Weiterhin planen die dem konservativen DGB-Flügel zuzurechnenden IG Bergbau und Energie und IG Chemie-Papier-Keramik eine Fusion, die sie zur drittstärksten Organisation im DGB machen würde. Im Rahmen der Kooperation sind zunächst geplant eine gemeinsame Stellungnahme zur Energiepolitik sowie die Zusammenarbeit in internationalen Gremien.
In die Diskussion um Gewerkschaftsreformen haben sich auch die Arbeitgeberverbände eingeschaltet. Vgl. Niedenhoff,H.-U./Wilke,M., Der neue DGB - Vom Industrieverband zur Multibranchengewerkschaft, Köln 1991.

[15] Vgl. zusammenfassend Bergmann,J., Gewerkschaften - Organisationsstruktur und Mitgliederinteressen, in: Endruweit,G. et al. (Hg.), Handbuch der Arbeitsbeziehungen, Berlin-New York 1985, 89-108.

werkschaft von der absoluten Mitgliederzahl ab.[16] Der <u>Organisationsgrad</u>, d.h. der Anteil der organisierten Arbeitnehmer an der Gesamtzahl aller abhängig Beschäftigten im jeweiligen Bereich (etwa der Branche), ist ein wichtiger Indikator für die Durchsetzungsfähigkeit von Interessen[17] und zeigt außerdem an, inwieweit die Gewerkschaft ihr Mitgliederpotential auch tatsächlich ausschöpfen kann. Ein hoher Organisationsgrad ist eine notwendige, wenngleich noch keine hinreichende Voraussetzung für gewerkschaftliche Verhandlungsmacht (bargaining power) und Durchsetzungsfähigkeit; die Mobilisierbarkeit der Mitglieder für sporadische Arbeitskampfaktionen ist aber offensichtlich hoch.

Der (Gesamt-)Organisationsgrad aller Gewerkschaften beträgt ca. 40% mit wieder steigender Tendenz nach leichten Rückgängen in den frühen 80er Jahren, wobei sich bei einer Desaggregation der Globaldaten die verbandsspezifischen Entwicklungen durchaus unterscheiden. Erhebliche Unterschiede sind u.a. zu verzeichnen zwischen Branchen, Betriebsgrößen bzw. industrieller Konzentration (Groß- vs. Mittel- und Kleinbetriebe), Beschäftigtengruppen (vor allem Arbeiter vs. Angestellte) sowie nach dem Geschlecht. Im internationalen Vergleich ist der Organisationsgrad allerdings allenfalls durchschnittlich.[18] Er ist im Vergleich zu einigen anderen westlichen Ländern auch in den Jahren krisenhafter Entwicklung bemerkenswert stabil geblieben.[19] An dem einen Ende eines Kontinuums der westlichen Industrienationen stehen die skadinavischen Staaten und Belgien mit über 80%, am anderen Frankreich und die USA mit inzwischen deutlich weniger als 20%.[20]

"The organizational robustness of West German trade unions in a decade of economic crisis may in part be explained by the fact that the loss of economic performance in Germany was less severe than elsewhere. But it is also related to two other, more

---

[16] Der Mitgliedsbeitrag beträgt 1% des Bruttolohnes. Die Gewerkschaften finanzieren sich zu über 90% aus Mitgliedsbeiträgen.

[17] Vgl. im einzelnen Müller-Jentsch,W., Soziologie der industriellen Beziehungen, Frankfurt-New York 1986, 84ff.; Armingeon, Die Entwicklung der westdeutschen Gewerkschaften, 71ff.

[18] Vgl. im einzelnen: Visser,J., Die Mitgliederentwicklung der westeuropäischen Gewerkschaften. Trends und Konjunkturen 1920-1983, Journal für Sozialforschung 26 (1986), 3-33.

[19] Vgl. etwa für die USA die detaillierte Beschreibung eines "nonunion industrial relations systems" bei Kochan,Th.A./Katz,H.C./ McKersie,R.B., The transformation of American industrial relations, New York 1986, 47-80.

[20] Vgl. Neumann,G./Pedersen,P.J./Westergard-Nielsen,N., Long-run international trends in aggregate unionization. Paper presented at the annual conference of the European Public Choice Society, Linz April 1989, 2ff. Wir wollen im übrigen die verschiedenen Aspekte eines internationalen Vergleichs nicht weiter verfolgen. "... the main impression is that the magnitude of cross-country differences in both the level and the trend of unionization is so great that a general model of union growth encompassing these widely different national experiences is highly improbable." ebd. 9

endogeneous factors that have already accounted for much of the increase in unionization in the late 1960s and early 1970s. One is organizational change in trade unions that started in the late 1960s - in particular the rationalization of traditional administrative procedures that had previously been responsible for high membership turnover due to members falling in areas and finally lapsing from membership. The other factor was increased institutionalization of trade unions at the workplace, mainly through the legal extension of co-determination .., enabling unions to make more extensive use of check-off arrangements and various forms of quasi-obligatory membership ("quasi-union shops")."[21]

Organisationsprobleme bzw. -defizite bestehen gegenwärtig weniger bei dem "klassischen" Klientel (insbesonders der männlichen Facharbeiterschaft), sondern vor allem bei Jugendlichen, Frauen und technischen Angestellten, also der hoch qualifizierten "technischen Intelligenz" im Bereich der neuen Technologien.[22] Insofern entsprechen die Mitgliederstrukturen längst nicht mehr der veränderten Beschäftigtenstruktur, die durch einen stetig wachsenden Anteil von Arbeitnehmern in den privaten und öffentlichen Dienstleistungssektoren gekennzeichnet ist (sog. Prozeß der Tertiarisierung). Die Gewerkschaften, die sich dem beschäftigungsstrukturellen Wandel noch nicht angepaßt haben, werden sich in den kommenden Jahren durch eine andere, zielgruppenspezifische Organisationspolitik neue Mitglieder aus den expandierenden Beschäftigtengruppen erschließen müssen - allein schon, um ihre Kampf- und Politikfähigkeit zu sichern.[23]

Im übrigen gilt die in Art.9, Abs.3 GG garantierte positive und negative Koalitionsfreiheit: Jeder Arbeitnehmer hat das Recht, einem Interessenverband beizutreten, ohne daß er jedoch zum Beitritt gezwungen werden darf. Diese Regelung bedeutet, daß es eine rechtlich abgesicherte Zwangsmitgliedschaft nicht gibt. Vor allem aus der Geschichte der angelsächsischen Länder kennen wir jedoch verschiedene sog. closed shop-Regelungen: Arbeitnehmer werden nur eingestellt,

---

[21] Streeck,W., Industrial relations in the Federal Republic of Germany, 1974-1985: An overview, in: Blanpain,R.(ed.), Unions and industrial relations. Recent trends and prospect, Leuven 1987, 155; ähnlich auch Streeck,W., Industrial relations in West Germany: Agenda for change. Discussion paper IIM/LMP 87-5, Wissenschaftszentrum Berlin für Sozialforschung 1987, 20ff.

[22] Entgegen einem verbreiteten Vorurteil sind ausländische Arbeitnehmer mit ca. 35% vergleichsweise gut organisiert.

[23] Ein weiteres zentrales Problem in Zeiten von Massenarbeitslosigkeit besteht in der Organisation Arbeitsloser.

wenn sie entweder bereits Mitglied einer im Betrieb vertretenen Gewerkschaft sind (closed shop), oder wenn sie Mitglied werden (union shop).[24]

Falls kein Zwang ausgeübt werden kann, muß die Gewerkschaft als große Gruppe versuchen, die Kosten-/Nutzenkalküle der einzelnen Arbeitnehmer zu beeinflussen, damit diese sich zum Beitritt entschließen.[25] Zu den Kosten einer Mitgliedschaft gehören vor allem
- periodisch zu entrichtende Beiträge,
- Einsatz von immateriellen Ressourcen wie Zeit
- oder die Gefahr, wegen der Mitgliedschaft Nachteile zu erleiden.

Zu den Nutzen sind u.a. zu rechnen besserer Kontakt zu Kollegen, günstigere Arbeitsplatzaussichten sowie die verschiedenen Dienstleistungen, also z.B.
- Streikunterstützung, deren Höhe von der Dauer der Mitgliedschaft und dem Nachweis der Entrichtung der Beiträge abhängen kann,
- Rechtsschutz nicht nur bei Arbeitsgerichtsprozessen, sondern häufig auch als vollständiger Familien- und Mieterrechtsschutz,
- Versicherungen, etwa Freizeitunfallversicherungen.

Zu diesem struktur-individualistischen Erklärungsansatz paßt im übrigen auch die sog. Substitutionshypothese, die einen Zusammenhang zwischen der Organisierung der Arbeitslosenversicherung und Motiven zum Gewerkschaftsbeitritt dergestalt behauptet, daß die Anreize kleiner werden, wenn der Staat diese Risikoabsicherung, die ursprünglich häufig im Rahmen eines eigenen Unterstützungswesens bei der Gewerkschaft selbst lag, in eigene Regie übernimmt. In den skandinavischen Ländern, die einen hohen Organisationsgrad haben, verfügen die Gewerkschaften zugleich über einen sehr starken Einfluß auf dieses System der sozialen Sicherung.

3.4. Interne Probleme der Interessenrepräsentation

Wir können bekanntlich nicht, oder zumindest nicht mehr, eine Interessenhomogenität aller Arbeitnehmer oder auch nur aller Organisationsmitglieder unterstellen. Notwendig, wenn auch für die weitere Analyse noch völlig unzureichend ist zunächst einmal die bekannte Unterscheidung von (Verbands-)Funktionären und Mitgliedern. Damit ist das seit der "klassischen" Analyse von Michels über die sozialdemokratische Partei immer wieder - nicht nur von Sozialwissenschaftlern - diskutierte

---

[24] In der Bundesrepublik bestehen keine rechtlich abgesicherten closed shops oder union shops. Vgl. aber zu den tatsächlichen Verhältnissen mit faktischen closed shop-Regelungen Kap.5.

[25] Vgl. zur Erweiterung des Ansatzes von Olson im einzelnen Kap.2. Eine aktuelle Anwendung auf Organisationsprobleme von Gewerkschaften stellt dar: Revel,S.W., Gewerkschaftspolitik in der Risikogesellschaft, WSI-Mitteilungen 42 (1989), 378ff.

Oligarchieproblem angesprochen, dem gerade in bezug auf Gewerkschaften vielfach Beachtung geschenkt worden ist.[26] Dieses Problem des "ehernen Gesetzes der Oligarchie", einer Verselbständigung der Interessen des "Apparats" von denen der "Basis", soll hier jedoch nicht weiter behandelt werden, da es sowohl aus der soziologischen Folklore von "Verschwörungstheorien" als auch aus ernstzunehmenden Analysen[27] seit langem hinreichend bekannt ist.[28]

Im Rahmen dieser Diskussion wird häufig lediglich zwischen Mitgliedern und Funktionären unterschieden, so daß die Mitglieder als eine Gruppe mit homogener Interessenlage aufgefaßt werden. Diese Konzeption eines nur vertikalen Interessenkonflikts ist jedoch problematisch, weil sie in Anbetracht von Heterogenisierungstendenzen und Individualisierungsschüben in hohem Maße unrealistisch wird. Wir wollen daher im folgenden einen Schritt weitergehen und differenzieren zwischen verschiedenen Mitgliedergruppen mit dann jeweils relativ gleichgerichteten (Gruppen-)Interessen; damit werden horizontale Interessenkonflikte explizit zugelassen und in die Analyse eingeführt.[29]

Der Grad der innerverbandlichen Interessenheterogenität hängt wesentlich vom Organisationsprinzip ab. Bei Dominanz des Industrieverbandsprinzip wird das Ausmaß zwischengewerkschaftlicher Konflikte erheblich reduziert, indem Auseinandersetzungen zwischen verschiedenen Gruppen auf Arbeitnehmerseite eher innerhalb der Organisation ausgetragen werden; unterschiedliche (Partikular-)Interessen verschiedener (Mitglieder-)Gruppen sind in stärkerem Ausmaß als etwa bei Berufsverbänden vorhanden. Diese Präferenzen werden bei der notwendigen Formulierung der gemeinsamen Verbandspolitik charakteristischerweise stärker mediatisiert, da sie mit den Interessen anderer Gruppen abgestimmt und verschränkt werden müssen; dadurch entstehen spezifische innerverbandliche Probleme der Interessen-

---

[26] Vgl. für andere: Edelstein,J.D./Warner,M., Comparative union democracy. Organization and opposition in British and American unions, New York 1976.

[27] Zumeist in der Nachfolge der Analyse eines "abweichenden" Falles von Lipset,S./Trow,M.A./Coleman, J.S., Union democracy. The internal politics of the International Typographical Union, Garden City 1956. Eine empirische Untersuchung bietet Witjes,C.W., Gewerkschaftliche Führungsgruppen: Eine empirische Untersuchung zum Sozialprofil, zur Selektion und Zirkulation sowie zur Machtstellung westdeutscher Gewerkschaftsführungen, Berlin 1976. Eine kurze Problemübersicht bietet Müller-Jentsch, Soziologie der industriellen Beziehungen, 101-104.

[28] Im übrigen können wir in den Gewerkschaften natürlich oligarchische Tendenzen beobachten, die aber entgegen einer verbreiteten Annahme in der Nachkriegszeit nicht zugenommen haben. Vgl. Armingeon, Entwicklung der westdeutschen Gewerkschaften, 49ff.

[29] Vgl. hierzu auch: Keller,B., Gewerkschaften als korporative Akteure. Gruppeninteressen und differentielle Betroffenheit, in: Kern,L./Müller,H.-P.(Hg.), Gerechtigkeit, Diskurs oder Markt? Die neuen Ansätze in der Vertragstheorie, Opladen 1986, 151-167.

aggregation und -transformation, Abstimmungs- und Interpretationsprozesse werden notwendig.

Die innerorganisatorische Antwort auf das Problem von (Gruppen-)Heterogenität und notwendigem Unitarismus der Verbandspolitik ist eine Politik der Errichtung von stabilen Gruppengliederungen mit ehrenamtlichen Partizipationsmöglichkeiten ohne Entscheidungskompetenz über verschiedene Ausschüsse. Dabei ist als durchgängige Tendenz ein Wandel der Differenzierungslinien festzustellen, d.h. eine schwindende Relevanz der Fachgruppenarbeit und eine zunehmende Bedeutung der Personen- (Frauen, Jugendliche, vor allem Angestellte) und Berufsgruppenarbeit. Die Folgeprobleme von langfristig beobachtbaren, sich jedoch kurz- und mittelfristig nicht verstärkenden Bürokratisierungs- und Zentralisierungstendenzen als notwendigen Voraussetzungen kollektiver Handlungsfähigkeit werden durch eine Erhöhung der Anzahl ehrenamtlicher Repräsentanten in den Beiräten und eine Ausweitung ihrer Rechte angegangen.[30]

In die gemeinsame Verbandspolitik gehen häufig nur ganz bestimmte Interessen ein. Diese müssen entweder relativ verallgemeinerungsfähig und damit von betriebsspezifischen Bedingungen weitgehend unabhängig sein oder sie müssen mit anderen Gruppeninteressen wirksam koalieren können. Beispiele für die erste Voraussetzung sind besonders quantifizierbare Interessen wie Lohnsteigerungen oder früher allgemeine Arbeitszeitverkürzungen; ein Beispiel für die zweite Voraussetzung wäre ein Tausch zwischen Gruppen über verschiedene Lohnrunden hinweg. Tarifpolitik konzentriert sich unter diesen Vorzeichen auf wenige, relativ abstrakte Gegenstände; sie kann dadurch zunehmend selektiv wirken. Die übrigen gruppenspezifischen "Sonderinteressen" haben kaum Aussicht auf erfolgreiche Repräsentation, zumal sie häufig auch noch miteinander in Konkurrenz stehen.

Die Interessenwahrnehmung durch Industriegewerkschaften beruht also auf einer internen Umverteilung von Verhandlungsmacht von arbeitskampfstarken Mitgliedergruppen auf schwache. Die Organisationsmacht hängt hierbei entscheidend von der Handlungsfähigkeit und Handlungsbereitschaft ihrer konfliktfähigen Gruppen ab; dabei ist weniger deren Größe als vielmehr die ausgeübte Tätigkeit bzw. das damit verbundene Störpotential[31] von Bedeutung.

---

[30] Vgl. im einzelnen Bayer,H., Die Integration heterogener Mitgliedergruppen in Industriegewerkschaften 1960 - 1975: Ein Beitrag zur Diskussion innergewerkschaftlicher Demokratie, Soziale Welt 30 (1979), 354-384.

[31] Offe hat schon früh als Voraussetzung für verbandsmäßige Repräsentation gesellschaftlichen Interesses Organisationsfähigkeit und Konfliktfähigkeit eines gesellschaftlichen Bedürfnisses genannt. "Konfliktfähigkeit beruht auf der Fähigkeit einer Gruppe bzw. der ihr entsprechenden Funktionsgruppen, kollektiv die Leistung zu verweigern bzw. eine systemrelevante Leistungsverweigerung glaubhaft

In der expliziten oder impliziten Verbandsverfassung werden in Form von Verfahrensregeln die individuellen und kollektiven Rechte und Pflichten der natürlichen Personen und des korporativen Akteurs festgelegt; diese Regeln organisierten Handelns umfassen besonders Mitbestimmungsrechte wie das Stimmrecht bei kollektiven Entscheidungen. Die Verbandsverfassungen der westdeutschen Gewerkschaften kennen zunächst die bekannten Verfahrensregeln mit den üblichen verbandsdemokratischen Garantien in Form von Mehrheitsentscheidungen, die als pragmatischer Kompromiß zwischen Einstimmigkeits- und Jedermann-Regel zu verstehen sind.

Diese allgemeine Legitimation wird ergänzt durch die Sonderlegitimation der Tarifwillensbildung, die entweder direkt durch unmittelbare Stimmabgabe (z.B. Urabstimmung vor und nach einem Streik) oder indirekt durch legitimierte Organe (z.B. Delegation von Kompetenzen an die Tarifkommission) erfolgen kann. Die Tarifkommission soll eine Beteiligung der Mitglieder an der normalen innerverbandlichen Willensbildung garantieren, indem sie eine Rückkoppelung der Interessen der Verhandlungskommission an die der Mitglieder ermöglichen. Dieser Mechanismus dient der Legitimität des kollektiven Verhandlungssystems, ist jedoch dessen Effektivität abträglich.

Falls ein Arbeitskampf bevorsteht, wird ein besonderes Instrument eingesetzt: Die Urabstimmung ist in der Bundesrepublik (im Gegensatz etwa zu England) nicht durch Gesetze geregelt, sondern allein durch Satzungen und Richtlinien der Gewerkschaften. Urabstimmungen als Mechanismen der innerverbandlichen Willensbildung, die im übrigen für die Rechtmäßigkeit eines anschließenden Arbeitskampfes bedeutungslos sind, sichern nach innen die Folgebereitschaft der Mitglieder und demonstrieren nach außen Geschlossenheit und Zusammenhalt der Organisation. Die unterschiedlich hohen Quoren (75% Zustimmung bei dem ersten Votum, d.h. vor dem Streik, bzw. 25% bei dem zweiten, d.h. bei der Abstimmung über Annahme oder Ablehnung eines ausgehandelten Kompromisses), tragen diesem Sachverhalt Rechnung.[32]

---

anzudrohen." Offe,C., Politische Herrschaft und Klassenstrukturen. Zur Analyse spätkapitalistischer Gesellschaftssysteme, in: Widmaier,H.P.(Hg.), Politische Ökonomie des Wohlfahrtsstaates, Frankfurt 1974, 276.

[32] Hierbei stimmen nur die organisierten Arbeitnehmer ab; die Quoren beziehen sich entweder auf die tatsächlich abgegebenen Stimmen (z.B. IG Druck und Papier, IG Chemie-Papier-Keramik) oder auf alle abstimmungsberechtigten Mitglieder (z.B. IG Metall, ÖTV).

3.5. Außenbeziehungen und Effekte

Bisher haben wir im wesentlichen die Binnenstruktur von Gewerkschaften behandelt. Nach außen und damit gegenüber den anderen korporativen Akteuren innerhalb des Systems der Arbeitsbeziehungen verfügen Industriegewerkschaften zumindest in den wichtigen Zweigen der Volkswirtschaft über ein effektives Monopol der ökonomischen und politischen Interessenvertretung. Sie müssen stärker als etwa Berufsverbände Rücksicht nehmen auf institutionelle Randbedingungen ihres Handelns in Form gesamtwirtschaftlicher Folgen ihrer Verbandspolitik (u.a. für Beschäftigungsniveau, Preisniveaustabilität, Wirtschaftswachstum); dies ist notwendig, weil sie die Bereitstellung dieser Güter wesentlich beeinflussen.

Für die anderen korporativen Akteure (insbesondere für staatliche Agenturen) ist es häufig einfacher und erfolgversprechender, mit wenigen großen Organisationen, vor allem mit deren Dachverband, zu kooperieren als mit vielen kleinen. Der Ausgleich heterogener Interessen ist im zuerst genannten Fall bereits erfolgt, indem weitgehend eine Konfliktverlagerung in die Organisation hinein stattgefunden hat. Dies gilt etwa im Rahmen staatlicher Einkommenspolitiken, die in verschiedenen westeuropäischen Ländern vor allem in den 70er Jahren die staatliche Konjunktur- und Beschäftigungspolitik stützen sollten.[33]

Berufsverbände hingegen können eher als Industrieverbände als "Grenzmoralisten" im Sinne von Briefs handeln. Sie nutzen häufig ihren gruppenindividuellen Spielraum zu ihren Gunsten und damit auf Kosten nicht-intendierter Folgen für andere Gruppen, da ihr Einfluß auf makroökonomische Größen unmerklich ist und sie daher kaum zu kümmern braucht. Wenn sie sich "stabilitätsbewußt" verhielten anstatt die Außenseiterposition einzunehmen, würden sie sich in eine für sie ungünstige Position bringen, zumal ein entsprechendes Handeln der übrigen Gruppen nicht ohne weiteres erwartet werden kann. Berufsverbände können auch ein breiteres, über die hochgradig verallgemeinerbaren Interessen hinausgehendes Spektrum von Mitgliederbelangen repräsentieren, da bei ihnen die Interessenheterogenität weniger stark ausgeprägt ist als bei Industrieverbänden.

Weitbrecht[34] hat in seiner bahnbrechenden Studie schon früh gezeigt, daß innerhalb des Systems der Tarifautonomie ein Dilemma besteht zwischen interner Effektivität, d.h. Kompromiß- bzw. Verhandlungsfähigkeit der Organisation, und Legitimität, d.h. deren Verpflichtungsfähigkeit. Für erstere ist eine geringe, für letz-tere hingegen eine

---

[33] Vgl. für andere Armingeon,K., Neo-korporatistische Einkommenspolitik, Frankfurt 1983.

[34] Weitbrecht,H., Effektivität und Legitimität der Tarifautonomie. Eine soziologische Untersuchung am Beispiel der deutschen Metallindustrie, Berlin 1969.

hohe Beteiligung der Mitglieder am Entscheidungsprozeß notwendig. Am Beispiel der Metallindustrie zeigt Weitbrecht, daß die Problemlösungsstrategie in einer organisatorischen Trennung von tarifpolitischen Entscheidungs- und Beteiligungsprozessen besteht, wobei letztere primär der Verpflichtung der Mitglieder dienen.[35]

Bereits in der älteren, institutionalistisch ausgerichteten Literatur wurde die Frage nach dem Einfluß von Verbänden, insbesondere der Gewerkschaften behandelt.[36] In den 80er Jahren fand vor allem in den USA im Rahmen einer neu entfachten "ökonomischen" Gewerkschaftsanalyse eine recht intensive Diskussion statt über die Wirkungen und Folgen der Gewerkschaften als Institutionen des Arbeitsmarktes im Rahmen der gesellschaftspolitischen, vor allem aber der gesamtwirtschaftlichen Entwicklung (Löhne, Preise, Beschäftigung, Produktivität).

Die Ergebnisse der inzwischen recht breiten empirischen Forschung, welche die typische industrial relations- um eine rational choice-Perspektive fruchtbar zu erweitern sucht, lassen sich folgendermaßen zusammenfassen:

"1. Unions raise wages and the cost of labor to firms, with a modest misallocation of resources due to the consequent shrinkage of employment in the union sector.

2. Unions increase fringe benefits desired by workers.

3. Unions reduce inequality of wages in workplaces and across establishments and reduce white-collar/blue-collar pay differentials.

4. Unions reduce quits and increase job tenure, with a resultant modest increase in productivity to firms. The reduction in turnover reflects the extra welfare to workers from unionism.

5. Unions are associated with high productivity in many but not all cases.

6. Unions reduce company profits."[37]

---

[35] Dieses Ergebnis ist durchaus auf andere Industriegewerkschaften übertragbar. Empirisch läßt sich zeigen, daß in verschiedenen Industriegewerkschaften die Mitgliederbeteiligung nur gering ist.

[36] Vgl. zusammenfassend Külp,B., Lohnbildung im Wechselspiel zwischen politischen und wirtschaftlichen Kräften, Berlin 1965; Schnabel,C., Zur ökonomischen Analyse der Gewerkschaften in der Bundesrepublik Deutschland. Theoretische und empirische Untersuchungen von Mitgliederentwicklung, Verhalten und Einfluß auf wirtschaftliche Größen, Frankfurt-Berlin 1988.

[37] Freeman,R.B., Effects of unions on the economy, in: Lipset,S.M. (ed.), Unions in transition. Entering the second century, San Francisco 1986, 199; vgl. allgemein: Freeman,R.B./Medoff,J.L., What do unions do?, New York 1984; vgl. hierzu auch review symposium, Industrial and Labor Relations Review 38 (1985), 244-263; Hirsch,B.T./Addison,J.T., Economic analysis of labor unions - new approaches and evidence, London-Boston 1984; Addison,J.T., What do unions really do? A review article, Journal of Labor Research 6 (1985), 127-146; vgl. speziell zur Kritik der "microeconomics of unionism" sowie der Kontrakttheorie Oswald,A.J., New research on the economics of trade unions and labor contracts, Industrial Relations 26 (1987), 30-45.

Diese insgesamt recht positive Einschätzung läuft auf eine gewisse Rehabilitierung der Wirkungen von Gewerkschaften nicht nur im US-amerikanischen Kontext hinaus; sie sind demnach nicht nur - wie in der traditionell-orthodoxen Analyse[38] - als Monopole mit unerwünschten negativen Wohlfahrts- bzw. Effizienzeffekten (auf Löhne, restriktive Arbeitspraktiken etc.) anzusehen; sie sind vielmehr als soziopolitische Institutionen ("collective voice institutions") auch für empirisch durchaus nachweisbare positive Wohlfahrtseffekte (vor allem produktivitätssteigernde Wirkungen) verantwortlich.[39]

Einführende Literatur:

Armingeon,K., Die Entwicklung der westdeutschen Gewerkschaften 1950-1985, Frankfurt-New York 1988
Bergmann,J.(Hg.), Beiträge zur Soziologie der Gewerkschaften, Frankfurt 1979
Bergmann,J./Jacobi,O./Müller-Jentsch,W., Gewerkschaften in der Bundesrepublik, 3.Aufl. Frankfurt 1979
Crouch,C., Trade unions. The logic of collective action, London 1982
Freeman,R.B./Medoff,J.L., What do unions do?, New York 1984
Kittner,M.(Hg.), Gewerkschafts-Jahrbuch. Daten - Fakten - Analysen, Köln laufende Jahrgänge
Markovits,A.S., The politics of West German trade unions. Strategies of class and interest representation in growth and crisis, Cambridge-London 1986
Müller-Jentsch,W.(Hg.), Zukunft der Gewerkschaften. Ein internationaler Vergleich, Frankfurt-New York 1988
Strauss,G./Gallagher,D.G./Fiorito,J.(eds.), The state of the unions, Madison 1991
Streeck,W., Gewerkschaftliche Organisationsprobleme in der sozialstaatlichen Demokratie, Königstein 1981
Teichmann,U.(Hg.), Gewerkschaften. Analysen, Theorie und Politik, Darmstadt 1981
von Hauff,M., Theorie und Praxis gewerkschaftlicher Interessenpolitik. Eine ökonomische Analyse, Königstein 1979.

---

[38] Ganz ähnlich argumentiert später u.a. Olson. Vgl. im einzelnen Olson,M., The rise and decline of nations. Economic growth, stagflation, and social rigidities, New Haven-London 1982. Zur Kritik zusammenfassend Schubert,K. Leistungen und Grenzen politisch-ökonomischer Theorie. Eine kritische Bestandsaufnahme zu Mancur Olson, Wiesbaden 1992.

[39] Andere Analysen sind allerdings pessimistischer in bezug auf die Arbeitsmarkteffekte als die "Harvard-Ökonomen". Vgl. zusammenfassend vor allem: Schnabel, Zur ökonomischen Analyse der Gewerkschaften in der Bundesrepublik Deutschland, bes. 184-211.

4. KORPORATIVE AKTEURE III: STAAT/STAATLICHE AGENTUREN

4.1. Einleitung

Auf der einen Seite stimmt die überwiegende Mehrzahl unserer Konzepte und Theorien - ganz unabhängig von ihrer Herkunft aus systemtheoretischen, pluralistischen, marxistischen, Regulations- oder anderen "Schulen" - darin überein, daß wir bei unseren Versuchen, auf dem interdisziplinären Gebiet der Arbeitsbeziehungen fundierte Hypothesen zu formulieren, explizit von drei korporativen Akteuren und ihren formalen und informellen Beziehungen auszugehen haben:
- Arbeitnehmer und Gewerkschaften als ihre Interessenvertretungen,
- Management, Arbeitgeber und ihre Verbände,
- Staat, wobei verschiedene seiner Agenturen, Länder- und Bundesregierungen sowie die Arbeitsgerichte eingeschlossen werden.

Auf der anderen Seite konzentriert sich die überwiegende Mehrzahl der vorliegenden empirischen und theoretischen Analysen deutlich auf die bilateralen Beziehungen zwischen Arbeitnehmern und Arbeitgebern unter Einschluß ihrer jeweiligen Organisationen. Der Staat als der dritte korporative Akteur wird in fast allen Fällen kaum in die Kalküle einbezogen.[1]

Dieses Faktum scheint auf den ersten Blick insoweit keine ernsten Probleme aufzuwerfen, als diejenigen Länder (wie etwa England) betroffen sind, in denen der Staat traditionell eine weniger wichtige, zumindest aber keine entscheidende Rolle innerhalb der Arbeitsbeziehungen spielt, sondern lediglich einen weiten institutionellen Rahmen für den dominierenden Bipartismus von Arbeitgebern und Arbeitnehmern vorgibt.[2] Dieser offensichtliche Bias verursacht aber beträchtliche Schwierigkeiten, wenn wir versuchen, diese analytischen Konzepte auf andere westliche Industrienationen zu übertragen, in denen neben hochgradig zentralisierten collective bargaining-Systemen sowie institutionalisierten Gewerkschaften wesentliche Einflußnahmen des Staates vorzufinden sind (u.a. Österreich, die skandinavischen Staaten, Bundesrepublik Deutschland).

---

[1] Zu den wenigen theoretischen Ausnahmen gehören: Dabscheck,B., Of mountains and routes over them: A survey of theories of industrial relations, Journal of Industrial Relations 25 (1983), 485-506; Windmuller,J.P., Comparative study of methods and practices, in: ILO (ed.), Collective bargaining in industrialised market economies: A reappraisal, Geneva 1987, 121-148; Dabscheck,B., A survey of theories of industrial relations, in: Barbash,J./Barbash,K.(eds.), Theories and concepts in comparative industrial relations, Columbia,S.C. 1989, 155-183; Giles,A., Industrial relations theory, the state and politics, in: Barbash/ Barbash, Theories and concepts, 123-154.

[2] Dies ist einer der Hauptgründe, weshalb der "KKM-approach" in einem nicht US-amerikanischen Kontext nur von begrenztem Nutzen ist. Vgl. Kochan,Th./Katz,H.C./McKersie,R.B., The transformation of American industrial relations, New York 1986; zur Kritik zusammenfassend Chelius,K./ Dworkin,J.(eds.), Reflections on the transformation of industrial relations, Metuchen 1990.

Ein paralleles, aber weitgehend unbemerktes Problem können wir in der andauernden Diskussion über die Zukunft der nordamerikanischen und europäischen Arbeitsbeziehungen feststellen: Viele der hochgradig kontroversen Konzepte kreisen um verschiedene Aspekte der Zukunft der Gewerkschaften (wie Mitgliederverluste, abnehmender Organisationsgrad, neue Strategien und notwendige Politiken angesichts der Einführung neuer Technologien auf Betriebsebene, mehr Wettbewerb auf den sich rapide verändernden Weltmärkten, verschiedene Strategien im Kampf gegen Arbeitslosigkeit).[3] Gelegentlich schließen diese Konzepte einige recht allgemein gehaltene Informationen und/oder begründete Spekulationen über die Zukunft von Management und Arbeitgebern ein. Der Staat als korporativer Akteur wird wiederum nicht thematisiert.

Dieser offensichtliche Mangel[4] wird ernsthafte Schwierigkeiten nicht nur von einem eher theoretischen Standpunkt aus, sondern auch für Forschungsaktivitäten verursachen. Im folgenden soll daher ein Beitrag zur Beseitigung dieser konzeptionellen Lücke geleistet werden. Dabei werden wir zunächst auf einige historische Entwicklungen, danach vor allem auf aktuelle Probleme eingehen.[5]

Eine deutliche Konzentration auf die Regierung und ihre strategischen Handlungsalternativen[6] - unter Einschluß ihrer entscheidenden Interaktionen mit den anderen korporativen Akteuren - bei der Formulierung und Implementierung politischer Strategien ist innerhalb unseres Kontextes sinnvoll und problemadäquat. Daher werden wir uns nicht ausführlich beschäftigen mit den anderen Teilen des korporativen Akteurs "Staat", insbesondere nicht mit dem Parlament und den Prozessen

---

[3] Für andere: Edwards, et al.(eds.), Unions in crisis and beyond. Perspectives from six countries, Dover-London 1986; Lipset,S.M. (ed.), Unions in transition. Entering the second century, San Francisco 1986, Müller-Jentsch,W.(Hg.), Zukunft der Gewerkschaften. Ein internationaler Vergleich, Frankfurt-New York 1988.

[4] Zwei bemerkenswerte Ausnahmen sind allgemein gehaltene Kapitel über den Staat in international vergleichender Perspektive in den folgenden Monographien: Bean,R., Comparative industrial relations. An introduction to cross-national perspectives, London 1985; Poole,M., Industrial relations: Origins and patterns of national diversities, London 1986.

[5] Vgl. zur historischen Entwicklung der collective bargaining-Regelungen in verschiedenen Ländern: Bean, Comparative industrial relation; zur Geschichte der Beziehungen zwischen Gewerkschaften und Staat: Tomlins,Ch., The state and the unions. Labor relations, law, and the organized labor movement in America, 1880-1960, New York 1985; in einer eher vergleichenden Perspektive: Rimlinger,G. Labor and the government: A comparative historical perspective, Journal of Economic History 37 (1977), 210-225; die Entwicklung in Deutschland beschreibt: Armingeon,K., Politische Regulierung industrieller Beziehungen. Vom Kaiserreich zur Bundesrepublik Deutschland, in: Schmidt,G.(Hg.), Staatstätigkeit. International und historisch vergleichende Analysen, Opladen 1988, 151-177.

[6] Vgl. Kochan,Th./McKersie,R.B./Cappelli,P., Strategic choice and industrial relations theory, Industrial Relations 23 (1984), 16-39.

routinisierter Entscheidungsfindung innerhalb des Rechtssystems - mit seiner charakteristischen Interpretation, Verwaltung und Implementation des bestehenden individuellen und kollektiven Arbeitsrechts; auch die anderen Teile des dichten Netzwerkes von staatlichen und halbstaatlichen Institutionen zur Ausübung spezieller Funktionen werden wir nicht behandeln. Im Zentrum steht "the role of government as guardian of the public interest, as arbiter and rule maker - in brief, as sovereign..."[7]. Durch diese Akzentsetzung lassen sich verschiedene Probleme der internen Entscheidungsfindung sowie von Konflikten innerhalb des korporativen Akteurs "Staat" vermeiden. Im Mittelpunkt der Überlegungen werden bei bewußtem Verzicht auf die Situation in kommunistischen[8] und Entwicklungsländern[9] westliche, marktwirtschaftlich ausgerichtete Industrienationen stehen.[10]

4.2. Historische Rollen und allgemeine Funktionen des Staates

Aus der allgemeinen industrial and labor relations-Literatur können wir einige verstreute Informationen über die historische Rolle sowie die wichtigen allgemeinen Funktionen des Staates gewinnen:

1. In allen entwickelten Industrienationen sind allmählich mehr oder weniger umfassende Systeme des individuellen und kollektiven Arbeitsrechts entstanden, um die konflikthaften Beziehungen zwischen Arbeitnehmern und Arbeitgebern auf den verschiedenen Ebenen der Arbeitsbeziehungen (des Einzelunternehmens, der Branche, der Gesamtwirtschaft) zu regulieren und um die Arbeitnehmer durch rechtliche Vorkehrungen vor Unterdrückung und Ausbeutung zu schützen. Wir registrieren aber aus historischen und anderen Gründen enorme nationalspezifische Unterschiede zwischen diesen allgemeinen, überall zu beobachtenden Typen rechtlicher Intervention in eine laissez-faire-Wirtschaft: Vor allem die australischen und deutschen Rechtssysteme sind bekannt für ihren ungewöhnlich hohen Grad an legalistischer Intervention (sog. Verrechtlichung), während etwa England über lange Phasen bis in

---

[7] Windmuller, Comparative study of methods and practices, 121.

[8] Vgl. Héthy,L., Industrial relations in Eastern Europe: Recent developments and trends, in: Adams,R.J.(ed.), Comparative industrial relations. Contemporary research and theory, London 1991, 124-139.

[9] Vgl. Fashoyin,T., Recent trends in industrial relations research and theory in developing countries, in: Adams, Comparative industrial relations, 109-123.

[10] Eine ausgezeichnete und sehr hilfreiche Fallstudie über die besondere Situation in England ist: Strinati,D., Capitalism, the state and industrial relations, London-Canberra 1982.

die frühen 70er Jahre deutlich durch rechtliche Enthaltsamkeit und "voluntarism" charakterisiert war.

Im internationalen Vergleich ist für das deutsche System der Arbeitsbeziehungen eine starke <u>Verrechtlichung</u> nahezu aller seiner Elemente typisch. Dadurch werden zwar vor allem für die Gewerkschaften einerseits Handlungsrestriktionen formuliert, andererseits aber auch institutionelle Sicherungen garantiert und dadurch verschiedene Flexibilisierungs- bzw. Deregulierungsstrategien ökonomischer bzw. politischer Provenienz erschwert. Der Staat wird als <u>Gesetzgeber</u> vor allem aktiv durch

- verschiedene Mitbestimmungsregelungen auf betrieblicher und überbetrieblicher Ebene,
- das Tarifvertragsgesetz, welches die rechtlich-institutionellen Rahmenbedingungen einer autonomen Konfliktaustragung der Tarifvertragsparteien auf sektoraler Ebene definiert,
- das Arbeitsförderungsgesetz, welches u.a. die verschiedenen Instrumente der Arbeitsmarktpolitik vorgibt,
- in jüngster Zeit das Beschäftigungsförderungsgesetz sowie die Änderung des Par.116 Arbeitsförderungsgesetz, wodurch die Austauschbedingungen auf der Makroebene verändert werden.

Die verschiedenen gesetzlichen Regelungen sind geronnener Ausdruck der jeweiligen politischen Kräfteverhältnisse zum Zeitpunkt ihrer Verabschiedung bzw. Resultat der Auseinandersetzungen um Macht- und Herrschaftspositionen. In soziologischer Terminologie ist häufig von einer <u>Institutionalisierung des Klassengegensatzes</u>[11] die Rede, womit besonders die vom Staat detailliert vorgegebene Definition von Regeln für die Austragung industrieller Konflikte (Tarifautonomie und Tarifvertragsbeziehungen bzw. Arbeitsbeziehungen auf betrieblicher Ebene) gemeint ist.

In engem Zusammenhang mit dieser Setzung von Rechtsnormen steht die <u>Rechtsprechung</u> durch die aus dem allgemeinen Rechtssystem vollständig ausgegliederte Arbeitsgerichtsbarkeit, die dreistufig in Arbeitsgerichte, Landesarbeitsgerichte und Bundesarbeitsgericht aufgebaut ist. Wichtig in unserem Zusammenhang sind u.a. Entscheidungen zu verschiedenen Problemen des individuellen und kollektiven Arbeitsrechts, insbesondere des Arbeitskampfrechts, d.h. zu Streik und Aussperrung.

---

[11] Für andere: Dahrendorf,R., Class and class conflict in industrial society, 5th ed. London 1967, 64ff.; Jackson,M.P., Industrial relations. A textbook, London 1977, 178ff.

2. Häufig enthalten diese rechtlichen Rahmenbedingungen auch einige inhaltliche Vorgaben für minimale Standards von Arbeitsbedingungen (wie Minimallöhne, Begrenzung oder Standardisierung der täglichen oder wöchentlichen Arbeitszeit, Arbeitsschutz- und Gesundheitsvorkehrungen, Anti-Diskriminierungsregelungen, Urlaub, Kündigungsschutz). Der alternative, in manchen Ländern (etwa in England oder den USA) aber auch ergänzende Mechanismus zur Festsetzung der allgemeinen Arbeitsbedingungen durch nicht-politische Mittel ist das Tarifverhandlungssystem, falls die Gewerkschaften über genügend Stärke und Macht verfügen.

3. Nachdem der Staat das Kollektivverhandlungs- und allgemeine Streikrecht nach und nach gesetzlich garantiert hatte, hat er in allen entwickelten westlichen Industrienationen immer wieder versucht, kollektive industrielle Konflikte - vor allem offizielle und inoffizielle Streiks, gelegentlich aber auch Aussperrungen - zu verhindern oder zumindest einzugrenzen, um die "Öffentlichkeit" vor den (angenommenen oder tatsächlichen) schädlichen Auswirkungen zu schützen.
In einigen Ländern (u.a. England und USA) sind die Regierungen oder mit ihnen eng verbundene Agenturen sowohl in der Privatwirtschaft als auch im öffentlichen Sektor zugleich verantwortlich für verschiedene Institutionen und Mechanismen der Konfliktlösung durch Intervention dritter Parteien. Der Staat sorgt extern für verschiedene Typen von Verfahrensregeln für Schlichtungs- und/oder Schiedsverfahren.[12] In anderen Ländern wie der Bundesrepublik ermutigt der Staat eindeutig die Tarifvertragsparteien, untereinander ausgefeilte Verfahren zur intern-autonomen Konfliktbeilegung zu vereinbaren.

4. In der Mehrzahl der nordamerikanischen und europäischen Staaten - nicht aber z.B. in Italien und Frankreich - bestehen strikte, rechtlich einklagbare Verpflichtungen, während der Laufzeit von Kollektivverträgen eine sog. Friedenspflicht einzuhalten, d.h. keinerlei Arbeitskämpfe zu führen. In diesem Zusammenhang entsteht häufig eine klare und eindeutige Trennung zwischen
- individuellen und kollektiven Rechtskonflikten über die Auslegung bzw. Interpretation eines bestehenden Kollektivvertrages, die in den meisten Fällen friedlich, d.h. durch Rechtsmittel unter Einschluß von Arbeitsgerichtsentscheidungen und nicht durch private Vereinbarungen (sog. grievance procedures) beigelegt werden
- und Regelungs- oder Interessenkonflikten über die noch auszuhandelnden Bedingungen eines neuen Kollektivvertrages mit verschiedenen Methoden der

---

[12] Dazu gehören vor allem mediation, conciliation, voluntary oder compulsory arbitration.

Konfliktaustragung unter Einschluß von Arbeitskämpfen. Verschiedene Formen von Arbeitskämpfen können für illegal erklärt werden.

5. Öffentliche Körperschaften sind aktiv an der Ausgestaltung der <u>Arbeitsbeziehungen des öffentlichen Dienstes</u> beteiligt: Der Staat und die Gebietskörperschaften sind unmittelbar Arbeitgeber einer über eine ganze Reihe von Jahrzehnten ständig gewachsenen Anzahl bzw. eines zunehmenden Anteils von Arbeitnehmern. Öffentliche Körperschaften (vor allem Bund, Länder, Gemeinden, Bahn und Post) beschäftigen inzwischen mehr als 4.6 Millionen Arbeitnehmer (Beamte, Angestellte, Arbeiter) und beeinflussen dadurch direkt sowohl deren Entgelte als auch die übrigen Arbeitsbedingungen.[13] Damit können staatliche Akteure auch einen gewissen Einfluß auf die Entwicklung der Arbeitsbeziehungen in der Privatwirtschaft ausüben.

Eine ganze Reihe von Schwierigkeiten, die aus dieser Funktion resultieren, sind in der international vergleichenden Literatur in den letzten Jahrzehnten breit dokumentiert worden; hierzu gehören u.a. die zunehmende Vergewerkschaftung, das häufig umstrittene Streikrecht, von dem typischerweise ganz bestimmte Gruppen in zentralen (Schlüssel-)Funktionen ausgeschlossen werden, verschiedene Verfahrensregelungen zur Konfliktbeilegung, verschiedene Methoden der Einkommensregelung.[14] Wegen der umfangreichen Spezialliteratur werden wir uns im folgenden auf die Privatwirtschaft und das allgemeine Problem konzentrieren. Diese Entscheidung wird durch die Tatsache erleichtert, daß die Unterschiede in den Strategien privater und öffentlicher Arbeitgeber in den 80er Jahren geringer geworden sind; in Zeiten von Massenarbeitslosigkeit und Privatisierungsmaßnahmen können öffentliche Arbeitgeber kaum noch als "Modell"-Arbeitgeber bezeichnet werden.

Diese allgemeinen Entwicklungstendenzen zeigen bedeutsame nationalspezifische Unterschiede in den quantitativen und qualitativen Bedingungen und Formen der historischen und aktuellen Interventionen der Regierungen. Wir beobachten vor allem seit der langen Prosperitätsphase nach dem II. Weltkrieg, daß aktive Interventionen der Regierungen in die Wirtschafts- und Sozialpolitik im allgemeinen sowie in Teilbereiche des Systems der Arbeitsbeziehungen im besonderen in allen entwickelten westlichen Industrienationen häufiger, systematischer und umfassender wer-

---

[13] Auf diese besondere Situation wollen wir in Kap.10 eingehen.

[14] International vergleichend hierzu zuletzt vor allem Treu,T. (ed.), Public service labour relations: Recent trends and future prospects. A comparative survey of seven industrialized market economy countries, Geneva 1987; Gladstone,A. et al(eds.), Current issues in labour relations. An international perspective, Berlin-New York 1989, 267-366.

den.[15] Weiterhin ist die Einflußnahme des Staates über die Systeme sozialer Sicherung (in unserem Kontext vor allem über die Sicherung bei Arbeitslosigkeit) sowie durch die staatliche Arbeitsschutzgesetzgebung vorhanden.[16] Insofern hat der Staat zahlreiche Aufgaben übernommen, die früher die Gewerkschaften (als Selbsthilfeorganisationen) bewältigen mußten.

Diese langfristige Entwicklung implizierte in recht frühen historischen Perioden vor allem die aktive rechtliche Unterstützung der Entwicklung eines Tarifverhandlungssystems sowie in einer jüngeren Phase u.a. verschiedene, mehr oder weniger aktive Arbeitsmarktpolitiken sowie makroökonomische Strategien zur Stabilisierung des Wachstums und/ oder zur Bekämpfung von Arbeitslosigkeit. "The role adopted by the State in the field of industrial relations in the post-war period was essentially that of guarantor of the understandings reached between labour and management ... it was understood that the State would attempt to maintain a balance between labour and management so that neither side dominated the bilateral relationship."[17]

In den 80er Jahren ging dieser langfristige Trend zunehmender regulativer und distributiver Politiken sowie eines Managements der Wirtschaft durch einen interventionistischen Staat allmählich zuende. Verschiedene, von konservativen Regierungen eingeleitete Deregulierungsstrategien zeigen ebenfalls eine Umkehr dieses Trends an. Wir beobachten allerdings erhebliche Unterschiede zwischen derartigen Politiken in verschiedenen Ländern (z.B. England und USA auf der einen, die Bundesrepublik auf der anderen Seite).[18]

4.3. Makro-Korporatismus als temporärer Regulierungsmodus

Soweit ist unsere Vorgehensweise noch ziemlich impressionistisch oder zumindest rein beschreibend. Eine stringente und stärker theoretisch orientierte Analyse finden wir in der Diskussion über Neo-Korporatismus, die hauptsächlich von Politikwissen-

---

[15] "All in all, ... it would be difficult to disagree with the proposition that the State has in recent decades assumed a more active role in collective bargaining by promulgating more rules, imposing more restraints and becoming a more active participant in negotiations." Windmuller, Comparative study of methods and practices, 126.

[16] Auf das vor allem in den 70er Jahren populäre Programm zur "Humanisierung des Arbeitslebens" sei nur der Vollständigkeit halber hingewiesen; seine Attraktivität für Betriebsräte und Gewerkschaften schwand in der Krise. Vgl. im einzelnen Bernschneider,W., Staat, Gewerkschaft und Arbeitsprozeß. Zur "Politisierung" und zum Legitimationspotential staatlichen Handelns, Opladen 1986.

[17] Adams,R.J., North American industrial relations: Divergent trends in Canada and the United States, International Labour Review 128 (1989), 49.

[18] Vgl. im einzelnen Esping-Andersen,G., The three worlds of welfare capitalism, Princeton 1990, 162-190.

schaftlern und politischen Soziologen geführt wird, zu denen sich erstaunlicherweise nur selten industrial relations-Vertreter gesellen.

Parallel zu den bereits skizzierten Aktivitäten des Staates üben die anderen korporativen Akteure nicht so sehr "Druck" aus, indem sie versuchen, politische Entscheidungen zu beeinflussen - wie es das bekannte "Vektorsummenmodell" von Interessenpolitik und -vermittlung nahelegen würde. Im Rahmen des "korporatistischen" Modus von Interessenvermittlung versuchen vielmehr die Regierungen bzw. staatlichen Agenturen, mit Gewerkschaften und Arbeitgeberverbänden eine mehr oder weniger formalisierte und institutionalisierte Verhaltensabstimmung (u.a. in bezug auf eine Einkommenspolitik) auf freiwilliger oder sozialkontraktueller Ebene zu betreiben. Das Ziel besteht darin, auf dem Verhandlungs- und Überzeugungswege eine Koordination bzw. Abstimmung der Verhaltensweisen in bezug auf makroökonomische Zielvorstellungen (u.a. relative Preisniveaustabilität, stetiges Wirtschaftswachstum, außenwirtschaftliches Gleichgewicht) zu erreichen.[19]

Nach dem II. Weltkrieg, vor allem aber in den 60er und 70er Jahren, entstanden in verschiedenen marktwirtschaftlich verfaßten, liberalen Demokratien erneuerte Formen von Systemen der Interessenrepräsentation zwischen den Regierungen und den Führungen der wichtigsten Interessenorganisationen von Arbeit und Kapital.[20] Diese besondere Form der organisatorischen und politischen Interessenvermittlung und/oder Konfliktschlichtung in korporatistischen Verbünden (zwischen staatlichen Agenturen und gewerkschaftlichen bzw. unternehmerischen Verbandseliten) ersetzte allmählich "klassische", eher pluralistisch-liberal ausgerichtete Varianten eines vor allem in den angelsächsischen Ländern vorzufindenden Typs der Arbeitsbeziehungen durch eine stärker zentralisierte, institutionalisierte und koordinierte, kontinental-westeuropäische Form der Interessenpolitik. "Ostensibly corporatism provides an ideal solution to the central problem of modern capitalism: the maintenance of order where market relations are no longer supreme, where the division between polity and economy can no longer be sustained, and where both the working class and capital are organised."[21]

---

[19] Vgl. zu einem verbandlichen Modell der sozialen Ordnung Streeck,W./ Schmitter,Ph.C., Gemeinschaft, Markt und Staat - und die Verbände? Der mögliche Beitrag von Interessenregierungen zur sozialen Ordnung, Journal für Sozialforschung 25 (1985), 133-157.

[20] Für andere: Crouch,C., The changing role of the state in industrial relations in Western Europe, in: Crouch,C./Pizzorno,A. (eds.), The resurgence of class conflict in Western Europe since 1968, Volume 2: Comparative analysis, New York 1978, 197-220; Maier,Ch.S., Preconditions for corporatism, in: Goldthorpe,J.H. (ed.), Order and conflict in contemporary capitalism, Oxford 1984, 60-80.

In allgemeiner Formulierung sind korporatistische Modelle, die "growth industry" der 70er Jahre, der Versuch,
- den autonomen und unabhängigen Staat mit seiner aktiven und direkten Intervention in ökonomische Prozesse und ihre materiellen Ergebnisse wieder in den Mittelpunkt der Analyse zu rücken
- sowie in theoretisch orientierten Kategorien einige jüngere integrative und stärker kooperative Trends innerhalb des Systems der Interessenrepräsentation - vor allem der Interessenvermittlung innerhalb institutionalisierter Arbeitsbeziehungen - zu analysieren.[22]

Notwendige, vielleicht sogar hinreichende Voraussetzungen für den zumindest in einigen Ländern relativ guten, wenngleich häufig zeitlich begrenzten Erfolg einer derartigen breiten korporatistischen Konzertierung sind gewisse institutionelle Strukturen:[23]
- vereinheitlichte, hochgradig zentralisierte Systeme der Interessenrepräsentation mit entsprechenden nicht-fragmentierten Strukturen korporativer Entscheidungsfindung sowohl innerhalb als auch zwischen Organisationen,
- damit eng verbunden eine deutliche Dominanz des Organisationsprinzips der Industrie- (und Einheits-)Gewerkschaft anstelle einer stärker fragmentierten Gewerkschaftsstruktur (etwa mit Berufsverbänden),
- eine gewisse Organisationssicherung der Verbände,
- das Recht der Verbände, faktisch als alleinige Repräsentanten ihres Klientels zu handeln (effektives Repräsentationsmonopol),
- sowie die Fähigkeit der Verbandsspitzen, genügend soziale Kontrolle über das Verhalten ihrer Mitglieder ausüben zu können, um wechselseitige Verpflichtungen aus getroffenen Vereinbarungen auch tatsächlich ausführen und durchsetzen zu können (Funktion der Konsensbeschaffung),
- die aktive Teilhabe der Verbände an der Politikformulierung und -gestaltung, also an diversen Prozessen makroökonomischer Planung im allgemeinen sowie an der Einkommenspolitik im besonderen,

---

[21] Crouch, The changing role of the state, 215. Vgl. hierzu allgemein auch Offe,C., Korporatismus als System nichtstaatlicher Makrosteuerung? Notizen über seine Voraussetzungen und demokratischen Gehalte, Geschichte und Gesellschaft 10 (1984), 234-256.

[22] Korporatistisch ausgerichtete Versuche der Interessenvermittlung und -koordination können sowohl auf der Makro- (National-) als auch auf der Mesoebene (einzelner Wirtschaftssektoren) ansetzen; jüngere Untersuchungen betonen vor allem die Arrangements in einzelnen Sektoren (sog. private interest government).

[23] Vgl. Schmitter,P.C./Lehmbruch,G. (eds.), Trends towards corporatist intermediation, London 1979; Lehmbruch,G./Schmitter,P.C. (eds.), Patterns of corporatist policy-making, Beverly Hills 1982.

- von Arbeiter- oder sozialdemokratischen Parteien geführte Regierungen, die über institutionelle Verknüpfungen, starke personelle Verbindungen, sich überschneidende Mitgliedschaften und ideologische Verschmelzungen verfügen (sollten) und dadurch eher politischen Konsens mit "ihren" loyalen Gewerkschaften beschaffen können als andere Parteien.[24]

Die Regierungen verschiedener Länder haben wiederholt versucht, sich dieser hilfreichen tripartistischen Institutionen zu bedienen, die sie oft selbst initiiert und aufrecht zu erhalten versucht hatten.[25] Hierzu gehören u.a. Österreich, die Niederlande sowie die skandinavischen Länder; nicht hinzuzurechnen sind Australien (bis 1985 [26]), Kanada[27] und vor allem die USA; in der Mitte einer "Korporatismusskala" befinden sich Italien und Frankreich. Diese enge Kooperation zwischen Regierungen und den Spitzen der wichtigsten Interessenorganisationen von Kapital und Arbeit auf der zentralstaatlichen Ebene zielt auf die Abarbeitung der gesamten Palette der Probleme eines Managements des keynesianischen Wohlfahrtsstaates (vor allem relative Preisniveaustabilität, Einkommensverteilung unter Einschluß von Einkommenspolitik, stetiges Wirtschaftswachstum sowie später Probleme einer Vollbeschäftigungspolitik). Im internationalen Vergleich war das Ausmaß der Verbindlichkeit von Interventionen in das System "freier" Kollektivverhandlungen recht unterschiedlich (indikative, imperative und kooperative Varianten); die institutionellen Formen wiesen deutliche Differenzen auf.[28]

Einerseits benötigten also die Regierungen - in einer ausgedehnten Phase wachsenden Wohlstandes und steigender Masseneinkommen - unbedingt die freiwillige Unterstützung und direkte "verantwortliche" Kooperation der Führungsspitzen von unabhängigen Gewerkschaften für ein erfolgreiches Management im Rahmen der

---

[24] Österreich ist das prototypische Beispiel auf der einen, das hochgradig dezentralisierte US-System das auf der anderen Seite.

[25] Vgl. Juris,H. et al.(eds.), Industrial relations in a decade of economic change, Madison 1985.

[26] Vgl. zur jüngeren Entwicklung Frenkel,St.J., Australian employers in the shadow of the labor accords, Industrial Relations 27 (1988), 166-179. Eine abweichende Meinung vertritt Palmer,G., The corporatism debate: Does it illuminate the Australian experience, Paper presented to the British Universities Industrial Relations Conference, July 1988.

[27] Kanada hat sich weitgehend vom einheitlichen nordamerikanischen Muster gelöst und sich zunehmend auf den europäischen Typ von konzertierten sozio-ökonomischen Entscheidungsprozessen zubewegt. Vgl. Adams,R., Industrial relations and the economic crisis: Canada moves towards Europe, in: Juris et al., Industrial relations in a decade of economic change, 115-149.

[28] Vgl. Beyme,K.v., Gewerkschaften und Arbeitsbeziehungen in kapitalistischen Ländern, München 1977, 243-262.

Strategien makroökonomischer Stabilisierung; diese schlossen vor allem eine Einkommenspolitik mit einer gewissen "Lohnzurückhaltung" der Arbeitnehmer bzw. ihrer Gewerkschaften ein. Auf der anderen Seite mußten aber die Regierungen ihren "Partnern" im politischen Tausch bestimmte Leistungen als Kompensation für Inkorporation und gesellschaftliche Integration bieten. Resultate dieser impliziten oder sogar expliziten Sozialkontrakte innerhalb eines "bargaining corporatism" waren u.a.
- zunehmende Organisationsmacht der Gewerkschaften,
- mehr und verbesserte Mitbestimmungs- und Partizipationsrechte,
- Erfüllung bestimmter sozialpolitischer Forderungen (vor allem nach einer Expansion des Wohlfahrtsstaates)
- und/oder mehr politischer Einfluß in diesem permanenten Prozeß von politischem Geben und Nehmen.

Das Ergebnis war, daß die Gewerkschaften in einer ausgedehnten Phase von leergefegten Arbeitsmärkten bzw. Vollbeschäftigung einflußreicher wurden. Sie gewannen innerhalb des politischen Systems offizielle und integrierende Anerkennung und hatten effektiven Zugang zu "ihren" kooperationsbereiten Regierungen; weiterhin verfügten sie als "Sozialpartner" über beachtlichen Einfluß innerhalb dieser restrukturierten Machtverteilung, die überall korporative Repräsentation sowie tripartistisch organisierte, "generalized political exchanges"[29] einschlossen.

---

[29] Pizzorno,A., Political exchange and collective identity in industrial conflict, in: Crouch/Pizzorno, The resurgence of class conflict in Western Europe, Volume 2, 277-298.

	Korporatistisches Regulierungsmodell (Konzertierung)	Neokonservatives Regulierungsmodell (Dualisierung)
Verhältnis Markt/ Organisation	Ersetzung von Marktmechanismen durch organisatorische und politische Macht	Zurückdrängung von organisatorischer und politischer Macht zugunsten der Marktkräfte
Wirtschaftspolitische Hauptdoktrin	Keynesianismus (Nachfragepolitik)	Neoliberalismus (Angebotspolitik)
Wirtschaftspolitische Hauptziele	Sicherung von Stabilität, Wachstum und Vollbeschäftigung (Modernisierungspolitik unter Prosperitätsbedingungen)	Förderung der Innovations- und Konkurrenzfähigkeit im internationalen Wettwerber (Modernisierungspolitik unter Krisenbedingungen)
Verhältnis Staat/Gewerkschaft	politischer Tausch (Sozialkontrakt)	Disziplinierung/Ausgrenzung (Labour Exclusion)
Verrechtlichungstendenz	Stärkung der Gewerkschaften, der Tarifautonomie und der betriebl. Mitbestimmung	Schwächung der Gewerkschaften und ihrer Integrationsfähigkeit Deregulierung
Sozialstaat	expansiv	kontraktiv
typische Folgeprobleme	Überforderung der systemischen Konzessionsspielräume/ Rigiditäten	Spaltung der Gesellschaft ("Zweidrittelgesellschaft")

Quelle: Müller-Jentsch,W., Gewerkschaften im Umbruch. Ein qualitativer Vergleich, in: ders. (Hg.), Zukunft der Gewerkschaften. Ein internationaler Vergleich, Frankfurt 1988, 271.

4.4. Bedrohungen und Herausforderungen

Mit der folgenden Argumentationsweise bewegen wir uns auf den Grundlagen der Tauschtheorie bzw. des methodologischen Individualismus; wir bauen nicht auf anderen Konzepten auf wie etwa auf marxistischen Theorien über die Funktionen des Staates in fortgeschrittenen kapitalistischen Gesellschaften unter Einschluß klassentheoretischer Überlegungen.[30] Wir gehen davon aus, daß alle Teilnehmer rational handeln und die subjektiven Kosten und Nutzen ihrer weiteren Partizipation an korporatistischen, mehr oder weniger freiwilligen Experimenten strategisch kalkulieren. Die korporativen Akteure handeln entsprechend ihrem Eigeninteresse, d.h. sie verfolgen diejenigen (Einkommens- bzw. Profit-)Strategien, die den subjektiv erwarteten Nutzen ihrer Organisation maximieren. Alle Teilnehmer verfügen prinzipiell über die Option der "Abwanderung"[31], falls sie zu dem Ergebnis gelangen, daß ihre positiven, internen und externen Kompensationen sich wesentlich verschlechtern.

Die interne "Handlungslogik" der korporativen Akteure besteht in einem Tausch wechselseitiger kollektiver Vorteile, der sich durchaus über verschiedene Politikbereiche hinweg erstrecken kann (etwa Ausweitung der Mitbestimmungsrechte gegen "Zurückhaltung" in der Lohnpolitik). Neokorporatistische Arrangements können nur solange erfolgreich sein, wie jeder der für ihr Gelingen notwendigen Akteure weiter teilnimmt. Diese tripartistischen Arrangements werden eher allmählich als sofort aufgegeben, wenn sie sich unter wesentlich veränderten ökonomischen und/oder politischen Rahmenbedingungen für mindestens einen der beteiligten Akteure nicht mehr auszahlen. Die Ziele des Verbundes sind als kollektive Güter anzusehen, bei deren Erreichung häufig die bekannten Schwierigkeiten auftreten (sog. free rider-Problem).

Daher sind alle korporatistischen Netzwerke auf der nationalen wie auf der regionalen Ebene aus Gründen, die in den Beziehungen innerhalb und zwischen ihren Akteuren liegen, zeitlich begrenzt, relativ instabil sowie unsicher.[32] Ein grund-

---

[30] Vgl. u.a. für die zuletzt genannte Alternative: Strinati,D., Capitalism, the state and industrial relations, in: Crouch,C. (ed.), State and economy in contemporary capitalism, London 1979, 191-236; Panitch,L., Recent theorizations of corporatism: Reflections on a growth industry, British Journal of Sociology 31 (1980), 159-187; vgl. zur zuerst genannten Alternative u.a.: OECD, The search for consensus. The role of institutional dialogue between government, labour and employers, Paris 1982; Lehmbruch, G., Concertation and the structure of corporatist networks, in: Goldthorpe, Order and conflict in contemporary capitalism, 60-80; Lange,P., Unions, workers and wage regulation: The rational bases of consent, in: Goldthorpe, Order and conflict in contemporary capitalism, 98-123. Einen Überblick vermittelt Palmer, Corporatism and Australian compulsory arbitration.

[31] Vgl. Hirschman,A.O., Abwanderung und Widerspruch. Reaktionen auf Leistungsabfall bei Unternehmungen, Organisationen und Staaten, Tübingen 1974.

legendes Problem bestand von Anfang an in der Tatsache, daß die Gewerkschaftsführer unter bestimmten externen politischen Bedingungen in Schwierigkeiten gerieten: Sie konnten die vitalen Interessen ihrer Mitglieder nicht mehr verfolgen, sobald sie einer konsensualen Lohnpolitik zustimmen mußten, d.h. eine "Zurückhaltung" bei Lohnforderungen intern durchzusetzen hatten.[33] Gleichzeitig waren die Regierungen nicht in der Lage, die übrigen makroökonomisch wichtigen Variablen (vor allem Preisniveau, Entwicklung der Profite und Investitionen) mit politischen Mitteln zu kontrollieren.

Früher drohten Gewerkschaften mehr als einmal, diese tripartistischen Institutionen zu verlassen - oder verließen sie tatsächlich. "Instances can be readily cited ... in which corporatist arrangements have collapsed either as a result of the withdrawal of union leaders or of their inability to "deliver" their rank and file."[34]

Insofern ist das Scheitern der aus dem Gesetz zur Förderung der Stabilität und des Wachstums von 1967 resultierenden <u>Konzertierten Aktion</u> (1967-1977) als spezifisch deutscher Variante einer zwischen Gebietskörperschaften, Gewerkschaften und Arbeitgeberverbänden informell ausgehandelten, "freiwilligen" Einkommenspolitik ebenso wenig verwunderlich wie verschiedene Fehlschläge im Bereich materieller Politiken. Diese wirtschaftspolitische Institution[35] war als trilaterales Arrangement zwischen den korporativen Akteuren konzipiert, als Versuch, durch regelmäßige Treffen am "Tisch der kollektiven Vernunft" (Schiller) zum Zwecke des "Austauschs von Informationen zwischen allen für den Wirtschaftsprozeß verantwortlichen Instanzen" die Interessengegensätze der Tarifvertragsparteien im Rahmen einer Globalsteuerung von Stabilität des Preisniveaus, hohem Beschäftigungsstand, außenwirtschaftlichem Gleichgewicht, stetigem und angemessenem Wirtschaftswachstum zu entpolitisieren und zu versachlichen. Innerhalb der DGB-Gewerkschaften war die

---

[32] Diesen Aspekt betont u.a. auch: Streit,M.E., The mirage of neo-corporatism, Kyklos 41 (1988), 603-624.

[33] "Even under favourable circumstances, it is difficult to reconcile for any length of time the practice of free collective bargaining with self-imposed restraints, especially for the leaders of organisations whose tenure in office depends on periodic renewal of membership support through democratic procedures." Windmuller, Comparative study of methods and practices, 142.

[34] Goldthorpe,J.H., The end of convergence: Corporatist and dualist tendencies in modern western societies, in: Goldthorpe, Order and conflict in contemporary capitalism, 336; ähnlich auch OECD, The search for consensus, 46.

[35] Vgl. zusammenfassend u.a.: Hoppmann,E.(Hg.), Konzertierte Aktion. Kritische Beiträge zu einem Experiment, Frankfurt 1971; Kern,M., Konzertierte Aktion als Versuch einer Verhaltensabstimmung zwischen Regierung und Wirtschaftsverbänden, Köln 1973; Hardes,H.-D., Einkommenspolitik in der BRD. Stabilität und Gruppeninteressen: Der Fall Konzertierte Aktion, Frankfurt-New York 1974.

K.A., ein Instrument indikativer Planung, von Anfang an heftig umstritten, u.a. weil die ohne formal-rechtliche Verbindlichkeit genannten Orientierungsdaten ("moral suasion-Appelle") über die wirtschaftliche Entwicklung - vor allem über die gesamtwirtschaftlich wünschenswerten Lohnsteigerungen - allzu leicht als "Lohnleitlinien" interpretiert werden konnten.[36]

Die Klage der Arbeitgeberverbände vor dem BVerfG gegen das MitbG von 1976 wegen dessen Unvereinbarkeit mit der Eigentumsgarantie des GG, Beeinträchtigung der Tarifautonomie, Überparität durch betriebliche und Unternehmens-Mitb war für die Gewerkschaften eher Anlaß als Ursache, die Mitarbeit in der K.A. endgültig aufzukündigen.[37] Die Arbeitgeberverbände ihrerseits wollten durch ihre Klage wohl eher eine höchstrichterliche, langfristige Festschreibung des mitbestimmungspolitischen status quo als eine Zurücknahme des von allen Fraktionen des Bundestages beschlossenen MitbG erreichen. Im übrigen hat das BVerfG in seiner Entscheidung die Verfassungskonformität des MitbG bestätigt: "Die erweiterte Mb der Arbeitnehmer nach dem Mitbestimmungsgesetz vom 4.5.1976 ist mit den Grundrechten der von dem Gesetz erfaßten Gesellschaften, der Anteilseigner und der Koalitionen der Arbeitgeber vereinbar".[38]

Heutzutage, in einer Phase ökonomischer Transformation, technologischer Innovationen und politischer Veränderungen, sind sowohl konservative Regierungen als auch Arbeitgeber (unter Einschluß einiger mächtiger Fraktionen ihrer Verbände) in der Lage und durchaus bereit, eigene Gewinne und Verluste neu zu kalkulieren und zu anderen Ergebnissen über die Aussichten ihrer zukünftigen Teilnahme an korporatistischen Verbünden zu gelangen. Die Hauptbedrohung dieser Pakte sind daher nicht die Gewerkschaften, sondern die Arbeitgeber bzw. unter gewissen politischen Bedingungen konservative Regierungen. In einer Phase sich verändernder ökonomischer Bedingungen seit Mitte der 70er Jahre sowie seit dem Aufstieg der flexibleren

---

[36] Gelegentlich wird eine Neuauflage der K.A. vorgeschlagen, wobei derartige Pläne aber wohl nicht konsens- bzw. mehrheitsfähig sein dürften. Zudem ist nicht auszumachen, weshalb das Stabilisierungsziel, das nach wie vor typischen Kollektivgutcharakter hat, nunmehr erreicht werden sollte. Belohnt im Sinne einer Besserstellung wird nicht (stabilitäts-)konformes, sondern von den Rahmenvorgaben abweichendes Verhalten einzelner Gruppen; außerdem haben die Gruppen, die sich nicht stabilitätsgerecht verhalten, die Folgen ihres Handelns nur zum kleineren Teil selbst zu tragen.

[37] Im Jahre 1977 wurde eine Konzertierte Aktion für den Bereich des Gesundheitssektor institutionalisiert. Vgl. für andere Gäfgen, G.(Hg.), Neokorporatismus und Gesundheitswesen, Baden-Baden 1988.

[38] Vgl. BetriebsBerater, Beilage 2/1979 zu Heft 7/1979; vgl. allgemein auch Backhaus,J., Mitbestimmung im Unternehmen. Eine ökonomische Rechtsanalyse des Verfasungsgerichtsurteils vom 1.März 1979 als Beitrag zur Theorie der wirtschaftlichen Rechtspolitik, Göttingen 1987.

Form eines "Post-Fordistischen" Kapitalismus der "flexiblen Spezialisierung"[39] in den 80er Jahren verschwindet allmählich eine Reihe der regulativen und integrativen Arrangements des "goldenen Zeitalters" des gesellschaftlichen Korporatismus.[40]

Leider wissen wir nicht sehr viel über Strategien des Managements; es gibt keine "Soziologie des Managements", die wir in verschiedenen nationalen Kontexten anwenden könnten.[41] Aber die Initiative zu strategischen Aktionen, die nach dem II.Weltkrieg über mehrere Jahrzehnte eher auf Seiten der Gewerkschaften gelegen hatte, ist in der jüngeren Vergangenheit wieder auf Management und Arbeitgeber übergegangen. Diese drängen vehement auf "Anpassung", d.h. auf flexiblere Produktionsbedingungen im allgemeinen sowie auf größere "Flexibilität" der institutionellen Bedingungen des Arbeitsmarkts (u.a. auf einen Abbau von "Beschäftigungshemmnissen") im besonderen. Ihre Forderungen nach weniger rechtlichen Beschränkungen, weniger "Rigiditäten" bei den Löhnen, nach flexibleren Regelungen bei der Arbeitszeit sowie bei allen übrigen Arbeitsbedingungen begünstigen ihre Interessen in einer Phase schnellen Wandels und fundamentaler Unsicherheiten auf allen in- und ausländischen Märkten.

Insgesamt votieren die Arbeitgeber für eine umfassende und weitreichende "Flexibilisierung" aller Beschäftigungsbedingungen, um die andauernden Prozesse der ökonomischen Restrukturierung zu unterstützen. Aber: "The authoritarian, nonunion strategy is generally justified on the basis that it is more efficient economically than is democratic participation by right. There is, however, little objective evidence to support that proposition."[42]

Diese ökonomischen Gründe vermischen sich mit bedeutsamen <u>Veränderungen im politischen Umfeld</u>. Die Tendenzen zu einem neuen Machtungleichgewicht sowie zu grundlegenden Veränderungen in der politischen Gesamtorientierung werden durch die Tatsache gestärkt, daß sozialdemokratisch geführte Regierungen in verschiedenen wichtigen europäischen Demokratien durch neo-konservative Regierungen abgelöst wurden. Die Sozialdemokraten ihrerseits hatten auf "verantwortungs-

---

[39] Vgl. Piore,M./Sabel,Ch., Das Ende der Massenproduktion. Studie über die Requalifizierung der Arbeit und die Rückkehr der Ökonomie in die Gesellschaft, Berlin 1985. Vgl. Kap.9.

[40] Vgl. Thompson,M., Union-management relations: Recent research and theory, in: Adams,R.J.(eds.), Comparative industrial relations. Contemporary research and theory, London 1991, 95ff.

[41] Vgl. aber Plowmann,D.H., Management and industrial relations, in: Adams,R.J.(ed.), Contemporary research and theory, London 1991, 56-75.

[42] Adams, Industrial relations and the economic crisis, 146.

bewußte" Gewerkschaften als legitime und wertvolle Verhandlungspartner gebaut und "vertrauensvoll" mit deren Führern innerhalb der politischen und organisatorischen Prozesse eines quid pro quo zusammengearbeitet. Zumindest in einigen Ländern (vor allem in Großbritannien, in geringerem Maße auch in der Bundesrepublik) entfielen wesentliche Voraussetzungen des Korporatismus, nämlich die Offerte des Staates an Arbeitgeberverbände und Gewerkschaften, an sozioökonomischen Entscheidungsprozessen aktiv teilzunehmen. Andererseits funktionierten korporatistische Institutionen in denjenigen Ländern (besonders Österreich und Schweden) weiterhin, in denen persönliche Bindungen, politische Verbindungen und ideologische Affinitäten zwischen Gewerkschaften und Regierungen erhalten blieben. Die Überlebenschancen tripartistischer Institutionen waren recht hoch, wenn diese bereits bestanden hatten, bevor konservative Regierungen gewählt wurden.[43]

Fast zur selben Zeit, als die Arbeitgeber ihre Flexibilisierungsstrategien begannen, initiierten konservative Regierungen politische Maßnahmen zur mehr graduellen denn prinzipiellen "Deregulierung" verschiedener Teile des Systems der Arbeitsbeziehungen.[44] Diese Strategien, welche neue politische Rahmenbedingungen schufen, zielten vor allem auf Strukturen und Institutionen des Arbeitsmarktes sowie auf Teile des traditionellen Arbeitsrechts, auf denen Systeme der Arbeitsbeziehungen oft aufbauen; eingeschlossen waren fast alle Beschäftigungsbedingungen (u.a. Kündigungsschutzregelungen).

So wirkten ökonomische Trends (Arbeitsmarktentwicklungen und schneller technologischer Wandel) und politische Faktoren (Veränderung der politischen Mehrheiten) in dieselbe Richtung, nämlich hin auf eine Schwächung der gewerkschaftlichen (Verhandlungs-)Macht und auf eine Verringerung ihrer politischen Einflußmöglichkeiten. Beide Trends gehören nicht notwendigerweise zusammen, aber die Deregulierungsstrategien der Regierungen unterstützen und verstärken die Initiativen des Managements zu mehr Flexibilisierung. Die Arbeitgeberverbände versuchen oft recht erfolgreich, durch informelle und formelle Einflußnahme die Unterstützung der Regierungen für ihre Absichten zu gewinnen, was bei konservativen Mehrheiten in

---

[43] Es ist allerdings sehr schwierig, von nationalspezifischen Besonderheiten zu abstrahieren bzw. zu verallgemeinern.

[44] Normative Regulierungen der Arbeitszeiten sind in verschiedenen Ländern das typische Beispiel für diese Strategien. Vgl. Treu,T., Development of working-time patterns and flexibility, in: Gladstone,A. et al.(eds.), Current issues in labour relations: An international perspective, Berlin-New-York 1989, 149-263.

der Regel einfacher ist als bei sozialdemokratischen.[45] Wie wir anhand internationaler Vergleiche sehen, bewirken konkrete politische Strategien wesentliche Unterschiede.

Auch ohne diese politischen Veränderungen wäre die Situation für die Gewerkschaften immer noch schwierig, aber insgesamt einfacher zu bewältigen. Die Gewerkschaften haben in der Regel auf der Branchen- und nationalen Ebene nicht mehr viel im politischen Tauschgeschäft als Gegenleistung anzubieten. Der wichtigste Grund ist die Tatsache, daß die gestiegene Arbeitslosigkeit[46] ihre Organisations- und Verhandlungsmacht in fast allen wichtigen Sektoren der Volkswirtschaft geschwächt hat.[47]
Die Gewerkschaften haben nicht viel Unterstützung von konservativen Regierungen zu erwarten, die einem starken formalen und informellen Einfluß von Gewerkschaften sowie jeder Art von Korporatismus mit politisch vermittelndem Interessenausgleich anstelle einer Regulierung über den Markt eher skeptisch gegenüberstehen. Stattdessen vertrauen diese Regierungen u.a. auf Privatisierungsmaßnahmen (einzelner Unternehmen oder auch ganzer Industriezweige), auf die Kräfte des "freien" Marktes sowie dessen "unsichtbare Hand". Sie versuchen, die Arbeitsbeziehungen und - wie beispielsweise in England und den USA - die bestehenden Institutionen zu deregulieren, um die Produktivität und damit die eigene Position auf den umkämpften Weltmärkten zu verbessern. Häufig sind die formalen Verhandlungsstrukturen und sogar die informellen Kontakte sowie die anderen vermittelnden Tauschbeziehungen zwischen Regierungen und Gewerkschaften auf das absolute Minimum reduziert. Gedankenaustausch, Konsens und Partizipation der Gewerkschaften scheinen nicht mehr notwendig zu sein.

Weiterhin beobachten wir in verschiedenen Ländern seit den frühen 80er Jahren eine Transformation der Wirtschafts- und Sozialpolitik von nachfrage- hin zu angebotsorientierten Politiken bzw. vom Keynesianismus hin zum Monetarismus, also in

---

[45] Vgl. die verschiedenen Länderstudien in: Windmuller,J.P./Gladstone,A.(eds.), Employers associations and industrial relations, Oxford 1984.

[46] Diese wird durch verschiedene, kontrovers diskutierte Faktoren verursacht, u.a. durch strukturelle Verwerfungen als systematische Gründe sowie durch die weltweite Rezession nach dem zweiten Ölpreisschock als singulärem Ereignis.

[47] Die Situation ist jedoch auf der Ebene des Einzelunternehmens ganz anders, da dort integrative mikro-korporatistische Lösungen, sog. Produktivitätskoalitionen, erheblich an Bedeutung gewonnen haben. International vergleichend: Windolf,P., Productivity coalitions and the future of European corporatism, Industrial Relations 28 (1989), 1-20.

Richtung auf neokonservative Strategien. Dieser wirtschaftspolitische Strategienwechsel markiert einen deutlichen Wendepunkt von neokorporatistischen zurück zu mehr marktorientierten Politiken. Korporatistische Lösungen sind keine prinzipielle Frage eines strikten entweder-oder, sondern eine des mehr-oder-weniger, aber die Entwicklungsrichtung hin auf einen allmählichen Verfall makrokorporatistischer Arrangements ist offensichtlich. Diese an Marktprinzipien orientierten Formen einer Konfliktbeilegung, die wir fast überall in westlichen Industrieländern beobachten, werden mehr und mehr zum aktuellen Ersatz für korporatistische Arrangements innerhalb eines eher traditionellen Politikstils sowie einer erneuerten, "liberalen" laissez-faire-Politik.

Konservative Regierungen handeln bei weitem nicht einheitlich; wir können deutliche Unterschiede zwischen ihren politischen Konzepten registrieren. Es bestehen enorme, vielleicht sogar wachsende und sich beschleunigende Unterschiede zwischen verschiedenen nationalen Strategien der Deregulierung und Deinstitutionalisierung.[48] Einige Regierungen verfolgen deutlich eine Strategie der Schwächung des Status der Gewerkschaften, andere handeln vorsichtiger. Diese "Varianz" spiegelt fundamentale Unterschiede innerhalb und zwischen den korporativen Akteuren, den politischen Voraussetzungen und Wahrnehmungen über die Stärke der Gewerkschaften und deren Einbindung.[49] Wir brauchen nur zu denken an "labour exclusion strategies" in England und "union avoidance" in den USA als ein mögliches Ende eines Kontinuums sowie an Österreich und die Bundesrepublik mit vergleichsweise bescheidenen Veränderungen innerhalb der kollektiven und individuellen Teile des Arbeitsrechts und der Arbeitsbeziehungen als das andere Ende.

Wir können feststellen, daß politische Attacken auf Institutionen, d.h. Gewerkschaften, sowie auf deren formalisierte Rechte und Regeln "erfolgreicher" und weitreichender sind, wenn Gewerkschaften nicht hochgradig zentralisiert sind, d.h. nicht dem Organisationsprinzip der Industriegewerkschaft folgen, und wenn verschiedene Regeln und Rechte nicht durch gesetzliche Vorkehrungen umfassend institutionalisiert sind, wenn also kein System von Beteiligungs- und Mitbestimmungsrechten vorhanden ist.

Diese Unterschiede werden deutlich, wenn wir England und die USA mit deutlichen Tendenzen der Destabilisierung und Erosion vergleichen mit der Bundesrepublik, Österreich, Schweden und Kanada, deren Systeme der Arbeitsbeziehungen durch

---

[48] Vgl. Lash,S./Bagguley,P., Arbeitsbeziehungen im disorganisierten Kapitalismus: Ein Vergleich von fünf Nationen, Soziale Welt 39 (1988), 239-259.

[49] Vgl. Adams, North American industrial relations.

Kontinuität und relative Stabilität charakterisiert sind. Starke und hochgradig zentralisierte Gewerkschaften mit gesetzlich fixierten Rechten auf Partizipation und/oder Mitbestimmung sowie auf Kollektivverhandlungen sowohl auf der einzelbetrieblichen als auch der regionalen und nationalen Ebene scheinen besser gerüstet zu sein gegen fundamentale Änderungsversuche als dezentralisierte und schwache Organisationen mit weniger formal abgesicherten Rechten.

4.5. Mikrokorporatismus - Wird der Staat überflüssig?

Die schwindenden tripartistischen makro-korporatistischen Pakte auf der nationalen und Branchenebene werden auf der Ebene der Einzelunternehmen teilweise ersetzt durch bipartistische, sog. mikro-korporatistische Arrangements zwischen Arbeitgebern und Gewerkschaften oder Betriebsräten als deren funktionalen Äquivalenten in einigen Ländern. Dieser entweder erneuerte oder neue Modus der Mikro-Regulierung besteht aus primär kooperativ ausgerichteten "high trust-low conflict relations", welche den Interessen beider Seiten, also von Arbeitgebern und Arbeitnehmern, gleichzeitig und wechselseitig dienen sollen (u.a. Beschäftigungssicherheit vs. Produktivitätsgewinne und -zuwächse, Schließung vs. erhöhte Flexibilität interner, firmenspezifischer Arbeitsmärkte).[50]

Diese Pakte und Übereinkommen schließen verschiedene Aspekte eines integrativen bargaining[51] ein; sie sind ziemlich stabil und nur schwer aufzubrechen. Zumindest auf den ersten Blick scheinen diese relativ autonomen Mikro-Allianzen auch - oder gerade - ohne kontinuierliche staatliche Partizipation oder aktive Intervention lebensfähig zu sein, obwohl der Rahmen für ihre Existenz von staatlichen Agenturen erst geschaffen wurde. Dennoch gibt es Handlungsalternativen.[52]

Diese aktuellen syndikalistischen Entwicklungstendenzen können wir interpretieren als Dezentralisierung der Arbeitsbeziehungen in Richtung auf eine zunehmende Bedeutung der Unternehmens- bzw. Betriebs- im Verhältnis zur Branchenebene. Die Entwicklung ist nicht nur, aber vor allem in denjenigen Ländern festzustellen, die in

---

[50] Typischerweise werden die negativen Folgen dieser kollektiven Handlungen externalisiert (durch hohe Eintrittsbarrieren des internen, firmenspezifischen Arbeitsmarktes sowie durch eine sich ausweitende Kluft zwischen Beschäftigten und Arbeitslosen). So entstehen nicht-intendierte Probleme auf der Makroebene, die aus den rationalen, kollektiven Handlungen auf der Mikroebene des Einzelunternehmens resultieren (steigende oder zumindest doch stagnierende Beschäftigungslosigkeit, zunehmende Segmentationsprozesse und/oder Dualisierung innerhalb und zwischen verschiedenen Arbeitsmärkten).

[51] Vgl. zum Konzept vor allem: Walton,R.E./McKersie,R.B., A behavioral theory of labor negotiations. An analysis of a social interaction system, New York 1965.

[52] Vgl. dazu im einzelnen Kapitel 14.

der Vergangenheit über hochgradig zentralisierte Systeme der Arbeitsbeziehungen verfügten.[53] Besonders die andauernden Prozesse der Einführung und Implementation neuer Technologien verstärken diese Tendenz, da spezifische und flexible Anpassungen auf der betrieblichen Ebene notwendig werden. In einigen westeuropäischen Ländern (u.a. in der Bundesrepublik) wird dieser Trend durch die zeitlich parallel verfolgte Politik einer Verkürzung der Wochenarbeitszeit stabilisiert und verstärkt, da diese eine zweite, dezentralisierte Verhandlungsrunde auf Betriebsebene notwendig macht.

Prognose oder sogar allgemeine Ausblicke auf Entwicklungstendenzen sind schwierig, vor allem in einer Periode grundsätzlicher Veränderungen und rapiden Wandels, von den strategischen Handlungsalternativen der korporativen Akteure ganz zu schweigen. Die Unterschiede innerhalb und zwischen den verschiedenen nationalen Systemen der Arbeitsbeziehungen werden weiter zunehmen. In absehbarer Zukunft wird der Staat vermutlich eine weniger dominierende Rolle als in der Vergangenheit spielen, als unter den Vorzeichen von Keynesianismus und Wohlfahrtsstaat die Regierungen aktiv und mehr oder weniger erfolgreich versuchten, wichtige Makro-Probleme zu bewältigen.

Was bedeuten diese Veränderungen für die zukünftige Forschung und Theoriebildung? Zuallererst müssen wir die Tatsache ernster als bisher nehmen, daß Systeme der Arbeitsbeziehungen drei korporative Akteure haben bzw. den Staat als unabhängige Variable sowie als autonome Institution einschließen. "The state has its own objectives, which are analytically unique and distinct from those of other institutions. The state, like other institutions in society, does not exist in a vacuum and interacts, or is involved in a conflict struggle, with the other institutions that constitute society."[54]

Diese Tatsache schließt die Notwendigkeit ein, die zahlreichen staatlichen Aktivitäten sowohl auf der <u>vertikalen</u>, d.h. auf die anderen korporativen Akteure gerichtet, als auch auf der <u>horizontalen Achse</u>, d.h. zwischen verschiedenen staatlichen Agenturen, zu analysieren. Wir haben uns ausschließlich mit dem ersten Teil dieses Problems beschäftigt. Aber wir wissen fast nichts über die Interaktionen und Beziehungen zwischen verschiedenen, nicht-uniformen, nicht-monolithischen staatlichen

---

[53] Zu denken ist u.a. an die Kollektivverhandlungssysteme in der Bundesrepublik und in Österreich. Vgl. auch Windolf, Productivity coalitions and the future of European corporatism; Lash/Bagguley, Arbeitsbeziehungen im disorganisierten Kapitalismus.

[54] Dabscheck, A survey of theories of industrial relations, 174.

Agenturen bzw. über die Auswirkungen der (Arbeits-)Rechtssysteme in verschiedenen Ländern.

Insgesamt brauchen wir in stärkerem Maße eine politikwissenschaftliche Perspektive auf dem interdisziplinären Forschungs- und Lehrgebiet der Arbeitsbeziehungen, welches bislang zu stark von Juristen und Ökonomen beeinflußt wurde. Wir müssen versuchen, "to bring the state back in"[55] und mehr Informationen über diverse staatliche Aktivitäten zusammenzutragen. Die eingangs erwähnten konventionellen Theorieansätze, die immer noch die Lehre von den Arbeitsbeziehungen dominieren, werden dabei vermutlich nicht sehr hilfreich sein. Eine politische Ökonomie der Arbeitsbeziehungen könnte eine Alternative sein.[56] Schlüsselvariablen wären u.a. die Struktur des Parteiensystems, die Unterscheidung von Bundes-, Länder- und kommunaler Ebene (vor allem in föderalistischen Staaten), das Ausmaß der Verrechtlichung sowie die sich rapide verändernden Beziehungen zwischen dem Staat und den anderen korporativen Akteuren. "In short, what is needed is a framework that meets the acknowledged definition of the discipline - the study of all aspects of the employment relationship."[57]

Infolge der Prozesse der Deregulierung und Flexibilisierung wird die theoretische und empirische Analyse komplexer. Generalisierungen zwischen verschiedenen Sektoren eines nationalspezifischen Systems oder sogar zwischen verschiedenen nationalen Systemen der Arbeitsbeziehungen werden in Zukunft eher noch schwieriger sein.

Einführende Literatur:

Goldthorpe,J.H.(ed.), Order and conflict in contemporary society, Oxford 1984

Keman,H./Paloheino,H./Whiteley,P.F.(eds.), Coping with the economic crisis. Alternative responses to economic recession in advanced industrial societies, London 1987

Schmidt,M.G.(Hg.), Staatstätigkeit. International und historisch vergleichende Analysen, Opladen 1988.

---

[55] Vgl. Cammack,P., Review article: Bringing the state back in?, British Journal of Political Science 19 (1989), 261-280.

[56] Vgl. zu einer ähnlichen Argumentation wenngleich mit anderer Zielsetzung Hyman,R., The political economy of industrial relations. Theory and practice in a cold climate, London 1989.

[57] Giles, Industrial relations theory, the state and politics, 149.

5. MITBESTIMMUNG I: BETRIEBSVERFASSUNG

Nach der Vorstellung der drei korporativen Akteure auf den verschiedenen Feldern der Arbeitspolitik in sozialstaatlichen Demokratien wollen wir uns mit dem Interaktionsgeflecht zwischen diesen Akteuren beschäftigen. Typisch für die Arbeitsbeziehungen ist die Tatsache, daß diese Politikfelder zumeist durch gesetzliche Vorgaben, also durch den Akteur Staat, geregelt werden; hinzu kommt jeweils eine umfangreiche Rechtsprechung der Arbeitsgerichte. Diese ausgeprägte Tendenz zur Verrechtlichung impliziert eine hochgradige Konfliktnormierung und Institutionalisierung der Interessenvertretung. Dadurch wird einerseits ein für alle beteiligten Akteure verbindlicher Bezugsrahmen vorgegeben, andererseits aber auch Rechtssicherheit erzeugt. Bei einem internationalen Vergleich zeigt sich, daß auch andere Regelungsverfahren durchaus möglich sind (u.a. tarifvertragliche Abmachungen oder bloß informelle Vereinbarungen).

Unter Mitbestimmung wollen wir im folgenden im Sinne einer Nominaldefinition verstehen die institutionalisierten Partizipationsrechte von Arbeitnehmer(vertretern) an unternehmerischen Willensbildungs- und Entscheidungsprozessen, also die strukturelle Begrenzung der unternehmerischen Dispositionsbefugnisse über die Arbeitskraft.[1] Zwischen Betriebs- und Unternehmensebene existiert eine strikte formale Trennung hinsichtlich der rechtlichen Regelungsinstrumente; in der Realität bestehen aber vielfältige personelle und funktionale Verbindungen, auf die wir im einzelnen später eingehen werden.

Wir wollen aus didaktischen Gründen mit der betrieblichen Ebene beginnen, auf der die konfliktuellen Beziehungen, Interaktionen und gegenseitigen Abhängigkeiten zwischen Arbeitnehmern und Management traditionell durch spezielle Gesetze geregelt sind:
- Das Betriebsrätegesetz der Weimarer Republik von 1920 garantierte den Betriebsräten einige Mitentscheidungsrechte bei personellen und sozialen Angelegenheiten.

---

[1] "Neue" Formen der Arbeitnehmerbeteiligung (z.B. Qualitätszirkel) sollen im folgenden nicht behandelt werden, da sie in der spezifisch deutschen Version des "human resource management" eine insgesamt geringere Rolle spielen als in den angelsächsischen Ländern. Hierzulande werden die institutionalisierten Arbeitnehmerbeteiligungen eher ergänzt als ersetzt. Vgl. zusammenfassend Jacobi,O./Keller,B./Müller-Jentsch,W., Germany: Co-determining the future?, in: Ferner,A./Hyman,R. (eds.), Industrial relations in the new Europe, London 1992 (im Druck).

Kapitel 5: Betriebsverfassung

- Das erste Betriebsverfassungsgesetz für die Bundesrepublik wurde 1952 nach harten innenpolitischen Auseinandersetzungen unter der ersten Regierung Adenauer verabschiedet.
- Das von der sozial-liberalen Koalition im Jahre 1972 verabschiedete Betriebsverfassungsgesetz (BetrVG) verbesserte die Rechtsstellung der Arbeitnehmervertreter und erweiterte ihre Beteiligungsrechte.[2]
- Die christlich-liberale Koalition novellierte das BetrVG im Jahre 1988.[3]

Die Geschichte der Mitbestimmung als Forderung nach institutioneller Vertretung von Arbeitnehmerinteressen läßt sich in Deutschland mindestens bis zur verfassungsgebenden Nationalversammlung der Frankfurter Paulskirche zurückverfolgen[4]; wir wollen uns im folgenden auf die Zeit der Bundesrepublik, genauer auf das BetrVG von 1972 sowie die Novellierung von 1988 konzentrieren. Das BetrVG "zielt darauf ab, der Abhängigkeit der Arbeitnehmer im Betrieb entgegen-zuwirken, ihren Freiheitsspielraum zu erweitern und den Arbeitsvollzug menschlicher zu gestalten"[5]. Das ordnungspolitische Leitprinzip der betrieblichen Mitbestimmung ist eine Begrenzung einseitiger, strukturell bedingter Machtbefugnisse des Arbeitgebers durch Institutionalisierung indirekt-repräsentativer, über Mandatsträger vermittelter und nicht direkter Mitwirkungsrechte der Arbeitnehmer bei wichtigen sozial- und wirtschaftspolitischen Entscheidungen.[6]

---

[2] "Erweiterte Mitbestimmungsrechte in sozialen und personellen Angelegenheiten, bessere Arbeitsgrundlagen für den Betriebsrat, mehr Informations- und Unterrichtungsrechte, ausgeprägtere Gestaltung der Schutzbestimmungen für den einzelnen Arbeitnehmer, aber auch eine umfassende Anerkennung der gewerkschaftlichen Präsenz im Betrieb und eine breitere Basis für die Tätigkeit der Jugendvertreter waren wesentliche Elemente der neuen Regelung, während die Mitspracherechte in wirtschaftlichen Fragen weiterhin relativ begrenzt blieben." Lompe,K., Vierzig Jahre Bundesrepublik - vierzig Jahre Mitbestimmung. Entwicklungslinien, Probleme und Perspektiven der Mitbestimmung in der Bundesrepublik Deutschland, Sozialer Fortschritt 38 (1989), 195. Vgl. auch die detaillierte Zusammenstellung bei Endruweit,G./Berger,G., The functioning of institutionalised forms of workers' participation - seen from a social science perspective in: Gladstone,A. et al.(eds.), Current issues in labor relations. An international perspective, Berlin-New York 1989, 94f.

[3] Vgl. zur Novellierung im einzelnen Kap.5.4.

[4] Vgl. u.a. Neuloh,O., Die deutsche Betriebsverfassung und ihre Sozialformen bis zur Mitbestimmung, Tübingen 1961; Teuteberg,H. J., Die Geschichte der industriellen Mitbestimmung in Deutschland, Tübingen 1961; Schneider,D./Kuda,R.F., Mitbestimmung. Wege zur industriellen Demokratie, Frankfurt 1971.

[5] Neumann,L.F./Schaper,K., Die Sozialordnung der Bundesrepublik Deutschland, 3.aktualisierte Aufl. Bonn 1984, 59.

[6] Immer noch sehr lesenswerte review articles sind: Hartmann,H., Co-determination today and tomorrow, British Journal of Industrial Relations 13 (1975), 54-64; Adams,R./Rummel,C.H., Workers' participation in management in West Germany: Impact on the worker, the enterprise and the trade union, Industrial Relations Journal 8 (1977), 4-22; eine konzise Synopsis präsentiert später Streeck,W., Co-determination: the fourth decade, International Yearbook of Organizational Democracy 2 (1984), 391-

5.1. Strukturprinzipien und Gremien

Wichtige Strukturprinzipien und Gremien sind:

1. Arbeitgeber und BR arbeiten laut der Generalklausel des Par.2 BetrVG "vertrauensvoll ... zum Wohl der Arbeitnehmer und des Betriebes zusammen". Diese Kooperationsmaxime als allgemeiner Handlungsrahmen impliziert u.a. für beide Seiten ein Verbot der parteipolitischen Betätigung im Betrieb, womit das Grundrecht auf freie Meinungsäußerung begrenzt wird. Weiterhin darf der BR nach geltendem Recht - im Gegensatz zur Gewerkschaft, die über das Streikmonopol verfügt - keine Arbeitskämpfe führen: BR unterliegen nach Par.74 BetrVG einer absoluten Friedenspflicht, die jedwede Organisierung von Arbeitskämpfen aus- und die Verpflichtung zur Wahrung des Betriebsfriedens einschließt.[7]
Der BR als wichtigste Institution des BetrVG ist durch diese Generalnormen eindeutig festgelegt auf eine kooperative Politik der Interessenvertretung mit Kompromißcharakter bzw. auf schiedlich-friedliche Formen der Konfliktaustragung, gegebenenfalls unter Einschaltung dritter Stellen, d.h. der Einigungsstelle bzw. der Arbeitsgerichte. Die Frage, ob der BR als zentrales Organ der institutionalisierten Betriebsverfassung eher "Ordnungsfaktor" oder mehr "Gegenmacht" sein soll, ist damit von vornherein zugunsten einer Integrationsfunktion entschieden und faktisch auch als Handlungsgrundlage von den BR weitgehend akzeptiert. Insofern bestehen wesentliche Unterschiede zu anderen, ausländischen Normierungen der Betriebsverfassung, etwa zu den englischen shop stewards, die häufig konfliktorientierte Strategien zur Interessenvertretung einsetzen.

2. In Kleinbetrieben mit weniger als fünf Beschäftigten bestehen keinerlei Mitbestimmungsrechte. In allen Betrieben der Privatwirtschaft mit in der Regel mindestens fünf ständigen wahlberechtigten Arbeitnehmern, von denen drei wählbar sein müssen, werden BR gewählt (Par.1 BetrVG). Die Zahl der BR-Mitglieder steigt (allerdings unterproportional) mit der Zahl der beschäftigten Arbeitnehmer; ab 300 Beschäftigten muß die Firma eine bestimmte Anzahl von BR von ihrer Tätigkeit freistellen, wobei die Anzahl der Freistellungen mit der Anzahl der Arbeitnehmer wie-

---

422; einen aktuellen Überblick bietet Lompe, Vierzig Jahre Bundesrepublik - vierzig Jahre Mitbestimmung, 193-198.

[7] Diese betriebsverfassungsrechtliche Friedenspflicht steht Arbeitskampfmaßnahmen der Tarifvertragsparteien nicht entgegen. BR dürfen sich wie alle anderen Arbeitnehmer an legalen Streiks beteiligen, diese jedoch nicht von Amts wegen unterstützen oder organisieren.

Kapitel 5: Betriebsverfassung

derum unterproportional wächst (Par.38 BetrVG), d.h. die Höchstzahl der je BR-Mitglied zu vertretenden Arbeitnehmer nimmt mit der Betriebsgröße zu.[8]
Die Geltung des BetrVG ist bei <u>Tendenzbetrieben</u>, d.h. solchen, die "Zwecken der Berichterstattung oder Meinungsäußerung" dienen (vor allem politische Parteien, Nachrichtenagenturen, Zeitungsverlage) und Religionsgemeinschaften sowie deren karitativen und erzieherischen Einrichtungen unbeschadet deren Rechtsform eingeschränkt (Par. 118 BetrVG). Für die innerbetriebliche Mitbestimmung im öffentlichen Dienst gelten besondere Regelungen in Form der Personalvertretungsgesetze des Bundes und der Länder.[9] Durch diese Sondergesetze wird im Gegensatz zur Zeit der Weimarer Republik die Einheitlichkeit der Interessenvertretung aufgehoben.

3. Das alle vier Jahre[10] in allgemeiner, freier, gleicher, geheimer und unmittelbarer Wahl von der Belegschaft gewählte Repräsentationsorgan aller Arbeitnehmer (und nicht nur der Gewerkschaftsmitglieder) ist der <u>Betriebsrat</u>; das BetrVG konzipiert BR und Gewerkschaft als voneinander unabhängige Organisationen, was praktisch jedoch zumeist von nur geringer Bedeutung ist. Den im Betrieb vertretenen Gewerkschaften ist "zur Wahrnehmung der ... Aufgaben und Befugnisse ... nach Unterrichtung des Arbeitgebers ... Zugang zum Betrieb zu gewähren" (Par.2 BetrVG). Der BR steht unter einem besonderen Kündigungsschutz (außerordentliche Kündigung in besonderen Fällen nach Par.103 BetrVG), der ihn vor einem durch die BR-Tätigkeit bedingten Arbeitsplatzverlust schützt. Der Arbeitgeber muß für die materiellen Voraussetzungen der BR-Arbeit Sorge tragen (Umlageverbot gemäß Par.41 BetrVG).[11] Der BR ist ein reines Repräsentationsorgan und nicht an Weisungen seitens der Belegschaft gebunden.

---

[8] Grundsätzlich sind die BR-Mitglieder unentgeltlich und damit ehrenamtlich tätig. Die laufenden Geschäfte führt im allgemeinen der BR-Vorsitzende, der aus dem Kreis der BR gewählt wird. Bei Betrieben mit mindestens 300 wahlberechtigten Arbeitnehmern wird nach Par.27 BetrVG ein Betriebsausschuß gebildet, der die Arbeit koordiniert.

[9] Vgl. u.a. Ebert,K., Personalvertretung und Personalvertretungsgesetze, in: Bierfelder,W.(Hg.), Handwörterbuch des öffentlichen Dienstes - Das Personalwesen, Berlin 1976, 1296-1304; Faber,J., Personalvertretung und Mitbestimmung im öffentlichen Dienst in der Bundesrepublik Deutschland und in Frankreich, Berlin 1979; Kübler, H., Der Einfluß des Personalrats. Empirische Studie am Beispiel der Gemeinden und Städte Baden-Württembergs, Stuttgart-München 1981; Söllner,A./Reinert,H.J., Personalvertretungsrecht, Baden-Baden 1985; Ortwein,H.-W., Mitbestimmungsmechanismen im öffentlichen Dienst. Problemgeschichte und Bausteine einer sozialökonomischen Analyse, Köln 1983.

[10] Die Amtszeit neu gewählter BR wurde immer länger. Sie betrug nach dem BetrVG von 1920 lediglich ein Jahr, nach dem BetrVG von 1952 bereits zwei Jahre, bei der ersten Novellierung 1972 wurde sie dann auf drei Jahre, bei der zweiten Novellierung 1988 schließlich auf vier Jahre verlängert.

[11] Vgl. aus Arbeitgebersicht Niedenhoff,H.-U., Kosten der Mitbestimmung, Köln 1987.

Die nach demokratischen Grundprinzipien organisierten Wahlen finden grundsätzlich nach dem sog. Gruppenprinzip statt, d.h. nach Beschäftigtengruppen getrennt; Arbeiter und Angestellte "müssen entsprechend ihrem zahlenmäßigen Verhältnis im BR vertreten sein" (Par.10 BetrVG). Eine gemeinsame Wahl findet statt, wenn beide Gruppen dies vor der Wahl in getrennter und geheimer Abstimmung beschließen, was in der Realität in ca. zwei Drittel aller Betriebe geschieht; Sonderinteressen der verschiedenen Gruppen werden dadurch weniger berücksichtigt.

4. Der BR hat gesetzlich genau vorgegebene und sorgsam abgestufte Rechte und Pflichten. Die verschiedenartigen Beteiligungsrechte lassen sich nach ihrer Intensität unterscheiden in solche der echten, d.h. gleichberechtigten und erzwingbaren Mitbestimmung und solche der bloßen Mitwirkung bzw. Information. Hinsichtlich des Gegenstandsbereichs unterscheiden wir personelle, soziale und wirtschaftliche Angelegenheiten. Die Mitbestimmungsrechte sind
- bei sozialen Angelegenheiten (Par.87 BetrVG) quantitativ und qualitativ vergleichsweise weitgehend (u.a. Fragen der Ordnung des Betriebes und des Verhaltens der Arbeitnehmer, Festlegung von Beginn und Ende der täglichen Arbeitszeit, vorübergehende Verkürzung oder Verlängerung der betriebsüblichen Arbeitszeit, Verteilung der Arbeitszeit auf die einzelnen Wochentage, Sozialeinrichtungen, Fragen der betrieblichen Lohngestaltung); Maßnahmen setzen eine Einigung zwischen BR und Arbeitgeber voraus (sog. erzwingbare Mitbestimmungsrechte bzw. Kernstück der Beteiligungsrechte oder "Herzstück der Betriebsverfassung"[12]),
- bei personellen Angelegenheiten (Par.92ff BetrVG) schwächer ausgeprägt (vor allem bei der Gestaltung personalpolitischer Grundsätze und Richtlinien wie u.a. Personalplanung, Berufsbildung, innerbetriebliche Stellenausschreibung, Erstellung von Auswahlrichtlinien, Verwendung von Personalfragebogen, Aufstellung allgemeiner Beurteilungsgrundsätze sowie bei personellen Einzelmaßnahmen wie z.B. Kündigung, Versetzung oder Einstellung),
- bei wirtschaftlichen Angelegenheiten (Par.106ff BetrVG) hingegen recht eingeschränkt, d.h. auf Informations- und Unterrichtungsrechte bei den eigentlichen unternehmerischen Entscheidungen reduziert (Unterrichtungsrechte über die wirtschaftlichen Angelegenheiten des Betriebes, jedoch Beteiligungsrechte bei Betriebsänderungen).

Als allgemeines Prinzip können wir festhalten: Das BetrVG stellt ein System von sozialpolitischen Schutz- und Kontrollmöglichkeiten zur Verfügung. Die Wirksamkeit

---

[12] Müller-Jentsch,W., Soziologie der industriellen Beziehungen. Eine Einführung, Frankfurt-New York 1985, 222.

der Mitbestimmungsmöglichkeiten des BR ist vor allem in nachgelagerten Bereichen hoch und nimmt immer mehr ab, je stärker zentrale wirtschaftliche und unternehmenspolitische Entscheidungen tangiert werden.

5. Die Einigungsstelle (Par.76 BetrVG) als innerbetriebliches Pendant zur tarifvertraglich vereinbarten Schlichtungsstelle[13] ist ein eigenständiges, paritätisch besetzes Gremium unter dem Vorsitz eines Unparteiischen, der zumeist (Arbeits-)Richter ist. Die Einigungsstelle, die bei Bedarf oder als ständige Einrichtung durch Betriebsvereinbarung gebildet werden kann, verfolgt das Ziel der Beilegung von innerbetrieblichen Meinungsverschiedenheiten. Auf jeden Fall werden Konflikte, die zwischen BR und Unternehmensleitung auftreten, durch institutionalisierte Formen der Konfliktaustragung ohne Arbeitskampfmaßnahmen verbindlich geregelt. Vor dem Arbeitsgericht kann nachgeprüft werden, ob der Ermessensspielraum bei der Entscheidung eingehalten wurde. Die Beschlüsse sind unter bestimmten Voraussetzungen (z.B. erzwingbare Mitb-Rechte nach Par. 87 BetrVG) für beide Seiten bindend und ersetzen die Einigung zwischen Arbeitgeber und BR.[14]

In der betrieblichen Praxis werden die Einigungsstellen nur relativ selten eingeschaltet: In 82% aller Unternehmen wird die Einigungsstelle nie angerufen, in 18% gelegentlich. Mit steigener Betriebsgröße nimmt die Häufigkeit der Anrufung zu.[15] Die Gründe liegen im notwendigen Zeit- und Kostenaufwand[16] sowie in der Unsicherheit über den Ausgang des Verfahrens. Alternativen zum Einsatz direkter Sanktionen sind häufig weitere, durchaus auch informelle Verhandlungen im Rahmen einer "Politik der kleinen Schritte". Der Abschluß von Tarifverträgen mit flexibilisierten Arbeitszeiten seit 1984 führt zu einer häufigeren Einschaltung der Einigungsstellen

---

[13] Vgl. hierzu im einzelnen Kap.7.2.

[14] Vgl. zur Funktionsweise die empirischen Untersuchungen Knuth,M., Zustandekommen und Analyse von Betriebsvereinbarungen und praktische Erfahrungen mit Einigungsstellen, Bonn 1983; Oechsler,W.A./ Schönfeld,Th., Die Einigungsstelle als Konfliktlösungsmechanismus. Eine Analyse der Wirkungsweise und Funktionsfähigkeit, Frankfurt 1988; aus primär juristischer Sicht Schönfeld,Th., Das Verfahren vor der Einigungsstelle. Eine Analyse der Verfahrenshandhabung aus juristischer Sicht, Pfaffenweiler 1988; vgl. auch Owen-Smith,E./Frick,B./ Griffith,T., Third party involvement in industrial disputes. A comparative study of West Germany and Britain, Aldershot 1989, 64ff.

[15] Vgl. Niedenhoff,H.-U., Praxis der betrieblichen Mitbestimmung, Köln 1977, 109; ähnlich Knuth,M., Nutzung betrieblicher Mitbestimmungsrechte in Betriebsvereinbarungen, Die Mitbestimmung 28 (1982), 207.

[16] Bei der Novellierung des BetrVG im Jahre 1988 wurden die Kosten wie folgt geregelt: Der Arbeitgeber trägt wie bisher die Kosten. Der Vorsitzende und die außerbetrieblichen Beisitzer erhalten eine Vergütung, deren Höhe sich vor allem nach dem erforderlichen Zeitaufwand sowie dem Schwierigkeits-grad der Angelegenheit richtet. Dadurch sollen die Honorare der Mitglieder der Einigungsstelle in einem vertretbaren Rahmen gehalten werden.

als dies früher der Fall war; Gegenstand des Verfahrens sind Probleme von Betriebsvereinbarungen über die "Umsetzung" der Öffnungsklauseln der tarifvertraglich vereinbarten Rahmenregelungen zur Wochenarbeitszeitverkürzung auf die Betriebsebene.[17]

6. Ein wichtiges Regelungsinstrument sind die (nach Par.77 BetrVG) zwischen BR und Arbeitgebern abzuschließenden Betriebsvereinbarungen, die unmittelbar und zwingend für und gegen alle Betriebsangehörigen gelten. Sie können sowohl betriebliche als auch betriebsverfassungsrechtliche Spezialprobleme regeln, dürfen aber grundsätzlich nicht höherrangiges Recht (z.B. tarifvertragliche Regelungen) verletzen (sog. absolute Sperrwirkung). Während Tarifverträge die überbetriebliche Ordnung der Arbeitsverhältnisse und des Arbeitsfriedens sichern, sollen die ergänzenden BV die betriebliche Ordnung garantieren; BV sind damit als "Parallelinstitut zum Tarifvertrag auf Betriebsebene"[18] bzw. als Tarifverträge im "Kleinformat" anzusehen. Wir unterscheiden zwischen freiwilligen und erzwingbaren BV; letztere werden über die Einigungsstelle durchgesetzt und beziehen sich vor allem auf entsprechende Mitb-Rechte des BR.
In 80% aller Betriebe mit mindestens 200 Arbeitnehmern bestehen BV, wobei "ein enger Zusammenhang zwischen Betriebs(rats)größe und dem Vorhandensein sowie der Anzahl von Betriebsvereinbarungen nachzuweisen war"[19]; das vollständige Fehlen wird als Indikator für eine faktische Unwirksamkeit des BR interpretiert. Die BV beziehen sich vor allem auf Regelungsbereiche mit erzwingbarem Mitb-Rechten nach Par.87 BetrVG (Entlohnung, Arbeitszeit, Urlaub) sowie auf freiwillige BV zu sozialen Angelegenheiten (Par.88 BetrVG). Nur wenige BV regeln in gegenseitigem Einverständnis Konfliktgegenstände, bei denen keine Mitb-Rechte bestehen.[20] Aus gewerkschaftlicher Sicht bestehen Defizite vor allem bei der Kontrolle der Bildschirmarbeit, bei Abwendung, Milderung oder Ausgleich besonderer Belastungen (Par.91 BetrVG) sowie im Bereich des betrieblichen Personalwesens (Personalplanung und -politik).[21]

---

[17] Vgl. im einzelnen Oechsler,W.A./Schönfeld,Th./Düll,H., Konfliktfeld Arbeitszeitverkürzung. Zur Veränderung der industriellen Beziehungen durch erweiterte Regelungsbefugnisse für die betriebliche Ebene, Betriebs-Berater 43 (1988), 847ff.

[18] Hanau,P./Adomeit,K., Arbeitsrecht, Frankfurt 1983, 106.

[19] Knuth, Nutzung betrieblicher Mitbestimmungsrechte, 204.

[20] Vgl. Die Mitbestimmung 28 (1982), Heft 6.

Kapitel 5: Betriebsverfassung

7. Die Betriebsversammlung als Versammlung aller Arbeitnehmer des Betriebes ist kein Handlungs-, sondern ein Informationsorgan ohne Weisungsrecht gegenüber dem BR. Themen können sein "Angelegenheiten einschließlich solcher tarifpolitischer, sozialpolitischer und wirtschaftlicher Art.., die den Betrieb oder seine Arbeitnehmer unmittelbar betreffen" (Par.45 BetrVG). Die Betriebsversammlung mit ihren Möglichkeiten eines breiten Informationsaustauschs findet in der Realität häufig weitaus seltener statt als gesetzlich vorgeschrieben, d.h. einmal pro Quartal nach Par.43 BetrVG; dadurch werden die geringen Kontrollmöglichkeiten der Belegschaft weiter reduziert. Ähnliche Zusammenhänge gelten für Teil- bzw. Abteilungsversammlung gemäß Par.45 BetrVG.

8. Die einzige im BetrVG vorgesehene Sondervertretung ist die Jugend- und Auszubildendenvertretung (Par.60-73 BetrVG)[22], die gewählt wird, wenn mindestens fünf Auszubildende unter 25 Jahren (bis zur Novellierung: unter 18 Jahren) beschäftigt sind. Dieses Vertretung ist kein eigenständiger "Jugendbetriebsrat" mit autonomen Entscheidungsbefugnissen; sie nimmt die besonderen Interessen ihres nichtwahlberechtigten Klientels (u.a. Maßnahmen der Berufsbildung, Überwachung der Einhaltung von Gesetzen wie Jugendarbeitsschutz, soziale Belange) gegenüber dem BR, nicht gegenüber dem Arbeitgeber wahr, so daß kaum Tendenzen der Verselbständigung auftreten können. Die Vertreter, die vom BR rechtzeitig und umfassend zu unterrichten sind, haben das Recht, an den Sitzungen des BR teilzunehmen, besonders wenn Belange der Jugendlichen behandelt werden. In der Praxis werden häufig keine Jugendvertretungen gewählt, obwohl alle Voraussetzungen erfüllt sind.[23]

9. Wirtschaftsausschüsse auf Unternehmensebene werden bei mehr als 100 ständig beschäftigten Arbeitnehmern als reine Gremien der Belegschaft (im Gegensatz zur halbparitätischen Zusammensetzung nach dem "alten" BetrVG von 1952) gebildet.

---

[21] Insgesamt hat die Novellierung des BetrVG im Jahre 1972 dem BR eine Verbesserung seiner Rechte und mehr Einfluß auf das betriebliche Geschehen gebracht; u.a. hat sich die Anzahl der Abschlüsse von BV erhöht.

[22] Die Jugendvertretung wurde im Rahmen der Novellierung des BetrVG im Jahre 1988 infolge der veränderten Altersstruktur der Auszubildenden bei kaum veränderten Kompetenzen zu einer neuen Jugend- und Auszubildendenvertretung umgewandelt bzw. ausgeweitet; wahlberechtigt sind nunmehr jugendliche Beschäftigte unter 18 Jahren und Auszubildende, die das 24.Lebensjahr noch nicht vollendet haben. In dieser Frage bestand Konsens zwischen den verschiedenen Gruppen.

[23] Auch die Sonderinteressen aller übrigen Beschäftigtengruppen (z.B. der Frauen, der ausländischen Arbeitnehmer, der Schwerbeschädigten) sollen vom BR wahrgenommen werden.

Sie haben nach Par.106 BetrVG einige Beratungs- und Informations-, jedoch keinerlei Mitb-Rechte bei wirtschaftlichen Angelegenheiten des Unternehmens. Es handelt sich um reine Beratungs- und Unterrichtungsorgane, die in der Praxis vielfach gar nicht vorhanden sind. Sie dienen vor allem der Informationsvermittlung zwischen BR und Unternehmensleitung sowie dem BR als zentrales Gremium der Beschaffung von Informationen über die wirtschaftlichen Angelegenheiten des Betriebes.[24]

10. Sozialplanregelungen zum Ausgleich oder zur Milderung der wirtschaftlichen Nachteile der Arbeitnehmer bei Betriebsänderungen (u.a. Einschränkung und Stillegung, Verlegung, bloße Personalreduzierung, Zusammenschluß gemäß Par.111 BetrVG) können nach Par.112 BetrVG zwischen BR und Unternehmensleitung getroffen werden, gegebenenfalls unter Einschaltung der Einigungsstelle und deren verbindlicher Entscheidung. Diese Form des Interessenausgleichs durch materielle Kompensation hat sich vor allem bei Rationalisierungsmaßnahmen nicht nur in den traditionellen Krisenbranchen bewährt. Das Schwergewicht liegt bei Abfindungszahlungen für ältere Arbeitnehmer.[25] Einschränkungen zu Lasten der Arbeitnehmer sind vor allem durch das 1984 verabschiedete "Gesetz über Sozialpläne im Konkurs- und Vergleichsverfahren" sowie durch das Beschäftigungsförderungsgesetz von 1985[26] wirksam geworden.

5.2. Die Praxis der Betriebsverfassung

Nach den formal-juristischen Regelungen des BetrVG wollen wir uns im folgenden vor allem mit dem informellen und tatsächlichen Verhalten der betrieblichen Akteure befassen, das in aller Regel nicht mit den gesetzlich festgelegten Rechten und Pflichten identisch ist.[27] Das BetrVG gibt lediglich einen weit gefaßten, formal-rechtlichen Rahmen vor, der den individuellen und korporativen Akteuren einen erheblichen Spielraum zur konkreten Ausgestaltung der Interaktionen bzw. Arbeitsbeziehungen auf betrieblicher Ebene einräumt (de iure- vs. de facto-Partizipation). Vor al-

---

[24] Eine personelle Verknüpfung zwischen BR, Wirtschaftsausschuß und Aufsichtsrat erfolgt über gemeinsame Mitgliedschaften.

[25] Vgl.u.a. Adamy,W./Steffen,J., Handbuch der Arbeitsbeziehungen, Bonn 1985, 169-184.

[26] Vgl. im einzelnen Kapitel 13.4.

[27] "In the Federal Republic of Germany, as in any other country, the formal industrial relations system as defined in law and agreements is paralleled by an informal system reflecting actual practice, which is often remote from the legal and conceptual structure." Schregle,J., Workers' participation in the Federal Republic of Germany in an international perspective in: Gladstone, Current issues in labour relations, 107.

Kapitel 5: Betriebsverfassung

lem über den BR und seine Handlungen, weniger hingegen über Handlungsoptionen des Akteurs Management, liegen einige jüngere empirische Analysen vor, die eine enorme Variationsbreite vor allem der informellen Aktivitäten verdeutlichen bzw. den deutlichen Kontrast zwischen Gesetzesnorm und Wirklichkeit aufzeigen.[28] Das BetrVG ist in seiner Funktion als stabilisierende und konfliktreduzierende Grundlage der betrieblichen Arbeitsbeziehungen heute von den Beschäftigten weitgehend akzeptiert. Die Akteure der betrieblichen Ebene bzw. die innerbetrieblichen Arbeitsbeziehungen gewinnen im gegenwärtigen Strukturwandel, der durch Tendenzen der Dezentralisierung von Regelungskompetenz sowie durch Prozesse der "Verbetrieblichung" gekennzeichnet ist, zunehmend an Bedeutung.[29]

1. Zum einen ist - wie schon erwähnt - der sachliche Geltungsbereich des BetrVG bereits gesetzlich reduziert, indem bestimmte relativ umfangreiche Bereiche, in denen immerhin mehr als ein Viertel aller Arbeitnehmer beschäftigt sind, explizit ausgenommen werden (Kleinbetriebe mit bis zu fünf abhängig Beschäftigten, Religionsgemeinschaften sowie deren karitative und erzieherische Einrichtungen, Tendenzbetriebe sowie der gesamte öffentliche Dienst).

Zum andern ist die volle Geltung des BetrVG faktisch eingeschränkt: Das BetrVG formuliert keinen Einrichtungszwang, d.h. es schreibt die Wahl eines BR nicht zwingend vor. Zahlreiche, vor allem kleinere und mittlere Firmen außerhalb der industriellen Ballungsräume haben keinen BR, obwohl sie alle nach dem BetrVG notwendigen Voraussetzungen erfüllen. Nach Schätzungen von Gewerkschaften trifft dieser Sachverhalt sog. betriebsratsfähiger Betriebe ohne BR auf etwa jedes 10. Unternehmen zu.[30] Insgesamt greifen die Regelungen des BetrVG zur kollektiven

---

[28] Vgl. Dybowski-Johannson,G., Die Interessenvertretung durch den Betriebsrat. Eine Untersuchung der objektiven und subjektiven Bedingungen der Betriebsratstätigkeit, Frankfurt-New York 1980; Kotthoff,H., Betriebsräte und betriebliche Herrschaft. Eine Typologie partizipativer Handlungs- und Deutungsmuster von Betriebsräten und Unternehmensleitungen, Frankfurt-New York 1981; Kluge,M. et al., Betriebsräte in der Provinz. Acht Fallstudien über betriebliche Herrschafts- und Produktionsverhältnisse, Frankfurt-New York 1981; Weber,H., Soziologie des Betriebsrats. Managementstrategien und Handlungssituation betrieblicher Interessenvertreter, Frankfurt-New York 1981; Groß,H. /Tholfus,H., Konflikthandeln von Betriebsräten. Handlungsmuster betrieblicher Interessenvertretung: Zwei Fallstudien, Frankfurt-New York 1986; zusammenfassend Borgmann,W., Reformgesetz in der Bewährung. Theorie und Praxis des Betriebsverfassungsgesetzes von 1972, Opladen 1987; Kißler,L., Die Mitbestimmung in der Bundesrepublik Deutschland. Modell und Wirklichkeit, Marburg 1992, bes. 65ff, 124ff..

[29] Vgl. Trinczek,R., Betriebliche Mitbestimmung als soziale Interaktion. Ein Beitrag zur Analyse innerbetrieblicher industrieller Beziehungen, in: Zeitschrift für Soziologie 18 (1989), 444-456. Vgl. zur Zukunft der Arbeitsbeziehungen Kap.14.

[30] Weiterhin ist zu berücksichtigen, daß selbst bei Existenz eines BR die Interessenvertretung häufig prekär ist. Vgl. im einzelnen Rudolph,W./Wassermann,W., "Die Gewerkschaft ist weit, aber der Chef

Interessenvertretung damit überhaupt nur für jeden zweiten abhängig Beschäftigten![31]

2. Der BR steht infolge der rechtlichen Rahmenvorgaben für sein Handeln "... in einem sozialen Spannungsfeld zwischen Wählerschaft, Betriebsleitung und Gewerkschaft ..."[32]; er kann als vermittelnde Instanz zwischen den Interessen der Beschäftigten und der Unternehmensleitung angesehen werden. Generell beobachten wir seit langem neben einer Bürokratisierung (u.a. mit der Existenz eines Verwaltungsapparats) vor allem eine - im BetrVG implizit angelegte Professionalisierung der BR-Arbeit mit Arbeitsteilung und Spezialisierung, die besonders in Groß-betrieben weit fortgeschritten ist.

Diese hochgradige Professionalisierung kann einerseits vor allem in großen Unternehmen zur "Entfremdung" zwischen BR und Belegschaft bzw. zu Problemen innerhalb des repräsentativen Systems der Interessenvertretung führen, das nur ein freies, aber eben kein imperatives Mandat kennt und deswegen demokratische Kontrolle vor allem über Wahlen ausüben läßt. Andererseits ist ein gewisser Grad an Professionalisierung allein durch die Aneignung der für eine erfolgreiche Tätigkeit notwendigen Fachkenntnisse bedingt: Eine effektive Wahrnehmung der Mitb-Möglichkeiten setzt notwendigerweise Sachwissen und Vertrautheit mit der komplizierten Rechtsmaterie voraus. Auch sprachliche Ausdrucksfähigkeit ist ein zentrales Mittel in den Verhandlungen mit der entsprechend qualifizierten Unternehmensleitung.

3. Der BR-Vorsitzende ist nach dem Buchstaben des Gesetzes (Par.26 BetrVG) zwar vom BR als repräsentativem Kollektivorgan und dessen Mehrheitsbeschlüssen abhängig. Faktisch ist jedoch häufig eine Machtkonzentration in der Person des Vorsitzenden festzustellen, der der bevorzugte Ansprech- bzw. Interaktionspartner der Geschäftsleitung ist; er hat u.a. aufgrund seines Informations- und Wissensvorsprungs infolge der Mitgliedschaft in verschiedenen Gremien eine dominierende Position bei den notwendigen Bargaining- bzw. Politikformulierungsprozessen innerhalb

---

steht uns jeden Tag auf den Füßen." Zwischenergebnisse aus einem Projekt zu Problemen der Interessenvertretung in Klein- und Mittelbetrieben, Die Mitbestimmung 33 (1987), 7-12.

[31] Vgl. zu einem in der Forschung bislang relativ vernachlässigten Bereich Wassermann,W., Arbeiten im Kleinbetrieb. Interessenvertretung im deutschen Alltag, Köln 1992.

[32] Fürstenberg,Fr., Industrielle Arbeitsbeziehungen. Untersuchungen zu Interessenlagen und Interessenvertretungen in der modernen Arbeitswelt, Wien 1975, 113.

des BR inne. In großen Unternehmen ist der BR-Vorsitzende häufig zugleich Arbeitnehmervertreter im Aufsichtsrat.[33]

Die Beteiligung an den betriebsinternen Wahlen liegt regelmäßig bei ca. 80%, woraus eine hohe Priorität bei den Arbeitnehmern deutlich wird. "Lediglich bei den politischen Wahlen liegen die Werte etwas höher."[34] Die früher zugunsten der Arbeiter bestehende Differenz in der Wahlbeteiligung haben die Angestellten inzwischen weitgehend geschlossen. Aus dieser hohen Wahlbeteiligung, die mit zunehmender Betriebsgröße relativ abnimmt, kann abgeleitet werden, daß die überwiegende Mehrheit der Arbeitnehmer den BR für notwendig und wichtig hält. Mehrfache Wiederwahl von BR-Mitgliedern ist häufig, wobei deren Anteil mit der Betriebsgröße zunimmt: Ca. 70% aller BR-Mitglieder werden wiedergewählt, bei großen Unternehmen über 9000 Beschäftigte sind es knapp 80%. Diese Relationen von Neu- und Wiederwahl sind langfristig relativ konstant. Bei den BR-Vorsitzenden liegt die Quote der Wiederwahl etwas höher.[35]

Langfristige Veränderungen gab es in folgender Hinsicht: "Die Zahl der Betriebe mit Betriebsräten stieg in den Wahlen von 1972 und verblieb seither auf dem Niveau, das in den frühen 1970er Jahren erreicht wurde. Die absolute Zahl der Betriebsräte hat sich seit den ersten Betriebsratswahlen auf der Basis des Betriebsverfassungsgesetzes fast verdoppelt."[36]

---

[33] Vgl. im einzelnen Kapitel 6.

[34] Niedenhoff,H.-U., Bedeutung und Ergebnisse der Betriebsratswahlen, in: Groser,M.et al.(Hg.), Beiträge zur sozialen Ordnungspolitik, Baden-Baden 1988, 202.

[35] Vgl. Borgmann, Reformgesetz in der Bewährung, 184; Niedenhoff,H.-U., Der DGB baute seine Position aus. Die Betriebsratswahlen 1990 in den Betrieben der Bundesrepublik Deutschland, Gewerkschaftsreport 24 (1990), 17.

[36] Armingeon,K., Die Entwicklung der westdeutschen Gewerkschaften 1950-1985, Frankfurt-New York 1988, 118.

Gesamtergebnisse der Betriebsratswahlen von 1975 bis 1990 in %

		1975	1978	1981	1984	1987	1990
Wahlbeteiligung							
Gesamt		79,1	81,3	79,9	83,68	83,30	78,14
Arbeiter		82,6	81,9	79,9	82,59	82,50	79,14
Angestellte		72,7	80,8	79,3	82,53	83,60	75,85
Wiederwahl							
BR-Mitglied		72,3	72,8	65,6	70,28	68,38	68,43
BR-Vorsitzender		69,9	75,9	75,4	73,11	71,51	72,19
Neuwahl							
BR-Mitglied		27,8	27,2	34,4	29,72	31,62	31,57
BR-Vorsitzender		30,1	24,1	24,6	26,89	29,44	27,81
Organisationsgrad							
DGB	BR-Mitglied	67,9	58,6	63,2	63,9	65,39	69,25
	BR-Vorsitz.	78,8	71,84	79,9	75,10	74,81	78,37
DAG	BR-Mitglied	10,4	14,6	8,5	8,9	5,56	3,98
	BR-Vorsitz.	2,6	14,38	5,2	6,81	3,56	3,97
CGB	BR-Mitglied	2,6	0,7	3,7	0,8	1,04	1,04
	BR-Vorsitz.	0,0	0,06	0,5	0,14	0,26	0,45
ULA	BR-Mitglied			0,4	0,3	0,14	0,06
	BR-Vorsitz.			0,5	0,04	0,01	0,09
Sonst.	BR-Mitglied	1,6	2,8	0,9	0,7	0,36	0,52
	BR-Vorsitz.	0,6	0,66	3,4	0,87	1,22	0,67
nicht organ.	BR-Mitglied	17,5	23,3	23,3	25,4	27,51	25,15
	BR-Vorsitz.	1,5	13,06	10,5	17,04	20,09	16,45

Quelle: Gewerkschaftsreport 24 (1990), 6.

4. Weltz[37] analysierte Mitte der 70er Jahre ausgewählte Großbetriebe, in denen technisch-organisatorische Veränderungen durchgeführt worden waren, die allerdings nicht zu Entlassungen geführt hatten. Er fragte nach den Typen bzw. Stilen der Verarbeitungsprozesse durch Management und BR. Zentrale Elemente des vorherrschenden kooperativen Stils der Konfliktverarbeitung zwischen offener Konfrontation und Konfliktverdrängung sind u.a.

- Vermeidung harter und offener Konfrontation,
- hohe Kompromißbereitschaft auf beiden Seiten,
- Verzicht auf die Vertretung maximalistischer Positionen,
- Anerkennung divergierender Interessen,
- Existenz eines Systems inoffizieller betrieblicher Spielregeln als Ausgestaltung der Regelungen des BetrVG bei der Konfliktbewältigung ohne Einschaltung externer Organisationen,
- Anerkennung eines gemeinsamen Betriebsinteresses von beiden Seiten als handlungsleitender, übergeordneter Rahmen.

Eine "antizipatorische Konfliktreduzierung" bewirkt, daß sich anbahnende Konflikte bereits im Vorfeld erkannt und im Rahmen der fortlaufenden intensiven informellen Kontakte zwischen BR und Unternehmensleitung frühzeitig angegangen werden. Als dominante Form der betrieblichen Zusammenarbeit innerhalb der untersuchten Großbetriebe wird die kooperative Konfliktverarbeitung innerhalb eines "Systems wechselseitiger Abhängigkeiten" mit Sanktions- und Gratifikationsmitteln auf beiden Seiten praktiziert. Dadurch werden Management und BR gestärkt sowie die Autonomie gegenüber außerbetrieblichen Einflüssen vor allem der Gewerkschaft erhöht.

In einer später in Versicherungsbetrieben sowie Betrieben der Druckindustrie durchgeführten Untersuchung zeigt Weinert[38] deutlich, daß trotz erheblich abnehmender ökonomischer Konzessionsspielräume sowie einer deutlichen Zunahme technisch-organisatorischer Umstellungen das kooperative Konfliktverarbeitungsmuster mit einem "hohen Stabilitäts- und Flexibilitätspotential" erhalten bleibt, was Weltz nicht erwartet hatte. Verantwortlich für diese Beibehaltung der kooperativen Struktur sind nicht-ökonomische Faktoren, u.a. eine bestimmte, dem BR durch das BetrVG vorgegebene Strategie (u.a. des "strukturstabilisierenden Kleinarbeitens von Konflikten", gewisse, wenngleich geringe Vertretungserfolge), die prinzipielle Akzeptanz

---

[37] Weltz,F., Kooperative Konfliktverarbeitung, Gewerkschaftliche Monatshefte 28 (1977), Teil I: 291-301, Teil II: 489-494.

[38] Weinert,R., Kooperative Konfliktverarbeitung in der Krise?, Gewerkschaftliche Monatshefte 38 (1987), 298-307.

des technisch-organisatorischen Wandels durch BR und Belegschaften sowie bestimmte, integrative und nicht-konfliktorische Implementierungsstrategien des Managements.

Kotthoff[39] unterscheidet in seiner Untersuchung von Betrieben verschiedener Größenordnung sechs recht unterschiedliche BR- bzw. Partizipationstypen:
- Der respektierte, zwiespältige BR als Ordnungsfaktor kommt in Großbetrieben (Kapitalgesellschaften) vor und stellt das bedeutendste Muster dar. Er wird zwar vom Management als autonome Interessenvertretung akzeptiert und an der Entscheidungsfindung beteiligt; das Alleinentscheidungsrecht verbleibt aber beim Management.
- Der respektierte, standfeste BR findet sich in größeren Mittelbetrieben. Er erweist sich bei durchaus offenen Formen der Konfliktaustragung als klare Interessenvertretung, die das vorgegebene Recht vollständig zur Durchsetzung ihrer Vorstellungen nutzt (hohe Vertretungswirklichkeit).
- Der BR als kooperative Gegenmacht findet sich nur höchst selten (in einem Großbetrieb): Er ist als konsequente Gegenmacht so stark, daß Entscheidungen - auch über die Bestimmungen des BetrVG hinaus - nur mit ihm getroffen werden. Typisch sind hohe Vertretungskompetenz des gesamten BR, offene Konfliktbeziehung zur Geschäftsleitung, intensive Kommunikation zwischen BR und Belegschaft sowie gewerkschaftlichen Vertrauensleuten.
- Der BR als Organ der Geschäftsleitung: Dieser BR, der in Mittel- und Kleinbetrieben vorkommt, ist unselbständig und nicht als eigenständige Interessenvertretung akzeptiert; bei einer patriarchalisch-traditionalen Herrschaftsform bzw. Geschäftsführung besteht häufig eine über Privilegien gestützte enge Bindung des BR-Vorsitzenden an die Geschäftsführung.
- Der isolierte BR kommt vor allem in mittelgroßen Betrieben vor. Er verfügt bei formalrechtlicher Stabilität weder über ausgebaute Kontakte zu Gewerkschaften noch zur Geschäftsleitung; Mißtrauen und Repression dominieren bei einem autoritären Führungsstil.
- Der ignorierte BR findet sich in Kleinbetrieben mit hohem Facharbeiteranteil. Der Betriebsleiter ignoriert ihn und löst die auftretenden Probleme ohne ihn direkt mit

---

[39] Vgl. Kotthoff,H., Zur Anwendung des Betriebsverfassungsgesetzes in Betrieben, Jahrbuch für Rechtssoziologie und Rechtstheorie 7 (1980), 328-349; Kotthoff, Betriebsräte und betriebliche Herrschaft, 1981 sowie Kotthoff,H., Betriebliche Interessenvertretung durch Mitbestimmung des Betriebsrats, in: Endruweit,G. et al.(Hg.), Handbuch der Arbeitsbeziehungen, Berlin 1985, 65-87.

Kapitel 5: Betriebsverfassung

der Belegschaft; der Gewerkschaftseinfluß ist bei einem hohen Organisationsgrad gering.[40]

5. Die wichtigste Determinante für Erfolg und Wirksamkeit der BR-Arbeit ist die Betriebsgröße[41]: Die Möglichkeiten einer erfolgreichen Einflußnahme nehmen in Sprüngen mit steigender Betriebsgröße (operationalisiert über die Mitarbeiterzahl) zu. Die kritische Schwelle liegt bei 600 Beschäftigten: Eine größere Anzahl von BR erlaubt Arbeitsteilung und Spezialisierung innerhalb einer effektiven Interessenvertretung. Institutionalisierte und formalisierte Entscheidungsprozesse des Unternehmens verlangen eine Einbindung des BR in die tägliche "Verwaltungsroutine" der Praktizierung des BetrVG. Weiterhin haben die Besitzverhältnisse (kein Privatbesitz, sondern eher Kapitalgesellschaften) und eine (hohe) Zahl der gewerkschaftlichen Vertrauensleute, nicht hingegen der gewerkschaftliche Organisationsgrad, deutlich Einfluß auf die Interessenwahrnehmung.

Die einzelnen, detailliert abgestuften Mitb- und Beratungsrechte sind nicht nur vom Wortlaut des Gesetzes her unterschiedlich ausgeprägt, sondern werden auch faktisch in sehr unterschiedlichem Ausmaß durchgesetzt. Falls dem Arbeitgeber bei Nichtbeachtung Sanktionen drohen, sind die Rechte besser realisiert als in den Fällen, in denen keine wesentlichen Folgen vorgesehen sind. Generell gilt, daß die Mitb-Rechte bei "sozialen" Angelegenheiten und "personellen Einzelmaßnahmen" am ehesten und besten verwirklicht sind. Die Verstöße nehmen zu, je stärker der genuin unternehmerische Entscheidungsbereich tangiert wird.[42]

6. Auf die "Vertretung der Minderheitsgruppen" besonders der Angestellten wird - u.a. auch bei der Wahl des BR-Vorsitzenden und seines Stellvertreters, bei der Zusammensetzung des Betriebsausschusses und bei Freistellungen von BR - sowohl vom Buchstaben des Gesetzes als auch faktisch recht genau geachtet.

---

[40] Eine andere Typologie unterscheidet drei unterschiedliche Beziehungsgefüge: Der BR als verlängerter Arm der Gewerkschaft ("Verschmelzung"); die Gewerkschaft als Helfer, aber auch Antreiber des BR in allen Lebenslagen ("Verschränkung"); die Gewerkschaft als Service-Abteilung für den BR ("Entkoppelung"). Vgl. Schmidt,R./Trinczek,R., Duales System: Tarifliche und betriebliche Interessenvertretung, in: Müller-Jentsch,W.(Hg.), Konfliktpartnerschaft. Akteure und Institutionen der industriellen Beziehungen, München-Mering 1991, 182-188.

[41] ebd.

[42] Für andere: "Eine Durchsicht der einschlägigen Ergebnisse der empirischen Entscheidungs- bzw. Mitbestimmungsforschaung bestätigt .. unsere Vermutung, daß in der Realität der vom Gesetzgeber eröffnete Verhaltensspielraum sehr weitgehend und zwar zum Nachteil der Arbeitnehmervertreter genutzt wird." Staehle,W.H./Osterloh,M., Wie, wann und warum informieren deutsche Manager ihre Betriebsräte?, in: Ballwieser,W./Berger,K.H.(Hg.), Information und Wirtschaftlichkeit, Wiesbaden 1985, 788.

Demgegenüber sind weibliche Arbeitnehmer im BR immer noch deutlich unterrepräsentiert im Verhältnis zu ihrem Anteil an den Beschäftigten bzw. den Mitgliedern: Bei einer Erwerbsquote von über 40% stellen Fauen weniger als 20% aller BR-Mitglieder und weniger als 11% aller BR-Vorsitzenden. Diese langfristig sowie über verschiedene Wirtschaftszweige und bei unterschiedlichen Betriebsgrößen stabile Unterrepräsentation besteht nach wie vor, obwohl das BetrVG eine Vertretung der Geschlechter "entsprechend ihrem zahlenmäßigen Verhältnis" (Par.15 BetrVG) empfiehlt und jedwede unterschiedliche Behandlung von Betriebsangehörigen u.a. wegen ihres Geschlechts ausschließt (Par.75 BetrVG).[43]

Der wichtigste strategische Hebel zur Veränderung dürfte die Aufstellung der Kandidatenliste sein. Hier liegt sicherlich ein wichtiger Konflikt der Zukunft, zumal die in den vergangenen Jahren immer stärker erhobenen <u>Forderungen nach Gleichstellung und Gleichberechtigung der Frauen im Erwerbsleben</u>[44] hier einen strategisch günstigen, weil institutionalisierten Anknüpfungspunkt finden wird. Während im öffentlichen Dienst <u>Quotenregelungen</u> als formale numerische Richtwerte und andere Maßnahmen wie die Einrichtung von Gleichstellungsstellen und Frauenbeauf-tragten immer häufiger gesetzlich festgelegt werden, geschieht in der Privatwirtschaft die Förderung von Frauen nach wie vor nur auf rein freiwilliger Basis in relativ wenigen Großunternehmen.[45] Eine gezielte Personalpolitik der Chancengleichheit bzw. des Abbaus von Ungleichheiten und Benachteiligungen (u.a. in Einsatz, Entlohnung, Weiterqualifizierung, Vereinbarkeit von Familie und Beruf, Rückkehr in den Beruf) könnte sowohl in Betriebsvereinbarungen als auch in Tarifverträgen betrieben werden. Allerdings sind systematische Fortschritte in Richtung auf Frauenförde-

---

[43] Ähnliche Probleme ergeben sich auch für andere Gruppen innerhalb der Beschäftigten: "Knowledge of and satisfaction with co-determination has been found to vary with sex, union membership, tenure on the job, job level, overall job satisfaction and place of residence... From the perspective of certain workers, the German participation scheme may actually be dysfunctional. Women, foreign workers and low skill workers have been greatly underrepresented on works councils." Adams/Rummel, Workers' participation in management in West Germany, 16.

[44] Vgl. zum Problemkreis u.a. Däubler-Gmelin,H. u.a.(Hg.), "Mehr als nur gleicher Lohn". Handbuch zur beruflichen Förderung von Frauen, Hamburg 1985; Hübler,O.(Hg.), Beiträge zur Mobilität und Diskriminierung auf dem Arbeitsmarkt, SAMF-Arbeitspapier 1985-5, Paderborn 1985; Lappe,L., Frauenarbeit und Frauenarbeitslosigkeit. Eine empirische Überprüfung geschlechtsspezifischer Arbeitsmarktsegmentation, SAMF-Arbeitspapier 1986-2, Paderborn 1986; WSI-Mitteilungen 39 (1986), Heft 8, Schwerpunktheft Frauen: Arbeitsleben - Lebensarbeit; Autorinnengemeinschaft, Arbeitsmarkt und Frauenerwerbsarbeit, SAMF-Arbeitspapier 1989-16, Paderborn 1989.

[45] Paradebeispiele sind immer wieder MBB und Siemens.

rungsmaßnahmen auch innerhalb der Gewerkschaften nur mühsam durchzusetzen.[46]

Ein breit angelegter Übersichtsartikel kommt zu folgendem Ergebnis: "As to the consequences of co-determination ... it has significantly changed the way in which employers utilize labour as a factor of production, and this was accompanied by a takeover of managerial responsibilities by representatives of the workforce which, in turn, has contributed to creating and reinforcing a vested interest of workers in "social partnership" and "co-operation" in the enterprise."[47] Die Mitb-Regelungen haben demnach zur wechselseitigen Inkorporation von Arbeit und Kapital geführt, die internen Arbeitsmärkte zu Lasten der externen gestärkt und die Institutionalisierung syndikalistischer Formen der Interessenvertretung begünstigt.

5.3. Das duale System der Interessenvertretung

In der neueren politischen und wissenschaftlichen Literatur ist häufig vom "dualen" System der Interessenvertretung die Rede. Damit soll die juristisch vorgegebene, formal-organisatorische Trennung von BR als gesetzlich verankerter, einheitlicher betrieblicher Interessenvertretung aller Arbeitnehmer und Gewerkschaft als grundsätzlich freiwilliger, überbetrieblich-sektoraler Vertretung auf dem Arbeitsmarkt verdeutlicht werden. Dieser strikten Unterscheidung der Akteure entsprechen unterschiedliche Mittel der Interessendurchsetzung auf beiden Ebenen: Die Gewerkschaften verfügen über das legalisierte Streikmonopol, BR hingegen sind auf schiedlich-friedliche Mittel der Interessendurchsetzung (einschl. Friedenspflicht) verwiesen. Jenseits dieser formalen Trennung, die häufig als konstitutiv für das System der Arbeitsbeziehungen angesehen wird, bestehen in der Realität jedoch vielfache komplexe Wechselwirkungen personaler und funktionaler Art zwischen beiden Institutionen, die als "widersprüchliche Einheit"[48] voneinander abhängig und aufeinander angewiesen sind: Seit vielen Jahren sind ca. zwei Drittel aller gewählten BR-Mitglieder und ca. drei Viertel aller BR-Vorsitzenden loyale Mitglieder und häufig in ihrem überbetrieblichen Engagement sogar Funktionsträger von dem DGB angeschlossenen

---

[46] Vgl. zum Problem auch die viel ältere und heftiger geführte US-amerikanische Diskussion um Diskriminierungsverbote und Quotenregelungen.

[47] Streeck, Co-determination: The fourth decade, 391.

[48] So der von Streeck geprägte und später vielfach verwendete Terminus. Vgl. Streeck,W., Gewerkschaftsorganisation und industrielle Beziehungen. Einige Stabilitätsprobleme industriegewerkschaftlicher Interessenvertretung und ihre Lösung im westdeutschen System der industriellen Beziehungen, in: Matthes,J.(Hg.), Sozialer Wandel in Westeuropa. Verhandlungen des 19.Deutschen Soziologentages Berlin 1979, Frankfurt-New York 1979, 217.

Einzelgewerkschaften; diese übernehmen ihrerseits weitgehend die zur effektiven Amtsausübung unbedingt notwendige Aus- und Weiterbildung der BR durch Schulungen und andere Fortbildungskurse sowie durch Informations-, Beratungs- und Unterstützungstätigkeit. Ohne diese zentralen organisatorischen Hilfestellungen der Gewerkschaft wären die BR kaum wirklich handlungsfähig. Die Gewerkschaften ihrerseits brauchen wiederum die BR u.a. zur Mitgliederwerbung und damit zur Organisationssicherung[49], da die Verankerung im Einzelbetrieb ihre organisatorische Basis ist, ohne die sie letztendlich machtlos wären. Entsprechend einflußreich sind häufig die BR im innergewerkschaftlichen Willensbildungprozeß.

BR rekrutieren in verschiedenen Branchen häufig Gewerkschaftsmitglieder, auch wenn dies nicht zu ihrem gesetzlich definierten Aufgabenkatalog zählt. BR handeln so, daß in einigen wichtigen Branchen zwar nicht rechtlich abgesichert, wohl aber faktisch closed shops - zumindest solche der post entry Form - entstehen. "So werden .. als Folge der weitgehenden "Übernahme" des Betriebsratssystems durch die Gewerkschaften zahlreiche westdeutsche Gewerkschaftsmitglieder unter Ausnutzung der personalpolitischen Mitwirkungsrechte des Betriebsrats gegenüber dem Arbeitgeber von gewerkschaftlich organisierten Betriebsräten rekrutiert. Die Grundlage hierfür bilden informelle Übereinkünfte zwischen Betriebsräten und Arbeitgebern, die in der Praxis auf eine vom Betriebsrat überwachte Gewerkschafts-pflicht aller neu eingestellten Arbeitnehmer nach Art des amerikanischen "union shop" hinauslaufen."[50] Die Arbeitgeber tolerieren diese Praxis zumeist stillschweigend aufgrund informeller Übereinkunft.

---

[49] Kotthoff, Betriebliche Interessenvertretung,82; Müller-Jentsch, Soziologie der industriellen Beziehungen, 228.

[50] Streeck,W., Gewerkschaftsorganisation und industrielle Beziehungen. Einige Stabilitätsprobleme industriegewerkschaftlicher Interessenvertretung und ihre Lösung im westdeutschen System der industriellen Beziehungen, PVS 20 (1979), 249; vgl. auch Streeck,W., Qualitative demands and the neo-corporatist manageability of industrial relations, British Journal of Industrial Relations 19 (1981), 155f. sowie Streeck,W., Industrial relations in West Germany. A case study of the car industry, London 1984, 48; ähnlich auch Erd,R./Scharrer,Chr., Unions - caught between structural competition and temporary solidarity: A critique of contemporary Marxist analysis of trade unions in Germany, British Journal of Industrial Relations 23 (1985), 125 et passim sowie Schmidt/Trinczek, Duales System: Tarifliche und betriebliche Interessenvertretung, 174ff. Auch Olson argumentiert sehr ähnlich: "The best-known type of organized interest group in modern democratic societies, the labor union, is also usually supported, in part, through negative selective incentives. Most of the dues in strong unions are obtained through union shop, closed shop, or agency shop arrangements which make dues paying more or less compulsory and automatic. There are often also informal arrangements with the same effect." Olson,M., The rise and decline of nations. Economic growth, stagflation, and social rigidities, New Haven-London 1982, 21.

Fazit: Das Insistieren auf einer formalrechtlich abgesicherten negativen Koalitionsfreiheit als Korrelat der positiven (Art.9 III GG) ist die eine Seite, die Imperative der Handlungsrationalität betrieblicher Akteure die andere.[51] Die häufig betonte formale Unabhängigkeit beider Institutionen, BR und Gewerkschaft, beschreibt den Sachverhalt in rein juristischer Perspektive zunächst zutreffend. Dies bedeutet jedoch nicht, daß nicht materiell andere Lösungen einer recht stabilen "arbeitsteiligen Kooperation" realisiert werden können. Insofern stellt der formale Dualismus von BR und Gewerkschaften faktisch eher eine "widersprüchliche Einheit" dar. "Für die Gewerkschaften hat die Tätigkeit der BR entlastende Funktionen. Partielle und berufliche Sonderinteressen ebenso wie Konflikte um Arbeitsbedingungen werden gewöhnlich ebenso durch den BR in der Weise abgeklärt, daß die gewerkschaftliche Interessenpolitik von der Vertretung spezifischer Gruppen- und Berufsinteressen wie auch von der Wahrnehmung qualitativer Interessen entlastet wird. Sie kann sich daher auf die Vertretung der allgemeinen Interessen, Lohn- und Arbeitszeit, konzentrieren."[52]

Die Tatsache, daß die früher in verschiedenen Ländern rechtlich abgesicherten, verbandsextern begründeten closed shops heutzutage gegenüber den anderen korporativen Akteuren im System der Arbeitsbeziehungen, Staat und Arbeitgeber, nicht mehr durchgesetzt werden könnten, impliziert noch nicht, daß closed shops überhaupt nicht mehr bestehen.[53] Die Existenz von de facto, verbandsintern begründeten closed shops bei formalgesetzlichen Verboten (negative Koalitionsfreiheit nach Art.9 III GG) ist im übrigen keineswegs auf die Bundesrepublik beschränkt, sondern in einer ganzen Reihe von entwickelten Industrienationen festzustellen.[54] Weiterhin müssen wir in diesem Zusammenhang beachten, daß BR wesentlich an der Umsetzung tarifvertraglicher Regelungen in die betriebliche Praxis beteiligt sind und gemäß BetrVG über eine ganze Reihe von Mitb-Rechten verfügen.[55]

---

[51] Die Tatsache, daß empirische Nachweise der Existenz von faktischen closed shops selten geblieben sind, ist weniger ein inhaltliches als vielmehr ein methodisches Problem: In breit angelegten quantitativen Untersuchungen kann die Aufdeckung dieses Zusammenhangs kaum gelingen; die vorhandenen empirischen Belege stammen eher aus (Tiefen-)Interviews.

[52] Müller-Jentsch,W., Kollektive Interessenvertretung: Das System der "industriellen Beziehungen", in: Littek,W. et al.(Hg.), Einführung in die Arbeits- und Industriesoziologie, 2.erw. Aufl. Frankfurt-New York 1983, 389.

[53] Vgl. etwa Hanson,Ch./Jackson,Sh./Miller,D., The closed shop. A comparative study in public policy and trade union security in Britain, the USA and West Germany, New York 1981.

[54] Vgl. Cordova,E./Ozaki,M., Union security arrangements: An international overview, International Labour Review 119 (1980), 30.

[55] Vgl. hierzu im einzelnen den folgenden Abschnitt.

Verschiedene Gewerkschaften (u.a. IGM, ÖTV) haben versucht, durch den Aufbau von Vertrauensleutekörpern die gewerkschaftliche Präsenz vor allem in größeren Betrieben zu verbessern.[56] Vertrauensleute sind ehrenamtlich tätige, vom BR formal und prinzipiell unabhängige Gewerkschafter mit der Aufgabe einer Stärkung der gewerkschaftlichen Interessenvertretung.[57] Einerseits unterliegen Vertrauensleute, die im Gegensatz zu den BR nur von den Gewerkschaftsmitgliedern eines Betriebes gewählt werden, nicht den handlungseinschränkenden Bestimmungen des BetrVG und können gewerkschaftspolitisch aktiv werden. Andererseits ist ihre Stellung nicht rechtlich abgesichert, sondern lediglich durch gewerkschaftliche "Richtlinien zur Vertrauensleutearbeit" definiert; die Arbeitgeberverbände lehnen eine tarifvertragliche Absicherung ab.

Faktisch erbringen Vertrauensleute, die vor allem in größeren Betrieben bestehen, häufig Dienstleistungen für die gewerkschaftliche Organisation sowie Unterstützungsleistungen für die Arbeit der BR; sie sind keine Kontrollinstanz gegen-über dem BR, sondern dienen eher der Kommunikation zwischen BR und Belegschaft.[58] Zusammenfassend gilt: "Die Versuche, über Vertrauensleute einen autonomen gewerkschaftlichen Brückenkopf im Betrieb aufzubauen, schlugen fehl. Dort wo Vertrauensleute bestehen, dienen sie mit wenigen Ausnahmen nur als verlängerter Arm der gewerkschaftlich organisierten Betriebsräte."[59]

5.4. Arbeitnehmervertretung und Strukturierung des Arbeitsmarktes

In der neueren Literatur wird auf eine wichtige Einflußmöglichkeit von BR hingewiesen, die lange Zeit unbeachtet geblieben war, in der andauernden Beschäftigungskrise aber immer deutlicher wurde:[60] BR beeinflussen die Strukturierung der Arbeits-

---

[56] Vgl. u.a. Miller,D. Trade union workplace representation in the Federal Republic of Germany: An analysis of the post-war Vertrauensleute policy of the German Metal-Workers Union, British Journal of Industrial Relations 16 (1978), 335-354; Koopmann,K. Gewerkschaftliche Vertrauensleute, München 1981.

[57] "These officials generally distribute union information, collect dues where necessary, sign up new members and act as a resource for union members. They have no legal standing and many employers resent and oppose their existence." Adams/Rummels, Workers' participation in management in West Germany, 8.

[58] Vgl. Müller-Jentsch, Soziologie der industriellen Beziehungen, 231.

[59] Armingeon, Die Entwicklung der westdeutschen Gewerkschaften, 112.
Ein Vergleich der industrial relations-Systeme in Deutschland und England kommt zu folgendem Resultat: "Shopsteward organisation in the FRG is relatively weak... Generally, despite their numbers, shopstewards are thought to play an insignificant role in the regulation of plant level issues... operating mainly as the extended arm of the works' council... Shopstewards in German industry are not the workplace negotiators found in the British system due to the central role of the works council...

märkte.[61] Im BetrVG von 1972 wurden die Mitb-Rechte der BR in der betrieblichen Personalpolitik wesentlich erweitert und die BR dadurch mit Managementfunktionen betraut. Die Arbeitsmarktchancen werden deshalb durch die informellen und formalen (kodifizierten) Mitb-Möglichkeiten der BR beeinflußt, die sich auf Einstellungen, den Marktzutritt, die arbeitsmarktinterne Mobilität sowie auf Entlassungen, den Marktaustritt, beziehen.

BR haben seit Mitte der 70er Jahre deutlich eine Politik der Konsolidierung bzw. Stabilisierung der (Kern- bzw. Stamm-)Belegschaften auf einem als gesichert geltenden Mindestniveau mitbetrieben. Gleichzeitig wurden bei dieser Politik der Regulierung des internen Marktes und damit der ökonomischen und sozialen Interessen ihres Wahlklientels häufig Einstellungen und damit eine grundsätzlich wünschenswerte bzw. notwendige Entlastung des externen Marktes zugunsten von vermehrten Überstunden oder dem Einsatz von Zeit- bzw. Leihpersonal vermieden.

M.a.W.: BR sind aufgrund ihrer institutionell vorgeprägten Handlungslogik in der Regel vor allem daran interessiert, die Bedingungen des internen Arbeitsmarktes ihres Unternehmens zu verbessern und die Interessen der vorhandenen Belegschaft zu vertreten und zu schützen; dieser Zielkonflikt zwischen Stabilisierung und Rekrutierung führt zu Schließungstendenzen gegenüber dem externen Markt. Die Einflußmöglichkeiten bei Entlassungen (Par.102 BetrVG) und damit auf den unter den gegenwärtigen Arbeitsmarktbedingungen wichtigen Komplex "Arbeitsplatzsicherheit" werden häufig zugunsten der hochgradig organisierten Gruppen genutzt.

Neuere empirische Analysen[62] weisen nach, daß BR durch ihre betriebliche Rekrutierungspraxis die Strukturierung von Arbeitsmärkten nicht nur bei Entlassungen, sondern auch durch Auslese bei Einstellungen mitsteuern (Par.99 BetrVG

Any shopsteward who does seek more influence has to run for election to the works council." Williams,K., Industrial relations and the German model, Aldershot-Brookfield 1988, 34f.

[60] Vgl. Windolf,P./Hohn,H.W., Arbeitsmarktchancen in der Krise. Betriebliche Rekrutierung und soziale Schließung, Frankfurt-New York 1984; Hohn,H.W., Soziale Netzwerke und Kooperation im Betrieb - Funktionen informeller Rekrutierung im dualen System der industriellen Arbeitsbeziehungen, in: Deeke,A./Fischer,J./Schumm-Garling,U.(Hg.), Arbeitsmarktbewegung als sozialer Prozeß, SAMF-Arbeitspapier 1987-3, Paderborn 1987, 82-107. International vergleichend auch Windolf,P./Wood,St., Recruitment and selection in the labour market, Aldershot 1988.

[61] Vgl. zu den Segmentationstheorien des Arbeitsmarktes im einzelnen Kap.10.

[62] Vgl. Hohn,H.W., Interne Arbeitsmärkte und Betriebliche Mitbestimmung - Tendenzen der sozialen Schließung im "dualen" System der Interessenvertretung, IIM/LMP 83-2, Berlin 1983; Hohn,H.W., Von der Einheitsgewerkschaft zum Betriebssyndikalismus. Soziale Schließung im dualen System der Interessenvertretung, Berlin 1988; Windolf,P./Hohn,H.W., Arbeitsmarktchancen in der Krise. Betriebliche Rekrutierung und soziale Schließung. Frankfurt-New York 1984; Hohn,H.W./Windolf,P., Prozesse sozialer Schließung im Arbeitsmarkt. Eine empirische Skizze betriebsinterner Determinanten von Mobilitätsprozessen, in: Knepel,H./Hujer,R.(Hg.), Mobilitätsprozesse auf dem Arbeitsmarkt, Frankfurt-New York 1985, 305-327.

"Mitbestimmung bei personellen Einzelmaßnahmen"); diese Einflußnahme am vorderen Ende der betrieblichen Arbeitskräfteschlange bzw. des innerbetrieblichen Verhandlungs- und Entscheidungsprozesses verläuft in Richtung auf eine Erweiterung interner Märkte bzw. eine deutlichere Segmentierung.

Im übrigen verstärken auch personalpolitische Instrumente wie das der innerbetrieblichen Stellenausschreibung als Mittel der Zuordnung von Arbeitskräften zu Arbeitsplätzen die Institutionalisierungsprozesse innerhalb von Arbeitsmärkten bzw. die Segmentation des internen Arbeitsmarktes. Par.93 BetrVG regelt die "Ausschreibung von Arbeitsplätzen": "Der Betriebsrat kann verlangen, daß Arbeitsplätze, die besetzt werden sollen, allgemein oder für bestimmte Arten von Tätigkeiten vor ihrer Besetzung innerhalb des Betriebs ausgeschrieben werden." Durch diese Handlungsoption des BR werden Aufstiegschancen für bereits vorhandene Mitarbeiter verbessert und stabile interne Rekrutierungsmuster installiert; insgesamt werden die Strukturen betriebszentrierter Arbeitsmärkte verfestigt.

Last but not least wurde auch gezeigt, daß informelle Einflußnahmen bereits auf dem Lehrstellenmarkt erfolgen: Eintrittspositionen des internen Marktes, die ungemein wichtigen ports of entry als Verbindung zum externen Markt, werden häufig aus dem Verwandten- und Bekanntenkreis von Mitarbeitern besetzt.[63] Diese Rekrutierung durch informelle Netzwerke geschieht über sog. betriebsnahe Arbeitsmärkte.

Die Autoren fassen ihre Studie folgendermaßen zusammen: "In Zeiten hoher Arbeitslosigkeit werden relativ mehr Arbeitsplätze "internalisiert", d.h. der Markt wird durch Grenzziehung von einem offenen in einen geschlossenen Markt verwandelt. Zugleich erweitert sich der Kreis der Arbeitsplätze, für die ein formales Bildungszertifikat erforderlich ist. Damit wird nicht unterstellt, daß die Qualifikationsanforderungen der einzelnen Arbeitsplätze gestiegen sei. Es wird nur angenommen, daß sich die selektive Funktion der Bildungsabschlüsse verstärkt hat, daß sie also überwiegend marktregulierend wirken. Ein "Berechtigungswesen", das für jeden Arbeitsplatz ein bestimmtes Zertifikat vorschreibt, hat in Zeiten hoher Arbeitslosigkeit eine bessere Chance sich durchzusetzen als in Zeiten der Vollbeschäftigung."[64]

Dieses Dilemma von institutionell vorgegebener Handlungslogik (Stabilisierung bzw. Verstetigung des internen Marktes) und Gesamtrationalität (Rekrutierung vom externen Markt der Arbeitsuchenden) ist für den BR zugegebenermaßen nur schwierig zu lösen. Insgesamt sind diese Mechanismen und Tendenzen "sozialer Schließung" (M.Weber), d.h. der Versuche einer Verbesserung der Marktchancen durch

---

[63] Diese Rekrutierung durch informelle soziale Netzwerke bevorteilt "die Kukis und Mikis", die Kunden- und Mitarbeiterkinder.

[64] Windolf/Hohn, Arbeitsmarktchancen in der Krise, 233.

Monopolisierung des Zugangs, vorteilhaft für alle direkt Beteiligten und daher nur schwer zugunsten der Angehörigen des externen Marktes umkehrbar. "The emergence of internal labour markets with strong employment guarantees has clearly been advanced by co-determination and is in this sense a result of trade union strength. But as the "social closure" of the employment system proceeds..., trade unions are faced with the dilemma that what has served the interests of some of their members well, may increasingly clash with the interests of other members or, more likely, of an increasingly unorganised marginal labour force."[65]

Auf jeden Fall ist der "angebotsseitige" Einfluß der betrieblichen und überbetrieblichen Arbeitnehmervertretung auf Selektions- und Rekrutierungsprozesse an Arbeitsmärkten kaum grundsätzlich zu bestreiten. Trotz des industrieverbandlichen Organisationsprinzips mit seinen notwendigerweise weiträumigen Tarifverträgen gelingt die Beeinflussung zentraler arbeitsmarktprozessualer Bedingungsfaktoren auf der betrieblichen Ebene.[66]

5.5. Die Novellierung des BetrVG

Die kontrovers geführte Diskussion um die Novellierung des BetrVG hat ihren wesentlichen Ausgangspunkt in einer Entscheidung des Bundesverfassungsgerichts vom 16.Oktober 1984. Das BVerfG hat darin Teile des Wahlverfahrens des BPersVG moniert, genauer die Regelung des Unterschriftenquorums für Vorschlagslisten zu Personalratswahlen von einem Zehntel der wahlberechtigten Gruppenangehörigen, da diese "mit dem aus Art.3 Abs.1 GG abgeleiteten Grundsatz der Chancengleichheit aller Bewerber nicht vereinbar"[67] sei, weil der Wahlzugang unverhältnismäßig erschwert werde; die für politische Wahlen geltenden "Grundsätze der Allgemeinheit und Gleichheit" müßten als "ungeschriebenes Verfassungsrecht" auch hier Anwendung finden. Durch diese höchstrichterliche Entscheidung wurde auch eine Neuregelung der gleichlautenden Vorschriften des Par.14 BetrVG notwendig.[68]

Die Bundesregierung nahm diese höchstrichterliche Auflage zur Änderung des Quorums zum Anlaß, um eine von einigen Gruppen seit langem geforderte, weit

---

[65] Streeck,W., Industrial relations in West Germany: Agenda for change, IIM/LMP 87-5. Wissenschaftszentrum Berlin für Sozialforschung 1987, 19.

[66] Hier wird, und dies ist von theoretischem Interesse, zugleich deutlich, daß nur ein Teil der Leistungen echte Kollektivgüter darstellt (z.B. Lohnerhöhungen, allgemeine Arbeitszeitverkürzungen), während ein anderer Teil durchaus Charakteristika von privaten Gütern haben kann.

[67] BVerfGE 67, 369, 373.

[68] Die betriebsinternen Wahlen im Frühjahr 1987 wurden noch nach dem alten Recht durchgeführt.

umfassendere Novellierung des BetrVG einzuleiten.[69] Wegen des heftigen Konflikts mit Gewerkschaften und Opposition bei der Neuregelung des Par.116 AFG[70] wurde der im Mai 1985 eingebrachte "Entwurf eines Gesetzes zur Verstärkung der Minderheitenrechte in den Betrieben und Verwaltungen (MindRG)"[71] in der 10.Wahlperiode zunächst nicht weiter verfolgt.

Sowohl die noch durchgeführte öffentliche Expertenanhörung vor dem Ausschuß für Arbeit und Sozialordnung im Frühjahr 1986 [72] als auch die parallele öffentliche Diskussion[73] ergaben, daß verschiedene Akteure in einer bei aktuellen arbeitspolitischen Problemen lange Zeit nicht gekannten Einmütigkeit die Pläne der Regierungskoalition zur Herstellung eines "Gewerkschaftspluralismus" bzw. einer "Chancengleichheit für alle im Betrieb vertretenen Gewerkschaften" mit sehr ähnlichen Argumenten strikt ablehnten: Neben der überwiegenden Mehrzahl der Wissenschaftler votierten SPD, DGB, DAG sowie die Arbeitgeberverbände (insbesondere Gesamtmetall und BDA)[74] scharf gegen die geplanten Änderungen. Die gemeinsame Kritik richtete sich vor allem gegen die geplante Einrichtung von eigenständigen Sprecherausschüssen der leitenden Angestellten auf gesetzlicher Grundlage; problematisch erschien den Verbänden weiterhin vor allem die Einführung eines besonderen, weitgefaßten gewerkschaftlichen Listenvorschlagsrechts. Bei allen Akteuren unbestritten war lediglich die Notwendigkeit einer Änderung des relativen Unterschriftenquorums infolge des BVerfG-Urteils.

Bei den Koalitionsverhandlungen zu Beginn der 11.Wahlperiode im Frühjahr 1987 erzielten die Regierungsfraktionen dann rasch Einigung über eine weitergehende Neufassung des BetrVG.[75] Im Juni 1988 wurde der "Entwurf eines Gesetzes zur

---

[69] Vgl. zur Skizzierung der ursprünglichen Positionen: Niedenhoff, H.-U., Betriebsverfassung - Diskussion um Novellierung, Arbeit und Sozialpolitik 39 (1985), 160-162.

[70] Vgl. im einzelnen Kap.9.4.

[71] BT-Drucksache 10/3384.

[72] BT-Drucksache 10/3666.

[73] Vgl. für andere: Richardi,R. Der Gesetzentwurf zur Verstärkung der Minderheitenrechte in den Betrieben und Verwaltungen (MindRG), Arbeit und Recht 34 (1986), 33-46; Rösner,H.J., Betriebsverfassungsgesetz - wo besteht ein Handlungsbedarf?, Wirtschaftsdienst 66 (1986), 295-302.

[74] Vgl. u.a. BDA, Jahresbericht 1986, Köln 1986, 13ff.
"Die Arbeitgeberverbände sehen insgesamt keinen anderen Handlungsbedarf als die Anpassung der Wahlvorschriften gemäß dem Urteil des Bundesverfassungsgerichts. Gesetzlich verankerte Sprecherausschüsse und eine Zersplitterung der Interessenvertretung im Betrieb lehnen sie ab." Himmelmann,G., Änderung der Mitbestimmung und Betriebsverfassung: "Minderheitenschutz" oder "Lösung der Gewerkschaftsfrage?", Gegenwartskunde 37 (1988), 490.

Kapitel 5: Betriebsverfassung

Änderung des Betriebsverfassungsgesetzes, über Sprecherausschüsse der leitenden Angestellten und zur Sicherung der Montan-Mitbestimmung"[76] in erster Lesung beraten. Nach einigen Änderungen und kleineren Ergänzungen infolge einer kurzen, kontrovers geführten öffentlichen Diskussionen[77] wurde der Gesetzentwurf am 1.Dezember 1988 mit den Stimmen der Regierungsmehrheit verabschiedet; das Gesetz trat am 1.Januar 1989 in Kraft.[78]

Die Novellierung ist par excellence das Ergebnis eines parteipolitischen bzw. koalitionsinternen Aushandlungsprozesses, "ein allein politisch begründetes Junktim"[79], dem jedwede Rechtssystematik fehlt: Die FDP setzte intern, u.a. gegen das explizite Votum der CDU-Sozialausschüsse, Änderungen zugunsten ihres Wahlklientels der leitenden Angestellten[80] durch, mußte im politischen Tausch aber die Sicherung der von ihr ungeliebten Montan-Mb hinnehmen. Im Gegenzug mußte die CDU/CSU die FDP-Pläne zur Verbesserung der institutionellen Position der leitenden Angestellten akzeptieren, um die angestrebte Sicherung der Montan-Mb durchsetzen zu können. Insofern war die koalitionsinterne Festlegung, "daß zwischen der weiteren Sicherung der Montan-Mitbestimmung und der Veränderung der Betriebs-verfassung ein unauflösliches Junktim bestehe"[81], ausschließlich politisch zu verstehen, inhaltlich hingegen kaum zu rechtfertigen.

Die zentralen Änderungen sind folgende:

---

[75] Vgl. Schneider,W., Betriebsverfassungsrecht, in: Kittner,M., Gewerkschaftsjahrbuch 1988. Daten-Fakten-Analysen, Köln 1988, 381ff.

[76] BT-Drucksache 11/2503.

[77] Vgl. für andere: Zeitgespräch - Reform des Betriebsverfassungsgesetzes: Sinnvolle Neuerungen, Wirtschaftsdienst 1988/VII, 339-347; vgl. aus gewerkschaftlicher Sicht verschiedene Beiträge in: Die Mitbestimmung 34 (1988), Heft 6.

[78] Der Vollständigkeit halber ist zu erwähnen, daß zeitlich parallel auch eine Novellierung des Bundespersonalvertretungsgesetzes betrieben wurde.

[79] Lompe,K., Einführung in die Problematik, in: Lompe,K.(Hg.), Reform der Mitbestimmung. Mehr Demokratie oder Spaltung der Arbeitnehmerschaft? Das Beispiel der institutionellen Vertretung leitender Angestellter durch Gesetz, Regensburg 1988, 2.

[80] Vgl. u.a. ULA (Hg.), Sprecherausschüsse jetzt! Vorschlag zu einem Gesetz über Sprecherausschüsse und Abgrenzung der Leitenden Angestellten, Essen 1984; ULA (Hg.), Rechtsstaatlicher Schutz für Leitende Angestellte: rechtssichere Abgrenzung - gesetzlich verankerte Sprecherausschüsse. Freiraum statt Majorisierung, Essen 1987; Borgwardt,J., Warum fordern die Leitenden Angestellten gesetzlich verankerte Sprecherausschüsse und eine Präzisierung der Abgrenzung?, in: Lompe, Reform der Mitbestimmung, 85-97.

[81] Schumann,M., Betriebsverfassungsgesetz quo vadis?, Gewerkschaftliche Monatshefte 38 (1987), 722.

1. Nach Par.5, Abs.3 BetrVG fallen die leitenden Angestellten nicht in dessen Geltungsbereich; sie haben wegen ihrer Nähe zur Unternehmensleitung weder das aktive noch das passive Wahlrecht.[82] Nunmehr werden gemäß dem "Gesetz über Sprecherausschüsse der leitenden Angestellten (Sprecherausschußgesetz-SprAuG) bei mindestens 10 Angehörigen dieser Gruppe im Betrieb "Sprecherausschüsse der leitenden Angestellten" als eigenständige Interessenvertretung dieser Gruppe als Gesamtheit neu geschaffen und mit einer Reihe von Informations- und Einspruchsrechten bei Arbeitsbedingungen und Beurteilungsgrundsätzen, personellen Maßnahmen und wirtschaftlichen Angelegenheiten ausgestattet (Par.30-32 SprAuG).[83] Die Grundmaxime lautet: "Der Sprecherausschuß arbeitet mit dem Arbeitgeber vertrauensvoll unter Beachtung der geltenden Tarifverträge zum Wohl der leitenden Angestellten und

---

[82] Erhebliche juristische Detailprobleme bestehen seit langem hinsichtlich einer genauen und trennscharfen Abgrenzung dieser Personengruppe von den übrigen Angestellten. Im Unterschied zum BetrVG sind sie nach dem MitbestG von 1976 als Gruppe im AR vertreten· Vgl. zum Problem allgemein: Hromadka,W., Das Recht der leitenden Angestellten, München 1979; Martens,K.-P., Das Arbeitsrecht der leitenden Angestellten, Wiesbaden-Stuttgart 1982. Richardi,R., Der Gesetzentwurf zur Verstärkung der Minderheitenrechte in den Betrieben und Verwaltungen (MindRG). Zur Problematik der Sprecherausschüsse für leitende Angestellte, in: Lompe, Reform der Mitbestimmung, 16ff.
Überaus strittig war lange Zeit, nach welchen Merkmalen dieser Personenkreis genau abgegrenzt werden soll (z.B. nach der Stellung im Unternehmen und/oder der Gehaltshöhe). Anfang Juni 1988 einigten sich dann die Koalitionsparteien über die Definition des leitenden Angestellten bzw. über Abgrenzungskriterien: Zu dieser Gruppe sollen nur die Arbeitnehmer gehören, "die ihre Entscheidungen im Unternehmen im wesentlichen frei von Weisungen treffen oder sie maßgeblich beeinflussen" können. Zusätzliche Abgrenzungskriterien sollen sein: Als leitender Angestellter ist anzusehen, wer bereits bei der letzten BR-Wahl dieser Gruppe zugeordnet wurde oder einer Betriebsebene angehört, auf der überwiegend leitende Angestellte vertreten sind. Wer regelmäßiges Jahresarbeitsentgelt erhält oder mehr als das Dreifache des Durchschnittsverdiensts aller Rentenversicherten verdient, soll ebenfalls zu dieser Gruppe gerechnet werden. Ob diese "Präzisierungen" in Anbetracht divigierender Interessen hinsichtlich einer Ausweitung oder Eingrenzung dieser Gruppe wirklich praktikabel sein werden, bleibt abzuwarten. Die neuen Abgrenzungsmerkmale sind zwar präziser als die alten, aber immer noch nicht präzise; weiterhin sind immer noch unbestimmte Rechtsbegriffe vorhanden. Es handelt sich um eine Neuregelung des Begriffs, "der die mühsam erfolgte Präzisierung der bisherigen Bestimmung des Par.5 Abs.3 BetrVG durch die Rechtsprechung erneut gefährdet und neue Abgrenzungsprobleme auslösen wird". Bobke-von Camen,M.H., Novellierung des Betriebsverfassungsrechts, WSI-Mitteilungen 42 (1989), 19; vgl. zur Begriffsabgrenzung auch Schneider,W., Betriebsverfassungsrecht, in: Kittner,M.(Hg.), Gewerkschaftsjahrbuch 1989. Daten, Fakten, Analysen, Köln 1989, 395f.

[83] Hierzu gehören vor allem: Vertretung kollektiver, auf Antrag auch individueller Interessen, Vereinbarung von Richtlinien zur Gestaltung der Arbeitsverhältnisse, Anhörungspflicht bei Kündigung eines LA durch die Geschäftsleitung, rechtzeitige Mitteilung von Einstellung und/oder persönlichen Veränderungen, rechtzeitige Erörterung von Veränderungen der Arbeitsbedingungen für eine größere Anzahl, Anhörung, falls Betriebsvereinbarungen, die zwischen Arbeitgeber und BR geschlossen werden, die Interessen der Gruppe der leitenden Angestellten berühren, Anspruch auf Einsicht in Personalakten bei Vertretung individueller Interessen.

des Betriebs zusammen." (Par.2 SprAuG) Bei einzelnen Problemen (u.a. Wahlverfahren, Amtszeit, Freistellungen) gelten dieselben Gestaltungsprinzipien wie für den BR. Echte Mitb-Rechte bzw. ein Einigungsstellenverfahren sind nicht vorgesehen.

2. Durch Änderungen des Wahlverfahrens, d.h. durch eine deutliche Senkung des notwendigen Unterschriftenquorums für Wahlvorschläge von mindestens zehn Prozent der Wahlberechtigten oder 100 Personen auf fünf Prozent oder 50 Personen, sollen die Zugangschancen kleinerer Gruppierungen ("betrieblicher Minderheiten und kleiner Gewerkschaften") verbessert werden. Außerdem erhalten Gewerkschaften, die im Betrieb mit mindestens einem Arbeitnehmer als Mitglied vertreten sind, ein eigenes externes Wahlvorschlagsrecht ohne Nachweis sog. Stützunterschriften; nach der alten Rechtslage durften Wahlvorschläge ausschließlich von Arbeitnehmern aus dem Betrieb stammen.

Dadurch kommt es zu einem doppelten Minderheitenschutz, der in der BVerfG-Entscheidung nicht gefordert worden war. Offizielles Ziel dieser Änderung ist eine "Verstärkung der Minderheitenrechte in den Betrieben" bzw. "mehr Demokratie im betrieblichen Alltag"; vorher wurden nach dieser Auffassung konkurrierende Gewerkschaftsgruppierungen bzw. Listen bereits im Vorfeld ausgeschaltet oder wesentlich benachteiligt (sog. Machtmißbrauch).

3. Bei PR- und BR-Wahlen galt das Prinzip der Verhältniswahl; hingegen war bei der Wahl des für die Interessenvertretung wichtigen Betriebsausschusses[84] kein bestimmtes Wahlverfahren vorgegeben. Nunmehr gilt bei der Wahl der Mitglieder der Ausschüsse - vor allem des Betriebsausschusses - sowie der Jugend- und Auszubildendenvertretung grundsätzlich das Verhältniswahlrecht ebenso wie bei der Wahl der freizustellenden BR.[85] Ziel der Änderung soll ein besserer Schutz von Minderheiten gegenüber einem Ausnutzen des Mehrheitsprinzips sein; die Kräfteverhältnisse im BR sollen sich auch im Betriebsausschuß sowie bei den Freistellungen von BR widerspiegeln (sog. Parlamentarisierung).[86]

4. Bei der immer wichtiger werdenden "Einführung und Anwendung neuer Technologien" werden die Informations- und Beratungsrechte des BR bzw. der Arbeitnehmer "präzisiert und für die Praxis besser handhabbar gemacht", jedoch nicht wesentlich in Richtung auf echte Mitbestimmungsrechte ausgedehnt. In Par.81 BetrVG werden die Unterrichtungspflichten des Arbeitgebers, in Par.90 die

---

[84] Ein Betriebsausschuß ist nach Par.27 BetrVG bei mindestens neun Mitgliedern des BR zu bilden.

[85] Diese wurden vorher nach dem Prinzip der Mehrheitswahl bestimmt.

[86] Der Vollständigkeit halber ist noch zu erwähnen, daß die regelmäßige Amtszeit des BR von drei auf vier Jahre verlängert wurde. Dieselbe Amtszeit gilt auch für den Sprecherausschuß.

Unterrichtungs- und Beratungsrechte des BR erweitert. Unternehmerische Investitionsentscheidungen bleiben auch weiterhin mitbestimmungsfrei; im Konfliktfall entscheidet nicht die Einigungsstelle.

Im folgenden wollen wir der Frage nachgehen, wie sich die skizzierten Änderungen[87] in der Realität auswirken; hierbei wollen wir aus pragmatischen Gründen unterscheiden zwischen der Einrichtung von Sprecherausschüssen und den übrigen Änderungen.

1. Die Mehrzahl der leitenden Angestellten sprach sich in Umfragen aufgrund der besonderen Stellung ihrer Gruppe für die gesetzliche Einführung von eigenständigen Sprecherausschüssen aus.[88] Die eigentlichen Protagonisten der Neuregelung waren aber aus organisationspolitischen Gründen die Union der Leitenden Angestellten-ULA als Dachorganisation von berufsständischen Verbänden[89] sowie aus wahltaktischen Kalkülen die FDP. Die Sprecherausschüsse stellen neben der bereits bestehenden Jugend- und Auszubildendenvertretung eine weitere, bislang nicht vorhandene Sondervertretung dar[90], was zu einer Komplizierung der Interessenaggregation und -artikulation führen kann. Wie die vorgesehene "Vermittlerrolle zwischen BR und Unternehmensleitung" in der Praxis konkret aussehen soll, bleibt weitgehend ungeklärt. Während die prozeduralen Vorgaben des SprAuG sehr detailliert, fast akribisch sind[91], bleiben die inhaltlich-materiellen Vorgaben recht schwach, unbestimmt und dürftig (Par.30-32 SprAuG). Der Sprecherausschuß hat keine zwingenden Mitb-Rechte und kann nicht die Einigungsstelle anrufen.

---

[87] Vgl. auch die konzise Zusammenstellung West Germany - Changes to Works Constitution Act, European Industrial Relations Review 176 (1988), 9-11.

[88] Dieses Ergebnis wird allerdings relativiert durch eine unabhängige Untersuchung, die zum gegenteiligen Ergebnis kommt. Vgl. Martens,H., Die gesetzliche Verankerung von Sprecherausschüssen aus der Sicht leitender Angestellter - Ergebnisse einer empirischen Untersuchung, in: Lompe, Reform der Mitbestimmung, 43-66; Tiemann,J./Martens,H., Die Gruppe der leitenden Angestellten: Vertretung und Repräsentanz durch Sprecherausschüsse und im Aufsichtsrat, Dortmund 1986.

[89] Mitglieder der ULA sind folgende sieben Verbände, die ungefähr 42.000 (rd. 10%) der leitenden oder außertariflichen Angestellten organisieren: Verband angestellter Akademiker und Leitender Angestellter der chemischen Industrie (22.500), Verband der Führungskräfte in Bergbau und Energiewirtschaft (7.200), Verband angestellter Führungskräfte (6.300), Verband der Führungskräfte der Eisen- und Stahlerzeugung und -verarbeitung (5.000), Bundesverband der Luftfahrt in Deutschland (200), Verband deutscher Akademiker für Ernährung, Landwirtschaft und Landespflege (150), Bundesverband der Geschäftsstellenleiter der Assekuranz (1.000). Vgl. Niedenhoff,H.-U./Pege,W., Gewerkschaftshandbuch. Daten, Fakten, Strukturen, 2.Aufl. Köln 1989, 120.

[90] Im übrigen werden alle anderen Partikularinteressen vom BR vertreten.

[91] Vgl. den zweiten Teil "Sprecherausschuß, Versammlung der leitenden Angestellten, Gesamt-, Unternehmens- und Konzernsprecherausschuß".

Möglich, wenngleich nicht unbedingt wahrscheinlich ist eine gewisse "Balkanisierung" der Betriebsverfassung durch einen dualisierenden "Sonder- bzw. Ersatzbetriebsrat", der mit Hilfe seiner Unterrichtungs-, Beratungs- und Anhörungsrechte berufsständische Partikularinteressen verfolgen und die Funktionsfähigkeit der Betriebsverfassung, bzw. konkret die Handlungsfähigkeit des BR als innerbetrieblicher Einheitsvertretung aller Arbeitnehmer, beeinträchtigen könnte. Durch diese Institutionalisierung von Sprecherausschüssen wird das auf betrieblicher Ebene vorher sorgsam austarierte bilaterale bargaining zwischen BR und Unternehmensleitung zu einem mehr trilateral-konkurrierenden zwischen den nunmehr drei betrieblichen Akteuren; dadurch entstehen eher unausgewogene neue Kräfteverhältnisse zu Lasten des weniger geschlossenen BR.

Schon vor der Novellierung des BetrVG im Jahre 1972 wurden Sprecherausschüsse für leitende Angestellte gefordert, u.a. von CDU, FDP und ULA.[92] Nach einer Reihe von Prozessen erklärte das BAG im Jahre 1975 Sprecherausschüsse auf privatrechtlicher Basis für zulässig. Mitte der 80er Jahre bestanden in zahlreichen Unternehmungen bereits ca. 400 Sprecherausschüsse[93] unterschiedlicher Ausprägung auch ohne institutionelle Absicherung aufgrund freiwilliger Vereinbarungen nach dem Grundsatz der Vertragsfreiheit, so in den Großbetrieben der Chemieindustrie, in der Metall- und Elektroindustrie, kaum dagegen im Handel und im Montanbereich.[94] Ihre Aufgabe bestand in der Wahrnehmung der Interessen der leitenden Angestellten gegenüber dem Arbeitgeber.

Durch die Schaffung einer rechtlichen Grundlage werden diese eigenständig-freiwillige Vertretungen als Kollektivvertretungsorgane neben dem BR institutionalisiert, d.h. auf eine dauerhafte, juristisch abgesicherte Basis gestellt. In der Diskussion bleibt strittig, ob überhaupt die Notwendigkeit besteht, zugunsten eines Unternehmensfunktionen ausübenden, sehr kleinen Personenkreises von weniger als 3% der Gesamtbeschäftigtenzahl[95] ein derartiges Gremium zu schaffen. Eine umfassende und detaillierte Abgrenzung der faktischen Kompetenzen gegenüber dem BR ist schwierig.

---

[92] Vgl. Steffens,F., Institution und Funktion der Sprecherausschüsse der leitenden Angestellten in Betrieb und Unternehmen, Diss. Köln 1973.

[93] Die Angaben in der Literatur schwanken zwischen 330 und über 400.

[94] Vgl. Hromadka,W., Sprecherausschüsse für leitende Angestellte. Der SprALAG-Entwurf oder Wie Gesetzentwürfe nicht sein sollen, Der Betrieb 39 (1986), 857.

[95] Spieker,W., Institutionelle Vertretung leitender Angestellter durch Gesetz?, Neue Zeitschrift für Arbeits- und Sozialrecht 2 (1985), 684.

2. Die Änderungen der verschiedenen Wahlvorschriften bzw. -verfahren können beitragen zu einer eigentlich überflüssigen Zersplitterung des BR, der einheitlichen betrieblichen Interessenvertretung aller organisierten und unorganisierten Arbeitnehmer, zugunsten einer Privilegierung von kleinen Organisationen wie dem regierungsnahen, bei BR-Wahlen nie sonderlich erfolgreichen Christlichen Gewerkschaftsbund-CGB[96] bzw. der ULA. Bei einer sorgsamen Interessenabwägung bestand wenig Anlaß, von den praktizierten und seit langem bewährten Regelungen abzugehen. Die Funktion des BR als "Ordnungsfaktor" und "Gegenmacht" kann beeinträchtigt werden durch die "Verstärkung der Minderheitenrechte"; diese kann zudem auf eine im Sinne der Funktionsfähigkeit der Interessenvertretung keinesfalls wünschenswerte Verschärfung zwischengewerkschaftlicher Konkurrenz bzw. auf rivalisierende Richtungsgewerkschaften hinauslaufen. Der BR als in sich geschlossene, einheitliche Vertretung der kollektiven Interessen aller Arbeitnehmer bzw. als starker und funktionsfähiger Verhandlungspartner der Unternehmensleitung hat sich über viele Jahre recht gut im betrieblichen Alltag bewährt; folglich bestand eigentlich wenig "gesetzgeberischer Handlungsbedarf" in bezug auf die Herstellung einer schematischen "pluralistischen" Ordnung.

Weiterhin besteht infolge der Einführung des geheimen Verhältniswahlrechts eine gewisse Gefahr einer Beeinflussung der BR-Arbeit und seiner Sachentscheidungen durch kleine und/oder extreme, nicht repräsentative Gruppierungen[97]; die Zusammensetzung der Ausschüsse erfolgt nach Prinzipien des Listenproporzes und nicht nach Qualifikation und Eignung. In Zukunft wird neben dem Ausgang der Wahlen viel von der Effektivität der BR-Arbeit abhängen. Insgesamt dürfte die Änderung der Wahlverfahren aber nicht der kritische Punkt der Novellierung sein.

Die Situation des bilateralen Monopols ist auf dem Feld der Arbeitsbeziehungen effizienter in Hinblick auf Handlungsfähigkeit, Effektivität und Stabilität der Interessenvertretung als eine Verschärfung der Konkurrenz bzw. eine Fraktionierung unter Vorgabe eines Schutzes von Minderheiteninteressen, die immer schon in den Prozeß der Formulierung eines Gesamtinteresses eingegangen sind. Bezeichnenderweise wird in jüngster Zeit im Rahmen der "new industrial relations" in England

---

[96] Mitglieder des CGB sind 16 Berufsgewerkschaften mit insgesamt ca. 300.000 Mitgliedern, was einem Bruttoorganisationsgrad von ca.1,4% entspricht. Vgl. Niedenhoff/Pege, Gewerkschaftshandbuch, 118.

[97] Weitere Kritikpunkte sind Stimmenzersplitterung infolge von vornherein aussichtsloser Wahlvorschläge, erhöhter organisatorischer Aufwand bei Wahlen, "Außensteuerung" von Wahlen infolge des Zugangsrechts externer Vertreter. Vgl. aus gewerkschaftlicher Sicht zusammenfassend: Apitzsch,W./Klebe,Th./ Schumann,M.(Hg.), BetrVG '90 - Der Konflikt um eine andere Betriebsverfassung, Köln 1988.

und den USA häufig versucht, Repräsentationsmonopole einzelner Gewerkschaften einzurichten, um die als überaus problematisch erkannte traditionelle Zersplitterung bzw. Fraktionierung der Interessenvertretung abzulösen.[98] Dies ist genau die entgegengesetzte Strategie zur Änderung des BetrVG in Richtung auf "pluralistische" Organisationen!

3. Fazit: Als Gesamteinschätzung der Änderungen bleibt festzuhalten, daß jedes Detail für sich - vielleicht mit Ausnahme des SprAuG - im betrieblichen Alltag keine gravierenden Folgen haben dürfte, daß aber durch die Gesamtheit der Änderungen eine weitgehend überflüssige Novellierung in parteipolitischem Koalitionsinteresse vorgenommen wurde; diese verschafft den in CGB und ULA organisierten Partikularinteressen einen zu großen institutionalisierten Raum und kann dadurch langfristig eine vereinheitlichend-integrative und deswegen effektive Interessenvertretung auf betrieblicher Ebene durchaus beeinträchtigen.[99] Außerdem werden die notwendigen aggregierenden Vorleistungen eines funktionsfähigen BR für die überbetriebliche Interessenvertretung erschwert.

In Verbindung mit den Änderungen anderer arbeitspolitisch relevanter Gesetze (vor allem Par.116 AFG, BeschFG), die im Rahmen von De- bzw. Reregulierungsstrategien erfolgten, ergibt sich eine weitere partielle Verschlechterung der institutionellen Position der Arbeitnehmervertretungen, diesmal auf betrieblicher Ebene; diese Tendenz ist problematisch in Anbetracht der infolge der unternehmerischen Flexibilisierungstendenzen zunehmenden Wichtigkeit des BR im dualen System der Interessenvertretung.[100]

Die Ergebnisse der BR-Wahlen des Jahres 1990, der ersten nach der Novellierung des BetrVG, ergaben durchgängig keine einschneidenden Veränderungen: Der Anteil der BR-Mitglieder und BR-Vorsitzenden, die in DGB- Gewerkschaften organisiert sind, stieg im Verhältnis zu den vorherigen Wahlen sogar leicht. Diese Entwicklung

---

[98] Vgl. im einzelnen Kochan,Th. et al., The transformation of American industrial relations, New York 1986; Rico,L., The new industrial relations: British electricians' new-style agreements, Industrial and Labor Relations Review 41 (1987), 63-78.

[99] Aus Sicht des DGB wird zum Gesetzentwurf festgestellt, "daß er nicht nur keine Fortentwicklung von Mitbestimmungsrechten bringt. Er ist vielmehr darauf angelegt, bewährte Mitbestimmungsstrukturen zu zerstören." Schneider,W., Koalitionspläne zur Betriebsverfassung: Fortentwicklung oder Zerstörung bewährter Mitbestimmungsstrukturen?, Gewerkschaftliche Monatshefte 39 (1988), 419.

[100] Vgl. im einzelnen Kap.14.

ging zu Lasten der Unorganisierten[101] sowie vor allem der DAG-Mitglieder, während der CGB seine minimalen Anteile halten konnte. Trotz des verbesserten "Minderheitenschutzes", trotz des abgesenkten Unterschriftenquorums für Wahlvorschläge zum BR und trotz des weit gefaßten eigenständigen Wahlvorschlagsrechts von Gewerkschaften ist die Anzahl der Wahllisten mit durchschnittlich fünf konstant geblieben. Eine Inflation von Kandidatenlisten fand jedenfalls nicht statt. Das Verhältnis von Neu- und Wiederwahl blieb bei BR-Mitgliedern wie BR-Vorsitzenden konstant; Frauen sind nach wie vor deutlich unterrepräsentiert, obwohl ihr Anteil größer geworden ist.[102] Insgesamt haben sich manche in der Diskussion um die Novellierung geäußerten Befürchtungen bei den BR-Wahlen 1990 nicht bewahrheitet; wir haben es mit einer Stabilisierung der einheitlichen betrieblichen Interessenvertretung und nicht mit einschneidenden Veränderungen zu tun.[103]

Die Anzahl der eigenständigen Sprecherausschüsse, die nicht mehr auf freiwilliger, sondern zum ersten Male auf gesetzlicher Grundlage und zeitgleich mit den BR gewählt wurden, ist auf 568 gestiegen. Damit hat die "Legalisierung" einen deutlichen Anstieg bewirkt. Die Wahlbeteiligung liegt über der bei BR-Wahlen. Der Anteil der gewerkschaftlich organisierten Mitglieder und Vorsitzenden (einschl. Mitgliedschaft in ULA-Verbänden) ist mit jeweils ca. 16% gering, d.h. unabhängige Bewerber dominieren (mit über 80%).[104] Damit ist die Position der ULA entgegen andersartigen Erwartungen nicht deutlich gestärkt worden.

Eine notwendige, von verschiedenen Seiten immer wieder geforderte Verbesserung der echten Mitb-Möglichkeiten bei der Einführung und Anwendung neuer Informations- und Kommunikationstechnologien erfolgte hingegen nicht, obwohl die Mikroelektronik als neue Basistechnologie die betrieblichen Arbeitsbedingungen sowie die traditionellen Handlungsalternativen der BR und die konventionellen Konzepte des Managements wesentlich verändert. Eine Novellierung des BetrVG in eine ganz andere Richtung, nämlich in bezug auf Folgen und Wirkungen des Einsatzes neuer

---

[101] Aller Erfahrung nach tritt ein Teil der Unorganisierten während der Amtszeit einer Gewerkschaft bei.

[102] Vgl. eim einzelnen Niedenhoff,H.-U., Der DGB baute seine Position aus, 5-17; Schneider,W., Betriebsverfassungsrecht, in: Kittner,M.(Hg.), Gewerkschaftsjahrbuch 1991. Daten, Fakten, Analysen, Köln 1991, 426ff.; Schneider,W., Betriebsratswahlen 1990: Erfolg der Einheitsgewerkschaft, Die Mitbestimmung 37 (1991), 221-222.

[103] Damit ist natürlich noch nichts über mögliche langfristige Konsequenzen gesagt, die erst nach mehreren BR-Wahlen abzuschätzen sein werden. Auch BR interne Folgen für die Zusammensetzung der Ausschüsse, besonders des Wirtschaftsausschusses, bleiben ausgeklammert. Hier könnte es zu Fraktionierungen sowie zu einer Verkomplizierung der Aushandlungsprozesse kommen.

[104] Vgl. im einzelnen Niedenhoff,H.-U., Der DGB spielt keine Rolle. Ergebnisse der Sprecherausschußwahlen 1990, Gewerkschaftsreport 24 (1990), 20-26.

Technologien, wäre eher notwendig gewesen. Das eigentliche Problem der institutionellen Reform der späten 80er Jahre liegt weniger in den vorgenommenen Reregulierungen als vielmehr in der nicht erfolgten Regulierung des Komplexes "Einführung neuer Technologien" durch neue, direkte Beteiligungsstrukturen und -formen sowie deren Verknüpfung mit traditionellen Varianten. Der Modernisierungsdruck "systemischer" Rationalisierung erfordert eine Ergänzung der für das deutsche System typischen repräsentativen Mitb durch konsultative und substantielle Formen am Arbeitsplatz sowie einen Wandel von institutionell orientierten zu prozeßbezogenen Formen.

Einführende Literatur:

Borgmann,W., Reformgesetz in der Bewährung. Theorie und Praxis des Betriebsverfassungsgesetzes von 1972, Opladen 1987

Kißler,L., Die Mitbestimmung in der Bundesrepublik Deutschland. Modell und Wirklichkeit, Marburg 1992

Streeck,W., Industrial relations in West Germany. A case study of the car industry, New York 1984

Wilpert,B./Rayley,J., Anspruch und Wirklichkeit der Mitbestimmung, Frankfurt-New York 1983.

6. MITBESTIMMUNG II: MITBESTIMMUNG AUF UNTERNEHMENSEBENE

Nach der Behandlung der innerbetrieblichen Mitbestimmung bzw. Betriebsverfassung wollen wir uns mit der nächsthöheren Ebene, den Unternehmen, befassen; zwischen beiden Ebenen existieren bei unterschiedlichen gesetzlichen Grundlagen faktisch enge Wechselwirkungen. Die gesetzlichen Regelungen betreffen vor allem die Zusammensetzung von zwei Organen, die nach deutschem Recht im Gegensatz zu anderen nationalen Rechtsordnungen wie etwa der Englands auf Unternehmensebene nebeneinander bestehen:
- die Beteiligung von Arbeitnehmervertretern im Aufsichtsrat, dem Wahl- und Kontrollorgan des Vorstandes nach dem Aktiengesetz, wobei unterschiedliche modi hinsichtlich der Bestellung, u.a. über die Beteiligungsrechte der Gewerkschaften bei der Entsendung, vorgegeben sind,
- die Zusammensetzung des Vorstandes als Leitung, d.h. Geschäftsführung des Unternehmens mit der Verpflichtung, dem AR in entscheidenden Fragen der Geschäftspolitik Bericht zu erstatten.

Wichtige Regelungen der Unternehmensmitb sind vor allem
- die 1951 im "Gesetz über die Mitbestimmung der Arbeitnehmer in den Aufsichtsräten und Vorständen der Unternehmen des Bergbaus und der Eisen und Stahl erzeugenden Industrie" (Montan-Mitbestimmungsgesetz-MontanMitbG) getroffenen Sonderbestimmungen für noch ca. 500.000 Arbeitnehmer im Bereich der Montanindustrie. Hierzu gehören auch spätere Änderungen wie das "Gesetz zur Ergänzung des Gesetzes über die Mitbestimmung der Arbeitnehmer in den Aufsichtsräten und Vorständen der Unternehmen des Bergbaus und der Eisen und Stahl erzeugenden Industrie" von 1956.[1]
- das alte Betriebsverfassungsgesetz von 1952 für ca. eine Million Arbeitnehmer in kleineren Kapitalgesellschaften,
- das "Gesetz über die Mitbestimmung der Arbeitnehmer" (Mitbestimmungsgesetz-MitbG) von 1976 für ca. vier Millionen Arbeitnehmer in den großen Kapitalgesellschaften (mit mehr als 2.000 Arbeitnehmern) außerhalb des Montanbereichs
- sowie Sonderregelungen für den öffentlichen Dienst in Form des Bundespersonalvertretungsgesetzes (BPersVG) von 1974 bzw. 1989 sowie entsprechender Gesetze der Bundesländer (LPVG), die jedoch lediglich innerbetrieb-

---

[1] Diese sog. Holdingnovelle schließt die konzernbeherrschenden Obergesellschaften ein und soll einen Ausstieg aus der MontanMitb verhindern.

liche Mitbestimmungsrechte der ca. 4.6 Millionen Arbeiter, Angestellten und Beamten zulassen.

6.1. Die Sonderregelung für den Montanbereich

Die früh eingeführte MontanMitb[2] hat folgende charakteristische Elemente:
- Sie sieht in Unternehmen des Bergbaus und der Eisen und Stahl erzeugenden, nicht hingegen der weiterverarbeitenden Industrie mit mehr als 1.000 Arbeitnehmern echte Parität zwischen Kapital und Arbeit vor; beide Seiten entsenden eine gleiche Zahl von Vertretern in den AR, d.h. je 5, 7 oder 10 je nach Höhe des Nenn- oder Grundkapitals des Unternehmens. Jede Seite hat neben den Vertretern aus dem Unternehmen noch ein weiteres externes Mitglied, das im Unternehmen weder als Arbeitgeber oder als Arbeitnehmer tätig noch an ihm wirtschaftlich wesentlich interessiert sein darf. Die Hauptversammlung, die Versammlung aller Anteilseigner mit bestimmten Entscheidungsvorbehalten, wählt formal alle AR-Mitglieder[3]; sie ist aber bei der Wahl der Arbeitnehmervertreter an die Vorschläge der Gewerkschaft bzw. des Betriebsrats gebunden, die dadurch über ein Vetorecht verfügen.
- Beide Seiten müssen sich auf ein weiteres Mitglied verständigen, welches auf Vorschlag der übrigen AR-Mitglieder von der Hauptversammlung gewählt wird. Dieser sog. Neutrale soll mögliche Pattsituationen bei Stimmengleichheit auflösen, d.h. Mehrheitsentscheidungen ermöglichen und damit Beschluß- und Funktionsfähigkeit des AR auf jeden Fall garantieren.[4]
- Schließlich wird innerhalb des dreiköpfigen Vorstands gleichberechtigt der Arbeitsdirektor eingeführt. Er kann nicht gegen die Mehrheit der Stimmen der Arbeitnehmervertreter im AR bestellt oder abberufen werden.[5]

Die Einrichtung der Position des Arbeitsdirektors, der zumeist neben kaufmännischem und technischem Direktor dem Vorstand als gleichberechtigtes und vollver-

---

[2] Vgl. einführend u.a. Borsdorf,U./Müller,G.(Hg.), Montan-Mitbestimmung - Bestandsaufnahme und Perspektiven. Beiträge zur Mitbestimmungsdiskussion, Düsseldorf 1987.

[3] Nach dem MitbG von 1976 wählt die Hauptversammlung nur die AR-Mitglieder der Anteilseigner.

[4] Die Neutralen, die häufig als "Zünglein an der Waage" bezeichnet werden, sind zumeist höhere Beamte oder bei Banken beschäftigt; die Hauptversammlung besteht i.d.R. nicht auf ihrem Letztentscheidungsrecht.

[5] Diese weitreichende Vetoposition der Arbeitnehmervertreter gemäß Par.13 MontanMitb wurde schon in der Holdingnovelle von 1956 für Muttergesellschaften von Konzernen nicht mehr vorgesehen.

antwortliches Mitglied angehört, trägt wesentlich zu einer Verbesserung des Informationsflusses sowie der Mitb in Personal- und Sozialfragen bei. Der von ihm vertretene Bereich "Personal- und Sozialwesen" wird erheblich von Arbeitnehmerinteressen beeinflußt und innerhalb des Unternehmens aufgewertet. Allerdings werden auch Entfremdungsprozesse beklagt. Der Arbeitsdirektor befindet sich in einer gewissen "Zwitterstellung" bzw. in einem Loyalitätskonflikt: Einerseits erwarten die Arbeitnehmer von ihm eine eindeutige Vertretung ihrer Interessen ("Treuhänderfunktion"), andererseits hat er sich als Vorstandsmitglied für die Interessen des Unternehmens einzusetzen.[6]

Die Regelungen der MontanMitb ermöglichen ein hohes Maß an Information und Einfluß gegenüber den Unternehmensleitungen; sie führen zu einer frühzeitigen Beteiligung der Arbeitnehmervertreter an unternehmerischen Entscheidungsprozessen.[7] Diese Verfahrensweisen dürften wesentlich dazu beigetragen haben, daß der säkulare Umstrukturierungs- und Schrumpfungsprozeß der Krisenbranchen Kohle und Stahl weitgehend ohne Massenentlassungen und stattdessen u.a. durch Abfederung über Sozialpläne und Frühpensionierungen vonstatten ging. Neben diesen positiven sozialen Folgen lassen sich auch keine negativen wirtschaftlichen Konsequenzen (z.B. für die Investitionstätigkeit der Unternehmen oder die Dividenden- oder Kapitalbeschaffungspolitik) feststellen.[8]

Die Regierung der Großen Koalition hatte 1968 eine Sachverständigenkommission eingesetzt, die nach ihrem Vorsitzenden häufig "Biedenkopf-Kommission" genannt wurde und die eine "Auswertung der bisherigen Erfahrung mit der Mitbestimmung" durchführen sowie Vorschläge zur Novellierung unterbreiten sollte. Der auf der Grundlage von Anhörungen und einer schriftlichen Befragung zahlreicher Unternehmen erarbeitete Erfahrungsbericht wurde 1970 der Regierung der ersten sozial-liberalen Koalition vorgelegt. Die Kommission stellte u.a. fest, daß "von einer negativen Einflußnahme der Mitbestimmungsträger auf die unternehmenspolitische Planung der Unternehmensleitung nicht gesprochen werden kann"[9]; die MontanMitb führe zu

---

[6] Vgl. zusammenfassend Spieker,W., Gewerkschaftliche Grundfragen der Mitbestimmung auf Unternehmensebene, in: Borsdorf,U. et al. (Hg.), Gewerkschaftliche Reform aus Solidarität, Köln 1977, 353-372.

[7] Vgl. zu faktischen Unterschieden zwischen der Montan-Mitb und dem Mitb-Gesetz von 1976 im einzelnen Staehle,W.H./Osterloh,M., Wie, wann und warum informieren deutsche Manager ihre Betriebsräte?, in: Ballwieser,W./Berger,K.H.(Hg.), Information und Wirtschaftlichkeit, Wiesbaden 1985, 804ff.

[8] Vgl. Adams,R./Rummel,C.H., Workers' participation in management in West Germany: Impact on the worker, the enterprise and the trade union, Industrial Relations Journal 8 (1977), 10ff.

[9] Vgl. Mitbestimmung im Unternehmen. Bericht der Sachverständigenkommission zur Auswertung der bisherigen Erfahrungen bei der Mitbestimmung. BT-Drucksache VI/334; eine knappe Zusam-

einer stärkeren Betonung der sozialen Aspekte unternehmerischen Handelns, ohne jedoch das Rentabilitätsprinzip in Frage zu stellen; von einer Unverträglichkeit zwischen MontanMitb und bestehender Wirtschaftsordnung könne keine Rede sein; die paritätische Mitb führe nicht zur Funktionsunfähigkeit der Unternehmen. Das Urteil der Kommission über die Erfahrungen mit der MontanMitb war insgesamt positiv[10]; die Kommission votierte für eine Ausweitung der Mitb über den Rahmen des BetrVG von 1952 hinaus, ohne allerdings eine paritätische Lösung nach dem Montanmodell zu befürworten.

Wegen der langfristig deutlich abnehmenden Bedeutung der ehemaligen Schlüsselindustrien Kohle und Stahl für die Gesamtwirtschaft (säkularer Strukturwandel, Subventionspolitik der EG-Mitgliedsländer) sowie aufgrund betriebswirtschaftlich bzw. unternehmenspolitisch motivierter Konzentrations- und Umstrukturierungsprozesse[11] fielen im Laufe der Zeit immer weniger Unternehmen in den Geltungsbereich dieser ältesten und vergleichsweise weitreichenden Mitb-Regelungen (sog. paritätische oder qualifizierte Mitb): Mitte der 50er Jahre unterlagen im Bergbau 71, in der Eisen- und Stahlindustrie 37 Unternehmen der MontanMitb sowie 8 Obergesellschaften von Montankonzernen (Holdings) dem Montanmitb-Ergänzungsgesetz. Bis Mitte der 80er Jahre schrumpfte die Zahl der betroffenen Unternehmen auf 10 im Bergbau bzw. 21 in der Eisen- und Stahlindustrie.[12]

In Anbetracht dieser Auflösungs- und Gefährdungserscheinungen garantierten mehrfach gesetzliche Regelungen ein jeweils zeitlich begrenztes Fortdauern der MontanMitb trotz verschiedener Änderungen.[13] 1981 legte die SPD-FDP-Koalition

---

menfassung der zentralen Ergebnisse findet sich bei Streeck,W., Co-determination: the fourth decade, International Yearbook on Organizational Democracy 2 (1984), 397ff. Zu ähnlichen empirischen Befunden kommt später auch Krause,D., Mitbestimmung und Effizienz. Ergebnisse neuerer empirischer Untersuchungen im Lichte der Theorie der Eigentumsrechte, Sociologia Internationalis 23 (1985), 147-179.

[10] Schließlich haben im Montanbereich trotz erheblicher Strukturprobleme keine Arbeitskämpfe stattgefunden, wozu die spezifischen Regelungen dieser weitestgehenden Form der Mitb wesentlich beigetragen haben dürften.

[11] Dazu gehören z.B. Fusionen, Verlagerung von Produktionsschwerpunkten in andere Branchen, Gründung von Konzernobergesellschaften, sog. Holdings, die ursprünglich nicht in den Geltungsbereich des Montan-MitbG fielen.

[12] Vgl. Kieser,W., Gesetzliche Grundlagen und rechtspolitische Perspektiven der Mitbestimmung in der Eisen- und Stahlindustrie, in: Judith,R.(Hg.), 40 Jahre Mitbestimmung der Eisen- und Stahlindustrie, Köln 1986, 274-290.

[13] 1956 Mitbestimmungsergänzungsgesetz, 1967 Mitbestimmungssicherungsgesetz, 1971 Gesetz über die befristete Fortgeltung der Mitbestimmung in bisher den Mitbestimmungsgesetzen unterliegenden Unternehmen.

im "Gesetz zur Änderung des Montanmitbestimmungsgesetzes und des Mitbestimmungsergänzungsgesetzes" fest, daß in Unternehmen, bei denen die gesetzlichen Voraussetzungen der MontanMitb entfallen, deren Regelungen noch sechs weitere aufeinanderfolgende Geschäftsjahre gelten (sog. Lex Mannesmann).

Ab 1987 liefen nach bestehender Rechtslage diese gesetzlich verankerten Sicherungen infolge organisatorischer Veränderungen bzw. Umgruppierungen in fast allen Konzernobergesellschaften nach und nach aus.[14] Da wesentliche unternehmerische Entscheidungen in den Obergesellschaften fallen, hat die MontanMitb gerade in diesem Bereich zentrale Bedeutung. Eine wiederum befristete Verlängerung oder dauerhafte Sicherung wie in dem im November 1986 abgelehnten SPD-Gesetzentwurf des Montan-MitbG mußte in absehbarer Zeit auf politischem Wege durch das Parlament erfolgen; ansonsten wäre eine wesentliche gesellschaftspolitische Errungenschaft aus der betrieblichen Realität verschwunden. Das politische Problem wurde zusätzlich brisant, weil aus gewerkschaftlicher Sicht der MontanMitb über ihren eigentlichen Anwendungsbereich hinaus ein erheblicher Symbol- und Modellcharakter für die gesamte Wirtschaft zukam. Demgegenüber konnten die Arbeitgeberverbände, vor allem die BDA, keinen sachlichen Grund für eine Sicherung erkennen.

Die FDP votierte eindeutig für das Auslaufen; der Arbeitnehmerflügel der CDU setzte sich für ihren Bestand ein. Der Bundesarbeitsminister lehnte zunächst eine Fortschreibung durch ein Bundesgesetz ab und empfahl den Tarifvertragsparteien, über entsprechende Vereinbarungen zu verhandeln. Eine Sicherung der MontanMitb über Verträge war jedoch unwahrscheinlich. Falls keine Regelung zustandegekommen wäre, wären die betreffenden Unternehmen in den Geltungsbereich des MitbG von 1976 gefallen; die MontanMitb wäre zumindest im Bereich der Stahlindustrie bedeutungslos geworden.

Im Rahmen der Koalitionsverhandlungen im Frühjahr 1987 vereinbarten CDU, CSU und FDP eine Verlängerung der paritätischen Mitb über die Auslauffrist von sechs Jahren hinaus, wobei sie allerdings das Wahlverfahren nach dem Muster des MitbG von 1976 regelten.[15] In Zukunft entscheiden nicht mehr die BR, sondern besondere Wahlmänner bzw. die Konzernbelegschaft in Urwahl über die Vertreter der Arbeitnehmer im AR; die Arbeitnehmerbank besteht nicht mehr aus vier Belegschafts-

---

[14] Herbst 1987 Salzgitter AG, Ende 1987 Mannesmann, Herbst 1989 Thyssen. Vgl. zur Situation zusammenfassend Wendeling-Schröder,U. Mitbestimmung auf Unternehmensebene und gesamtwirtschaftliche Mitbestimmung, in: Kittner,M.(Hg.), Gewerkschaftsjahrbuch 1988: Daten, Fakten, Analysen, Köln 1988, 364ff.

[15] Im politischen Tausch für das Zugeständnis der FDP bei dieser Regelung wurde eine Novellierung des BetrVG verabredet. Vgl. Kap.5.5.

angehörigen und sechs externen Vertretern der Gewerkschaft, sondern aus sieben Belegschaftsmitgliedern und drei Externen, was auf einen Abbau von Einflußchancen der Gewerkschaften hinausläuft. Auch nach dieser Änderung haben die "leitenden Angestellten" im Gegensatz zum MitbG keinen Sitz im AR; der "Neutrale", auf den sich beide Seiten einigen müssen, bleibt als "Zünglein an der Waage" erhalten. - Fazit: Die Parität bleibt trotz des Widerstandes der FDP gewahrt; das geänderte Wahlverfahren sowie die Veränderung der Zusammensetzung der Arbeitnehmerbank im AR schwächt die Position der Gewerkschaften.

Im Jahre 1988 wurde dann im Rahmen der Novellierung des BetrVG das "Gesetz zur Ergänzung des Gesetzes über die Mitbestimmung der Arbeitnehmer in den Aufsichtsräten und Vorständen der Unternehmen des Bergbaus und der Eisen und Stahl erzeugenden Industrie (Mitbestimmungsergänzungsgesetz)" neu gefaßt.[16] Danach gilt die MontanMitb nur noch für Konzernobergesellschaften,

- zu denen eine oder mehrere Tochterunternehmen gehören, die insgesamt mindestens 2.000 Kohle- und Stahlbeschäftigte haben
- oder wenn wenigstens 20% der Wertschöpfung des Konzerns in diesem Bereich erfolgen (sog. Montanquote).

6.2. Die Regelungen für die übrige Privatwirtschaft

Für kleinere Kapitalgesellschaften (GmbH über 500 Beschäftigte, AG und KGaA bis 2.000 Beschäftigte) gelten nach wie vor die Regelungen der Par. 76ff. des alten BetrVG von 1952, welches die Institution des Arbeitsdirektors entsprechend der MontanMitb nicht kennt und den Arbeitnehmervertretern lediglich ein Drittel der AR-Sitze (sog. Drittelbeteiligung) zugesteht. Die Vertreter der Anteilseigner werden von der Hauptversammlung, die der Arbeitnehmer von der Belegschaft in Urwahl gewählt. Die Anzahl der betroffenen Unternehmen wird auf ca. 1.400 mit ca. einer Mill. Beschäftigten geschätzt.[17]

Diese Regelungen fallen in Arbeitnehmer- bzw. Gewerkschaftssicht eindeutig hinter die ein Jahr früher auf massiven Druck der Gewerkschaften beschlossenen Regelungen im Montanbereich zurück.[18] In den übrigen Unternehmen mit fünf und mehr

---

[16] Vgl. Wendeling-Schröder,U., Mitbestimmung auf Unternehmensebene und gesamtwirtschaftliche Mitbestimmung, in: Kittner,M.(Hg.), Gewerkschaftsjahrbuch 1989. Daten, Fakten, Analysen, Köln 1989, 376ff.

[17] Vgl. Wendeling-Schröder,U., Mitbestimmung auf Unternehmensebene und gesamtwirtschaftliche Mitbestimmung, in: Kittner,M.(Hg.), Gewerkschaftsjahrbuch 1991. Daten, Fakten, Analysen, Köln 1991, 419.

Beschäftigten bestehen lediglich innerbetriebliche Mitb-Rechte des BR nach dem BetrVG.

Das von der sozial-liberalen Koalition nach langer und kontroverser Diskussion 1976 als Ergebnis eines politischen Aushandlungsprozesses par excellence verabschiedete Mitbestimmungsgesetz gilt außerhalb des Montanbereichs für alle Kapitalgesellschaften mit in der Regel mehr als 2.000 Arbeitnehmern unabhängig von anderen Kriterien wie Umsatz oder Bilanzsumme. Zentrale Regelungen sind:

- Der AR besteht in Abhängigkeit von der Beschäftigtenzahl des Unternehmens aus 12, 16 oder 20 Mitgliedern, von denen Anteilseigner und Arbeitnehmer je die Hälfte entsenden (Par.7 MitbG).[19] Das Wahlverfahren ist anders als bei der MontanMitb: Die Anteilseignervertreter werden von der Hauptversammlung, die Arbeitnehmervertreter hingegen entweder in Urwahl, d.h. direkt durch die Belegschaft bei bis zu 8.000 Arbeitnehmern, oder durch die zwischengeschaltete Wahlmännerversammlung, d.h. indirekt bei mehr als 8.000 Arbeitnehmern, gewählt; Gewerkschaften und "leitende Angestellte" haben lediglich ein nichtbindendes Vorschlagsrecht.[20]
- Wird der AR-Vorsitzende im ersten Wahlgang nicht mit einer 2/3-Mehrheit gewählt, können die Vertreter der Anteilseigner im zweiten Wahlgang ihren Kandidaten durchsetzen; die Vertreter der Arbeitnehmer wählen dann den stellvertretenden Vorsitzenden (Par.27 MitbG).
- Die Position des "Neutralen", wie wir sie aus der MontanMitb kennen, wird nicht übernommen, so daß ein anderer Mechanismus zur Auflösung einer möglichen Pattsituation notwendig wird: Das Letztentscheidungsrecht verbleibt de facto auf der Seite der Kapitaleigner, da bei formal paritätischer Zusammensetzung des AR im Falle einer Stimmengleichheit der AR-Vorsitzende bei der erneuten Abstimmung eine zweite Stimme hat (sog. Doppelstimmrecht nach Par.29 MitbG).
- Die Institution des Arbeitsdirektors als gleichberechtigtes Mitglied des Vorstandes bzw. der Geschäftsführung bleibt bestehen (Par.33 MitbG); er wird aber wie jedes andere Vorstandsmitglied gewählt, d.h. er kann nunmehr auch gegen die Stimmen der Mehrheit der Arbeitnehmervertreter im AR bestellt oder abberufen

---

[18] Vgl. zur Praxis Langner,R., Rechtsposition und praktische Stellung des Aufsichtsrats im unternehmerischen Entscheidungsprozeß, Opladen 1973; Bürger,M., Mitbestimmung ohne Parität. Aufsichtsratsbeteiligung nach dem Betriebsverfassungsgesetz 1952, Köln 1991.

[19] Damit wird die Zahl der Arbeitnehmervertreter im Vergleich zu den Regelungen des BetrVG von 1952 erhöht.

[20] Zur Erinnerung: Bei der MontanMitb wird der gesamte AR von der Hauptversammlung gewählt, wobei Gewerkschaften und BR ein bindendes Vorschlagsrecht haben.

werden.[21] Der Arbeitsdirektor hat seine Aufgaben "im engsten Einvernehmen mit dem Gesamtorgan auszuüben" (Par.33 MitbG).

- Auf Seiten der Arbeitnehmer sind Arbeiter und Angestellte entsprechend ihrem zahlenmäßigen Verhältnis vertreten, wobei nach dem <u>Prinzip der Gruppenwahl</u> verfahren wird, sofern nicht nach einem getrennten und geheimen Beschluß gemeinsame Wahl beantragt wird. Zudem wird aufgrund von massiven Interventionen des Koalitionspartners FDP im Gegensatz zur Montan-Mitb eine <u>eigenständige Vertretung der leitenden Angestellten im AR</u> institutionalisiert, die unabhängig von der absoluten oder relativen Anzahl der "Leitenden" ist.[22] Die Zurechnung erfolgt auf der Arbeitnehmerseite, obwohl die "Leitenden" nach Meinung der Gewerkschaft faktisch häufig Arbeitgeberfunktionen bzw. unternehmerische Aufgaben wahrnehmen und daher in ihrer Interessenlage Unterschiede zu den übrigen Arbeitnehmern aufweisen.[23]

Auch bei der UnternehmensMitb wollen wir ähnlich wie bei der innerbetrieblichen Mitb nach Realität und Praxis fragen, da die tatsächlichen Abläufe von Entscheidungen und die gesetzlichen Regelungen nicht übereinstimmen müssen.[24]

Mitb-Rechte auf Unternehmensebene bestehen überhaupt nur für eine Minderheit aller Arbeitnehmer, nämlich für die insgesamt 5.6 Millionen Beschäftigten der Montanindustrie durch branchenspezifische Sonderregelungen sowie der großen und kleinen Kapitalgesellschaften durch das MitbG. Der weitaus größere Teil der Arbeitnehmer verfügt also über keine institutionalisierten Mitb-Rechte.[25] Ende 1988 befanden sich 500 Firmen im Geltungsbereich des MitbG. Mitte 1978, nach Abschluß

---

[21] Diese Bestimmung steht im Gegensatz zur Regelung in der MontanMitb von 1951, entspricht aber der der Holding-Novelle von 1956.

[22] Wobei die Leitenden für zwei Kandidaten das Vorschlagsrecht haben, von denen derjenige mit den meisten Stimmen gewählt ist.

[23] Vor allem die Gewerkschaften befürchteten, daß diese Sondervertretung der "Leitenden" die Arbeitnehmerbank noch weiter aufsplittern und eine einheitliche Interessenvertretung verhindern würde, nachdem bereits getrennte Vertretungsrechte der Arbeiter und Angestellten eingeführt worden waren. Die gegenteilige Meinung betonte Kompetenz und Sachverstand der "Leitenden".

[24] In dieser Frage liegt der zentrale Unterschied zwischen Arbeitsrecht auf der einen und Arbeitspolitik auf der anderen Seite.

[25] Der DGB kritisierte schon früh, daß das MitbG Personengesellschaften, kapitalintensive Unternehmen mit geringer Beschäftigtenzahl, aber hohem Umsatz und bestimmte Konzernformen nicht einbezieht; auch verschiedene "Fluchtstrategien" bzw. Umstrukturierungsmaßnahmen (u.a. Divisionalisierung bzw. Spartenorganisation, Änderung der Rechtsform) werden beklagt, die allerdings keine große Bedeutung haben.

der ersten Runde von Wahlen, waren es 472; seitdem sind (bei 121 Zu- und 93 Abgängen) per saldo 28 Unternehmen (5,9%) hinzugekommen.[26] Der Wissensstand der Arbeitnehmer über Mitbestimmungstheorie und -politik ist seit jeher niedrig.[27] Mitb nimmt in den Prioritätenlisten der Arbeitnehmer keine herausragende Position ein. Das Interesse wird umso geringer und diffuser, je weiter die entsprechenden Regelungen von den unmittelbaren, persönlichen Interessen des eigenen Arbeitsplatzes entfernt sind und je stärker politische und gesellschaftliche Folgen der Mitb betroffen sind. Die MontanMitb wird von einer deutlichen Mehrheit sowohl aller Arbeitnehmer als auch der verschiedenen Gruppen als die im Vergleich zum 76er MitbG "bessere Form der Mitb" eingestuft.[28]
Die Forschungsarbeiten der vergangenen Jahrzehnte lassen sich folgendermaßen zusammenfassen: "Mitbestimmung ... ist eine Reaktion auf legislatorische Akte, bislang vorwiegend auf das Montanmitbestimmungsgesetz von 1951. Mitbestimmungsforschung ... untersucht die Effektivität der Mitbestimmungsgesetze. Mitbestimmungsforschung entwickelt sich zunehmend von einer soziologischen Einstellungs- zur betriebswirtschaftlichen Organisationsforschung ... Das Forschungsfeld ist die gewerbliche Wirtschaft. Fallstudien und Forschungsinteresse am tertiären Sektor nehmen allerdings zu."[29] Studien über die älteren Formen der Unternehmensmitb liegen in größerer Zahl vor. Erstaunlicherweise sind Untersuchungen über die jüngere Unternehmensmitb von 1976 selten geblieben.[30] Wesentliche Ergebnisse sind:
- Das <u>Wahlverfahren</u> (Ur- oder Wahlmännerwahl) wird in den Wahlordnungen außerordentlich kompliziert gestaltet, was zu langwierigen und sehr komplizierten

---

[26] Vgl. Kronenberg,B./Scheibe-Lange,I., Mitbestimmungsunternehmen nach dem Stand vom 31.Dezember 1988, WSI-Mitteilungen 42 (1988), 412f.

[27] Vgl. schon Dahrendorf,R., Das Mitbestimmungsproblem in der deutschen Sozialforschung, München 1965, 35. Später kam eine Synopsis verschiedener älterer Untersuchungen zu dem Ergebnis, daß "surveys indicated that workers had an incomplete and inexplicit idea of what co-determination was or how it was supposed to function in practice..." Adams/Rummel, Workers' participation in management in West Germany, 11.

[28] Vgl. Adamy,W./Steffen,J., Handbuch der Arbeitsbeziehungen, Bonn 1985, 204.

[29] Kißler,L., 35 Jahre Mitbestimmungsforschung in der Bundesrepublik Deutschland - Ein Bilanzierungsversuch, in: Diefenbacher,H./Nutzinger,H.G. (Hg.), Mitbestimmung in Betrieb und Verwaltung. Konzepte und Formen der Arbeitnehmerpartizipation, Heidelberg 1986, 20f.

[30] Vgl. aber Bamberg,U. et al., Praxis der Unternehmensmitbestimmung nach dem Mitbestimmungsgesetz 1976, in: Diefenbacher,H./Nutzinger,H.G.(Hg.), Mitbestimmung: Theorie, Geschichte, Praxis, Heidelberg 1984, 261-278; sowie vor allem Bamberg,U.et al., "Aber ob die Karten voll ausgereizt sind..." 10 Jahre Mitbestimmungsgesetz 1976 in der Bilanz, Köln 1987; eine Zusammenfassung älterer Ergebnisse findet sich bei Streeck, Co-determination: the fourth decade, 405ff; vgl. zusammenfassend zur empirischen Mitbestimmungsforschung auch Kißler,L., Die Mitbestimmung in der Bundesrepublik Deutschland. Modell und Wirklichkeit, Marburg 1992, bes. 101ff.

Prozeduren führen kann; beide Seiten kritisieren daher das Verfahren. - Die DGB-Gewerkschaften haben ihre Vormachtstellung bei dem Wettbewerb um die AR-Sitze behauptet; sie erringen jeweils ca. 75% der Sitze. Das Verhältniswahlrecht mit "Minderheitenschutz" begünstigt kleinere Gruppierungen gegenüber der Einheitsgewerkschaft.

- Nur wenige Arbeitnehmervertreter sind der Meinung, daß die "Leitenden" die Geschlossenheit der Arbeitnehmerbank wirklich gefährden; die praktische Arbeit im AR wird als recht kooperativ bezeichnet. Die Vertreter der "Leitenden" entscheiden wegen des Zweitstimmrechts des AR-Vorsitzenden nur sehr selten Abstimmungen. Bei bestimmten Problemen (wie z.B. Betriebsstillegungen) sind die Interessen aller Arbeitnehmervertreter dieselben. Die "Leitenden" werden sehr häufig in Vorbesprechungen der Arbeitnehmerbank einbezogen und tragen durchaus deren Position im AR mit.[31]

- Die im Unternehmen beschäftigten Arbeitnehmervertreter im AR sind zumeist auch BR, die die AR-Arbeit als "institutionell verlängerte Betriebsratsarbeit"[32] verstehen. Ihnen wird häufig "betriebsegoistisches" Verhalten bei Form und Inhalt ihrer die Gegensätze vertuschenden, kooperativen Interessenvertretung vorgeworfen. Die Vertreter der Anteilseigner versuchen häufig, diese "internen" Arbeitnehmervertreter stärker in die Unternehmenspolitik einzubinden.[33] Dadurch sollen die "externen", d.h. Gewerkschaftsvertreter auf Distanz gehalten werden.

- Diese Identifikation mit den Interessen der eigenen Belegschaft, die in Zeiten hoher Arbeitslosigkeit und stärkerer Segmentation der Arbeitsmärkte zunehmend Probleme schafft, gilt nicht für die externen Vertreter; diese sollen eher unternehmensunabhängige, überbetrieblich-vereinheitlichende (Gesamt-)Interessen der Arbeitnehmer einbringen und sachkompetent vertreten. Sie sind jedoch formal schwach repräsentiert; die AR-Tätigkeit hat für sie keinen zentralen Stellenwert. Gelegentlich können Probleme zwischen Internen und Externen auftreten.

- Häufig ist der BR-Vorsitzende auch Arbeitnehmervertreter im AR; dadurch verfügt er nicht selten über eine herausgehobene Position innerhalb seiner

---

[31] Vgl. Bamberg et al., 10 Jahre Mitbestimmungsgesetz, 183ff.; ähnlich auch Tiemann,J./Martens,H., Die Gruppe der leitenden Angestellten: Vertretung und Repräsentanz durch Sprecherausschüsse und im Aufsichtsrat, Dortmund 1986, 51.

[32] Adamy/Steffen, Arbeitsbeziehungen, 201.

[33] Sie können z.B. versuchen, einen von ihnen zum stellvertretenden AR-Vorsitzenden zu gewinnen, was in der Montanindustrie nicht der Fall ist.

Gruppe[34] sowie über beträchtliche Einflußmöglichkeiten im Rahmen einer "Feinabstimmung" zwischen betrieblicher und Unternehmens-Mitb.

- Der AR-Vorsitzende hat eine herausragende Position, da er nicht nur sein Doppelstimmrecht einsetzen kann, sondern auch direkter Ansprechpartner des Vorstandes ist und dadurch über einen gewissen Informationsvorsprung verfügt.
- Kampfabstimmungen im AR, wie sie der Gesetzestext suggeriert, finden nur sehr selten statt; offene Konflikte werden durch vorklärende Gespräche zwischen Vorstand und Arbeitnehmervertretern vermieden. Auch ansonsten sind häufige informelle Kontakte zwischen bestimmten Vertretern beider Seiten mit dem Ziel der Informationsgewinnung und Interessenabstimmung von erheblicher Bedeutung für die AR-Arbeit. In solchen Vorbesprechungen werden Konflikte bereits vor den eigentlichen AR-Sitzungen ausgeräumt und Kompromisse ausgehandelt; die eigentliche Sitzung, die durch Vorabklärungen zudem verkürzt wird, dient nur noch der formalen Abstimmung, nicht aber kontroversen Debatten.
- Die Arbeitnehmervertreter im AR haben infolge fehlender betriebswirtschaftlicher Alternativen häufig keine andere Möglichkeit, als den Plänen des Vorstandes zuzustimmen.
- Eine nachträgliche, wirklich effektive Kontrolle der Unternehmenspolitik des Vorstandes durch die Arbeitnehmervertreter im nebenamtlich tätigen AR gestaltet sich sowohl wegen der gelegentlich mangelhaften Informationspolitik des Vorstandes (z.B. Vorenthaltung und/oder Filterung der relevanten Informationen) als auch wegen der geringen Sitzungsfrequenz des AR (mit ca. vier Sitzungen pro Jahr mit einer Dauer von nur wenigen Stunden) zumeist recht schwierig.
- Der AR wird häufig erst zum Zeitpunkt der Beschlußfassung in den unternehmensinternen Entscheidungsprozess eingebunden: er hat häufig nur die Funktion, Entscheidungen zeitlich zu fixieren bzw. im nachhinein zu legitimieren - und nicht, sie tatsächlich zu fällen. Gestaltungsspielräume der Arbeitnehmervertreter sind dadurch wesentlich eingeengt. Die Steuerungsfunktion des AR im Entscheidungsprozeß der Unternehmenspolitik ist nur schwach ausgeprägt.
- In der Mehrzahl der Unternehmen bestehen verschiedene Ausschüsse des AR mit spezifischen Aufgaben der Vorbereitung und Überwachung (u.a. für Investitions-, Finanzierungs-, Bilanz-, Arbeitsschutz- und Personalfragen). Zusammensetzung, Funktion und Arbeitsweise dieser Ausschüsse sind jedoch durch das MitbG nicht detailliert geregelt (insbes. keine zwingende paritätische Besetzung, in Einzelfällen keine Beteiligung der Arbeitnehmer, Zweitstimmrecht bzw.

---

[34] Vgl. auch Kap.5.

Stichentscheidungsrecht des Ausschußvorsitzenden). In den Ausschüssen, welche die notwendige fachliche Arbeit faktisch weitgehend leisten, finden wesentliche informelle Vorabstimmungen statt, an denen Arbeitnehmervertreter in durchaus unterschiedlichem Ausmaß und zu verschiedenen Zeitpunkten beteiligt werden. Insgesamt ist daher durch die Verlagerung der Entscheidungsprozesse eine Verringerung des Arbeitnehmereinflusses festzustellen. Diese Tendenz kann durch die Ausgestaltung von Satzung und Geschäftsordnung des AR vor allem über die zustimmungspflichtigen Geschäfte verstärkt werden.

- Die Position des <u>Arbeitsdirektors</u> ist aus Sicht der Arbeitnehmervertreter aufgrund des Wahlmodus schwach im Vergleich zur MontanMitb; er ist ihrem Einfluß weitgehend entzogen. Der Arbeitsdirektor ist traditionell zumeist für das Personal- und Sozialwesen zuständig, ohne daß sein Aufgabenbereich wie im Montanbereich im MitbG verbindlich und genau definiert wäre. Der Arbeitsdirektor befindet sich als Vermittler notwendigerweise in einer gewissen "Zwitterstellung", die jedoch nicht so ausgeprägt ist wie im Montanbereich.
- Zumeist schlägt die Arbeitgeberseite den Arbeitsdirektor vor, was nicht unbedingt im Einvernehmen mit, geschweige denn auf Initiative der Arbeitnehmervertreter geschieht; häufig war er früher Personalchef des Unternehmens. Offene Konflikte im Bestellungsverfahren treten gelegentlich bei der Präsentation externer Kandidaten auf, werden aber im Regelfall wegen ihrer Aussichtslosigkeit und in Anbetracht der notwendigen zukünftigen Kooperation von den Arbeitnehmervertretern vermieden.
- Aus Sicht der Gewerkschaft wird eine <u>Hierarchisierung der BR</u> bemängelt. Schwerpunkte der Politik werden zumeist vom Gesamt-, nur selten vom Konzern-BR entschieden.

Eine empirische Untersuchung über Einflußmöglichkeiten von Arbeitnehmervertretern kommt zusammenfassend zu dem Ergebnis, daß kaum bezweifelt werden kann, "daß das MitbestG 76 den Arbeitnehmervertretern gegenüber dem BetrVG 52 deutlich erweiterte Einflußmöglichkeiten bietet, die allerdings gemessen an dem Montanmitbestimmungsgesetz von 1951 gering ausfallen"[35]. Die Mitb-Möglichkeiten bleiben faktisch knapp unterhalb der Paritätsgrenze.

---

[35] Dzielak,W.et al., Einflußmöglichkeiten von Arbeitnehmervertretern in der Praxis der Unternehmensmitbestimmung nach dem MitbestG 76, WSI-Mitteilungen 36 (1983), 738.

6.3. Mitbestimmung in vergleichender Perspektive

Mitb- und Mitwirkungsrechte auf Betriebs- und Unternehmensebene sind umfassend und detailliert geregelt; demgegenüber bleiben sowohl das Individuum bzw. der einzelne Arbeitsplatz als auch die gesamtwirtschaftliche Ebene fast vollständig ausgeklammert.[36] Mehr Mitb am Arbeitsplatz wird u.a. im Rahmen der Konzepte einer "Humanisierung des Arbeitslebens" sowie innerhalb basisdemokratischer Vorstellungen einer "Arbeiterselbstverwaltung"[37] gefordert; auch die Strategie, gewerkschaftliche Vertrauensleutekörper aufzubauen[38], tendiert in diese Richtung. Außerdem fordern die Gewerkschaften seit den 70er Jahren gelegentlich wieder die Errichtung von Wirtschafts- und Sozialräten auf Bundes-, Landes- und regionaler Ebene.[39] Derartige Institutionen auf der Meso- und Makroebene wären als Mitb-Organe mit spezifischen, noch zu definierenden Rechten bei der Gestaltung der ökonomischen und rechtlichen Rahmenbedingungen möglich, wenngleich wenig wahrscheinlich ("Wirtschaftsdemokratie" durch korporative Repäsentation).

Mitb-Rechte der Arbeitnehmervertreter werden auch von den Arbeitgebern nicht grundsätzlich infrage gestellt; negative Konsequenzen von Mitb (etwa für die Effizienz von Betrieben) lassen sich kaum empirisch belegen.[40] Erhebliche Differenzen bestehen allerdings hinsichtlich des sinnvollen Ausmasses von Mitb.[41] Der DGB tritt in seinen mitbestimmungspolitischen Leitsätzen ein für die "allgemeine Durchsetzung der qualifizierten Mitbestimmung" nach dem Montan-Modell in allen Großunternehmungen und Konzernen der Wirtschaft (sog. volle Parität von Arbeit und Kapital). Eine solche Ausweitung ist auf absehbare Zeit politisch nicht durchzusetzen.[42]

---

[36] Wir sehen hierbei von einigen wenigen Rechten wie Einsicht in die Personalakte ab.

[37] Vgl. u.a. Vilmar,F., Mitbestimmung und Selbstbestimmung am Arbeitsplatz, 3.erw.Aufl. Darmstadt 1974; Vilmar,F., Industrielle Arbeitswelt. Grundriß einer kritischen Betriebssoziologie, Stein/Nürnberg 1974, 176ff.

[38] Vgl. im einzelnen Kap.5.

[39] Vgl. zu Perspektiven und Orientierungen zusammenfassend Leminsky,G., Mitbestimmung, WSI-Mitteilungen 36 (1983), 706ff.

[40] Vgl. u.a. Beyme,K.v., Mitbestimmung - Tendenzen der sozialwissenschaftlichen Forschung, Gewerkschaftliche Monatshefte 36 (1985), 132ff.

[41] Vgl. Kap.4 zur Klage der Arbeitgeberverbände gegen das MitbG 1976 vor dem BVerfG.

[42] Nach DGB-Vorstellungen soll das MitbG gelten, wenn zwei von drei Kriterien erfüllt sind: ab 1.000 Arbeitnehmern, ab 150 Millionen Jahresumsatzerlösen, ab 75 Millionen Bilanzsumme.

Ein zentrales Merkmal deutscher Mitb-Regelungen besteht in ihrer gesetzlichen Fixierung, während in anderen Ländern entsprechende Regelungen häufig durch gesonderte Kollektivvereinbarungen zwischen den Tarifvertragsparteien getroffen werden. Wichtige Vorteile der deutschen Variante bestehen darin, daß
- gewisse Minimalstandards verbindlich für alle Betriebe garantiert sind,
- die "Varianz" kleiner ist als bei rein freiwilligen Vereinbarungen,
- eine höhere Regelungsdichte erreicht wird,
- die Regelungen nicht ohne weiteres zurückgenommen werden können,
- gewerkschaftliche Ressourcen nicht für die fallweise Aushandlung von Mitb-Rechten in einem Prozeß des do ut des eingesetzt werden müssen, sondern sich auf andere Gegenstände konzentrieren können.

Im internationalen Vergleich[43], der in der deutschen Mitb-Forschung erstaunlicherweise kaum eine Rolle spielt, gilt "co-determination" sowohl als typisches Merkmal des deutschen Systems der Arbeitsbeziehungen als auch als wesentliche Voraussetzung für seine relative Stabilität. Diese ist wegen der zunehmenden Interessendifferenzierung und Marginalisierung durchaus überraschend. Die ursprünglich wohl plausible Erklärung der Stabilität durch ökonomische Prosperität ist offensichtlich wenig realistisch; der langen Phase eines nahezu permanenten wirtschaftlichen Wachstums folgte nicht die große Krise, sondern Prozesse dynamischer Anpassung. Die Gewerkschaften bzw. Arbeitnehmervertretungen der Mehrzahl der übrigen westlichen Industrienationen standen lange Zeit den deutschen Mitb-Regelungen mit ihrer hochgradigen Institutionalisierung und starken Verrechtlichung skeptisch gegenüber; vor allem wurden die Regelungen als einseitige Integrations- bzw. Befriedungsinstrumente angesehen.[44] Typisch für diese Sichtweise ist u.a. das collective bargaining-System des New Deal in den USA, welches zur Maxime hatte, daß "management manages and workers and their unions grieve or negotiate the impacts of management decisions through collective bargaining"[45]. Auch in Großbri-

---

[43] Für andere Gladstone,A. et al.(eds.), Current issues in labour relations. An international perspective, Berlin-New York 1989, 81-145; Neal,A., Co-determination in the Federal Republic of Germany: An external perspective from the United Kingdom, British Journal of Industrial Relations 25 (1987), 227-245; Kassalow,E.M., Employee representation on U.S. German boards, Monthly Labor Review 112 (1989), 39-42.

[44] Natürlich können wir nicht einfach Institutionen vergleichen bzw. übernehmen; stattdessen müssen wir von Funktionen und Aufgaben ausgehen. Vgl. Schregle,J., Worker's participation in the Federal Republic of Germany in an international perspective, International Labour Review 126 (1987), 317-325.

[45] Kochan,Th.A./Katz,H.C./McKersie,R.B., The transformation of American industrial relations, New York 1986, 179; zusammenfassend zur Situation in den USA auch Kassalow,E., Concession bargain-

tannien gab es traditionellerweise im Gegensatz zu anderen westeuropäischen Ländern nur wenige rechtliche Interventionen.
Seit Mitte der 70er Jahre verändert sich diese Sichtweise u.a. durch die wachsende Bedeutung technologischer Faktoren; so sind Verbesserungen der Rechtslage u.a. in Schweden, Frankreich und den Niederlanden festzustellen. Generell verzeich-nen wir ein zunehmendes Interesse an Mitb-Regelungen.[46] International vergleichende Untersuchungen zeigten, "daß der Grad der normativ vorgegebenen Partizipationsintensität zu den besten Prädiktoren tatsächlichen Partizipationsverhaltens gehört. Wer Partizipation fördern will, tut gut daran, die formalen Partizipationsstrukturen weit zu stecken."[47]

Einführende Literatur:

Bamberg,U. et al., Aber ob die Karten voll ausgereizt sind ... 10 Jahre Mitbestimmungsgesetz 1976 in der Bilanz, Köln 1987

Bericht der Sachverständigenkommission zur Auswertung der bisherigen Erfahrungen bei der Mitbestimmung im Unternehmen (Mitbestimmungskommission), Stuttgart-Berlin 1970

Gladstone,A. et al.(eds.), Current issues in labour relations. An international perspective, Berlin-New York 1989, Chapter II: Institutional forms of workers' representation, with special reference to the Federal Republic of Germany

Judith,R.(Hg.), 40 Jahre Mitbestimmung der Eisen- und Stahlindustrie, Köln 1986

Martens,H./Peter,G.(Hg.), Mitbestimmung und Demokratisierung. Stand und Perspektiven der Forschung, Wiesbaden 1989.

---

ing: Towards new roles for American unions and managers, International Labour Review 127 (1988), 578ff.

[46] "Ten years ago North American unions were almost universally satisfied with "job control" unionism. They were also unwilling to participate in strategic decision-making because they did not want to be held responsible for possible bad results of policies in which they had concurred." Adams,R.J., North American industrial relations: Divergent trends in Canada and the United States, International Labour Review 128 (1989), 53.

[47] Wilpert,B., Mitbestimmung, in: Greif,S./Holling,H./Nicholson,N.(Hg.), Arbeits- und Organisationspsychologie. Internationales Handbuch in Schlüsselbegriffen, München 1989, 326.

7. TARIFVERTRAGSWESEN I: RECHTLICH-INSTITUTIONELLE PROBLEME

Wir verlassen nunmehr die Betriebs- bzw. Unternehmensebene und befassen uns mit der sektoralen bzw. Branchenebene der Arbeitsbeziehungen, d.h. vor allem mit Tarifverhandlungen bzw. deren Ergebnissen als zentralen Elementen der gewerkschaftlichen Interessenpolitik. In soziologischer Perspektive bedeutet dieser Schritt folgendes: Während wir uns bisher mit der "Beeinflussung und Kontrolle der Anwendungsbedingungen der Arbeitskraft im betrieblichen Arbeitsprozess (befaßt haben, B.K.) steht die Beeinflussung und Kontrolle der Verkaufsbedingungen der Arbeitskraft im Zentrum."[1] Zunächst müssen wir die rechtlich-institutionellen Grundlagen kennenlernen.[2]

7.1. Die gesetzliche Grundlage

Von zentraler Bedeutung ist das Grundrecht der Koalitionsfreiheit nach Art.9 III GG: "Das Recht, zur Wahrung und Förderung der Arbeits- und Wirtschaftsbedingungen Vereinigungen zu bilden, ist für jedermann und für alle Berufe gewährleistet." Allerdings sind nicht alle Vereinigungen als Koalitionen anzusehen; das BVerfG hat verschiedene Voraussetzungen benannt: "Es muß die Koalition als satzungsmäßige Aufgabe die Wahrnehmung der Interessen ihrer Mitglieder gerade in ihrer Eigenschaft als Arbeitgeber oder Arbeitnehmer übernehmen; sie muß frei gebildet, gegnerfrei, unabhängig und auf überbetrieblicher Grundlage organisiert sein; schließlich muß sie das geltende Tarifrecht als für sich verbindlich anerkennen." Arbeitnehmerkoalitionen mit diesen Eigenschaften (Freiwilligkeit des Zusammenschlusses, körperschaftliche Organisation, Gegnerfreiheit und Unabhängigkeit, Überbetrieblichkeit, Tarifwilligkeit) müssen zusätzlich die Voraussetzungen der Dauerhaftigkeit (keine ad hoc-Koalitionen) sowie (rechtlich nicht unumstritten) die der Streikwilligkeit und Streikfähigkeit erfüllen, um die Gewerkschaftseigenschaft zu haben.[3]

Positive Koalitionsfreiheit meint das Recht des einzelnen, einer Koalition beizutreten oder sich für sie zu betätigen. Negative Koalitionsfreiheit ist n.h.M. das komplemen-

---

[1] Müller-Jentsch,W., Soziologie der industriellen Beziehungen. Eine Einführung, Frankfurt-New York 1986, 42.

[2] Für andere: Weitnauer,H./Holtkamp,H.G., Art. Tarifrecht, in: Bierfelder,W. (Hg.), Handwörterbuch des öffentlichen Dienstes - Das Personalwesen, Berlin 1976, 1614-1625.

[3] Für andere: Hanau,P./Adomeit,K., Arbeitsrecht, 8.Aufl. Frankfurt 1986, 51f.

Kapitel 7: Tarifvertragsrecht

täre Recht des Individuums, nicht zum Eintritt in Koalitionen gezwungen werden zu dürfen, d.h. ihnen fernbleiben zu können; auch ein nur mittelbarer Organisationszwang wäre verfassungswidrig. Die in Art.9 Abs.III GG gegebene Garantie umfaßt neben diesen beiden Formen der individuellen auch die kollektive Koalitionsfreiheit, welche neben der Bestands- auch die Betätigungsgarantie einschließt. Der Tarifvertrag zählt zum Kernbereich der Koalitionsfreiheit.

Das gesellschaftliche Strukturprinzip der Tarifautonomie[4] stellt eine Konkretisierung der kollektiven Koalitionsfreiheit dar. Diese Normsetzungsbefugnis bedeutet, daß die Tarifvertragsparteien die Entgelte und sonstigen Arbeitsbedingungen in eigener Verantwortung aushandeln, also ohne Intervention staatlicher Institutionen; die innerhalb dieses autonomen Handlungsfreiraums mit prinzipiell offenem Ausgang frei formulierten und ausgehandelten Bedingungen werden wie staatlich gesetztes Recht garantiert. Eine inhaltliche Reglementierung des Verhaltens der Tarifpartner seitens des Staates (z.B. durch hoheitlich verordnete Lohnleitlinien) ist rechtlich nicht zulässig - und wäre außerdem auch gar nicht zweckmäßig.[5] Der Staat ist damit auf die grundsätzlich freiwillige Kooperation der Tarifpartner angewiesen und muß sich auf informelle Einflußnahmen zur Schaffung bzw. Sicherung gesamtwirtschaftlich erwünschter Rahmenbedingungen beschränken; gleichzeitig kann er sich ohne Legitimationsverluste funktional entlasten in einem konfliktträchtigen Bereich, den die Tarifvertragsparteien ohnehin besser überschauen und flexibler bzw. "sachgerechter" ausfüllen können.[6]

Seit dem Ende des 1.Weltkrieges sind Tarifverhandlungen als Mittel zur kollektiven Regelung der Arbeitsbeziehungen und Gewerkschaften als dessen institutionelle Träger rechtlich voll anerkannt. Grundlage des Tarifverhandlungssystems ist das Tarifvertragsgesetz (TVG) von 1949 i.d. Fassung von 1969, welches die rechtlichen Rahmenbedingungen für den Machtkampf der Tarifvertragsparteien definiert und

---

[4] Vgl. Müller-Jentsch,W., Versuch über die Tarifautonomie. Entstehung und Funktionen kollektiver Verhandlungssysteme in Großbritannien und Deutschland, Leviathan 11 (1983), 118-150; aus ökonomischer Perspektive zusammenfassend Lampert,H., Lehrbuch der Sozialpolitik, 2.überarb.Aufl. Berlin-Heidelberg 1991, 280-286; Lampert,H./Englberger,J./Schüle,U., Ordnungs- und prozeßpolitische Probleme der Arbeitsmarktpolitik in der Bundesrepublik Deutschland, Berlin 1991, 108-130.

[5] Vgl. Traxler,F., Interessenverbände der Unternehmer. Konstitutionsbedingungen und Steuerungskapazitäten, analysiert am Beispiel Österreichs, Frankfurt-New York 1986, 46f.

[6] "The Federal Government respects the principle of autonomy in collective bargaining according to which both sides of industry, with a thorough knowledge of the overall economic situation, take the relevant decisions on their own responsibility. It is of the opinion that the development so far reflects the successes of autonomy in collective bargaining. This autonomy of unions and employers organisations is an important component of the system of a free social market economy existing in this country. The Government therefore rejects any interference in collective bargaining on principle." OECD (ed.), Collective bargaining and government policies in ten OECD countries, Paris 1979, 66.

damit deren Handlungsmöglichkeiten beeinflußt. Das institutionalisierte, formalisierte Regelungssystem umfaßt die tarifpolitischen Instrumente Tarifverhandlung, Schlichtungsverfahren und Arbeitskampf; es garantiert gleichmäßige Regelung und Vereinheitlichung der Arbeitsbedingungen.

Der Tarifvertrag, eine bedeutende Rechtsquelle des gesamten Arbeitsrechts, ist insofern ein marktwirtschaftskonformes und gesellschaftlich akzeptiertes Regelungsinstrument zur befristeten Befriedung und Kanalisierung, nicht hingegen zur endgültigen Lösung des industriellen Konflikts bei der normierenden Festlegung von Löhnen und Arbeitsbedingungen. Der "Preiskampf am Arbeitsmarkt" ist zugleich Verteilungskampf um das Bruttosozialprodukt.

Tarifverträge haben im wesentlichen vier gesellschaftliche Funktionen:
- die des Schutzes des einzelnen Arbeitnehmers vor Ausübung wirtschaftlicher Macht seitens des Arbeitgebers,
- die des Friedens durch Bewahrung des Arbeitsfriedens während der Laufzeit,
- die der Ordnung durch die verbindliche Normierung und Typisierung der Arbeitsbedingungen,
- die der Verteilung der Einkommen durch Beteiligung der Arbeitnehmer am Sozialprodukt bzw. dessen Wachstum.

Tarifvertrag

schuldrechtlicher Teil	normativer Teil
- Rechte und Pflichten der Tarifvertragsparteien bezüglich Abschluß, Durchführung und Beendigung des Tarifvertrags - Friedenspflicht - ev. Schlichtungsabkommen - Einwirkungspflicht	- Rechtsnormen über Inhalt, Abschluß und Beendigung von Arbeitsverhältnissen - Rechtsnormen bezüglich betrieblicher und betriebsverfassungsrechtlicher Fragen

Quelle: Adamy,W./Steffen,J., Handbuch der Arbeitsbeziehungen, Bonn 1985, 221.

Kapitel 7: Tarifvertragsrecht

Wesentliche Grundsätze des Tarifvertragsrechts leiten sich aus Par.1 TVG ab: "Der Tarifvertrag regelt die Rechte und Pflichten der Tarifvertragsparteien und enthält Rechtsnormen, die den Inhalt, den Abschluß und die Beendigung von Arbeitsverhältnissen sowie betriebliche und betriebsverfassungsrechtliche Fragen ordnen können." Ein Tarifvertrag ist ein

- schriftlich geschlossener,
- privatrechtlicher Vertrag zwischen tariffähigen Parteien, der Rechte und Pflichten der Tarifvertragsparteien regelt (schuldrechtlicher oder obligatorischer Teil)
- und Rechtsnormen über Inhalt, Abschluß und Beendigung von Arbeitsverhältnissen sowie über betriebliche und betriebsverfassungsrechtliche Fragen und gemeinsame Einrichtungen der Tarifvertragsparteien enthält (normativer Teil).

Ein Tarifvertrag hat mithin zwei Elemente (sog. rechtliche Doppelnatur): Sein schuldrechtlicher Teil, der nur die vertragsschliessenden Parteien Arbeitgeber(-verband) und Gewerkschaft, nicht hingegen deren einzelne Mitglieder bindet, impliziert im wesentlichen zwei Nebenpflichten:

- Friedenspflicht bedeutet, daß während der Laufzeit eines Tarifvertrages keinerlei Arbeitskämpfe mit dem Ziel einer Veränderung seiner Inhalte, wohl aber über andere, vorbereitet, eingeleitet oder durchgeführt werden dürfen. Verbandsmitglieder sind ggf. von Arbeitskampfaktionen abzuhalten; Verletzungen der Friedenspflicht gelten als Tarifbruch und können zu Unterlassungs- und Schadensersatzansprüchen führen. In bezug auf die Ordnungsfunktion des Tarifvertrages unterscheiden wir absolute und relative Friedenspflicht: Bei der absoluten Friedenspflicht, welche die Tarifvertragsparteien explizit verabreden und regeln müssen, dürfen überhaupt keine Arbeitskämpfe geführt werden, bei der relativen keine über die Inhalte des Tarifvertrags. Die Friedenspflicht demonstriert den Kompromißcharakter des Tarifvertrages: Während der Laufzeit sind den Arbeitnehmern bestimmte Mindestarbeitsbedingungen (u.a. bei den Entgelten) garantiert. Die Arbeitgeber verfügen über eine feste Planungs- und Kalkulationsgrundlage, d.h. sie brauchen nicht mit weiteren Forderungen der Gewerkschaften zu rechnen.[7] Insofern haben beide Seiten Interesse an einer fixierten Laufzeit.
- Beide Parteien haben eine Einwirkungs- bzw. Durchführungspflicht, d.h. sie haben auf ihre Mitglieder (durch Beratung und Hinweise, ggf. mit den sanktionie-

---

[7] Die zeitliche Ausdehnung der Friedenspflicht war lange umstritten. Das Bundesarbeitsgericht (BAG) erkannte sog. spontane Streiks, die lediglich "milden Druck" auf den Opponenten ausüben sollen, während der laufenden Tarifverhandlungen als rechtmäßig an.

renden Mitteln des Verbandsrechts) einzuwirken, die Bestimmungen des ausgehandelten Tarifvertrages ordnungsgemäß durchzuführen bzw. einzuhalten. Die Rechtsnormen des normativen Teils des Tarifvertrages gelten unmittelbar und zwingend für Dritte, d.h. für individuelle tarifgebundene Arbeitsverhältnisse (sog. Unabdingbarkeit). Die ausgehandelten Tarifnormen stellen Mindestarbeitsbedingungen dar, d.h. sie können zugunsten der Arbeitnehmer durch freiwillige übertarifliche Leistungen überschritten, dürfen jedoch nicht unterschritten werden (sog. Mindestniveaugarantie des Günstigkeitsprinzips nach Par.4 TVG). Der Tarifvertrag kann keine Höchstarbeitsbedingungen fixieren. Der einzelne Arbeitnehmer kann auf tarifliche Rechte nicht verzichten (sog. Unverbrüchlichkeit).

Tarifvertragsparteien bzw. tariffähig sind auf Arbeitnehmerseite nur Gewerkschaften und deren Zusammenschlüsse, nicht hingegen einzelne Arbeitnehmer, auf Arbeitgeberseite einzelne Arbeitgeber oder Arbeitgeberverbände sowie deren Spitzenorganisationen (Par.2 TVG). Danach unterscheiden wir Verbandstarifvertrag und Firmen- bzw. Haustarifvertrag. Letztere kommen in der Bundesrepublik nicht unbedingt selten vor, sind aber relativ unbedeutend in dem Sinne, daß sie nur einen kleinen Teil der Arbeitnehmer betreffen[8]; die bekannteste Ausnahme von der Regel, daß Firmentarifverträge vor allem in kleineren Firmen geschlossen werden, ist VW in Wolfsburg.

Tarifverhandlungen müssen mit dem ernsthaften Willen zur Einigung geführt werden. Tarifgebunden bis zum Ende der Laufzeit des Tarifvertrages durch die ausgehandelten Normierungen sind nur die Mitglieder der Tarifvertragsparteien sowie der Arbeitgeber, der selbst Partei von Tarifverträgen ist (Par.3 TVG).[9] Unter bestimmten Bedingungen können der Bundes- oder Landesminister für Arbeit und Sozialordnung einen Tarifvertrag im Einvernehmen mit den Parteien für allgemeinverbindlich erklären (Par.5 TVG). Danach erfassen die Rechtsnormen, nicht hingegen die schuldrechtlichen Verpflichtungen des Tarifvertrags auch die vorher nicht tarifgebundenen Arbeitgeber und Arbeitnehmer. Die möglichen Nachteile der Begrenzung der Tarifbindung auf Mitglieder der Tarifvertragsparteien sollen so ausgeglichen werden; die Verhinderung untertariflicher Arbeitsbedingungen ist in beiderseitigem Interesse (Schutz von Nichtorganisierten bzw. Vereinheitlichung der Wettbewerbsbedingun-

---

[8] So wurden im Jahre 1990 2982 Verträge auf regionaler und 1931 auf Betriebsebene geschlossen; insgesamt waren im selben Jahr 24695 Verträge auf sektoraler und 8754 auf betrieblicher Ebene in Kraft. Vgl. im einzelnen Bispinck,R., Tarifpolitisches Taschenbuch, Köln 1991.

[9] Bei betrieblichen und betriebsverfassungsrechtlichen Normen genügt die Tarifgebundenheit des Arbeitgebers.

gen).[10] In der Realität ist diese Allgemeinverbindlichkeitserklärung allerdings auf sehr wenige Fälle in Relation zu allen abgeschlossenen Tarifverträgen beschränkt: Nur etwa jeder 60.Verbandstarifvertrag ist betroffen; für allenfalls eine Million Arbeitnehmer entsteht eine faktische Wirkung. Die AVE kommt vor allem in Branchen mit vielen kleinen und mittelgroßen Firmen vor (Bau, Textil und Bekleidung, Handel, Steine und Erden, Keramik und Glas). Gegenstand sind vor allem manteltarifliche Regelungen, nur selten hingegen Entgeltfragen.[11] Die tatsächliche Verbreitung und Bedeutung der AVE wird in der öffentlichen Diskussion häufig überschätzt.

Nach dem Auslaufen des Tarifvertrages gelten dessen Rechtsnormen solange weiter, bis ein neuer Tarifvertrag abgeschlossen worden ist (sog. Nachwirkung des normativen Teils als dispositives Recht). Die Regelungen eines Tarifvertrages können durch ausdrückliche Vereinbarung auch rückwirkend inkraft gesetzt werden, wobei in der Praxis vor allem rückwirkende Lohnerhöhungen von Bedeutung sind.

Beim Geltungsbereich unterscheiden wir den
- räumlichen (z.B. bestimmter Tarifbezirk, Bundesland oder Bundesgebiet),
- zeitlichen (innerhalb der vereinbarten Laufzeit),
- fachlichen (z.B. betrieblich oder fachlich)
- und persönlichen (für bestimmte Arbeitnehmergruppen, z.B. Arbeiter, Angestellte oder Auszubildende).

Nach dem Regelungsgegenstand bzw. Inhalt unterscheiden wir
- Lohn- und Gehaltstarifverträge, welche die Höhe der Arbeitsentgelte bzw. deren Veränderungen regeln,
- Rahmentarifverträge, die u.a. Lohnsysteme und Entlohnungsgrundsätze festlegen,
- Manteltarifverträge, welche die sonstigen allgemeinen Arbeitsbedingungen regeln (u.a. Arbeitszeit, Urlaub, Überstunden, Kündigungsfristen).[12]

---

[10] "The power of government to extend the application of an agreement to non-signing enterprises and their employees has its basis in the idea that collective bargaining is a desirable institution and that the parties to the process are entitled to protection against lower-cost competition from employers not bound by the terms of the agreement." Windmuller,J.P., Comparative study of methods and practices, in: ILO (ed.), Collective bargaining in industrialised market economies: A reappraisal, Geneva 1987, 157.

[11] Vgl. im einzelnen die quantitativen Angaben bei Weiss,M., Labour law and industrial relations in the Federal Republic of Germany, Deventer 1987, 129; Lidena,B./Höhmann,H., Allgemeinverbindlichkeit von Tarifverträgen II - Weniger allgemein als gemeinhin angenommen, Der Arbeitgeber 40 (1988), 564-566.

[12] Die Laufzeiten der Lohn- und Gehaltstarifverträge sind im allgemeinen kürzer als die der übrigen Tarifverträge. In den späten 80er Jahren kam es im Gegensatz zu den 70er und frühen 80er Jahren vorübergehend zu mehrjährigen Laufzeiten auch bei der zuerst genannten Form. Infolge der seit den

Bei sich überschneidenden Tarifverträgen mit unterschiedlichem Inhalt für dasselbe Arbeitsverhältnis (sog. Tarifkonkurrenz) gilt das Spezialitätsprinzip, d.h. die Bedingungen des (persönlich, räumlich und sachlich) betriebsnäheren Tarifvertrags haben Vorrang. Das Problem tritt allerdings wegen des dominierenden Industrieverbandsprinzips[13] nur selten auf.

Tarifverträge sind Vereinbarungen zwischen Koalitionen mit dem Ziel der kollektiven Regelung der arbeitsrechtlichen Beziehungen. Tarifverträge normieren grundsätzlich kollektive Regelungs-, d.h. Interessenstreitigkeiten hinsichtlich der Ausgestaltung einer zukünftigen Regelung; für individuelle und kollektive Rechts-, d.h. Auslegungsstreitigkeiten bereits bestehender Abmachungen sind die verschiedenen Arbeitsgerichte (Arbeitsgerichte, Landesarbeitsgerichte, Bundesarbeitsgericht) zuständig, die bindende Entscheidungen fällen. Diese grundsätzliche Trennung von Rechts- und Regelungskonflikten[14] bewirkt einen wesentlichen Unterschied etwa zum englischen System der Arbeitsbeziehungen.

Unter Tariflohn verstehen wir den in Kollektivverhandlungen ausgehandelten Mindestlohn, Effektivlohn meint das tatsächlich gezahlte Entgelt. Vor allem in konjunkturell günstigen Phasen mit Arbeitskräfteknappheit setzten BR häufig in einer sog. zweiten Lohnrunde auf Betriebsebene bessere als die tarifvertraglich vereinbarten Bedingungen durch, indem sie unternehmensspezifische Spielräume ausschöpften; gerade die hochgradig zentralisierte Form der Tarifpolitik als institutioneller Faktor vergrößert diese Kluft, die sog. wage drift.[15] Die in den frühen 70er Jahren diskutierte Strategie einer betriebsnahen Tarifpolitik setzte hier an.
Nach einem BAG-Urteil von 1968 bleibt der Bereich der übertariflichen Löhne dem Tarifvertrag entzogen (sog. tarifrechtliche Unwirksamkeit von Effektivklauseln), d.h. die Spanne zwischen Tarif- und Effektivverdienst kann nicht rechtlich abgesichert werden.[16] Insoweit bestehen rechtliche Grenzen der Tarifautonomie; weiterhin müssen wir ein faktisches Machtungleichgewicht berücksichtigen.

70er Jahren veränderten Rahmenbedingungen hat die Bedeutung von Rahmen- und Manteltarifverträgen zugenommen.

[13] Vgl. im einzelnen Kap.3.

[14] Vgl. hierzu auch Kap.4.1.

[15] Vgl. hierzu u.a. Teschner,E., Lohnpolitik im Betrieb. Eine empirische Untersuchung in der Metall-, Chemie-, Textil- und Tabakindustrie, Frankfurt-New York 1977; Kleinhückelskoten,H.D./Spaetling,D., Aspekte der Interdependenz zwischen Tarif- und Effektivlohnentwicklung, Opladen 1980; Blum,J., Von der Tarif- zur Effektivlohnstruktur, Frankfurt 1983.

7.2. Schlichtung als autonomes Regelungsverfahren

1. Ein Scheitern von Tarifverhandlungen führt keineswegs automatisch zum Arbeitskampf[17], da in allen entwickelten westlichen Industrienationen zunehmend differenzierte institutionelle Vorkehrungen getroffen werden, um eine Einigung auch ohne oder sogar während der Durchführung von Kampfmaßnahmen zu ermöglichen. Im internationalen Vergleich[18] zeigt sich, daß in verschiedenen nationalen Systemen der Arbeitsbeziehungen bei identischen Zielvorstellungen unterschiedliche Methoden des Konfliktmanagements Verwendung finden; das Ziel der Konfliktvermeidung bzw. -beilegung kann durch funktional weitgehend äquivalente Problemlösungsstrategien realisiert werden. In der Bundesrepublik werden kollektive Regelungsstreitigkeiten durch Schlichtungsverfahren, individuelle und kollektive Rechtsstreitigkeiten dagegen stets durch Schieds-, d.h. Rechtsverfahren gelöst.

Unter Schlichtung soll im folgenden das Verfahren zur Beilegung von kollektiven Regelungsstreitigkeiten zumeist durch Intervention eines am Konflikt unbeteiligten Dritten verstanden werden.[19] Formal können wir nach dem Grad der Verbindlichkeit ihres Ergebnisses für die Beteiligten zwei Verfahren zur Lösung von arbeitsrechtlichen Interessenkonflikten bzw. Gesamtstreitigkeiten unterscheiden: Die Ergebnisse von Schlichtungsverfahren sind in der Regel nicht automatisch bindend für die Parteien, sondern bedürfen der ausdrücklichen Zustimmung. Die Resultate von Schiedsverfahren hingegen binden häufig die Parteien endgültig (externalisierte

---

[16] Differenzierungsklauseln (u.a. in Form von Tarifausschluß- oder Spannenklauseln), die eine materielle Besserstellung der gewerkschaftlich organisierten Arbeitnehmer gegenüber nicht-organisierten ermöglichen würden, sind laut BAG-Urteil unzulässig.

[17] Vgl. zu Streiks und Aussperrungen im einzelnen Kap.9.

[18] International Labour Office (ed.), Conciliation in industrial disputes, Geneva 1973; International Labour Office (ed.), Conciliation techniques: Structures, functions and techniques, Geneva 1983; Owen-Smith,E./Frick,B./Griffith,T., Third party involvement in industrial disputes. A comparative study of West Germany and Britain, Aldershot 1989.

[19] Vgl. zusammenfassend aus sozialwissenschaftlicher Sicht: Unterseher,L., Tarifliche Schlichtung: Ein ökonomisches Gerichtsverfahren?, in: Meißner,W./Unterseher,L.(Hg.), Verteilungskampf und Stabilitätspolitik. Bedingungen der Tarifauseinandersetzung. Stuttgart 1972, 119-129; Keller,B., Theorien über den Einfluß des Neutralen auf Schlichtungsverhandlungen, Berlin 1973; Keller, B., Determinanten des Schlichtungsprozesses: Konfliktmanagement durch Intervention Dritter, Kyklos 28 (1975), 117-142; Keller,B., Schlichtung als autonomes Regelungsverfahren der Tarifvertragsparteien, in: Endruweit,G. et al. (Hg.), Handbuch der Arbeitsbeziehungen, Berlin 1985, 119-130; Keller,B., Mediation as a conflict-solving device in collective industrial disputes, Relations Industrielles/Industrial Relations 43 (1988), 431-446; Lohr,M., Schlichtung als gesellschaftspolitische Konfliktregulierung. Das Beispiel der Metallindustrie in der BRD, Frankfurt-Bern 1984; aus juristischer Sicht: Königbauer,G. Freiwillige Schlichtung und tarifliche Schiedsgerichtsbarkeit. Eine rechtstatsächliche Untersuchung. Stuttgart 1971; Rommelspacher,R., Schlichtung und Tarifautonomie, Diss. Köln 1978, Brox,H./ Ruethers,B., Arbeitskampfrecht, 2.Aufl. Stuttgart 1982, 418 - 435.

Kapitel 7: Tarifvertragsrecht

Konfliktlösung); das bilaterale Informationsniveau ist bei der zweiten Gruppe höher als bei der ersten.[20] Das Tarifverhandlungssystem läßt sich als Kompromißfindungssystem charakterisieren, in welchem die Schlichtung bei Verhandlungsengpässen wesentliche Funktionen für die Zielrealisierung wahrnimmt, indem sie stabile konfliktsteuernde Kooperation ermöglicht und Kompromißförderung durch Risikoeskalation gewährleistet. Im Ablaufschema für Tarifverhandlungen ist die Schlichtungsphase einem relativ späten Stadium zuzuordnen.

Vom konfliktsoziologischen Standpunkt aus ist verschiedentlich auf deutliche Tendenzen zur Institutionalisierung des Klassengegensatzes und damit des Verteilungskonflikts hingewiesen worden.[21] Die Vereinbarung von Schlichtungsordnungen als langfristig geltenden Rahmenregelungen stellt damit ein wesentliches Element einer weitergehenden Institutionalisierung des Klassengegensatzes bzw. des Machtausgleichs durch Institutionalisierung von Konfliktzonen dar. Diese zunehmende Tendenz fördert in ihren verschiedenen Ausprägungen eine Kanalisierung und Reglementierung der faktisch vorhandenen industriellen Konflikte. In konflikttheoretischer Perspektive ist die Einbeziehung unabhängiger Instanzen oder Personen in interpersonelle Konflikte eine in unterschiedlichen Bereichen (z. B. Rechtsstreitigkeiten zwischen Individuen, internationale Konflikte)[22] häufig praktizierte Form der Konfliktlösung.

Nach dieser allgemeinen Verortung wollen wir zurückgreifen auf Theorien der Arbeitsbeziehungen[23], für die Regeln den zentralen Gegenstands- und Erklärungsbereich darstellen. Schlichtungsvereinbarungen sind in diesem Zusammenhang anzusehen als Teil des Regelsystems für Arbeitsbeziehungen und zwar als solcher, der Verfahrensregeln festsetzt und damit formaler Art ist. Falls Verfahrensregeln dominieren, soll vor allem der Arbeitsfrieden bewahrt bzw. wiederhergestellt werden, wobei konkrete Bedingungen weniger wichtig sind. Falls inhaltliche Regelungen höher eingestuft werden, wird die genaue Regelung der Beschäftigungsbedingungen als vorrangig betrachtet; Konfliktrisiken werden in diesem Fall einkalkuliert. Der Unter-

---

[20] Die Einigungsstellen gemäß BetrVG von 1972 (vgl. Kap.5.) sind als innerbetriebliche Organe zur Befriedung derjenigen Konflikte im organisatorischen, sozialen, personellen und wirtschaftlichen Bereich anzusehen, die sich aus Interpretationsproblemen bestehender gesetzlicher Regelungen ergeben; demgegenüber ist Ziel der Schlichtung der Abschluß eines neuen Tarifvertrages.

[21] Dahrendorf,R., Class and class conflict in industrial society, 5th ed. London 1967, 64ff.; Jackson,M.P., Industrial relations. A textbook, London 1977, 178ff.

[22] Fisher,R.J., Third party consultation as a method of intergroup conflict resolution. A review of studies, Journal of Conflict Resolution 27 (1983), 301-334.

[23] Vgl. Kap.1.

schied zwischen beiden Formen besteht also darin, daß die einen Beschäftigungsbedingungen direkt regulieren (z.B. Lohnhöhe, Arbeitszeit), während die anderen dies indirekt tun, indem sie das Verhalten der verschiedenen Repräsentanten der formalen und informellen Organisationen beeinflussen (z.B. Abkommen über Verhandlungs- und Konfliktbeilegungsmechanismen).

2. Historisch gesehen sind Schlichtungsvereinbarungen eine Folge der Aufhebung des Koalitionsverbots und der Gründung von Interessenorganisationen. Grundsätzlich ist auch in historischer Perspektive zu unterscheiden zwischen staatlicher und verbandsautonomer, auf tarifvertraglichen Regelungen beruhender Schlichtung. Die wiederholten Veränderungen der gesellschaftlichen und politischen Verhältnisse beeinflußten auch das Schlichtungswesen als Teil der gewachsenen koalitionsmäßigen Betätigung.[24]

Der Gesetzgeber der Bundesrepublik garantiert in GG und TVG den Sozialpartnern einen spezifischen Freiraum zu eigenverantwortlichen Regelungen aller Arbeitsbedingungen, wofür nicht zuletzt die Erfahrungen mit der perfekten Zwangsschlichtung der Weimarer Zeit Anlaß waren. Die Diskussion um Sinn und Notwendigeit freiwillig von den Arbeitsmarktparteien vereinbarter Schlichtungsverfahren als Gegensatz zur behördlich-staatlichen Form der Weimarer Zeit begann in den frühen 50er Jahren. Grundsätzliche Zielsetzungen waren

- Stärkung der Eigenverantwortlichkeit der Tarifparteien,
- Erhöhung der Chance einer Einigung,
- Stärkung der tariflichen Friedenspflicht.[25]

In verschiedenen großen Bereichen der Privatwirtschaft (u.a. Metall-, Bau-, chemische Industrie, Druck und Papier) sind seit langem Konfliktbeteiligungsmechanismen für kollektive Regelungsstreitigkeiten durch entsprechende Vereinbarungen der Tarifvertragsparteien institutionalisiert. Besonders die verschiedenen Abkommen im Bereich der Metallindustrie (1954, 1964, 1973, 1980) wurden zu Vorreitern für die übrigen Wirtschaftsbereiche.[26]

---

[24] vom Berg,V., Das Schlichtungswesen im Spannungsfeld von Tarifautonomie und staatlichem Primat. Ein historischer Exkurs, Sozialer Fortschritt 24 (1975), 39-43 und 86-90.

[25] Mustervereinbarungen zwischen DGB und BDA waren die Hattenheimer-Empfehlung vom 12.1.1950 sowie das Margarethenhof-Abkommen vom 7.9.1954. Beide Modellabkommen sahen keinen Neutralen vor, die Verfahren sollten automatisch eingeleitet werden. Die Spitzenverbände der Tarifvertragsparteien waren sich einig, daß wegen des Primats der tariflichen Schlichtung staatliche Regelungen schon früh überflüssig wurden.

[26] Kirchner, D. Die neue Schlichtungs- und Schiedsvereinbarung für die Metallindustrie, Recht der Arbeit 26 (1973), 353-360; Recht der Arbeit 33 (1980), 129-138.

Weder für die Regierung noch für irgendeine andere Institution besteht die Möglichkeit, Kampfmaßnahmen zu verhindern oder etwa wie im Taft-Hartley-Gesetz in den USA für eine bestimmte Zeit auszusetzen (Abkühlungsphase) oder eine für die Parteien bindende Entscheidung zu fällen. Weiterhin sind nie andere als Schlichtungsverfahren ernsthaft in Erwägung gezogen worden, kollektive Regelungsstreitigkeiten werden nie durch Schiedsverfahren beigelegt. Das im TVG verankerte, als konstitutives Element der Arbeitsbeziehungen anzusehende Institut der Tarifautonomie[27] ließe sich ebensowenig mit deren Anwendung vereinbaren wie die Garantie der freien Tarifautonomie in Art. 9 GG (verfassungsrechtliches Verbot genereller Zwangsschlichtung).[28]

3. Prozedurale Selbstbindungen durch Schlichtungsvereinbarungen, welche eine Erhöhung der Streikschwelle durch Ausschöpfen aller Verhandlungsmöglichkeiten erreichen sollen, orientieren sich an folgenden Prinzipien:
- automatische Vereinbarung des Verfahrens zwischen den Tarifvertragsparteien unter Ausschluß staatlicher Agenturen (Freiwilligkeit der tariflichen Schlichtung),
- strikte Ablehnung einer gesetzlich geregelten Zwangsschlichtung,
- Parteienschlichtung, d. h. Wissenschaftler bzw. Sachverständige können lediglich als Gutachter ohne Stimmrecht fungieren,
- paritätische Besetzung der Kommission zumeist unter dem Vorsitz eines oder zweier Unparteiischer,
- mehrheitliche Einigungsvorschläge haben lediglich empfehlenden Charakter für die Tarifvertragsparteien, welche über Ablehnung bzw. Annahme in eigener Verantwortung entscheiden,
- Verfahren muß innerhalb genau definierter und dadurch beidseitig kalkulierbarer Fristen beendet sein,
- Ende der Friedenspflicht und Zeitpunkt der Einleitung von Kampfmaßnahmen werden zweifelsfrei festgelegt,
- Abkommen ist mit einer angemessenen Frist (z.B. ein Jahr) ohne irgendwelche Nachwirkungen kündbar, d. h. es hat die Form eines kündbaren Tarifvertrags.

Die Existenz von Schlichtungsvereinbarungen verändert das Verhandlungsverhalten, d. h. das Verfahren wirkt sich auf den Verlauf von Tarifverhandlungen aus. Weiterhin begünstigt eine Institutionalisierung die Anwendung: Beide Seiten können versu-

---

[27] Vgl. im einzelnen Kap.7.1.

[28] Im übrigen hat das BAG in seiner Entscheidung vom 24. 1. 1971 festgestellt, daß nach geltendem Recht vor Einleitung und Durchführung von Arbeitskämpfen Schlichtungsverfahren erforderlich sind.

chen, durch Ausnutzen dieser Einrichtung ein in ihrem Sinne günstigeres Ergebnis zu erzielen, ohne einen Streik zu riskieren und ohne für die eingegangenen Kompromisse primär selbst verantwortlich gemacht zu werden. Bestimmte Verfahrenselemente (z.B. automatische Ingangsetzung) können diesen Trend verstärken, so daß die Schlichtung häufig nicht als ultima ratio, als letztes Mittel zur Überwindung von echten Verhandlungsengpässen, sondern vielmehr als integraler Bestandteil der Verhandlungsstrategie benutzt wird. Die überwiegende Mehrzahl der durchgeführten Schlichtungen ist erfolgreich und effizient im Sinne einer Konfliktvermeidung, so daß es letztendlich nicht zu Arbeitskampfmaßnahmen kommt.[29]

Nicht nur während der Tarifverhandlungs-, sondern auch während der Schlichtungsphase sind die beteiligten Parteien in der Regel an die tarifvertragliche Friedenspflicht gebunden; Streiks - seien sie gewerkschaftlich organisiert oder spontan - und Aussperrungen sind unzulässig. Eine Änderung dieser eindeutigen Koppelung an Verfahrensabschnitte wurden durch einen Spruch des BAG vom Dezember 1976 eingeleitet: Bereits vor Ausschöpfung aller Verhandlungsmöglichkeiten ist demnach eine kurze Arbeitsniederlegung in sachlichem und zeitlichem Zusammenhang mit laufenden Tarifverhandlungen als "milder Druck" zur Beschleunigung des Tarifabschlusses zulässig.[30]

Institutionelle Probleme sind für konkrete Verfahren relativ bedeutungslos, da sie bereits in den Schlichtungsvereinbarungen als Verfahrensgrundsätze verbindlich geregelt werden. Dadurch wird das einzelne Verfahren zeitlich abgekürzt und funktional entlastet, da ausschließlich inhaltliche Kontroversen und nicht mehr Verfahrenselemente verhandelt werden müssen. Zu diesem Kanon gehören u. a.

- die Art des Zustandekommens (Anrufung einer Partei mit dadurch begründeter Einlassungspflicht der anderen, Anrufung beider Parteien und Automatik, d.h.

---

[29] Vgl. Külp,B., Der Einfluß der Schlichtung auf den Entscheidungsprozeß der Tarifpartner, in: Sanmann,H.(Hg.), Aspekte der Friedensforschung und Entscheidungsprobleme in der Sozialpolitik, Berlin 1971, 77-109; Külp, B. et al., Der Einfluß von Schlichtungsformen auf Verlauf und Ergebnis von Tarif- und Schlichtungsverhandlungen, Berlin 1972.

[30] Vgl. im einzelnen Kap.7.1.
Eine Anpassung an die aktuelle Rechtssprechung des BAG hat 1980 besonders im neuen Schlichtungsabkommen der Metallindustrie stattgefunden, nach dem das tarifliche Streik- und Aussperrungsverbot vier Wochen nach Ablauf der Tarifverhandlung endet, auch wenn noch nicht alle Verhandlungsmöglichkeiten ausgeschöpft worden sind. Eine Verlängerung des Verhandlungszeitraums wurde durch die Vereinbarung erreicht, spätestens zwei Wochen vor Ablauf des gekündigten Tarifvertrages Verhandlungen aufzunehmen. Dadurch entsteht ein insgesamt sechswöchiger druckfreier Konfliktlösungszeitraum; diese Fristenbegrenzung soll den Verhandlungsablauf beschleunigen. Die Aufweichung der absoluten Friedenspflicht während der Schlichtungsphase bietet den Gewerkschaften den Vorteil eines flexibleren und dosierteren Einsatzes ihrer Kampfmittel: Während der Verhandlungen können Warnstreiks organisiert - und möglicherweise eskaliert - werden, um den Forderungen Nachdruck zu verleihen.

Einsetzen der Schlichtung ohne notwendige besondere Willenserklärung einer oder beider Parteien), wobei die einseitige Anrufung am häufigsten vorkommt;
- die Fristenfragen (Zeit zwischen Scheitern der Tarifverhandlung und Zusammentreten der Schlichtungskommission bzw. Zeit zwischen Abfassen des Schlichtungsspruchs und Erklärung der Parteien über Annahme oder Ablehnung); normalerweise werden relativ kurze Fristen vereinbart, um den Parteien die Möglichkeit zu nehmen, die Verhandlungen verschleppen zu können. Dem Schlichter wird dadurch die Wahrnehmung seiner Aufgaben erleichtert, die Wahrscheinlichkeit eines Kompromisses wird erhöht.

Schlichtungskommissionen sind problemlösende und beschlußfassende Kleingruppen, die in der Mehrzahl der Fälle aus maximal sieben Mitgliedern bestehen. Nach Scheitern der Tarifverhandlungen wird zwecks Steigerung der Kompromißfähigkeit das Verhandlungsgremium personell verkleinert, so daß lediglich die erfahrendsten Vertreter beider Parteien übrigbleiben. Es besteht die ausgeprägte Tendenz, nur hauptberufliche Mitarbeiter der eigenen Organisation zu entsenden sowie dieselben Vertreter an verschiedenen Verhandlungen teilnehmen zu lassen. Für einen Schlichtungserfolg sind routinierte Kommissionsmitglieder sehr wichtig und nichtroutinierten vorzuziehen, was auf das höhere Informationsniveau im ersten Fall zurück-zuführen ist. Von Bedeutung ist ebenfalls eine gleich große Verhandlungserfahrung auf beiden Seiten, wodurch die Kompromißfähigkeit wiederum steigt. Außerdem halten die Beteiligten eine kongruente Zusammensetzung von Tarif- und Schlichtungskommission für wichtig, weil in diesem Fall das Informationsniveau (u.a. Kenntnis der Argumentation, der Zusammenhänge, der verschiedenen Standpunkte) höher ist und möglicherweise Aggressionen bereits während der vorhergehenden Tarifverhandlung abgebaut werden konnten. Die Konzessionsbereitschaft, eine unabdingbare Voraussetzung für einen Schlichtungserfolg, steigt bei personeller Identität von Tarif- und Schlichtungskommission.

4. Die entscheidende Variable zur Erklärung des Schlichtungsprozesses und -erfolgs stellt der unparteiische Dritte dar, der als zentrales neues Element gegenüber der Tarifverhandlung anzusehen ist. Falls keine hochgradige Professionalisierung der Schlichtertätigkeit stattgefunden hat, wie sie besonders für die USA typisch ist[31], wird in Form von Kosten-/Nutzenkalkülen entschieden, ob die Aufgabe im Einzelfall übernommen werden soll. Hierbei werden in der Regel auch nichtökonomische Faktoren wie Prestigegewinne, die aus der Übernahme der Funktion

---

[31] Vgl. zusammenfassend Kochan,Th., Collective bargaining and industrial relations. From theory to policy and practice. Homewood 1980, 272-305.

bzw. aus einem erfolgreichen Abschluß des Verfahrens resultieren, in die Überlegungen einbezogen. Bestimmte, den Neutralen betreffende institutionelle Faktoren wie Bestellungsmodus (durch die Parteien selbst) und Stimmrecht werden ebenso wie die übrigen Verfahrenselemente bereits in der Schlichtungsvereinbarung verbindlich geregelt. Die Einflußmöglichkeiten des Unparteiischen können erheblich gesteigert werden, wenn die Parteien ihm über bloße Vermittlungsaufgaben hinaus volles und ausschlaggebendes Stimmrecht zugestehen, was z.B. im Bereich der Metallindustrie und im öffentlichen Dienst geschehen ist.[32] Die prinzipiell mögliche und in verschiedenen Branchen (z.B. der chemischen Industrie) auch realisierte Alternative einer Schlichtung ohne Neutralen impliziert den entscheidenden Nachteil, daß das Verfahren lediglich den Charakter fortgesetzter Tarifverhandlungen bei verringerter Teilnehmerzahl hat; erhalten bleibt nur die höhere Kompromißfähigkeit des verkleinerten Gremiums.[33]

Die Hinzuziehung eines Schlichters beeinflußt das Verhandlungsverhalten der Parteienvertreter: Zum einen führt die Erwartung seines Eingreifens zu verändertem Verhalten vor der Intervention; dies kann dazu führen, daß beabsichtigte Konzessionen aufgeschoben und nicht in der Tarifverhandlung, sondern erst nach Einschaltung des Schlichters gemacht werden. Zum andern strukturieren seine Informationen und Handlungsalternativen die Situation nach seinem Eintritt neu.

Das vorrangige Ziel des Schlichters besteht im Abschluß eines neuen Tarifvertrags sowie in der Verhinderung eines Arbeitskampfes (Erhaltung oder Wiederherstellung des Arbeitsfriedens); konkrete inhaltliche Regelungen sind weniger bedeutungsvoll. Soweit Inhalte betroffen sind, findet eine Orientierung vor allem an quasirationalen Kriterien wie Sachverständigenratsgutachten oder "Lohnleitlinien" statt, die überparteiliche Legitimität beanspruchen können. Ein im normativen Sinne als fair empfun-

---

[32] Wenn die Kommissionsempfehlung mit einfacher Mehrheit ausgesprochen werden kann, kann der Neutrale mit den Vertretern der einen Seite einen für die Parteien nicht verbindlichen Einigungsvorschlag unterbreiten, den die überstimmte Seite dann allerdings häufig ablehnt.

[33] Konsequenterweise sehen neuere Schlichtungsvereinbarungen (u.a. Metallindustrie 1980, öffentlicher Dienst 1974) ein Verfahren mit Neutralen in einer besonderen Variante vor: Beide Parteien benennen (gemeinsam oder einseitig) für die Dauer von mehreren Jahren je einen unparteiischen Vorsitzenden ihres Vertrauens. Falls keine Einigung über den Vorsitz im jeweiligen Verfahren erzielt werden kann, entscheidet das Los; der unterlegene Kandidat ist nicht stimmberechtigt und stützt lediglich die Position des Vorsitzenden. Dieses Entscheidungsprinzip vermeidet einen entscheidenden Nachteil, der bei streng alternierendem, zu Beginn der Amtszeit festgelegtem Vorsitz wiederholt beobachtet worden ist, daß nämlich der jeweils weniger angenehme Neutrale von den Parteien bei unwichtigen Regelungstatbeständen "verschlissen" wird. Den Verhandlungsführern zur Verfügung stehende Manipulationsmöglichkeiten, die aus der Berechenbarkeit des Stimmrechts resultieren, werden durch Losentscheid wesentlich eingeschränkt; der Neutrale kann von den Parteienvertretern nicht zum festen Kalkulationsposten gemacht werden.

denes Ergebnis bietet sich als eine für beide Seiten annehmbare Lösung an bzw. Normen sozialer Gerechtigkeit und Gleichheit lassen bei vergleichbarem Einsatz gleiche oder zumindest ähnliche Vorteile erwarten. Der Schlichter kann bei der Einhaltung bzw. beim Erreichen dieser Norm behilflich sein, indem er die Aufgabe der konkreten Interpretation übernimmt. Die Erwartungen der Organisationsmitglieder können so mit denen der Verhandlungsführer vermittelt werden.[34]

Besonders in der älteren, häufig rein deskriptiven Literatur wurde intensiv die Frage diskutiert, ob Persönlichkeit und persönliche Eigenschaften des Schlichters die Chancen einer wirksamen Einflußnahme vergrößern und erhöhen.[35] In den neueren Beiträgen dagegen besteht weitgehend Übereinstimmung, daß diesem Faktor ursprünglich eine zu große Bedeutung beigemessen wurde und daß er für die Analyse der Schlichtung als Prozeß nicht sonderlich wichtig ist. Wichtiger als Persönlichkeitsmerkmale, die besonders in amerikanischen Untersuchungen wegen deren Praxisbezogenheit sowie wegen methodischer Probleme überbewertet wurden, dürfte demnach die Rolle des Neutralen im Verhandlungsprozeß bzw. instrumentell gewendet die Frage nach seinen Handlungsalternativen sein. Die wichtigsten Funktionen des Neutralen sind:

- Kontrolle und Kanalisierung des Kommunikations- und Informationsflusses (Beeinflussung der Qualität der vorhandenen Informationen, zusätzliche Informationen für eine oder beide Parteien, Erhöhung der Verläßlichkeit der Kommunikation),
- Übernahme von Verantwortung für das Ergebnis und dadurch Verminderung der Verantwortlichkeit der Parteienvertreter bzw. Abfangen von Prestigeverlusten.

Die zuletzt genannte, aus der psychologischen Einschätzung des Verhandlungsprozesses resultierende Funktion der Verhinderung von "Gesichtsverlust" nimmt der Schlichter wahr

- besonders gegenüber den Mitgliedern der Organisation, denen jeder Schlichtungsspruch einsichtig gemacht werden muß, weil sie ihn durch Ratifizierung legitimieren müssen,
- in Ausnahmefällen auch gegenüber der Öffentlichkeit, wobei deren Einfluß real oder auch nur vorgestellt sein kann,

---

[34] Damit handelt es sich um die Beeinflussung des intraorganizational bargaining im Sinne von Walton/McKersie. Vgl. Walton,R.E./McKersie,R.B., A behavioural theory of labour negotiations. An analysis of a social interaction system, New York 1965.

[35] Vgl. zusammenfassend Rehmus,Ch.M., The mediation of industrial conflict, Journal of Conflict Resolution 9 (1965), 118-126.

- nicht nur gegenüber wichtigen Bezugsgruppen oder -personen, sondern auch gegenüber den Funktionären selbst in Form einer Reduktion von individualpsychologischen Prestige- und Rollenkonflikten.

Diese Notwendigkeit der Verhinderung von "Gesichtsverlust", die der Neutrale übernimmt, wird in allgemeiner Form auch in mikrosoziologischen und psychologischen Theorien betont, wo mehrfach hervorgehoben wurde, daß die Notwendigkeit, "das Gesicht zu wahren", zu den weit verbreiteten, nahezu universellen psychologischen Normen zählt.

Im Schlichtungsverfahren können bei den Parteien Prestigeverluste, die durch notwendige Konzessionen bei scheinbar unvereinbaren Ausgangspositionen entstehen, dadurch gering gehalten werden, daß die formale Verantwortung für den eingegangenen Kompromiß dem Schlichter übertragen wird. Die Verantwortlichkeit der Parteienvertreter, die vormals eingenommene und argumentativ untermauerte Positionen aufgeben müssen, wird dadurch vermindert, daß die für den Kompromiß notwendigen Forderungsabstriche als vom Schlichter erzwungene und weniger als freiwillig gemachte dargestellt werden können (Abfangen von Prestigeverlusten). In Übereinstimmung hiermit ist innerhalb der angewandten Spieltheorie mehrfach festgestellt worden, daß durch einen Schlichter vermittelte Zugeständnisse weniger den Eindruck einer Schwächung der eigenen Verhandlungsposition entstehen lassen als solche, die direkt vom Verhandlungsgegner kommen.

Das Ergebnis muß von den Verhandlungsführern gegenüber den Mitgliedern ihrer Organisationen vertreten, d. h. von diesen ratifiziert werden. In der sozialwissenschaftlichen Literatur zur Verhandlungsforschung wurde mehrfach experimentell nachgewiesen, daß Verhandlungsführer als Repräsentanten im dualen bargaining gleichzeitig dem Verhandlungsgegner und der eigenen Organisation (externer vs. interner Konflikt) ausgesetzt sind, wobei in aller Regel widersprüchliche Rollenerwartungen auftreten.

Durch Einschaltung der Schlichtungsinstanz, deren Sitzungen von beachtlicher Länge sind, verstärkt sich bei den Organisationsmitgliedern und in der Öffentlichkeit der Eindruck eines besonders harten und zähen Ringens um das Ergebnis. Die Verhandlungsführer können die von ihnen gemachten Zugeständnisse dadurch legitimieren, daß sie nicht wegen der Überlegenheit des Verhandlungsgegners nachgegeben haben, sondern aufgrund des Drucks der öffentlichen Meinung, die durch den Neutralen repräsentiert wurde. Der Neutrale wird in der Regel bemüht sein, eine Kompromißformel zu finden, welche die Parteienvertreter sowohl gegenüber den Mitgliedern ihrer Organisation als auch gegenüber der Öffentlichkeit als Ergebnis in ihrem jeweiligen Sinne interpretieren können.

Ein wichtiges und effizientes, in der Literatur mehrfach betontes taktisches Mittel sind die häufig durchgeführten getrennten Sitzungen, d. h. die Zusammenkünfte des Neutralen mit nur einer Partei. Der Schlichter kann ihm unterbreitete Vorschläge als seine eigenen ausgeben, was die Verhandlungsposition der offerierenden Seite nicht beeinträchtigt, falls der Vorschlag vom Verhandlungsgegner abgelehnt wird. Gerade in diesem Prozeß ist die dargestellte Funktion der Kontrolle des Kommunikations- und Informationsflusses überaus deutlich.

Walton/McKersie haben in ihrem interdisziplinären verhaltenstheoretischen Ansatz analytisch vier interdependente Subprozesse unterschieden[36]: distributive bargaining, integrative bargaining, attitudinal structuring und intraorganizational bargaining. Im Rahmen des integrative bargaining wurde hervorgehoben, daß bei gleichzeitiger Behandlung verschiedener Konfliktgegenstände sog. trade-offs entwickelt werden können, d.h. daß Konzessionen bei verschiedenen Konfliktgegenständen ausgetauscht werden. Diese Segmentierung des collective bargaining läßt sich auf die Schlichtungsproblematik im engeren Sinne anwenden: Häufig werden sog. kombinierte Forderungen aufgestellt, die sich aus verschiedenen Elementen zusammensetzen. Solche Pakete sind eher und leichter zu schlichten als Forderungen, die aus nur einem Element bestehen. Der Neutrale kann aufgrund der Tatsache, daß er den Kommunikations- und Informationsfluß weitgehend kanalisiert und kontrolliert bzw. sich in diesen Prozeß massiv einschalten kann, derartige Alternativen in getrennten Sitzungen herausfinden und zur Basis eines eigenen Kompromißvorschlages machen (Auflösung des Forderungspakets und Einführung von Alternativen). Würde eine der Parteien diese Aufgabe übernehmen, könnte dies von der Gegenseite und von der Öffentlichkeit als Schwäche ausgelegt werden.

5. Gegenstand der Schlichtung sind in der Mehrzahl der Fälle Lohn- und Gehaltsprobleme, seltener dagegen sonstige Arbeitsbedingungen. Bei Schlichtungsverfahren von Rahmen- und Manteltarifverhandlungen sind erhebliche Schwierigkeiten (u. a. im Metall-, Druck- und Verlagsbereich) aufgetreten. Bei derartigen Fragen werden Streiks und Aussperrungen häufiger eingesetzt als sonst üblich. Hier deutet sich eine partielle Überforderung des "normalen" Schlichtungsverfahrens bei Fragen von grundsätzlicher Bedeutung an (z. B. Besitzstandssicherung bei arbeitsorganisatorisch oder produktionstechnisch bedingter Rationalisierung oder Arbeitszeitverkürzung). Obwohl bei derartigen komplizierten Problemen einer qualitativen Tarifpolitik[37] häufig Fristen verlängert oder ausgesetzt werden, sind Kompromisse kaum zu schließen.[38]

---

[36] Walton/McKersie, A behavioural theory.

Abschließend ist noch auf die Alternative einer Schlichtung ohne Neutralen einzugehen, welche die erwähnten Mustervereinbarungen Anfang der 50er Jahre als Regelfall vorsahen und die auch heute (z. B. in der chemischen Industrie) anzutreffen sind. In diesem Fall führt von Verfahren zu Verfahren abwechselnd einer der drei Vertreter der Arbeitgeber- und der Arbeitnehmerseite den Vorsitz anstelle des Unparteiischen. Die Parteienvertreter müssen unter sich zu einem Ergebnis kommen, was nur möglich ist, wenn eine der Parteien nicht geschlossen abstimmt.[39]

Einführende Literatur:

Däubler,W., Das Arbeitsrecht, 1.Bd. 8.Aufl., 2.Bd. 5.Aufl. Reinbek 1988

Däubler,W./Hege,H., Tarifvertragsrecht, 2.Aufl. Baden-Baden 1981

Hanau,P./Adomeit,K., Arbeitsrecht, 9.Aufl. Frankfurt 1988

Lohr,M., Schlichtung als gesellschaftspolitische Konfliktregulierung. Das Beispiel der Metallindustrie in der BRD, Frankfurt-Bern 1984

Söllner,A., Grundriß des Arbeitsrechts, München 1987

Zachert,U., Tarifvertrag, Köln 1979.

---

[37] Vgl. zur Unterscheidung von quantitativer und qualitativer Tarifpolitik im einzelnen Kap.8.

[38] Häufiger als sonst kommt es hierbei zu sog. politischen Schlichtungen, bei denen ein Landes- oder Bundespolitiker als Neutraler fungiert. Die Gewerkschaften, welche durch autonom-eigenverantwortliche Verfahren die Tarifautonomie stärken wollen, sind eher gegen politische Schlichtungen. Regierungsamtliche Schlichtungsbemühungen sind auch dann häufig, wenn kein Schlichtungsabkommen vorliegt oder wenn gesamtwirtschaftliche oder politische Folgen eines Arbeitskampfes zu erwarten sind.

[39] Wesentlich für einen Schlichtungserfolg (bei einer Struktur mit regional geführten Verhandlungen im Chemiebereich) dürfte die Regelung sein, die Schlichtungskommission von beiden Seiten nicht nur mit Vertretern aus dem betroffenen, sondern auch mit Personen aus einem anderen Tarifgebiet bzw. der Verbandsspitze (Hauptvorstand) zu beschicken (Funktion der Übernahme von Verantwortung für das Ergebnis sowie Stärkung der innerverbandlichen Zentralisierungstendenzen). In anderen Bereichen mit neutralem Schlichter wird hingegen eine weitgehende personelle Identität von Tarifverhandlungs- und Schlichtungskommission angestrebt.

8. TARIFVERTRAGSWESEN II: TARIFVERTRAGSPOLITIK

8.1. Von der quantitativen zur qualitativen Lohnpolitik

1. Nach den formal-juristischen Vorgaben, welche den rechtlichen Rahmen vorgeben, wollen wir uns nun vor allem mit den ökonomischen und sozialen Bedingungen der Tarifvertragsbeziehungen auseinandersetzen, die neben den Arbeitsbeziehungen auf Betriebs- und Unternehmensebene als Kernbereich des Systems der Arbeitsbeziehungen anzusehen sind. "Es handelt sich dabei um weitgehend formalisierte und rechtlich sanktionierte Beziehungen zwischen den Arbeitsmarktparteien ..., die auf dem Wege kontrollierter Konfliktregelungen und tarifvertraglicher Vereinbarungen die widerstreitenden Interessen von Kapital und Arbeit kompromißfähig machen und soziale Machtauseinandersetzungen in Form von Arbeitskämpfen einschließen."[1]

Wir wollen vor allem auf folgende Schwerpunkte der wirtschafts- und sozialpolitisch relevanten Tarifvertragspolitik[2] eingehen:
- Lohn und Gehalt als "klassischer" und nach wie vor unverzichtbarer Gegenstandsbereich "quantitativer" Tarifpolitik,
- Rationalisierungsschutzabkommen besonders der 70er Jahre
- sowie vor allem die Arbeitszeitspolitik der 80er Jahre als Problem "qualitativer" Tarifpolitik.[3]

Für die Bundesrepublik ist typisch, daß ebenso wie etwa in den skandinavischen Ländern, aber anders als etwa in England oder den USA Tarifverhandlungen nicht auf Betriebs-, sondern zumeist auf regionaler (z.B. Metallindustrie) oder sogar Bundesebene (z.B. öffentlicher Dienst) geführt werden. Die Organisationsstrukturen der Tarifvertragsparteien entsprechen dieser Verhandlungsstruktur.[4] Eine wesentliche

---

[1] Müller-Jentsch,W., Kollektive Interessenvertretung: Das System der "industriellen Beziehungen", in: Littek,W. et al.(Hg.), Einführung in die Arbeits- und Industriesoziologie, 2.erw. Aufl. Frankfurt-New York 1983, 383.

[2] Vgl. zur Einführung in die Situation der 70er Jahre u.a. Markmann,H., Tarifverträge II: Tarifvertragspolitik, in: HDWW, 7.Bd., Stuttgart-New York 1977, 540-553.

[3] "The new qualitative approach is focusing on five major problem areas: (a) protection against the consequences of rationalisation; (b) job security; (c) reduction of working time; (d) improvement of working conditions; (e) skill-based pay systems." Fürstenberg,Fr., Recent trends in collective bargaining in the Federal Republic of Germany, in: ILO (ed.), Collective bargaining in industrialised market economies: A reappraisal, Geneva 1987, 217.

[4] "...employers in Western Europe other than Britain continue to prefer multi-employer bargaining to single-employer bagaining not just because, as many previous studies have argued, it makes for economies of scale in terms of time, effort and staff to negotiate an agreement covering the entire industry or because (in some industries) it helps to regulate the market. The system of multi-employer bargaining, being based on substantive and compulsory rules, is primarily valued by employers

Konsequenz besteht darin, daß mit zunehmender Zentralisierung der Verteilungskonflikt nicht mehr ausschließlich zwischen Arbeitgebern und Gewerkschaften, sondern auch innerhalb der Tarifvertrags- bzw. Arbeitsmarktparteien ausgetragen wird. Eine andere, von den korporativen Akteuren durchaus beabsichtigte Folge ist eine weitgehende Standardisierung der Löhne und Arbeitsbedingungen bzw. eine deutliche Vereinheitlichung der Arbeitsbedingungen. Diese relativ zentralisierten Kollektivverträge müssen notwendigerweise von besonderen Umständen und Bedingungen einzelner Unternehmen abstrahieren und sich an den finanziellen Möglichkeiten marginaler Firmen orientieren. Die regional geführten Verhandlungen werden auf beiden Seiten zentral und eng von den Dach- und Spitzenverbänden koordiniert bzw. kontrolliert. Sog. Pilotabkommen, die vor allem in bestimmten, hochgradig organisierten Bezirken der Metallindustrie (vor allem Baden-Württemberg) abgeschlossen werden, beeinflussen faktisch die übrigen Abschlüsse dieser und anderer Branchen; dadurch entsteht eine spezifisch deutsche Variante des "pattern bargaining".

Mit dem Konzept der aktiven (expansiven) Lohnpolitik, welches bis in die frühen 70er Jahre wichtig war, sollte zum einen eine Beteiligung der Arbeitnehmer am Produktivitätsfortschritt bzw. am Wachstum des Volkseinkommens erreicht werden; zum andern sollten die erwarteten Preissteigerungen kompensiert werden (sog. Doppelanpassung). Tariflohnerhöhungen sollten die Summe aus Preissteigerungsrate plus Produktivitätszuwachs sein. Indikator für einen relativen Erfolg dieser gewerkschaftlichen Strategie zur Veränderung der Verteilungsrelationen war bis Mitte der 70er Jahre eine steigende Lohnquote.[5] Probleme bereiteten die Gefährdung der Preisniveaustabilität und/oder des Beschäftigungsgrades.

Demgegenüber verzichtet das vor allem vom Sachverständigenrat entwickelte Konzept der produktivitätsorientierten (kostenniveau- und verteilungsneutralen) Lohnpolitik auf Umverteilung des Volkseinkommens, u.a. um die Investitionstätigkeit der Unternehmen nicht zu beeinträchtigen. Der Verteilungsspielraum wird festgelegt durch die Zuwachsraten der gesamtwirtschaftlichen Arbeitsproduktivität.

---

because it helps to neutralize the workplace from trade union activity... the detailed coverage of the substantive rules tends to limit the scope of further negotiations in the workplace or to ensure that any workplace bargaining that does take place is largely administrative or supplementary." Sisson,K., The management of collective bargaining. An international comparison, Oxford 1987, 188.

[5] Die Lohnquote ist definiert als der Anteil der Einkommen aus abhängiger Beschäftigung am Sozialprodukt. Bei der tatsächlichen Lohnquote wird der zunehmende Anteil der abhängig Beschäftigten an allen Erwerbstätigen berücksichtigt, bei der bereinigten Lohnquote wird der Anteil der Arbeitnehmer konstant gehalten. Vgl. zur langfristigen Entwicklung u.a. Schäfer,C., Zunehmende Schieflagen in der Einkommensverteilung, WSI-Mitteilungen 44 (1991), 593ff; Willke,G., Arbeitslosigkeit. Diagnosen und Therapien, Hannover 1990, 110ff.

Die solidarische Lohnpolitik[6] vor allem der frühen 70er Jahre strebte eine intra- und intersektorale Nivellierung der Einkommensstruktur zugunsten der unteren Einkommensgruppen durch Fest- und/oder Mindestbetragsforderungen an. Diese Strategie war sowohl aus intra- als auch aus interorganisatorischen Gründen nicht sonderlich erfolgreich.[7]

2. Zumindest von Beginn der 60er bis ca. Mitte der 70er Jahre war "Beschäftigung" unter den Rahmenbedingungen von nahezu permanentem Wirtschaftswachstum und Vollbeschäftigung ein Kollektivgut; dessen Bereitstellung verursachte den Gewerkschaften außer einem eher passiven Zutun durch mäßige Lohnabschlüsse kaum Probleme, da es für Mitglieder und Nicht-Mitglieder gleichermaßen von den Arbeitgebern angeboten wurde.[8] Die Verbandspolitik konnte sich auf andere Forderungen, besonders Lohnerhöhungen und allgemeine Arbeitszeitverkürzungen konzentrieren, bei deren Realisierung sie aufgrund der ökonomischen Gesamtsituation mit hohen Konzessionsspielräumen der Unternehmen auch relativ erfolgreich war. Seit Mitte der 70er Jahre haben sich infolge des Endes des säkularen Wirtschaftswachstums sowie durch den Strukturwandel, der wegen des Aufkommens der neuen Technologien notwendig wurde, die Voraussetzungen der Tarifpolitik rapide und grundlegend verändert. Als generelle Entwicklungstendenz hinsichtlich des Verallgemeinerungsgrades der Mitgliederinteressen zeigt sich eine Transformation universalistischer, d.h. umfassend solidarischer Formen gewerkschaftlicher Politik in partikularistisch-berufsständische Formen der Interessenvertretung zugunsten eines begrenzten Mitgliederstammes.[9]

Die Gewerkschaften haben Anpassungsprozesse an die eingetretenen Strukturveränderungen (u.a. verstärkte Arbeitsmarktsegmentation, gruppenspezifische Formen der Verarbeitung von Krisenfolgen) vollzogen und dadurch nicht nur das Tarifverhandlungssystem, sondern das gesamte System der Arbeitsbeziehungen

---

[6] Vgl. zum Konzept Pfromm,H.-A., Konflikte solidarischer Lohnpolitik, Göttingen 1975.

[7] "Die systematische Durchsicht der Tarifabschlüsse zeigt, daß es in der gesamten Phase der Beschäftigungskrise seit 1975 der gewerkschaftlichen Tarifpolitik im Grunde nicht gelungen ist, in flächenmäßig bedeutenden Tarifverträgen die Einkommensrelationen zugunsten unterer Einkommensgruppen zu verschieben." Welzmüller,R. Flexibilisierung der Lohnstruktur: Eine wirtschafts- und arbeitsmarktpolitische Sackgasse, WSI-Mitteilungen 41 (1988), 581.

[8] Wir haben es hier mit der von Olson nicht näher analysierten Situation zu tun, daß das Kollektivgut außerhalb der Gruppe erstellt wird. Vgl. Olson,M., Die Logik des kollektiven Handelns. Kollektivgüter und die Theorie der Gruppen, Tübingen 1968.

[9] Vgl. zusammenfassend Brandt,G./Jacobi,O./Müller-Jentsch,W., Anpassung an die Krise: Gewerkschaften in den siebziger Jahren, Frankfurt-New York 1982.

besonders im Sinne seiner internen und externen Effektivität in einer Phase anhaltender Krisenerscheinungen wesentlich stabilisiert. Typisch für diese Situation ist eine ungleiche Entwicklung der verschiedenen Branchen, die zu je spezifischen Problemen führt und generalisierende Aussagen immer schwieriger macht.

Unter den veränderten Rahmenbedingungen einer weltweiten Krise mit hoher Arbeitslosigkeit sowie mit kleiner werdenden materiellen Konzessionsspielräumen wurde es seit Mitte der 70er Jahre zunehmend schwieriger, (Real-)Lohnerhöhungen durchzusetzen. Verteilungspolitische Erfolge der späten 60er und frühen 70er Jahre, wie sie sich im Anstieg der bereinigten Lohnquote durch Kompression der Gewinnquote zeigten, wurden rückgängig gemacht. Die Verteilungsrelationen haben sich in den letzten Jahren wieder zu Lasten der Arbeitnehmer verschoben; die Lohnquote ist auf das Niveau der frühen 60er Jahre gefallen.[10]

Schon die sog. "Sicherung des Besitzstandes" geriet zum Problem, so daß selbst dieses Minimalziel über mehrere Jahre hinweg nicht erreicht werden konnte: Zu Beginn der 80er Jahre waren in mehreren aufeinanderfolgenden Tarifverhandlungsrunden sogar Reallohnverluste zu verzeichnen; diese Situation hat sich erst seit 1986 wieder geändert. Insofern wird die traditionell dominierende Lohnpolitik sicherlich eine zentrale Bedeutung innerhalb der Tarifpolitik behalten und sich weiterhin in einer prekären Situation befinden.

3. Gleichzeitig haben sich durch technische und arbeitsorganisatorische Maßnahmen der Arbeitgeber die Rahmenbedingungen für korporatives Handeln der Gewerkschaften auch in weiteren Politikbereichen wesentlich verändert. Seit Mitte der 70er Jahre ergibt sich zumindest für bestimmte Gewerkschaften die Notwendigkeit, auch eine <u>Tarifpolitik zur Regelung von Arbeitsbedingungen und Beschäftigungsproblemen</u> betreiben zu müssen. Derartige Forderungen sind nur schwer durchzusetzen, da die Arbeitgeber, einer der anderen korporativen Akteure innerhalb des Systems der Arbeitsbeziehungen, eine Ausweitung der Verhandlungsgegenstände mit allen ihnen zur Verfügung stehenden Möglichkeiten zu verhindern suchen.

Zur Beschreibung dieses neuen Sachverhalts setzt sich zunehmend die Sprachregelung von "alter" quantitativer, d.h. an Lohnpolitik orientierter Tarifpolitik und "neuer" qualitativer, d.h. an Problemen u.a. von Rationalisierungsschutz und Arbeitszeit ausgerichteter Tarifpolitik durch; zwischen den monetär-quantitativen und den qualitativen Elementen bestehen enge Wechselwirkungen. Die "neue" Tarifpolitik wirkt in stärkerem Maße selektiv als die "alte", indem sie ganz bestimmten Gruppen relative

---

[10] Schäfer, Zunehmende Schieflagen in der Einkommensverteilung, 593ff.

Vorteile verschafft (z.B. betriebliche bzw. tarifliche Besitzstandssicherung oder Schutz gegen Abgruppierung). "Beschäftigung" wird zunehmend zum knappen und damit gruppenspezifischen Kollektivgut, dessen Bereitstellung bzw. Erhaltung vor allem für bestimmte Gruppen angestrebt wird.

Diese Interessenpolitik ist wesentlich Ausdruck unterschiedlicher gruppenspezifischer Organisationsgrade; die von Arbeitsmarktrisiken am ehesten Betroffenen sind auch innerhalb der Gewerkschaften weitgehend marginalisiert; "nicht nur liegt ihr Organisationsgrad erheblich unter dem der männlichen Facharbeiter, sondern auch ihre Repräsentanz in den Entscheidungsgremien ist wesentlich niedriger als ihr Mitgliederanteil. Damit verfügen sie nicht ... über einen organisatorischen Hebel zur Verteidigung ihrer Interessen"[11]. Anders formuliert: Die gewerkschaftliche Organisations- und Repräsentationsstruktur ist die entscheidende Determinante des korporativen Handelns.

Dieser Logik der kollektiven Interessenvertretung folgend verschärft gewerkschaftliche Interessenpolitik unfreiwillig die Krisenbetroffenheit der am Arbeitsmarkt ohnehin benachteiligten Gruppen (u.a. Frauen, Jugendliche, Ausländer, Unqualifizierte und schlecht Qualifizierte). Gewerkschaftliche Politik verschärft diese Krisenbetroffenheit zugunsten von anderen Gruppen, u.a. zugunsten von männlichen Facharbeitern im Druckgewerbe und Maschinenbau, zugunsten von Produktionsarbeitern mit betriebsspezifischer Qualifikation in der Chemieindustrie, oder auch zugunsten von Arbeitsplatzbesitzern im öffentlichen Dienst. Diese <u>Mitgliederorientierung der Verbandspolitik</u> ist einerseits notwendig; andererseits verschärft sie die sozio-ökonomischen Unterschiede zwischen organisierten und nicht-organisierten Gruppen im Sinne unbeabsichtigter Handlungsfolgen.

Rhetorik und anderslautende Grundsatzerklärungen, welche die Fiktion von Interessenhomogenität und Verteilungsgerechtigkeit aufrechtzuerhalten suchen, ändern wenig an diesem Sachverhalt. Laut Grundsatzprogramm des DGB beschränkt sich der politische und gesellschaftliche Anspruch nicht auf die Vertretung bestimmter Gruppeninteressen, sondern will "die wirtschaftlichen, sozialen und kulturellen Interessen aller Arbeitnehmer und ihrer Familien wahrnehmen und damit den Erfordernissen des Gesamtwohls dienen". Bei der Erklärung der praktischen Verbandspolitik und ihrer Probleme ist diese offizielle Philosophie der Einheitsgewerkschaft jedoch nicht sonderlich aufschlußreich: Zumindest unter den gegenwärtigen Rahmenbedingungen sind Gewerkschaften nicht Interessenvertreter aller abhängig

---

[11] Müller-Jentsch,W., Neue Konfliktpotentiale und institutionelle Stabilität. Die Austauschbeziehungen zwischen Kapital und Arbeit in der Bundesrepublik seit dem Ende der sechziger Jahre, in: Matthes,J.(Hg.), Sozialer Wandel in Westeuropa. Verhandlungen des 19. Deutschen Soziologentages Berlin 1979, Frankfurt-New York 1979, 193f.

Beschäftigten; sie sind nicht Solidargemeinschaft aller Arbeitnehmer, sondern vertreten im wesentlichen die spezifischen Belange ihrer Mitglieder (besonders Arbeitsplatzinteressen).

4. Rationalisierungen der Arbeitsorganisation und des Produktionsprozesses warfen in den 60er und frühen 70er Jahren aus gewerkschaftlicher Perspektive kaum gravierende Probleme auf. Die freigesetzten Arbeitnehmer fanden aufgrund der günstigen Arbeitsmarktbedingungen leicht Beschäftigungsmöglichkeiten in anderen Betrieben oder Branchen. Die Verbandspolitik brauchte sich abgesehen von wenigen schrumpfenden Branchen und einigen Betriebsstillegungen kaum ernsthaft um Rationalisierungsfolgen zu kümmern; häufig wurden derartige Maßnahmen sogar ausdrücklich begrüßt, da zumeist Arbeitsplätze mit hohen Belastungen wegfielen.

Diese Situation hat sich grundlegend verändert. Die von verschiedenen Gewerkschaften ausgehandelten Rationalisierungsschutzabkommen können nur möglichst vielen Arbeitsplatzbesitzern die knappen Arbeitsplätze erhalten oder zumindest die individuellen Folgen des Arbeitsplatzverlustes mildern, ohne aber Arbeitslosen zu Stellen verhelfen zu können. Gleichzeitig verteilen solche Abkommen das Risiko des Arbeitsplatzverlustes ungleich auf verschiedene Gruppen, z.B. nach der Dauer der Betriebszugehörigkeit oder nach dem Lebensalter. Hier zeigt sich wie in der übrigen Beschäftigungspolitik, daß nicht alle Gruppen gleichermaßen betroffen werden: Arbeitsplatzbesitzer werden gegenüber Arbeitslosen begünstigt, innerhalb der Gruppe der Arbeitsplatzbesitzer werden Kern- gegenüber Randbelegschaften bevorteilt. Gewerkschaftlich organisierte Kampfmaßnahmen treten kaum in solchen Bereichen auf, in denen der Organisationsgrad und damit der innergewerkschaftliche Repräsentationsgrad gering ist; sie werden häufig erst dann ergriffen, wenn die hochgradig organisierten Gruppen der sog. Stammbelegschaften von Rationalisierungsfolgen betroffen sind.

Die Betroffenheit ist nicht nur, wie bisher analysiert, innerhalb, sondern auch zwischen den Industriegewerkschaften unterschiedlich.[12] Insofern ergibt sich die jeweilige Organisationspolitik ganz wesentlich als Reaktion auf spezifisch veränderte Rahmenbedingungen. Die Bestimmung allgemeiner Trends etwa in Form intersektoral vergleichender Gesamteinschätzungen lassen sich immer nur als Verallgemeinerungen und Abstraktionen von sehr unterschiedlichen Branchenentwicklungen hinsichtlich Interessengrundlage und Organisationsstruktur begreifen.

---

[12] Billerbeck,U. et al., Neuorientierung der Tarifpolitik? Veränderungen im Verhältnis zwischen Lohn- und Manteltarifpolitik in den siebziger Jahren, Frankfurt-New York 1982.

Kapitel 8: Tarifvertragspolitik

Im Organisationsbereich der IG Metall mußte es wegen der Veränderungen der Produktionsstruktur vor allem Rationalisierungsschutzpolitik geben; zentrale Ergebnisse waren der Lohnrahmentarifvertrag II in Nord-Württemberg/Nord-Baden 1973 mit der Regelung von Mindesttaktzeiten und Pausen für Akkordarbeiter, der Absicherungstarifvertrag 1978 sowie die Arbeitskämpfe um Arbeitszeitprobleme 1978/79 und 1984.

Besonders in der Druckindustrie fanden Mitte der 70er Jahre infolge des Einsatzes neuer Technologien (Umstellung von Blei- auf Fotosatz) sowohl Verdrängungen von Facharbeitern als auch Dequalifizierungsprozesse statt. Die IG Druck und Papier mußte aufgrund der Betroffenheit von Kernen ihrer Mitgliedschaft, vor allem der Schriftsetzer, eine qualitativ neue Politik der individuellen Besitzstandssicherung und der Kontrolle der Arbeitsbedingungen betreiben (Tarifvertrag über Einführung und Anwendung rechnergesteuerter Textsysteme - RTS-Tarifvertrag 1978). Diese Verbandspolitiken stießen auf den aktiven Widerstand der Unternehmer und ihrer Verbände und waren deshalb summa summarum nicht sonderlich erfolgreich: Lediglich monetäre Abfindungen konnten durchgesetzt werden.

Andere Organisationen - besonders die ÖTV - konnten wegen der in ihrem Zuständigkeitsbereich andersartigen Rahmenbedingungen (lange Zeit kaum umfassende Rationalisierungsstrategien der öffentlichen Arbeitgeber, gesetzlich garantierte bzw. tarifvertraglich vereinbarte Arbeitsplatzsicherheit) die traditionelle Lohnpolitik weitgehend und nahezu ungebrochen fortsetzen, ohne qualitativ neue Elemente in die Tarifpolitik wesentlich einbeziehen zu müssen. Bei den großen Organisationen in der Privatwirtschaft war vor allem bei der IG Chemie-Papier-Keramik weiterhin von einem Primat der Lohnpolitik auszugehen.

Wir sehen anhand dieser Beispiele großer Industriegewerkschaften, daß erhebliche Unterschiede hinsichtlich Interessengrundlage und Organisationsstruktur auch zwischen den Branchen bestehen, so daß allgemein gültige Trendaussagen kaum noch getroffen werden können. Diese zunehmende Differenzierung und Strukturalisierung ist ein wesentliches Merkmal der gegenwärtigen Situation; die Problemanalyse wird dadurch nicht einfacher.

8.2. Arbeitszeitpolitik I: Wochenarbeitszeitverkürzung

Arbeitszeitpolitik, die in den Varianten Wochen-, Jahres- oder Lebensarbeitszeitverkürzung betrieben werden kann, stellt das zentrale Instrument qualitativer Tarifpolitik der 80er Jahre dar. Wir werden im folgenden nach einigen einleitenden Bemerkungen zunächst Probleme der Wochenarbeitszeitverkürzung behandeln, wobei wir uns auf die Metallindustrie konzentrieren, die aufgrund ihrer Bedeutung für die Gesamtwirtschaft und wegen der organisatorischen Stärke der IG Metall auch bei der Arbeitszeitpolitik eine Vorreiterrolle übernimmt und die Tarifverhandlungen in anderen Branchen erheblich beeinflußt. Wir werden vor allem auf Arbeitsmarkt- und Beschäftigungseffekte, nicht hingegen auf neue Arbeitszeitmodelle auf einzelbetrieblicher Ebene eingehen; auf die weitreichenden Folgen der Arbeitszeitpolitik für das System der Arbeitsbeziehungen kommen wir später ausführlich zurück.[13]

Arbeitszeitpolitik bzw. die Forderung nach Verkürzung der Arbeitszeit bilden seit jeher ein zentrales Element gewerkschaftlicher Politik. Ein säkularer und offensichtlich irreversibler Trend zur Arbeitszeitverkürzung ist eindeutig festzustellen. Ein Meilenstein der Entwicklung war nach einer langen Phase der Stagnation der Arbeitszeitdynamik die seit Mitte der 50er Jahre, vor allem im DGB-Aktionsprogramm von 1955, geforderte und stufenweise durch Kollektivverträge vereinbarte Reduzierung der tariflichen und parallel dazu der tatsächlichen Wochenarbeitszeit von 48 auf 40 Stunden durch die Abschaffung der Samstagsarbeit (Übergang zur 5-Tage-Woche).[14] Eine politisch-institutionelle Interessenparallelität auf der Basis günstiger wirtschaftlicher Rahmenbedingungen, nämlich der Prosperitätsphase des Wirtschaftswunders, erleichterte wesentlich diesen Prozeß, der ohne Arbeitskonflikte verlief.[15]

1. Zwischen Mitte der 70er und Mitte der 80er Jahre verlangsamte sich trotz tarifvertraglich geregelter Verlängerungen des Jahresurlaubs deutlich das Tempo der Arbeitszeitverkürzung bei wesentlich verschlechterten ökonomischen Rahmenbedingungen und zentralen Interessendivergenzen. Die arbeitszeitinduzierten Beschäftigungseffekte reichten zumindest in den 70er Jahren nicht aus, um das Beschäfti-

---

[13] Vgl. als Überblick die Fallstudie Hinrichs,K./Wiesenthal,H., Bestandsrationalität versus Kollektivinteresse. Gewerkschaftliche Handlungsprobleme im Arbeitszeitkonflikt 1984, in: Abromeit,H./Blanke,B. (Hg.), Arbeitsmarkt, Arbeitsbeziehungen und Politik in den 80er Jahren, Opladen 1987, 118-132.

[14] Vgl. zur Geschichte Deutschmann,Chr., Der Weg zum Normalarbeitstag. Die Entwicklung der Arbeitszeiten in der deutschen Industrie bis 1918, Frankfurt-New York 1985; Schmiede,R./Schudlich,E., Das Zeitalter des Achtstundentages: Die Entwicklung der Arbeitszeiten in der deutschen Industrie seit 1918, Frankfurt-New York 1985; Deutschmann,Chr./Schmiede,R./Schudlich,E., Die langfristige Entwicklung der Arbeitszeit - Versuch einer sozialwissenschaftlichen Interpretation, SAMF-Arbeitspapier 1987-2, Paderborn 1987; für die Zeit nach dem zweiten Weltkrieg im einzelnen Schudlich,E., Die Abkehr vom Normalarbeitstag, Frankfurt-New York 1987; Schudlich,E., Arbeitszeitpolitik seit 1950: Interessenparallelität und -widersprüche, in: Jürgens,U./Naschold,Fr.(Hg.), Arbeitspolitik, Opladen 1984, 381-392; Schudlich,E., Vom Konsens zum Konflikt - Arbeitszeiten und Arbeitszeitpolitik in der Bundesrepublik Deutschland, WSI-Mitteilungen 39 (1988), 491-498.

[15] Vgl. im einzelnen Kevelaer,K.-H.v./Hinrichs,K., Arbeitszeit und "Wirtschaftswunder" - Rahmenbedingungen des Übergangs zur 40-Stunden-Woche in der Bundesrepublik Deutschland, PVS 26 (1985), 52-75; Kohler,H./Reyher,H., Arbeitszeit und Arbeitsvolumen in der Bundesrepublik Deutschland 1960-1986. Datenlage - Struktur - Entwicklung, Nürnberg 1988.

gungsniveau zu erhöhen; die Gewerkschaften konnten eher ihre reproduktions- denn ihre beschäftigungsorientierten Ziele durchsetzen.[16] Arbeitszeitpolitik als Strategie einer Umverteilung der vorhandenen Arbeit auf mehr Arbeitnehmer stellt vor allem seit Mitte der 80er Jahre ein entscheidendes Instrument zur nachhaltigen Bekämpfung der Massenarbeitslosigkeit dar, während früher zunächst sozial-, dann freizeit-, dann humanisierungs- und gesellschaftspolitische Begründungen im Vordergrund standen. Insofern fand eine deutliche Verlage-rung innerhalb der Begründung gewerkschaftlicher Forderungen statt.

Im Austausch gegen Konzessionen der Arbeitgeber bei Fragen einer pauschalen Arbeitszeitverkürzung müssen die Gewerkschaften allerdings erhebliche Zugeständnisse hinsichtlich einer Arbeitszeitflexibilisierung machen, die über das traditionelle Ausmaß (u.a. Überstunden, Kurzarbeit, Teilzeitbeschäftigung) deutlich hinausgeht und nicht nur die Dauer (chronometrische Dimension), sondern auch die Lage der Arbeitszeit (chronologische Dimension) erfaßt.[17] Es kommt zu einer Entkoppelung von betrieblicher Anlagennutzungszeit und individueller Arbeitszeit als Folge des Einsatzes kapitalintensiver neuer Techniken bzw. mit dem Ziel günstigerer Kapazitätsauslastung.

2. Die zentralen Elemente der in der Metallindustrie im Frühsommer 1984 vereinbarten und ab dem 1.4.1985 geltenden Regelung der Wochenarbeitszeitverkürzung sind folgende:
- Die tarifliche wöchentliche Arbeitszeit beträgt 38,5 Stunden.
- Für Betriebsteile, Gruppen von Arbeitnehmern und einzelne Arbeitnehmer können variable wöchentliche Arbeitszeiten zwischen 37 und 40 Stunden vereinbart werden, wobei lediglich im Betriebsdurchschnitt 38,5 Stunden erreicht werden müssen. Diese Möglichkeit zur Differenzierung der tarifvertraglichen Arbeitszeiten in individueller und zeitlicher Hinsicht ist das qualitativ neue Element des sog. Leber-Kompromisses.
- Die individuelle regelmäßige Arbeitszeit kann gleichmäßig oder ungleichmäßig innerhalb eines Ausgleichszeitraumes von zwei Monaten verteilt werden.[18]

---

[16] Brandt/Jacobi/Müller-Jentsch, Anpassung an die Krise, 122.

[17] Vgl. zusammenfassend Bosch,G., Verkürzung und Flexibilisierung der jährlichen Arbeitszeit. Ursachen, Wirkungen, Kontroversen, Soziale Sicherheit 36 (1987), 227-237.

[18] Dieser Abschluß ist ein erster, typisch ambivalenter Kompromiß recht unterschiedlicher Interessen der Tarifvertragsparteien, bei dem kürzere gegen flexiblere, differenzierte Arbeitszeiten getauscht werden.

Schätzungen über Beschäftigungswirkungen von Arbeitszeitverkürzungen

Autor	Untersuchungs-bereich	Beschäftigungs-effekt	Anmerkungen
Gesamt-metall	-Personalabteil-ungen i.d. Metall-industrie -5.000 Betriebe mit 2,4 Mill. Be-schäftigten	-AZV: von 40 auf 38,5 Std. -27.000 zusätzl. Besch.-Verh. -Besch.-Wirksam-keit: 35 % (davon 14 % Überstunden)	-65 % des rech-nerischen Besch.-Effekts bleiben un-geklärt -Nichtberück-sichtigung von Kurzarbeit
IG Metall	-Betriebsräte i.d. Metallindustrie -5.000 Betriebe mit 2,4 Mill. Be-schäftigten	-AZV: von 40 auf 38,5 Std. -102.000 erhaltene u. geschaffene Besch.-Verh. -Besch.-Wirksam-keit: 70 %	
IG Metall	-Betriebsräte i.d. Metallindustrie -5.500 Betriebe mit 2,6 Mill. Be-schäftigten	-AZV: von 38,5 auf 37,5 Std. -57.900 erhaltene u. geschaffene Besch.-Verh. -Besch.-Wirksam-keit: 58,3 %	
IG Metall	-Betriebsräte i.d. Metallindustrie -5.225 Betriebe mit 2,5 Mill. Be-schäftigten	-AZV: von 37,5 auf 37 Std. -34.700 erhaltene u. geschaffene Besch.-Verh. -Besch.-Wirksam-keit: 70 %	
IG Metall	-Betriebsräte i.d. Eisen- und Stahl-industrie	-AZV: von 40 auf 38 Std. -7.100 erhaltene u. geschaffene Besch.Verh. -Besch.-Wirksam-keit: 75 %	-Hoher Anteil an Kombischicht -AZV in Form von Frei-schichten
IG Druck u. Papier	-Betriebsräte i.d. Druckindustrie -460 Betriebe mit 67.000 Beschäft.	-AZV: von 40 auf 38,5 Std. -Besch.-Wirksam-keit: 66 %	

Autor	Untersuchungs-bereich	Beschäftigungs-effekt	Anmerkungen
Infratest	-Betriebe d. öffentl. Dienstes -3.208 Betriebs- u. Personalräte (Rücklaufquote 62%) mit 700.000 Beschäftigten	-AZV: von 40 auf 39 Std. 49.000 erhaltene u. geschaffene Besch.-Verh. Besch.-Wirksamkeit: 52 %	
Gesamtmetall	-Metallindustrie	-AZV: von 40 auf 38 Std. -19.000 zusätzl. Besch-Verh.	-Datenmix: Unternehmenskonzept für Produktionswerte u. Unternehmensteile -Unterschtäzung von Überstunden und Kurzarbeit
IG Metall	-Metallindustrie	-AZV: von 40 auf 38,5 Std. -96.500 erhaltene u. geschaffene Besch.Verh.	-Daten des Stat. B.A. und der Bundesbank
HWP	-Metall- und Druckindustrie	-AZV: von 40 auf 38,5 Std. -Besch.-Wirksamkeit: rd. 70 %	-Kurzarbeit u. Überstundenänderungen nicht quantifiziert
IAB	-Metall-, Druck- u. Holzindustrie	-AZV: von 40 auf 38,5 Std. -112.000 zusätzl. Besch.-Verh. -Besch.-Wirksamkeit: 45 %	
DIW	-Metallindustrie	-AZV: von 40 auf 38,5 Std. -Besch.-Wirksamkeit: ca. 80 %	-nur für Arbeiter

Quelle: Seifert,H., Zur Diskussion von Arbeitszeitverkürzung, Fachkräftemangel und Wachstumseinbußen, in: WSI-Mitteilungen 43 (1990), 162.

Das in diesem Tarifvertrag über die 38,5 Stunden-Woche als betrieblicher Durchschnittsarbeitszeit grundsätzlich ermöglichte und dann in einer zweiten Verhandlungsrunde in zahlreichen Betriebsvereinbarungen zwischen BR und Unternehmensleitungen konkret ausgehandelte Ausmaß der Flexibilisierung in Form variabler Arbeitszeiten ist geringer geblieben als ursprünglich angenommen. Breit angelegte Studien[19] ergaben die Tendenz

- zu einheitlichen Arbeitszeiten der Vollzeitbeschäftigten auf der Basis tarifvertraglich vereinbarter Arbeitszeitregelungen und nicht zu individuellen Differenzierungen, etwa nach Qualifikationsniveau, Alter oder gesundheitlichen Beeinträchtigung einzelner Arbeitnehmer,
- zu Formen der wochennahen Arbeitszeitverkürzung, vor allem mit Frühschluß am Freitag und kaum zu freien Tagen nach Ansammlung von entsprechenden Zeiteinheiten,
- zur Einhaltung enger Grenzen bei der zeitlichen Variation, d.h. bei der laut Tarifvertrag möglichen Differenzierung innerhalb der Bandbreite zwischen 37 und 40 Stunden.

Unterschiede in der Vielgestaltigkeit der Arbeitszeitstrukturen ergeben sich vor allem zwischen den Branchen aufgrund von differierenden Rahmenbedingungen (z.B. Druckindustrie, Einzelhandel).

Vor allem in den frühen 80er Jahren ließen beide Tarifpartner Modellrechnungen über die vermuteten Auswirkungen einer Arbeitszeitverkürzung anstellen; die methodisch problematischen Studien versuchten zumeist, die Richtigkeit der jeweiligen Position zu untermauern. Nunmehr sind wir einen wesentlichen Schritt weiter, da wir auf praktische Erfahrungen zurückgreifen können. Die vorliegenden Untersuchungen[20] belegen zwar übereinstimmend positive <u>Beschäftigungs-wirkungen</u> der Verkürzung und Flexibilisierung der Arbeitszeit, sind sich aber - u.a. wohl wegen der direkten Interessengebundenheit einiger Untersuchungen - keineswegs einig in der Einschätzung der Größenordnung bzw. -höhe:[21]

---

[19] Bosch,G. et al., Betriebliche Umsetzung der 38,5-Stunden-Woche. Ergebnisse einer Auswertung von Betriebsvereinbarungen aus der Metallindustrie. Zwischenbericht des Projkts "Umsetzung der Arbeitszeitverkürzung", Düsseldorf 1986; Bosch,G. et al., Arbeitszeitverkürzung im Betrieb, Köln 1988; vgl. auch Schudlich, Abkehr vom Normalarbeitstag.

[20] Vgl. auch Seifert,H., Beschäftigungswirkungen und Perspektiven der Arbeitszeitpolitik, WSI-Mitteilungen 42 (1989), 156-163; Seifert,H., Employment effects of working time reductions in the former Federal Republic of Germany, International Labour Review 130 (1991), 495-510; vgl. auch verschiedene Beiträge in Brosius,G./Oppolzer,A.(Hg.), Auswirkungen der Arbeitszeitverkürzung, Frankfurt-New York 1989. Eine andere Meinung vertritt Neifer-Dichmann,E., Working time reductions in the former Federal Republic of Germany: A dead end for employment policy, International Labour Review 130 (1991), 511-522.

Auf der Basis der vorliegenden Untersuchungen[22] scheint ein Fazit gerechtfertigt, welches Vermutungen, die nicht nur in der öffentlichen Diskussion häufig geäußert werden, in etwa widerspricht: Gerade auch die unabhängigen und damit ideologisch einigermaßen unverdächtigen Untersuchungen zeigen, daß die positiven Beschäftigungseffekte der Wochenarbeitszeitverkürzung mit über 50% des rechnerischen Effekts durchaus beachtlich sind; zudem sind sie größer als die einer Lebensarbeitszeitverkürzung.[23] Zu dem direkten Effekt einer Schaffung zusätzlicher Arbeitsplätze kommt der indirekte, allerdings nur schwer meßbare in Form der Sicherung vorhandener Stellen.[24]

Insofern haben die Gewerkschaften mit ihren vor allem in den frühen 80er Jahren aufgestellten, vielfach bezweifelten Prognosen einer positiven Beschäftigungswirkung so falsch nicht gelegen, zumal sich die tatsächlichen Kostenbelastungen der Unternehmen infolge der Arbeitszeitverkürzung mit vollem Lohnausgleich durch die erweiterten Flexibilisierungsspielräume und den daraus resultierenden Kostenvorteilen in engen Grenzen hielten.[25] Auch negative gesamtwirtschaftliche Auswirkungen - wie etwa eine Gefährdung der internationalen Wettbewerbsfähigkeit oder Wachstumseinbußen - sind kaum zu verzeichnen.[26]

---

[21] Ältere Untersuchungen aus den 70er Jahren nehmen zumeist an, daß der Beschäftigungseffekt von Arbeitszeitverkürzungen im Durchschnitt bei 50% des rechnerischen Maximaleffekts liege; die andere Hälfte werde durch Produktivitätssteigerungen aufgefangen (u.a. Produktionsverdichtung, Automation).

[22] Vgl. zusammenfassend und zur Kritik einzelner Untersuchungen Seifert,H., Was hat die 38,5-Stundenwoche gebracht? Beschäftigungseffekte und Formen der Arbeitszeitverkürzung, Sozialer Fortschritt 36 (1987), 102-107.

[23] Vgl. hierzu im einzelnen Kap.8.4.

[24] Hierbei sehen wir von Humanisierungsaspekten ab, die auf einer anderen Begründungsebene liegen.

[25] Vgl. N.N., Zunehmende Entkoppelungsmöglichkeiten von Arbeits- und Betriebszeiten. Erste Ergebnisse einer Betriebsbefragung, DIW-Wochenbericht 58 (1991), 509.

[26] Vgl. demgegenüber folgende Schilderung der Ausgangssituation: "The employers' side, supported by the Federal Government, which abandoned its neutral position ... to a considerable extent, refused a general reduction of weekly working time, particularly with no loss of pay. They argued that increasing production costs would further endanger the international competitiveness of the West German economy as well as economic growth, that this would add to the employment crisis and would at best create jobs in Japan or in newly industrialising countries." Endruweit,G./Berger,G., The functioning of institutionalised forms of workers' participation - seen from a social science perspective, in: Gladstone,A. et al.(eds.), Current issues in labour relations. An international perspective, Berlin-New York 1989, 96f.

Kapitel 8: Tarifvertragspolitik

3. Der Tarifvertrag der Metallindustrie vom Frühjahr 1987, der den stufenweisen Abbau der Wochenarbeitszeit auf 37 Stunden bis 1990 bei vollem Lohnausgleich regelt, stellt die zweite Etappe der tarifpolitischen Auseinandersetzung dar.[27] Die Arbeitszeiten können für verschiedene Beschäftigtengruppen unterschiedlich lang sein (Differenzierung der regelmäßigen wöchentlichen Arbeitszeit); der Ausgleichszeitraum zur Erreichung der durchschnittlichen Regelarbeitszeit wird von zwei auf höchstens sechs Monate ausgedehnt. Insofern findet im Vergleich zur 84er Regelung eine weitergehende Flexibisierung statt, die den Interessen der Arbeitgeber entgegenkommt, während die weitere schrittweise Arbeitszeitverkürzung den Forderungen der IG Metall entspricht.[28]

Wochenarbeitszeitregelung in der Metallindustrie

Gültig ab:	1.4.85	1.4.88	1.4.89
durchschnittliche Wochenarbeitszeit	38,5 Std.	37,5 Std.	37,0 Std.
Schwankungsbereich der indiv. Arbeitszeiten	37 - 40 Std.	37 - 39,5 Std.	36,5 - 39 Std.
Ausgleichszeitraum	2 Monate		6 Monate
Bündelung zu Freischichten	unbegrenzt		max. 5 freie Tage

Quelle: Wissenschaftszentrum für Sozialforschung, Arbeitsmarktchronik 29/87, 5.

Die Umsetzung dieser Kompromißregelungen erfolgte wiederum durch zumeist geänderte oder neu abgeschlossene Betriebsvereinbarungen. Dabei gab es insgesamt weniger Konflikte als 1984, da die betrieblichen Akteure auf bereits etablierten Mustern aufbauen konnten, ohne diese allerdings einfach fortzuschreiben.[29] Die IG

---

[27] Vgl. zu Verlauf und Problemen der beiden Tarifrunden Pumberger, K., Mobilisierung in der Krise? Die Auseinandersetzungen um die Arbeitszeitverkürzungen, Hamburg 1989.

[28] Zukünftige Tarifverträge über weitere Verkürzungen der Wochenarbeitszeit, werden wohl weitergehende Flexibilisierungskomponenten beinhalten. In der Tarifpolitik der 90er Jahre wird es nach Erreichen der 35-Stunden-Woche vermutlich nicht mehr um weitere Arbeitszeitverkürzungen gehen, sondern eher um Fragen wie gemeinsame Einkommenstarifverträge für Arbeiter und Angestellte und/oder Weiterbildung und Qualifizierung. Vgl. hierzu im einzelnen Kap.14.

[29] Vgl. Gesamtmetall (Hg.), Ergebnisse der Verbandsumfrage zu den ab 1.4.1989 geltenden Arbeitszeitregelungen in den Betrieben der Metallindustrie (Bundesgebiet), Ms. Köln 1/89; IG Metall (Hg.), Umfrage '89 - Arbeitszeitverkürzung. 37-Stunden-Woche - Umsetzung und Beschäftigungswirkung. 1.Auswertung des Gesamtergebnisses und der bezirklichen Ergebnisse, Ms. Frankfurt 10/89.

Metall setzte stärker auf wochennahe Modelle bzw. auf eine tägliche Verkürzung. Diese Entwicklung sowie eine (nunmehr vor allem in Mittel- und Großbetrieben häufiger auftretende und an Bedeutung zunehmende) Kombination verschiedener Formen (u.a. Einführung bzw. Erweiterung von Gleitzeitregelungen und versetzten Arbeitszeiten, Einführung bzw. Ausbau weiterer Schichten) ging zu Lasten von Vereinbarungen, die ausschließlich einen Zeitausgleich durch freie Tage vorsahen.[30] Die wiederum zugelassene Möglichkeit einer Differenzierung der Arbeitszeiten, genauer der individuellen regelmäßigen wöchentlichen Arbeitszeiten, verlor im Vergleich zur "ersten" Umsetzungsrunde etwas an Bedeutung (Trend zur betriebseinheitlichen Umsetzung).

Die laut Tarifvertrag gegebenen Flexibilisierungsmöglichkeiten werden bei der Umsetzung bei weitem nicht ausgeschöpft, wobei ein deutlicher Unterschied zwischen Großbetrieben auf der einen und Klein- und Mittelbetrieben auf der anderen Seite besteht. Flexible Arbeitszeitmodelle, die ein effizientes Arbeitszeitmanagement erfordern, finden wir vor allem in Großunternehmen.[31] Das freie Wochenende bleibt in den allermeisten Fällen erhalten; Samstagsarbeit als Regelarbeitszeit ist wesentlich seltener als Mehrarbeit. Der Umfang der Mehrarbeit nimmt bei unterschiedlichen Ausgleichsmaßnahmen deutlich zu.[32]

4. Eine Fortsetzung dieser beschäftigungswirksamen Politik ist aus gesamtwirtschaftlichen Gründen geboten. Das Arbeitsvolumen nimmt langfristig bei zyklischen Schwankungen eindeutig ab; eine Umkehr dieses Trends ist auch in Zukunft nicht zu erwarten. Außerdem wächst das Angebot an Arbeitskräften aus verschiedenen Gründen weiterhin (u.a. zunehmende Erwerbsneigung von Frauen, Zuwanderung von Aus- und Übersiedlern, Eintritt der zweiten Ausländergeneration in den Arbeitsmarkt). Schließlich müssen wir berücksichtigen, daß eine weitere Verkürzung der Wochenarbeitszeit bei weitem noch nicht in allen Branchen vereinbart worden ist und vom Volumen her durchaus noch gesteigert werden kann. Gleichwohl können

---

Ich verzichte im folgenden auf genaue Daten; die Angaben der Tarifvertragsparteien unterscheiden sich nur geringfügig.

[30] Dieser Trend einer sog. alltagsnahen Arbeitszeitverkürzung entspricht vor allem auch den tarifpolitischen Interessen von Frauen.

[31] Vor allem in kleineren und mittleren Betrieben kam es zu einer Ausweitung der Mehrarbeit (Überstunden).

[32] Die Verkürzung der Wochenarbeitszeit von 38,5 auf 37,5 Stunden (von 37,5 auf 37 Stunden) hat nach Umfragen der IG Metall 58.000 Arbeitsplätze (34.700 Arbeitsplätze) "geschaffen oder gesichert", was einer Beschäftigungswirksamkeit von fast 60% (etwa 70%) entspricht. IG Metall, Umfrage '89 Arbeitszeitverkürzung, 21. Die Tarifvertragsparteien der Druckindustrie übernahmen im Mai 1987 die zentralen Punkte der Regelung der Metallindustrie.

die Beschäftigungseffekte in verschiedenen Branchen natürlich unterschiedlich hoch sein.[33]

Die weitere Verkürzung der Wochenarbeitszeit mit dem Ziel der Einführung der 35 Stunden-Woche bei vollem Lohnausgleich hat für die Gewerkschaften weiterhin Priorität. Seit Mitte der 80er Jahre werden für immer mehr Arbeitnehmer in inzwischen nahezu allen Tarifbereichen stufenweise Wochenarbeitszeitverkürzungen vereinbart, so daß die tariflichen Wochenarbeitszeiten allmählich zurückgehen.[34] Der entscheidende Konfliktpunkt liegt im Gegensatz zur ersten Arbeitszeitrunde im Jahre 1984 weniger bei der grundsätzlichen Frage einer Arbeitszeitverkürzung als vielmehr bei Problemen der Arbeitszeitflexibilisierung (Lage der Arbeitszeit): Der Konflikt dreht sich um eine Entkoppelung von Arbeits- und Betriebszeiten, d.h. um eine Verlängerung der Betriebsnutzungszeiten aus Kostengründen; die Amortisationslasten der immer teurer werdenden Maschinen und Produktionsanlagen erfordern eine Ausdehnung der Maschinenlaufzeiten.[35]

In dem für die Metallindustrie im Frühjahr 1990 ausgehandelten Tarifvertrag wird die wöchentliche Arbeitszeit stufenweise (ab 1.4.1993 auf 36, ab 1.10.1995 auf 35 Stunden) weiter verkürzt und die 35-Stunde-Woche erreicht. Allerdings dürfte deren recht langsame Einführung eine wirksame Arbeitsumverteilung zugunsten der Arbeitslosen erheblich behindern.[36] Leistungsverdichtung infolge der Arbeitszeitverkürzung soll nicht stattfinden. Ein bestimmter, je nach Tarifgebiet zwischen 15 und 20% liegender, bislang zumeist von Arbeitszeitverkürzungen ausgenommer Teil der Beschäftigten hat nunmehr das Recht, freiwillig zwischen der 35- und der 40-Stunden-Woche zu wählen. Diese Flexibilisierung liegt zunächst im Interesse der Arbeitgeber, die die höher qualifizierten Arbeitnehmer länger arbeiten lassen wollen; zugleich wird aber die Autonomie bestimmter Arbeitnehmer erhöht, die auf freiwilliger Basis und nicht mehr kollektivvertraglich geregelt, sondern individuell und selbständig zwischen "Arbeitszeit" und "Geld" wählen können. Aus Sicht der Gewerkschaft kann eine Ge-

---

[33] Diese Betrachtung sagt natürlich noch nichts aus über die wichtiger werdende Frage, inwiefern die momentane Organisation der Erwerbsarbeit den Bedürfnissen und Wünschen der Individuen entspricht (z.B. anhaltende Arbeitslosigkeit, Benachteiligung von Frauen am Arbeitsmarkt).

[34] Vgl. im einzelnen Kurz-Scherf,I., Tarifbewegungen im 1.Halbjahr 1988, WSI-Mitteilungen 41 (1988), 511ff; N.N., Zunehmende Entkoppelungsmöglichkeiten von Arbeits- und Betriebszeiten, 504ff.

[35] Vgl. Zeitgespräch: Mehr Arbeitszeitflexibilität in den Tarifverträgen, Wirtschaftsdienst 1987/I, 7-11.

[36] Bei Bedarf muß über eine weitere Verschiebung des Inkrafttretens verhandelt werden, was die Arbeitgeber aber nicht erzwingen können. Der Tarifvertrag hat eine Laufzeit bis 1998, so daß die spezifischen Interessen von Frauen an einer weiteren Verkürzung der Wochenarbeitszeit in Richtung auf die 30-Stunden-Woche sich nicht werden realisieren lassen.

fahr in der Spaltung der Arbeitnehmerschaft sowie in einer geschlechtsspezifischen Selektion liegen.

5. Eine Folge dieser konfliktären Austauschpolitik besteht in der "Delegation von Tarifkompetenz an die Betriebe"[37]. Ein wesentliches Kennzeichen der aktuellen Tarifpolitik "ist die Verschiebung substantieller Regelungen von der überbetrieblichen, tariflichen auf die betriebliche Ebene, wie dies z.b. in der Vergangenheit bei leistungspolitischen praktiziert wurde und nun bei arbeitszeitpolitischen Vereinbarungen der Fall ist"[38]. Die Bedeutung der betrieblichen Akteure für die konkrete Ausgestaltung von Arbeitszeitformen nimmt also infolge der Verlagerung tarifpolitischer Normsetzungsbefugnisse zu (sog. Verbetrieblichung).

Gewerkschaftliche Tarifpolitik gerät unter den Rahmenbedingungen der Beschäftigungskrise der 80er Jahre in ein schwer zu lösendes organisationspolitisches Dilemma, da arbeitszeitpolitische Strategien nicht nur anfangs wegen einer kaum überschaubaren Verteilung von Kosten und Nutzen auf die verschiedenen Akteure nur schwer vermittelbar sind[39]:

- Die Gewerkschaften wollen eine Verkürzung, die Arbeitgeber hingegen eine Flexibilisierung der Arbeitszeit durchsetzen, wobei letzteres einer Beschäftigungswirkung zuwider läuft.
- Forderungen nach kollektiver Arbeitszeitverkürzung können in mehr oder weniger manifesten Widerspruch zu anderen, nämlich konkurrierenden Einkommenskalkülen der Mitglieder, geraten und damit zu Loyalitätsverlusten führen.[40]
  Der Hinweis auf Beschäftigungswirkungen bzw. auf das solidarische Ziel eines Abbaus der Arbeitslosigkeit bedeutet die bekanntermaßen schwierig zu reali-

---

[37] Schmidt,R./Trinczek,R., Die betriebliche Gestaltung tariflicher Arbeitszeitnormen in der Metallindustrie, WSI-Mitteilungen 39 (1986), 641; ähnlich auch Weber,H., Desynchronisation, Dezentralisierung - und Dekomposition? Die Wirkungsdynamik des Tarifkonflikts 84 und ihre Effekte auf das System industrieller Beziehungen, in: Abromeit,H./Blanke,B.(Hg.), Arbeitsmarkt, Arbeitsbeziehungen und Politik in den 80er Jahren, Opladen 1987, 134 et passim.

[38] Deutschmann/Schmiede/Schudlich, Die langfristige Entwicklung der Arbeitszeit, 38.

[39] Vgl. im einzelnen Wiesenthal,H., Akteurrationalität. Überlegungen zur Steuerungsfähigkeit politischer Akteure in der Beschäftigungskrise, in: Feldhoff,J. et al.(Hg.), Regulierung - Deregulierung. Steuerungsprobleme der Arbeitsgesellschaft, Nürnberg 1988, 70-98.

[40] Weiterhin gilt: "Die gewachsene soziale Differenzierung der Arbeitnehmerschaft (z.B. durch die Erwerbstätigkeit verheirateter Frauen) und Heterogenisierung der Arbeitszeitsituation (z.B. durch mehr Teilzeitbeschäftigung und Schichtarbeit) führte dazu, daß die Bedürfnisse derjenigen, die überhaupt Arbeitszeitverkürzungen präferieren, sich heute keineswegs einheitlich auf die Wochenarbeitszeit richten, sondern je nach Lebensumständen und Arbeits(zeit)bedingungen auf ganz verschiedene Varianten ihrer Arbeitszeit, zunehmend auch auf mehr Selbstbestimmungsmöglichkeiten über Länge und Lage der Arbeitszeit..." Kevelaer/Hinrichs, Arbeitszeit und Wirtschaftswunder, 68.

sierende Einforderung eines individuellen Beitrags zur Erstellung eines Kollektivguts. Die parallele Forderung nach vollem (Real-)Lohnausgleich zielt deutlich auf einen Kompromiß bei diesem zentralen Problem.

- Von Wochenarbeitszeitverkürzungen profitieren zunächst einmal alle Beschäftigten, wobei allerdings verschiedene Grupppen bei der grundsätzlich bestehenden Alternative wöchentliche Arbeitszeitverkürzung vs. Freie-Tage-Regelungen ganz unterschiedliche Umsetzungsformen präferieren, die innerverbandlich sorgsam austariert werden müssen.[41] Soweit der Effekt der Verkürzung weniger in der Schaffung zusätzlicher als vielmehr in der Sicherung bestehender Arbeitsplätze besteht, liegen die Vorteile zudem einseitig bei den beschäftigten Arbeitnehmern.
- Demgegenüber liegen die Vorteile von Lebensarbeitszeitverkürzungen (sog. Vorruhestandsregelungen) von vornherein eher bei ganz spezifischen Gruppen, nämlich bei den älteren Arbeitnehmern.
- Weiterhin stehen BR häufig unter dem Druck, betriebsegoistischen Lösungen wie langen Ausgleichszeiträumen oder Überstunden zustimmen zu sollen anstatt für Neueinstellungen zu votieren.

8.3. Exkurs: Wochenendarbeit

Das weitgehende Beschäftigungsverbot an Sonn- und Feiertagen, das auf die Arbeiterschutzgesetzgebung des 19.Jahrhunderts zurückgeht, hat eine eindeutige gesetzliche Grundlage (Art.140 GG in Verbindung mit Art.139 der Weimarer Reichsverfassung); demgegenüber ist der weitgehend arbeitsfreie Samstag eine ausschließlich tarifpolitische Errungenschaft im Rahmen der 40-Stunden- bzw. Fünf-Tage-Woche ohne rechtliche Absicherung. Einzelbetrieblich durchaus mögliche Ausnahmen vom grundsätzlich bestehenden Sonntagsarbeitsverbot, bei denen grob zwischen den derzeit heftig umstrittenen "wirtschaftlichen" und den auch momentan nicht kontroversen "gesellschaftlichen" Gründen unterschieden wird, sind in Par.105 der Gewerbeordnung (GewO) geregelt.[42] Insofern ist eine schon analytisch bedeutsame Differenzierung von Wochenend- in Samstags- und Sonntagsarbeit angebracht. Im übrigen liegen wirklich aussagekräftige Statistiken, die einen echten

---

[41] Vgl. im einzelnen Schmidt/Trinczek, Die betriebliche Gestaltung tariflicher Arbeitszeitnormen, 649ff.; Schmidt,R./Trinczek,R., Erfahrungen und Perspektiven gewerkschaftlicher Arbeitszeitpolitik, Prokla 64 (1986), 95f.

[42] Vgl. Richardi,R., Grenzen industrieller Sonntagsarbeit, Bonn 1988.

internationalen Vergleich über Wochenendarbeit und Maschinenlaufzeiten überhaupt erst ermöglichen würden, derzeit nicht vor.[43]
Verschiedene Arbeitgeberverbände versuchen, eine weitergehende Flexibilisierung durchzusetzen u.a. durch
- Wiedereinführung der allgemeinen, regelmäßigen Samstagsarbeit in etlichen Branchen (u.a. Chemie, Textil),
- mehr oder weniger regelmäßigen Einbezug des Sonntags in ganz bestimmten, insgesamt aber nur wenigen Branchen[44],
- Differenzierungen innerhalb der Belegschaften (sog. Individualisierung "starrer", kollektiv geregelter Arbeitszeiten)
- sowie durch Verlängerung der Verrechnungszeiten über den Zweimonatsdurchschnitt des Leber-Kompromisses von 1984 bzw. über die erweiterte Lösung von 1987 hinaus bis hin zum sog. Jahresarbeitszeitvertrag.

Begründet werden diese Forderungen nach einer Entkoppelung von Maschinenlaufzeiten und individuellen Arbeitszeiten u.a. mit
- den hohen Kosten eines Arbeitsplatzes, insbesondere infolge der Einführung neuer Technologien, wobei eine längere Auslastung eine Stückkostensenkung bzw. Produktivitätserhöhung ermöglicht,
- den im internationalen Vergleich zu hohen Arbeitskosten in der Bundesrepublik,
- der fortschreitenden Verkürzung der tariflich vereinbarten individuellen Regelarbeitszeiten bzw. dadurch entstandenen Kosten,
- der Sicherung der nationalen und vor allem auch der internationalen Wettbewerbsfähigkeit
- sowie der Sicherung und Schaffung von Arbeitsplätzen.

Die Gewerkschaften sind bemüht, eben diese Strategien zu verhindern, indem sie auf dem zweitägigen freien Wochenende beharren, das sie ausgehend vom Metallbereich in den Tarifauseinandersetzungen der 50er und 60er Jahre allmählich durchgesetzt haben.[45] Die Positionen der Gewerkschaften sind ähnlich wie bei den verschiedenen Strategien der Arbeitszeitpolitik 1984 allerdings nicht einheitlich. Strittig ist bei den zwischengewerkschaftlichen Konflikten, ob eine von den Arbeitgebern angestrebte weitergehende Flexibilisierung grundsätzlich abgelehnt werden soll (IG Druck und Papier bzw. IG Medien), ob die Zustimmung lediglich an die Erfüllung

---

[43] Vgl. BT-Drucksache 11/3632.

[44] Vgl. als Fallstudie zur Einführung eines vollkontinuierlichen Schichtbetriebs in der Chip-Produktion Frey,M./Schobel,P., Der Konflikt um den Sonntag - Der Fall IBM und die Folgen, Köln 1989.

[45] Vgl. zusammenfassend Scharf,G., Geschichte der Arbeitszeitverkürzung. Der Kampf der Gewerkschaften um die Verkürzung der täglichen und wöchentlichen Arbeitszeit, Köln 1987.

ganz bestimmter Forderungen hinsichtlich Lage und Verteilung der Arbeit geknüpft werden soll (IG Metall) oder ob Wochenendarbeit unter bestimmten Bedingungen weitgehend toleriert werden soll (IG Chemie).[46] Im Prinzip geht es also um die Frage, ob bzw. in welchem Ausmaß rein wirtschaftliche Gründe für Wochenend-, besonders Samstagsarbeit anerkannt werden sollen.[47]

Schon jetzt ist das tarifvertraglich vereinbarte Ausmaß der Wochenendarbeit in vielen Wirtschafts- und vor allem Dienstleistungsbereichen[48] beachtlich (u.a. Chemie-, Stahlindustrie, Gesundheitswesen, Bahn, Post, Polizei, besonders Hotel- und Gaststättengewerbe). Zudem hat das Ausmaß der Wochenendarbeit im vergangenen Jahrzehnt vor allem im industriellen Sektor beträchtlich zugenommen: Zu Beginn der 80er Jahre arbeitete fast jeder 5. Erwerbstätige gelegentlich samstags, wobei sich deutliche Unterschiede zwischen den Wirtschaftsbereichen ergaben.[49] Gegen Ende der 80er Jahre arbeitete bereits nahezu jeder 3. abhängig Beschäftigte ein- bis zweimal im Monat am Samstag; regelmäßig an Wochenenden arbeiten fast 30% gegenüber 11% im Jahre 1981 der in der Industrie Beschäftigten.[50] Dieser Trend wird sich wahrscheinlich fortsetzen.

Eine weitergehende Flexibilisierung in Form einer stärkeren Entkoppelung menschlicher Arbeits- und maschineller Laufzeiten durch die grundsätzliche Wiedereinführung der Wochenendarbeit würde zwar die formale Autonomie und nominale Zeitsouveränität der Arbeitnehmer gegenüber einer sog. starren, kollektiv vereinbarten Zeitordnung erhöhen, zugleich aber stark in private, insbesondere familiale Lebenszusammenhänge eingreifen und diesen kaum förderlich sein: Abstimmung freier Tage bei berufstätigen Partnern, gemeinsame (Freizeit-)Aktivitäten von Eltern und schulpflichtigen Kindern sowie Versorgung und Betreuung der Kinder am Samstag würden ebenso Schwierigkeiten bereiten wie das Aufrechterhalten sozialer Kontakte über den Bereich der Familie hinaus; darüber hinaus würden erhebliche

---

[46] U.a. Absicherung der arbeitsfreien Wochenenden gegenüber der Forderung nach Wiedereinführung der 6-Tage-Woche, maximal 8-Stunden-Tag oder Verrechnung über längere Zeiträume.

[47] Außerdem können auch Konflikte zwischen den i.d.R. eher konzessionsbereiten Betriebsräten und den eher nicht-kompromißbereiten Gewerkschaften bestehen.

[48] Vgl. Becker,M./Schmidt,G.A., "Dienstleister" - Stiefkinder der Sonntagsarbeits-Diskussion, Arbeit und Sozialpolitik 42 (1988), 281ff.

[49] Vgl. Bundesminister für Arbeit und Sozialordnung (Hg.), Lage, Dauer, Tatsachen, Entwicklungen, Erwartungen und Verteilung der Arbeitszeit, Bonn 1981, 12.

[50] Vgl. im einzelnen Groß,H./Pekruhl,C./Thoben,C., Arbeitszeitstrukturen im Wandel - Ergebnisse zu einer aktuellen Repräsentativumfrage zu den Arbeitszeitstrukturen in der Bundesrepublik Deutschland, in: MAGS (Hg.), Arbeitszeit `87, Troisdorf 1987, 6-96.

Koordinationsprobleme hinsichtlich einer individuellen Teilhabe am kulturellen Leben sowie in bezug auf das soziale Engagement in verschiedenartigen Organisationen (Gewerkschaften, Parteien, Vereinen, Kirchen) entstehen.[51]
Die überwiegende Mehrheit der Arbeitnehmer spricht sich in Umfragen gegen eine Ausweitung der Sonntagsarbeit aus, obwohl diese durch höhere Entlohnung sowie durch längere Freizeitblöcke während der Woche attraktiv ausgestaltet werden kann.[52] Durchaus vorhandene Interessen der Arbeitnehmer hinsichtlich Lage und Verteilung flexiblerer Arbeitszeiten beziehen sich in aller Regel nicht auf das Wochenende. Insgesamt beobachten wir im vergangenen Jahrzehnt eine zunehmende Heterogenität der individuellen Arbeitszeitinteressen und -präferenzen, wodurch kollektiv-vereinheitlichende Arbeitszeitstrategien der Gewerkschaften erschwert werden.[53]
Die aktuelle Diskussion um Wochenendarbeit wird vor allem in Hinblick auf die produzierende Industrie (u.a. Chemie, Elektro- und Autoindustrie) und nicht für die verschiedenen Bereiche des Dienstleistungssektors mit seinen besonderen Nachfragebedingungen geführt. Es geht also weniger um betriebstechnische, soziale oder versorgungspolitische Notwendigkeiten der Aufrechterhaltung des Produktionsprozesses als vielmehr um rein betriebswirtschaftliche Interessen der Unternehmer bzw. um die Kapitalverwertung in der Privatindustrie, konkret um eine Kostensenkung durch Ausweitung der Nutzungszeiten.
Der tatsächliche Beschäftigungsgewinn wäre mehr als ungewiß, sicherlich aber im einzelnen Unternehmen geringer als der rein rechnerische. Auf Branchenebene ist sogar eher mit Arbeitsplatzverlusten zu rechnen, falls eine Marktausweitung nicht oder nur in geringem Maße gelingt. In makroökonomischer Perspektive bleibt weiterhin ungeklärt, wie die bei gleichem Beschäftigungsstand erzielte Mehrproduktion tatsächlich abgesetzt werden soll; wahrscheinlich sind zunächst nur Konzentrationsprozesse bei Kapital und Arbeit sowie eine Verschärfung des Verdrängungswettbewerbs und nicht eine wesentliche Ausweitung der Nachfrage- und damit der Absatzmöglichkeiten. In beschäftigungspolitischer Perspektive ist die Flexibilisierung von Arbeitszeiten weitgehend wirkungslos im Vergleich zu ihrer Verkürzung.

---

[51] Vgl. u.a. Rinderspacher,J.P., Am Ende der Woche, Bonn 1987; Dahm,K.W. et al. (Hg.), Sonntags nie? Die Zukunft des Wochenendes, Frankfurt-New York 1989; Wilke,J.(Hg.), Mehr als ein Weekend? Der Sonntag in der Diskussion, Paderborn-München 1989.

[52] In der öffentlichen Diskussion wird immer wieder die Regelung der Wochenendschichten im BMW-Werk in Regensburg genannt. Allerdings dürfte es sich um kein generalisierbares Modell handeln.

[53] Vgl. für andere: Landenberger,M., Arbeitszeitwünsche, Berlin 1983.

Seit Frühjahr 1989 ist die "grundsätzliche Verankerung des freien Wochenendes" im Manteltarifvertrag der Druckindustrie festgeschrieben: Die regelmäßige wöchentliche Arbeitszeit wird auf fünf Tage von Montag bis Freitag verteilt. Regelmäßige Samstagsarbeit ist nur zum Druck von Tageszeitungen und Zeitschriften zulässig, so daß der Samstag nicht zum Regel- bzw. zum Normalarbeitstag wird. Der BR muß der regelmäßigen Samstagsarbeit zustimmen; eine Begrenzung der Überstundenzahl findet nicht statt. Von den Ausnahmeregelungen für die Produktion von Zeitungen und Zeitschriften sind nur relativ wenige Arbeitnehmer in Großdruckereien betroffen, wobei der einzelne zudem nur an maximal 13 Samstagen im Jahr arbeiten darf und anschließend zwei freie Tage hat. Die Anzahl der Druckerzeugnisse, die samstags hergestellt werden dürfen, ist recht begrenzt (sog. produktbezogene Einschränkung der Samstagsarbeit).[54] Dieser Tarifvertrag könnte von seiner Tendenz, nämlich das Wochenende weitestgehend aus der Normalarbeitszeit auszusparen, durchaus eine Leitfunktion für andere Branchen haben.

8.4. Arbeitszeitpolitik II: Lebensarbeitszeitverkürzung

Die Regulierung der Arbeitszeit ist nicht ausschließlich Gegenstand der Tarifpolitik bzw. Angelegenheit der betrieblichen Interessenvertretung, sondern auch der Staat ist aktiv beteiligt: Durch die Arbeitszeitordnung werden Höchstgrenzen für die tägliche und wöchentliche Arbeitszeit vorgegeben; über die Festlegung von Ausbildungszeiten und/oder Altersgrenzen, d.h. des Eintritts in den Ruhestand, wird die Lebensarbeitszeit variiert. Im folgenden wollen wir daher diese Verteilung auf die verschiedenen Entscheidungsträger bzw. auf die drei Ebenen (gesetzlicher, tariflicher und betrieblicher Regelung) näher analysieren.

1. Die Regierungskoalition aus CDU/CSU und FDP setzte 1984 in ihrer Arbeitsmarkt- und Beschäftigungspolitik eindeutig auf eine Strategie, die von Anfang an auch von den Arbeitgeberverbänden favorisiert und als gesellschaftspolitische Alternative zur Wochenarbeitszeitverkürzung[55] propagiert wurde: Seit dem 1.Mai 1984 bestand eine auf fünf Jahre befristete und damit auf bestimmte Altersjahrgänge be-

---

[54] Interessengegensätze auf Arbeitgeberseite innerhalb des Bundesverbandes Druck zeigten sich vor allem zwischen den wenigen Groß- und den vielen Klein- und Mittelbetrieben. Der ausgehandelte Kompromiß berücksichtigt vor allem die Interessenlage der mittelständischen Betriebe. Der Verlag Gruner und Jahr trat wegen des Abschlusses aus dem Arbeitgeberverband aus.

[55] ".. ging es der konservativ-liberalen Bundesregierung auch darum, einen Keil in die in der Arbeitszeitfrage zu der Zeit gespaltenen Gewerkschaften zu treiben und insbesondere gegen die Forderung nach einer wöchentlichen Arbeitszeitverkürzung eine weitere Front aufzubauen ("35-Stunden-Woche gegen Vorruhestand")." Nägele,G., Zwischenbilanz des Vorruhestands. Eine sozialpolitische Wirkungsanalyse nach über 3 Jahren Vorruhestand, WSI-Mitteilungen 40 (1987), 753.

Kapitel 8: Tarifvertragspolitik

grenzte Regelung zur Lebensarbeitszeitverkürzung in Form des "Gesetzes zur Erleichterung des Übergangs vom Arbeitsleben in den Ruhestand". Die Rahmenvorgaben dieses sog. Vorruhestandsgesetzes sollten durch Tarifverträge ausgefüllt werden, so daß die Gesamtregelung im Gegensatz zur Strategie einer rein tariflich vereinbarten Wochenarbeitszeitpolitik eine Kombination gesetzlicher Vorgaben und tarifvertraglicher Abmachungen darstellte.[56]

Die Mehrzahl der DGB-Gewerkschaften (vor allem IG Metall, IG Druck und Papier) verfolgte 1984 eindeutig die Strategie einer Verkürzung der Wochenarbeitszeit. Eine starke Minderheit "sozialpartnerschaftlich" orientierter Gewerkschaften (IG Chemie-Papier-Keramik, IG Bau-Steine-Erden, Gewerkschaft Nahrung-Genuß-Gaststätten, Gewerkschaft Textil-Bekleidung, IG Bergbau und Energie) setzte auf die Alternative einer Verkürzung der Lebensarbeitszeit (Umverteilung der Arbeit von älteren auf jüngere Arbeitnehmer) bei gleichzeitigem Festhalten an der 40-Stunden-Woche.[57] Diese Differenzen belasteten in erheblichem Maße sowohl die Beziehungen zwischen den Organisationen innerhalb des DGB[58] als auch die zwischen verschiedenen Mitgliedergruppen innerhalb der Industriegewerkschaften und waren der externen Interessendurchsetzung nicht förderlich.[59]

Die zentralen Elemente des Vorruhestandsgesetzes waren:
- Arbeitnehmer ab dem 58.Lebensjahr können freiwillig, also ohne Kontrahierungszwang, als Vorruheständler vorzeitig aus dem Erwerbsleben ausscheiden; sie erhalten bis zum Erreichen der frühestmöglichen Altersgrenze der

---

[56] Vgl. zusammenfassend und als Überblick zu diesem Problemkreis Haas,E., Beschäftigungs- und Kosteneffekte arbeitszeitverkürzender Maßnahmen - Dargestellt am Beispiel der Lebensarbeitszeitverkürzung (Vorruhestandsregelung), Hamburg 1987; vgl. zu den im folgenden nicht weiter behandelten soziologischen Aspekten des Problems Kohli,M., Ruhestand und Moralökonomie. Eine historische Skizze, in: Heinemann,K., Soziologie wirtschaftlichen Handelns, Opladen 1987, 393-416; Kohli,M./Wolf,J., Altersgrenze im Schnittpunkt von betrieblichen Interessen und individueller Lebensplanung. Das Beispiel des Vorruhestands, Soziale Welt 38 (1987), 92-109; Kohli, M., Die gesellschaftliche und individuelle Bedeutung der Altersgrenze, in: Schmähl,W.(Hg.), Verkürzung oder Verlängerung der Erwerbsphase? Zur Gestaltung des Übergangs vom Erwerbsleben in den Ruhestand in der Bundesrepublik Deutschland, Tübingen 1988, 36-53.

[57] Vgl. Bosch,G./Sengenberger,W., Employment policy, the state, and the unions in the Federal Republic of Germany, in: Rosenberg, S.(ed.), The state and the labor market, New York-London 1989, 94ff.

[58] "Von einer Kooperation oder gegenseitigen Unterstützung zwischen dem Teil der Gewerkschaften, der sich der Lebensarbeitszeitverkürzung und dem anderen Teil, der sich der Wochenarbeitszeitverkürzung als Ziel der Tarifbewegung 83/84 verschrieben hatte, war demnach wenig zu spüren, im Gegenteil." Bahnmüller,R., Der Streik. Tarifkonflikt um Arbeitszeitverkürzung in der Metallindustrie 1984, Hamburg 1985, 131.

[59] Später schwenkten diese Gewerkschaften auf den Kurs der Mehrheit ein und forderten ebenfalls Wochenarbeitszeitverkürzungen.

gesetzlichen Rentenversicherung (Vollendung des 63. Lebensjahres bei Männern bzw. des 60. bei Frauen) vom Arbeitgeber mindestens 65% ihres durchschnittlichen Bruttoverdienstes der letzten sechs Monate abzüglich der Sonderleistungen als sogenannte Überbrückungszahlung. Tarifvertragliche Vereinbarungen können diesen gesetzlich fixierten (Mindest-) Prozentsatz erhöhen.

- Falls der freiwerdende Arbeitsplatz durch einen registrierten Arbeitslosen oder durch Übernahme eines ansonsten nicht weiterbeschäftigten Auszubildenden wiederbesetzt wird, erhält der Arbeitgeber von der Arbeitsverwaltung (Bundesanstalt für Arbeit) einen Zuschuß in Höhe von 35% des Vorruhestandsgeldes.

Wie und mit welchem Erfolg wurden diese Vorgaben realisiert?[60] Bis zum Herbst 1987 gab es ca. 420 Vorruhestandstarifverträge für ca. 275.000 Arbeitnehmer im entsprechenden Alter.[61] Die durch Manteltarifverträge ausgefüllte Rahmenregelung hat also nur in einer Minderheit von Branchen (u.a. Baugewerbe, Chemie, Textil- und Bekleidungsindustrie, Ernährungsindustrie, Banken und Versicherungen, Metall) mit gut einem Drittel aller sozialversicherungspflichtigen Beschäftigten gegriffen. Die tatsächliche Inanspruchnahme blieb deswegen deutlich hinter den ursprünglichen, auch regierungsoffiziell hoch gesteckten Erwartungen einer Nutzung durch mehrere hunderttausend ältere Arbeitnehmer bei einer Realisierung in allen Branchen[62] zurück.

Bis zur Halbzeit des Gesetzes (Ende November 1986) nahmen nur etwa 63.000 Arbeitnehmer Vorruhestandsgeld in Anspruch, wobei die Tendenz bei den Neuanträgen im Jahre 1986 ebenso wie 1987 rückläufig war. Bis Ende 1987 waren ca. 140.000 Fälle registriert.[63] Damit wurde das Gesamtpotential "nur zu einem Sechstel ausgeschöpft, doch betrug die Quote der Inanspruchnahme in den Wirtschafts-

---

[60] Vgl. zusammenfassend Nägele,G.(Hg.), Theorie und Praxis des Vorruhestands, Augsburg 1987.

[61] Vgl. Nägele, Zwischenbilanz des Vorruhestands, 754.

[62] Vgl. DIW-Wochenbericht 18/84, Mögliche Beschäftigungseffekte der Vorruhestandsregelung.

[63] Bei der empirischen Erfassung des Vorruhestandes treten wegen der Verwendung unterschiedlicher Statistiken und Erfassungsmodalitäten Probleme auf. Zur Ermittlung der Gesamtzahl der Vorruheständler kann die Krankenversicherungsstatistik, die im BMA geführt wird und die aktuellsten Bestandszahlen liefert, oder die Beschäftigtenstatistik der BA herangezogen werden. Die Zahl der Vorruheständler, für die ein finanzieller Zuschuß beantragt wird, ergibt sich aus der Antragsstatistik der BA; für das Baugewerbe besteht die Vorruhestandsstatistik der Zusatzversorgungskasse des Baugewerbes VVAG (ZVK-Statistik). Vgl. IAB-Kurzbericht, Zur statistischen Erfassung des Vorruhestands, Ms.Nürnberg 1986.

zweigen mit einem tarifvertraglich vereinbarten Vorruhestandsanspruch der Arbeitnehmer bis Mitte 1987 immerhin knapp 70%."[64]
Eine deutliche, die gesamte Statistik verzerrende Ausnahme bildete die Bauindustrie mit einer ungewöhnlich hohen branchenspezifischen Inanspruchnahme von ca. 80%; zwischenzeitlich (1986) stammte bei einem Beschäftigtenanteil von weniger als 7% fast die Hälfte aller Bezieher von Vorruhestandsgeld aus diesem Sektor, später (1987) immer noch knapp 40%. Gleichzeitig blieb aber die Wiederbesetzungsquote vergleichsweise gering; infolge der erheblichen Beschäftigungsprobleme wurde die Regelung überwiegend zum Beschäftigungsabbau benutzt. Aus einer Zusatzversorgungskasse, die als Branchenfonds im Umlageverfahren finanziert wird, wurden den einzelnen Arbeitgebern zeitweise Teile der Vorruhestandskosten erstattet; für die Arbeitnehmer war die Ausgestaltung ungewöhnlich günstig.[65]

Die Wiederbesetzungsquote, deren Schätzung aufgrund statistischer Probleme schwierig ist, stellt wegen der entlastenden Wirkung die arbeitsmarktpolitisch eigentlich brisante Stellgröße dar. Empirisch fundierte Schätzungen liegen bei 45%[66], wobei allerdings durch Vorruhestand vermiedene Entlassungen sowie Abgänge aus dem Vorruhestand nicht eingerechnet sind; der gesamte beschäftigungswirksame Ausgleich dürfte wesentlich höher liegen.

Grundsätzliche Probleme des Vorruhestandsgesetzes ergaben sich in folgender Hinsicht:
- Entsprechende Tarifverträge wurden bei weitem nicht in allen Branchen abgeschlossen, wobei u.a. der riesige Tarifbereich des öffentlichen Dienstes ausgeschlossen blieb, bei dem hohe Beschäftigungseffekte zu erzielen gewesen wären; insgesamt galten, wie oben bereits erwähnt, nur für ca. ein Drittel aller sozialversicherungspflichtigen Arbeitnehmer Vorruhestandsregelungen.
- Gerade die mitgliederstarken Gewerkschaften zogen die Strategie einer Wochenarbeitszeitverkürzung vor.
- Häufig (vor allem in der Metallindustrie) hatten die Arbeitgeber bei der betrieblichen Umsetzung Entscheidungsfreiheit in bezug auf die individuelle Inanspruch-

---

[64] Jacobs,K., Teilrentenmodelle: Erfahrungen im In- und Ausland, Internationale Chronik zur Arbeitsmarktpolitik 32 (1988), 1; ähnliche Angaben finden sich auch in DIW-Wochenbericht 4/88, Vorruhestandsregelung sollte verlängert werden.

[65] Vgl. Internationale Chronik zur Arbeitsmarktpolitik 25 (1986), Arbeitsmarkteffekte bisher gering, 9f. sowie DIW-Wochenbericht, Vorruhestandsregelung, 44.

[66] DIW-Wochenbericht, Vorruhestandsregelung, 44.

nahme und konnten deswegen ein Ausscheiden erfahrener Mitarbeiter verhindern (fehlender Kontrahierungszwang).
- Ähnlich wirkte der Überforderungsschutz durch die häufig (z.B. in der Chemieindustrie) tarifvertraglich vereinbare 5%-Klausel, wonach die Arbeitgeber nicht mehr als maximal 5% der Belegschaft zum Vorruhestand zulassen mußten.

Die Vorruhestandsregelungen waren offensichtlich für beide Seiten wegen der finanziellen Belastungen nicht sonderlich attraktiv:
- Den Arbeitnehmern blieb häufig infolge der relativ ungünstigen tarifvertraglichen Vereinbarungen nur die gesetzlich garantierte Mindestversorgung in Höhe von 65% des alten Bruttoeinkommens, da anfänglich, d.h. bis Ende 1985, noch Steuern gezahlt werden mußten. Diese Einkommensverluste, die durch spätere Einbußen bei den Renten verschärft wurden, beeinträchtigten offensichtlich die Akzeptanz der Regelung vor allem bei Arbeitnehmern in den unteren Lohn- und Gehaltsgruppen.
- Den Arbeitgebern entstanden nach Berechnungen des IAB selbst bei einer Wiederbesetzung und der Zahlung von 35% der Vorruhestandskosten durch die Arbeitsverwaltung noch Kosten in Höhe von 80.000 DM pro Vertrag innerhalb von fünf Jahren[67]; vor allem kleine und mittelständische Betriebe blockten häufig entsprechende Vereinbarungen mit Kostenargumenten ab (sog. Verweigerung des Mittelstandes).

Allerdings verfügten die Unternehmen (vor allem die Großunternehmen) mit diesem Gesetz über ein effektives personalpolitisches Instrument zur qualitativen Verbesserung der Alters- und Qualifikationsstruktur ihrer Belegschaft, zur Trennung von leistungsgeminderten älteren Arbeitnehmern sowie zum "sozialverträglichen" Personalabbau. Da die Länge der vorhergehenden Arbeitslosigkeit im Gesetz nicht normiert wurde, kam es gelegentlich zu Manipulationsversuchen bzw. zu Mitnahmeeffekten. Weiterhin dürften die Regelungen faktisch diskriminierend gegenüber den älteren Arbeitnehmern gewirkt haben, die einen Arbeitsplatz suchten.

Bei betriebsbedingten Entlassungen älterer Arbeitnehmer war daher für die Arbeitgeber die kostengünstigere Alternative, auf die alte sog. 59er Regelung (Par.128 AFG) zurückzugreifen. Demnach haben Arbeitnehmer, die älter als 58 1/2 Jahre sind und ein Jahr lang arbeitslos waren, Anspruch auf ein vorgezogenes Altersruhegeld. Diese Regelung, die seit 1984 durch das Vorruhestandsgesetz zwar in den Hinter-

---

[67] Vgl. Kühlewind,G. Beschäftigung und Ausgliederung älterer Arbeitnehmer. Empirische Befunde zu Erwerbsbeteiligung, Rentenübergang, Vorruhestandsregelung und Arbeitslosigkeit, MittAB 19 (1986), 214.

grund gedrängt wurde, aber prinzipiell mit diesem konkurrierte, fand vor allem in der Baubranche und in den metallverarbeitenden Berufen starke Resonanz. Die grundsätzlich vorgesehene Erstattungspflicht der Arbeitgeber für das Arbeitslosengeld sowie für die Beiträge zur Renten- und Unfallversicherung ließ zahlreiche Ausnahmen zu - bis hin zur faktischen Aufhebung der Erstattungspflicht durch eine Entscheidung des Bundessozialgerichts im Herbst 1984. Die finanziellen Belastungen der Arbeitgeber waren folglich bei dieser Regelung häufig geringer als bei der Vorruhestandsregelung. "Über die 59er Regelung "verjüngen" die Betriebe ihre Belegschaften auf Kosten der Solidargemeinschaft und auf dem Rücken der freigesetzten älteren Arbeitnehmer, die über eine Vorruhestandsregelung besser abgesichert wären. Zwar geben auch bei einer Vorruhestandsregelung ältere Arbeitnehmer ihren Arbeitsplatz auf, doch ist hier die freiwillige Entscheidung gesetzlich verankert. Darüber hinaus wird mit der Zuschußregelung ein Anreiz zur Einstellung jüngerer Arbeitsloser gesetzt."[68]

Der insgesamt unbefriedigende Zustand der Vorruhestandsregelungen hätte durch zwei Strategien mit höheren finanziellen Anreizen in Richtung auf eine stärkere Entlastung des Arbeitsmarktes geändert werden können:
- Eine Erhöhung der gesetzlich garantierten Mindestbedingungen, die zum Erreichen von etwa 90% des alten Bruttoeinkommens geführt hätte, hätte die Regelung für Arbeitnehmer attraktiver gestaltet.
- Für die Arbeitgeber hätte eine Erhöhung der Zuschüsse in Höhe von 35% bei der Wiederbesetzung freiwerdender Arbeitsplätze die Akzeptanz verbessern können.
- Flankierene Maßnahmen wären u.a. gewesen eine generelle Steuerbefreiung des Vorruhestandsgeldes vor allem von der Lohnsteuer sowie eine Ausweitung des in Frage kommenden Personenkreises auf mehr als 5% der Arbeitnehmer eines Betriebes durch ersatzlose Streichung der 5%-Sperr- bzw. Überforderungsklausel.[69]
- Auch eine Anhebung des Zuschusses der BA in einer betriebsgrößenabhängigen Staffelung (z.B. in einer Spanne von 30% bei Groß- bis 50% bei Kleinbetrieben) wäre möglich gewesen; Ziel wäre neben einer allgemeinen Förderung der Inanspruchnahme eine "mittelstandsorientierte" Kostenentlastung der Klein- und Mittelbetriebe gewesen.

---

[68] DIW-Wochenbericht, Vorruhestandsregelung, 49.

[69] Wie erwähnt mußte der Arbeitgeber in diesen Fällen nicht mehr als 5% der Anträge genehmigen.

Allerdings wäre eine solche verbesserte Lösung aufgrund der notwendigen höheren finanziellen Anreize teurer als die bestehende gewesen und wurde deshalb politisch nicht umgesetzt. Eine pure Verlängerung des bis Ende 1988 befristeten Gesetzes hingegen hätte keinen durchschlagenden Erfolg gehabt. Die DGB-Gewerkschaften votierten für eine Verbesserung und Verlängerung. Die BDA hingegen sprach sich dezidiert gegen eine Verlängerung dieses "arbeitsmarktpolitischen Mittels auf Zeit" aus, da aufgrund der veränderten Altersstruktur eine Verlängerung der Lebensarbeitszeit notwendig sei, um die Renten langfristig zu sichern; außerdem sei eine Verlängerung und gar eine Verbesserung der Bedingungen aus den Mitteln der BA nicht zu finanzieren.[70]

2. Ende Januar 1988 fiel endgültig die politische Entscheidung: Die Bundesregierung beschloß in einem Koalitionsgespräch, die Vorruhestandsregelung Ende 1988 auslaufen zu lassen. Eine Verlängerung sei ein falsches Signal; die Regelung habe in einer Übergangszeit, als geburtenstarke Jahrgänge ins Berufsleben drängten, eine Entlastung des Arbeitsmarktes erzielen sollen und auch tatsächlich erreicht.
Nicht nur die Opposition und die Gewerkschaften, sondern auch die CDA und der Arbeitnehmerflügel der CDU-/CSU-Bundestagsfraktion sprachen sich aufgrund der allgemeinen Arbeitsmarktlage und angesichts der verhältnismäßig geringen Nettobelastung durch das Vorruhestandsgesetz vehement gegen diese Entscheidung aus, die ein Mittel zur aktiven Bekämpfung der Arbeitslosigkeit aus der Hand gäbe. Dieses Instrument zur Entlastung des Arbeitsmarktes war zwar im Vergleich zur Strategie der Wochenarbeitszeitverkürzung relativ schwach, jedoch im Gegensatz zu dieser durchaus reversibel und damit für den Fall geeignet, daß sich die allgemeine Arbeitsmarktsituation in den 90er Jahren vor allem aufgrund der demographischen Entwicklung tatsächlich grundsätzlich ändern sollte.
Als politische Alternative zur auslaufenden Vorruhestandsregelung brachte vor allem die Bundesregierung den sog. gleitenden Übergang in den Ruhestand bei stufenweiser Herabsetzung der wöchentlichen Arbeitszeit ("Arbeitszeit nach Maß, nicht Arbeitszeit von der Stange") in die Diskussion.[71] Die nach längeren Kontroversen zu-

---

[70] "Aus Sicht der Bundesvereinigung hat das Vorruhestandsgesetz nur temporäre Bedeutung gehabt; es hat keinen spürbaren Beitrag zur Reduzierung der Arbeitslosenzahl geleistet. Die Inanspruchnahme war - gemessen an den Erwartungen und an den Möglichkeiten - gering, die Kosten belasteten die Arbeitgeber sehr." BDA, Jahresbericht 1988, Bergisch Gladbach 1988, 56, ähnlich auch XIII.
"Das VRG hat im großen und ganzen nicht den hohen Erwartungen entsprochen. Immerhin wurde ein kleiner Beitrag zur Lösung des Arbeitslosenproblems erbracht, so daß das Gesetz insgesamt nicht als Mißerfolg bewertet werden kann. Der Lösungsansatz des VRG war jedoch zu teuer. Daß das Gesetz entgegen anders lautenden Forderungen nicht verlängert wurde, entspricht seiner nur temporären Bedeutung und wurde von der Bundesvereinigung der Deutschen Arbeitgeberverbände begrüßt." BDA, Jahresbericht 1989, Bergisch Gladbach 1989, 60.

stande gekommene neue Regelung zur "Förderung eines gleitenden Übergangs älterer Arbeitnehmer in den Ruhestand" sieht folgendermaßen aus:
- In Einzelverträgen, Betriebsvereinbarungen oder Tarifverträgen kann für Arbeitnehmer ab 58 Jahren eine "Altersteilzeit" vereinbart werden, d.h. eine Verringerung der Arbeitszeit auf die Hälfte der tariflichen regelmäßigen wöchentlichen Arbeitszeit, mindestens jedoch 18 Stunden pro Woche.
- Der Arbeitgeber erhöht das Arbeitsentgelt für die Halbtagstätigkeit um 20% des Nettoeinkommes aus diesem Arbeitsverhältnis; durch diesen Aufstockungsbetrag erhält der Arbeitnehmer fast 70% seines früheren Vollzeit-Nettoeinkomens.
- Der Arbeitgeber zahlt aufgestockte Beiträge zur Rentenversicherung auf der Basis von 90% des alten Bruttovollzeitentgeltes, um Renteneinbußen des Arbeitnehmers zu verhindern.
- Bei Wiederbesetzung des frei werdenden Arbeitsplatzes mit einem Arbeitslosen bekommt der Arbeitgeber sowohl die Beiträge zur Höherversicherung in der Rentenversicherung als auch den Aufstockungsbetrag beim Entgelt von der Arbeitsverwaltung erstattet (sog. Wiederbesetzungszuschuß).

Diese gezielte, weil politisch gewollte Förderung einer längeren Lebensarbeitszeit[72] durch Teilrentenmodelle bzw. eines allmählichen anstelle eines abrupten Ausscheidens aus dem Arbeitsleben ("Altersteilzeit bzw. Teil-Vorruhestand") führt notwendigerweise zu einem Zielkonflikt:
- Eine Teilrentenregelung ist aus der Sicht der Rentenversicherungsträger sinnvoll, da infolge einer Erhöhung des durchschnittlichen Rentenzugangsalters zusätzliche Beitragszahlungen erfolgen, welche die mittel- und langfristigen Finanzierungsprobleme der Alterssicherungssysteme mildern helfen.
- Aus arbeitsmarktpolitischer Perspektive hingegen ist diese Strategie problematisch, da jede Verlängerung der Lebensarbeitszeit durch Anhebung von Altersgrenzen den ohnehin in der absehbaren Zukunft weiterhin angespannten Arbeitsmarkt deutlich belasten muß. Ob die aufgrund der demographischen Entwicklung prognostizierten Entlastungen langfristig wirklich eintreten, ist zumindest ungewiß.[73] Außerdem bleiben bei der eingeschlagenen schematischen Strategie qualifikatorische Erfordernisse unberücksichtigt.

---

[71] Vgl. zum Problem allgemein Schmähl,W., Übergang vom Erwerbsleben in den "Ruhestand", Wirtschaftsdienst 68 (1988), 615-621; Stitzel,M., Der gleitende Übergang in den Ruhestand, Frankfurt-New York 1987.

[72] Vgl. zum Problem allgemein Schmähl, Verkürzung oder Verlängerung der Erwerbsphase.

Kapitel 8: Tarifvertragspolitik

Diese Kompromißregelung wurde zudem gegen den je unterschiedlich motivierten Widerstand beider Tarifvertragsparteien beschlossen:
- Bei den Arbeitnehmern stößt der stufenweise Übergang in den Ruhestand bei einer Vielfalt der Einstellungen "auf gewichtige Vorbehalte jenseits monetärer Größen"[74].
- Für die Arbeitgeber ist diese Lösung zwar günstiger als das ausgelaufene Vorruhestandsgesetz, aber immer noch nicht attraktiv genug[75].
- Für die Arbeitsverwaltung hingegen ist die Lösung teurer.

Jenseits rechtlicher Regelungen bleibt letzlich das Problem ungeklärt, ob die Unternehmen im Rahmen einer geänderten Arbeitsorganisation eignungs- und leistungsadäquate Teilzeitarbeitsplätze speziell für ältere Arbeitnehmer im notwendigen großen Umfang schaffen und bereitstellen werden[76]; häufig stehen gerade unter den Rahmenbedingungen von Massenarbeitslosigkeit eine Verjüngung der Belegschaft bzw. Rationalisierungsmaßnahmen als Strategien betrieblicher Sozialpolitik im Vordergrund. Außerdem gibt die gegenwärtige Struktur der Teilzeitarbeitsplätze[77] wenig Anlaß zu Optimismus hinsichtlich der Überwindung betrieblicher Widerstände.[78]

---

[73] "Zeitpunkt und Umfang der Abnahme des Arbeitskräftepotentials durch den Geburtenrückgang müssen .. noch als ungewiß eingestuft werden. Mit einer deutlichen generellen Entlastung des Arbeitsmarktes durch den Geburtenrückgang ist bei steigender Frauenerwerbstätigkeit und Zuwanderung frühestens in der zweiten Hälfte der 90er Jahre zu rechnen, eventuell auch erst nach 2010." Klauder,W., Arbeitsmarkt und Ausscheiden Älterer aus dem Erwerbsleben - gegenwärtige und zukünftige Tendenzen und Probleme, Sozialer Fortschritt 38 (1989),89.

[74] DIW-Wochenbericht 34/88, Teilvorruhestand und Teilrenten für Ältere. Teilzeitregelungen erst für das Ende des Arbeitslebens?

[75] "Die Diskussion um die neue Teilrentenregelung wird von der Bundesvereinigung kritisch beurteilt ... Die Erfahrungen der Tarifvertragsparteien mit vergleichbaren Altersfreizeiten bestärken .. die Vermutung, daß nach dem VRG auch die Teilrentenregelung keine nennenswerten arbeitsmarktpolitischen Wirkungen zeitigen wird." BDA, Jahresbericht 1988, 56.

[76] "..there is already a shortage of part-time jobs for older workers as the inability of the partially disabled to acquire part-time jobs has already shown." Jacobs,K./Rein,M., The future of early retirement, FS II 88-202, Wissenschaftszentrum Berlin für Sozialforschung, Berlin 1988, 23.

[77] Vgl. zusammenfassend Büchtemann,Ch.F./Schupp,J., Zur Sozio-Ökonomie der Teilzeitbeschäftigung in der Bundesrepublik Deutschland. Analysen aus der ersten Welle des "Sozio-ökonomischen Panel". Discussion Paper IIM/LMP 86-15, Wissenschaftszentrum Berlin für Sozialforschung 1986.

[78] "Der Teilvorruhestand steht und fällt mit der Bereitschaft der Betriebe, Teilzeitarbeitsplätze anzubieten und die frei werdenden Teilzeitarbeitsplätze auch wieder mit Arbeitslosen zu besetzen. Da hierzu keine Verpflichtung besteht, ist die Aussicht auf nennenswerte Effekte des Altersteilzeitgesetzes sehr gering, zumal Betriebsbefragungen verdeutlicht haben, daß die Bereitschaft, Teilzeitplätze für Ältere anzubieten, bei einem hohen Arbeitskräfteangebot kaum besteht. Aber auch auf seiten der älteren ArbeitnehmerInnen selbst ist die Neigung zur Altersteilzeit nur sehr gering, u.a. weil Verschlechterungen in den Arbeitsbedingungen (z.B. Dequalifikation, Arbeitsintensivierung) mit dem

Kapitel 8: Tarifvertragspolitik

Auf der Basis empirischer Untersuchungen bei Arbeitnehmern und Arbeitgebern ergibt sich, "daß ein Teilvorruhestand oder Teilrenten für die mengenmäßige Steuerung des Arbeitsangebotes wenig geeignet sind "[79]. Ungeklärt ist die Frage der Wiederbesetzungskontrolle, die für die arbeitsmarktpolitische Beurteilung der Regelung von zentraler Bedeutung ist. Die wenigen, in einzelnen Branchen und Betrieben vorliegenden praktischen Erfahrungen mit einer entsprechenden Flexibilisierung der Altersgrenze über Teilrentenmodelle sind nicht sehr positiv.[80] Auch die ausländischen Erfahrungen mit entsprechenden Regelungen lassen Optimismus nicht angezeigt erscheinen.[81] Schließlich sind auch die ersten Erfahrungen mit dem Altersteilzeitgesetz eher desillusionierend hinsichtlich seiner Arbeitsmarkteffekte.[82] Im übrigen beobachten wir seit den frühen 70er Jahren und damit ganz unabhängig von Vorruhestandsregelungen und Teilrentenmodellen ein deutliches Absinken der Altersgrenze beim Eintritt in den Ruhestand; von den über 60jährigen arbeiten nur noch wenige.[83] Sog. Frühverrentungen waren schon in den 70er Jahren ein von Betriebsräten bzw. Gewerkschaften und Unternehmensleitungen häufig benutztes

---

Wechsel auf eine halbe Stelle zu befürchten sind." Bäcker,G. et al., Sozialpolitik und soziale Lage in der Bundesrepublik Deutschland, Bd.II, Köln 1989, 218.

[79] DIW-Wochenbericht 34/88, Teilvorruhestand und Teilrenten für Ältere, 435. Ähnlich auch Kirner,E./Wagner,G., Subventionierte Teilzeitarbeit nur für Ältere? Zur Diskussion von Teilvorruhestand und Teilrente, Wirtschaftsdienst 88 (1988), 507; Schmähl, Übergang vom Erwerbsleben in den "Ruhestand", 618; Bäcker,G./Naegele,G., Gleitender Ruhestand, Altersteilzeitarbeit und Teilrente. Probleme und Chancen einer alternativen Form des Ausscheidens aus dem Arbeitsleben, Soziale Sicherheit 38 (1989), 37. Ähnlich auch: "Das ab 1.1.1989 anschließende Altersteilzeitgesetz hat im ersten Jahr seiner Laufzeit 179 neue Beschäftigungsmöglichkeiten für Arbeitslose geschaffen; rd.300 Anträge deuten auf wenig Resonanz." Kühl,J., Beschäftigungs- und Arbeitsmarktpolitik in den 1970er und 1980er Jahren, in: Auer,P. et al.(Hg.), Beschäftigungspolitik und Arbeitsmarktverfassung im deutsch-französischen Vergleich, Nürnberg 1990, 28.

[80] Vgl. für andere Kohli,M./Wolf,J., Der Vorruhestand, Die Mitbestimmung 35 (1989), 153; Wolf,J., Die Veränderung der Altersgrenzen - betriebliche Interessen und biographische Perspektiven, Sozialer Fortschritt 38 (1989), 99f; Naegele,G./Voges,W., Die beschäftigungspolitischen Auswirkungen des Vorruhestandsgesetzes. Eine Untersuchung des Einflusses struktureller und individueller Determinanten auf die Nutzung der Vorruhestandsregelung, Sozialer Fortschritt 38 (1989), 62.

[81] Vgl. Jacobs, Teilrentenmodelle, 1-4. Vgl. auch Böhm,St. et al., Neugestaltung des Übergangs in den Ruhestand?, Wirtschaftsdienst 68 (1988), 35-41.

[82] Im ersten Halbjahr 1989 wurden in 111 Fällen Leistungen beantragt; es kam zu insgesamt 41 Arbeitsvermittlungen. Vgl. ANBA 37 (1989), 1206.
Trotz der "grundsätzlich günstigen Konditionen hat das ATG bisher keine nennenswerte Bedeutung erlangt. Eine Umsetzung durch Tarifverträge oder Betriebsvereinbarungen ist bisher nicht erfolgt... Die Altersteilzeit bietet für die betriebliche Personalpolitik Vor- und Nachteile... vor allem die verwaltungstechnischen Probleme bei der Umsetzung des Gesetzes machen deutlich, weshalb die Altersteilzeit in der Praxis bislang kaum genutzt wird". BDA, Jahresbericht 1989, 60.

[83] Vgl. im einzelnen Kohli, Die gesellschaftliche und individuelle Bedeutung der Altersgrenze, 36-53; Wolf, Veränderung der Altersgrenzen, 96f.

Kapitel 8: Tarifvertragspolitik

sozialpolitisches Instrument, um auftretende betriebliche Beschäftigungsprobleme infolge von Rationalisierungsmaßnahmen oder neuartigen Qualifikationsanforderungen konsensuell zu lösen; staatlicherseits wurde dieser Konsens durch verschiedene gesetzliche Regelungen überhaupt erst ermöglicht.[84] "Zusammenfassend kann gesagt werden, daß es starke strukturelle Kräfte sind, die auf eine Ausgliederung speziell älterer Arbeitnehmer drängen. Die Möglichkeit einer frühzeitigen Verrentung ist in der Logik betrieblicher Arbeitsmärkte eine rationale Lösung der Organisationsprobleme des Produktionsprozesses."[85] Ähnliche Trends beobachten wir in allen entwickelten westlichen Industriegesellschaften.

Ähnliche Einwände gelten auch gegen die Rentenreform 1992 [86], die entgegen dem eindeutigen Trend der vergangenen beiden Jahrzehnte ab dem Jahre 2001 eine schrittweise Heraufsetzung der Regelaltersgrenze auf 65 Jahre für alle Beschäftigten sowie sukzessiv steigende Rentenabschläge bei vorzeitiger Inanspruchnahme beinhaltet. Durch diese Flexibilisierung bzw. Verlängerung der Lebensarbeitszeit wird auf beschäftigungspolitische Impulse ganz bewußt und dezidiert verzichtet; finanziell entlastet werden sollen lediglich die Träger der Rentenversicherung durch die Erhöhung des Rentenzugangsalters. Die zur Begründung des Gesetzes unterstellten demographischen Entwicklungen werden kaum tatsächlich eintreten.

3. Andere Varianten der Arbeitszeitpolitik, d.h. einer Beeinflussung des Angebots an Arbeitskräften bzw. des Erwerbspersonenpotentials, werden in Zukunft nicht mehr erfolgreich sein:
- Die <u>Verkürzung der Jahresarbeitszeit</u> durch die in den 80er Jahren allmählich in allen Branchen durchgesetzte Verlängerung des Urlaubs auf sechs Wochen für alle Beschäftigtengruppen hat keine besonderen Beschäftigungseffekte, da mög-liche Auswirkungen auf den Arbeitsmarkt weitestgehend versickern; von zentraler Bedeutung sind hier gesundheits- und humanisierungspolitische Aspekte und damit andere als beschäftigungspolitische Begründungen.
- Eine faktische Verkürzung der Lebensarbeitszeit durch <u>Verlängerung der schulischen Ausbildungszeiten</u> (z.B. durch allgemeine Einführung des 10. Pflichtschuljahres oder eines Berufsbildungsjahres) führte kurzfristig zu einer gewissen Entlastung des angespannten Lehrstellenmarktes, hat aber mittel- und langfristig

---

[84] Vgl. Jacobs/Rein, The future of early retirement, 6ff.

[85] Kohli/Wolf, Altersgrenzen im Schnittpunkt, 101.

[86] Vgl. Bundesminister für Arbeit und Sozialordnung, Rentenreform 1992, Bonn 1990.

ebenfalls keine signifikanten Folgen für den Arbeitsmarkt, da das Problem lediglich verschoben, nicht aber beseitigt wird. Zudem ist dieses Instrument infolge seiner intensiven Nutzung in der Vergangenheit ausgereizt. In der Diskussion sind inzwischen entgegengesetze Strategien, die auf eine Verkürzung der Ausbildungszeiten und einen früheren Eintritt ins Berufsleben hinauslaufen.

- Die Einführung <u>gruppenspezifischer Freischichtenregelungen</u> anstelle genereller Arbeitszeitverkürzungen, wie sie z.B. 1978/79 in der Stahlindustrie für besonders belastete Schicht- und Nachtarbeiter vereinbart wurden, betonte zwar wichtige Humanisierungs- und Arbeitsschutzaspekte, blieb aber arbeitsmarktpolitisch weitgehend wirkungslos.
- Die <u>Einführung von Langzeiturlauben</u> (sog. sabbaticals) ist auf enge Arbeitsmarktsegmente vor allem innerhalb des öffentlichen Dienstes (besonders auf Hochschullehrer) begrenzt und hat keine besonderen Arbeitsmarkteffekte. Auch die Einführung eines Baby-Jahres durch Verlängerung des Mutterschaftsurlaubs dürfte keine erheblichen Beschäftigungseffekte haben.
- Schließlich wurde seit Mitte der 70er Jahre mehrfach versucht, das ausländische Erwerbspersonenpotential zu verringern, um das Arbeitsangebot auf dem westdeutschen Arbeitsmarkt zu verknappen. Hierzu gehörte vor allem das "Gesetz zur Förderung der Rückkehrbereitschaft von Ausländern" vom November 1983, welches ausländische Arbeitnehmer aus Nicht-EG-Ländern veranlassen sollte, sog. Rückkehrhilfen in Anspruch zu nehmen und auf Dauer mit ihren Familien in ihre Heimatländer zurückzukehren. Allerdings dürften auch diese Strategien eines "Exports" von Arbeitslosigkeit u.a. wegen der schon gegebenen Freizügigkeit innerhalb der EG bzw. infolge der Realisierung des EG-Binnenmarktes in der Zukunft nicht besonders wirksam sein.[87]

---

[87] Auch Strategien einer Begrenzung der Zuwanderung vor allem von Kindern und Jugendlichen gehören hierher.

Einführende Literatur:

Billerbeck,U. et al., Neuorientierung der Tarifpolitik? Veränderungen im Verhältnis zwischen Lohn- und Manteltarifpolitik in den siebziger Jahren, Frankfurt-New York 1982

Brandt,G./Jacobi,O./Müller-Jentsch,W., Anpassung an die Krise: Gewerkschaften in den siebziger Jahren, Frankfurt-New York 1982

Gladstone,A. et al.(eds.), Current issues in labour relations. An international perspective, Berlin-New York 1989, Chapter III: New trends in working time arrangements

ILO (ed.), Collective bargaining in industrialised market economies: A reappraisal, Geneva 1987

Offe,C. et al., Arbeitszeitpolitik, Frankfurt-New York 1982

Wiesenthal,H., Strategie und Illusion. Rationalitätsgrenzen kollektiver Akteure am Beispiel der Arbeitszeitpolitik 1980-1985, Frankfurt-New York 1987.

9. ARBEITSKAMPFPROBLEME: STREIK UND AUSSPERRUNG

Mit Tarifverhandlungen unter der Randbedingung von Tarifautonomie unauflöslich verknüpft ist der Arbeitskampf, der ein "Preiskampf am Arbeitsmarkt, ... ein Stück Verteilungskampf um das Bruttosozialprodukt"[1] ist. In bezug auf Arbeitskämpfe unterscheiden wir
- Streiks, d.h. periodisch eingesetzte, planmäßige kollektive Arbeitsniederlegungen von häufig gewerkschaftlich organisierten Arbeitnehmern mit dem Ziel einer Verbesserung der Arbeitsbedingungen bzw. der Durchsetzung von Forderungen, und
- Aussperrungen, d.h. zeitlich befristete, bewußt geplante Nichtbeschäftigung einer zumeist größeren Zahl von Arbeitnehmern seitens eines oder mehrerer Arbeitgeber als zumeist kollektive Antwort auf gewerkschaftlich organisierte Streiks unter gleichzeitiger Verweigerung der Lohnfortzahlung.

Wir gehen davon aus, "daß Arbeitskämpfe in organisierten Tarifverhandlungssystemen einer <u>Logik des wechselseitigen Ressourcenentzugs</u> folgen. Die Strategie jedes dieser Kampfverbände zielt darauf, der gegnerischen Organisation, ihrem sozialen, ökonomischen und politischen Umfeld finanzielle, motivationale und legitimatorische Ressourcen zu entziehen."[2]

Wir wollen sowohl auf die höchstrichterlichen Vorgaben als auch auf die sozialwissenschaftlichen Bezüge von Arbeitskämpfen eingehen; letztere stießen erst seit den 70er Jahren wieder auf breiteres Interesse. Die Streiks der 70er und 80er Jahre sind durch empirische Arbeiten recht gut dokumentiert[3], während wir über Aussperrungen, die bisher zu sehr unter juristischer Perspektive behandelt wurden, kaum empirisch fundierte Informationen haben.[4]

---

[1] Brox,H., Gesetzliche Regelung des Arbeitskampfrechts, in: Maydell,B.v./Kannengießer,W.(Hg.), Handbuch Sozialpolitik, Pfullingen 1988, 412.

[2] Weber,H., Konflikte in Interorganisationssystemen. Zur Konfliktlogik organisierter Arbeitsmarktparteien im Tarifkonflikt 84, Soziale Welt 37 (1986), 265.

[3] Vgl. Dzielak,W. et al., Belegschaften und Gewerkschaft im Streik. Am Beispiel der chemischen Industrie, Frankfurt-New York 1978; Dzielak,W. et al., Der Tarifkonflikt 1978 in der Metallindustrie Baden-Württembergs, Frankfurt-New York 1979; Dzielak,W. et al., Arbeitskampf um Arbeitsplätze. Der Tarifkonflikt 1978/79, Frankfurt-New York 1980; Bahnmüller,R., Der Streik. Tarifkonflikt um Arbeitszeitverkürzung in der Metallindustrie 1984, Hamburg 1985.

[4] Zu den Ausnahmen gehört Kalbitz,R., Aussperrungen. Die vergessenen Konflikte, Köln-Frankfurt 1979.

Kapitel 9: Arbeitskampfprobleme

Industrielle Konflikte können vielfältige Erscheinungsformen annehmen (u.a. individuell/kollektiv, offen/verdeckt, legal/illegal).[5] Wir wollen uns im folgenden auf die in der Bundesrepublik tatsächlich auftretenden Varianten konzentrieren. Im übrigen gehen wir davon aus, daß Arbeitskämpfe notwendiges Korrelat bzw. Hilfsinstrument der Tarifautonomie (sog. Dienstfunktion des Arbeitskampfes) und in der Auseinandersetzung um die Ausgestaltung kollektiver Arbeitsbedingungen grundsätzlich unverzichtbar sind. Prinzipiell sind Arbeitnehmer stärker als Arbeitgeber auf Arbeitskampfmittel zur Ausübung wirtschaftlichen Drucks angewiesen.

9.1. Juristische Aspekte

Im Gegensatz zu fast allen anderen Feldern der Arbeitspolitik (u.a. Betriebsverfassung, Unternehmensmitbestimmung) besteht keine einheitliche, zentrale gesetzliche Regelung von Arbeitskampffragen.[6] Ein mehrheitsfähiges Konzept ist in absehbarer Zukunft auch nicht zu erwarten - unabhängig davon, wie die Regierungen zusammengesetzt sein werden; gleichwohl wird eine Kodifizierung durch den Gesetzgeber in jüngster Zeit stärker gefordert.[7] Das kollektive Arbeitskampfrecht ist in seinen wesentlichen Zügen sog. Richterrecht, d.h. in Ermangelung gesetzlicher Vorgaben von den höchsten Instanzen der "Ersatzgesetzgebung" - besonders Bundesarbeitsgericht (BAG) und Bundesverfassungsgericht (BVerfG) - nach und nach formuliert bzw. verändert worden.[8] Deshalb ist in der neueren Literatur häufig von der Verrechtlichung industrieller Konflikte die Rede.[9]

Relevant wegen der Strukturierung und Eingrenzung von Arbeitskämpfen als "Hilfsinstrument der Tarifautonomie" sind vor allem die höchstrichterlichen Entscheidun-

---

[5] Vgl. Müller-Jentsch,W., Soziologie der industriellen Beziehungen. Eine Einführung, Frankfurt-New York 1986, 31-37.

[6] In drastisch-juristischer Formulierung: "Der Gesetzgeber in Deutschland scheut das Arbeitskampfrecht wie der Teufel das Weihwasser im mittelalterlichen Mysterienspiel." Rüthers,B., Die offene ArbeitsGesellschaft. Regeln für soziale Beweglichkeit, Osnabrück 1985, 59.

[7] Vgl. die Beiträge des Symposiums zum Arbeitskampfrecht in Recht der Arbeit 39 (1986), 141-216; vgl. auch Birk,R. et al., Gesetz zur Regelung kollektiver Arbeitskonflikte. Entwurf und Begründung, Tübingen 1988; zu letzterem: Mückenberger,U., "Der Rechtsstaat darf nicht vor den organisierten Interessen kapitulieren", Kritische Justiz 22 (1989), 241-243; Brox, Gesetzliche Regelung des Arbeitskampfrechts.

[8] Vgl. für andere Brox,H./Rüthers,B., Arbeitskampfrecht, 2.Aufl. Stuttgart 1982; Däubler,W.(Hg.), Arbeitskampfrecht, 2.Aufl. Baden-Baden 1984.

[9] Vgl. vor allem Erd,R., Verrechtlichung industrieller Konflikte. Normative Rahmenbedingungen des dualen Systems der Interessenvertretung, Frankfurt-New York 1978; Erd,R., Verrechtlichte Gewerkschaftspolitik. Bedingungen ihrer Entwicklung und Veränderung, in: Bergmann,J.(Hg.), Beiträge zur Soziologie der Gewerkschaften, Frankfurt 1979, 143-182.

gen, welche die Voraussetzungen der Rechtmäßigkeit durch externe Normierungen in Form von Katalogen von Leitsätzen vorgeben:

1955: Der allgemeine Grundsatz der Verhältnismäßigkeit (Generalklausel des Übermaßverbots) schließt u.a. eine Sozialadäquanz von Arbeitskämpfen ein, d.h. diese dürfen keine übermässigen Schäden anrichten und müssen fair geführt werden:
- Das ultima ratio-Prinzip besagt, daß sie grundsätzlich nur das letzte Mittel der Konfliktlösung sein dürfen, nachdem wirklich alle Verständigungsmöglichkeiten einschl. der tarifvertraglich vereinbarten Schlichtungsverfahren ausgeschöpft worden sind (sog. Einlassungszwang).
- Sie dürfen nur von tariffähigen Parteien (Gewerkschaft, Arbeitgeber oder Arbeitgeberverband) organisiert werden. Die Gewerkschaft hat ein Streikmonopol, d.h. nur sie und nicht etwa der Betriebsrat darf einen Streik ausrufen bzw. führen; diese bestimmte Arbeitskampfformen privilegierende Regelung impliziert ein Verbot nicht gewerkschaftlich organisierter, sog. wilder oder spontaner Streiks, welche die Gewerkschaft nicht unterstützen darf.
- Sie dürfen nur um ein tariflich regelbares Ziel (Lohn- und Arbeitsbedingungen) geführt werden. Grenzen der Tarifautonomie sind zugleich Grenzen der Arbeitskämpfe. Diese Regelung impliziert ein Verbot politischer Streiks, d.h. Streiks müssen sich gegen den Tarifpartner richten und dürfen nicht z.B. Hoheitsträger wie Parlament oder Regierung unter Druck setzen.
- Sie dürfen nicht gegen die Friedenspflicht verstoßen, d.h. sie dürfen nicht während der Laufzeit eines Tarifvertrages über dessen Inhalte geführt werden.

Das BAG bestätigt die grundsätzliche Zulässigkeit der lösenden Aussperrung, die das Beschäftigungsverhältnis durch kollektive Abwehraussperrung fristlos beendet, und verwirft die sog. Suspensierungstheorie, wonach der Arbeitsvertrag durch den Eintritt in den Arbeitskampf nur suspendiert wird.[10]

1971: Arbeitskämpfe stehen generell unter dem Grundsatz der Verhältnismäßigkeit. Demnach haben sie dem ultima ratio-Prinzip zu folgen, d.h. alle Verständigungsmöglichkeiten müssen ausgeschöpft sein. Weiterhin müssen die einzelnen Maß-nahmen der Durchsetzung der verfolgten Ziele angemessen sein. Schließlich müssen nach Beendigung des Arbeitskampfes beide Parteien den Arbeitsfrieden wieder herstellen.

In Fortentwicklung des Arbeitsrechts vollzieht das BAG die Abkehr vom Prinzip der lösenden und die Hinwendung zum Prinzip der suspendierenden Aussperrung: Aussperrungen beenden im allgemeinen nicht mehr automatisch Rechte und Pflichten aus dem Arbeitsverhältnis, sondern Arbeitnehmer haben i.d.R. nach Ende des

---

[10] Die Lohnfortzahlungspflicht ruht lediglich bis zum Ende des Arbeitskampfes.

Arbeitskampfes "nach billigem Ermessen" einen Anspruch auf Wiedereinstellung. Grundlage für die weiterhin bestehende prinzipielle Zulässigkeit der Aussperrung ist das Paritätsprinzip, wonach beide Seiten annähernd gleiche Chancen haben sollen (Übergang von der formellen zur materiellen Parität). Neben der Abwehraussperrung wird aus Gründen der Gleichheit der Verhandlungschancen auch die Angriffsaussperrung für grundsätzlich zulässig erklärt.

1976: Kurze, zeitlich befristete Arbeitsniederlegungen, die der Unterstützung von Tarifverhandlungen dienen und die nach Ablauf der Friedenspflicht, aber noch vor Beendigung der Tarif- und Schlichtungsverhandlungen stattfinden, werden legalisiert, wenn diese Warnstreiks von der Gewerkschaft organisatorisch getragen werden. Die dem Grundsatz der Verhältnismäßigkeit entsprechende Ausübung "milden Drucks" in Form eines kurzen Warnstreiks kann demnach dem beschleunigten Abschluß eines Tarifvertrages dienen und entspricht insofern dem Prinzip der Verhältnismäßigkeit.[11] Damit bezieht sich das ultima ratio-Prinzip nicht auf Warnstreiks.

1980: Die heftig umstrittene Zulässigkeit einzelner Warnstreiks auch in Form der "neuen Beweglichkeit" wird bestätigt. Abwehraussperrungen sind insoweit grundsätzlich gerechtfertigt und zulässig, als die Gewerkschaft durch Einsatz besonderer Kampftaktiken (insbes. eng begrenzter Teilstreiks) ein Verhandlungsübergewicht erzielen kann. Der zulässige Umfang der Aussperrung unterliegt - ebenso wie der von Streiks - dem Grundsatz der Verhältnismäßigkeit (Übermaßverbot) und bemißt sich am Umfang des Streiks.

Durch Vorgabe von genau definierten, notwendigerweise pauschalierenden und von spezifischen Bedingungen abstrahierenden Quoten wird das zulässige Verhältnis von Streikenden zu Ausgesperrten quantifiziert: Wenn der Streik weniger als ein Viertel (mehr als ein Viertel) der Arbeitnehmer eines Tarifgebiets umfaßt, dürfen die Arbeitgeber bis zu einem weiteren Viertel aussperren (dürfen durch die Aussperrung nicht mehr als 50% insgesamt erfaßt werden). Erfaßt der Streik bereits mindestens 50% aller Arbeitnehmer, ist keine Notwendigkeit der Aussperrung gegeben, da die Verhandlungs- und Kampfparität nicht mehr gefährdet ist.[12] Die angemessene Grenze des Kampfgebiets ist i.d.R. das betreffende Tarifgebiet.[13] Selektive Aus-

---

[11] Dadurch wird der ultima ratio-Grundsatz der älteren Rechtsprechung aufgeweicht.

[12] "The court's intention was to ensure the readiness of the trade unions to offer compromises through the employers' lock-out rights, but also, by limiting these rights, to limit the risk of the unions being more than "appropriately" weakened by excessive financial costs arising from their high payments to striking or locked-out members." Jacobi,O./Müller-Jentsch,W., West Germany: Continuity and structural change, in: Baglioni,G./Crouch,C.(eds.), European industrial relations. The challenge of flexibility, London 1990, 140.

sperrungen von Gewerkschaftsmitgliedern sind unzulässig (positive Koalitionsfreiheit).

Die Aussperrung wird nicht mehr als ein dem Streik unbedingt gleichberechtigtes und gleichwertiges Kampfmittel bezeichnet; sie darf nur noch zur Abwehr drohender gewerkschaftlicher Übermacht durch besondere Kampftaktiken wie eng begrenzten Teilstreiks bzw. zur Wiederherstellung der Parität eingesetzt werden (Abkehr vom symmetrischen und Hinwendung zum asymmetrischen Arbeitskampfmodell). Allerdings setze ein funktionierendes Tarifverhandlungssystem gleiche Verhandlungschancen beider Seiten voraus; ein generelles Aussperrungsverbot würde die Verhandlungsparität stören.

1984: Zeitlich befristete, kurze Warnstreiks nach Ablauf der Friedenspflicht, aber bei noch laufenden, nicht gescheiterten Tarifverhandlungen und vor einem Schlichtungsversuch sind zulässig; damit erfolgt eine weitgehende Legalisierung der Taktik der "neuen Beweglichkeit". Kurzfristig sind solche Streiks vor Ausschöpfung aller Mittel oft das einzige Mittel, um die Verhandlungen zu beschleunigen.

1985: Die Zulässigkeit von Sympathiekampfmaßnahmen, d.h. solchen Streiks, die kein eigenständiges unmittelbares Ziel verfolgen, sondern lediglich die Erfolgschancen der Streikenden in einem anderen Arbeitskampf verbessern sollen, wird für den Regelfall verneint (Verbot streikunterstützender Solidaraktionen); Demonstrationsstreiks, die nicht auf Durchsetzung eines Tarifvertrags zielen, sind unzulässig.

Alle höchstrichterlichen Entscheidungen über Rahmenbedingungen bzw. Rechtmäßigkeit von Arbeitskämpfen verändern jeweils die Arbeitskampfstrategien der Tarifvertragsparteien. Jede sukzessive Reorganisation des Arbeitskampfrechts beein-flußt die Stabilitätsbedingungen des Tarifverhandlungssystems.[14] Langfristig ist eine zunehmende Einfriedung und Begrenzung gewerkschaftlicher Kampffreiheit festzustellen (Verstärkung der Interventionsintensität).[15]

---

[13] Probleme einer Ausweitung des Kampfgebietes werden in den Urteilen nicht grundsätzlich angegangen.

[14] Vgl. zusammenfassend zu aktuellen Entwicklungen Weiss,M., Recent trends in the development of labor law in the Federal Republic of Germany, Law and Society Review 23 (1989), 759-771; Mückenberger,U., The regulation of strike law in times of new technologies and deregulation. The case of West Germany, Relations Industrielles/Industrial Relations 45 (1990), 136-143.

[15] "Mit der Arbeitskampfrechtsprechung privilegierte der Staat die Gewerkschaften in spezifischer Weise, anerkannte er wesentliche Bereiche ihrer Streikpraxis und zwängte sie zugleich in ein enges Korsett normativer Regeln." Erd, Verrechtliche Gewerkschaftspolitik, 154.

9.2. Sozialwissenschaftliche Aspekte von Streiks

Die Bundesrepublik muß absolut und relativ, d.h. bezogen auf die üblichen Meßgrößen wie Zahl der Arbeitskämpfe, verlorene Arbeitstage je 1.000 Beschäftigte oder Zahl der betroffenen Arbeitnehmer[16] als "streikarmes" Land gelten - nicht nur im Vergleich etwa zu England oder Italien, sondern durchaus auch in Relation zu den übrigen OECD-Mitgliedern; die deutschen Gewerkschaften können keinesfalls als "streikfreudig" bezeichnet werden.[17] Gleichwohl kann nach den Erfahrungen der späten 60er und 70er Jahre[18] nirgendwo von einem säkularen "withering away of the strike"[19] die Rede sein, wie eine Zeitlang, vor allem in den frühen 60er Jahren, behauptet worden war.

Wir können verschiedene Phasen recht unterschiedlicher Konfliktintensität unterscheiden, die ungefähr mit den Dekaden zusammenfallen[20]:
- Auf die relativ konflikthaften 50er Jahre, die Phase der Durchsetzung periodischer Lohnrunden bzw. der Institutionalisierung des Lohnrundenmechanismus
- folgten die wesentlich arbeitskampfärmeren frühen und mittleren 60er Jahre der lohnpolitischen Kooperation mit zentralisierter Tarifpolitik und der Anerkennung lohnpolitischer Kompromißformeln;
- in den späten 60er und frühen 70er Jahren stieg das Konfliktniveau durch den Einfluß aktivierter Lohninteressen sowie infolge von Arbeitsbedingungen als neuartigen Konfliktgegenständen wieder deutlich an;
- die 80er Jahre waren eher konfliktarm. Eine erhöhte Militanz war nicht festzustellen, eher galt das Gegenteil.

---

[16] Vgl. im einzelnen Fisher,M., Measurement of labour disputes and their economic effects, Paris 1973, 55ff.

[17] Vgl. u.a. Adamy,W./Steffen,J., Handbuch der Arbeitsbeziehungen, Bonn 1985, 265; Müller-Jentsch, Soziologie der industriellen Beziehungen, 171.

[18] Vgl. Crouch,C./Pizzorno,A.(eds.), The resurgence of class conflict in Western Europe since 1968, 2 vols. London 1978.

[19] Ross,A.M./Hartmann,P., The changing patterns of industrial conflict, New York 1960.

[20] Vgl. zur jüngeren Streikgeschichte zusammenfassend: Müller-Jentsch,W., Streiks und Streikbewegungen in der Bundesrepublik 1950-1978, in: Bergmann,J.(Hg.), Beiträge zur Soziologie der Gewerkschaften, Frankfurt 1979, 21-71; Müller-Jentsch,W., Strikes and strike trends in West Germany, 1950-1978, Industrial Relations Journal 11 (1981), 36-57.

Streiks[21] sind zumeist auf wenige Branchen, vor allem die Metallindustrie, genauer auf wenige hochgradig organisierte und dadurch für Pilotabkommen geeignete Tarifbezirke bzw. deren Schlüsselbetriebe konzentriert. Wenn Arbeitskämpfe stattfinden, verursachen sie allein aufgrund der Struktur des zentralisierten Tarifverhandlungssystems eine erhebliche Zahl von Ausfalltagen. Die Konfliktgegenstände liegen in den vergangenen Jahren vor allem im Bereich der qualitativen Tarifpolitik, während früher eher Fragen der quantitativen Tarifpolitik im Mittelpunkt standen.

Bei Streiks können wir jenseits der juristischen Perspektive der Rechtmäßigkeit bzw. rechtlichen Voraussetzungen zunächst einmal nach dem Träger unterscheiden zwischen gewerkschaftlich organisierten und nicht-gewerkschaftlich organisierten bzw. autorisierten.[22] In juristischer Sicht sind erstere ex definitione legale, letztere hingegen illegale Kampfformen (Streikmonopol der Gewerkschaft). Spontane Arbeitsniederlegungen (sog. wilde Streiks) können jedoch von der Gewerkschaft im nachhinein übernommen und so rückwirkend legalisiert werden. Vom Erscheinungsbild her sind spontane Streiks kürzer, umfassen weniger Arbeitnehmer und verursachen daher geringere Arbeitsausfälle als gewerkschaftlich organisierte. Sog. wilde Streiks, die ebenso wie andere gewisser organisatorischer Voraussetzungen bedürfen,[23] sind häufiger als gemeinhin angenommen; sie sind nicht erst seit der großen Welle der sog. Septemberstreiks 1969 [24] festzustellen, die ihre Existenz lediglich einer breiteren Öffentlichkeit bewußt machte. "In the late sixties it looked as if they would become a real problem, but nevertheless it has turned out that on the whole they are of marginal relevance."[25]

Eine Gruppe spontaner Streiks kann sich durchaus gegen die Gewerkschaftsführung und ihr Vertretungsmonopol richten und insofern eine Interessendivergenz zwischen "Basis" und "Apparat" anzeigen, die dazu führt, daß Gruppen von Arbeitnehmern

---

[21] Vgl. als Überblick zu soziologischen und politikwissenschaftlichen Aspekten Armingeon,K., Art. Streiks, in: Nohlen,D.(Hg.), Pipers Wörterbuch zur Politik, Bd.2: Westliche Industriegesellschaften, München 1983, 419-427.

[22] Andere Typologien, die nicht nach dem Träger differenzieren, kommen u.a. zu der Unterscheidung von General-, Voll- und Teil- bzw. Schwerpunktstreik.

[23] Vgl. Hyman,R., The political economy of industrial relations. Theory and practice in a cold climate, London 1989, 111ff.

[24] Vgl. Schumann,M. et al., Am Beispiel der Septemberstreiks - Anfang der Rekonstruktion der Arbeiterklasse, Frankfurt 1971; IMSF (Hg.), Die Septemberstreiks 1969, Frankfurt 1969.

[25] Weiss,M./Simitis,S./Rydzy,W., The settlement of labour disputes in the Federal Republic of Germany, in: Hanami,T./Blanpain,R. (eds.), Industrial conflict resolution in market economies. A study of Australia, the Federal Republic of Germany, Italy, Japan and the USA, 2nd ed. Deventer-Boston 1989, 100.

versuchen, ihre Interessen selbständig durchzusetzen. Eine andere Gruppe spontaner Arbeitsniederlegungen kann von der Gewerkschaft instrumentell verwertet werden, vor allem in ihrer Funktion als Druckmittel während einer Tarifverhandlungsrunde und evtl. zur Verhinderung eines Arbeitskampfes. Nach innen dienen sie der Mobilisierung der Mitglieder, nach außen demonstrieren sie dem Tarifpartner und der Öffentlichkeit die Entschlossenheit der Organisation zur Durchsetzung der Forderungen. Auf keinen Fall dürfen wir also mit Streiks nur gewerkschaftlich organisierte Kampfmaßnahmen gleichsetzen.

Die Kosten von Arbeitskämpfen werden in der breiten Öffentlichkeit und in der Wissenschaft[26], aber auch in der Arbeitsrechtsprechung häufig deutlich überschätzt, wozu nicht zuletzt die Tarifpartner durch ihre taktisch begründeten Angaben beitragen; insbesonders die "volkswirtschaftlichen Schäden" durch Produktionsausfälle sind häufig geringer als gemeinhin angenommen.[27] Die weitgehend arbeitskampffeindliche Haltung der Medien[28] und weiter Teile der Öffentlichkeit hat insofern keine solide empirische Fundierung; eine pure Addition der Ausfalltage ergibt jedenfalls kein realistisches Bild vom Einfluß von Arbeitskämpfen auf makroökonomische Kenn-ziffern wie die Höhe des Sozialprodukts.[29]

Aber auch die einzelwirtschaftlichen Kosten werden bei einer zumeist undifferenzierten Betrachtung häufig überschätzt, da z.B. bei längerfristigen Konsumgütern (etwa in der Automobilindustrie[30]) die Produktion durch Sonderschichten bzw. Überstunden vor- und/ oder nachgelagert werden kann, was für kurzfristige Konsumgüter

---

[26] Für andere: Soltwedel,R. et al., Regulierungen auf dem Arbeitsmarkt der Bundesrepublik, Tübingen 1990, 132ff.

[27] Empirische Analysen zeigen, "daß Arbeitskämpfe keinen statistisch signifikanten Einfluß auf die Produktion ausüben und damit keine meßbaren allgemeinen Wohlfahrtsverluste - die jedoch wegen Substitutionsmöglichkeiten nicht gleichbedeutend mit den Arbeitskampfkosten der unmittelbar Beteiligten sein müssen - bewirken. Sie können als grundsätzliche Bestätigung der in den ... internationalen Studien gewonnenen Erkenntnisse auch für die Bundesrepublik Deutschland interpretiert werden." Schnabel,C., Zur ökonomischen Analyse der Gewerkschaften in der Bundesrepublik Deutschland. Theoretische und empirische Untersuchungen von Mitgliederentwicklung, Verhalten und Einfluß auf wirtschaftliche Größen, Frankfurt-Bern 1989, 179.

[28] Für andere: Holtmann,E., ...wissen, was wahr ist? - Der Tarifkonflikt in der Druckindustrie im Spiegel der überregionalen Presse, Gewerkschaftliche Monatshefte 27 (1976), 437-443.

[29] Überspitzt formuliert: In jedem beliebigen Jahr seit Gründung der Bundesrepublik sind die Produktionsausfälle, die durch einen einzigen nationalen Feiertag verursacht werden, größer gewesen als die gesamtwirtschaftlichen Verluste durch Arbeitskämpfe. Im langjährigen Durchschnitt beträgt der Anteil der Ausfälle am Jahresarbeitszeitvolumen 0,0134%. Vgl. Schnabel, Zur ökonomischen Analyse der Gewerkschaften in der Bundesrepublik Deutschland, 167.

[30] Vgl. diesbezüglich die Schilderung zum Arbeitskampf 1984 bei Bahnmüller, Der Streik, 160ff.

(z.B. Tageszeitungen) natürlich nicht gilt.[31] Auch über den Mechanismus der Verbandssolidarität können die Arbeitgeberverbände Schäden für Unternehmen, die vom Arbeitskampf betroffen sind, erheblich reduzieren (u.a. Verbot der Kundenabwerbung, keine Schadensersatzforderungen bei arbeitskampfbedingten Fristenüberschreitungen).

Im übrigen verfügen in der Bundesrepublik im Gegensatz zu einer Reihe von anderen Ländern beide Tarifvertragsparteien über gut ausgebaute System von Unterstützungsleistungen (Streikkassen bzw. Unterstützungsfonds) für ihre von Arbeitskampfmaßnahmen unmittelbar betroffenen Mitglieder. Für die Arbeitnehmer bedeuten jedoch Arbeitskämpfe immer einen Verlust von Einkommen, der nur z.T. durch die in der Satzung festgelegte Streikunterstützung seitens der Gewerkschaft kompen-siert werden kann; für die Gewerkschaft stellen Arbeitskämpfe erhebliche finanzielle Belastungen dar.[32]

Eine auch infolge der Rechtsprechung variierte Streiktaktik ist die vor allem seit den frühen 80er Jahren praktizierte "neue Beweglichkeit"[33]. Sie zielt durch eine kurzfristige, innerhalb des Tarifbezirks räumlich und zeitlich versetzte und daher nicht vorhersehbare "Taktik der Nadelstiche" vor allem auf die Lahmlegung wichtiger Zulieferbetriebe vor allem der Automobilindustrie, d.h. etwa der Hersteller von Kolben und Kühlern. Ihr Ziel besteht in einer Erhöhung der Verhandlungsmacht sowie in einer Beschleunigung der Verhandlungen. Aufgrund der aus Kostengründen wesentlich veränderten Lagerhaltungsstrategien sowie wegen zunehmender Verflechtungen besteht eine erhebliche Anfälligkeit des Produktionsprozesses, die schnell zu weitflächigen Produktionseinschränkungen führt, welche weit über die Grenzen des einzelnen Tarifbezirks hinausgehen können. Im Rahmen der "Minimax-Strategie"[34] bestreikt die Gewerkschaft nicht mehr alle Unternehmen eines Tarifgebiets, sondern wenige ausgewählte Zulieferbetriebe mit Schlüsselfunktionen, um bei einem minimalen Anfangseinsatz eigener Ressourcen eine größtmögliche Wirkung beim Tarifgegner zu erzielen.[35]

---

[31] US-amerikanische Untersuchungen belegen diesen Sachverhalt eindeutig. Vgl. schon Cullen,D.E., National emergency strikes, Ithaca 1968.

[32] Vgl. die quantifizierenden Angaben bei Müller-Jentsch, Streiks und Streikbewegungen in der Bundesrepublik, 59ff.

[33] Vgl. Lang,K., Arbeitskampfform im Wandel der Tarifpolitik, WSI-Mitteilungen 35 (1982), 548ff.

[34] Vgl. hierzu Weber,H., Desynchronisation, Dezentralisierung - und Dekomposition? Die Wirkungsdynamik des Tarifkonflikts 84 und ihre Effekte auf das System industrieller Beziehungen, in: Abromeit,H./ Blanke,B.(Hg.), Arbeitsmarkt, Arbeitsbeziehungen und Politik in den 80er Jahren, Opladen 1987, 136ff.

9.3. Sozialwissenschaftliche Aspekte von Aussperrungen

Ein ausländischer Beobachter urteilt: "With the possible exception of codetermination, no issue in recent years has been more heatedly contested between management and labor in West Germany than the lockout."[36] Die Bundesrepublik nimmt im internationalen Vergleich der Arbeitsrechts- bzw. Arbeitskampfsysteme insofern eine Sonderstellung ein, als Arbeitgeberverbände über vergleichsweise weitreichende Aussperrungsmöglichkeiten verfügen.[37] In anderen westlichen Industrienationen sind Aussperrungen häufig entweder von der Rechtsordnung her unzulässig oder faktisch unbedeutend. Letzteres ist vor allem der Fall bei betriebsnahen Tarifverhandlungssystemen[38], bei denen ex definitione andere Unternehmen nicht betroffen sein können, oder wenn die Entgelte auf jeden Fall weiter gezahlt werden müssen (Lohnfortzahlungspflicht) bzw. wenn die Arbeitnehmer Anspruch auf Arbeitslosenunterstützung haben.

"Ausgelöst durch Arbeitskämpfe, in denen von Arbeitgeberseite die Aussperrung in einem in der Nachkriegsgeschichte vorher nicht bekannten Ausmaß als Kampferweiterungsinstrument eingesetzt wurde, standen die Siebzigerjahre im Zeichen des gewerkschaftlichen Kampfes gegen die Aussperrung."[39] Der DGB und die ihm angeschlossenen Einzelgewerkschaften vertreten seit 1972 - bzw. nach der 1971er Verbandsaussperrung in Nordwürttemberg-Nordbaden - die Auffassung, daß Aussperrungen gegen die Verfassung (insbesondere Art.9, Abs.3 GG) verstoßen und deswegen vom Gesetzgeber oder durch Änderung der Rechtsprechung des BAG generell verboten werden müßten.[40] Politische Mehrheiten für diese Forderung

---

[35] Vgl. im einzelnen Riester,W., "Der Kampf um die 35-Stunden-Woche", WSI-Mitteilungen 37 (1984), 259.

[36] Bunn,R.F., Employers associations in the Federal Republic of Germany, in: Windmuller,J.P./Gladstone,A.(eds.), Employers associations and industrial relations. A comparative study, Oxford 1984, 193.

[37] Vgl. u.a. Arendt,W., Rechtsgrundlagen und Praxis der Aussperrung in der Bundesrepublik Deutschland und in vergleichbaren westeuropäischen Ländern, Bonn 1978; Lange,T., The role of lockouts in labor conflicts. A legal study of American and German approaches, Frankfurt-Bern 1987.

[38] "... it is much more difficult for an American employer to make an effective lockout decision, particularly in the context of single-employer bargaining. However, multi-employer bargaining in the United States has involved the repeated use of lockouts in an effort by management to avoid competitive distortions." Lange, The role of lockouts, 227.

[39] Weiss,M., Die neue Arbeitskampfrechtsprechung des BAG, Kritische Vierteljahrsschrift für Gesetzgebung und Rechtswissenschaft 1 (1986), 367.

[40] Vgl. zusammenfassend schon Kittner,M.(Hg.), Streik und Aussperrung, Frankfurt-Köln 1974.

sind allerdings auf absehbare Zeit nicht zu erwarten. Nach Ansicht der Unternehmer(-verbände) hingegen ist die Erhaltung der Aussperrungsmöglichkeiten aus Gründen der Kampfparität bzw. Waffengleichheit unbedingt notwendig.[41]

Die amtliche Statistik verwendet als Indikatoren für Arbeitskampffolgen vor allem "ausgefallene Arbeitstage" oder "beteiligte bzw. betroffene Arbeitnehmer"; zudem müssen mindestens 10 Beschäftigte beteiligt sein und der Arbeitskampf mindestens einen Tag dauern oder ein Verlust von mehr als 100 Arbeitstagen eingetreten sein. Dadurch werden bestimmte Konflikte statistisch nicht erfaßt; spontane Streiks werden überhaupt nicht registriert.

Die häufig verwandte juristische Terminologie von Angriffsstreik und Abwehraussperrung abstrahiert stark von gesellschaftlichen Kräfteverhältnissen; sie verkennt insofern die tatsächlichen Gegebenheiten, als in aller Regel die Gewerkschaft aus Gründen, die der Wirtschaftsordnung in marktwirtschaftlich verfaßten Systemen immanent sind (Direktions- und Verfügungsrecht des Unternehmers), Forderungen stellen und durchsetzen, insofern den ersten Schritt tun muß. Die juristisch bedeutsame Unterscheidung nach der Initiative der Arbeitgeber in Angriffs- und Abwehraussperrung hilft gelegentlich eher weiter. In sozialwissenschaftlicher Perspektive ergiebiger ist eine Betrachtungsweise, die nach der Reichweite der Kampfmaßnahmen differenziert und die strategischen Ausweitungsmöglichkeiten einbezieht:
- Einzelaussperrungen bleiben auf ein Unternehmen beschränkt.
- Bei Flächen- oder Verbandsaussperrungen sperren mehrere Unternehmen innerhalb eines Tarifgebietes aus.[42]

Infolge der jüngeren BAG-Rechtsprechung bzw. der folgenden expansiven Aussperrungspraxis ist in den 80er Jahren, vor allem durch den Arbeitskampf 1984 in der Metallindustrie, eine weitere Unterscheidung zunehmend wichtiger geworden, die vor allem gewerkschaftlicher Terminologie entlehnt ist: Im Falle einer sog. "heißen" Aussperrung werden nur unmittelbar betroffene Arbeitnehmer innerhalb des umkämpften Tarifgebiets ausgesperrt. Bei einer "kalten" Aussperrung hingegen sind auch Arbeitnehmer außerhalb des fachlichen und/oder räumlichen Geltungsbereichs des Tarifvertrags indirekt betroffen; infolge der sog. Fernwirkungen des Arbeitskampfes, die wegen der zunehmenden Verflechtung der Wirtschaft bei arbeitsteiliger Produktion entstehen können, kommt es zu notwendigen oder taktisch begrün-deten Produktionseinstellungen (sog. kampfgebietsausweitende Aussperrung).

---

[41] Vgl. Ohm,W., Aussperrung. Spiegelbild des Streiks, Köln 1979.

[42] In historischer Perspektive sind Flächen- und Verbandsaussperrungen, die heutzutage weitgehend zusammenfallen, deutlich voneinander zu unterscheiden. Vgl. Kalbitz,R., Aussperrungen in der Bundesrepublik, Kritische Justiz 11 (1978), 350f.

Kapitel 9: Arbeitskampfprobleme

Die Geschichte des Arbeitskampfmittels der Aussperrung ist in Deutschland mindestens ebenso lang wie die Tradition geregelter Tarifvertragsbeziehungen[43]. Deutlich gewandelt haben sich im Laufe der Zeit allerdings die Zielsetzungen und Funktionen. Zu den recht unterschiedlichen Funktionen gehörten vor allem
- Rationalisierungsmaßnahmen,
- Verhinderung von Tarifverträgen,
- organisatorisch politische und parteipolitische Aspekte,
- Veränderung der Lohnhöhe,
- organisatorische Anpassung von Gewerkschaften.[44]

Für die Bundesrepublik ergeben sich bei einer empirischen Überprüfung der Arbeitskampfpraxis folgende, den gängigen Lehrmeinungen zum großen Teil widersprechende Aussagen über das Verhältnis von Streik und Aussperrung:
- Von Aussperrungen werden durchschnittlich wesentlich mehr Arbeitnehmer betroffen als von Streiks.
- Die Intensität durchschnittlicher Aussperrungen, d.h. die Zahl der Ausfalltage, übertrifft deutlich die von Streiks.
- Auch die Dauer von Aussperrungen, eine weitere relevante Meßgröße, übertrifft die von Streiks.
- Aussperrungen sind nicht, wie vielfach behauptet, bloße Reaktionen auf Streiks.[45]

---

[43] Vgl. Schneider,M., Aussperrung. Ihre Geschichte und Funktion vom Kaiserreich bis heute, Köln 1980.

[44] Vgl. Kalbitz, Aussperrungen in der Bundesrepublik, 354-364.

[45] Vgl. Kalbitz,R., Die Arbeitskämpfe in der BRD - Aussperrung und Streik, Diss.Bochum 1972, 232, 239.

Kapitel 9: Arbeitskampfprobleme

Jahr	Streiks[1]		Aussperrungen[2]		Streiks und Aussperrungen
	Beteiligte AN	Ausgefallene Tage	Betroffene AN		Ausgefallene Tage
			in 1.000		
1960	17	38	-	-	38
1961	21	65	0,5	2	67
1962	79	451	0,1	3	454
1963	101	878	216	968	1846
1964	6	17	-	-	17
1965	6	49	-	1	50
1966	196	27	-	0,2	27
1967	60	390	-	-	390
1968	25	25	-	0,1	25
1969	90	249	-	-	249
1970	184	93	-	-	93
1971	334	2599	202	1884	4483
1972	23	66	-	-	66
1973	179	545	-	-	545
1974	250	1051	-	-	1051
1975	36	69	-	-	69
1976	117	412	52	122	534
1977	34	24	-	-	24
1978	299	2548	188	1733	4281
1979	63	405	15	78	483
1980	45	128	-	-	128
1981	253	58	-	-	58
1982	40	15	-	-	15
1983	94	41	-	-	41
1984	399	2921	138	2696	5617
1985	78	35	-	-	35
1986	116	28	-	-	28
1987	155	33	-	-	33
1988	34	42	-	-	42
1989	44	100	-	-	100
1990	257	363	-	-	363

1) einschl. gleichzeitiger Aussperrung
2) ohne gleichzeitige Ausfälle durch Streiks

Quelle: WSI (Hg.), Tarifpolitisches Taschenbuch 1991. Zahlen - Daten - Fakten, Köln 1991, 117.

Kapitel 9: Arbeitskampfprobleme

Die bei kleiner werdenden Konzessionsspielräumen stattfindenden Auseinandersetzungen um neuartige Probleme qualitativer Tarifpolitik (Besitzstandssicherung, Kontrolle der Arbeitsbedingungen, Arbeitszeit) seit Mitte der 70er Jahre zeigen, daß die Konflikte härter werden, d.h. Aussperrungen häufiger stattfinden und auch länger dauern.[46] Die Unternehmer machen von ihrem Instrument im Arbeitskampf vor allem in der Metall- aber auch in der Druckindustrie zunehmend und planmäßig Gebrauch, indem sie im Gegensatz zur früher häufig praktizierten Einzelaussperrung zu dem kollektiven Mittel der sog. Verbands- oder sogar Flächenaussperrung greifen, an der sich mehrere bzw. alle Unternehmen eines Tarifbezirks beteiligen. Den großen Verbandsaussperrungen in der Metallindustrie Nordwürttemberg/Nord-badens in den Jahren 1963 und 1971 folgten Aussperrungen
- 1976 und 1978 im Bereich der Druckindustrie,
- 1978 im Bereich der Metallindustrie,
- 1978/79 in der Eisen- und Stahlindustrie,
- 1984 wiederum im Bereich der Metallindustrie.[47]

Durch die Wahl derartiger Strategien werden die Gewerkschaftskassen stark belastet, da nicht nur bei Streiks, sondern darüber hinaus auch bei "heißen", d.h. innerhalb des umkämpften Tarifgebiets stattfindenden, nicht hingegen bei "kalten" Aussperrungen die Mitglieder finanziell in erheblichem Maße unterstützt werden müssen.[48] Auch auf Arbeitgeberseite bestehen im übrigen Unterstützungsfonds bzw. sog. Gefahrengemeinschaften[49], welche die tatsächlichen Kosten eines Arbeitskampfes durch Produktionsausfälle und betriebliche Fixkosten für die betroffenen Ver-bandsmitglieder erheblich senken und solidarisches Handeln von Betroffenen und Nicht-Betroffenen ermöglichen bzw. erleichtern sollen. Diese Fonds konterkarieren die vor allem seit den 70er Jahren entwickelte gewerkschaftliche Strategie, die eigenen Streikkassen zu schonen und kostspielige Flächenstreiks immer mehr durch sog. Schwerpunktstreiks abzulösen (sog. Minimax-Strategie), die innerhalb eines bestimmten Tarifbezirks nur einzelne ausgewählte Betriebe oder deren Schaltstellen treffen und so einen maximalen Effekt erzielen.

---

[46] Weiterhin ist eine zunehmende Zentralisierung der Strategien durch die BDA in verschiedenen Arbeitskämpfen festzustellen.

[47] Vgl. Segbers,F., Streik und Aussperrung sind nicht gleichzusetzen. Eine sozialethische Betrachtung, Köln 1986, 21.

[48] Vgl. zu einigen quantifizierenden Angaben Bobke,M., Gewerkschaft und Aussperrung, Köln 1982, 34f.; Adamy/Steffen, Handbuch der Arbeitsbeziehungen, 282.

[49] Vgl. Kap.2.

Verbandsaussperrungen als inzwischen gerichtlich legitimierte Reaktion auf derartige eng geführte Schwerpunktstreiks stellen den Arbeitgeberverband vor gewisse interne Probleme, da ein hohes Maß an innerorganisatorischer Solidarität notwendig, aber nur schwer herstellbar ist, um intern und extern gegenüber der Gewerkschaft aktionsfähig sein zu können. Gleichzeitig treten als Resultat dieser Taktik einer räumlichen und personellen Erweiterung des Arbeitskampfes aber auch Entsolidarisierungsprobleme auf Arbeitnehmerseite auf.[50]

Eine neuere Untersuchung faßt die US-amerikanische Situation folgendermaßen zusammen: "Three features stand out in strike activity in the early 1980s compared to prior periods. First, strike frequency declined to its lowest levels since World War II ... Second, while strikes produced a positive return to union members in the 1970s, in the 1980s strikes appeared to be defensive weapons used only as a last resort ... Third, those strikes that did occur were more hostile, violent, and emotional than earlier strikes."[51] Diese Beschreibung gibt auch die Entwicklung in anderen entwickelten westlichen Industrienationen wieder.

9.4. Die Änderung des Par.116 Arbeitsförderungsgesetz

Im Frühjahr 1984 kam es während des Arbeitskampfes in der Metallindustrie[52] über die Verkürzung der Wochenarbeitszeit ("Einführung der 35-Stunden-Woche") zu erheblichen Meinungsverschiedenheiten über die Legalität von Zahlungen der Bundesanstalt für Arbeit - BA in Form von Arbeitslosen- oder Kurzarbeitergeld an mittelbar von Streik bzw. Aussperrung betroffene Arbeitnehmer. Gegenstand der Kontroverse war die Frage, ob die BA zu Zahlungen an diejenigen Arbeitnehmer verpflichtet sei, die zwar zur selben Branche gehören, aber in einem anderen als dem umkämpften Tarifbezirk vorübergehend beschäftigungslos werden. Der Par.116 Arbeitsförderungsgesetz - AFG, der in diesem Zusammenhang erstmals einer breiteren Öffentlichkeit bekannt wurde, besagt über die von der Verfassung gebotene Neutralität des Staates: "Durch die Gewährung von Arbeitslosengeld darf nicht in Arbeitskämpfe eingegriffen werden."

---

[50] "The strategical purpose of all these lock-outs was to increase the number of employees affected by industrial action. Thereby the number of workers entitled to receive strike benefit from the strike-conducting union is increased. Thus lock-outs has mainly to be understood as an instrument to put financial pressure on the unions." Weiss et al., The settlement of labour disputes in the FRG, 99.

[51] Kochan,Th.A./Katz,H.C./McKersie,R.B., The transformation of American industrial relations, New York 1986, 134f.

[52] Vgl. im einzelnen Bahnmüller, Der Streik, bes. 107ff.

Der Präsident der BA, Franke, verweigerte zunächst die Zahlungen an indirekt betroffene, in gewerkschaftlicher Sicht kalt ausgesperrte Arbeitnehmer; Grundlage dieser Entscheidung war der Par. 116 AFG in Verbindung mit der sog. Neutralitätsanordnung, die der drittelparitätisch besetzte Verwaltungsrat der BA als nachgeordnete Regelung bereits im Jahre 1973 erlassen hatte.[53] Die Sozialgerichte in Bremen und Hessen hoben wenig später diesen sog. Franke-Erlaß durch einstweilige Anordnungen wieder auf und verpflichteten die BA zur Auszahlung der Kurzarbeitergelder.[54]

Die Tarifpartner konnten in Dreiergesprächen mit der Bundesregierung bis Ende 1985 keine einvernehmliche, "sozialpartnerschaftliche" Regelung des Problems der Sicherung der Neutralität der BA bei Arbeitskämpfen erzielen, was vorher wohl schon abzusehen gewesen war. Daraufhin verabschiedete im Frühjahr 1986 nach heftigen innenpolitischen Auseinandersetzungen mit den Gewerkschaften[55] der Bundestag mit der Mehrheit der Fraktionen der Regierungskoalition gegen den massiven Widerstand der Opposition eine Neuregelung der Lohnersatzleistungen bei Arbeitskämpfen durch Änderung des Par. 116 AFG.

Wir müssen drei Gruppen strikt unterscheiden:
- <u>Unmittelbar</u> von einem Arbeitskampf, d.h. Streik oder Aussperrung, betroffene Arbeitnehmer erhalten - wie schon vor der Novellierung - grundsätzlich keinerlei Zahlungen der BA. Sie bekommen wie bisher Unterstützungsleistungen aus der Streikkasse der Gewerkschaft, sofern sie Mitglieder sind. Nicht-Organisierte gehen leer aus.
- <u>Mittelbar</u> betroffene Arbeitnehmer, die zwar zu derselben Branche bzw. demselben fachlichen Geltungsbereich, aber zu einem anderen als dem umkämpften

---

[53] Bis 1984 erfolgten in vergleichbaren Situationen Zahlungen der BA; die gewerkschaftlichen Forderungen wurden in den verschiedenen Tarifbezirken leicht variiert. Vgl. Weber, Konflikt in Interorganisationssystemen, 267.

[54] Vgl. im einzelnen: Lange, The role of lockouts, 212-214.

[55] Die einzelnen Stadien werden ausführlich dokumentiert bei Mückenberger,U., Par. 116 AFG: Stadien eines Gesetzgebungsprozesses, Kritische Justiz 19 (1986), 166-186; Silvia,St.J., The West German labor law controversy. A struggle for the factory of the future, Comparative Politics 20 (1988), 155-173; historisch-juristische Aspekte behandelt Mayer,U., Arbeitskampf und Arbeitslosenversicherung. Der Streit um den Par. 116 AFG, Demokratie und Recht 14 (1986), 27-36; vgl. zusammenfassend Apitzsch,W. et al. (Hg.), Par. 116 AFG, Hamburg 1986; Müller,W./Striefler,H.G. (Hg.), Streit um Streiks. Par. 116 Arbeitsförderungsgesetz im Spiegel der Presse. Aktuelle Fachinformation Nr. 2, Hamburg 1986; aus juristischer Perspektive: Baumann,H., Arbeitskampf, Staatsneutralität und Arbeitslosenversicherung. Rechtspolitische Überlegungen zu einer Grundlagenreform des Par. 116 AFG, Berlin 1986; Weiss,M., Labour law and industrial relations in the Federal Republic of Germany, Deventer 1987, 145-147.

Tarifbezirk gehören, erhalten im Falle eines arbeitskampfbedingten Arbeitsausfalls (sog. kalte Aussperrung) im Gegensatz zur bisherigen Regelung keine Unterstützungsleistungen der BA mehr, wenn in ihrem Tarifbezirk eine Forderung erhoben wird, "die einer Hauptforderung des Arbeitskampfes nach Art und Umfang gleich ist, ohne mit ihr übereinstimmen zu müssen", und "das Arbeitskampfergebnis aller Voraussicht nach in den räumlichen Geltungsbereich des nicht umkämpften Tarifvertrages im wesentlichen übernommen wird". Vorher wurden bei mittelbarer Betroffenheit i.d.R. Lohnersatzleistungen gezahlt, was durch eine Entscheidung des Bundessozialgerichts aus dem Jahre 1975 gestützt wurde. In dieser Umkehrung des Regel-Ausnahme-Verhältnisses liegt die eigentliche Änderung der Rechtslage.[56]

- Indirekt, d.h. von den sog. Fernwirkungen eines Arbeitskampfes betroffene Arbeitnehmer anderer Branchen, d.h. in einem anderen fachlichen Tarifbereich, erhalten wie auch schon vor der Novellierung Zahlungen der BA.[57]

3. Durch diese Neuregelung werden im Konfliktfall erhöhte Anforderungen an die Streikkassen der Gewerkschaften sowie an die innerorganisatorische Solidarität und kollektive Handlungsfähigkeit gestellt, da sich die finanzielle Situation einer großen Zahl mittelbar betroffener Mitglieder verändert hat. Infolge eines zunehmenden moralischen und politischen Binnendrucks mit entsolidarisierenden Folgen und Loyalitätsentzug wird eine Variation der gewerkschaftlichen Arbeitskampftaktik in Richtung auf neue Streikformen notwendig: Mitgliedergruppen, die als indirekt Betroffene außerhalb des Kampfgebietes vorübergehend beschäftigungslos werden, ohne Anspruch auf Lohnersatzleistungen zu haben, werden entweder Unterstützungsleistungen von ihrer Organisation verlangen (sog. Sonderleistungen in Höhe der Streikunterstützung) oder auf eine sofortige Beendigung des Arbeitskampfes drängen.[58] In

---

[56] "In practical terms ... the situation of the indirectly affected workers has become worse. Unemployment benefits are less available than before. From the union's perspective, workers are more likely to put pressure on the union to end the strike and to reach a compromise." Weiss, Recent trends, 764.

[57] Bei Fernwirkungen besteht nach einer Entscheidung des BAG keine Lohnfortzahlungspflicht seitens der Unternehmer nach Par. 615 BGB; grundsätzlich hat der Arbeitgeber im Rahmen seines Betriebs- und Wirtschaftsrisikos die Folgen einer Betriebsstörung zu tragen und die Entgelte weiterzuzahlen.

[58] "If IG Metall strikes in the future, the employers would most likely respond with lockouts and implement their own version of the minimax strategy, maximizing the numer of unemployed, indirectly affected workers. If these workers received no money, the pressure they could apply on the union to settle would be great. If they did receive money, it would drain the union's strike fund in a few weeks time. This would only encourage employers to hold out during a strike until the union collapses." Silvia, The West German labor law controversy, 169.

dem einen Fall würden die finanziellen Reserven, in dem anderen die Handlungsfähigkeit der Gewerkschaft entscheidend tangiert (Ressourcen- vs. Loyalitätsentzug). Schwerpunktstreiks, deren Bedeutung in den 70er und frühen 80er Jahren zugenommen hatte, sind erheblich erschwert worden.

Bisher ist jedoch jede Änderung des Arbeitskampfrechts durch eine Variation der Arbeitskampfstrategien aufgefangen bzw. konterkariert worden. So waren seit den 70er Jahren Schwerpunkt- statt Flächenstreiks bzw. gewerkschaftlich organisierte kurze Warnstreiks während der Tarifverhandlungen neue Kampfmittel im Rahmen der Strategie der "neuen Beweglichkeit". Die noch innerhalb der IG Druck und Papier[59] geführte Diskussion um neue Kampfformen, konkret um ein "auf Stunden befristetes Verbleiben am Arbeitsplatz", ist ebenso Ausdruck einer erneuten Änderung wie die innerhalb der IG Metall angestellten Überlegungen zu "Wechselstreiks", bei denen jeweils wenige Betriebe für nur kurze Zeit bestreikt werden, um die sog. Fernwirkungen gering zu halten.[60] Die Strategien müssen den konkreten Rahmenbedingungen des jeweiligen Wirtschaftsbereichs entsprechen (z.B. den modernen Drucktechniken, die mit wenig Personal eingesetzt werden).[61]

Die Neuregelung betrifft nicht unmittelbar das formale Streikrecht, wie in der öffentlichen Diskussion gelegentlich behauptet wird; sie richtet sich jedoch gegen die praktische Streikfähigkeit ganz bestimmter Gewerkschaften: Betroffen sind diejenigen Organisationen, die Tarifverhandlungen auf regionaler, also Bezirksebene führen - und damit vor allem die IG Metall: Nur bei regionalen Verhandlungen können Arbeitskämpfe Modellcharakter bzw. Signalfunktion haben. Nicht direkt berührt sind hingegen die Gewerkschaften der Branchen, in denen die Tarifverhandlungen bundesweit geführt werden - wie im öffentlichen Dienst, in der Druckindustrie oder im Bauhauptgewerbe, bei Banken oder Versicherungen. Auch bei betriebsnahen Verhandlungssystemen taucht das Problem mittelbarer Betroffenheit gar nicht erst auf; diese Struktur ist allerdings in der Bundesrepublik selten, wobei der Firmentarifvertrag bei VW die bekannteste Ausnahme darstellt.[62]

---

[59] Vgl. zur IG Medien im einzelnen Kap.3.2.

[60] Die Entwicklung neuer Arbeitskampfformen wird allerdings durch die aktuelle Rechtsprechung stark beeinflußt. Vgl. Blanke,Th., Streikminimierung durch Risikomaximierung - Die neue Arbeitskampfrechtsprechung des BAG, Kritische Justiz 22 (1989), 200ff.

[61] Im übrigen bleibt die Welle üblicher Warnstreiks während der laufenden Verhandlungen von dieser Neuorientierung unberührt.

[62] Vgl. im einzelnen Kap.7.

Insofern ergibt sich eine durchaus unterschiedliche faktische Betroffenheit verschiedener Gewerkschaften, was infolge der praktischen Solidarität und Geschlossenheit der DGB-Gewerkschaften bei der politischen Behandlung dieser Frage 1985/86 nicht hinreichend deutlich wurde. Die Neuregelung "wird ihre Negativwirkungen auf die Beschäftigten in solchen Bereichen konzentrieren, die mit großer Fertigungstiefe bei langen Produktionsketten in derselben Branche produzieren. Vieles spricht dafür, daß damit genau die industriellen Beziehungen des Metallsektors umschrieben sind ..."[63]. Die übrigen Gewerkschaften sind allenfalls insofern indirekt betroffen, als die Abschlüsse der Metallindustrie häufig Signalcharakter für andere Branchen haben.

Für die Tarifpolitik im engeren Sinne hat die Neuregelung insofern weitreichende Konsequenzen, als sie die bisher übliche, über lange Jahre recht gut bewährte Praxis einer zwar regional geführten, jedoch zentral koordinierten Tarifpolitik mit vergleichsweise einheitlichen Zielen und Strategien erheblich erschwert.[64] Eine von mehreren möglichen Reaktionen der Gewerkschaft auf die veränderte Rechtslage könnte eine weitergehende Differenzierung und Regionalisierung der Forderungen sein mit dem Ziel, die Lohnersatzansprüche der Arbeitnehmer im Konfliktfall zu erhalten. Dadurch würde allerdings eine partikularistische "Kleinstaaterei" innerhalb der Tarifvertragspolitik erleichtert. An einer solchen "Balkanisierung" ohne überregional-zentrale Regelungsmuster können aber beide Tarifparteien mittel- und langfristig kaum Interesse haben, da ohnehin schon bestehende deutliche Unterschiede in den Produktions- und Kostenstrukturen bzw. in den Lebens- und Arbeitsbedingungen weiter verschärft würden; dies gilt sowohl für die quantitative als auch für die qualitative Tarifpolitik.[65] Auch die Dachverbände der Arbeitgeber haben mehrheitlich ein grundsätzliches Interesse an einer Beibehaltung des großflächigen, zentralisierten collective bargaining-Systems[66], welches u.a. erhebliche betriebliche Spielräume offen hält sowie die Bewältigung von internen Solidaritätsproblemen erleichtert.

Die Folgen einer Atomisierung der Tarifpolitik für das sowohl in der Krise als auch im internationalen Vergleich recht zufriedenstellend funktionierende System der Tarifvertragsbeziehungen mit relativ wenigen Arbeitskämpfen und einer bundesweit

---

[63] Mückenberger,U., Die Reprivatisierung der Arbeitskampffolgen, Kritische Justiz 16 (1986), 297.

[64] Ähnlich auch Jacobi/Müller-Jentsch, Continuity and structural change, 137ff.

[65] Eine andere Meinung hinsichtlich der quantitativen Komponente vertritt Silvia, The West German labor law controversy, 168f.

[66] Vgl. Heinze,R.G./Müller-Jentsch,W., Stabilitätsleistungen und Ausgrenzungseffekte des Tarifvertragssystems, in: Matthes,J.(Hg.), Krise der Arbeitsgesellschaft? Verhandlungen des 21.Deutschen Soziologentages in Bamberg 1982, Frankfurt-New York 1983, 559f.

vereinheitlichten, vergleichsweise zentralisierten tarifpolitischen Orientierung wären überaus ungewiß und weitgehend für beide Seiten nicht planbar.

Eine ganz andere Antwort auf die veränderte Rechtslage könnten regional unterschiedliche Forderungen im Detail sein; aber auch diese Strategie würde nicht aufgehen. Vielmehr kann die Gewerkschaft bei nahezu beliebigen betriebsübergreifenden Forderungen quantitativer (z.B. Lohn und Gehalt) oder qualititativer Art (z.B. Arbeitszeitverkürzung wie etwa Forderung nach "Einführung der 35-Stunden-Woche") die Dynamik des Tarifkonflikts nicht mehr kontrollieren, da die Lohnersatzansprüche einer im vorhinein nicht bestimmbaren Zahl von Arbeitnehmern fortfallen. Eine materielle Unterstützung aller nicht nur mittelbar, sondern auch unmittelbar von Arbeitskampffolgen, d.h. von Streik und Aussperrung, betroffenen Mitglieder auch außerhalb des umkämpften Tarifgebiets und damit jenseits der satzungsrechtlich geforderten Unterstützungsleistungen ist aus finanziellen Gründen von vornherein unmöglich; schon innerhalb des umkämpften Tarifbezirks kann deren Zahl durch Aussperrungsmaßnahmen im Rahmen des Verhältnismäßigkeitsprinzips und der zulässigen Quoten nach dem BAG-Urteil von 1980 erheblich vergrößert werden. Zur Erinnerung: 1984 lag in den umkämpften Tarifgebieten Nordwürttemberg-Nordbaden und Hessen das Zahlenverhältnis von Streikenden zu Ausgesperrten in der Größenordnung von nahezu eins zu drei (57.000 zu ca. 150.000); außerhalb der umkämpften Tarifbezirke konnten über 195.000 Arbeitnehmer nicht arbeiten, die ihre Betriebe indirekt betroffen waren.[67]

Eine dritte, ebenfalls riskante Alternative zeichnet sich in den Tarifabschlüssen der späten 80er Jahre ab: Tarifverträge in verschiedenen Branchen (vor allem in der Metallindustrie) haben inklusive verschiedener Stufenregelungen Laufzeiten von mehreren Jahren, was ein relatives Novum für Lohn- und Gehaltstarifverträge darstellt. Einerseits entlasten lange Laufzeiten, wie besonders die US-amerikanische Erfahrung zeigt[68], das Tarifverhandlungssystem und erzeugen eine gewisse Verhaltenssicherheit für alle beteiligten Akteure. Andererseits kann diese Strategie zu Schieflagen im Verteilungskampf führen, weil die wirtschaftliche Entwicklung kaum für mehrere Jahre verläßlich prognostiziert werden kann.

Nicht nur materiell für Tarifpolitik und Arbeitskampf, sondern auch instrumentell wird die Neuregelung nicht ohne Probleme bleiben:

Erstens muß bezweifelt werden, ob der neu eingeführte Neutralitätsausschuß (Par.206 AFG) als institutionalisierter Konfliktlösungsmechanismus wirklich ent-

---

[67] Vgl. Weiss et al., The settlement of labour disputes in the Federal Republic of Germany, 100.

[68] Vgl. im einzelnen Kochan/Katz/McKersie, The transformation of American industrial relations.

scheidungs- und konsensfähig sein kann. Dieses Gremium besteht nach dem Vorbild der Selbstverwaltungsorgane der BA aus je drei Vertretern der Arbeitnehmer und Arbeitgeber sowie dem BA-Präsidenten als Vorsitzenden. Es hat zu entscheiden, ob die im Gesetz formulierten Bedingungen im Einzelfall vorliegen, d.h. ob Arbeitnehmer tatsächlich durch Folgen von Arbeitskämpfen in anderen Tarifgebieten vorübergehend nicht beschäftigt wurden.

Wir können von zwei plausiblen Annahmen ausgehen: Erstens stimmen die Repräsentanten der Tarifparteien jeweils gemeinsam ab; zweitens vertreten die Vertreter der beiden Seiten unterschiedliche Meinungen hinsichtlich der Beurteilung des jeweiligen Sachverhalts. In einer solchen Pattsituation trifft letzten Endes der Präsident der BA die Entscheidung über die rechtsverbindliche Interpretation der Generalklauseln. Er wird damit zum Superschlichter mit Entscheidungsvollmacht, der Neutralitätsausschuß hat lediglich noch legitimatorische Funktionen gegenüber den Verbandsmitgliedern und vor allem gegenüber der Öffentlichkeit. Konkret bedeutet dies: In einer Situation mit deutlichen Auslegungs- bzw. Interpretationsschwierigkeiten wie während des Arbeitskampfes im Frühjahr 1984 oder vorher 1971 und 1978 bei den Arbeitskämpfen in Nordwürttemberg-Nordbaden kann nunmehr der Präsident der BA über Zahlung oder Entzug der Lohnersatzleistungen für mittelbar von Streik oder Aussperrung Betroffene innerhalb eines beträchtlichen Ermessens- und Bewertungsspielraumes rechtsverbindlich entscheiden.

Ein zweites verfahrenstechnisches Problem besteht darin, daß die neuen Generalklauseln wiederum recht vage und reichlich unbestimmt formuliert sind; der Anspruch auf Arbeitslosengeld ruht nach Par. 116, Abs. 3 AFG der neuen Fassung bereits, wenn "

a) eine Forderung erhoben worden ist, die einer Hauptforderung des Arbeitskampfes nach Art und Umfang gleich ist, ohne mit ihr übereinstimmen zu müssen, und

b) das Arbeitskampfergebnis aller Voraussicht nach in dem räumlichen Geltungsbereich des nicht umkämpften Tarifvertrages im wesentlichen übernommen wird.

Eine Forderung ist erhoben, wenn sie von der zur Entscheidung berufenen Stelle beschlossen worden ist oder aufgrund des Verhaltens der Tarifvertragspartei im Zusammenhang mit dem angestrebten Abschluß des Tarifvertrages als beschlossen anzusehen ist " (Hervorhebungen von mir, B.K.).

Die regierungsoffiziell angestrebte Normenklarheit bzw. "Klarstellung der Rechtslage" des alten Par. 116 in Verbindung mit der Neutralitätsanordnung ist durch die Novellierung keinesfalls erreicht; recht unterschiedlichen Interpretationen der unbestimmten Rechtsbegriffe, einschließlich der puren Annahme konkludenten Verhaltens bei der Erhebung von Forderungen, sind Tür und Tor geöffnet. Der Gesetzgeber hat wohl im wesentlichen ein neues Betätigungsfeld für arbeitsrechtliche Gutachten über Präzedenzfälle bei Auslegungs- und Rechtsstreitigkeiten geschaffen.

Zum dritten wurde neben einer formal verstärkten Möglichkeit der Arbeitsämter bei der Kontrolle der betrieblichen Ursachen und Bedingungen der Kurzarbeit eine besondere Kontrollbefugnis in Par. 72 AFG eingefügt: Der BR hat eine schriftliche Stellungnahme darüber abzugeben, ob der Arbeitsausfall tatsächlich durch die technischen oder wirtschaftlichen Auswirkungen des Arbeitskampfes verursacht wurde und nicht durch andere Gründe, wie etwa eine kurzfristig veränderte Lagerhaltungspolitik.

Zwar fordert das Gesetz nunmehr, daß der Arbeitgeber "die für die Stellungnahme erforderlichen Angaben zu machen" hat. Aber wie soll ein BR im Konfliktfall alle zur effektiven Wahrnehmung seiner Kontroll- und Mitbestimmungsrechte relevanten Informationen sammeln und auswerten, ohne sich sofort dem massiven Vorwurf der gesetzeswidrigen "Betriebsspionage" auszusetzen? Notwendig wären u.a. detaillierte Kenntnisse über neuartige Logistik-Strategien einer möglichst knappen Lagerhaltung (Kanban-System bzw. just in time-Produktion) und deren kurzfristige Veränderungen unter Kosten- und Gewinnaspekten, über Fertigungsstrukturen, zunehmende Produktions- und Lieferverflechtungen etc.

Ähnliche Schwierigkeiten ergeben sich auch für die Arbeitsämter: "Wie .. Fallstudien zeigen, ist es schon für Betriebsräte ... äußerst schwierig, alle vom Arbeitgeber vorgebrachten Begründungen und Behauptungen bis ins einzelne zu überprüfen ... Um so schwerer dürfte es für eine mit den betrieblichen Gegebenheiten nicht vertraute öffentliche Einrichtung wie das Arbeitsamt sein, die Ursachen des Arbeitsausfalls genau zu prüfen. Oft sind die Arbeitsämter schon aufgrund der ungenügenden personellen Ausstattung nicht in der Lage, sich mit einzelnen Betrieben näher zu befassen."[69]

Sind einzelbetriebliche Produktionseinschränkungen bzw. -abbrüche als wirtschaftlich und technisch zwangsläufige Folgen von Fernwirkungen oder aber als strategische Maßnahmen im Arbeitskampfkalkül der Arbeitgeberverbände anzusehen? Die grundsätzlichen Meinungsverschiedenheiten zwischen BR und Unternehmensleitungen über das Risiko arbeitskampfbedingter Produktionseinstellungen während des Arbeitskampfes im Frühjahr 1984[70] dokumentieren jedenfalls deutlich die erheb-

---

[69] Kock,K., Kalt Ausgesperrt. Erfahrungen von Betriebsräten im Arbeitskampf 1984, Düsseldorf 1985, 72.

[70] Vgl. die Beispiele in Apitzsch et al., Par. 116 AFG; Kittner, M./Unterhinninghofen,H., Zur geplanten Änderung des Par. 116 AFG, Arbeit und Recht 34 (1986), 5f.; Kock,K., Kurzarbeit oder kalte Aussper-

lichen Verfahrensprobleme, welche die Neufassung keinesfalls löst. Die Kontrollbefugnis in der nunmehr vorliegenden Form dürfte kein effizientes Instrument sein, um einen Mißbrauch der Aussperrung definitiv auszuschließen.

Die Neuregelung des Par. 116 AFG wird kontrovers beurteilt: Die Gewerkschaften lehnen sie rundweg ab, den Arbeitgeberverbänden geht sie nicht weit genug.[71] "Was die gesetzliche Neuregelung für die Neutralität der Bundesanstalt wirklich bedeutet, vermag mit letzter Sicherheit niemand zu sagen, solange die konkrete Bewährungsprobe aussteht."[72] Dennoch ist das Fazit eindeutig: Die Änderung hat die Arbeitskampfmöglichkeiten zuungunsten der Gewerkschaften verschoben, ihre Hand-lungschancen bei Tarifauseinandersetzungen wesentlich eingeengt.[73] Im übrigen zeigen internationale Vergleiche von Arbeitsrechtssystemen, daß die Vorgaben für die Leistungsgewährung bei Arbeitskämpfen in der Bundesrepublik nunmehr am engsten gefaßt sind. In anderen westlichen Industrieländern sind zumeist nur die aktiv am Streik Beteiligten von den Leistungen der Arbeitslosenversicherung ausgeschlossen, während in der Bundesrepublik nunmehr auch mittelbar betroffene Arbeitnehmer ausgegrenzt werden.[74]

Die IG Metall, die SPD-Bundestagsfraktion sowie SPD-regierte Bundesländer haben wegen verfassungsrechtlicher Bedenken Klagen gegen die Neufassung beim Bundesverfassungsgericht eingereicht; strittig ist die Vereinbarkeit mit Art.9 (Koalitionsfreiheit), Art.14 (Schutz des Eigentums) und Art.3 (Gleichheitssatz).[75]

---

rung? Handlungsprobleme für Betriebsräte und Arbeitsämter, Soziale Sicherheit 35 (1986), 357-362; Kock, Kalt Ausgesperrt, allgemein zum Problem auch: Hinrichs,W./Möller,E., Gewerkschaftliche Position und rechtliche Situation zum Par. 72 Abs.1a AFG, Sozialer Fortschritt 36 (1987), 168-172.

[71] Vgl. BDA, Stellungnahme zum Gesetzentwurf der Bundesregierung zur Sicherung der Neutralität der Bundesanstalt für Arbeit bei Arbeitskämpfen - Bundesrats-Drucksache 600/85, Köln 1986.

[72] BDA, Jahresbericht der Bundesvereinigung der Deutschen Arbeitgeberverbände, 1.Dezember 1985 - 30.November 1986, Köln 1986, 13.

[73] Blanke spricht von der "Politik einer Privatisierung der Arbeitskampfrisiken durch eine komplementäre Steigerung der kollektivrechtlichen Streikrisiken". Blanke, Streikminimierung durch Risikomaximierung, 205.

[74] Vgl. Internationale Chronik zur Arbeitsmarktpolitik 24 (April 1986), 5f.

[75] Vgl. auch: Benda,E., Rechtsgutachten zur Frage der Verfassungsmäßigkeit des Entwurfs eines Gesetzes zur Sicherung der Neutralität der Bundesanstalt für Arbeit bei Arbeitskämpfen, Baden-Baden 1986. Ähnlich wie Benda äußerten sich u.a. der ehemalige Bundesarbeitsminister Katzer sowie der frühere Präsident des Bundessozialgerichts, Wannagat. Der ehemalige BAG-Präsident Müller vertrat in seinem Gutachten die entgegengesetzte Ansicht. Vgl. Müller,G. Arbeitskampf und Arbeitskampfrecht, insbesonders die Neutralität des Staates und verfahrensrechtliche Fragen, Bonn 1985; vgl. hierzu Buchner,H., Das Arbeitskampfrecht unter den Anforderungen der Verhandlungsparität und der Staatsneutralität. Zugleich Besprechung des Gutachtens von Prof.Dr. Gerhard Müller, Recht der Arbeit 39 (1986), bes. 16ff.

Demgegenüber vertritt die Bundesregierung auf der Basis ihr vorliegender Rechtsgutachten[76] die Meinung, daß alle Bestimmungen verfassungsgemäß seien. Die eigentlichen Probleme der Neuregelung liegen jenseits einer engen juristischen Betrachtungsweise bei den Funktionsbedingungen der Tarifautonomie bzw. der Tarifpolitik.[77] "Politics matter. The political parties in power can redefine the rules of industrial conflict in the Federal Republic."[78]

Einführende Literatur:

Bobke,M., Gewerkschaft und Aussperrung, Köln 1982

Brox,H./Rüthers,B., Arbeitskampfrecht, 2.Aufl. Stuttgart 1982

Däubler,W.(Hg.), Arbeitskampfrecht, 2.Aufl. Baden-Baden 1987

Erd,R., Verrechtlichung industrieller Konflikte. Normative Rahmenbedingungen des dualen Systems der Interessenvertretung, Frankfurt -New York 1978

Hyman,R., Strikes, 4.Aufl. London 1979

Kalbitz,R., Aussperrungen. Die vergessenen Konflikte, Köln-Frankfurt 1979

Kittner,M.(Hg.), Streik und Aussperrung, Frankfurt-Köln 1974

Segbers,F., Streik und Aussperrung sind nicht gleichzusetzen. Eine sozialethische Betrachtung, Köln 1986

Zachert,U./Metzke,M./Hamer,W., Die Aussperrung - Zur rechtlichen Zulässigkeit und politischen Durchsetzungsmöglichkeit eines Aussperrungsverbots, Köln 1978.

---

[76] Vgl. im einzelnen das für die Bundesregierung angefertigte Gutachten Ossenbühl,F./Richardi,R., Neutralität im Arbeitskampf. Zur Neufassung des Par. 116 AFG, Köln-Berlin 1987.

[77] Vgl. zum Problem auch Baumann,H., Arbeitskampf, Staatsneutralität und Arbeitslosenversicherung. Rechtspolitische Überlegungen zu einer Grundlagenreform des Par.116 AFG, Berlin 1986; Seiter,H., Staatsneutralität im Arbeitskampf, Tübingen 1987.

[78] Silvia, The West German labor law controversy, 170.

10. ARBEITSBEZIEHUNGEN IM ÖFFENTLICHEN DIENST

10.1. Einleitung

In allen entwickelten Industrienationen war lange Zeit eine überproportionale Ausweitung des öffentlichen Sektors festzustellen, der sich immer mehr zu einem gewaltigen Dienstleistungsapparat zur Befriedigung individueller und kollektiver Bedürfnisse, zum Instrument umfassender Daseinsfürsorge und -vorsorge entwickelte. Quantitativ schlug sich die permanente Erweiterung und Veränderung des staatlichen Aufgabenkataloges (vor allem Planung und Schaffung der Infrastruktur, staatliche Sozialpolitik und dadurch Sozialverwaltung, Wirtschaftsgestaltung) u.a. in einer raschen absoluten und relativen (bezogen auf die Größe der Bevölkerung) Zunahme der öffentlich Bediensteten nieder. Die Gesamtbeschäftigtenzahl hat im jahrzehntelangen Durchschnitt um ca. 2,5% pro Jahr zugenommen; die Zuwachsraten konzentrierten sich auf wenige Bereiche und reflektieren weitgehend die politischen Prioritäten (vor allem Bildung, Wissenschaft und Kultur; staatliche Verwaltung, Verteidigung; öffentliche Sicherheit und Ordnung, Rechtsschutz; Gesundheit, Sport, Erholung; politische Führung und zentrale Verwaltung). Diese Entwicklung kam erst Ende der 70er Jahre zum Stillstand.[1]

Von den insgesamt 28 Mill. Erwerbstätigen[2] sind rd. 4,7 Mill. im öffentlichen Dienst tätig, wobei 3,80 Mill. (ca. 81%) Voll- und 870.000 (ca. 19%) Teilzeitbeschäftigte sind. Bezogen auf die ca. 25 Mill. abhängig Erwerbstätigen befindet sich nahezu jeder 5. Arbeitsplatz in diesem Sektor, welcher der größte Arbeitgeber ist und dem deswegen enorme Bedeutung für die gesamtwirtschaftliche Lohn- sowie für die Arbeitsmarktentwicklung zukommt.

Der unterschiedliche Rechtsstatus der Arbeitnehmergruppen übt entscheidenden Einfluß aus: <u>Dualismus von privat-rechtlichem Arbeitnehmerstatus der Angestellten und Arbeiter und öffentlich-rechtlichem Dienstverhältnis der Beamten</u>. Diese an traditionellen deutschen Regelungen[3] orientierte, in ihren wesentlichen Zügen bis

---

[1] Vgl. Keller,B., Die Entwicklung der Gesamtbeschäftigtenzahl des öffentlichen Dienstes seit 1960: Tendenzen und aktuelle Probleme, Die Personalvertretung 28 (1985), 231-246.

[2] Alle folgenden Daten beziehen sich auf die "alte" Bundesrepublik, da die Datenlage gerade in bezug auf den öffentlichen Dienst in den neuen Ländern noch zu ungesichert ist. Vgl. zu ersten Angaben Tofaute,H., Beschäftigung im öffentlichen Dienst: 4,8 Mill. West, 1,7 Mill. Ost, WSI-Mitteilungen 44 (1991), 765. Vgl. einführend Keller,B./Henneberger,F., Beschäftigung und Arbeitsbeziehungen im öffentlichen Dienst der neuen Bundesländer, Gewerkschaftliche Monatshefte 43 (1992), 331-342.

[3] Vgl. zur hier nicht behandelten Geschichte des öffentlichen Dienstes zusammenfassend Heyen,E.V. (Hg.), Beamtensyndikalismus in Frankreich, Deutschland und Italien. Jahrbuch für Europäische Verwaltungsgeschichte 3, Baden-Baden 1991.

Kapitel 10: Öffentlicher Dienst

auf die Bismarcksche Reichsverfassung zurückgehende Unterscheidung wurde in der Gründungsphase der Bundesrepublik durch die Restaurierung der sog. hergebrachten Grundsätze des Berufsbeamtentums (Art. 33 IV GG) als Strukturprinzip beibehalten.[4] Bei einer Unterteilung der Beschäftigten des unmittelbaren öffentlichen Dienstes nach Statusgruppen ergibt sich, daß Beamte (einschl. Richter) mit ca. 1,8 Millionen die größte Gruppe bilden; die Zahl der Angestellten beträgt 1,6 Millionen, die der Arbeiter rd. 1,0 Millionen. In langfristiger Perspektive ist die Dienstverhältnisstruktur bei relativer Konstanz des Anteils der Beamten durch Verminderung des Anteils der Arbeiter und Erhöhung des Anteils der Angestellten charakterisiert.

Diese Unterschiedlichkeit der Beschäftigtenverhältnisse hat entscheidende Folgen für das System der Arbeitsbeziehungen: Nach herrschender Rechtsprechung und Rechtslehre haben die Beamten kein Kollektivverhandlungs- und Streikrecht. Die ansonsten zentrale Tarifautonomie, die autonome und staatsfreie Gestaltungsform der Arbeitsverhältnisse, ist für diese Gruppe aufgehoben zugunsten gesetzlicher Regelungen durch das Parlament, während sie den Angestellten und Arbeitern ebenso wie allen Arbeitnehmern der Privatwirtschaft garantiert wird. Beamte verfügen jedoch wie alle anderen Arbeitnehmer nach Art. 9 III GG über das Recht, sich gewerkschaftlich zu organisieren (Koalitionsfreiheit).

Damit existieren zwei Formen der Interessenvertretung, nämlich das Tarifmodell für Angestellte und Arbeiter sowie das Gesetzesmodell für Beamte, die sich in der Praxis wechselseitig durchdringen und beeinflussen.[5] Die Beschäftigungsverhältnisse haben sich sowohl von den materiellen und sozialen Bedingungen als auch von den Tätigkeitsinhalten her angeglichen; die formal-rechtlichen Unterschiede sind jedoch geblieben, obwohl sie von der Funktion her kaum noch zu rechtfertigen und aus der Aufgabenstellung nicht mehr abzuleiten sind.[6]

---

[4] Art. 33 IV GG bedeutet die institutionelle Gewährleistung des Berufsbeamtentums: "Die Ausübung hoheitsrechtlicher Befugnisse ist als ständige Aufgabe in der Regel Angehörigen des öffentlichen Dienstes zu übertragen, die in einem öffentlich-rechtlichen Dienst- und Treueverhältnis stehen" (Funktionsvorbehalt).

[5] Einerseits übernahm der Gesetzgeber wichtige Elemente tarifvertraglicher Vereinbarungen in das Beamtenrecht (u.a. Teilzeitbeschäftigung, Überbrückungszahlungen, Überstundenvergütung, Vermögensbildung, Weihnachtsgratifikation); andererseits setzten die Gewerkschaften die Übernahme beamtenrechtlicher Regelungen in den Tarifbereich durch (u.a. Beihilfe, Lohnfortzahlung im Krankheitsfall, Altersversorgung, Bewährungsaufstieg, Monatslohn für Arbeiter, Unkündbarkeit nach 15 Dienstjahren).

[6] Vgl. u.a. Ellwein,Th./Zoll,R., Berufsbeamtentum - Anspruch und Wirklichkeit, Düsseldorf 1973; Sontheimer,K./Bleek,W., Abschied vom Berufsbeamtentum? Perspektiven einer Reform des öffentlichen Dienstes in der Bundesrepublik Deutschland, Hamburg 1973.

10.2. Das Tarifvertragssystem

Den Tarifverhandlungen zwischen öffentlichen Arbeitgebern und Gewerkschaften kommt erhebliche Bedeutung zu:
- Der Abschluß bestimmt direkt die Einkommen der Arbeiter und Angestellten.
- Die Ergebnisse dieser Hauptverhandlungen werden als Resultate der Nebenverhandlungen bei Bundesbahn und Bundespost übernommen. Durch diese direkte Koppelung kommt der faktisch größte Tarifbereich zusammen.
- Weiterhin hat dieser Abschluß direkt und unmittelbar Einfluß auf die Einkommen der Beamten und Richter, da die Regelungen des Besoldungs- dem des Tarifbereichs in aller Regel quasi-automatisch folgen.[7]
- Tarif- und Besoldungsabschlüsse haben außerdem Folgen für die Alters- und Hinterbliebenenversorgung von beamteten und nicht-beamteten Angehörigen des öffentlichen Dienstes sowie für die Kriegsopferversorgung und für den Familienlastenausgleich.

Das gesamte Tarifverhandlungssystem der Bundesrepublik ist dadurch gekennzeichnet, daß ähnlich wie u. a. in den skandinavischen Ländern relativ zentralisierte Verhandlungen geführt werden. Dieses Muster ist im öffentlichen Sektor noch ausgeprägter als im privaten: Abgesehen von einigen kurzen Periode (u.a. nach dem II.Weltkrieg sowie in den 80er Jahren) wird im wesentlichen pro Jahr eine einzige Tarifverhandlung für alle tariffähigen Arbeitnehmer von Bund, Ländern und Gemeinden geführt. Eine wesentliche Konsequenz besteht darin, daß mit zunehmender Zentralisierung der Verteilungskonflikt partiell von der externen Verhandlungsstruktur zwischen Arbeitgebern und Gewerkschaften auf die interne innerhalb der Arbeitsmarktparteien verlagert wird. Eine weitere Folge ist eine weitgehende Standardisierung der Löhne und Arbeitsbedingungen.

Die kommunalen Arbeitgeberverbände haben sich 1949 zu einem Spitzenverband, der Vereinigung kommunaler Arbeitgeberverbände (VkA), zusammengeschlossen. Eine entsprechende Regelung gilt für die Ebene der Länder, wo die ebenfalls 1949 gegründete Tarifgemeinschaft der Deutschen Länder (TdL) besteht.[8] Ihr Ziel ist

---

[7] Dies gilt für das Ende der 60er und die gesamten 70er Jahre, während in den frühen 60er und frühen 80er Jahren beide Bereiche gelegentlich quantitativ und zeitlich unterschiedlich behandelt wurden.

[8] Vgl. Keller,B., Interessenaggregation und -transformation in Verbänden öffentlicher Arbeitgeber, in: Windhoff-Héritier,A.(Hg.), Verwaltung und ihre Umwelt. Festschrift für Thomas Ellwein, Opladen 1987, 258-276; Keller,B., Kommunale Arbeitgeber und ihre Verbände. Zur sozialwissenschaftlichen Analyse einer "Forschungslücke", Zeitschrift für öffentliche und gemeinwirtschaftliche Unternehmen 10 (1987), 262-277.

neben der Wahrung tarif- und arbeitsrechtlicher Interessen der Arbeitgeber vor allem die Einheitlichkeit der Arbeitsbedingungen in allen Bundesländern. Für den Bund hat die Regierung den Innenminister mit der Interessenwahrnehmung förmlich beauftragt.[9] Da der Bundesinnenminister nicht nur die Tarifverhandlungen führt, sondern auch durch die Dienstrechtsabteilung seines Ministeriums die Besoldungsnovellen verantwortlich vorbereitet, verfügt er über eine zentrale Position bei der Einkommensfestsetzung aller öffentlich Bediensteten.

Die Arbeitgeberseite setzt sich bei Tarifverhandlungen aus Repräsentanten aller drei Ebenen zusammen, wobei der Bund die Führungsrolle übernimmt und die notwendigen internen und externen Abstimmungen vor und während der Tarifrunde zu erreichen versucht. Es bestehen Interessenkonflikte allgemeiner Art (niedriger Abschluß vs. politisches Überleben) sowie solche zwischen den Vertretern der Gemeinden, der Länder und des Bundes. Diese internen Konflikte können sowohl von den Gewerkschaften als auch von den Interessengruppen taktisch genutzt werden, um weitergehende Konzessionen zu erreichen. Dies war besonders dann der Fall, wenn derartige Meinungsverschiedenheiten nicht intern gelöst werden konnten[10] Die divergierenden Interessen der Vertreter der Arbeitgebergruppen führen zu unterschiedlichem Verhalten bei der internen Willensbildung vor und während der Tarifverhandlungen.

Die Folge ist eine Verkomplizierung des innerorganisatorischen bargaining. Charakteristisch für diese Prozesse ist auch auf Arbeitgeberseite ihre Zweistufigkeit, da sie sich sowohl innerhalb als auch zwischen Gruppen vollziehen. Willensbildungsprozesse zwischen Gruppen beeinflussen Verhandlungsverhalten und -ergebnis stärker als diejenigen innerhalb einer Gruppe. Unterschiede ergeben sich nicht so sehr zwischen den Vertretern des Bundes und der Länder als vielmehr aus der besonderen Situation der Kommunen. Die wichtigsten Gründe hierfür sind in der schlechten finanziellen Situation sowie in der besonderen Streikempfindlichkeit zu sehen.[11]

---

[9] Bis 1960 führte der Finanzminister die Verhandlungen. Seitdem besteht eine Trennung von Verhandlungs- und Finanzverantwortung.

[10] Innerhalb der Regierung sind Einwände vor allem aus dem Wirtschafts- und besonders dem Finanzministerium zu erwarten. Kabinettsinterne Konflikte können vor allem dann auftreten, wenn bei Koalitionsregierungen die beteiligten Ministerien von verschiedenen Parteien besetzt sind, deren Vertreter versuchen, das Wählerreservoir ihrer eigenen Partei zu vergrößern.

[11] Vorgezogene Abschlüsse mit den Kommunen, die es besonders in den 60er und 70er Jahren verschiedentlich gab, übten eine erhebliche Signalwirkung auf die nachfolgenden Verhandlungen mit Ländern und Bund aus.

Auf Arbeitnehmerseite wurden die Verhandlungen bis 1976 gemeinsam geführt von der Gewerkschaft Öffentliche Dienste, Transport und Verkehr (ÖTV), die dem DGB angehört, und der Deutschen Angestelltengewerkschaft (DAG), die nicht Mitglied des DGB ist. Seit Ende der 60er Jahre wiederholten sich erhebliche Spannungen wegen der unterschiedlichen Vorstellungen über die Lohnstrukturpolitik: Die DAG versuchte verschiedentlich, prozentuale Lohnzuwächse zu erzielen, während die ÖTV eher lineare Erhöhungen und damit eine Lohnstrukturnivellierung anstrebte. Die Tarifabschlüsse (z.B. Sockelbetrag plus prozentuale Erhöhung) stellten häufig Kompromisse zwischen den unterschiedlichen Vorstellungen dar.

Diese Differenzen zwischen den Verbänden lassen sich als Auswirkungen der unterschiedlichen Organisationsprinzipien erklären: Die DAG mit ca. 160.000 Mitgliedern im öffentlichen Dienst folgt dem für die Bundesrepublik insgesamt untypischen Berufsverbandsprinzip, bei dem sich die Angehörigen des gleichen Berufs bzw. der gleichen Tätigkeit in einem Verband zusammenschließen. Die ÖTV mit rd. 1,3 Mill. Mitgliedern ist nach dem für die Bundesrepublik insgesamt typischen Industrieverbandsprinzip[12] organisiert, welches auf eine Interessenvertretung aller in einem bestimmten Wirtschaftsbereich Beschäftigten ohne Differenzierung nach Qualifikationsniveau, Beruf und Betriebszugehörigkeit abzielt. Die heterogenen Interessen verschiedener Gruppen müssen hierbei in einer gemeinsamen Politik koordiniert und gleichberechtigt durchgesetzt werden, d.h. Gruppeninteressen werden stärker mediatisiert, betriebsspezifische Faktoren und Interessen weitgehend neutralisiert. Die Interessenwahrnehmung durch Industriegewerkschaften basiert damit auf der internen Umverteilung von Verhandlungsmacht.

Der Bruch der Verhandlungsgemeinschaft von ÖTV und DAG erscheint als nahezu notwendige Konsequenz organisationsstruktureller Bedingungen. Bei einer Differenzierung der Mitglieder nach Dienstverhältnissen ergibt sich, daß die ÖTV ca. 580.000 der rd. 1 Million Arbeiter organisiert, die damit knapp 50% ihrer Mitglieder ausmachen. Da Gewerkschaften als zweckorientierte Organisationen das Ziel verfolgen, bestmögliche Leistungen für ihre Mitglieder durchzusetzen, muß die ÖTV die Interessen der Gruppe der Arbeiter vertreten; hierbei ist der Einfluß der DAG nur minimal. Die ÖTV verfolgt nicht nur in ihrer lohnpolitischen Strategie, sondern auch im Rahmen ihrer Manteltarifpolitik die Gleichstellung von Angestellten und Arbeitern.[13]

---

[12] Vgl. zu den verschiedenen Organisationsprinzipien Kap.3.

[13] Wichtige Schritte dieser Nivellierung von Statusunterschieden waren zu Beginn der 70er Jahre u.a. die Einführung des Monatslohnsystems für Arbeiter, die rechtliche Gleichstellung der Arbeiter mit den Angestellten bei der Lohnfortzahlung im Krankheitsfall sowie das Rationalisierungsschutzabkommen für die Arbeiter der Gemeinden.

Kapitel 10: Öffentlicher Dienst

Weiterhin vertritt die ÖTV auch die besonderen Interessen der Angestellten, da deren Anteil an ihrer Gesamtmitgliedschaft seit Beginn der 60er Jahre von knapp 30% auf über 45% gestiegen ist. Diese Entwicklung ist eingetreten infolge des Ausbaus der Leistungsverwaltung und der damit verbundenen allgemeinen Verschiebungen innerhalb der Dienstverhältnisstruktur zugunsten der Angestellten.

Diese besonders mittel- und langfristig für die Organisationspolitik entscheidende Notwendigkeit, verschiedene Gruppeninteressen angemessen repräsentieren zu müssen, stellt sich für die DAG kaum, da sie eine separate Interessenvertretung der Angestellten anstrebt.[14] Erstaunlich ist im nachhinein, daß es über lange Jahre immer wieder gelang, die zwischenorganisatorischen Konflikte intern zu lösen, obwohl stark unterschiedliche Interessen bei allen Beteiligten vorhanden waren.

Nach dem Bruch der Verhandlungsgemeinschaft im Sommer 1976 bildete die DAG zwecks Stärkung ihrer Position Ende 1976 mit dem Verband der angestellten Ärzte Deutschlands (Marburger Bund) und der dem DBB angehörenden, nahezu 30 tariffähige Organisationen umfassenden Gemeinschaft der Gewerkschaften und Verbände des öffentlichen Dienstes (GGVöD) eine neue "Tarifgemeinschaft für Angestellte im öffentlichen Dienst". Deren Ziel ist laut Tarifgemeinschaftsvertrag die "gemeinsame Vertretung der Interessen der im öffentlichen Dienst als Angestellte tätigen Mitglieder bei der tarifvertraglichen Regelung der Gehalts- und der übrigen Arbeitsbedingungen". Die tarifpolitischen Grundsätze der Tarifgemeinschaft zielen auf eine deutliche Abgrenzung von der Tarif-, insbesondere Lohnstrukturpolitik der ÖTV (z.B. Ablehnung von Festbetragsforderungen, Betonung einer sog. leistungsbezogenen Tarifpolitik, Forderung nach gesonderten Tarifverträgen für Angestellte). In den Organen der Tarifgemeinschaft (u.a. gemeinsame Tarifkommission, Geschäftsführung, zentrale Streikleitung) besteht ein eindeutiges Übergewicht der DAG.

Durch die Bildung der Tarifgemeinschaft, die sofort von den öffentlichen Arbeitgebern als Verhandlungspartner anerkannt wurde, wurde die organisatorische Zersplitterung in diesem Sektor vermindert. Einen weiteren Schritt in diese Richtung bedeutete 1978 die Aufnahme der Gewerkschaft der Polizei (GdP) als damals 17.Einzelgewerkschaft in den DGB. Während die Dominanz der ÖTV bei den Arbeitern und damit bei ihren konflikt- und streikfähigen Gruppen unangefochten blieb, bildet die Tarifgemeinschaft bei den Angestellten ein erhebliches Gegengewicht: Die ÖTV organisiert ca. 542.000 Angestellte, die Tarifgemeinschaft nach eigenen Anga-

---

[14] Auch die unterschiedlichen Verbandsideologien (Gleichheitspostulat vs. traditionelles Statusdenken) deuten auf differierende Formen der Interessenrepräsentation hin.

ben über 300.000. Die Konkurrenz um Angestelltenmitglieder ist intensiver geworden.

Als Folge dieser Entwicklung werden seit 1977 sog. Dreiecksverhandlungen zwischen Arbeitgebern und ÖTV einerseits sowie Arbeitgebern und Tarifgemeinschaft andererseits geführt. Durch diese Struktur, die eine Besonderheit des öffentlichen Dienstes darstellt, sind die Verhandlungen für alle Beteiligten komplizierter geworden. Mögliche Folgen sind zeitliche Verzögerungen, erhöhte Umständlichkeit und Erschwerung der Verhandlungen; auch zusätzliche Informations- und Kommunikationsprobleme treten vor allem auf Gewerkschaftsseite auf. Die faktische Unmöglichkeit isolierter Abschlüsse mit nur einer Gewerkschaft stellt höhere Ansprüche an die Kompromißfähigkeit des Tarifverhandlungssystems.

Eine hochgradige Zentralisierung des innerverbandlichen Willensbildungsprozesses ist ebenso wie in anderen Industriegewerkschaften auch in der ÖTV festzustellen: Der Hauptvorstand ist das entscheidende Gremium im innergewerkschaftlichen Abstimmungsprozeß. Die tarifpolitischen und sonstigen Forderungen werden frühzeitig mit denen der übrigen DGB-Gewerkschaften abgestimmt, welche die Nebenverhandlungen führen, besonders mit der Gewerkschaft der Eisenbahner Deutschlands (GdED) und der Deutschen Postgewerkschaft (DPG). Bei Konflikten im zwischenverbandlichen Willensbildungsprozeß setzt sich die Position der ÖTV durch, die eindeutig die Lohnführergewerkschaft innerhalb des öffentlichen Dienstes ist. Diese Kooperation der DGB-Gewerkschaften ist nach dem Bruch der Verhandlungsgemeinschaft von ÖTV und DAG noch intensiver geworden und geht über das ansonsten innerhalb der DGB-Gewerkschaften übliche Ausmaß hinaus. Die Forderungen für den Tarifbereich werden ebenfalls eng koordiniert mit denen für den Besoldungsbereich, wobei von der Einheitlichkeit des öffentlichen Dienstes ausgegangen wird.[15]

Insgesamt sind drei Faktoren verantwortlich für eine <u>Zunahme der Personalausgaben</u>, deren Anteil an den Gesamtausgaben in den 60er und frühen 70er Jahren permanent und überproportional gestiegen ist:
- Entwicklung des Personalbestandes,
- sog. Strukturverbesserungen[16],

---

[15] Die Privatwirtschaft übt gegenüber dem öffentlichen Dienst eine zentrale lohnpolitische Leitfunktion aus. Dieser Zusammenhang läßt sich sowohl quantitativ als auch zeitlich nachweisen. In der zweiten Hälfte der 70er Jahre wurde immer deutlicher, daß die Abschlüsse in der Privatwirtschaft - besonders im Bereich der IG Metall - erhebliche präjudizierende Wirkung ausüben.

[16] Hierzu gehören u.a. kollektive Höherstufungen ohne faktische Änderung der Tätigkeitsinhalte, Anhebungen bei der Dienstpostenbewertung, schnellere Beförderungen, Dienstalterszulagen, Familien- und Sozialzuschläge.

- die in Tarifverhandlungen bzw. Besoldungsgesetzen durchgesetzten Einkommensverbesserungen.

Bei den Gebietskörperschaften insgesamt betrug der Anteil der Personalkosten an den Gesamtausgaben Ende der 80er Jahre knapp 30%. Infolge der Verschiedenartigkeit der grundgesetzlich geregelten Aufgabenstellung und der sich daraus ergebenden Personalintensität weisen die Belastungen erhebliche Unterschiede auf: Beim Bund (ca. 14%) haben die Kosten langfristig vor allem im Bereich "Verteidigungsverwaltung" zugenommen. Bei den Gemeinden/Gv. (ca. 31%) sind die Zuwächse besonders im Bereich "Gesundheit, Sport, Erholung" eingetreten. Bei den (mit über 41%) relativ am stärksten belasteten Ländern liegt die Ursache in der weit überdurchschnittlichen Ausweitung des Bereichs "Unterricht und Wissenschaft". Diese Personalstands- und Kostenzuwächse reflektieren weitgehend politische Prioritäten sowie in geringerem Umfang die Bevölkerungsentwicklung und sozialpolitische Maßnahmen. Das Ausmaß inner- und zwischenverbandlicher Konflikte über Höhe und Struktur von Forderungen hängt nicht nur von organisationspolitischen Faktoren ab, sondern auch von der ökonomischen und finanziellen Situation, welche Rahmenbedingungen setzt und Entscheidungsspielräume bestimmt.[17] Sowohl gruppenspezifische Verbesserungen durch Strukturmaßnahmen (sog. Struktureffekte) als auch globale Erhöhungen im Rahmen der Tarif- und Besoldungspolitik (sog. Preiseffekte) ließen sich vor allem in Zeiten florierender Konjunktur durchsetzen, wie die Entwicklung der 60er und frühen 70er Jahre zeigte.

Bei kleiner werdenden Konzessionsspielräumen infolge verringerten Wirtschaftswachstums bzw. Stagnation wurden die Verteilungskonflikte härter, wie seit Mitte der 70er Jahre festzustellen war. Im Sog niedriger ausfallender Tarifabschlüsse in der Privatwirtschaft und als Folge der wachsenden staatlichen Budgetdefizite wurden auch die Einkommenszuwächse im öffentlichen Dienst geringer. Gewerkschaftliche Verhandlungsmacht nahm auch im öffentlichen Sektor ab; unter den veränderten Rahmenbedingungen einer Haushaltslage, die zu größerer Sparsamkeit Anlaß gibt, kann die öffentliche Meinung eher gegen gewerkschaftliche Forderungen mobilisiert werden.

Manteltarifverhandlungen werden bei abnehmender Kompromißfähigkeit und -bereitschaft der Arbeitgeber ebenfalls länger und härter. Deshalb müssen gruppenspezifische Interessen, die früher separat befriedigt werden konnten, innerhalb der Tarifpolitik Berücksichtigung finden, wodurch die innerverbandlichen Auseinandersetzungen

---

[17] Vgl. Projektgruppe Gewerkschaftsforschung, Rahmenbedingungen der Tarifpolitik, Bd.3: Strukturdaten des öffentlichen Dienstes, Frankfurt-New York 1978.

zwischen verschiedenen Mitgliedergruppen verschärft werden. Vor allem seit Ende der 70er Jahre wurde schließlich auch der Personalanstieg (sog. Mengeneffekte) infolge der ökonomischen und finanziellen Entwicklung entscheidend gebremst, d.h. die Personalpolitik war nicht mehr so expansiv wie früher. In mehreren Jahren wurden Maßnahmen unternommen, um Personal abzubauen (u.a. partieller oder totaler Einstellungsstop, Nichtwiederbesetzung freiwerdender Stellen, Privatisierung).[18]

10.3. Das System der Besoldungsbeziehungen

Die größten und wichtigsten Dachverbände sind: Deutscher Beamtenbund (DBB) mit etwa 794.000 Mitgliedern in seinen ca. 40 Mitgliedsverbänden und Deutscher Gewerkschaftsbund (DGB) mit ca. 807.000 beamteten Mitgliedern in sieben der 17 Industriegewerkschaften (vor allem GdED, GdP, GEW, ÖTV, DPG). Bei dieser erheblichen absoluten Mitgliederzahl liegt der Organisationsgrad der Beamten, der Indikator für den repräsentativen Charakter von Interessengruppen, mit über zwei Dritteln erheblich über dem der Arbeitnehmer in der Privatwirtschaft; überboten wird er lediglich von der Gruppe der Arbeiter im öffentlichen Dienst mit über 80%. Da DBB und DGB um Beamtenmitglieder konkurrieren, kann es aus organisations-politischen Gründen zu Spannungen kommen. Durch diesen zwischenorganisato-rischen Wettbewerb ergibt sich eine Situation, die in anderen Bereichen mit zumeist monopolisierten Interessenvertretungen kaum anzutreffen ist: Zwei ungefähr gleich starke Spitzenverbände stehen sich gegenüber.

Besonders in der Einkommenspolitik gelingt die Herstellung eines weitgehenden Konsens zwischen den Dachverbänden und dadurch eine effektive Interessendurchsetzung, obwohl der DBB stets die Eigenständigkeit der Besoldungspolitik hervorhebt. Während der DGB durch seine Verbandspolitik versucht, Statusunterschiede auszugleichen, strebt der DBB deren Erhaltung an. Bei anderen langfristig wichtigen Problemen hingegen sind die Interessengegensätze unüberbrückbar.[19] Dieser latente und bei langfristigen Zielvorstellungen manifeste zwischenorganisatorische Wettbewerb verhindert eine weitergehende Interessendurchsetzung.[20]

---

[18] Demgegenüber forderte besonders der DGB mehrfach die Mehreinstellung von öffentlichem Personal und wies darauf hin, daß nach wie vor erheblicher Bedarf an öffentlichen Dienstleistungen sowohl im Bereich der Leistungs- als auch bei der Hoheits- und Ordnungsverwaltung bestehe.

[19] Dies war u.a. in den 70er Jahren in entscheidenden Fragen einer allgemeinen Dienstrechtsreform (wie Regelungsverfahren und Streikrecht) sowie bei der Reform des Personalvertretungsgesetzes der Fall.

[20] Ähnlich wie im Tarif- ist auch im Besoldungsbereich das Verhandlungssystem hochgradig zentralisiert. Diese Tendenz wurde zu Beginn der 70er Jahre durch die Zentralisierung der Entscheidungskompetenz beim Bund, d.h. die Beseitigung des föderalistischen Besoldungsrechts, deutlich verstärkt (sog. Bundeseinheitlichkeit der Besoldungsregelungen).

Kapitel 10: Öffentlicher Dienst

Verteilungskkonflikte im Besoldungsbereich[21] werden nicht wie in der Privatwirtschaft und wie im Tarifbereich von tarifpolitischen Machtpositionen her ausgetragen, d.h. unter Einsatz von Streik und Streikdrohung bei der institutionellen Voraussetzung von Tarifautonomie, sondern mit politischen Mitteln wie lobbying durch Interessenverbände, d.h. durch die Beeinflussung einkommenspolitischer Entscheidungen politischer Instanzen. Da die Beamtenverbände die Interessen ihrer Mitglieder nicht über Tarifverhandlungen durchsetzen können, ist für sie eine Einflußnahme durch lobbying umso wichtiger.

Eine wesentliche Möglichkeit besteht darin, daß die Spitzenverbände über Anhörungsrechte verfügen, die in den Beamtengesetzen[22] verankert sind und die ihnen Einwirkungsmöglichkeiten bei nahezu allen für sie wichtigen Problemen eröffnen (Institutionalisierung des Verbandseinflusses). Neben informellen Treffen finden einmal oder mehrfach Beteiligungsgespräche statt, welche zu Revisionen innerhalb des Gesetzentwurfs des Bundesinnenministeriums führen. Diese Beteiligungsgespräche haben durchaus Verhandlungscharakter[23]: Die Verbände stellen wie die Gewerkschaften Forderungskataloge auf, die Diskussion wird teilweise auch öffentlich geführt, die Politiker können wegen des von ihnen angestellten Stimmenmaximierungskalküls Forderungen in der Regel nicht pauschal zurückweisen.

Diese formalen Beteiligungsrechte in der Phase der Gesetzesvorbereitung werden verstärkt über informelle Einflußnahmen in der Phase der parlamentarischen Entscheidung durch Kontakte zu einzelnen Parlamentariern, Gespräche mit Spitzenpolitikern, öffentliche Appelle bzw. Briefe oder Telegramme an verantwortliche Politiker bzw. an Bundestagsfraktionen. Der tatsächliche Einfluß geht damit wesentlich über den gesetzlich fixierten hinaus. Diese den Dachverbänden zur Verfügung stehenden Einflußmöglichkeiten sind für die Gesamtgruppe der Beamten von Bedeutung. Darüber hinaus bestehen wichtige, auf einzelne Gruppen gerichtete Möglichkeiten, die vor allem von den Berufsverbänden eingesetzt werden, um gruppenspezifische Verbesserungen durch sog. Strukturmaßnahmen zu erreichen.

---

[21] Vgl. Keller,B., Arbeitsbeziehungen im öffentlichen Dienst. Tarifpolitik der Gewerkschaften und Interessenpolitik der Beamtenverbände, Frankfurt-New York 1983, 193-254; Keller,B., Beamtenlobbies. Verbandsmacht und Interessendurchsetzung in der BRD, Journal für Sozialforschung 24 (1984), 163-183.

[22] Par.58 Beamtenrechtsrahmengesetz bzw. Par.94 Bundesbeamtengesetz.

[23] Vgl. zu einer anderen Auffassung Plander,H., Die beamtenrechtliche Vereinbarungsautonomie: Die Reform der beamtenrechtlichen Beteiligung als Verfassungsproblem, Baden-Baden 1991.

Besonders in den späten 60er und frühen 70er Jahren[24] konnten verschiedene Verbände wesentliche Erfolge für ihre Mitglieder (z.B. Lehrer, Polizeibeamte, bestimmte Gruppen von Richtern, Beamte in Sonderlaufbahnen, Ministerialbürokratie) erzielen. Strukturelle Maßnahmen eigneten sich insofern zur Durchsetzung partikularer Interessen, als sie häufig unabhängig von Tarif- und Besoldungsverhandlungen durchgeführt wurden und deswegen keine absoluten Nachteile für andere Gruppen brachten, d.h. als gruppenspezifische Kollektivgüter anzusehen waren. Strukturverbesserungen blieben in der Öffentlichkeit weitgehend unbemerkt oder ihre finanzpolitischen Konsequenzen wurden erst im nachhinein erkannt. Wegen dieses Mangels an Transparenz in der Personalkostenentwicklung war es für die Gebietskörperschaften häufig einfacher, derartige Verbesserungen zu ermöglichen als Besoldungserhöhungen zuzugestehen, deren Publizität beachtlich war. Die Verbesserung der materiellen Position einzelner überschaubarer Gruppen hatte regelmäßig entsprechende Forderungen vergleichbarer Gruppen zufolge, so daß eine Sogwirkung entstand, die von anderen Verbänden zur Durchsetzung weiterer Forderungen genutzt wurde.[25]

Alle beamtenspezifischen Regelungen müssen vom Parlament verabschiedet werden, in dem der Anteil der Angehörigen des öffentlichen Dienstes seit 1949 deutlich gestiegen ist und bei etwa 40% liegt. Diese öffentlich Bediensteten, welche die größte interfraktionelle Gruppe bilden, befinden sich damit im Zentrum der politischen Willensbildung. Sie können zwar nicht als Verbandsvertretung im üblichen Sinne bezeichnet werden, ihre Einflußnahmen wirken sich jedoch sehr ähnlich aus.[26] Diese personelle Durchsetzung des Parlaments setzt sich quasi- automatisch in den Ausschüssen als den institutionalisierten Mitwirkungsgremien fort, wobei der für die Vorbereitung der Beamtengesetzgebung zuständige Innenausschuß besonders wichtig ist; von seinen ordentlichen Mitgliedern stammt regelmäßig mehr als die Hälfte aus dem öffentlichen Dienst. Die Einflußmöglichkeiten der Spitzenorganisationen nehmen durch diese hohe Verbandsaffinität des zuständigen

---

[24] Ähnliche Versuche gab es ansatzweise Ende der 80er Jahre. Vgl. Keller,B., Kontinuität statt Wandel. Zur Organisation der Erwerbsarbeit im öffentlichen Dienst, in: Strümpel,B./Dierkes,M.(Hg.), Innovation und Beharrung in der Arbeitspolitik, Stuttgart 1992 (im Druck).

[25] Das Ergebnis dieser Entwicklung war die Wandlung des Stellenkegels innerhalb der vier Laufbahnen des einfachen, mittleren, gehobenen und höheren Dienstes in eine Zwiebel, d.h. eine zunehmende personelle Verdichtung in den jeweils höchsten Laufbahnstufen (sog. qualitative Überbesetzung).

[26] Bei einer weitergehenden Aufschlüsselung ergibt sich eine deutliche Überrepräsentation der Beamten des höheren Dienstes; die unteren Laufbahngruppen sowie Angestellte und Arbeiter fehlen fast völlig.

Ausschusses zu. In Parlamentsvorlagen können spezifische Gruppeninteressen eingehen, die als solche kaum erkennbar sind, weil sie häufig in sachlich-objektiver Verkleidung erscheinen. Im übrigen werden Parlamentsentscheidungen über Besoldungserhöhungen i.d.R. einstimmig gefaßt; sie sind selbst in Zeiten wachsender Polarisierung selten politisch kontrovers zwischen Regierungskoalition und Opposition. Darin liegt ein wesentlicher Unterschied zu der Mehrzahl der übrigen politischen Entscheidungen.

Je mehr sich die tatsächlichen Entscheidungsbefugnisse vom Parlament auf die Regierung verlagern, desto eher wenden sich Interessenverbände in der vorparlamentarischen Phase des Gesetzgebungsprozesses direkt an die Bürokratie. Der allgemeine Einfluß der Ministerialbürokratie wird verstärkt durch die Tatsache, daß ihre Angehörigen ebenfalls Beamte sind und insofern den Interessen dieser Statusgruppe wohlwollend gegenüberstehen. Ein wichtiger Vorteil der Beamtenverbände gegenüber anderen organisierten Gruppen besteht in der Lokalisierung ihrer Interessen innerhalb der Bürokratie. Dieses Interaktionsgeflecht erweist sich als vorteilhaft für beide Seiten: Die Verbände können ihre Interessen wirksam vertreten, die Bürokratie benötigt deren Informationen (u.a. Verbandsgutachten, Statistiken, Prognosen) zur Kanalisierung von Gruppeninteressen.

In der Privatwirtschaft bestimmt vor allem die Möglichkeit der Beeinflussung der ökonomischen Kosten der Arbeitgeber die gewerkschaftliche Verhandlungsmacht. Im öffentlichen Dienst dagegen besteht diese vor allem in der Fähigkeit, die politischen Kosten der öffentlichen Arbeitgeber, d.h. der Politiker der Regierungsparteien, zu beeinflussen.[27] Die im öffentlichen Dienst tätigen Wähler bzw. deren Verbände können die politischen Kosten der Arbeitgeber/Politiker erhöhen, indem sie Stimmentzug bei der nächsten Wahl androhen bzw. realisieren. Die Politiker müssen diese Interessen in ihrem Stimmenmaximierungskalkül berücksichtigen, welches sie mit dem Ziel des Gewinns der nächsten Wahl anstellen.[28]

Der Droheffekt des Stimmpotentials der großen Beamtenverbände, die zentrale Interessen ihrer Mitglieder organisieren, wird dadurch verstärkt, daß Politiker Entscheidungen unter der Randbedingung bestehender Unsicherheit treffen müssen. Angehörige dieser Gruppe können als Meinungsmultiplikatoren agieren und ihr

---

[27] Ein Vergleich der Sektoren findet sich bei: Keller,B./Henneberger,F., Privatwirtschaft und öffentlicher Dienst: Parallelen und Differenzen in den Arbeitspolitiken, in: Müller-Jentsch,W.(Hg.), Konfliktpartnerschaft. Akteure und Institutionen der industriellen Beziehungen, München-Mering 1991, 221-244.

[28] Diese Notwendigkeit wird verstärkt durch die Tatsache, daß in modernen Dienstleistungs- und Verwaltungsstaaten der öffentliche Dienst wächst und seinen Wählern dadurch eine Grenzwertfunktion zukommt.

Stimmenanteil kann durch Familienmitglieder vergrößert werden. Insbesonders bei den seit mehreren Wahlperioden chronisch knappen Mehrheitsverhältnissen wird jede Regierung die Forderungen der quantitativ bedeutenden Gruppe nicht unberücksichtigt lassen können. Diese Drohungen werden in Einzelfällen durchaus auch offen in Fernseh- und Presseinterviews ausgesprochen; auch bleiben sie nicht auf Wahlkampfzeiten beschränkt.[29] Weiterhin muß sich die Regierung aus Gründen der Effektivität und Produktivität des öffentlichen Dienstes die Loyalität der öffentlich Bediensteten erhalten. Diese können bereits durch strikt legales Verhalten (z.B. go slow, Bummelstreik, Dienst nach Vorschrift) der Regierung politischen Schaden zufügen; sie verfügen aufgrund ihrer Konfliktfähigkeit bzw. ihres Störpotentials bereits unterhalb der Schwelle des Stimmentzugs über zahlreiche Möglichkeiten, um Druck auf die Politiker auszuüben.

Seit der ökonomischen Krise Mitte der 70er Jahre verstärkte sich die Kritik am öffentlichen Dienst erheblich. Die wesentlichen Argumente sind: geringeres Arbeitsplatzrisiko als in der Privatwirtschaft, angemessene Bezahlung sowie Zusatzleistungen, die in der Privatwirtschaft zumindest nicht überall üblich sind, Beitragsfreiheit der Beamten bei Arbeitslosen- und Rentenversicherung, fehlende bzw. geringe Produktivitätszuwächse, stark expandierende Kosten, besonders steigende Personalkosten. Da der Aktionsspielraum von Interessengruppen u.a. davon abhängt, wie die Verbandsbelange der Öffentlichkeit präsentiert werden, besteht die Entgegnung auf diese Kritik in einer intensiven mittelbaren und unmittelbaren Öffentlichkeitsarbeit bzw. -politik. Die wichtigsten Kommunikationspartner im Außenbereich sind Parlamente, Regierungen, der vorparlamentarische Raum sowie Presse, Rundfunk und Fernsehen.[30] Ein häufig eingesetzes taktisches Mittel der Interessendurchsetzung ist der Versuch, die Diskussion durch Berufung auf die sog. hergebrachten Grundsätze des Berufsbeamtentums (Art.33 IV GG) zu verrechtlichen, um inhaltlich-politische Auseinandersetzungen zu umgehen.

Die beiden Formen der Einkommensregelung führen bei stark unterschiedlicher Rechtsgrundlage (sog. Zweigleisigkeit des Dienstrechts) zu sehr ähnlichen Ergebnissen, wobei der dominierende Einfluß von den Tarifverhandlungen ausgeht. Die Richtung dieser Koppelung ist nicht verwunderlich, da die Gewerkschaften im Tarifbereich über das kollektive Druckmittel des Streiks verfügen. Die Initiativfunktion der Tarifpolitik läßt sich in der zeitlichen Abfolge aufzeigen: Besoldungserhöhungen wer-

---

[29] Bei Koalitionsregierungen wird häufig die Partei des für die Besoldungsnovelle verantwortlichen Bundesinnenministers zum Adressat der Drohung.

[30] Die jährlich stattfindenden Arbeitstagungen haben neben der Aufgabe der Binnenstabilisierung des Verbandes vor allem die Funktion, geäußerte Kritik öffentlich zu widerlegen.

Kapitel 10: Öffentlicher Dienst

den regelmäßig nach Abschluß der Tarifverhandlungen beschlossen.[31] Diese Signalwirkung tarifpolitischer Entscheidungen für den Besoldungsbereich ist im übrigen nicht auf Lohn bzw. Besoldung beschränkt, sondern auch in anderen Bereichen anzutreffen.[32] Das bestehende Kollektivverhandlungs- und Streikverbot wirkt sich kaum negativ auf die relative Einkommensposition der Beamten aus. Die Beamtenorganisationen verfügen über politische Handlungsmöglichkeiten, die in ihrer Wirksamkeit dem Tarifverhandlungs- und Streikrecht kaum nachstehen.

10.4. Arbeitskonflikte

Streiks im öffentlichen Sektor sind nicht erst seit kurzem festzustellen. Auch die Bundesrepublik ist nicht unberührt geblieben, obgleich das Streikausmaß im internationalen Vergleich niedrig blieb und deutlich unter dem der Privatwirtschaft lag. Bemerkenswert ist die Tatsache, daß es in der Bundesrepublik kaum Streiks gegeben hat, obwohl die Mehrzahl der Beschäftigten, nämlich alle Angestellten und Arbeiter, über ein legales Streikrecht verfügen.[33] Demgegenüber wurden in anderen vergleichbaren Ländern bei strikteren Streikverboten mehr Arbeitskämpfe registriert. Im internationalen Vergleich stellen wir einen Zusammenhang zwischen Zentralisierung des Tarifverhandlungssystems und Konfliktausmaß fest: Eine hochgradige Zentralisierung geht einher mit einem geringen Konfliktausmaß. Demnach ist in der Bundesrepublik mit einem gerade im öffentlichen Dienst stark zentralisierten Verhandlungssystem mit nur wenigen Streiks zu rechnen. Ein weiterer Bestimmungsgrund liegt in der Tatsache, daß die große Gruppe der Beamten sich weitgehend an das nach herrschender Lehre für sie bestehende Streikverbot hält. Dieses Verhalten wird dadurch erleichtert, daß die Beamtenverbände gruppenspezifische Ziele der Beamten recht wirksam mit Hilfe politischer Mittel durchsetzen können.[34]

---

[31] Die umgekehrte Reihenfolge wäre möglich, wenngleich auf Dauer kaum praktikabel.

[32] Beispiele sind u.a.: Zuwendungstarifverträge, vermögenswirksame Leistungen, Arbeitszeitverkürzung, Urlaubsgeld.

[33] Bemerkenswert ist, daß in einem so bedeutenden Bereich wie dem öffentlichen Dienst über mehr als zwei Jahrzehnte hinweg ein Tarifverhandlungssystem ohne jedwede formale Konfliktbeilegungsmechanismen bestand. Erst der mehrtägige Streik im Frühjahr 1974 veranlaßte die Tarifpartner, Ende 1974 ein Schlichtungsverfahren zu vereinbaren. Vgl. Keller,B., Zur Beilegung kollektiver Regelungsstreitigkeiten. Eine sozialwissenschaftliche Analyse unter besonderer Berücksichtigung des öffentlichen Dienstes, Zeitschrift für Sozialpsychologie 12 (1981), 256-270. In anderen Ländern sind die Diskussionen um Konfliktbeilegungsverfahren wesentlich intensiver und langwieriger.

[34] Besonders in den 70er Jahren gab es zwar streikähnliche Kampfmaßnahmen verschiedener Beamtengruppen. Diese Kampfmaßnahmen (vor allem "Dienst nach Vorschrift") waren allerdings von der Größe her nicht bedeutsam; sie wurden vor allem dann geführt, wenn sich eine Schlechterstellung des Besoldungs- gegenüber dem Tarifbereich andeutete.

Trotz aller Unterschiede ist die Verteilung von Streiks der in vergleichbaren Ländern sehr ähnlich: Streiks werden vor allem auf kommunaler, und nicht auf Länder- oder Bundesebene geführt. Die Gründe sind folgende:
1. Die Dienstverhältnisstruktur ist im Zeitablauf dadurch gekennzeichnet, daß der Beamtenteil (bei ca. 41%) nahezu gleich blieb, während der Arbeiteranteil sich von einem Drittel auf weniger als ein Viertel vermindert und der Angestelltenanteil von einem Viertel auf mehr als ein Drittel erhöht hat. Bei den Kommunen sind relativ viele Arbeiter beschäftigt, während Beamte kaum vertreten sind; für die Bundesländer gilt wegen der Aufgabenverteilung zwischen Bund, Ländern und Gemeinden das Gegenteil. Die Erfahrung zeigt, daß die Streikbereitschaft der Arbeiter größer ist als die der übrigen Gruppen.
2. Mit diesen Besonderheiten der Dienstverhältnisstruktur geht ein mögliches Ausscheren bestimmter kommunaler Arbeitgeber einher: Da sie als erste mit Streiks zu rechnen haben, werden sie als erste versuchen, einen drohenden Streik durch ein höheres Angebot abzuwenden.[35] Dieses Verhaltensmuster war bei zahlreichen Gelegenheiten festzustellen. Die gewerkschaftliche Verhandlungstaktik wird auf dieses Zersplittern der Arbeitgeber angelegt, indem etwa Streikdrohungen nicht pauschal gegen die Arbeitgeberkoalition, sondern gezielt gegen kommuale Arbeitgeber gerichtet werden. Die Länder und besonders der Bund, die um die Rettung einheitlicher Regelungen bemüht sind, werden dann ebenfalls zu Konzessionen veranlaßt. Vor allem die Vertreter des Bundes versuchen, die Arbeitgeberkoalition aufrecht zu erhalten.
3. Schließlich veranlassen Streikdrohungen bzw. Streiks auf kommunaler Ebene die Arbeitgeber noch aus einem anderen Grund zum Nachgeben: Der Ausfall bestimmter Dienstleistungen wie Müllabfuhr, Energieversorgung oder Nahverkehrssystem übt einen sofortigen und unmittelbaren Einfluß auf große Konsumentengruppen aus. Eine derartige direkte Betroffenheit ergibt sich kaum bei den Dienstleistungen, die von Ländern und Bund bereitgestellt werden (etwa "politische Führung und zentrale Verwaltung" oder "Unterricht, Wissenschaft, Kultur").[36]

---

[35] Mitglieder der VkA sind ebenso wie die der TdL nicht berechtigt, eigene Tarifverträge oder sonstige arbeitsrechtliche Vereinbarungen abzuschließen. Verschiedene andere, nicht der VkA angehörende kommunale Arbeitgeber erfüllten jedoch verschiedentlich vorab weitgehend die Forderungen streikender Arbeiter und leiteten damit eine Tarifbewegung des gesamten öffentlichen Dienstes ein. Diese unter dem Druck drohender Arbeitsniederlegungen zustandegekommenen isolierten Abschlüsse übten einen erheblichen psychologischen Einfluß aus. Sie nahmen zwar nicht rechtlich, wohl aber faktisch die übrigen Tarifverhandlungen und darüber hinaus die Gestaltung der Beamtenbesoldung vorweg. Vor allem die Erwartungen der Gewerkschaftsmitglieder orientierten sich an der Höhe dieser vorgezogenen Abschlüsse.

4. Auch sind die personellen Verquickungen von politischen Mandaten und gewerkschaftlichen Funktionen auf kommualer Ebene am intensivsten: Träger von Arbeitgeberfunktionen haben häufig gleichzeitig Führungspositionen innerhalb der Gewerkschaft inne; die vom Arbeitsrecht geforderte Gegnerfreiheit ist damit nicht immer gegeben.[37]

5. In Kalkülen gewerkschaftlicher Streiktaktik liegt ein weiterer Grund für die Verteilung von Streiks. Gewerkschaften müssen auch im öffentlichen Dienst Streikgelder zahlen, welche als wichtiger Bestandteil der gewerkschaftlichen Kosten in das Funktionärskalkül eingehen. Ein lokal begrenzter Konflikt verursacht jedoch wesentlich geringere Kosten als ein sog. Flächenstreik, so daß die Gewerkschaft einen Streik auf kommunaler Ebene vorzieht. Ihr Organisationsgrad ist hier besonders hoch; er beträgt z.B. bei den Elektrizitätswerken und in den Verkehrsbetrieben über 90%. Da ein hoher Organisationsgrad eine entscheidende Voraussetzung zur erfolgreichen Durchführung von Schwerpunktstreiks darstellt, empfiehlt sich auch aus diesem Grund ein Streik auf kommunaler Ebene.

Die gewerkschaftliche Streiktaktik folgt einem Muster, das sich deutlich an dem Arbeitskampf im Februar 1974 zeigen läßt: Wenn die Gewerkschaft ihre Forderungen mit Hilfe von Kampfmaßnahmen durchsetzt, streiken kleine Beschäftigtengruppen mit hohem Störpotential[38] auf lokaler Ebene, da die erwähnten Zweige der Kommunalwirtschaft äußerst störanfällig sind.[39] Die Streikbereitschaft dieser kleinen Gruppen in Schlüsselpositionen ist hoch, da sie ihre Einflußmöglichkeiten kennen. Die von diesen Gruppen durchgesetzten Einkommensverbesserungen kommen bei einem zentralisierten Verhandlungssystem automatisch und direkt auch allen anderen Gruppen zugute. Einzelne Gruppen können also eine Bewegung des gesamten Tarifbereichs auslösen; weiterhin hat dieser Tarifabschluß unmittelbar und direkt Einfluß auf die Beamtenbesoldung.

---

[36] Sicherlich würde z.B. ein Streik auf Länderebene die Arbeit in deren Ministerien sowie in nachgeordneten Ämtern und Behörden erheblich behindern; allerdings müßten Kampfmaßnahmen sehr lange dauern, um direkte Auswirkungen auf die Bürger zu haben.

[37] In diesem Zusammenhang liegt eine entscheidende Bestimmunggröße dafür, daß bestimmte Großkommunen dazu neigen, aus der Arbeitgeberkoalition auszuscheren.

[38] Unter Störpotential soll die Fähigkeit einer Gruppe verstanden werden, durch Streik oder Streikdrohung Druck auf Politiker auszuüben; für diese sind Stimmenverluste bei der nächsten Wahl zu befürchten, weil die vom Streik betroffenen Konsumenten dieses der Regierung zurechnen und ihre Wahlentscheidung ändern werden.

[39] Solche Gruppen gibt es unabhängig davon, ob ihre Mitglieder Arbeiter, Angestellte oder Beamte sind; ein hohes Störpotential wird vor allem von nicht-beamteten Gruppen eingesetzt, weil für Beamte keine Tarifverhandlungen geführt werden.

Streikähnliche Protestformen (besonders kollektive Krankmeldungen, Arbeitsverlangsamung oder -beschleunigung, oder "Dienst nach Vorschrift") sind in bezug auf die Durchsetzung von Gruppenzielen kaum weniger wirksam als offizielle Streiks: Ein teilweiser Ausfall dringend notwendiger Dienstleistungen, der zudem nahezu beliebig gesteigert werden kann, erzielt eine ähnliche Wirkung wie eine völlige Einstellung. Unter der juristischen Perspektive eines offiziellen Streikverbotes sind solche Kampfformen sogar weniger problematisch für die Beteiligten und deren Interessenverbände. Folglich sind streikähnliche Kampfmaßnahmen häufiger als Streiks.

Der grundlegende Dualismus der Dienstverhältnisse macht unterschiedliche Formen der Konfliktaustragung notwendig. Bei den Beamten hat ebenfalls eine starke Institutionalisierung des Konflikts stattgefunden, wobei allerdings politischer und ökonomischer Konflikt kaum getrennt werden können. Weiterhin ist auch ein Einbruch in das eingeschränkte Streikrecht der Beamten erfolgt. Bestimmte gewerkschaftliche Kampfformen, die lange Zeit Angestellten und besonders Arbeitern vorbehalten zu sein schienen, wurden später auch gelegentlich von Beamten eingesetzt. Damit tritt auch in der Bundesrepublik ein in anderen Ländern vielfach beobachtetes Phänomen auf: Nichtstreikberechtigte Gruppen streiken dennoch oder führen streikähnliche Kampfmaßnahmen durch. Verschiedene Gruppen (u.a. Bahn- und Postbedienstete, Lehrer, Steuerbeamte) haben die tatsächliche oder angenommene Handlungsunfähigkeit der öffentlichen Arbeitgeber erkannt.

Solche Kampfformen werden von den Gruppen, die sie verwenden, häufig als Maßnahmen dargestellt, die im Interesse der Öffentlichkeit notwendig sind. Diese Gruppen versuchen, ihre Handlungen durch die Forderung einer tatsächlichen oder vorgegebenen Verbesserung der Gruppenleistung zu begründen: Lehrer treten für verbesserte Ausbildungsbedingungen ein, Fluglotsen für mehr Sicherheit im Luftverkehr, Steuerbeamte für mehr Steuergerechtigkeit. Tatsächlich handelt es sich jedoch vor allem arbeitsrechtlich um Kampfmaßnahmen, die das Ziel verfolgen, die Arbeitsbedingungen der jeweiligen Gruppe zu verbessern.

Ein Streikeinsatz von Beamten bei rechtmäßigen Arbeitskämpfen ist nach juristischer Auffassung legal, tatsächlich jedoch problematisch. Der Versuch der Arbeitgeber, im Streikfall Beamten ganz gezielt die Ausübung wichtiger Aufgaben von Angestellten und Arbeitern zu übertragen, dürfte kaum große Aussicht auf Erfolg haben, da die Beamten mit diesen Funktionen nicht unbedingt vertraut sind und kein großes Interesse an einem reibungslosen Ablauf haben. Da i.d.R. die Ergebnisse der Tarifverhandlungen in den Besoldungsbereich übernommen werden, handelt es sich letztendlich um eine Solidaritätsbekundung der Beamten in eigener Sache.

Die Arbeitskonflikte im Besoldungsbereich wurden vor allem in Form von "Dienst nach Vorschrift" ausgetragen. Im Tarifbereich dagegen gab es wiederholt spontane

Warnstreiks. Beide Formen haben jedoch eine Erhöhung der Zugeständnisse öffentlicher Arbeitgeber zum Ziel und sind insofern weitgehend gleichwertig. Nach ihrem Träger kann man Streiks einteilen in gewerkschaftlich organisierte und spontane.[40] Spontane Arbeitsniederlegungen sind in beiden Sektoren zumeist auf einige, wenige Betriebe beschränkt und wesentlich kürzer. Beide Streikformen haben häufig ähnliche Ursachen und beziehen sich auf dieselben Inhalte, nämlich auf die Durchsetzung materieller Forderungen. Bei einer weitergehenden Aufschlüsselung zeigt sich auch für den öffentlichen Dienst ein überdurchschnittlich hohes Streikaufkommen bei einigen wenigen Gruppen: Arbeiter der kommunalen Betriebe, Müllwerker und Straßenreiniger, Post und Nahverkehrsbetriebe. Es handelt sich also durchweg um Gruppen mit besonders hohem Störpotential im definierten Sinne.

Einführende Literatur:

Aaron,B./Grodin,J.R./Stern,L. (eds.), Public sector bargaining, 2nd ed. Washington/D.C. 1988

Billerbeck,U./Deutschmann,Chr., Tarifpolitik mit politischen Skrupeln: Der öffentliche Dienst in den siebziger Jahren, in: Billerbeck,U. et al., Neuorientierung der Tarifpolitik? Veränderungen im Verhältnis zwischen Lohn und Manteltarifpolitik in den siebziger Jahren, Frankfurt-New York 1982, 459-605

Brandes,W. et al., Der Staat als Arbeitgeber. Daten und Analysen zum öffentlichen Dienst in der Bundesrepublik, Frankfurt-New York 1990

Ellwein,Th., Gewerkschaften und öffentlicher Dienst. Zur Entwicklung der Beamtenpolitik des DGB, Opladen 1980

Keller,B., Arbeitsbeziehungen im öffentlichen Dienst. Tarifpolitik der Gewerkschaften und Interessenpolitik der Beamtenverbände, Frankfurt-New York 1983

Lewin,D. et al.(eds.), Public sector labor relations. Analysis and readings, 3rd ed. Lexington 1988.

---

[40] Vgl. im einzelnen Kap.9.

11. TECHNOLOGISCHER WANDEL UND SOZIALE FOLGEN

In engem Zusammenhang mit bereits erwähnten Fragen stehen die verschiedenen Probleme, welche mit Rationalisierung bzw. technischem Wandel, insbesonders seinen sozialen Folgen, zu tun haben. Dazu gehören u.a. Probleme der Veränderung der Tätigkeitsprofile, der Qualifikationsstruktur, der Anzahl der Arbeitsplätze und damit der gesamten Arbeitsmarkt- und Sozialstruktur im Kontext der sozio-ökonomischen Entwicklung.[1] In arbeitspolitischer Perspektive geht es vor allem um gesellschaftliche Beherrschung, um politische Alternativen sowie um unterschiedliche Interessen beim Einsatz der neuen Informationsverarbeitungs-, Kommunikations- und Steuerungstechniken. Insoweit ist der alte, nicht nur in den Sozialwissenschaften lange Zeit weit verbreitete Technikdeterminismus mit seinen scheinbaren zwangsläufigen Sachgesetzlichkeiten, jene "Vorstellung einer weitgehend deterministischen Abhängigkeit der Arbeitsformen und ihrer Veränderung von der der eingesetzten Technik und ihrer Vorstellung"[2], engültig vorbei. Es gilt vielmehr, die vorhandenen, je spezifischen Gestaltungsspielräume auszuloten und zu nutzen.

Neben den Problemen, die sich im sekundären Sektor schon seit längerem ergeben, müssen wir nunmehr infolge des Einsatzes der Mikroelektronik auch Veränderungen im tertiären Sektor berücksichtigen. Rationalisierung ist kein Problem der industriellen Produktion mehr, sondern zunehmend auch eines des privaten und öffentlichen Dienstleistungssektors.

Ausgangspunkt sind vielfach traditionelle Rationalisierungskonzepte tayloristischen Zuschnitts als Inbegriff fremdbestimmter Arbeit vor allem in der inflexiblen Produktion von Massengütern. Wesentliche Elemente dieser Variante sind vor allem
- strikte Zerlegung der Arbeit und extreme Arbeitsteilung,
- repetitive Teilarbeit etwa in der Fließbandproduktion,
- Verlust des Ganzheitscharakters der Arbeit und zunehmende Fragmentierung,

---

[1] Vgl. einführend in den Themenkreis aus je unterschiedlicher Perspektive: Bergmann,J., Technik und Arbeit, in: Lutz,B.(Hg.), Technik und sozialer Wandel. Verhandlungen des 23.Deutschen Soziologentages in Hamburg 1986, Frankfurt-New York 1987,114-134; Strümpel,B., Grüne Gefühle - technokratische Argumente. Zum Wandel des Fortschrittverständnisses, Universitas 42 (1987), 341-348; Bundeszentrale für politische Bildung (Hg.), Neue Technologien, Bonn 1988; Leciejewski, K., Arbeit - Technik - Politik, PVS 29 (1988), 113-122; Müller-Jentsch,W./Stahlmann,M., Management und Arbeitspolitik im Prozeß fortschreitender Industrialisierung, Österreichische Zeitschrift für Soziologie 13 (1988), 5-31; Rammert,W., Technikgenese. Stand und Perspektiven der Sozialforschung zum Entstehungszusammenhang neuer Techniken, Kölner Zeitschrift für Soziologie und Sozialpsychologie 40 (1988), 747-761.

[2] Lutz,B., Kann man Technik-Folgen abschätzen?, Gewerkschaftliche Monatshefte 37 (1986), 565.

- Dequalifizierung der Arbeitnehmer,
- strikte Trennung von ausführenden und dispositiven Tätigkeiten,
- Optimierung der Arbeitsmittel und Bewegungsabläufe,
- insgesamt also ein äußerst restriktiver Zugriff auf den Faktor Arbeit sowie dessen Kontrolle und Regulierung durch entsprechende Arbeitsgestaltung.

Ziel dieser Rationalisierungskonzepte à la Taylor und wenig später Ford ist eine möglichst vollständige Technisierung des Arbeitsprozesses bzw. eine möglichst weitgehende Eliminierung des Faktors Arbeit.[3]

Demgegenüber haben wir es gegenwärtig mit einem "neuen Rationalisierungstyp" zu tun, dessen zentrale Merkmale folgende sind:[4]
- Neue Rationalisierungsstrategien richten sich auf die Integration gesamtbetrieblicher Prozesse.
- Neue Rationalisierungsstrategien beziehen zwischenbetriebliche Zusammenhänge ein.
- Neue Rationalisierungsstrategien konzentrieren sich auf das elastische Potential von Technik.

Wir befinden uns in der "dritten" industriellen Revolution[5], innerhalb derer die Mikroelektronik als neue Basistechnologie eine zentrale Rolle bei der grundlegenden Umgestaltung der Produktivkräfte sowie des Arbeitsprozesses spielt.

11.1. Kern/Schumann: Das Ende der Arbeitsteilung?

Wir wollen diese Probleme zunächst anhand einer neueren Studie diskutieren, welche seit einigen Jahren die industriesoziologische und politische Diskussion um technischen Wandel und gesellschaftliche Folgen in der Bundesrepublik beherrscht.[6]

---

[3] Vgl. Taylor,F.W., Die Grundsätze wissenschaftlicher Betriebsführung, Weinheim-Basel 1977; Ford,H., Das große Heute, das größere Morgen, Leipzig 1928.

[4] Vgl. Altmann,N. et al., Ein "Neuer Rationalisierungstyp" - neue Anforderungen an die Industriesoziologie, Soziale Welt 37 (1986), 191ff; Manske,F., Ende oder Wandel des Taylorismus? Von der punktuellen zur systematischen Kontrolle des Produktionsprozesses, Soziale Welt 38 (1987), 166-180.

[5] Vgl. zusammenfassend zu den Charakteristika der drei Phasen Müller-Jentsch,W., Productive forces and industrial citizenship: An evolutionary perspective on labour relations, Economic and Industrial Democracy 12 (1991), 439-467.

[6] Vgl. Kern,H/Schumann,M., Das Ende der Arbeitsteilung? Rationalisierung in der industriellen Produktion: Bestandsaufnahme, Trendbestimmung, München 1984; vgl. auch Kern,H./Schumann,M., Ansatz und erste Befunde einer Folgestudie zu "Industriearbeit und Arbeiterbewußtsein", in: Schmidt,G./Braczyk,H.-J./Knesebeck,J.v.d. (Hg.) Materialien zur Industriesoziologie, Opladen 1982, 105-131; Kern, H./Schumann,M., Neue Produktionskonzepte haben Chancen. Erfahrungen und erste Befunde der Folgestudie zu "Industriearbeit und Arbeiterbewußtsein", Soziale Welt 35 (1984), 146-

Diese "follow-up"-Studie[7] ist nicht nur als Bestandsaufnahme der Rationalisierungsentwicklung, sondern auch als Trendbestimmung der zukünftigen Entwicklung konzipiert; sie wurde vor allem in den trotz der "Krise der Wachstumsökonomie" mit Stagnationstendenzen und Strukturdefiziten noch funktionierenden industriellen Kernsektoren (besonders Automobilbau, Großchemie, Werkzeugmaschinenbau) durchgeführt. Es handelt sich also nicht um eine für die westdeutsche Wirtschaft repräsentative Studie, sondern um Untersuchungen in technologisch avancierten Bereichen, in denen sich Entwicklungsrichtungen am ehesten erkennen und antizipieren lassen.

1. Die Verfasser vertreten die These eines arbeitspolitischen Paradigmenwechsels innerhalb des Prozesses kapitalistischer Rationalisierung weg von den traditionell dominierenden tayloristischen Prinzipien der Arbeitsorganisation hin zu einer breiter angelegten und deutlich besseren Qualifikation sowie zu ganzheitlicherem Aufgabenzuschnitt und -integration (Erhalt und Reetablierung von Facharbeit im Produktionsprozeß statt in werkstattexternen Agenturen). Diese arbeitspolitische Neuorientierung deutet hin auf einen fundamentalen Umbruch in der Nutzung der noch verbleibenden menschlichen Arbeit sowie auf ein "Ende der Arbeitsteilung". Diese Entwicklung in Richtung auf ein Ende der "Autonomisierung des Produktionsprozesses gegenüber lebendiger Arbeit"[8] ist Tendenz und schließt keinesfalls aus, daß andere Formen der Techniknutzung (vor allem solche tayloristischen Zuschnitts) fortbestehen. Die Autoren konstatieren eine Re-Professionalisierung der Produktionsarbeit (breite berufliche Qualifikation und fachliche Souveränität als Produktivkräfte) mit einem ganzheitlichen Aufgabenzuschnitt bzw. die Wiedereinführung und Verankerung von Produktionsintelligenz in der Produktion.

Die Existenz neuer Produktionskonzepte bedeutet Verknüpfung statt Atomisierung von Arbeitsfunktionen, Nutzung statt Beschränkung von Handlungskompetenz, Professionalisierung statt Entberuflichung von Arbeitsrollen. Folge dieser neuen

---

158; Kern,H./Schumann,M., Industriearbeit im Umbruch. Versuch einer Voraussage, Aus Politik und Zeitgeschichte B45/84, 31-38; Kern,H./Schumann,M., Industriearbeit im Umbruch - Versuch einer Voraussage, in: Lutz,B. (Hg.), Soziologie und gesellschaftliche Entwicklung. Verhandlungen des 22. Deutschen Soziologentages in Dortmund 1984, Frankfurt-New York 1985, 382-397; Kern,H./ Schumann,M., Limits of the division of labour. New production and employment concepts in West German industry, Economic and Industrial Democracy 8 (1987), 151-170.

[7] Vgl. Kern,H./Schumann,M., Industriearbeit und Arbeiterbewußtsein. Eine empirische Untersuchung über den Einfluß der aktuellen technischen Entwicklung auf die industrielle Arbeit und das Arbeiterbewußtsein, Frankfurt 1970 (Neuausgabe - mit einem Nachwort von K.P.Wittemann, Frankfurt 1985).

[8] Kern/Schumann, Ende der Arbeitsteilung, 19.

Rationalisierungsform ist eine grundlegend veränderte Nutzung der bei massiver Arbeitsplatzvernichtung verbleibenden lebendigen Arbeit mit einer steigenden qualitativen Bedeutung der menschlichen Arbeit, die nicht länger als Schranke bzw. potentieller Störfaktor der industriellen Produktion, sondern als wesentliche Produktivkraft betrachtet wird. Eine möglichst restriktive Arbeitsgestaltung mit einer weitgehenden Komprimierung lebendiger Arbeit schöpft demnach die vorhandenen Produktivitätspotentiale nicht vollständig aus; know how und Erfahrung der Arbeitnehmer werden nicht optimal genutzt.

Demgegenüber basiert das Konzept des ganzheitlich-integrierten Arbeitseinsatzes, das nicht Gefahren, sondern Chancen bietet, auf einer hohen sozialen und beruflichen Kompetenz der neuen Produktionsfacharbeiter, die herstellende und systembetreuende Funktionen gleichermaßen ausüben (Kombination von theoretischen und analytischen Fähigkeiten). Zwischen dem Einsatz neuer Technologien und dem neuer Rationalisierungsformen besteht eine Wechselwirkung.

Die gesellschaftliche Folge dieser neuen Produktionskonzepte ist eine Vertiefung der Statusdifferenzen innerhalb der Industriearbeiterschaft. Innerhalb des Interessenkonflikt-Szenarios unterscheiden Kern/Schumann vier Gruppen :

- Rationalisierungsgewinner als personelle Träger der neuen Konzepte innerhalb der industriellen Kernsektoren (vor allem moderne Produktionsfacharbeiter und Instandsetzungsspezialisten mit Qualifikationsmerkmalen wie Geschicklichkeit, Diagnosefähigkeit und Verhaltenssouveränität), die aufgrund ihres betrieblichen bargaining power vielleicht sogar einen Machtzugewinn erreichen können;
- Rationalisierungsdulder, d.h. Arbeitnehmer auf traditionellen Arbeitsplätzen in den Kernsektoren, die zwar aufgrund persönlicher Merkmale (u.a. fortgeschrittenes Alter, Fehlen polyvalenter Qualifikation, oft Ausländer und Frauen) nicht in die neuen Konzepte integriert werden können, die aber durch gesetzliche Regelungen, Tarifverträge und Betriebsvereinbarungen relativ gut gegen negative Folgen geschützt sind;
- Rationalisierungsverlierer, d.h. Arbeitnehmer in den krisenbestimmten Branchen mit erheblichem Kapazitätsabbau (u.a. Kohle, Stahl, Werften), die permanent von Arbeitsplatzverlust bedroht sind; vorhandene interne Differenzen können bei akuter Arbeitsplatzgefährdung zugunsten kollektiver Aktionen überwunden werden;
- Arbeitslose als Risikoträger des Arbeitsmarktes, deren Chancen auf Wiedereingliederung in den Produktionsprozeß sich durch die neuen Produktionskonzepte mit zunehmender Außenabschottung der betrieblichen Arbeitsmärkte und Nachfrage nach spezifischen Qualifikationen immer mehr verschlechtern.

Als Gesamtbefund ergibt sich eine zunehmende Segmentierung als moderne Variante der früher auch von Kern/Schumann behaupteten Polarisierung betrieblicher Qualifikationen, d.h. einer Dequalifizierung der Mehrheit bei einer gleichzeitigen Höherqualifizierung durch Aufgabenerweiterung einer Minderheit; weiterhin konstatieren Kern/Schumann eine deutliche Verfestigung interner Grenzlinien bzw. eine wachsende soziale Ungleichheit. Die Folge dieser "Neoindustrialisierung" ist eine zunehmende Verschärfung der Disparität der Lebensverhältnisse innerhalb der Arbeitnehmerschaft mit ungewissen Folgen für die gesellschaftliche Integration. Noch nie in der Geschichte der Bundesrepublik ist die mit industrieller Arbeit verbundene Verteilung von Risiken und Chancen so unterschiedlich gewesen wie in unserer Zeit. Gegenwärtig befinden wir uns erst in der "Inkubationsphase" einer langfristig angelegten Rationalisierungswelle mit erheblich erweitertem, qualitativ neuartigem Handlungswissen. Die neuen Konzepte sind überhaupt erst ansatzweise entwickelt, "die Hauptsache kommt erst"[9]. Wir müssen damit rechnen, daß sie sich aufgrund der entstandenen Rationalisierungspotentiale vor allem in Mittel- und Großbetrieben allmählich breiter und stärker durchsetzen werden. Für diese Vermutung spricht u.a. die Tatsache, daß das Angebot an qualifizierten Arbeitskräften erheblich gestiegen ist; insofern spielt die ökonomische Krise die Rolle eines "Geburtshelfers" der neuen Produktionskonzepte.

Weiterhin wird die Herstellung von individualisierten, hochwertigen Qualitätsprodukten sowie eine fortschreitende Produktdifferenzierung infolge von Veränderungen auf den Absatzmärkten, d.h. von Nachfrageveränderungen, die lange Zeit dominierende extensive Massenproduktion standardisierter, konstruktionstechnisch einfacher Produkte immer mehr ablösen.[10] Eine kostengünstige Anwendung der überaus flexiblen neuen Konzepte, die vor allem auf der Entwicklung der Mikroprozessoren bzw. der Mikroelektronik basieren, wird nunmehr (z.B. durch Umprogrammierung) auch innerhalb der Kleinserienfertigung möglich. Das alte Spannungsverhältnis zwischen Automation und Flexibilität wird zum erstenmal aufhebbar ("Effizienz durch Flexibilität"). Innerhalb dieses Umbruchs der Produktionsstruktur sind die arbeitssparenden Rationalisierungseffekte erheblich größer als die arbeitsschaffenden (sog. gesteigerte Freisetzungspotentiale statt wie früher Kompensationsmöglichkeiten durch arbeitsplatzschaffende Effekte). Es wird also nicht genügen, auf zusätzliche Beschäftigungs- und Erwerbschancen durch Expansion der Dienstleistungssektoren zu hoffen, also auf Kompensation zu setzen.

---

[9] ebd. 15.

[10] Vgl. ähnlich auch Piore,J.M./Sabel,Ch., Das Ende der Massenproduktion. Studie über die Requalifizierung der Arbeit und die Rückkehr der Ökonomie in die Gesellschaft, Berlin 1985.

Kapitel 11: Technologischer Wandel

Als politische Botschaft ihrer Recherchen behaupten Kern/Schumann im Rahmen der von ihnen vorgenommenen "Bandbreitenbestimmung", daß die Richtung des Wandels keinesfalls eindeutig technisch oder technologisch determiniert sei, sondern infolge der Flexibilitätspotentiale der neuen Technologien durchaus von BR und Gewerkschaften beeinflußt und politisch gesteuert werden kann, u.a. indem Linienauseinandersetzungen ausgenutzt werden, die innerhalb des Managements zwischen technisch-bornierten "Traditionalisten" und empirisch-unideologischen "Modernisten" bestehen. "Neue Produktionskonzepte" setzen sich demnach nicht zwangsläufig-naturwüchsig oder notwendigerweise durch, sondern sind grundsätzlich offen für politische Interventionen und Revisionen; sie bieten durchaus auch beträchtliche Chancen; dies ist der Fall u.a. wegen dieser grundlegenden Fraktionierung des Managements in Vertreter eines neuartigen, ganzheitlich ausgerichteten Typus, der selbstverantwortliche Arbeitnehmer als kompromißfähige Interessenwahrer begreift und ihnen Gegenleistungen offeriert bzw. wegen eines konventionell technokratisch-tayloristisch orientierten Typs, der immer noch auf "Herrschaftssicherung" als Rationalisierungsziel mit dem letzten Ziel der Vollautomation setzt. Die Entscheidung darüber, welche der beiden Gruppierungen innerhalb des Managements sich letztendlich durchsetzen wird, kann auch von den Belegschaften beeinflußt werden.[11] Die Auseinandersetzung erfolgt also nicht mehr schlicht entsprechend dem alten Antagonismus bzw. Klassengegensatz von Kapital und Lohnarbeit.

Die neuen Konzepte müssen nach Kern/Schumann im Rahmen einer Politik der Modernisierung aus ihrer "privatistischen Verengung" einzelwirtschaftlicher Rationalität gelöst werden: Im Rahmen einer sozialen Steuerung der Innovation muß eine "Sozialisierung der Anpassungslasten" mit einer Umverteilung der Anpassungsleistung sowie eine soziale Steuerung unternehmerischen Handelns erfolgen (u.a. durch Entlassungsschutz und Bestandssicherung, durch sozial abgefederte und öffentlich abgestützte Ausstiege). Zu den politischen Gestaltungsaufgaben gehören u.a. die Arbeitszeitpolitik als Umverteilung des verbleibenden Arbeitsvolumens auf mehr Arbeitnehmer durch effektive Arbeitszeitverkürzungen sowie eine "Politik der offensiven Arbeitsgestaltung und Qualifizierung" (breitere Sockelqualifikation und Weiterbildung).

Arbeitnehmer und BR sind grundsätzlich skeptisch, was die Einschätzung ihrer Situation angeht; sie werden jedoch letztendlich, und sei es nur wegen eines Mangels

---

[11] Die Kritik setzt u.a. an dieser These der grundlegenden Differenzen innerhalb der Managementstrategien an. Andererseits behaupten andere Studien (z.B. Piore/Sabel) eine ähnliche prinzipielle Offenheit der Situation.

an realistischen und überzeugenden Alternativen zu Maßnahmen einer Sicherung der nationalen und internationalen Konkurrenzfähigkeit des Unternehmens, den Modernisierungskonzepten zustimmen, anstatt wegen der gesamtgesellschaftlichen Folgen der Rationalisierung gegen diese zu opponieren. Ein wesentliches Problem der zukünftigen BR-Arbeit wird darin liegen, daß infolge der stark unterschiedlichen Betroffenheit durch Rationalisierungsstrategien die Interessen der verschiedenen Gruppen innerhalb der Belegschaft sich weiter ausdifferenzieren, wodurch ein Austarieren dieser Interessen immer schwieriger wird. Häufig setzen BR angesichts sich verschärfender Markt- und Konkurrenzsituationen primär auf eine Politik der Stabilisierung der Belegschaft durch Modernisierungsmaßnahmen, indem sie eine letztlich gruppenegoistisch-betriebssyndikalistische Betriebspolitik zugunsten der Interessen ihrer Wählerschaft, aber damit faktisch gegen die der Arbeitslosen betreiben.

2. Ein erster zentraler Kritikpunkt betont, daß zumindest bisher breite empirische Belege für eine um sich greifende Verbreitung der neuen Produktionskonzepte nicht sehr zahlreich sind. Die Chancen einer Ausweitung scheinen "... begrenzt, und, soweit absehbar, auf Schlüsselpositionen an hochautomatisierten Prozessen beschränkt."[12] Die neuen Konzepte mit ihren qualitativ veränderten Nutzungsformen menschlicher Arbeit stellen keine umfassend-generellen, sondern lediglich "Insellösungen" dar und betreffen im wesentlichen nur ganz bestimmte Bereiche, vor allem Teile von Großbetrieben und zwar solche mit Serienfertigung. Ob es zu einer weiten Verallgemeinerung der neuen Produktionskonzepte (gewissermaßen als Muster eines generellen Wandels der industriellen Produktion) in gesellschaftlich relevantem Ausmaß bzw. Umfang wirklich kommen wird, bleibt nicht zuletzt wegen der völligen Ausklammerung bestimmter zentraler Branchen und Bereiche (z.B. Elektrotechnik, Gesamtbereich der produktionsnahen und -fernen Nichtfertigung) ungeklärt.
Auch die zukünftige Bedeutung der behandelten gegenwärtigen industriellen Kernsektoren sowie die quantitative und strategische Wertigkeit möglicher neuer, in der Studie ausgeklammerter Kernsektoren mit ganz anderen Handlungsbedingungen und -konstellationen (z.B. Kommunikationstechnologien, neue Medien) kann durchaus unterschiedlich eingeschätzt werden. Der Verallgemeinerungsfähigkeit der Ergebnisse einschließlich der politischen Schlußfolgerungen scheinen deswegen enge Grenzen gesetzt zu sein, zumal auch international vergleichend angelegte Studien völlig fehlen:[13]

---

[12] Bergmann, Technik und Arbeit, 119.

[13] Vgl. zum letzten Aspekt etwa die Studie in Piore/Sabel, die in diesem Kap. behandelt wird.

Weiterhin bezweifeln die Kritiker[14] vor allem, ob die weitreichende These eines arbeitspolitischen Paradigmenwechsels, wonach die veränderten Verwertungsinteressen des Kapitals einen grundlegenden, qualitativen Umbruch in Rationalisierungsstrategien bzw. in der Nutzung der verbleibenden Arbeitskraft erfordern, wirklich aufgeht und nicht lediglich einen puren Formwandel innerhalb kapitalistischer Rationalisierung unter aktuellen Bedingungen anzeigt; die vorgelegten Fallstudien scheinen ein differenzierteres Bild zu vermitteln. Eine problematische Darstellung sowie strategische Überschätzung der Bedeutung tayloristisch-fordistischer Prinzipien wird ebenso moniert wie eine Überbewertung des Einsatzes von Facharbeitern mit neuartigen Qualifikationen im Rahmen der neuen Produktionskonzepte.

Schließlich fragen verschiedene Kritiker, ob Kern/Schumann die insgesamt nur recht knapp skizzierten gesellschaftspolitischen Modernisierungspotentiale[15] nicht zu einseitig positiv im Sinne "gesellschaftlichen Fortschritts" im Prozeß der Neoindustrialisierung interpretieren. Eine im Rahmen der neuen Konzepte neben der weitgehend unbestrittenen qualifikatorischen Aufwertung auch durchaus mögliche, neue verschärfte betriebliche Leistungspolitik einschließlich einer intensivierten und effizienteren Kontrollpolitik durch neue Informationssysteme der Betriebsdatenerfassung und Personalinformation[16], eine verstärkte Unterordnung der Person unter den Arbeitsprozeß sowie erheblich erweiterte interne und externe Selektionsmöglichkeiten der Unternehmen aufgrund der allgemeinen Arbeitsmarktsituation mit andauernder Massenarbeitslosigkeit werden reklamiert.

Weiterhin bemängeln Kritiker eine strategische Überschätzung der Handlungsmöglichkeiten und -fähigkeiten von BR und behaupten eine strategische Überschätzung der Bedeutung der Linienauseinandersetzungen innerhalb des Managements. Die vorgeschlagenen arbeitspolitischen Lösungen, vor allem Sozialisierung der Anpassungslasten sowie Umverteilung des verbleibenden Arbeitsvolumens, werden von Kern/Schumann nicht ausführlich genug diskutiert. Die mögliche Rolle des

---

[14] Vgl. zusammenfassend Malsch,Th./Seltz,R.(Hg.), Die neuen Produktionskonzepte auf dem Prüfstand. Beiträge zur Entwicklung der Industriearbeit, Berlin 1987.

[15] Vgl. in dieser Hinsicht weiterführend später Kern,H./Schumann, Das Ende der Arbeitsteilung? - Eine Herausforderung für die Gewerkschaften, Gewerkschaftliche Monatshefte 36 (1985), 27-39; "Potential für Veränderungen". Diskussion mit Horst Kern und Michael Schumann, Sozialismus 11 (1985), 4-13; Kern,H./Schumann,M., Kontinuitätsbrüche, verschobene Problemlagen, gewandelte Orientierungen. Herausforderungen an eine Gesellschaftspolitik in den 90er Jahren, Die Neue Gesellschaft-Frankfurter Hefte 35 (1988), 300-308 und 471-480.

[16] Vgl. hierzu empirisch fundiert auch Hildebrandt,E./Seltz,R., Gewerkschaftliche Technologiepolitik zwischen Statussicherung und Arbeitsgestaltung, in: Lutz, Soziologie und gesellschaftliche Entwicklung, 437ff.

Staates als ein potentieller Träger alternativer Politikkonzepte wird nicht gebührend berücksichtigt.

Ein in den vorliegenden Kritiken kaum monierter Nachteil der Studie[17] besteht in ihrer ungenügenden arbeitsmarkttheortischen Fundierung etwa durch verschiedene Segmentationsansätze, die unstrukturierte, berufsfachliche und betriebsinterne Arbeitsmärkte unterscheiden. Auch neue Flexibilisierungsformen (wie Leiharbeit, Teilzeitarbeit) finden kaum Berücksichtigung.[18] Schließlich wird auch das System der Arbeitsbeziehungen nicht systematisch einbezogen. Etliche der vorgebrachten Kritikpunkte ergeben sich wohl aufgrund von unklaren Formulierungen der Autoren. Ob ihnen etwa wirklich unterstellt werden kann, daß sie letztendlich von einem "Primat der Technik"[19] ausgehen, ist unklar.

11.2. Baethge/Oberbeck: Die Zukunft der Angestellten

Kern/Schumann konzentrieren ihre Untersuchungen über Folgen neuer Technologien auf ausgewählte Bereiche des produzierenden Gewerbes bzw. der industriellen Produktion. Baethge/Oberbeck[20] hingegen gehen in ihrer umfangreichen empirischen Studie über aktuelle Rationalisierungsformen ähnlichen Fragestellungen über die Veränderungen von Tätigkeitsstrukturen, Qualifikationsprofilen und Arbeitsbedingungen in bezug auf zentrale Bereiche der kaufmännischen und verwaltenden Tätigkeiten nach (Banken, Versicherungen, Handels- und Industrieverwaltungen, öffentliche Verwaltung).[21]

---

[17] Diesen Nachteil vermeidet die im folgenden Absatz behandelte Studie von Baethge/Oberbeck.

[18] Dieses Manko wird später partiell aufgearbeitet in Kern/Schumann, Kontinuitätsbrüche.

[19] Bader,V.-M., Das Ende der Arbeitsteilung? Arbeitssoziologische und gesellschaftstheoretische Dichotomien als "Chance" und "Risiko". Einige kritische Bemerkungen zum Buch von Kern/Schumann, in: Malsch/Seltz, Die neuen Produktionskonzepte auf dem Prüfstand, 90.

[20] Baethge,M./Oberbeck,H., Zukunft der Angestellten. Neue Technologien und berufliche Perspektiven in Büro und Verwaltung, Frankfurt-New York 1986; vgl. auch Baethge,M./Oberbeck,H., Zur These der Kompensation von Rationalisierungseffekten in der Produktion durch Ausweitung von Dienstleistungen - am Beispiel kaufmännischer und verwaltender Tätigkeiten, Soziale Welt 36 (1985), 226-241; Baethge,M./ Oberbeck,H., Die Gleichzeitigkeit von Entwertung und Aufwertung der Fachqualifikation: Zur Entwicklung von Tätigkeitsprofilen im Büro, Sozialwissenschaftliche Informationen 15 (1986), 18-24; Baethge,M./Oberbeck, H., Zur Entwicklung von Arbeit und Beschäftigung im Dienstleistungssektor, in: Altvater,E. et al., Arbeit 2000, Hamburg 1985, 51-75; Baethge/Oberbeck, Die Zukunft der Angestellten, Sozialismus 12 (1986), 26-28; Oberbeck,H., Neue Rationalisierungsprinzipien im Betrieb, in: Lutz, Technik und sozialer Wandel, 154-163.

[21] Vgl. zum Dienstleistungssektor auch Littek,W./Heisig,U., Rationalisierung von Arbeit als Aushandlungsprozeß. Beteiligung bei Rationalisierungsverläufen im Angestelltenbereich, Soziale Welt 37 (1986), 237-262; Littek,W./Heisig,U./Gondek,H.-D.(Hg.), Dienstleistungsarbeit. Strukturveränderungen, Beschäftigungsbedingungen und Interessenlagen, Berlin 1991; Littek,W./Heisig,U./Gondek,H.-

Kapitel 11: Technologischer Wandel

Der Einbezug dieses Bereichs ist u.a. wichtig, weil die Produktion von Dienstleistungen einen immer größeren Teil der Gesamtproduktion ausmacht und weil aufgrund des sektoralen Strukturwandels immer mehr Arbeitnehmer im tertiären Sektor beschäftigt sind. Ähnlich wie Kern/Schumann wollen auch Baethge/Oberbeck keine repräsentative Studie durchführen; stattdessen konzentrieren sie sich auf technisch avancierte Abteilungen von technologisch weit fortgeschrittenen Dienstleistungsbetrieben und Verwaltungen mit dem Ziel, Entwicklungen und soziale Folgen neuer Informations- und Kommunikationstechnologien in kaufmännischen und verwaltenden Dienstleistungsbereichen abzuschätzen. Beide Arbeiten stehen also in einem komplementären Verhältnis zueinander.

Das zentrale Ergebnis der Untersuchung über die Auswirkungen organisatorischer und technischer Rationalisierung auf Arbeitssituation, Qualifikation und Beschäftigung ist der Nachweis eines neuen Rationalisierungstyps, der systemischen Rationalisierung. Diese konsequente Technisierung mit einer neuen Dynamik ist dadurch gekennzeichnet, "daß unter Nutzung neuer, mikroelektronisch basierter Datenverarbeitungs- und Kommunikationstechnik der betriebliche und überbetriebliche Informationsfluß, die Kommunikation über und die Kommunikation von Daten, die Organisation der Betriebsabläufe und die Steuerung der unterschiedlichen Funktionsbereiche in einer Verwaltung bzw. in einem Unternehmen in einem Zug neu gestaltet werden"[22].

Bis gegen Ende der 70er Jahre dominierten punktuelle und einzelfunktionsbezogene Rationalisierungsmaßnahmen besonders bei den technischen Arbeitsmitteln, wie Schreibmaschine, Telefon, Formulare, Rechenmaschine, vor allem im Bereich der operativen Massentätigkeiten; diese bezogen sich vor allem auf Hilfsfunktionen und routinisierte Vorgangsbearbeitungen. Nunmehr ergeben sich in einer Umbruchsituation von Techniknutzungskonzepten qualitativ völlig neue Möglichkeiten einer zeitlich entstrukturiert-kontinuierlichen, raum- und funktionsübergreifenden, den betrieblichen Gesamtzusammenhang einbeziehenden Rationalisierungsform mit dem Ziel einer Optimierung der verschiedenen betrieblichen Arbeitsabläufe bzw. der Geschäftspolitik. Es handelt sich nicht mehr um vereinzelte und isolierte Entwicklungen, sondern um deutliche und systematische Tendenzen in nahezu allen Bereichen der Dienstleistungsunternehmen. Zentrales Ziel dieser neuen Form mikroelektronisch basierter Rationalisierung ist die bessere Organisierung der Gesamtheit von Markt- und Austauschprozessen (integrative Organisationskonzepte) und nicht unbe-

---

D.(Hg.), Organisation von Dienstleistungsarbeit. Sozialbeziehungen und Rationalisierung im Angestelltenbereich, Berlin 1992.

[22] Baethge/Oberbeck, Zukunft der Angestellten, 22.

dingt eine Reduzierung der Personalkosten oder die vollständige Eliminierung menschlicher Arbeit.

Baethge/Oberbeck konstatieren die Existenz neuer Arbeitsstrukturen in den marktbezogenen Funktionsbereichen bzw. einen grundlegenden quantitativen und qualitativen Wandel in den betrieblichen Nutzungsstrategien der Arbeitskraft. Dieser Perspektivenwechsel betrieblicher Rationalisierung verläuft von einem anderen, dienstleistungsspezifischen Ausgangspunkt als im Produktionssektor deutlich weg von traditionellen tayloristischen, restriktiven Rationalisierungskonzepten nach dem Prinzip einer immer weiter zu treibenden Arbeitsteilung, einer stärkeren Spaltung von ausführenden und planenden Tätigkeiten sowie einem Ersatz von Arbeit durch Kapital ("Taylorisierung geistiger Arbeit").
Stattdessen tendiert die Entwicklung zu eher ganzheitlichen und integrierten Gestaltungsformen der Arbeitsorganisation (u.a. Erhöhung der inhaltlichen Komplexität, Aufgabenerweiterung bzw. -integration, Komprimierung der Arbeit auf komplizierte Zusammenhänge); nichttayloristische Einsatzformen der neuen Techniken erfüllen nun die Unternehmensziele besser als tayloristische. Optimale Rationalisierungserfolge in Hinsicht auf Marktanalyse und Marktsteuerung entstehen gerade in den marktbezogenen Funktionsbereichen erst aus der Kombination des Einsatzes neuer (Informations- und Kommunikations-)Techniken und der Nutzung qualifizierter Arbeit.[23]
Innerhalb sich verändernder Qualifikationsprofile nimmt die Bedeutung und Wertigkeit der berufsfachlichen, ausgeprägten analytischen und differenzierten sozialkommunikativen Kompetenzen deutlich zu. Die generellen, betriebs- und branchenübergreifend festgestellten Folgen systemischer Rationalisierung sind die einer "Renaissance der Fachqualifikation" sowie "einer polarisierenden Verschränkung von dequalifizierenden und qualifizierenden"[24] Tätigkeiten, d.h. eine Gleichzeitigkeit von Entwertung und Aufwertung der fachlichen Qualifikation (beschäftigungsstrukturelle Ausprägung durch alle Branchen). Interne und externe Polarisierungstendenzen bzw. deutliche Aufwertung der neustrukturierten Fachqualifikation vs. Dequalifizierung der innerbetrieblichen Administrationsfunktionen durch konsequente Technisierung sowie verschärfte Leistungsanforderungen durch intensivere Nutzung des Arbeitsvermögens und deutlich erhöhte Kontrollmöglichkeiten der Arbeits-abläufe (bei erweiterten Autonomiespielräumen !) verlaufen parallel. Insgesamt ergibt sich

---

[23] Ganz ähnlich argumentieren Kern/Schumann für den Produktionssektor, indem sie der menschlichen Arbeitskraft bzw. dem Facharbeiter neuen Typs einen zentralen Stellenwert zuerkennen.

[24] Baethge/Oberbeck, Zukunft der Angestellten, 287f.

trotz steigender Qualifikationsanforderungen eine strukturelle Schwächung der betrieblichen Position des einzelnen Angestellten in der verfestigten innerbetrieblichen Machtkonstellation.

Die in der Literatur gerade in bezug auf Angestelltentätigkeiten häufig vertretene These einer mehr oder weniger breiten und massiven Dequalifizierung des menschlichen Arbeitsvermögens kann definitiv nicht als Generalnenner der Wirkung der neuen Informations- und Kommunikationstechnologien gelten. Dequalifizierung erfolgt nicht primär in der Arbeit, sondern durch Ausschluß aus der Arbeit.

Die Veränderung der betrieblichen Macht- und Entscheidungsstrukturen verläuft in Richtung auf eine Stärkung zentraler Steuerungspotentiale auf der Leitungsebene vor allem durch die Nutzung von Managementinformationssystemen zur Kontrolle und eine damit verbundene Schwächung dezentralisierter Betriebseinheiten der Fachabteilungen. Die Betriebe haben drei zentrale, miteinander zu kombinierende Nutzungsinteressen an der neuen Technik:
- Verbesserung der internen und externen Dienstleistungsqualität,
- Steuerung der Geschäftspolitik
- sowie bessere Nutzung des Arbeitskräftepotentials.

Automation um jeden Preis ist nicht mehr das letzte Ziel; inzwischen bestimmt eine gezielte Auswahl von spezifischen Formen der Technikunterstützung und -steuerung die neuen Rationalisierungsstrategien (Strategien der Technikselektion).

Ähnlich wie Kern/Schumann für die industrielle Produktion konstatieren Baethge/Oberbeck für die Dienstleistungssektoren eine fortschreitende Segmentierung der Arbeitsmärkte: In den relativ stabilen Groß- und Mittelbetrieben der Kernsektoren bestehen einerseits Arbeitsplätze, die Chancen zur Requalifizierung bzw. zur verstärkten Aktualisierung von Fachkompetenz bieten. Andererseits werden diese qualifizierten Tätigkeitsbereiche zunehmend abgeschottet; innerbetriebliche Mobilitätschancen hängen immer stärker vom Erwerb zusätzlicher (vor allem analytischer und abstrakter Qualifikationen) ab. Die langfristig angelegte betriebliche Personalpolitik zielt aufgrund hoher Aus- und Weiterbildungskosten deutlich auf eine enge Betriebsbindung der qualifizierten Mitarbeiter.

Randbedingungen dieser Strategien der forcierten internen Personalrekrutierung und verschärften Selektion sind vor allem ein im Vergleich zu früher deutlich gestiegenes Niveau der schulischen Bildung mit einer zunehmenden Formalisierung der Ausbildungsvoraussetzungen sowie aufgrund der veränderten allgemeinen Arbeitsmarktsituation ein dauerhaftes Überangebot an qualifizierten Arbeitskräften. Dieser "Refeudalisierung von Arbeitsverhältnissen" entspricht eine "Re-Syndikalisierung" bzw. ein neuer Korporatismus der Interessenvertretungen der Arbeitnehmer. Die

schlecht qualifizierten Arbeitnehmer haben infolge der selektiv verstetigenden Personalpolitik zugunsten der qualifizierten Kernbelegschaft kaum innerbetriebliche Aufstiegsmöglichkeiten bzw. berufliche Perspektiven.[25]
Auch in der Makroperspektive verbreitert sich weiterhin die Kluft zwischen internen und externen Arbeitsmärkten: Aufgrund von Produktivitätseffekten sinkt das Arbeitsvolumen absolut oder zumindest relativ. Während bis in die frühen 70er Jahre Arbeitsplatzverluste im primären und sekundären Sektor durch zusätzliche Arbeitsplätze im Dienstleistungssektor kompensiert werden konnten, sind in Zukunft solche intersektoralen Ausgleichsprozesse nicht mehr zu erwarten, da in allen zentralen Bereichen der Wirtschaft zeitlich parallel Rationalisierungsmaßnahmen stattfinden. Die Aufnahmekapazitäten der Dienstleistungsbereiche sind trotz steigender Geschäftsvolumina deutlich zurückgegangen; eine Kompensationsfunktion des tertiären Sektors ist nicht mehr gegeben. Diese Tendenzen einer sich verschärfenden Spaltung zwischen hoch qualifiziertem internen und schlecht qualifiziertem externen Segment werden verstärkt durch Externalisierungsprozesse weniger oder sogar hoch qualifizierter Tätigkeiten (u.a. Reinigungs-, Wartungstätigkeiten). Diese Strategien werden für die Unternehmen aufgrund und mit Hilfe der neuen Technologien mit einer übersichtlichen Kostenkalkulation möglich.

Diese Spaltungstendenzen haben soziale Risiken und Chancen, die weit über den Erwerbsbereich hinaus und in sozialstrukturelle Bedingungen hinein wirken: Den privilegierten Inhabern qualifizierter Produktions- und Dienstleistungsarbeitsplätze steht eine Gruppe von stabil Ausgegrenzten gegenüber. Neben diesem Widerspruch zwischen internem und externem Arbeitsmarkt, zwischen Arbeitsplatzbesitzern und Arbeitslosen vertieft sich auch die Spaltung innerhalb der Betriebe. Dadurch wird für die Gewerkschaften das Problem einer eindeutigen Definition der Interessenlage von Angestellten immer schwieriger.

Als politisches und damit gesellschaftlich gestaltendes Gegenmittel fordern Baethge/Oberbeck ebenso wie Kern/Schumann eine konsequente Politik der radikalen Umverteilung qualifizierter Arbeit durch Arbeitszeitverkürzung mit entdifferenzierender Arbeitsorganisation und einem neuen Mischungsverhältnis von qualifizierten und weniger qualifizierten Tätigkeitselementen. Verschiedene, gerade in den marktbezogenen Abteilungen durchaus vorhandene Alternativen bei der konkreten Ausgestaltung der neuen Rationalisierungstechniken müssen ausgeschöpft, eingeschlagene Wege können korrigiert werden.[26] Vor allem die Gewerkschaften

---

[25] Vgl. zu ganz ähnlichen allgemeinen Resultaten auch Windolf,P./ Hohn,H.W., Arbeitsmarktchancen in der Krise. Betriebliche Rekrutierung und soziale Schließung, Frankfurt-New York 1984.

[26] Ähnlich argumentieren auch Kern/Schumann und Piore/Sabel.

müssen gestalterische Strategien einer "Integration von betrieblicher und gesellschaft-licher Steuerung des ökonomisch-technischen Wandels" entwickeln, um der fort-schreitenden Spaltung des Arbeitsmarktes gegenzusteuern.

11.3. Piore/Sabel: Das Ende der Massenproduktion

Auch Piore/Sabel[27], Repräsentanten der "New Wave Anglo-Saxon students of economic life"[28], befassen sich mit unterschiedlichen Strategien industrieller Entwicklung, deren Vergangenheit sowie ihren Entwicklungsmöglichkeiten in der Zukunft. Sie unterscheiden ausgehend von den USA im internationalen Vergleich (vor allem Italien, Japan, Frankreich, Bundesrepublik) zwei in der historischen Analyse auffindbare Formen:

- die lange Zeit dominierende Massenproduktion als technologisches Paradigma der Herstellung gängiger standardisierter Massengüter durch den Einsatz spezialisierter Produktionsmittel und angelernter Arbeitskräfte
- sowie als durchaus vollwertige Alternative die handwerklich-kleingewerbliche Produktionsform, die unter Einsatz hoch qualifizierter Arbeit in regionalen Ökonomien flexible Maschinen zu größerer Produktivität entwickelt und durch mehr Flexibilität technologische Differenzierung und Verfeinerung hervorbringt.

Die handwerklich-kleingewerbliche Produktionsform wurde an der "ersten industriellen Wegscheide" im frühen 19.Jahrhundert, als die Richtung der technologischen Entwicklung schon einmal zur Disposition stand, weitgehend aufgegeben, hat aber in Teilbereichen und bestimmten Regionen durchaus überlebt und war erfolgreich. Welche Technologie sich letztendlich durchsetzen wird, hängt weitgehend von der Struktur der Märkte für ihre jeweiligen Produkte ab und ist nicht durch irgendwelche Notwendigkeiten determiniert.

Nach Meinung von Piore/Sabel befinden wir uns heute an der "zweiten Wegscheide der industriellen Entwicklung"; die grundsätzliche Richtung der technologischen Entwicklung steht erneut zur Disposition. Die Ökonomie der Massenproduktion, die entscheidend auf der Herausbildung zunächst moderner Großkonzerne, später des Keynesianismus als Ausbalancierung von Produktion und Komsumtion basiert, ist in eine ernsthafte Regulationskrise der Mechanismen institutioneller Kreisläufe zur Ver-

---

[27] Vgl. Piore/Sabel, Das Ende der Massenproduktion. Zahlreiche Gedanken finden sich schon in Sabel,Ch., Work and politics. The division of labour in society, Cambridge 1982; vgl. auch Piore, M.J., Computer technologies, market structure, and strategic union choices, in: Kochan,Th.A.(ed.), Challenges and choices facing American labor, Cambridge-London 1985, 193-204.

[28] Rose,M., Book reviews, European Sociological Review 3 (1987), 78.

bindung und zum Ausgleich von Produktion und Konsumtion geraten. Diese Krise auf Mikro- und Makroebene entstand
- sowohl aufgrund externer Erschütterungen und Fehlern in den politischen Antworten (soziale Unruhen der späten 60er und frühen 70er Jahre, Übergang des internationalen Währungssystems von festen zu flexiblen Wechselkursen, ungeheure Anstiege der Ölpreise 1973 und 1979, weltweiter ökonomischer Abschwung infolge der Hochzinspolitik der USA)
- als auch aufgrund langfristig angelegter Tendenzen, d.h. interner struktureller Grenzen (Unterkonsumtionskrise, also Sättigung der Konsumgütermärkte in den Industrienationen als Konsequenz der Ausdehnung der Massenproduktion, Geschmacksveränderungen, Rohstoffverknappungen).

Piore/Sabel beschreiben Bedingungen, unter denen im Gegensatz zur Massenproduktion Wettbewerb und Kooperation, die durch politische Institutionen vermittelt werden, sich nicht wie im Modell von Markttransaktionen ausschließen, sondern sich komplementär zueinander verhalten. Sie machen anhand von historisch angelegten Fallstudien in verschiedenen Industrienationen vor allem sich ausbreitende flexible spezialisierte Produktionsformen aus. Die auf Massenproduktion basierende industrielle Entwicklung spezialisierter Ressourcen, d.h. Produktion standardisierter Massengüter unter Einsatz hochspezialisierter, produktspezifischer Maschinen und angelernter Arbeitskräfte, wird zunehmend abgelöst durch die Herstellung spezialisierter Güter mit allgemeinen Produktionsmitteln, d.h. mit Hilfe von flexiblen Maschinen und umfassend qualifizierten Arbeitskräften.

Diese Strategie permanenter Innovation "beruht auf flexibler, für verschiedene Produktionszwecke einsetzbarer Technologie, auf den Fähigkeiten qualifizierter Arbeiter und darauf, daß auf politischem Wege eine industrielle Kommune geschaffen wird, die den Wettbewerb so einschränkt, daß nur die Innovation gefördert wird. Die Ausdehnung der flexiblen Spezialisierung führt daher zu einer Wiederauflebung handwerklicher und kleingewerblicher Produktionsformen, die an der ersten industriellen Wegscheide an den Rand gedrängt wurden."[29] Computerunterstützte Fertigung (programmierte Montage) wird durch technologische Entwicklungen auch bei kleineren Produktionszahlen unterhalb der rigiden seriellen standardisierten Massenproduktion durchaus möglich; sie ist flexibel und durch die mögliche Anpassung der hoch entwickelten Ausrüstung an neue Verwendungsarten (in Form der Neuprogrammierung) auch kostengünstig.

---

[29] Piore/Sabel, Das Ende der Massenproduktion, 26; ähnlich auch Sabel,Ch., Struktureller Wandel der Produktion und neue Gewerkschaftsstrategien, Prokla 16 (1986), 44ff.

Welches Paradigma der technologischen Entwicklung, nämlich
- internationaler oder auch multinationaler Keynesianismus als politische Strategie der Makroregulierung in Form einer Fortsetzung der Massenproduktion durch Ausrichtung der Produktionseinrichtungen und Märkte der entwickelten Industrienationen an die Länder der dritten Welt
- oder flexible Spezialisierung als eigenständige Entwicklungsbahn mit mikroregulatorischen Institutionen und makroökonomischer Stabilisierung

sich letztendlich durchsetzen wird, ist grundsätzlich offen. Die Entscheidung über die einzuschlagende Strategie ist politisch gestaltbar - vielleicht sind sogar beide miteinander vereinbar und aufeinander angewiesen. Der alte Glaube an Technikdeterminismus wird hier endgültig zu Grabe getragen. Jedenfalls ist das System der Massenproduktion nicht der einzig mögliche Weg des technischen Fortschritts.

Die Makroökonomie der flexiblen Spezialisierung dürfte keine besonderen Schwierigkeiten bieten. Mikroregulierung in kommunitären Ökonomien mit Regionalisierung der Produktion basiert auf folgenden Voraussetzungen:
- Kombination von Flexibilität und Spezialisierung,
- Zugangsbeschränkung,
- Förderung von innovativem Wettbewerb,
- Behinderung von innovationsfeindlichem Wettbewerb.

Preise als Allokationsparameter haben in diesem Modell nur eine begrenzte Funktion; Gesellschaft und Ökonomie gehen wieder ineinander über ("Rückkehr der Ökonomie in die Gesellschaft"), die Firmen sind in ihr Gemeinwesen (kommunale Institutionen) eingebettet. Die Machtbalance bzw. Kooperation zwischen Kapital und Arbeit wird jeweils länderspezifisch ausgehandelt. Flexible Spezialisierung ist nicht an ein bestimmtes politisches System gekoppelt.[30]

Ähnlich wie Kern/Schumann und Baethge/Oberbeck konstatieren auch Piore/Sabel eine "Requalifizierung der Arbeit" im Rahmen der flexiblen Spezialisierung auf der Basis hochentwickelter Technologie.[31] Im Vergleich zum System der Massenproduktion, welches die Herrschaft spezialisierter Maschinen über schlecht qualifizierte Arbeitskräfte bedeutet, sind breite und vielseitige Qualifikationen und Fertigkeiten notwendig; die Kontrolle des Menschen über den Produktionsprozeß ist wieder her-

---

[30] Vgl. hierzu weiterführend Sabel,Ch., The reemergence of regional economies. Discussion paper FS I 89-3, Wissenschaftszentrum Berlin für Sozialforschung 1989.

[31] Vgl. zur Kritik u.a. Brandt,G., Das Ende der Massenproduktion - wirklich?, in: Erd,R./Jacobi,O./ Schumm,W.(Hg.), Strukturwandel in der Industriegesellschaft, Frankfurt-New York 1986, 103-122; vgl. zusammenfassend zur gesamten Diskussion Gahan,P., Forward to the past? The case of new production concepts, in: Dabscheck,B./Griffin,G./Teicher,J.(eds.), Contemporary Australian industrial relations. Readings, Melbourne 1992, 451-475.

gestellt. Daraus resultiert eine zentrale Position der Arbeitnehmer mit entsprechender Verhandlungsmacht innerhalb des Systems flexibler Speziali-sierung.[32] Im übrigen werden die neuen Produktionsformen auch den Charakter der Gewerkschaften verändern.[33]

11.4. MIT: Lean Production

Die Studie des MIT[34] untersucht am symbolhaften Beispiel der Automobilindustrie in Japan, Nordamerika und Europa den Transformationsprozeß vom älteren Konzept der Massenproduktion à la Ford zu dem neueren der "schlanken Produktion" à la Toyota, der dem bereits diskutierten Paradigmenwechsel von der Handwerks- zur Massenproduktion durchaus gleichkommt. Die Studie schreibt dem Konzept der lean production universellen Charakter zu; es kann aufgrund seiner deutlichen Wettbewerbsvorteile gegenüber der klassischen Massenproduktion immer und überall Anwendung finden und wird sich im Laufe des Jahrzehnts als globales Produktionssystem allmählich etablieren.

Die handwerkliche Produktion war gekennzeichnet durch hochgradig qualifizierte Arbeitnehmer, starke Dezentralisierung der Organisation, Einsatz vielseitiger Maschinen, niedriges Produktionsvolumen und hohe Preise bzw. Produktionskosten, was zu deutlichen Wettbewerbsnachteilen führte. Bei dem zu Anfang des 20.Jahrhunderts entwickelten Modell der Massenproduktion hingegen, das durch vollständige Austauschbarkeit sowohl von Arbeitnehmern als auch von Produktionsteilen und deren leichte Verknüpfung charakterisiert ist, stellt eine große Zahl von un- oder angelernten Arbeitnehmern mit Hilfe von teuren, für einen ganz bestimmten Zweck konstruierten Maschinen hochgradig standardisierte Massenprodukte in sehr

---

[32] Eine Fallstudie konnte derartige Vermutungen allerdings nicht bestätigen. Vgl. Christopherson,S./Storper,M., The effects of flexible specialization on industrial politics and the labor market: The motion picture industry, Industrial and Labor Relations Review 42 (1989), 331. Eine andere Fallstudie bestätigt die Thesen von Piore/Sabel. Vgl. Streeck,W., Kollektive Arbeitsbeziehungen und industrieller Wandel: Das Beispiel der Automobilindustrie, in: Martens,H./Peter,G.(Hg.), Mitbestimmung und Demokratisierung. Stand und Perspektiven der Forschung, Wiesbaden 1989, 188-215.

[33] Vgl. auch Piore,M., The decline of mass production and the challenge to union survival, Industrial Relations Journal 17 (1986), 207-213.

[34] Womack,J.P./Jones,D.T./Roos,D., The machine that changed the world. The story of lean production, New York 1991. Vgl. zur Kritik Dankbaar,B./Jürgens,U./Malsch,Th.(Hg.), Die Zukunft der Arbeit in der Automobilindustrie, Berlin 1988; Dörr,G., Die Lücken der Arbeitsorganisation, Berlin 1991; Schabedoth,H.-J.(Hg.), Gestalten statt verwalten, Köln 1991; Weber,W.G., Chancen und Probleme einer menschengerechten Gestaltung der Arbeit in der Automobilindustrie aus arbeits- und organisationspsychologischer Perspektive. Medienwerkstatt Berlin e.V. Forum Arbeit und Technik Nr.1, Berlin 1992; Die Mitbestimmung 38 (1992), Heft 4.

großer Stückzahl zu relativ niedrigen und deswegen für viele Verbraucher erschwinglichen Preisen her. Das Prinzip der Arbeitsteilung wird durch die systematische Einführung des Fließbandes sowie durch die strikte Trennung von anspruchsvollen, planenden und einfachen, ausführenden Funktionen auf die Spitze getrieben.[35] Innerhalb der sehr großen Organisationen dominiert das Prinzip der vertikalen Integration, d.h. alle für die Produktion benötigten Teile werden im Unternehmen selbst und ohne die Notwendigkeit einer Unterstützung von außen hergestellt; die Lagerhaltung erreicht einen beträchtlichen Umfang. Inflexibilität - nicht nur der spezialisierten Maschinen und Werkzeuge, sondern auch der standardisierten Produkte - wird letztendlich zum entscheidenden Nachteil dieses Modells, welches aufgrund seiner erheblichen Kosten- und damit Wettbewerbsvorteile gegenüber älteren Produktionsverfahren im Laufe der Jahrzehnte vor allem in Nordamerika und Westeuropa allmählich diffundierte, bevor es schließlich stagnierte.

Demgegenüber kombiniert das völlig andersartige Produktionsmodell der lean production, welches japanische Unternehmen nach dem II.Weltkrieg sukzessiv entwickelten und welches u.a. auch deren transplants in den USA einsetzen, die Vorteile der Handwerks- und Massenproduktion, indem es sowohl die hohen Kosten der ersteren als auch die Rigidität der letzteren vermeidet.[36] "Lean production ... is "lean" because it uses less of everything compared with mass production - half the human effort in the factory, half the manufacturing space, half the investment in tools, half the engineering hours to develop a new product in half the time. Also, it requires keeping far less than half the needed inventory on site, results in many fewer defects, and produces a greater and ever growing variety of products."[37] Vielfältig qualifizierte Arbeitnehmer produzieren durch Einsatz hochgradig flexibler, zunehmend automatisierter Maschinen qualitativ hochwertige Produkte in großer Vielfalt.

Die zentralen Merkmale dieses sämtliche Etappen des Produktionsprozesses von der Planung über die Herstellung bis zu Koordination der Zulieferer und Kundenbe-

---

[35] Die dem Modell der Massenproduktion korrespondierende Gewerkschaftsbewegung, "job control unionism", etabliert strikte Senioritätsrechte, eine stetig zunehmende, detaillierte Liste sog. work rules sowie Kompensationen für Entlassungen. Insgesamt bleibt für den europäischen Leser die Behandlung der Probleme von Arbeitnehmervertretungen recht rudimentär. Vgl. Womack, Lean production, 252f.

[36] "... lean production combines the best features of both craft production and mass production - the ability to reduce costs per unit and dramatically improve quality while at the same time providing an ever wider range of products and ever more challenging work." Womack, Lean production, 277.

[37] Womack, Lean production, 13.

ziehungen - und nicht nur die zumeist analysierte Montage - umfassenden Konzepts sind[38]:

- lean enterprise: Ersatz der Hierarchien durch dynamisches team work als Herzstück der lean factory, Installierung eines umfassenden und schnell reagierenden Systems der Fehleranalyse, Dezentralisierung der größtmöglichen Zahl von Aufgaben sowie der Verantwortung an den einzelnen Arbeitnehmer in der Produktion, deutliche Erhöhung sowie Verbreiterung des individuellen Qualifikationsniveaus und lebenslange Beschäftigung mit wechselseitig eingegangenen, langfristigen bis lebenslangen Verpflichtungen zwischen Unternehmen und Beschäftigten; intensive und permanente Bemühungen aller Beteiligten um kontinuierliche, allmähliche Verbesserungen innerhalb des Produktionsprozesses ("kaizen"), weswegen die ansonsten gegebene Notwendigkeit zu umfangreichen und teuren Nacharbeiten entfällt,
- lean design: Neuorganisation von Entwicklungsprozeß bzw. Techniken des lean design in bezug auf Führung des Entwicklungsteams, enges teamwork, Intensivierung der Kommunikation mit dem Ziel einer effizienten Problemlösung und simultane Entwicklung zwischen Abteilungen und Projektteam mit dem Ziel, Zeit und Mühen im Entwicklungsprozeß zu sparen sowie Wettbewerbsvorteile durch größere Produktvielfalt und schnelleren Produktwechsel bzw. kürzere Modellzyklen zu erzielen,
- lean supply: systematischer Einbezug der frühzeitig ausgesuchten, zumeist mit dem Unternehmen bereits kooperierenden Lieferanten in den Entwicklungsprozeß neuer Produkte ("to make or to buy"), Reorganisation der Versorgungsketten und des Materialflusses durch enge, wechselseitig vorteilhafte Zusammenarbeit mit einer begrenzten Anzahl größerer, privilegierter Zulieferer ("first-tier suppliers"), die auf der Basis langfristig abgeschlossener, damit risikominimierender und kooperationsfördernder Verträge die von ihnen nicht nur gefertigten, sondern häufig auch konstruierten Produkte in viel kürzeren Intervallen, wesentlich billiger und mit deutlich höheren Qualitätsstandards direkt, d.h. gänzlich ohne Lagerhaltung in den Produktionsprozeß des lean assemblers liefern ("just-in-time concept"),
- lean distribution: Entwicklung langfristig angelegter, loyaler Beziehungen zwischen Produzenten, Händlern und Kunden durch Einbindung des Händlers in den Produktions- und des Käufers in den Entwicklungspozeß, d.h. Integration

---

[38] "The truly lean plant has two key organizational features: It transfers the meximum number of taks and responsibilities to those workers actually adding value to the car on the line, and it has in place a system for detecting defects that quickly traces every problem, once discovered, to its ultimate cause." Womack, Lean production, 99.

Kapitel 11: Technologischer Wandel

eines aktiv-aggressiven, stark serviceorientierten Verteilungssystems in das gesamte Produktionssystem,
- managing the lean enterprise: Veränderung der Unternehmensführung in bezug auf langfristig angelegte, gruppenförmig orientierte Finanzierung, Ausrichtung der Personalführung an eine Karriereplanung für alle Beschäftigten sowie enge Koordination eines schlanken, multiregionalen Produktionssystems vom Design bis zur Montage, das an ganz bestimmten, den wichtigsten regionalen Absatzmärkten (Nordamerikas, Europas, Ostasiens) benachbarten Orten konzentriert wird; dessen Organisation im Rahmen des global operierenden Unternehmens bereitet vor allem in bezug auf die Mitarbeiter Probleme.

In einer "zweiten" industriellen Revolution soll die Massen- von der ihr aus verschiedenen Gründen grundsätzlich überlegenen schlanken Produktion abgelöst werden. "First, lean production dramatically raises the threshold of acceptable quality to a level that mass production ... cannot easily match. Second, lean production offers ever-expanding product variety and rapid responses to changing consumer tastes, something low-wage mass production finds hard to counter except through ever lower wages ... a third advantage of lean production is that it dramatically lowers the amount of high-wage effort needed to produce a product of a given description, and it keeps reducing it through continuous incremental improvement ... Finally, lean production can fully utilize automation in ways mass production cannot, further reducing the advantage of low wages."[39]

Die in einer schwierigen Transformationsphase auftretenden zahlreichen Schwierigkeiten, die möglichst schnell behoben werden müssen, haben ihre Ursachen sowohl im internen Produktions- als auch im politischen System (u.a. zyklische Muster auf dem Automobil- und Arbeitsmarkt, Karriere-vorstellungen der Arbeitnehmer, Akzeptanzprobleme der japanischen Strategien für verschiedene nationale Politiken und Öffentlichkeit, Widerstand der Großunter-nehmen der Massenproduktion). Da die Ablösung der Massen- durch die schlanke Produktion in einer Periode weitgehend gesättigter Absatzmärkte erfolgt, werden zahlreiche Arbeitsplätze unwiderruflich wegfallen[40]; als Gegenstrategien werden öffentliche Unterstützung und Qualifizierung für Tätigkeiten außerhalb des traditio-nellen produzierenden Bereichs empfohlen. Außerdem wird sich der Inhalt aller verbleibenden Tätigkeiten deutlich verändern.

---

[39] Womack, Lean production 260f.

[40] "... lean production displaces armies of mass-production workers who by the nature of this system have no skills and no place to go." Womack, Lean production, 236, ähnlich auch 259.

Einführende Literatur:

Baethge,M./Oberbeck,H., Zukunft der Angestellten. Neue Technologien und berufliche Perspektiven in Büro und Verwaltung, Frankfurt-New York 1986

Hyman,R./Streeck,W.(eds.), New technology and industrial relations, Oxford-New York 1988

Katzenstein,P.J.(ed.), Industry and politics in West Germany. Toward the Third Republic, Ithaca-London 1989

Kern,H./Schumann,M., Das Ende der Arbeitsteilung? Rationalisierung in der industriellen Produktion: Bestandsaufnahme, Trendbestimmung, 3.Aufl. München 1986

Malsch,Th./Seltz,R.(Hg.), Die neuen Produktionskonzepte auf dem Prüfstand. Beiträge zur Entwicklung der Industriearbeit, Berlin 1987

Matzner,E./Schettkat,R./Wagner,M., Beschäftigungsrisiko Innovation? Arbeitsmarktwirkungen neuer Technologien. Ergebnisse aus der Meta-Studie, Berlin 1988

OECD (ed.), Managing manpower for advanced manufacturing technology, Paris 1991

OECD (ed.), New directions in work organisation. The industrial relations response, Paris 1992

Piore,M.J./Sabel,Ch., Das Ende der Massenproduktion. Studie über die Requalifizierung der Arbeit und die Rückkehr der Ökonomie in die Gesellschaft, Berlin 1985

Womack,J.P./Jones,D.T./Roos,D., The machine that changed the world. The story of lean production, New York 1990.

12. ARBEITSMARKTPROBLEME I: THEORIEN

Arbeitsmärkte als gesellschaftliche Institutionen haben zwei zentrale Aufgaben gleichzeitig zu erfüllen: Sie vermitteln Angebot und Nachfrage von Arbeitskräften (Ausgleichsfunktion) und verteilen damit zugleich individuelle und gesellschaftliche Chancen materieller und immaterieller Art auf die Arbeitskräfte und die übrigen Individuen (Verteilungsfunktion). In der Realität fallen beide Funktionen häufig auseinander. "Verkaufszwang, Subjektgebundenheit der Arbeit, Wertlosigkeit der Ware für ihren arbeitslosen Besitzer und oligopolistischer Nachfragermarkt beschreiben das normative Dilemma der Konstruktion Arbeitsmarkt und kennzeichnen die problematische Begrenztheit einer rein ökonomietheoretischen Sichtweise des Arbeitsmarktes."[1] Arbeitsmärkte unterscheiden sich von anderen Märkten wesentlich dadurch, daß nicht Arbeiter gekauft werden, sondern deren Arbeitskraft bzw. Leistungen, die mit diesen untrennbar verbunden sind.[2] Im Gegensatz zu Güter- und Geldmärkten existieren auf Arbeitsmärkten Institutionen, insbesondere Gewerkschaften, welche den Lohnbildungsprozeß bzw. das Marktergebnis ebenso beeinflussen wie gesetzliche Restriktionen und andere Normen.[3]

Wir wollen wiederum eine doppelte Perspektive wählen: Zum einen sollen einige wichtige Beiträge zu einer eher theoretischen Betrachtungsweise kurz vorgestellt werden.[4] Zum andern sollen die verschiedenen Möglichkeiten einer aktiven Beeinflussung des Arbeitsmarktgeschehens diskutiert werden. Zunächst sind einige zum

---

[1] Fischer,C./Heier,D., Entwicklungen der Arbeitsmarkttheorie, Frankfurt-New York 1983, 12.

[2] Gegen eine Gleichsetzung von Arbeits- und Gütermärkten sprechen folgende Bedingungen: "Menschen werden nicht für den Markt produziert .., auf dem Arbeitsmarkt werden weder Ströme noch Bestände fertiger Arbeitsleistungen gehandelt, sondern nur Potentiale solcher Leistungen .., auf dem Arbeitsmarkt sind die Produzenten gleichzeitig auch Konsumenten .., und schließlich hat die Qualität der Ware "Arbeitskraft" auf dem Arbeitsmarkt einen viel entscheidenderen Einfluß als die Qualität der Güter auf dem Gütermarkt." Schmid,G. Der organisierte Arbeitsmarkt. Überlegungen zu einer institutionellen und politischen Theorie des Arbeitsmarktes, in: Buttler,Fr./Gerlach,K./Schmiede,R.(Hg.), Arbeitsmarkt und Beschäftigung. Neuere Beiträge zur institutionalistischen Arbeitsmarktanalyse, Frankfurt-New York 1987, 36.

[3] Vgl. als institutionalistisch orientierte Einführungen u.a. Buttler et al., Arbeitsmarkt und Beschäftigung; Solow,R.M., The labor market as a social institution, Cambridge-Oxford 1990.

[4] Vgl. u.a. die Überblicke von Fischer/Heier, Entwicklungen der Arbeitsmarkttheorie sowie Sesselmeier,W./Blauermel,G., Arbeitsmarkttheorien. Ein Überblick, Heidelberg 1990. Vgl. einführend auch Buttler,Fr./Bellmann,L., Arbeitsmarkt, in: Gaugler,E./Weber,W.(Hg.), Handwörterbuch des Personalwesens, 2.Aufl. Stuttgart 1992, 159-169; Gerlach,K./Hübler,O., Ökonomische Analyse des Arbeitsmarktes. Ein Überblick über neuere Lehrbücher, MittAB 25 (1992),51-60.

weiteren Verständnis unerläßliche Bemerkungen zur neoklassischen sowie zur keynesianischen Betrachtungsweise notwendig; anschließend wird insbesonders die Familie der sog. Segmentationstheorien, eine der neoinstitutionalistischen Varianten von Arbeitsmarkttheorien, behandelt.

Sozialwissenschaftler haben inzwischen ein lange Jahre bestehendes Monopol der Ökonomen auf Behandlung von Arbeitsmarktproblemen durchbrochen und wesentliche Beiträge geleistet sowohl zu einem eher theoretischen Verständnis des recht komplexen Geschehens auf Arbeitsmärkten als auch zu den Strategien grundsätzlich möglicher politischer Interventionen auf der Mikro- und Makroebene. Deshalb werden wir innerhalb der skizzierten Fragestellungen sowohl ökonomische als auch soziologisch-politikwissenschaftliche Ansätze aufgreifen.

12.1. Neoklassische Arbeitsmarkttheorien

Die Neoklassik als Gleichgewichtstheorie begreift Arbeitsmarkttheorie als Unterfall der allgemeinen Preistheorie. Der Arbeitsmarkt ist demnach ein (Auktions-)Markt wie jeder andere, der durch den Markt-Preis-Mechanismus gesteuert wird. Dem Lohnsatz kommt eine allgemeine Indikations- und Lenkungsfunktion zu (Hypostasierung der Funktion des Lohnsatzes innerhalb des Lohnwettbewerbsmodell). Eine generelle Tendenz zu einem Gleichgewicht zwischen Angebot und Nachfrage wird aufgrund der Wirksamkeit des Preismechanismus als gegeben angenommen.

Allgemeine Annahmen dieser zunächst mikroökonomisch ausgerichteten Betrachtungsweise sind:
- Homogenität und vollständige Substituierbarkeit der Arbeitskräfte bzw. des Produktionsfaktors Arbeit,
- Fehlen von Unsicherheit bzw. vollständige Markttransparenz und Information,
- unbeschränkte und unbehinderte Mobilität(sbereitschaft) der Arbeitnehmer,
- Fehlen von Wettbewerbsbeschränkungen und dadurch vollständige Konkurrenz auf allen Märkten (Chancengleichheit der Marktteilnehmer),
- Elastizität der Arbeitsbedingungen,
- Profit- bzw. Einkommensmaximierung von Nachfragern bzw. Anbietern, d.h. ökonomisch rationales (im Sinne von nutzenmaximierendem) Verhalten aller Marktteilnehmer,
- Geltung des Grenzproduktivitäts- bzw. Grenznutzentheorems für die Nachfrage nach bzw. das Angebot an Arbeit.

Grundlage der Gleichgewichtsanalyse ist das Saysche Theorem, wonach sich jedes Angebot (über die mit ihm verbundene Einkommensentstehung) seine eigene Nachfrage im notwendigen Umfang schafft; es kommt zu einem simultanen Systemgleichgewicht auf allen Märkten. Der Lohnmechanismus (Annahme flexibler Preise bzw. Löhne) als zentraler Steuerungsmechanismus und Regulator des Arbeitsmarktes stellt automatisch einen Ausgleich zwischen Angebot und Nachfrage in Richtung auf ein Gleichgewicht bei Vollbeschäftigung her.[5] Wer zum bestehenden Lohnsatz arbeiten will, findet demnach auch immer Beschäftigung. Unfreiwillige und dauerhafte Arbeitslosigkeit kommt damit ex definitione nicht vor bzw. ist das Ergebnis exogener Störungen und Markthemmnisse sowie von Marktunvollkommenheiten. Damit entstehen erhebliche Schwierigkeiten bei der Interpretation einer Realität mit nicht nur vorübergehender, sondern andauernder Massenarbeitslosigkeit.

Institutionelle Regelungen (wie gesetzlich fixierte Mindestlöhne, Kollektivverhandlungen) oder Verbände bzw. Institutionen des Arbeitsmarktes, die dessen Funktionieren nach den Bedingungen vollständiger Konkurrenz verhindern könnten, kommen ebenfalls ex definitione nicht vor. Der Staat hat ausschließlich ordnungspolitische Aufgaben zu erfüllen, indem er Rahmenbedingungen setzt und deren Einhaltung überwacht[6], ohne jedoch durch geld- oder fiskalpolitische Maßnahmen in den Prozeßablauf aktiv zu intervenieren.

Insgesamt ist die Mehrzahl der genannten Prämissen (vor allem homogenes Arbeitsangebot, vollkommene Mobilität, vollständige Markttransparenz, völlige Lohnflexibilität, Ausklammerung von Institutionen) innerhalb der rein statischen Betrachtungsweise der ökonomischen Orthodoxie recht realitätsfern und unrealistisch ("modellplatonistisch"). "Was die empirische Relevanz der neoklassischen Arbeitsmarkttheorie betrifft, erheben sie (kritische Rationalisten oder Marxisten, B.K.) Bedenken gegen die Angebotsanalyse, das Grenzproduktivitätstheorem und die marktimmanente Ausgleichs- und Regulierungsfunktion des Lohnes."[7] In neueren Beiträgen der Ökonomie und Rechtswissenschaft werden außerdem im Gegensatz zur neoklassischen Sicht Besonderheiten des Arbeitsmarktes und des Arbeitsvertrages im Verhältnis zu anderen Verträgen und zu den Gütermärkten betont.[8] Aus

---

[5] Gegebenenfalls sind demnach zu hohe Reallöhne (als Quotient aus Nominallöhnen und Güterpreisen) bzw. deren mangelnde "Flexibilität" nach unten infolge institutioneller Regelungen verantwortlich für auftretende Arbeitslosigkeit.

[6] Die "Entfaltung der freien Kräfte des Marktes" wird demnach am besten durch staatliche Enthaltsamkeit und Verbesserung der Rahmenbedingungen (z.B. Beseitigung gesetzlicher und administrativer Investitionshemmnisse) erreicht.

[7] Fischer/Heier, Entwicklungen der Arbeitsmarkttheorie, 61.

[8] Vgl. zusammenfassend Brandes,W./Buttler,Fr./Dorndorf,E., Arbeitsmarkttheorie und Arbeitsrechtswissenschaft: Analoge Probleme und Diskussionsschwerpunkte im Hinblick auf die Funktionsfähigkeit der Arbeitsmärkte, in: Fischer,W.(Hg.), Währungsreform und Soziale Marktwirtschaft. Erfahrungen und Perspektiven nach 40 Jahren, Berlin 1989, 489-505.

politisch-institutioneller Sicht läßt sich entgegen den Maximen der Neoklassik argumentieren, daß "in der Evaluation der unterschiedlichen Arbeitsmarktinstitutionen und ihrer Wirkung auf die Arbeitskräfteallokation .. der Ansatzpunkt für weitere Arbeitsmarktforschung"[9] liegt.

Die neoklassisch inspirierte Politikformel "höhere Unternehmensgewinne = höhere Investitionen = Schaffung von mehr Arbeitsplätzen bzw. Abbau von Arbeitslosigkeit" geht nach den Erfahrungen der 80er Jahre offensichtlich nicht mehr auf; Investitionen sind häufig Rationalisierungs- und nicht Erweiterungsinvestitionen; aber nur letztere würden Arbeitsplätze schaffen. Lohnender sind offensichtlich in der jüngeren Vergangenheit häufig risikolose Anlagen auf internationalen Kapitalmärkten gewesen. Schließlich wurden in den vergangenen Jahren aus neoklassischen Kalkülen wiederholt Forderungen nach Deregulierung abgeleitet, die empirisch allerdings kaum aufgehen.[10]

Aktuelle Weiterentwicklungen der neoklassischen Vorgehensweise[11] sind vor allem folgende Ansätze innerhalb der "neuen Mikroökonomie des Arbeitsmarktes", die versuchen, die restriktiven Modellannahmen realitätsnäher zu gestalten, indem sie das Modell des Marktgleichgewichts modifizieren:[12]

1. Die Humankapitaltheorie[13] versucht, die Verteilung der Arbeitseinkommen zu erklären, indem sie in Analogie zu kapitaltheoretischen Überlegungen die spezifische Investitionstätigkeit auf Arbeitsmärkten bzw. in die individuelle Arbeitskraft (vor allem, aber nicht nur in Form von Ausbildung) berücksichtigt; dadurch geht sie im Gegensatz zum Homogenitätspostulat der Neoklassik von einer gewissen Heterogenität des Faktors Arbeit bzw. von individuellen Produktivitätsunterschieden aus, die aufgrund unterschiedlicher Qualifikationen als Folge differierender Ausstattung mit Humankapital auftreten. Die individuelle Zielsetzung besteht gemäß der Prämisse

---

[9] Sesselmeier/Blauermel, Arbeitsmarkttheorien, 219.

[10] Vgl. hierzu im einzelnen Kap.15.

[11] Vgl. Hickel,R.(Hg.), Radikale Neoklassik. Eine neues Paradigma zur Erklärung der Massenarbeitslosigkeit? Die Vogt-Kontroverse, Opladen 1986; Scheuer,M., Zur Leistungsfähigkeit neoklassischer Arbeitsmarkttheorien, Bonn 1987, Schmid,H./v.Dosky,D., Ökonomik des Arbeitsmarktes, Band 1 Arbeitsmarkttheorien: Stärken und Schwächen, Bern-Stuttgart 1990; Sesselmeier/Blauermel, Arbeitsmarkttheorien.

[12] Vgl. zusammenfassend Buttler,Fr./Gerlach,K., Art. Arbeitsmarkttheorien, in: HDWW, 9.Bd., Stuttgart-New York 1982, 686-696.

[13] Das Konzept geht vor allem zurück auf: Becker,G.S., Human capital. A theoretical and empirical analysis with special reference to education, 2nd ed. New York 1975; vgl. auch Mincer,J., Schooling, experience, and earnings, New York 1974. Einen aktuellen Überblick über theoretische Überlegungen und empirische Evidenz bietet Franz,W., Arbeitsmarktökonomik, Berlin-Heidelberg 1991, 88-110.

ökonomisch rationalen Handelns in der Maximierung des im Verlaufe des gesamten Erwerbslebens erzielten Einkommens und nicht in der Maximierung des Einkommens in irgendeiner Periode; damit wird ein positive Korrelation zwischen Investitions- und Lohnhöhe angenommen. Investitionskosten sind zum einen die direkten Ausbildungskosten, zum anderen aber auch die während des Ausbildungszeitraums nicht erzielten Einkommen (Opportunitätskosten); die Investoren erwarten bei einer länger dauernden Ausbildung zukünftige Erträge in Form höherer Einkommen, welche die vorherigen Investitionsaufwendungen übertreffen. Zukünftige Einkommen müssen auf ihren gegenwärtigen Wert diskontiert werden, da zukünftiger Konsum unsicher ist und bei alternativer Verwendung der Mittel anfallende Zinsen nicht realisiert werden können.

Humankapitalinvestitionen lassen sich zumindest analytisch unterschieden in allgemeine ("general training") und spezielle ("specific training"): Erstere erhöhen die Qualifikation als Summe produktionsrelevanter menschlicher Grundeigenschaften physischer, kognitiver und sozialer Art auf allen Arbeitsmärkten in gleichem Maße, letztere nur die auf speziellen Arbeitsmärkten. Je spezifischer die Investition ist, desto größer wird der Verlust beim Verlassen des betreffenden Teilarbeitsmarktes; entsprechend wächst das Interesse an der Errichtung und Erhaltung von Teilmärkten, die deutlich gegeneinander abgeschirmt werden (reduzierte zwischenbetriebliche Mobilität).

Die Finanzierung der Investition erfolgt zum einen durch den Staat, zum anderen durch private Anbieter oder Nachfrager: Allgemeine Qualifikationen, deren Kosten vor allem die Arbeitnehmer in Form geringerer Einkommen während der Ausbildung - aber mit der Aussicht auf höhere Einkommen nach erfolgreichem Abschluß der Ausbildung - tragen, werden in besonderen, staatlich getragenen und finanzierten Ausbildungsgängen vermittelt. Spezielle Qualifikationen hingegen, deren Kosten vor allem der Arbeitgeber trägt, da der Arbeitnehmer seine verbesserten Qualifika-tionen nicht anderswo in einen höheren Lohn umsetzen kann, werden innerhalb des Betriebes erworben ("on the job" bzw. durch "learning by doing"). Häufig zahlen Firmen betriebsspezifisch qualifizierten Arbeitnehmern höhere Löhne, um Kündigungen und den damit drohenden Verlust von Ausbildungsinvestitionen zu verhindern.

Humankapitaltheoretische Kalküle legen u.a. folgende Implikationen nahe, die zum Teil durch empirische Analysen gestützt werden können:[14] Eine Reduktion der Aus-

---

[14] Vgl. u.a. Kaufman,B.E., The economics of labor markets and labor relations, Chicago-New York 1986, 257-310; Marshall,R./Briggs,V.M., Labor economics: Theory, institutions, and public policy, 6th ed. Homewood-Boston 1989, 177-238; Ehrenberg,R.G./Smith,R.S., Modern labor economics. Theory

bildungskosten erhöht die Nachfrage nach Ausbildung. Vor allem Jüngere investieren in Ausbildung, da die Amortisations- bzw. Ertragszeiträume länger und die Opportunitätskosten geringer sind. Bei Erwartung einer kontinuierlichen Erwerbstätigkeit erfolgen höhere Investitionen in Ausbildung, da die Amortisationszeiten länger sind. Besser ausgebildete Personen verdienen in den mittleren Berufsjahren mehr, da dann die Ausbildungskosten kompensiert werden, weil die Anzahl der Berufsjahre begrenzt ist und weil die später im Erwerbsleben erzielten Einkommen auf ihren Gegenwartswert diskontiert werden müssen.

Kritikpunkte an der ökonomistischen Sicht der Humankapitaltheorie, welche die Grundlage für andere Erweiterungen der neoklassischen Arbeitsmarktanalyse darstellt, sind u.a. folgende:

- Ein mehr oder weniger großer Teil der Einkommensunterschiede bleibt in den zahlreichen vorliegenden empirischen Untersuchungen unerklärt, da andere als die analysierten Faktoren die Höhe bzw. Verteilung der Verdienste ebenfalls beeinflussen. Auch Konzeptions- und Meßprobleme bereiten Schwierigkeiten. Einkommensunterschiede sind im Modell nur durch rein individuelle Qualifikations- bzw. Produktivitätsunterschiede infolge von unterschiedlich hohen Investitionen in das individuelle Humankapital verursacht und nicht durch andere Faktoren wie Anlagen, Motivation, Glück etc.

- Der Ansatz ist recht einseitig angebotsorientiert, indem er im wesentlichen bei den Anbietern von Arbeitskraft ansetzt und nachfragebedingte Determinanten von Lohnunterschieden nicht einbezieht. Den Unternehmen wird unterstellt, daß sie längere Ausbildungen honorieren, weil besser ausgebildete Arbeitnehmer auch tatsächlich produktiver sind, und weil der Schulbesuch nicht nur als Selektionsmechanismus bzw. als verläßliches Signal für die Arbeitgeber anzusehen ist, wie Kritiker der Humankapitaltheorie (u.a. Anhänger der Segmentationstheorien) behaupten. Die Bildungs- bzw. Arbeitsmarktpolitik, die aus den politischen Forderungen vor allem nach Einrichtung umfangreicher Ausbildungs- und Qualifizierungsprogramme resultiert, orientiert sich deutlich an der Angebotsseite und betreibt vor allem Mobilitäts- und Qualifikationsförderung.[15] Die diesem Ansatz verpflichteten Politikempfehlungen laufen in der Regel darauf hinaus, die Einkommen der wenig verdienenden Gruppen durch Verbesserung ihrer Humankapitalausstattung zu erhöhen. Die privaten und gesellschaftlichen "rates of return" können aber durchaus unterschiedlich hoch sein.

---

and public policy, 4th ed. Glenview 1991, 299-348; Reynolds,L.G./ Masters,St.H./Moser,C.H., Labor economics and labor relations, 10th ed. Englewood Cliffs 1991, 77-111.

[15] Dies läßt sich z.B. deutlich an verschiedenen Instrumenten des AFG zeigen. Vgl. hierzu Kap.13.

- Der Ansatz erklärt nur freiwillige Arbeitslosigkeit und trägt wenig zum Verständnis gegenwärtiger Arbeitsmarktprobleme mit unfreiwilliger Massenarbeitslosigkeit bei. Bildung wird ausschließlich in ökonomischer Perspektive analysiert und nicht z.b. als Beitrag oder Mittel zur Persönlichkeitsentfaltung betrachtet.

2. Die Kontrakttheorien[16] unterstellen unvollständige Information, die als Risiko in Hinsicht auf zukünftige Ereignisse, vor allem auf die Entwicklung von Preisen und Löhnen, angesehen wird. Arbeitsverträge bestehen aus zwei Teilvereinbarungen: Arbeitnehmer und Arbeitgeber treffen neben dem üblichen Arbeitsvertrag auch "stille" (implizite, habituelle und juristisch nicht einklagbare) Vereinbarungen über einzelne oder alle Aspekte der Arbeitsverhältnisse (z.b. über nach unten rigide Löhne, Sicherheit des Arbeitsplatzes oder Arbeitszeit). Zwecks Verringerung von (Arbeitsplatz-)Unsicherheit werden geringere als die erwarteten, dem Grenzprodukt der Arbeit entsprechenden Löhne vereinbart, was den Abschluß solcher Kontrakte für die Beschäftiger vorteilhaft macht. Dafür sind die Löhne, die eine Art Versicherung gegen Entlassungen implizieren, stetiger in ihrer Entwicklung, woran die Arbeitnehmer interessiert sind. Durch einen derartigen Tausch ("risk-sharing") werden alle besser gestellt, d.h. rigide Löhne sind für beide Seiten vorteilhaft. Alle Beteiligten halten die Verträge ein, da die Kosten eines Vertragsbruchs prohibitiv sind.

Die Marktteilnehmer sind nicht mehr risikoneutral und bilaterale Vorteile resultieren aus der Risikoverteilung: Die Anbieter verhalten sich eher risikoaversiv, die Nachfrager sind mindestens risikoneutral in bezug auf erwartete gute und schlechte Marktergebnisse, weshalb sie einen zukünftigen Abbau von Lohnzuschlägen nicht vorsehen. Neben dem aktuellen Lohnsatz wird der zeitliche Verlauf der Einkommen zum Gegenstand der Analyse. Die aktuelle Entlohnung kann im Gegensatz zum einfachen Modell der Neoklassik von der momentanen Grenzproduktivität abweichen.

Bei auftretenden Angebotsüberhängen auf den Gütermärkten erfolgen nunmehr typischerweise Mengen- anstelle von Preisreaktionen auf dem Arbeitsmarkt, z.B. Kurzarbeit statt Lohnsenkungen. Bei länger andauernden Absatzschwierigkeiten werden Entlassungen als Mengenanpassungen verzögert und selektiv vorgenommen. Entlassungen treffen vor allem Arbeitnehmer mit geringem betriebsspezifischem Humankapital, die deswegen über geringere bzw. schlechter konditionierte implizite Kontrakte verfügen. Arbeitslos werden die Arbeitnehmer ohne hinreichenden

---

[16] Vgl. u.a. Diekmann,J., Kontrakttheoretische Arbeitsmarktmodelle, Göttingen 1982; Klein,H., Implizite Kontrakte, Risikotausch und Arbeitsfreisetzungen - Der Beitrag der Kontrakttheorie zu einer mikroökonomischen Fundierung keynesianischer Arbeitslosigkeit, Frankfurt-Bern-New York 1984; Rosen,Sh., Implicit contracts: A survey, Journal of Economic Literature 23 (1985), 1144-1175.

"Versicherungsschutz". Dadurch erfolgt eine Spaltung der Belegschaft bzw. des Arbeitsmarktes. Bei steigender Güternachfrage hingegen reagieren die Unternehmen zunächst mit Überstunden, wodurch der Abbau der Arbeitslosigkeit hinausgeschoben wird. Mengenanpassungen in Form von Neueinstellungen erfolgen nur mit Verzögerung, wobei asymmetrisch zum Verhalten der Arbeitsnachfrager in Zeiten der Rezession diese in Aufschwungphasen Arbeitskräfte auch mit höheren Löhnen anwerben.

Als Theorie der Arbeitslosigkeit sind die Kontrakttheorien nur begrenzt brauchbar, obwohl sie unfreiwillige, keynesianische Arbeitslosigkeit zulassen. Die Annahmen über die Risikostrukturen werden ad hoc getroffen; sie sind zumindest nicht gründlich empirisch fundiert.

3. Die job search and labor turnover-Theorien ("Suchtheorien")[17] geben die unrealistischen Prämissen der Neoklassik hinsichtlich der Homogenität von Arbeitskräften und -plätzen, der einheitlichen Entlohnung sowie der vollständigen Markttransparanz bzw. Information auf. Sie analysieren stattdessen vor allem individuelles Suchverhalten bzw. die Suchprozesse rationaler Marktteilnehmer, deren Ziel eine Erhöhung des Lohnsatzes durch Arbeitsplatzwechsel ist. Die Analyse von Arbeitsplatzwechseln auf unvollkommenen Märkten steht nunmehr im Mittelpunkt. Diese Theorievariante versucht also eine entscheidungstheoretische Fundierung, indem sie die Informations- bzw. Suchkosten auf Seiten der über die Marktsituation ex definitione nur unvollständig informierten Anbieter bei der Realisierung ihres jeweils optimalen Lohnanspruchs in das Kalkül einbezieht.

Das Grundmodell geht von folgenden Prämissen aus:
- Der Suchende ist prinzipiell freiwillig arbeitslos, erhält keine Unterstützungsleistungen, ist risikoneutral und hat keine Zeitpräferenz.
- Die Arbeitsplätze unterscheiden sich ausschließlich durch die Lohnsätze. Bei konstanten Suchkosten sind die Lohnverteilungen dem Suchenden bekannt.
- Ein Arbeitsplatzangebot wird akzeptiert, wenn es ein bestimmtes, vorgegebenes Anspruchsniveau, den sog. Anspruchslohn, nicht unterschreitet.

Erweiterungen des grundlegenden Suchmodells variieren dessen Prämissen (u.a. Aufnahme der Suche, ohne arbeitslos zu sein in on-the-job Suchmodellen, Berücksichtigung von anderen als reinen Lohnüberlegungen, wie z.B. fringe benefits und

---

[17] Vgl. u.a. König,H., Job-Search-Theorien, in: Bombach,G./Gahlen, B./Ott,A.E.(Hg.), Neuere Entwicklungen in der Beschäftigungstheorie und -politik, Tübingen 1979, 63-121; Hodeige,C.H., Jobsearch im strukturierten Arbeitsmarkt. Zur suchtheoretischen Erklärung unfreiwilliger Arbeitslosigkeit, Freiburg 1985; Hübler,O., Arbeitsplatzsuch- und Kündigungsmodelle, SAMF-Arbeitspapier 1988-11, Paderborn 1988; zusammenfassend zu Theorien des Suchprozesses sowie zur empirischen Analyse von matching-Prozessen Franz, Arbeitsmarktökonomik, 199-224.

Arbeitsbedingungen, Nutzung von Freizeit und Investitionen in spezifisches Humankapital, Berücksichtigung externer Effekte). Generell gilt: Je geringer die Suchkosten und je höher die Lohnerwartungen sind, desto länger dauert die Suche et vice versa. Die Länge des zeitlich notwendigerweise begrenzten Suchprozesses hängt ab von den direkten Kosten der Informationsbeschaffung sowie den Opportunitätskosten (des infolge der Aufgabe des bisherigen Arbeitsplatzes entgangenen Einkommens). Bei letzteren spielt die Existenz einer Arbeitslosenunterstützung eine Rolle ("moral hazard"): Je höher die Unterstützungsleistungen in Relation zum Arbeitseinkommen sind, desto länger kann sich der Suchprozeß hinziehen.[18] Kündigungen bestehender Arbeitsverhältnisse erfolgen freiwillig; Entlassungen gehen nicht ins Modell ein.

Ein zentrales Problem dieses Ansatzes besteht darin, daß friktionelle bzw. Sucharbeitslosigkeit, welche aus Informationsmängeln und Anpassungsproblemen resultiert und insofern freiwillig verursacht bzw. selbst verschuldet ist, als Arbeits-losigkeit schlechthin interpretiert wird; die Existenz unfreiwilliger und vor allem lang andauernder Massenarbeitslosigkeit (etwa infolge von Nachfragemangel wie bei Keynes) kann nicht hinreichend erklärt werden. Die resultierenden Empfehlungen für Arbeitsmarkt- und Beschäftigungspolitik zielen relativ einseitig auf Verbesserung der Informationsbeschaffung und -vermittlung bzw. Reduzierung der Suchdauer. Suchmodelle sind zumeist partielle Gleichgewichtsansätze, die nur die Angebotsseite analysieren und empirische Defizite aufweisen.

4. Die verschiedenen <u>Effizienzlohntheorien</u>[19] nehmen an, daß die Beschäftigungs- bzw. Arbeitsverträge aufgrund ihrer Besonderheiten relativ unbestimmt hinsichtlich der Leistungserbringung sind; damit kann kein Tausch zwischen einer spezifizierten Arbeitsleistung und einem bestimmten Lohn stattfinden. Die Reallöhne können über den Gleichgewichtslöhnen liegen, weil die Unternehmen faktisch nicht in der Lage sind, die Erbringung der Arbeitsleistung vollständig und genau zu kontrollieren ("principal agent-Problem"): Entweder sind die entsprechenden Kosten ("monitoring") zu hoch oder die Überwachung ist aus technischen oder organisatorischen Gründen

---

[18] Die analogen Kalküle über Zukunftserträge bei der Besetzung zu einem niedrigeren Lohnsatz und Nichtbesetzungskosten gelten für die Anbieter von Arbeitsplätzen, die sich bei der Besetzung offener Stellen gewinnmaximierend verhalten. Hierzu existiert eine Reihe von Modellen.

[19] Vgl. Akerlof,G./Yellen,J.L., Efficiency wage models of the labor market, Cambridge-London 1986; Scheuer,M., Zur Leistungsfähigkeit neoklassischer Arbeitsmarkttheorien, Bonn 1987; Gerlach,K./ Hübler,O.(Hg.), Effizienzlohntheorie, Individualeinkommen und Arbeitsplatzwechsel, Frankfurt-New York 1989.

unmöglich. Die Unternehmen versuchen deswegen, durch freiwillige Zahlung von Lohnzuschlägen, die über den markträumenden Lohnsatz hinausgehen, die Arbeitnehmer zur optimalen Erfüllung von Leistungsnormen zu veranlassen bzw. von verdeckter Leistungszurückhaltung und Drückebergerei ("shirking") abzuhalten. Hohe, über dem markträumenden Niveau liegende Löhne[20] sind also nicht nur ein Kostenfaktor, der prima facie höhere Gewinne verhindert, sondern erfüllen vor allem die Funktion des Leistungsanreizes und nicht so sehr die der Allokation; sie sollen für das Unternehmen attraktive Arbeitskräfte anziehen bzw. eine Auslesefunktion erfüllen, Fluktuation(skosten) reduzieren und bilden die Grundlage für gute Arbeitsmoral, loyales Verhalten und optimale Leistungserbringung seitens der Arbeitnehmer. Derartige, auf Vorstellungen von gesellschaftlichen Normen basierende implizite Abmachungen sind für beide Seiten rational bzw. vorteilhaft ("partial gift exchange").

Das im Gegensatz zur Neoklassik erklärungsbedürftige Phänomen unfreiwilliger Arbeitslosigkeit entsteht durch hohe Löhne, welche die Nachfrage nach Arbeit reduzieren und dadurch disziplinierend auf die Arbeitnehmer wirken. Weiterhin üben hohe Löhne Leistungsanreize aus und stellen ein Drohmittel dar, welches "shirking" der Arbeitnehmer verhindern soll, da sie im Falle der Entdeckung mit Entlassung und hohen Opportunitätskosten zu rechnen haben. Die Löhne entsprechen also nicht mehr wie im neoklassischen Grundmodell dem Wertgrenzprodukt der Arbeit; höhere Profite entstehen gerade infolge der genannten Funktionen höherer Löhne. Arbeitsproduktivität und Lohn sind im Gegensatz zur Neoklassik positiv korreliert.

Die empirische Überprüfung der Effizienzlohntheorien gestaltet sich recht schwierig, da die zentralen Faktoren und Kalküle (wie Arbeitsmotivation und individuelle Leistungsintensität) kaum zu operationalisieren sind. Die Ansätze des Grundmodells vernachlässigen zudem alternative Instrumente zur Steigerung der Arbeitsleistung, wie z.B. Senioritätsentlohnung, die aber "moral hazard"-Probleme aufwirft.[21]

---

[20] In dieser Theorienfamilie sind also die Unternehmen dafür verantwortlich, daß die Löhne nicht sinken. Demgegenüber ist in den Insider-Outsider-Modellen die Macht der bereits Beschäftigten die Ursache. Vgl. zusammenfassend Lindbeck,A./Snower,D.J., The Insider-Outsider Theory of Employment and Unemployment, Cambridge-London 1988.

[21] Vgl. zur Kritik im einzelnen Scheuer,M., Die Effizienzlohntheorien - ein Beitrag zur mikroökonomischen Fundierung der Erklärung unfreiwilliger Arbeitslosigkeit, RWI-Mitteilungen 37/38 (1986/87), 407-431.

12.2. Keynesianische Beschäftigungstheorie

Wir wollen uns nun kurz mit der keynesianischen Beschäftigungstheorie auseinandersetzen, die im Gegensatz zur eher mikroökonomischen Ausrichtung der neo-klassischen Arbeitsmarkttheorie vor allem makroökonomisch orientiert ist. Im Unterschied zur recht einseitigen Angebotsorientierung der Neoklassik geht der Keynesianismus primär von der Nachfrageseite aus.[22] Die Nachfrage auf dem Arbeitsmarkt ist eine von der Nachfrage auf dem Gütermarkt abgeleitete Nachfrage. Innerhalb einer Hierarchie der Märkte ist der Arbeitsmarkt somit dem Gütermarkt und auch dem Geldmarkt nachgeordnet[23]; damit besteht ein gewisser Gegensatz zur neoklassischen Arbeitsmarkttheorie, die eine Gleichrangigkeit aller drei Märkte unterstellt.

Das Beschäftigungsvolumen wird bei Keynes vom Niveau der effektiven Gesamtnachfrage nach Investitions- und Konsumgütern determiniert. Die Nachfrage nach Konsumgütern wird vom verfügbaren Einkommen bestimmt; die Komplementärgröße zum Konsum ist die Ersparnis. Die Nachfrage nach Investitionsgütern ist abhängig von der Relation zwischen der Grenzleistungsfähigkeit des Kapitals, dem internen Zinssatz, und dem Kapitalmarktzinssatz. Der erwartete interne Zinssatz muß über dem Marktzinssatz liegen, damit Investitionen überhaupt durchgeführt werden und nicht stattdessen die Geldanlage auf dem Kapitalmarkt erfolgt. Damit entscheidet bei gegebenem internen Zinssatz der Marktzins über die Höhe der Investition.

Nur bei einer keinesfalls wie in der Neoklassik notwendigerweise erzielbaren Gleichheit von Investition und Ersparnis herrscht ein Gleichgewicht auf dem Gütermarkt. Ist hingegen die Gesamtnachfrage geringer als das Gesamtangebot an Waren und Dienstleistungen, werden die Unternehmen ihre Produktion einschränken und ihre Nachfrage nach Arbeitskräften reduzieren; es entsteht Arbeitslosigkeit. Ein Nachfrageausfall auf dem Gütermarkt kann verschiedene Ursachen haben:
- Nachfrage kann versickern, weil bei unsicheren Erwartungen über die zukünftigen Kursentwicklungen gebildete Ersparnisse gar nicht auf dem Kapitalmarkt (bei den Banken) angelegt, sondern "im Sparstrumpf" gehortet werden. Sieht man von dieser heute doch eher unrealistischen Verhaltensweise der Wirtschaftssubjekte ab, unterscheidet Keynes zwei Gründe für eine Versickerung der Nachfrage:

---

[22] So betonen Keynesianer den Kaufkraft- bzw. Nachfrageeffekt der Löhne, während die Neoklassiker deren Kosteneffekt in den Mittelpunkt ihrer Betrachtung stellen.

[23] Vgl. zur Einführung u.a.: Graf,G., Art. Beschäftigungstheorie, in: HDWW, Bd.1, Stuttgart-New York 1977, 513-543.

- Entweder ist die Nachfrage nach Geld extrem groß, so daß der Zinssatz trotz Zunahme der Ersparnis bei gleichzeitiger Abnahme der Konsumgüternachfrage nicht sinkt (These von der Liquiditätsfalle). Dieses Phänomen tritt dann auf, wenn Wirtschaftssubjekte eine Senkung der Wertpapierkurse und damit eine Zinssteigerung erwarten. In einem solchen Fall ist es rationaler, vorhan-dene Gelder nicht in Wertpapieren anzulegen, sondern in Spekulationskasse zu halten, da die dadurch entstehenden Zinsverluste kleiner sind als die möglichen Kursverluste.
- Oder der Zinssatz fällt zwar wegen des Anstiegs der Ersparnisse, aber die Investitionsnachfrage nimmt wegen pessimistischer Absatzerwartungen der Unternehmen trotzdem nicht ausreichend zu (These von der Investitionsfalle).

Wegen dieser Mängel des Kapitalmarktes kann also Güternachfrage versickern. Die ausgefallene Konsumgüternachfrage wird nicht durch eine entsprechend höhere Investitionsgüternachfrage kompensiert. Angebotsüberhänge auf Gütermärkten durch eine gesunkene Gesamtnachfrage bedeuten aber für die Unternehmen Einschränkung der Produktion und damit auch sinkende Nachfrage nach Arbeitskräften mit der Konsequenz unfreiwilliger Arbeitslosigkeit. Folglich ist ein allgemeines Gleichgewicht auf Güter- und Geldmärkten durchaus vereinbar mit einem dauerhaften Ungleichgewicht auf dem Arbeitsmarkt (stabiles Gleichgewicht bei Unterbeschäftigung).[24]

Es besteht somit entgegen den Annahmen der Neoklassik keine automatisch-systemimmanente Tendenz zum totalen Gleichgewicht. Das von der Neoklassik unterstellte <u>Saysche Theorem</u>, wonach sich jedes Angebot seine Nachfrage automatisch und genau im Umfange des Angebots schafft, verliert bei Keynes seine uneingeschränkte Gültigkeit. Geld ist nicht mehr nur Tausch-, sondern auch Wertaufbewahrungsmittel. Die Zinsmechanismen wirken nicht mehr unbedingt ausgleichend zwischen Ersparnis und Investition, wie die Neoklassik unterstellt hatte.[25]

Eine Selbststeuerung des Arbeitsmarktes über den Lohnmechanismus findet ebenfalls nicht statt. Während die Arbeitsnachfrage ebenso wie in der Neoklassik aus dem Gewinnmaximierungskalkül der Unternehmen abgeleitet und deshalb reallohnabhängig ist, orientieren sich die Arbeitnehmer im Gegensatz zur Neoklassik am Nominallohn und unterliegen somit der Geldillusion. Darüber hinaus ist der No-

---

[24] Ein Gleichgewicht des Arbeitsmarktes bleibt nur erhalten, wenn das mit der entsprechenden Beschäftigungsmenge entstandene Produktionsvolumen von den Unternehmen auch tatsächlich abgesetzt werden kann; bei Angebotsüberschüssen hingegen verringert sich die Arbeitsnachfrage.

[25] Keynes greift das Saysche Theorem an, indem er konstatiert, daß sich jede, in seiner Sicht dominierende Güternachfrage ihr Angebot schafft.

minallohnsatz anders als in der Neoklassik bei Keynes (u.a. aus Gründen der Existenzsicherung, des Gewerkschaftseinflusses über Tarifverhandlungen, einer staatlichen Mindestlohngesetzgebung) nach unten hin starr.[26] Kommt es zu einem Nachfrageausfall auf den Gütermärkten und damit zu unfreiwilliger Arbeitslosigkeit, könnte bei funktionierendem Markt-/Preismechanismus die Güternachfrage durch eine Preissenkung wieder entsprechend ausgeweitet werden. Eine Senkung der Güterpreise wäre aber im keynesschen System der Nominallohnfixierung gleichbedeutend mit einem Anstieg der Reallöhne, weshalb die Unternehmen nicht bereit wären, ihre Arbeitsnachfrage zu erhöhen. Aber sebst wenn die Nominallöhne auch nach unten hin flexibel wären, würde wegen des Wettbewerbs der Unternehmen auf den Gütermärkten eine nominelle Lohnsenkung bewirken, daß diese Kostensenkung in den Güterpreisen weitergegeben wird; damit bliebe aber der Reallohn konstant und die Unternehmen hätten keinen Anlaß, mehr Arbeitskräfte einzustellen. Die aufgrund des Nachfrageausfalls auf den vorgelagerten Gütermärkten entstandene unfreiwillige Arbeitslosigkeit kann nur dadurch wieder beseitigt werden, daß der Staat die ausgefallene private Nachfrage ersetzt.

Im Rahmen der wirtschaftspolitischen Konsequenzen dieser allgemeinen Beschäftigungstheorie wird der Staat nicht mehr nur als reiner "Störfaktor" gesehen, der wie in der Neoklassik lediglich die normativen Rahmenbedingungen zu setzen und somit primär Ordnungspolitik zu betreiben hat; stattdessen wird staatliche Ausgabenpolitik als Prozeßpolitik für das Erreichen des Vollbeschäftigungszieles mitverantwortlich bzw. sogar unentbehrlich.[27] Ausfallende private Nachfrage ist durch zusätzliche staatliche Nachfrage mit Hilfe von deficit spending zu ersetzen, um so die für Vollbeschäftigung notwendige Höhe der effektiven Gesamtnachfrage zu gewährleisten.[28] Aufgrund der These von der Liquiditätsfalle wird der Fiskalpolitik eine größere Wirksamkeit bei der Bekämpfung von Arbeitslosigkeit zugesprochen als der Geldpolitik (z.B. Variation des Zinsniveaus). Eine kompensatorische Fiskal-

---

[26] (Nominal- oder Real-)Lohnsenkungen sind keine probaten Mittel der Beschäftigungspolitik, u.a. weil sie zwar die Kostensituation der Unternehmen, nicht aber die allgemeine Absatzsituation verbessern.

[27] Vgl. im einzelnen Rothschild,K.W., Der Wechsel vom keynesianischen zum neoklassischen Paradigma in der neueren Wirtschaftspolitik. Versuch einer soziologisch-historischen Einordnung, in: Krupp,H.-J./Rohwer,B./Rothschild,K.W.(Hg.), Wege zur Vollbeschäftigung. Konzepte einer aktiven Bekämpfung der Arbeitslosigkeit, 2.Aufl. Freiburg 1987, 107-123.

[28] Unfreiwillige Arbeitslosigkeit als Angebotsüberhang am Arbeitsmarkt ist so zugunsten einer Verstetigung der Güternachfrage und damit der Beschäftigung zu bekämpfen.

politik muß allerdings als antizyklische Finanzpolitik konzipiert werden, um so eine Verstetigung der Güternachfrage und damit der Beschäftigung zu erreichen. Die Regierung der Großen Koalition hat auf der Basis des Stabilitäts- und Wachstumsgesetzes in der zweiten Hälfte der 60er Jahre eine solche nachfrageorientierte Globalsteuerung der Wirtschaft betrieben und damit die damals anstehenden Probleme relativ gut gelöst. In späteren Jahren wurden jedoch sowohl Zeitpunkt als auch Dosierung der staatlichen Intervention immer mehr zu kritischen Aktionsparametern. Die in der Realität ständig steigenden öffentlichen Ausgaben führten in Verbindung mit der Schwierigkeit, staatliche Budgetüberschüsse auch tatsächlich zu erzielen, zu einer Höhe der Staatsverschuldung, welche die von Keynes geforderte antizyklisch angelegte Finanzpolitik zunehmend unmöglich machte ("Asymmetrie wirtschaftspolitischer Präferenzen").[29] Heute ist Arbeitslosigkeit nicht mehr nur ein Niveau-, sondern auch ein Strukturproblem, weshalb staatliche Globalsteuerung ersetzt werden muß durch eine nach Regionen und Branchen selektiv ausgerichtete Stabilisierungspolitik.[30]

12.3. Segmentationstheorien

Im Mittelpunkt der in den 60er Jahren vor allem in den USA entstandenen und später u.a. in der Bundesrepublik weiterentwickelten Segmentationstheorien[31] steht die Frage nach den Determinanten der Arbeitsmarktstrukturierung. Diese ist definiert "als relativ dauerhafte, gegen kurzfristig wirksame Marktkräfte resistente, regelhafte Gestaltung des Arbeitsmarktprozesses"[32]. Segmentierung meint folglich eine besondere, dauerhafte Strukturierung des Gesamtarbeitsmarktes in Teilarbeitsmärkte als Ergebnis der im Arbeitsmarktprozeß wirksamen Durchsetzung ökonomischer und politischer Kräfte. Die Begründungen dieser Prozesse sind recht unterschiedlich.

Diese deutlich in der institutionalistischen Tradition[33] stehenden Ansätze begreifen sich zumindest implizit als Antwort auf die Defizite neoklassischer bzw. keynesiani-

---

[29] Vgl. Franz,W., Keynesianische Beschäftigungstheorie und Beschäftigungspolitik, Aus Politik und Zeitgeschichte, B12/92, 26.

[30] Vgl. zur hier nicht weiterverfolgten Makroökonomik des Arbeitsmarktes Schmid/Dosky, Ökonomik des Arbeitsmarktes, 117ff.

[31] Einführende Übersichten über verschiedene Ansätze geben: Neuendorff,H., Arbeitsmarktstrukturen und Tendenzen der Arbeitsmarktentwicklung, in: Littek,W./Rammert,W./Wachtler,G. (Hg.), Einführung in die Arbeits- und Industriesoziologie, Frankfurt-New York 1982, 186-207; Sengenberger,W., Arbeitsmarktsegmentation und Macht, in: Buttler et al., Arbeitsmarkt und Beschäftigung, 95-120.

[32] Sengenberger,W., Struktur und Funktionsweise von Arbeitsmärkten. Die Bundesrepublik Deutschland im internationalen Vergleich, Frankfurt-New York 1987, 50, ähnlich 72.

scher, angebots- bzw. nachfrageorientierter Arbeitsmarkt- bzw. Beschäftigungstheorien. Ausgangspunkt ist vielfach die These, daß eine grundlegende Revision der neoklassischen Theorie notwendig sei, d.h. eine Aufspaltung des homogen vorgestellten, tatsächlich aber heterogenen Arbeitsmarktes in intern tatsächlich einigermaßen homogene, gegeneinander mehr oder weniger abgeschirmte Teilarbeitsmärkte mit durchaus unterschiedlichen Funktionsweisen und Anpassungsformen, mit systematisch eingeschränkten Mobilitätsmöglichkeiten zwischen sowie ungleichen Zugangschancen zu den Segmenten. Das Arbeitsmarktgeschehen entspricht demnach nicht dem neoklassischen Modell eines Wettbewerbsmarktes; Marktbeschränkungen treten u.a. durch die Strategien der Arbeitsmarktparteien auf. Insgesamt betonen diese Ansätze institutionalisierte Regeln, interne Vergleiche und politische Einflüsse stärker als Profitmaximierungshypothesen oder Gleichgewichtsannahmen.

1. Die für US-amerikanische Verhältnisse entwickelte <u>Theorie dualer Arbeitsmärkte</u>[34] behauptet eine dichotome Aufspaltung des Arbeitsmarktes in ein primäres und ein sekundäres Segment. Die Arbeitsplätze in ersterem sind u.a. gekennzeichnet durch höhere Löhne, relativ bessere Arbeitsbedingungen, relativ große Arbeitsplatzsicherheit, Beförderungsaussichten, Isolierung von Marktmächten und Teilhabe an Entscheidungsprozessen. Demgegenüber sind die Arbeitsplätze des sekundären Segmemts u.a. charakterisiert durch relativ niedrige Löhne, schlechte Arbeitsbedingungen, hohe Fluktuationsraten, kein System von Beförderungsmechanismen.
Diese spezifische Form einer deutlich dichotomen Segmentation wird im Rahmen induktiver, empirisch orientierter Theoriebildung u.a. erklärt als Folge der zunehmend dualen Struktur der Wirtschaft, insbesondere der Gütermärkte mit einem stabilen monopolistisch-oligopolistischen Kernbereich und einem labilen peripheren Wettbewerbssektor. Damit wird eine insgesamt vermutlich nicht tatsächlich im behaupteten Ausmaß vorhandene Strukturparallelität von Produkt- und Arbeitsmärkten unterstellt.
Inhaltlich mit dieser Theorie dualer Arbeitsmärkte weitgehend deckungsgleich ist die bereits in den 50er Jahren entstandene und später weiterentwickelte <u>Unterscheidung interner und externer Märkte</u>:[35]

---

[33] Vgl. einführend z.B. Brandes,W./Weise,P., Arbeitsbeziehungen zwischen Markt und Hierarchie, in: Müller-Jentsch,W.(Hg.), Konfliktpartnerschaft. Akteure und Institutionen der industriellen Beziehungen, München-Mering 1991, 11-30.

[34] Vgl. zusammenfassend Sengenberger, Struktur und Funktionsweise von Arbeitsmärkten, 221ff.

[35] Der primäre Sektor besteht aus einer Reihe von internen Märkten. Vgl. zur Darstellung grundlegend: Doeringer,P./Piore,M., Internal labor markets and manpower analysis, Lexington 1971. Auf

Kapitel 12: Arbeitsmarkttheorien

- Der interne Markt wird verstanden als administrative Beschäftigungseinheit, innerhalb derer die sonst vom Markt übernommenen Funktionen der Lohnbestimmung, der Allokation der Arbeitskräfte und ihrer Ausbildung im Unternehmen selbst nach institutionellen oder administrativen Regeln und Verfahren festgelegt werden. Einstellung, Beförderung und Entlassung erfolgen gemäß administrativen Regeln, welche die schon auf dem internen Markt beschäftigten Arbeitskräfte weitgehend gegen direkte Konkurrenz vom externen (außerbetrieblichen) Markt abschirmen und zu relativ stabilen Beschäftigungsverhältnissen führen.
- Auf dem externen Markt dagegen erfolgen wie in der konventionellen Theorie Preisbildung und Allokation durch institutionelle Regeln; nur hier hat der Steuerungsmechanismus Preis zentrale Bedeutung für Arbeitsmarktprozesse.

Der Austausch von Arbeitskräften zwischen den beiden Teilmärkten beschränkt sich typischerweise auf ganz bestimmte Stellen des Ein- und Austritts für die einzelnen Qualifikationsstufen ("ports of entry and exit" als Übergangsstellen); die übrigen Positionen werden über sog. Aufstiegsleitern, also durch interne Mobilitätsprozesse, besetzt und sind dadurch dem Wettbewerb auf dem externen Markt entzogen. Veränderungen auf dem externen Markt bleiben daher weitgehend folgenlos für den internen Markt.

2. Der Versuch, die US-amerikanische Diskussion um neuere Arbeitsmarkttheorien für die Verhältnisse in der Bundesrepublik fruchtbar zu machen, muß anders geartete wirtschaftliche und gesellschaftliche Bedingungen berücksichtigen; hierzu gehören u.a. eine geringe Dualisierung der Wirtschaft, die Existenz des spezifischen Typus des Facharbeiters aufgrund des dualen Systems der beruflichen Bildung in Schule und Betrieb sowie Unterschiede in der Tarifvertragspolitik. Idealtypisch lassen sich drei Typen von Teilarbeitsmärkten mit jeweils unterschiedlichen Funktionsprinzipien unterscheiden:
- Der (berufs-)fachliche Teilarbeitsmarkt mit Zugangsbeschränkungen erfordert hohe Investitionen in standardisierte, relativ breite fachliche Qualifikationen. Diese müssen in regulären, mehrjährigen Ausbildungsgängen sowie bei Regelung und Kontrolle durch überbetriebliche Instanzen über Zertifikate erworben werden; sie können zwischenbetrieblich transferiert werden (z.B. bei handwerklichen Berufen). Diese Voraussetzungen ermöglichen den Arbeitnehmern hohe horizontale Mobilität und sparen den Arbeitgebern Informationsaufwand sowie Anlern- bzw. Einarbeitungskosten (Mobilitäts- bzw.

---

die (Minderheiten-)Meinung der sog. radicals ("radical labor market theories") (Gordon, Reich, Edwards) gehen wir im folgenden nicht näher ein.

Substitutionsfähigkeit der Arbeitskräfte). Bei einer für das Funktionieren dieses Arbeitsmarkttyps notwendigen relativen Stabilität des Volumens von Gesamtnachfrage bzw. -angebot erfolgt die Bindung an eine bestimmte <u>Kategorie</u> von Arbeitskräften bzw. Nachfragern nach Arbeitskräften, <u>nicht</u> jedoch an einzelne. Fachliche Arbeitsmärkte, die eine generelle Austauschfähigkeit von relativ homogen qualifizierten Arbeitskräften zwischen Betrieben bewirken, haben im internationalen Vergleich in der Bundesrepublik große Bedeutung wegen des dualen Systems der beruflichen Bildung mit betrieblichen und überbetrieblichen Teilen; typische Merkmale sind u.a. Zutrittsbeschränkungen, ein Mindestmaß an kollektiver Organisation sowie Abschließung von Marktkräften vor allem auf der Angebotsseite.

- Auf dem <u>betriebsinternen Teilarbeitsmarkt</u> befinden sich betriebsspezifisch qualifizierte Arbeitskräfte ohne oder mit nur geringen überbetrieblichen Qualifikationen und damit nur geringen Transfermöglichkeiten zwischen Betrieben (sog. Laufbahnprinzip mit geringen zwischenbetrieblich-horizontalen Mobilitätsmöglichkeiten bei hohen innerbetrieblich-vertikalen Mobilitätschancen infolge der hierarchisch organisierten betriebsinternen Arbeitsmärkte). Ein wesentlicher Vorteil dieses Arrangements ist eine hohe interne Flexibilität und Austauschfähigkeit (sog. horizontale Dimension interner Märkte).

Die Bindung erfolgt zwischen ganz bestimmten Arbeitnehmern und Arbeitgebern; Anpassungsvorgänge von Angebot und Nachfrage erfolgen unternehmens- bzw. betriebsintern, also ohne Rückgriff auf den externen Markt bzw. unter Beschränkung der Konkurrenz, wobei die bereits Beschäftigten gegenüber den Außenstehenden, den Arbeitskräften des externen Marktes bevorteilt werden; ein gegenseitiges, auf Dauer gestelltes Abhängigkeitsverhältnis mit bilateralen komplementären Vorteilen besteht (u.a. relative Beschäftigungssicherheit und stabile Verdienstaussichten vs. Erschließung von Produktivitätspotentialen, Eröffnung von Reaktions- und Anpassungsspielräumen mit Effizienzvorteilen, loyales Verhalten der Arbeitnehmer dem Betrieb gegenüber).

- Der <u>unspezifische, unstrukturierte ("Jedermann-")Teilarbeitsmarkt</u> besteht aus Arbeitskräften ohne fachliche und betriebsspezifische Qualifikationen mit nur generellen Mindestbefähigungen und Allgemeinkenntnissen; der Lohn hat gemäß dem neoklassischen Wettbewerbsmodell eine Leitfunktion. Typische Merkmale dieses Arbeitsmarkttypus sind fehlende vertikale Mobilitätschancen, hohe Fluktuationsraten infolge uneingeschränkter horizontaler Mobilität sowie fehlende wechselseitige Bindungen zwischen Arbeitgebern und Arbeitnehmern ("Markt des Heuerns und Feuerns").

Dieser Arbeitsmarkttypus ist in der Realität kaum noch von Bedeutung; er findet sich unter den Prämissen arbeitsintensiver Produktion (geringer und unspezifischer Sachkapitaleinsatz in der Produktion), eines instabilen und personell diskontinuierlichen Arbeitskräfteangebots sowie bei Existenz einer verfügbaren Arbeitsmarktreserve und in Abhängigkeit von einer instabilen Güternachfrage.

Teilarbeitsmärkte bilden "eine durch bestimmte Merkmale von Arbeitskräften und Arbeitsplätzen abgegrenzte Struktureinheit des Gesamtarbeitsmarkts, innnerhalb derer die Allokation, Gratifizierung und Qualifizierung der Arbeitskräfte einer besonderen und mehr oder weniger stark institutionalisierten Regelung unterliegt".[36] Dem "Berufszentrismus" steht der "Betriebszentrismus" als gegenläufiges Prinzip gegenüber. Ursache der Segmentation sind nach diesem Ansatz im Unterschied zu anderen zunächst vor allem Kosten-Nutzen-Kalküle der Betriebe in bezug auf die Rentabilität von Humankapitalinvestitionen bzw. über die Qualifikationen der betroffenen Arbeitnehmer, welche auf den verschiedenen Teilmärkten gehandelt werden.[37] In der "ersten" Generation der Segmentationstheorien erfolgten damit zunächst deutliche Anleihen bei der Neoklassik durch den Einbezug von Humankapitalvariablen. In der "dritten" Generation sind später[38] zwei andere Faktoren entscheidend für die Strukturierung bzw. Segmentierung der Arbeitsmärkte im Sinne einer stabilen Ungleichheit verantwortlich:
- die verschiedenen Systeme der beruflichen Qualifizierung (Berufsbildungssysteme)
- sowie die national stark unterschiedlich ausgestalteten Systeme industrieller Beziehungen.

Es geht vor allem um den Einfluß der korporativen Akteure bzw. Institutionen und der von ihnen geschaffenen Regeln und Normen auf die Prozesse der Etablierung stabiler vertikaler Segmentation.[39]

---

[36] Sengenberger,W., Arbeitsmarktstruktur - Ansätze zu einem Modell des segmentierten Arbeitsmarktes, Frankfurt-München 1975, 29.

[37] Vgl. schon Lutz,B./Sengenberger,W., Arbeitsmarktstrukturen und öffentliche Arbeitsmarktpolitik, Göttingen 1974.

[38] Sengenberger, Struktur und Funktionsweise von Arbeitsmärkten.

[39] Insofern betritt Sengenberger durch die Kombination der bisher zumeist isoliert betriebenen Analysen von Arbeitsmärkten und Arbeitsbeziehungen durchaus vielversprechendes Neuland von institutionalistisch ausgerichteten "labor economics and labor relations", das in Zukunft genauer zu analysieren sein wird.

Eine eher isolierte Betrachtung von Struktur und Funktionsweisen von Teilarbeitsmärkten wird abgelöst durch einen stärkeren Einbezug wirtschaftlicher und vor allem sozialer Regulierungs- und Steuerungsprozesse, der inner- und zwischenbetrieblichen Organisation der Produktion sowie der Ereignisse auf den Produktmärkten. Der Ansatz ist nunmehr noch stärker soziologisiert, die ökonomischen Anteile werden deutlich zurückgenommen.[40]

Im Rahmen eines weiteren Ausbaus der Arbeitsmarktstrukturtheorien wird nicht mehr die Generalität bzw. Spezifität der Qualifikation der Arbeitskräfte, sondern <u>Grad und Art der einseitigen oder wechselseitigen Bindung</u> von Arbeitgeber und Arbeitnehmer als zentrales Kriterium zur internen und externen Abgrenzung der Teilmärkte gebraucht:

- Beim unstrukturierten Markt erfolgt keine besondere Bindung im Arbeitsverhältnis,
- beim berufsfachlichen Markt erfolgt eine Bindung an eine bestimmte Kategorie von Arbeitskräften bzw. Arbeitskraftnachfragern, nicht jedoch an bestimmte einzelne Arbeitnehmer oder Arbeitgeber,
- beim betriebsinternen Markt besteht eine einseitige oder wechselseitige Bindung ganz bestimmter Arbeitnehmer und Arbeitgeber.[41]

Diese These von der <u>Dreiteilung des Arbeitsmarktes</u> ist nicht nur theoretisch fundiert, sondern für die Verhältnisse in der Bundesrepublik auch empirisch recht gut abgesichert.[42] Wir müssen allerdings folgendes berücksichtigen:
- Lange Zeit waren vor allem die hochgradig strukturierten betriebsinternen Arbeitsmärkte von Großbetrieben Gegenstand der Forschung. Entsprechend lückenhaft sind unsere Kenntnisse über bestimmte andere Arbeitsmärkte, z.B.

---

[40] In einer eher politischen Perspektive räumt er zudem reflektiert und gründlich auf mit einer Reihe von weit verbreiteten Vorurteilen, etwa über die "mangelnde Flexibilität" westdeutscher Arbeitsmärkte vor allem im Vergleich zu US-amerikanischen oder über die Folgen von Deregulierung und Flexibilisierung. Vgl. hierzu Kap.15.

[41] Vgl. Sengenberger, Struktur und Funktionsweise von Arbeitsmärkten, 117ff.

[42] Vgl. u.a. Brinkmann,Chr. et al.(Hg.), Arbeitsmarktsegmentation - Theorie und Therapie im Lichte der empirischen Befunde, Nürnberg 1979; Biehler,H./Brandes,W., Arbeitsmarktsegmentation in der Bundesrepublik Deutschland. Theorie und Empirie des dreigeteilten Arbeitsmarktes, Frankfurt 1981; Biehler,H., Arbeitsmarktstrukturen und -prozesse. Zur Funktionsweise ausgewählter Arbeitsmärkte, Tübingen 1981; Lewin,R., Arbeitsmarktsegmentierung und Lohnstruktur. Theoretische Ansätze und Hauptergebnisse einer Überprüfung am Beispiel der Schweiz, Zürich 1982; Wenger,H., Segmentation am Arbeitsmarkt und Arbeitslosigkeit, Frankfurt-New York 1984; zusammenfassend Sengenberger, Struktur und Funktionsweise von Arbeitsmärkten, 213 ff; Szydlik,M., Die Segmentierung des Arbeitsmarktes in der Bundesrepublik Deutschland. Eine empirische Analyse mit Daten des Sozioökonomischen Panels, Berlin 1990.

über die in quantitativer Perspektive überaus wichtigen, zugleich aber sehr heterogenen Arbeitsmärkte kleiner Unternehmen mit zwischenbetrieblich-berufsfachlicher Ausrichtung[43], die stark expandierenden Arbeitsmärkte für Angestellte oder die Arbeitsmärkte des öffentlichen Sektors[44].
- Auch über die historischen Dimensionen, d.h. die Entstehung von Arbeitsmarktsegmentation, wissen wir vergleichsweise wenig.
- Schließlich werden im Rahmen möglicher wirtschaftspolitischer Implikationen kaum Konzepte zur Bekämpfung von unfreiwilliger Arbeitslosigkeit geliefert. Quantitative und qualitative Arbeitsmarkt- und Beschäftigungspolitik, welche die Vertreter von Segmentationsansätzen im Gegensatz zur Neoklassik grundsätzlich bejahen, kann nur erfolgreich sein, wenn sie die vorhandenen Arbeitsmarktstrukturen bzw. Segmentationsprozesse angemessen berücksichtigt.[45] Eine globale Konjunkturpolitik bedarf einer Unterstützung durch selektive Arbeitsmarktstrukturpolitik. Verschiedene Autoren konstatieren eine "Entkoppelung von Arbeits- und Produktmärkten", die auf die Abschottung von Teilarbeitsmärkten zurückzuführen ist und eine Weitergabe von Gütermarktimpulsen auf die Arbeitsmärkte verhindert.

Die Herausbildung betriebsinterner Märkte ist partout kein Phänomen unserer Zeit. Die früher relevante Segmentierung nach Berufen wurde in der Nachkriegszeit im Zuge von Mechanisierung und Automation immer mehr durch eine betriebszentrierte abgelöst; diese besondere Form meint "die Entstehung innerbetrieblicher Teilarbeitsmärkte, die mehr oder minder stark nach außen abgeschlossen sind und bestimmten, meist größeren Teilen der Belegschaft ("Stammbelegschaften") als Gegenleistung gegen hohe Betriebsloyalität und -bindung Qualifizierungs- und Aufstiegschancen und eine sichere langfristige Beschäftigungsperspektive anbieten"[46]. Verursacher dieser Prozesse sind Arbeitgeberstrategien über die Sicherung bzw. Verbesserung der einzelwirtschaftlichen Rentabilität von Humankapitalinvestitionen, wobei Humankapital die produzierte und produktive Qualifikation der Arbeitskräfte

---

[43] Vgl. aber Mendius,H.G./Sengenberger,W./Weimer,St., Arbeitskräfteprobleme und Humanisierungspotentiale in Kleinbetrieben, Frankfurt-New York 1987; Mendius,H.G., Nutzung und Herstellung berufsfachlicher Qualifikation in Kleinbetrieben. Folgen für betriebliche strategische Handlungsfähigkeit und Arbeitsmarktstruktur. SAMF-Arbeitspapier 1988-8, Paderborn 1988.

[44] Vgl. aber Mettelsiefen,B./Pelz,L./Rahmann,B., Verdienstdynamik im öffentlichen Sektor, Göttingen 1986; Mettelsiefen,B./Pelz,L./ Rahmann,B., Verdienststruktur im öffentlichen Sektor, Göttingen 1988.

[45] Diesbezüglich ergeben sich deutliche Defizite beim Instrumentarium des AFG, welches vor allem auf die berufsfachlichen Märkte hin ausgerichtet ist. Vgl. hierzu im einzelnen Kap.13.

[46] Lutz,B./Sengenberger,W., Segmentationsanalyse und Beschäftigungspolitik, WSI-Mitteilungen 33 (1980), 294.

meint. In den letzten Jahren beobachten wir zunehmend eine Verstärkung und Verfestigung dieser betriebsinternen Arbeitsmärkte und damit eine soziale Schließung, d.h. eine zunehmende Ausgrenzung der Arbeitslosen. Die verschiedenen Segmentationstheorien haben sich leider erst relativ spät mit dem Einfluß von Arbeitnehmervertretungen (Gewerkschaften bzw. Betriebsräten als Institutionen des Arbeitsmarktes) auf Segmentationsprozesse befaßt - et vice versa.[47] Bringt man die beiden Betrachtungsweisen der Arbeitsmarktanalyse und der Arbeitsbeziehungen zusammen, zeigt sich, daß gewerkschaftliche Interessen-politik sowohl die spezifischen Segmentationen der Arbeitsmärkte als Handlungs-grundlage benutzt als auch die auf verschiedenen Teilmärkten erzeugten Benach-teiligungen verschärft. Wohlgemerkt: Arbeitsmarktsegmentationen bestehen auch unter den Bedingungen von ökonomischer Prosperität und Vollbeschäftigung, werden aber nicht zum Problem. Eine ungleiche Verteilung von Arbeitsmarktrisiken besteht auch ohne und unabhängig vom Einfluß der Interessenorganisationen. Insofern sind Gewerkschaften, die zu institutionalisierten Wettbewerbsbeschränkungen beitragen, für diese nicht-intendierten Folgen ihres korporativen Handelns auch nur begrenzt verantwortlich zu machen.

Damit ist bereits die Arbeitslosigkeit, das große sozial- und wirtschaftpolitische Problem, angesprochen, dem wir uns nunmehr widmen wollen.

12.4. Arbeitslosigkeit (insbes. Strukturierung)

1. Wenn wir uns in den späten 60er oder frühen 70er Jahren mit Arbeitspolitik beschäftigt hätten, wäre zweifellos Arbeitslosigkeit kein Thema mehr gewesen. Arbeitslosigkeit hätte als Problem von historischem Interesse vor allem hinsichtlich des 19. Jahrhunderts sowie der Zwischenkriegszeit gegolten, das jedoch keine aktuellen Bezüge mehr hatte: Nach dem kontinuierlichen Abbau der ursprünglich hohen Nachkriegsarbeitslosenzahl und -quote von über 10% in den frühen 50er Jahren herrschte in den 60er Jahren, abgesehen von 1966/67, und frühen 70er Jahren Vollbeschäftigung in dem engen Sinne des Begriffs, daß wesentlich mehr unbesetzte Arbeitsplätze als Stellensuchende vorhanden waren, also akuter Arbeitskräftemangel herrschte. Beschäftigungsprobleme wurden bis zum Bau der Mauer 1961 trotz Zuwanderung aus der DDR, anschließend durch die massenhafte Anwerbung ausländischer Arbeitnehmer vor allem aus Südeuropa gelöst.[48] Etliche Jahre

---

[47] Vgl. im einzelnen Kap.5.

[48] Ende 1973 kam es zum Anwerbestopp für Ausländer aus Ländern, die nicht der EG angehörten.

schien Globalsteuerung bzw. der Einsatz der Instrumente keynesianischer Wirtschafts- und Finanzpolitik (vor allem antizyklische Haushalts- und Finanzpolitik, Kreditfinanzierung konjunkturbedingter Einnahmeausfälle) eine Lösung aller Arbeitsmarktprobleme zu garantieren.

Die Situation hat sich seit der ersten Ölkrise 1973/74 und dem anschließenden Konjunktureinbruch grundsätzlich verändert; der "kurze Traum immerwährender Prosperität"[49] ist ausgeträumt: Alle westlichen Industrienationen stehen mehr oder weniger deutlich vor dem Problem einer inzwischen chronischen Massenarbeitslosigkeit. In der Bundesrepublik hatten wir es in den 70er Jahren mit einer deutlichen Zunahme der Arbeitslosigkeit zu tun. Fast in den gesamten 80er Jahren betrug die Zahl der offiziell registrierten Arbeitslosen über zwei Millionen im Jahresdurchschnitt.[50] Die tatsächliche Zahl liegt wesentlich höher, da zahlreiche Arbeitsuchende durch die Maschen der amtlichen Statistik fallen, die politisch gestaltet und verändert werden kann.[51]

Die Arbeitsmarktforscher gehen davon aus, daß auch bei einem jährlichen Wirtschafts-wachstum von 2 - 3% zumindest bis weit in die 90er Jahre hinein Massenarbeitslosigkeit in Millionenhöhe herrschen wird; erst dann wird vor allem aufgrund der demographischen Veränderungen (Geburten unter dem sog. Bestandserhaltungsniveau) möglicherweise mit einer weitgehenden Schließung der globalen Beschäftigungslücke bzw. mit einer allmählichen Entlastung des Arbeitsmarktes zu rechnen sein.[52] Dazu müßte aber u.a. die derzeit erreichte Erwerbsquote der Frauen von ca. 50% konstant bleiben, was aufgrund der Erfahrungen der letzten Jahrzehnte, die durch eine stärkere Erwerbsbeteiligung von Frauen gekennzeichnet

---

[49] Lutz,B., Der kurze Traum immerwährender Prosperität. Eine Neuinterpretation der industriell-kapitalistischen Entwicklung im Europa des 20.Jahrhunderts, 2. Aufl. Frankfurt-New York 1989.

[50] Vgl. zur Unterscheidung in verschiedene Phasen u.a. Franke,H., Der Arbeitsmarkt, eine bleibende Herausforderung für die Bundesrepublik Deutschland, in: Blüm,N./Zacher,H.F.(Hg.), 40 Jahre Sozialstaat Bundesrepublik Deutschland, Baden-Baden 1989, 447ff; Kosche,E./Bach,H.W., Die Phasen der Arbeitsmarktpolitik in der wirtschaftlichen und gesellschaftlichen Entwicklung der Bundesrepublik Deutschland, Sozialer Fortschritt 40 (1991), 148ff.

[51] Registrierte Arbeitslose werden z.B. dann nicht mitgezählt, wenn sie zeitweise erkranken, drei Monate keinen Kontakt mehr zum Arbeitsamt haben oder als mithelfende Familienangehörige tätig sind. Geringfügige Rückgänge im Jahr 1986 resultierten zum Teil aus rein statistischen Effekten infolge gesetzlicher Änderungen (Par.105c AFG): 58jährige oder ältere Arbeitnehmer brauchen der Vermittlung und damit dem Arbeitsmarkt nicht mehr zur Verfügung zu stehen, obwohl sie weiterhin Leistungen beziehen; sie werden nicht mehr in der amtlichen Statistik geführt. Der statistische Entlastungseffekt lag 1987 bei ca. 45.000 Stellen.

[52] v.Rothkirch,S./Tessaring,M., Projektionen des Arbeitskräftebedarfs nach Qualifikationsebenen bis zum Jahre 2000, MittAB 19 (1986), 105-118; vgl. auch Bäcker,G. et al., Sozialpolitik und soziale Lage in der Bundesrepublik Deutschland, Bd.1, Köln 1989, 196ff.

waren, nicht zu erwarten ist. Auch über die Entwicklung der Ausländerbeschäftigung, insbes. der zweiten Generation mit unbefristeter Aufenthaltserlaubnis, können kaum verläßliche Prognosen gemacht werden. Schließlich ist die Entwicklung der Aus- und Übersiedlerzahlen sowie der übrigen Zuwanderungen aus den osteuropäischen Ländern nach den politischen Ereignissen der späten 80er und frühen 90er Jahre höchst ungewiß.[53] Wahrscheinlich sind Nettozuwanderungen in erheblichem Ausmaß und damit ein massiver Druck auf der Angebotsseite des Arbeitsmarktes.[54] Bei einem längerfristigen Wachstum von weniger als durchschnittlich 2.5% jährlich gingen mehrere Millionen Arbeitsplätze verloren. Zusätzliche Arbeitsplätze in nennenswertem Umfang entstünden erst, wenn das Wirtschaftswachstum stärker wäre als der Produktivitätsfortschritt je Erwerbstätigen. Eine solche Entwicklung ist allerdings aller Erfahrung nach kaum zu erwarten - und aus verschiedenen, z.B. ökologischen Gründen, auch nicht unbedingt wünschenswert.[55]

Als arbeitslos im Sinne des Gesetzes gilt derjenige Arbeitnehmer, "der vorübergehend nicht in einem Beschäftigungsverhältnis steht oder nur eine kurzfristige Beschäftigung ausübt" (Par.101 AFG). Im Sinne der amtlichen Statistik ist arbeitslos, wer ohne Arbeitsverhältnis ist, sich als arbeitsuchend beim Arbeitsamt gemeldet hat, eine Beschäftigung für mindestens 19 Stunden für mehr als drei Monate sucht, für eine Arbeitsaufnahme sofort zur Verfügung steht, nicht arbeitsunfähig erkrankt ist und das 65. Lebensjahr noch nicht vollendet hat.[56] Die <u>Arbeitslosenquote</u> ist der prozentuale Anteil der offiziell registrierten Arbeitslosen an den abhängig Beschäf-

---

[53] Vgl. zusammenfassend Klauder,W., Längerfristige Arbeitsmarktperspektiven, Aus Politik und Zeitgeschichte B3/90 (12.1.1990), 21-36.

[54] "Das heißt: Noch auf Jahre hin bedarf es großer Anstrengung, um durch kräftiges (und strukturell akzeptables) Wirtschaftswachstum, aktive Arbeitsmarktpolitik und durch deutliche Arbeitszeitverkürzung (jeglicher Art und in konsensfähigen Formen) eine Arbeitskräftenachfrage auf dem Arbeitsmarkt zu erzeugen, die uns einem befriedigenden Beschäftigungsstand näherbringt." Brinkmann,Chr., Langzeitarbeitslosigkeit - Stand, Entwicklung, Perspektiven, Maßnahmen, in: Autorengemeinschaft, Individuelle und sozialstrukturelle Folgen der Massenarbeitslosigkeit, SAMF-Arbeitspapier 1988-1, Paderborn 1988, 7.

[55] Vgl. zu dem hier nicht behandelten Problem von Arbeitslosigkeit und Wahlverhalten zusammenfassend Schmidt,M.G., Massenarbeitslosigkeit und politische Stabilität, in: Peters,W.(Hg.), Massenarbeitslosigkeit und Politik. Reaktionsweisen und Strategieoptionen in verschiedenen Politikarenen. SAMF-Arbeitspapier 1989-1, Paderborn 1989, 57-78.

[56] Die Definitionen bzw. Kriterien bei der offiziellen Erfassung von Arbeitslosigkeit variieren von Land zu Land, so daß einigermaßen genaue internationale Vergleiche recht schwierig sind. Vgl. zu den Vor- und Nachteilen von Registrierungs- vs. Befragungsdaten im einzelnen Auer,P./Maier,F./Mosley,H., Erfassung der Arbeitslosen im internationalen Vergleich, Internationale Chronik zur Arbeitsmarktpolitik 33 (1988), 1ff.

tigten plus den Arbeitslosen (oder an der Gesamtzahl der abhängigen Erwerbspersonen); zumeist gibt diese Quote den Monats- oder Jahresdurchschnitt an. Zu dieser "offenen" Arbeitslosigkeit müssen wir die "versteckte" hinzurechnen, um das tatsächliche Ausmaß erkennen zu können. Die sog. stille Reserve besteht aus eigentlich Arbeitsuchenden, die aus verschiedenen Gründen nicht offiziell bei den Arbeitsämtern gemeldet sind, etwa weil sie unter normalen Arbeitsmarktbedingungen annähernder Vollbeschäftigung eine Beschäftigung suchen würden, in Anbetracht der gegenwärtigen Aussichtslosigkeit ihrer Suche aber resignieren (z.B. Hausfrauen), oder weil sie die gesetzlich definierten Kriterien der Anspruchsberechtigung für Arbeitslosengeld und Arbeitslosenhilfe nicht erfüllen. Rein rechnerisch ist die stille Reserve also die Differenz zwischen Erwerbspersonenpotential und tatsächlich Erwerbstätigen plus registrierten Arbeitslosen.

Schätzungen über den Umfang der stillen Reserve sind methodisch außerordentlich schwierig sowie gegen wissenschaftlichen und politischen Zweckoptimismus nicht immer ausreichend gefeit. Bedingung für die Zurechnung ist die Tatsache, "daß die Veränderung im Erwerbsverhalten durch die Arbeitsmarktlage induziert ist"[57]. Das IAB hat diese verdeckte Arbeitslosigkeit in den frühen 80er Jahren[58] bereits auf über eine Million, Mitte der 80er Jahre auf 1.2 Millionen Personen geschätzt. Andere Untersuchungen (SFB 3) gehen aufgrund repräsentativer Umfragen von einer Untergrenze von rd. 800.000 Personen aus, wobei pro forma Studenten, Jugendliche im Berufsvorbereitungsjahr, Teilnehmer an ABM oder beruflichen Förderkursen nicht mitgerechnet werden. Betroffen sind vor allem

- (verheiratete) Frauen (mit fast 50%),
- Jüngere, die länger als notwendig im Ausbildungssystem bleiben und sich in sog. Warteschleifen befinden,
- ältere Arbeitnehmer, die ohne Aussicht auf Wiedereingliederung z.B. Frührente beantragen
- und Langzeitarbeitslose (strukturalisierte Arbeitslosigkeit).

Der Umfang dieser Gruppe hat in den 80er Jahren beträchtlich zugenommen. Die Tatsache, daß bei einer wachsenden Anzahl von Arbeitsplätzen die Arbeitslosenquote weniger deutlich zurückgeht als dies rein rechnerisch der Fall sein müßte, hat damit zu tun, daß Angehörige der Stillen Reserve auf den "offiziellen" Arbeitsmarkt drängen.

---

[57] Brinkmann,Chr. et al., Methodische und inhaltliche Aspekte der Stillen Reserve, MittAB 20 (1987), 387-409.

[58] Autorengemeinschaft, Der Arbeitsmarkt in der Bundesrepublik Deutschland im Jahre 1983 - insgesamt und regional, MittAB 16 (1983), 10.

Kapitel 12: Arbeitsmarkttheorien

Bevölkerung und Erwerbstätigkeit

Zeitraum[1]	Erwerbs-personen	Erwerbs-quote[2]	Arbeitslose[3]	Arbeitslosen-quote[4]
	Tausend	%	Tausend	%
1950	21 577	46,0	1 580	10,4
1951	21 952	46,3	1 432	9,1
1952	22 289	46,7	1 379	8,5
1953	22 684	47,1	1 259	7,6
1954	23 216	47,7	1 221	7,1
1955	23 758	48,3	928	5,2
1956	24 196	48,6	761	4,2
1957	24 602	48,8	662	3,5
1958	24 807	48,6	683	3,6
1959	24 861	48,1	476	2,5
1960A	25 034	48,0	235	1,2
1960	26 518	47,8	271	1,3
1961	26 772	47,6	181	0,9
1962	26 845	47,2	155	0,7
1963	26 930	46,9	186	0,9
1964	26 922	46,4	169	0,8
1965	27 034	46,1	147	0,7
1966	26 962	45,6	161	0,7
1967	26 409	44,5	459	2,1
1968	26 291	44,2	323	1,5
1969	26 535	44,2	179	0,8
1970	26 817	44,2	149	0,7
1971	26 957	44,0	185	0,8
1972	27 121	44,0	246	1,1
1973	27 433	44,3	273	1,2
1974	27 411	44,2	582	2,5
1975	27 184	44,0	1 074	4,6
1976	27 034	43,9	1 060	4,5
1977	27 038	44,0	1 030	4,3
1978	27 212	44,4	993	4,1
1979	27 528	44,9	876	3,6
1980	27 948	45,4	889	3,6
1981	28 305	45,9	1 272	5,1
1982	28 558	46,3	1 833	7,2
1983	28 605	46,6	2 258	8,8
1984	28 659	46,8	2 266	8,8
1985	28 897	47,4	2 304	8,9
1986	29 188	47,8	2 228	8,5
1987	29 386	48,1	2 229	8,5
1988	29 608	48,2	2 242	8,4
1989	29 771	48,0	2 038	7,6
1990	30 327	48,0	1 883	6,9

[1] Von 1950 bis 1960A ohne Saarland und Berlin (West). Beschäftigte Ausländer bis 1958 ohne Saarland. Ab 1989 vorläufige Ergebnisse.
[2] Anteil der Erwerbspersonen (Erwerbstätige plus Arbeitslose) an der Wohnbevölkerung.
[3] Quelle: Bundesanstalt für Arbeit.
[4] Anteil der Arbeitslosen an den abhängigen Erwerbspersonen (beschäftigte Arbeitnehmer plus Arbeitslose).

Quelle: Sachverständigenrat zur Budgetierung der gesamtwirtschaftlichen Entwicklung, Die wirtschaftliche Integration in Deutschland. Perspektiven-Wege-Risiken. Jahresgutachten 1991/92, Stuttgart 1991, 308.

2. In den gängigen Lehrbüchern[59] wird häufig unterschieden zwischen
- friktioneller (Fluktuations-)Arbeitslosigkeit als einzelwirtschaftlichem Fall der Arbeitslosigkeit infolge von freiwilligem oder erzwungenem Arbeitsplatzwechsel; sie hängt ab von der Menge und Qualität der vorhandenen Informationen, von der Transparenz der Arbeitsmärkte usw.;
- saisonaler Arbeitslosigkeit, die in Form jahreszeitlich bedingter Nachfrageschwankungen nur bestimmte Branchen trifft (z.B. Winterarbeitslosigkeit in Baugewerbe und Forstwirtschaft, Hotels, Fremdenverkehr);
- konjunktureller Arbeitslosigkeit als makroökonomischer Variante par excellence infolge von gesamtwirtschaftlichen Nachfragerückgängen bzw. einer mit dem Rückgang der Wirtschaftstätigkeit verbundenen Verringerung des Arbeitskräftebedarfs;
- struktureller Arbeitslosigkeit, die als Folge des Wandels der Wirtschaftsstruktur (u.a. regionale, sektorale, demographische und technologische Strukturverschiebungen) vor allem Gruppen mit ganz bestimmten Qualifikationen und Strukturmerkmalen trifft.

Derartige Differenzierungen nach Idealtypen können natürlich nur ein erster Schritt zum tieferen Verständnis und zur Erklärung der gegenwärtigen Arbeitslosigkeit sein. Wichtiger als diese kausale Klassifikation ist die distributive. In unserem Zusammenhang geht es vor allem um
- Fragen der fortschreitenden Strukturalisierung (unterschiedliche Betroffenheit verschiedener sog. Problemgruppen wie Frauen, Behinderte, Ausländer, Jugendliche, Unqualifizierte, ältere Arbeitnehmer),
- regionale Unterschiede vor allem auf der Ebene von Bundesländern oder weiter desaggregiert von Arbeitsamtsbezirken (sog. Süd-Nord-Gefälle), zu denen seit der Vereinigung der beiden deutschen Staaten ein deutliches "West-Ost-Gefälle" zu rechnen ist,
- materielle und soziale Folgen der Arbeitslosigkeit für die Arbeitslosen und für die Gesellschaft,
- beschäftigungs- und arbeitsmarktpolitische Handlungsmöglichkeiten und -bedarf bei der Bekämpfung der Arbeitslosigkeit.

Empirische Befunde, u.a. der fallbezogenen Arbeitskräftegesamtrechnung (AGR)[60], zeigen, daß sich bei relativ stabilen Bestandsstrukturen von ca. zwei Millionen Ar-

---

[59] Vgl. für andere: Maneval,H., Art. Arbeitslosigkeit, in: HDWW, 1.Bd., Stuttgart-Tübingen 1977, 267-279; Willke,G., Arbeitslosigkeit. Diagnosen und Therapien, Hannover 1990, 61ff.

beitslosen auf der Mikroebene recht vielfältige Bewegungen vollziehen. Die hohen Bestände dürfen nicht den Blick auf die deutlichen Ströme der Ab- und Zugänge verstellen:[61]

- Von Arbeitslosigkeit war seit Mitte der 70er Jahre jeder dritte Arbeitnehmer schon einmal betroffen; die Betroffenheitsquote, der Anteil der arbeitslosen Personen an der Gesamtzahl der Erwerbspersonen innerhalb eines Zeitraums, liegt erheblich über der Arbeitslosenquote. Das Arbeitslosigkeitsrisiko ist kein Randgruppenproblem.
- Arbeitslosigkeit konzentriert sich häufig auf dieselben Personen (Mehrfacharbeitslosigkeit).
- Zahl und Anteil der Dauerarbeitslosen nimmt seit den 70er Jahren deutlich zu; der Anstieg der Arbeitslosenquote vollzieht sich eher über eine Zunahme der Dauer als über eine Ausweitung des betroffenen Arbeitnehmerkreises (sog. Langzeitarbeitslosigkeit).[62] Bei fortdauernder Arbeitslosigkeit verliert nicht nur die individuelle Qualifikation immer mehr an Wert und kann den veränderten Produktionsbedingungen kaum mehr angepaßt werden; auch psychosoziale und gesundheitliche Probleme treten auf.[63]
- Immer mehr Dauerarbeitslose werden aus den Systemen sozialer Sicherung (Arbeitslosengeld und -hilfe) ausgegrenzt; gegenwärtig beziehen weniger als 40% der registrierten Arbeitslosen Arbeitslosengeld. Folglich steigt die Zahl der Sozialhilfeempfänger nach den Regelungen des BSHG, d.h. das Problem der Finanzierung verschiebt sich auf die kommunale Ebene.[64]

---

[60] Vgl. zusammenfassend auch Schmid,G., Arbeitsmarktpolitik im Wandel. Entwicklungstendenzen des Arbeitsmarktes und Wirksamkeit der Arbeitsmarktpolitik in der Bundesrepublik Deutschland. Discussion Paper IIM/LMP 87-17, Wissenschaftszentrum Berlin für Sozialforschung 1987, 46ff; Kühl,J., 15 Jahre Massenarbeitslosigkeit - Aspekte einer Halbzeitbilanz, Aus Politik und Zeitgeschichte B38/88, 3-15; Bäcker et al., Sozialpolitik, Bd.1, 217ff..

[61] Vgl. zusammenfassend u.a. Hardes,H.-D., Öffentliche Arbeitsmarktpolitik und betriebliche Weiterbildung, in: Winterstein,H.(Hg.), Sozialpolitik in der Beschäftigungskrise II, Berlin 1986, 53ff.

[62] Vgl. zu Einzelheiten sowie zu Konzepten der Bekämpfung Brinkmann, Langzeitarbeitslosigkeit, 5-42; Bach,H.W., Die Langzeitarbeitslosigkeit in der Bundesrepublik Deutschland, Soziaⅼer Fortschritt 39 (1990), 112-116 und 129-135.

[63] Vgl. zusammenfassend Büssing,A., Arbeitslosigkeit, in: Schorr,A.(Hg.), Handwörterbuch der Angewandten Psychologie, Bonn 1992 (im Druck).

[64] "Da die Sozialhilfe durch die Gemeinden getragen wird, die Gemeinden ihrerseits aber Hauptträger öffentlicher Investitionen sind, wirken sich Mängel in der Grundsicherung der Arbeitslosen auch beschäftigungspolitisch negativ aus. Das ist ein Musterbeispiel für einen Teufelskreis, der sich empirisch beispielsweise in einem negativen Zusammenhang zwischen Bauinvestitionen und Sozialhilfeausgaben auf kommunaler Ebene nachweisen läßt." Schmid,G. Was tut das Arbeitsamt? Kooperative Arbeitsmarktpolitik im Wandel der Arbeitswelt, in: König,H./v.Greiff,B./Schauer,H. (Hg.), Sozialphilosophie der industriellen Arbeit, Opladen 1990, 394.

Kapitel 12: Arbeitsmarkttheorien

- Angehörige der sog. Problemgruppen des Arbeitsmarktes (u.a. Frauen, Jugendliche ohne Berufserfahrung, Personen mit keiner oder schlechter Qualifikation, Ausländer, ältere Arbeitnehmer (über 50 Jahre), Personen mit gesundheitlichen Einschränkungen) sind überdurchschnittlich häufig von instabilen Beschäftigungsverhältnissen betroffen, wobei bei einer Kumulation der genannten Merkmale das Risiko stark zunimmt.[65]
- Für Jugendliche bestanden vor allem Mitte der 80er Jahre zwei Übergangsprobleme auf dem Arbeitsmarkt, nämlich bei der Lehrstellensuche (Übergang vom Bildungs- ins Beschäftigungssystem) und nach Abschluß der Ausbildung bei dem Versuch des Übergangs in ein stabiles Dauerarbeitsverhältnis. Charakteristisch für dieses Spezialproblem Jugendarbeitslosigkeit sind vor allem starke saisonale Schwankungen, mehrfache, aber kurzfristige Nichtbeschäftigung sowie strukturelle Ungleichgewichte zu Lasten von Frauen. Die Situation dieser Gruppe hat sich seit Mitte der 80er Jahre aufgrund der demographischen Entwicklung mit kleiner werdenden Alterskohorten gebessert.
- Bei der regionalen Strukturierung zeigt sich, daß neben dem Niveau auch die Zuwachsraten der Arbeitslosenquote, d.h. die Diskrepanz infolge ungleichgewichtiger Entwicklungen, weiter auseinanderklaffen. Regionen mit industrieller Monostruktur (z.B. Saarland und Ruhrgebiet), anhaltenden Strukturproblemen (z.B. Werften, Stahl) sowie strukturschwache ländliche Gebiete (z.B. Ostfriesland, Bayerischer Wald) sind überdurchschnittlich betroffen.

3. Arbeitsmarkt- und Berufsforscher sind in den 80er Jahren der lange Zeit vernachlässigten, jedoch wissenschaftlich wie politisch relevanten Frage nachgegangen, wie Arbeitgeber und Arbeitsuchende eigentlich zusammenfinden.[66] Das gesetzlich for-

---

[65] Im übrigen findet sich kaum empirische Evidenz für das sog. Alternativrollenkonzept, welches behauptet, daß vor allem diejenigen Randgruppen aus dem Arbeitsmarkt gedrängt werden, für die gesellschaftlich definierte und kulturell akzeptierte, arbeitsmarktexterne Alternativen (z.B. als Hausfrau oder Rentner) bestehen. Vgl. Offe,C./Hinrichs,K., Opfer des Arbeitsmarktes, Neuwied 1977.

[66] Vgl. u.a. Deeke,A./Fischer,J., Wege der Rekrutierung auf dem Arbeitsmarkt - ausgewählte erste Ergebnisse einer schriftlichen Betriebsbefragung, SAMF-Arbeitspapiere 1986-6, Paderborn 1986; Deeke,A./ Fischer,J./Schumm-Garling,U., Arbeitsmarktbewegung als sozialer Prozeß, SAMF-Arbeitspapiere 1987-3, Paderborn 1987; Blaschke,D., Erfolgswege zum neuen Arbeitsplatz, MittAB 20 (1987), 164-180; Eberwein,W./Tholen,J., Die öffentliche Arbeitsvermittlung als politisch-sozialer Prozeß, Frankfurt-New York 1987; Eberwein,W./Tholen,J., Die Selektivität der öffentlichen Arbeitsvermittlung und Handlungsspielräume der Arbeitsvermittler, WSI-Mitteilungen 40 (1987), 280-289; Deeke,A., Betriebliche Rekrutierungsstrategien unter den Bedingungen von Massenarbeitslosigkeit, in: Autorengemeinschaft, Individuelle und sozialstrukturelle Folgen der Massenarbeitslosigkeit, SAMF-Arbeitspapier 1988-1, Paderborn 1988, 147-203; Preisendörfer,P./Voss,Th., Arbeitsmarkt und soziale Netzwerke. Die Bedeutung sozialer Kontakte beim Zugang zu Arbeitsplätzen, Soziale Welt 39 (1988), 104-119.

mulierte Monopol der öffentlichen Arbeitsvermittlung ist in der Realität vielfach durchbrochen. Die Arbeitsvermittlung stellt sich faktisch als ein recht komplexer sozialer Prozeß dar, an dem verschiedene Akteure (Arbeitslose, Betriebe, Arbeitsvermittler) beteiligt sind. Neben den formalen Kanälen einer Arbeitsvermittlung durch das Arbeitsamt sind informelle von erheblicher Bedeutung. Vor allem soziale Netze bzw. Kontakte zum neuen Betrieb, die über Freunde, Bekannte, Verwandte oder ehemalige Arbeitskollegen vermittelt werden, sind bei der erfolgreichen Stellensuche häufig sehr wichtig; das Arbeitsamt wird nur in einer vergleichsweise geringen Quote der Eingliederungsfälle, vor allem bei Arbeitslosigkeit, eingeschaltet. Außerdem spielen Zeitungsanzeigen oder andere Stellenausschreibungen sowie die sog. "Bewerbung auf Verdacht" eine gewisse Rolle. Eigeninitiative und aktives Suchverhalten der Arbeitslosen sind häufig festzustellen; Chancenzuweisung erfolgt mithin selektiv. Ganz offensichtlich sind die Zugangschancen zu Informationen (das sog. Sozialkapital in Analogie zum Humankapital[67]) ungleich verteilt. Eine wesentliche Konsequenz dieser Form betriebsnaher Rekrutierung besteht in der Verschlechterung der Chancen betriebsferner Suchender.

Aus Sicht der Betriebe werden die Bewerber nach verschiedenen Kriterien selektiert (u.a. Alter, Qualifikation, Geschlecht, Gesundheitszustand, Verlauf der Erwerbsbiographie); vielfach dominiert bei den Auswahlstrategien das "Prinzip der Bestenauswahl". Die Qualifikationsanforderungen sind bei einem Überangebot an Arbeitskräften dauernd gestiegen. Bei der Rekrutierung werden in Großbetrieben heute im Gegensatz zu früher häufig informelle Kanäle (z.B. Empfehlungen von Mitarbeitern und dadurch soziale Kontrolle durch die Belegschaft, Eigeninitiative von Bewerbern) beschritten. Diese Strategien der Beschaffung dienen zugleich der Gratifikation und Disziplinierung.

Das <u>Unterstützungssystem</u> nach dem Leistungsrecht des AFG bzw. die sozialstaatliche Sicherung bei Arbeitslosigkeit besteht aus drei Stufen[68]:
- "Anspruch auf Arbeitslosengeld hat, wer arbeitslos ist, der Arbeitsvermittlung zur Verfügung steht, die Anwartschaft erfüllt, sich beim Arbeitsamt arbeitslos gemeldet und Arbeitslosengeld beantragt hat." (Par.100 AFG). Das <u>Arbeitslosengeld</u> (Alg) (Par. 100ff AFG) stellt eine reine Leistung nach dem Versicherungs- bzw. Äquivalenzprinzip dar, auf die infolge der Beitragszahlung während der Beschäftigungszeit vor der Arbeitlosigkeit ein Rechtsanspruch besteht. Das

---

[67] Vgl. hierzu im einzelnen Kap.13.

[68] Vgl. im einzelnen: Seifert,H., Öffentliche Arbeitsmarktpolitik in der Bundesrepublik Deutschland. Zur Entwicklung der Arbeitsmarktpolitik im Verhältnis von Steuerungsaufgabe und Anpassungsfunkttion, Köln 1984, 200ff.

Arbeitslosengeld beträgt bei Arbeitslosen mit unterhaltspflichtigen Kindern 68%, bei Kinderlosen 63% des pauschalierten Nettoentgelts. Für je zwei Monate mit Beitragsleistungen wird ein Monat Arbeitslosengeld gezahlt.[69] Ein Anspruch entsteht allerdings erst, nachdem mindestens ein Jahr lang Beiträge gezahlt worden sind (hohe Eingangsbarriere infolge der politisch definierten sog. Anwartschafts- oder Beitragszeit nach Par.104 AFG). Auf jeden Fall hat Arbeitslosigkeit, von sozialen und gesundheitlichen Folgen abgesehen, erhebliche finanzielle Konsequenzen.

- Aufgrund der Mitte der 80er Jahre vorübergehend günstigen Finanzentwicklung der BA, die u.a. infolge der vorherigen einschneidenden Leistungskürzungen eintritt, kommt es zu einer Staffelung der Bezugsdauer des Arbeitslosengeldes nach Altersklassen; damit wird ein Teil der zuvor erfolgten Verschlechterungen rückgängig gemacht. Die Verlängerung der Bezugsdauer über die grundsätzliche Begrenzung von 12 Monaten hinaus verzögert das Abgleiten zur Arbeitslosenhilfe, belastet den Haushalt der BA und entlastet den des Bundes.[70]
- Die Arbeitslosenhilfe (Alhi) (Par.134ff AFG) als zweiter Leistungstyp zur Sicherung der materiellen Existenzgrundlage wird gezahlt, wenn kein Anspruch auf Arbeitslosengeld besteht, etwa wegen "Aussteuerung" infolge längerer Arbeitslosigkeit oder wegen nicht-erfüllter Anwartschaftszeiten. Alhi ist im Gegensatz zum Alg keine Versicherungsleistung; die Gewährung setzt eine jährlich zu wiederholende Bedürftigkeitsprüfung (gemäß Par.139 AFG) voraus, bei der das Vermögen des Arbeitslosen und das Einkommen von unterhaltspflichtigen Angehörigen ab einer bestimmten Höhe angerechnet werden (Hilfe nach dem Subsidiaritätsprinzip). Die im Gegensatz zum Alg grundsätzlich nicht zeitlich begrenzte Arbeitslosenhilfe beträgt bei Arbeitslosen mit unterhaltspflichtigen Kindern 58% (bei Kinderlosen 56%) des regelmäßigen pauschalierten Nettoentgelts.[71] Die Zahlung, die seit 1980 aus Mitteln des Bundeshaushalts erfolgt, ist mit Ausnahme der Anwartschaftszeit an dieselben Anspruchsvoraussetzungen gebunden wie im Fall des Alg.

---

[69] Ab 1.Juli 1987 beträgt das Verhältnis zwischen der Dauer der Beitragspflichten (Beschäftigungszeit) und der Bezugsdauer des Arbeitslosengeldes wieder 2:1, nachdem es im Haushaltsbegleitgesetz 1983 vorübergehend auf 3:1 erhöht worden war.

[70] Die Höchstdauer für den Bezug von Arbeitslosengeld ist nach Altersklassen gestaffelt; ab 1.7.1987 gilt folgende Regelung: bis 41 Jahre 12 Monate, ab 42 Jahre 18 Monate, ab 44 Jahre 22 Monate, ab 49 Jahre 26 Monate, ab 54 Jahre 32 Monate.

[71] Berechnungsgrundlage ist nicht das tatsächliche Nettoeinkommen, sondern ein abgesenkter Wert, der Mehrarbeitszuschläge und Sonderzahlungen (wie Weihnachts- oder Urlaubsgeld) nicht berücksichtigt.

- Die Sozialhilfe, welche die Lücken der anderen Sozialleistungssysteme schließt, wird nach den Regelungen des Bundessozialhilfegesetzes-BSHG gewährt, wobei Hilfe zum Lebensunterhalt und Hilfe in besonderen Lebenslagen zu unterscheiden sind; die Finanzierung muß zum größten Teil von den Kommunen übernommen werden. Von ihrer Konzeption her ist Sozialhilfe, die den Grundsätzen der Individualisierung und der Subsidiarität folgt, allerdings ganz und gar nicht als gewissermaßen letztes Auffangbecken für Arbeitslose gedacht.

Die materielle Sicherung der Arbeitslosen verschlechtert sich infolge der Ausgrenzungstendenzen aus dem Leistungsbezug seit Jahren.[72] Die im AFG vorgesehenen Lohnersatzleistungen erfüllen ihre Aufgabe einer Sicherung der materiellen Existenz nur für einen immer kleineren Teil der Arbeitslosen. Gegenwärtig bezieht nur noch ca. ein Drittel der Arbeitslosen Arbeitslosengeld; die Ausgaben für Arbeitslosen- und vor allem Sozialhilfe schnellen in die Höhe. Die Zahl der Sozialhilfeempfänger nimmt seit ca. 1980 infolge der wachsenden Dauerarbeitslosigkeit ständig zu.[73] Dadurch werden die kommunalen Haushalte immens belastet, so daß andere Sozialausgaben (wie Kindergärten und -horte, Altenversorgung) kaum noch bestritten werden können. Nach der Feminisierung der Armut in den 70er Jahren beobachten wir seit 1983/84 eine Verjüngung infolge der Massenarbeitslosigkeit.

Diese arbeitsmarktinduzierte "neue Armut" in einer entwickelten, reichen Industrienation ist wesentlich Folge einer finanzpolitisch motivierten Sparpolitik zu Lasten der Arbeitslosen (u.a. im AFKG der sozial-liberalen Koalition von 1982 sowie in mehreren Haushaltsbegleitgesetzen), d.h. politisch mitverursacht.[74] "Zusammenfassend läßt sich sagen, daß die Arbeitsförderung ihren Aufgaben nur teilweise gerecht wird. Ein Drittel der Arbeitslosen muß in jüngster Zeit ohne ihre Hilfe auskommen. Fast ein Zehntel derjenigen, denen sie Unterstützung gewährt, ist auf zusätzliche Leistungen der Sozialhilfe angewiesen. Da die Transferzahlungen für Arbeitslose strikt einkommensbezogen sind, ohne existenzsichernde Mindestleistungen vorzusehen,

---

[72] "Als Fazit ist festzuhalten, daß die Arbeitslosenversicherung bei andauernder Massenarbeitslosigkeit und ständigen Eingriffen in das Leistungssystem ihrer Funktion, existenzsichernde Lohnersatzleistungen zu gewährleisten, nur noch unzureichend nachkommt. Erhebliche Sicherungslücken, die auf Konstruktionsmängel hindeuten, machen eine Reform des Gesamtsystems dringend erforderlich." Bäcker et al, Sozialpolitik, Bd.1, 244.

[73] Die Zahl betrug 1986 ca. drei Millionen, wobei eine erhebliche Dunkelziffer noch gar nicht berücksichtigt ist; die Ausgaben lagen bei 24 Milliarden.

[74] Vgl. zu diesem Abschnitt zusammenfassend Hauser,R./Fischer,I./Klein,Th., Verarmung durch Arbeitslosigkeit?, in: Leibfried,St./Tennstedt,F.(Hg.), Politik der Armut und die Spaltung des Sozialstaats, Frankfurt 1985, 213-248; Klein,Th., Sozialer Abstieg und Verarmung von Familien durch Arbeitslosigkeit. Eine mikroanalytische Untersuchung für die Bundesrepublik Deutschland, Frankfurt-New York 1987.

laufen vor allem untere Lohn- und Gehaltsgruppen Gefahr, bei Arbeitslosigkeit unter die Sozialhilfeschwelle zu sinken. Dieses Risiko ist für sie besonders dann hoch, wenn sie für größere Familien zu sorgen haben."[75]

4. Seit 1983 wurden mehrere Millionen Arbeitsplätze[76] neu geschaffen[77]. Im Rahmen eines Umstrukturierungsprozesses waren vor allem im Dienstleistungssektor, kaum dagegen im warenproduzierenden Gewerbe Beschäftigungszuwächse zu verzeichnen. Allerdings sagt diese rein quantitative Betrachtungsweise noch nichts über die Qualität der neu geschaffenen Arbeitsplätze und deren Entlohnung. Studien über die Situation in den USA, in denen in den 70er und 80er Jahren ein "Beschäftigungswunder" vor allem im privaten, vorwiegend wirtschaftsbezogenen Dienstleistungssektor (sog. Tertiarisierung der Wirtschaft) stattfand, zeigen eine deutliche Tendenz zur Polarisierung: Wenigen höherqualifizierten und gut bezahlten jobs im primären Segment steht eine Vielzahl von minderqualifizierten und schlecht entlohnten Tätigkeiten in unsicheren Beschäftigungsverhältnissen des sekundären Segments gegenüber.[78] Bei einer Gegenüberstellung der Ergebnisse verschiedener Studien ergibt sich, "that, following many years of decline, the proportion of low-earnings jobs among full-time, year-round workers has increased, and earnings inequality has increased within and between industries and occupations"[79].

Die Mitte 1987 eingetretenen Veränderungen entlasteten den Bund bei den Zahlungen für Arbeitslosenhilfe um rd. 1.4 Milliarden DM jährlich und belasteten die Kasse

---

[75] Alber,J., Der Sozialstaat in der Bundesrepublik 1950 - 1983, Frankfurt-New York 1983, 182.

[76] Ob die offiziell genannten Zahlen immer realistisch sind, sei dahingestellt, da sie die zusätzlichen ABM-Stellen ebenso einschließt wie die durch die Wochenarbeitszeitverkürzung geschaffenen jobs oder die durch Mutterschaftsurlaub bzw. Inanspruchnahme des Erziehungsgeldes vorläufig freigewordenen Arbeitsplätze; außerdem wird als Bezug häufig der Zeitpunkt der absolut niedrigsten Erwerbspersonenzahl gewählt.

[77] Die Beschäftigtenstatistik der BA weist für den Zeitraum zwischen Juni 1983 und Juni 1987 etwa 900.000 zusätzliche sozialversicherungspflichtige Beschäftigte aus, während die Erwerbstätigenschätzungen des Statistischen Bundesamtes nur eine Steigerung der Zahl der Erwerbstätigen um 655.000 Personen registriert. Vgl. im einzelnen zu den statistischen Problemen Wermter,W./ Cramer,U., Wie hoch war der Beschäftigtenanstieg seit 1983? Ein Diskussionsbeitrag aus der Sicht der Beschäftigtenstatistik der Bundesanstalt für Arbeit, MittAB 21 (1988), 468-482.

[78] Vgl. u.a. Sengenberger,W., Zur Flexibilität im Beschäftigungssystem. Ein Vergleich zwischen den USA und der Bundesrepublik Deutschland, SAMF-Arbeitspapier 1984-3, Paderborn 1984; Bluestone, B./Harrison,B., The great American job machine: The proliferation of low-wage employment in the U.S. economy, Washington,D.C. 1986; Hoffmann,E., Beschäftigungstendenzen im Dienstleistungssektor der USA und der Bundesrepublik Deutschland, MittAB 21 (1988), 243-267.

[79] Loveman,G.W./Tilly,Chr., Good jobs or bad jobs? Evaluating the American job creation experience, International Labour Review 127 (1988), 606.

der BA vor allem durch die Verlängerung des Bezugs von Arbeitslosengeld um rd. 2.8 Milliarden DM jährlich. Der Bund finanzierte mit den Einsparungen die stufenweise Anerkennung der Kindererziehungszeiten für die vor 1921 geborenen Frauen in der Rentenversicherung (sog. Babyjahr für Trümmerfrauen). Die BA geriet infolge dieser Mehrbelastung sowie wegen der Arbeitsmarktsituation (nur geringer Rückgang der Arbeitslosenzahl und Kurzarbeit) schon 1989 erneut in Finanzierungsprobleme, die dann abermals aus dem Rücklagevermögen der BA bzw. über Zuschüsse des Bundes gelöst werden mußten.

Dadurch drohte mittelfristig eine finanzielle Unbeweglichkeit der BA und damit eine Blockade arbeitsmarktpolitischer Gestaltungsspielräume. Erste politische Reaktionen waren sofort festzustellen. So wurde durch eine Verschärfung der Richtlinien eine "Konsolidierung der Qualifizierungsoffensive auf hohem Niveau" gefordert, d.h. eine Einschränkung der bisher vorbeugenden Weiterbildungsmaßnahmen ("Bildung auf Vorrat") und eine Prioritätensetzung auf Arbeitsvermittlung sowie ein "Stopp der Ausweitung der FuU-Mittel". Der infolge fehlender finanzieller Mittel enger werdende Handlungsspielraum mußte negative arbeitsmarktpolitische Konsequenzen haben.

Verstärkt wurde die skizzierte Gefahr durch die 8.AFG-Novelle, die am 1.1.1988 in Kraft trat: Der BA wurde die finanzielle Verantwortung für eine Reihe von Aufgaben übertragen, die vorher aus Bundesmitteln finanziert worden waren (u.a. Förderung der Berufsausbildung von benachteiligten Jugendlichen aus Bundesmitteln (Bildungsbeihilfegesetz für arbeitslose Jugendliche), Verstärkungsmittel für ABM, Sprachförderung für Aussiedler, Asylanten und Kontingentflüchtlinge). Die Kosten dieser Umfinanzierung, die erfolgte, um Spielraum für die Steuerreform zu haben, lagen bei ca. 1 Milliarde DM pro Jahr für beitragsfremde Aufgaben. Der Verwaltungsrat der BA votierte strikt gegen diesen Plan einer Übertragung auf die Arbeitsverwaltung, d.h. einer Entlastung des Bundeshaushalts zu Lasten der Arbeitslosenversicherung; die BA brauche ihre Mittel für den Kampf gegen die Arbeitslosigkeit.

Durch die 9. AFG-Novelle, die zum 1.1.1989 in Kraft trat, wurde der Bundeshaushalt entlastet, der die Defizite der BA in Höhe von einer Milliarde DM im Jahr 1988 durch Steuermittel auszugleichen hatte. Bestimmte Leistungen für Arbeitslose wurden weiter eingeschränkt (u.a. keine Verlängerung der Bezugsdauer von Arbeitslosengeld bei Krankheit und Leistungsbezug von der Krankenkasse, Leistungskürzung bei Arbeitnehmern, die an Umschulungen oder AB-Maßnahmen teilnehmen).

Kapitel 12: Arbeitsmarkttheorien

Einführende Literatur:

Arbeitsmarkttheorien:

Berthold,N., Lohnstarrheit und Arbeitslosigkeit, Freiburg 1987

Buttler,Fr./Gerlach,,K./Schmiede,R.(Hg.), Arbeitsmarkt und Beschäftigung. Neuere Beiträge zur institutionalistischen Arbeitsmarktanalyse, Frankfurt-New York 1987

Fischer,C./Heier,D., Entwicklungen der Arbeitsmarkttheorie, Frankfurt-New York 1983

Franz,W., Arbeitsmarktökonomik, Berlin-Heidelberg 1991.

Hohn,H.-W., Von der Einheitsgewerkschaft zum Betriebssyndikalismus. Soziale Schließung im dualen System der Interessenvertretung, Berlin 1988

Lutz,B., Arbeitsmarktstruktur und betriebliche Arbeitskräfteschlange. Eine theoretisch-historische Skizze zur Entstehung betriebszentrierter Arbeitsmarktsegmentation, Frankfurt-New York 1987

Sengenberger,W., Struktur und Funktionsweise von Arbeitsmärkten. Die Bundesrepublik Deutschland im internationalen Vergleich, Frankfurt-New York 1987

Sesselmeier,W./Blauermel,G., Arbeitsmarkttheorien. Ein Überblick, Heidelberg 1990

Solow,R.M., The labor market as a social institution, Cambridge-Oxford 1990

Windolf,P./Hohn,H.-W., Arbeitsmarktchancen in der Krise. Betriebliche Rekrutierung und soziale Schließung, Frankfurt-New York 1984

Marsden,D., The end of economic man? Custom and competition in labor markets, New York 1986

Schmid,H./v.Dosky,D., Ökonomik des Arbeitsmarktes, Band 1 Arbeitsmarkttheorien: Stärken und Schwächen, Bern-Stuttgart 1990

Arbeitslosigkeit:

Bonß,W./Heinze,R.G.(Hg.), Arbeitslosigkeit in der Arbeitsgesellschaft, Frankfurt 1984

Brandes,W./Weise,P., Arbeitsmarkt und Arbeitslosigkeit, Würzburg 1980

Bruche,G./Reissert,B., Die Finanzierung der Arbeitsmarktpolitik. System, Effektivität, Reformansätze, Frankfurt-New York 1985

Deeke,A./Fischer,J./Schumm-Garling,U.(Hg.), Arbeitsmarktbewegung als sozialer Prozeß, SAMF-Arbeitspapier 1987-3, Paderborn 1987

Friedrich,H./Brauer,U., Arbeitslosigkeit - Dimensionen, Ursachen und Bewältigungsstrategien, 2.Aufl. Opladen 1987

Klems,W./Schmid,A., Langzeitarbeitslosigkeit. Theorie und Empirie am Beispiel des Arbeitsmarktes Frankfurt/Main, Berlin 1990

Landeszentrale für politische Bildung Baden-Württemberg (Hg.), Arbeitslosigkeit, Stuttgart 1984

Schmid,G./Reissert,B./Bruche,G. Arbeitslosenversicherung und aktive Arbeitsmarktpolitik - Finanzierungsprobleme im internationalen Vergleich, Berlin 1987

Willke,G., Arbeitslosigkeit. Diagnosen und Therapien, Hannover 1990.

13. ARBEITSMARKTPROBLEME II: ARBEITSMARKTPOLITIK

Innerhalb des Komplexes der Arbeitsmarktprobleme wollen wir nach der theoretischen nunmehr eine eher politisch-praktische Perspektive wählen, indem wir uns die Frage nach der Beeinflußbarkeit des Arbeitsmarktgeschehens stellen. Dabei geht es nach einigen Vorbemerkungen eher institutioneller Art zunächst um die Instrumente und Strategien der Arbeitsmarktpolitik: Welche Instrumente stehen überhaupt zur Verfügung und wie erfolgreich werden sie eingesetzt? Nach einigen einleitenden Vorbemerkungen werden wir zunächst die wesentlichen Regelungen des Instrumentariums des Arbeitsförderungsgesetzes - AFG einschließlich der inzwischen eingetretenen wesentlichen Änderungen vorstellen. In einem zweiten Schritt wollen wir einige aktuelle Alternativen zum gegenwärtigen Instrumentarium diskutieren.

13.1. Vorbemerkungen

Arbeitsmarktpolitik meint zunächst die "Gesamtheit der Maßnahmen, die das Ziel haben, den Arbeitsmarkt als den für die Beschäftigungsmöglichkeiten und für die Beschäftigungsbedingungen der Arbeitnehmer entscheidenden Markt so zu beeinflussen, daß für alle Arbeitsfähigen und Arbeitswilligen eine ununterbrochene, ihren Neigungen und Fähigkeiten entsprechende Beschäftigung zu bestmöglichen Bedingungen, insbesondere in bezug auf das Arbeitsentgelt und die Arbeitszeit, gesichert wird"[1]. Es geht also um Maßnahmen, welche das Angebot an und/oder die Nachfrage nach Arbeitskräften quantitativ und qualitativ beeinflussen.[2]
Gesetzliche Grundlage ist vor allem das AFG von 1969, welches nach einer mehrjährigen Diskussion das Gesetz über Arbeitsvermittlung und Arbeitslosenversicherung (AVAVG) der Weimarer Zeit (1927, Neufassung 1957) ablöste und als "the landmark legislation of the era"[3] bezeichnet werden kann. Das AFG steht in engem Komplementaritätsverhältnis zu dem Gesetz zur Förderung der Stabilität und des Wachstums der Wirtschaft - StWG (1967), welches deutlich an einer keynesianischen statt an der bis dato dominierenden neoliberalen Politikkonzeption orientiert

---

[1] Lampert,H., Lehrbuch der Sozialpolitik, 2.überarb.Aufl. Berlin-Heidelberg 1991, 264.

[2] Vgl. einleitend u.a. Bach,H.W., 20 Jahre Arbeitsförderungsgesetz, Sozialer Fortschritt 38 (1989), 106-113; Lampert,H., 20 Jahre Arbeitsförderungsgesetz, MittAB 22 (1989, 173-186; Schmid,G. Beschäftigungs- und Arbeitsmarktpolitik, in: Beyme,K.V./Schmidt,M.G.(Hg.), Politik in der Bundesrepublik, Opladen 1990, 228-254.

[3] Janoski,Th., The political economy of unemployment. Active labor market policy in West Germany and the United States, Berkeley-Los Angeles 1990, 169.

Kapitel 13: Arbeitsmarktpolitik

ist.[4] Die einstimmige Verabschiedung des AFG bedeutete eine deutliche Schwerpunktverlagerung von der reaktiven (kompensatorischen) zur aktiven, d.h. gestaltenden und vorausschauenden Arbeitsmarktpolitik.[5] Das arbeitsmarkt- und beschäftigungspolitische Instrumentarium und damit der dem Staat zugestandene Einfluß wurden erheblich ausgebaut, um die Beschäftigungsstrukturen an Wachstumszielen zu orientieren und den notwendigen Strukturwandel selektiv abzufedern; ein hoher Beschäftigungsstand sollte zum Leitgedanken der Politik werden. Diese prinzipielle Änderung des Konzepts folgt einer Entwicklung, die seit Mitte der 60er Jahre in verschiedenen westlichen Industrienationen in Gang gekommen war.[6]

Institutionelle Träger der Arbeitsmarktpolitik sind die Bundesanstalt für Arbeit - BA, eine rechtsfähige Körperschaft des öffentlichen Rechts mit Selbstverwaltung (föderaler Aufbau nach Par. 189 AFG), bzw. die ihr untergeordneten 9 Landesarbeitsämter und 146 Arbeitsämter in der alten sowie zusätzlich 2 Landesarbeitsämter und 38 Arbeitsämter in der neuen Bundesrepublik. Die Organe (Verwaltungsrat als "Legislative", Vorstand als "Exekutivorgan", Verwaltungsausschüsse zur Wahrnehmung der Selbstverwaltungsaufgaben) sind drittelparitätisch mit Vertretern der Arbeitgeber, der Arbeitnehmer und der öffentlichen Körperschaften besetzt. Dadurch wird die Kooperation der Beteiligten institutionell abgesichert. Das oberste Organ ist der Verwaltungsrat, der die laufenden Geschäfte führt.

Die Finanzierung der verschiedenen Aufgaben erfolgt aufgrund politischer Prioritätensetzung

- zum weitaus größeren Teil durch Beiträge, die zu gleichen Teilen von Arbeitnehmern und Arbeitgebern als Prozentanteil an der Bruttolohnsumme geleistet werden (Par. 167 AFG),
- zum kleineren Teil durch Arbeitgeberumlagen (Par. 186 AFG) (bei der produktiven Winterbauförderung und dem Konkursausfallgeld)

---

[4] Vgl. im einzelnen Seifert,H., Öffentliche Arbeitsmarktpolitik in der Bundesrepublik Deutschland. Zur Entwicklung der Arbeitsmarktpolitik im Verhältnis von Steuerungsaufgaben und Anpassungsfunktion, Köln 1982, 18ff.; Lampert,H./Englberger,J./Schüle,U., Ordnungs- und prozeßpolitische Probleme der Arbeitsmarktpolitik in der Bundesrepublik Deutschland, Berlin 1991, 76ff.

[5] Vgl. u.a. Adamy,W./Reidegeld,E., 60 Jahre Arbeitslosenversicherung in Deutschland, Teil IV: Vom Wiederaufbau zur aktiven Arbeitsmarktpolitik, Soziale Sicherheit 37 (1988), 88ff.; Kühl,J., Das Arbeitsförderungsgesetz (AFG) von 1969. Grundzüge seiner arbeitsmarkt- und beschäftigungspolitischen Konzeption, MittAB 15 (1982), 251-260; Janoski, The political economy of unemployment, 165ff.

[6] Vgl. einführend Lampert,H., Beschäftigungspolitische Leistungsfähigkeit und Grenzen in der Arbeitsmarktpolitik in der Bundesrepublik Deutschland, in: Herder-Dorneich,Ph.(Hg.), Arbeitsmarkt und Arbeitsmarktpolitik, Berlin 1982, 120ff; Kühl,J., Beschäftigungspolitik in der Bundesrepublik Deutschland von 1973 bis 1987. SAMF-Arbeitspapier 1987-5, Paderborn 1987; Lampert, Lehrbuch der Sozialpolitik, 268ff.

- sowie gegebenenfalls bei Liquiditätsschwierigkeiten durch Zuweisung von Bundesmitteln (Darlehen und Zuschüsse zum Ausgleich von Defiziten nach Par.187 AFG) sowie durch Erträge aus dem Rücklagevermögen (Überschüsse der Einnahmen), falls solche vorhanden sind.

Die allgemeinen Ziele des AFG bestehen darin, die Maßnahmen "im Rahmen der Sozial- und Wirtschaftspolitik der Bundesrepublik darauf einzurichten, daß ein hoher Beschäftigungsstand erzielt und aufrechterhalten, die Beschäftigungsstruktur ständig verbessert und damit das Wachstum der Wirtschaft gefördert wird" (Par. 1 AFG). Im besonderen sollen die Maßnahmen dazu beitragen, daß

"1. weder Arbeitslosigkeit und unterwertige Beschäftigung noch ein Mangel an Arbeitskräften eintreten oder fortdauern,
2. die berufliche Beweglichkeit der Erwerbstätigen gesichert und verbessert wird,
3. nachteilige Folgen, die sich für die Erwerbstätigen aus der technischen Entwicklung oder aus wirtschaftlichen Strukturwandlungen ergeben können, vermieden, ausgeglichen oder beseitigt werden" (Par. 2 AFG)

sowie die berufliche Eingliederung von Problemgruppen gefördert wird. Die verschiedenen Instrumente zur Realisierung dieser ehrgeizigen Ziele werden wir im folgenden Abschnitt behandeln.

Das AFG verfolgt wirtschaftspolitische (allokative) und sozialpolitische (integrative) Ziele. Als Instrumente unterscheiden wir grob Arbeitsmarktordnungspolitik und Arbeitsmarktablaufpolitik; letztere umfaßt die Maßnahmen, die auf das Arbeitsplatzangebot bzw. auf das Arbeitskräfteangebot gerichtet sind. Wir wollen uns im folgenden mit der Ablaufpolitik beschäftigen. Weiterhin unterscheiden wir passive und aktive Arbeitsmarktpolitik: Erstere soll durch Lohnersatzleistungen (Arbeitslosengeld, Arbeitslosenhilfe) die finanziellen Belastungen von Arbeitslosen mildern, letztere hingegen (u.a. durch Berufsberatung, Umschulung und Fortbildung, ABM) zur besseren gegenseitigen Anpassung von Arbeitskräften und Arbeitsplätzen im wirtschaftlichen Strukturwandel beitragen.[7] Wir werden im folgenden vor allem die Instrumente aktiver Arbeitsmarktpolitik im einzelnen analysieren.[8]

Die Reihenfolge der verschiedenen Maßnahmen und Instrumente im Gesetzestext zeigt eine deutliche Hierarchie der Ziele aktiver Politik an: Vorbeugende Maßnahmen, welche strukturelle Arbeitslosigkeit antizipieren und den fortschreitenden

---

[7] Insofern bestehen enge Verbindungen zum Berufsbildungsgesetz sowie zum Ausbildungsförderungsgesetz.

[8] Vgl. zu dem zuletzt genannten Aspekt den Überblick bei Kühl,J., Wirkungsanalyse der Arbeitsmarktpolitik, in: Bombach,G. et al.(Hg.), Arbeitsmärkte und Beschäftigung. Fakten, Analysen, Perspektiven, Tübingen 1987, 355-383.

Strukturwandel durch Verbesserung der Mobilität sowie durch berufliche Weiterqualifikation (Umschulung und Weiterbildung) fördern, rangieren explizit vor kompensatorischen Leistungen. Die Lohnersatzleistungen bei Arbeitslosigkeit und Zahlungsunfähigkeit des Arbeitgebers (Par.100ff AFG) stellen kompensatorische Zahlungen dar.[9] Wir werden erkennen, daß das AFG nicht nur in einer Zeit deutlicher Arbeitskräfteknappheit, sondern auch für eine Zeit der Vollbeschäftigung geschaffen wurde. Daraus resultieren zwangsläufig massive Probleme in Phasen drastisch veränderter Arbeitsmarktbedingungen mit dauerhaft-struktureller Massenarbeitslosigkeit.

Wir beobachten seit Inkrafttreten des AFG bzw. seit Ende der 60er Jahre eine Vervielfachung der nominalen und realen Gesamtausgaben für arbeitsmarktpolitische Leistungen, die schon in der "alten" Bundesrepublik von knapp 4 auf ca. 40 Milliarden deutlich gestiegen waren. Dabei war zunächst ein Wachstum der operativen Ausgaben, später eine deutliche, absolute und relative Zunahme der Lohnersatzleistungen (Ausgaben für passive Arbeitsmarktpolitik) zu verzeichnen. Der finanzielle Spielraum für aktive Arbeitsmarktpolitik wird seit Mitte der 70er Jahre kleiner; ihr Anteil an den Gesamtausgaben geht im Gegensatz etwa zu Schweden deutlich zurück.[10] Trotz gelegentlicher Zuweisung von Bundesmitteln, wiederholt gestiegener Beitragssätze und zahlreicher Leistungseinschränkungen reichen die finanziellen Möglichkeiten der BA bei weitem nicht aus, um alle zugewiesenen Aufgaben angemessen zu erfüllen; mehrfach treten erhebliche Defizite auf, die der Bund nur zum Teil ausgleicht.

13.2. Instrumente des AFG

Wir wollen im folgenden drei Gruppen von Instrumenten und Maßnahmen grob unterscheiden:
- Information und Beratung,
- Förderung der beruflichen Bildung,
- Erhaltung und Schaffung von Arbeitsplätzen.

1. Ein Bündel von Strategien zielt auf die Steuerung des Arbeitskräfteangebots:

---

[9] Die Vorruhestandsregelungen als Ergänzung zur traditionellen Arbeitsmarktpolitik haben kaum die erhofften Effekte gehabt (vgl. Kap.8); auch die verschiedenen Strategien einer Teilzeitbeschäftigung (u.a. job sharing) haben quantitativ keine großen Erfolge gezeigt.

[10] Vgl. im einzelnen Schmid,G., Arbeitsmarktpolitik im Wandel. Entwicklungstendenzen des Arbeitsmarktes und Wirksamkeit der Arbeitsmarktpolitik in der Bundesrepublik Deutschland. Discussion Paper IIM/LMP 87-17, Wissenschaftszentrum Berlin für Sozialforschung 1987, 25ff.

1.1. Information und Beratung haben das Ziel, eine aktive, prophylaktische Arbeitsmarkt- und Beschäftigungspolitik durch Verbesserung der Markttransparenz bzw. des individuellen Informationsniveaus zu ermöglichen. Hierzu gehört u.a. die empirische Arbeitsmarkt- und Berufsforschung, zu der die BA nach Par.6 AFG verpflichtet ist.[11] Die Berufsberatung (Par.25 AFG) soll unter Berücksichtigung wirtschaftlicher und sozialer Gesichtspunkte zum quantitativen und qualitativen Ausgleich von Angebot und Nachfrage auf dem Arbeitsmarkt beitragen. Diese Beratung ist infolge des Verfassungsverbots der Berufs- und Arbeitskräftelenkung freiwillig; sie kann bei allen Fragen der Berufswahl und des Berufswechsels Informationsprobleme angehen und versuchen, Angebot und Nachfrage aufeinander abzustimmen, nicht jedoch zusätzliche Ausbildungs- bzw. Arbeitsplätze schaffen.

Eine Reihe von Jahren bestanden vor allem Probleme in quantitativer Hinsicht (sog. Bewerberüberhang bzw. Jugendarbeitslosigkeit) infolge des Eintritts der geburtenstarken Jahrgänge in den Ausbildungsstellenmarkt. In den kommenden Jahren wird es weiterhin Probleme in qualitativer Perspektive geben. Regionale und berufliche Engpässe werden bestehen bleiben, auch nachdem die Schulentlaßjahrgänge weniger stark besetzt sind und der sog. Altbewerberüberhang abgebaut ist. Wir beobachten eine deutliche Ausrichtung auf wenige Berufe anstatt auf solche "mit Zukunft", d.h. Vermittlung von Basiswissen und Schlüsselqualifikationen vor allem für Tätigkeiten im Dienstleistungsbereich, insbesondere durch den Einsatz von neuen Informations- und Kommunikationstechnologien. Auch Probleme der regionalen Ungleichverteilung bleiben bestehen.

1.2. Arbeitsvermittlung ist die Tätigkeit, "die darauf gerichtet ist, Arbeitsuchende mit Arbeitgebern zur Begründung von Arbeitsverhältnissen ... zusammenzuführen" (Par.13 AFG). Sie soll quantitativ und qualitativ einen Ausgleich von Angebot und Nachfrage herbeiführen (Erhöhung der Markttransparenz durch Ausgleich informatorischer Defizite) und ungleiche Startchancen ausgleichen. Wichtige, bundesweit geltende Grundsätze sind: Unentgeltlichkeit, Unparteilichkeit, lohnpolitische Neutralität sowie Neutralität bei Arbeitskämpfen.[12] Die Arbeitsvermittlung stellt den klassischen und zentralen Tätigkeitsbereich der Arbeitsmarktausgleichspolitik dar, für den

---

[11] Zur Erfüllung dieser Aufgaben wurde eigens das Institut für Arbeitsmarkt- und Berufsforschung (IAB) innerhalb der BA gegründet. Vgl. IAB, Fünftes mittelfristiges Schwerpunktprogramm des IAB für den Zeitraum 1988-1992, MittAB 21 (1988), 329-360.

[12] Vgl. zu letzterer im einzelnen Kap.8.

Kapitel 13: Arbeitsmarktpolitik

die Arbeitsverwaltung ein gesetzlich garantiertes Vermittlungsmonopol hat.[13] Faktisch beobachten wir eine "Problemgruppen desintegrierende Selektivität der Arbeitsvermittlung"[14], die aus dem Zielkonflikt zwischen allokativen und integrativen Zielen resultiert.

Gelegentlich wird wegen der angeblich geringen "Akzeptanz" der Arbeitsvermittlung (niedriger Einschaltungsgrad der Arbeitsämter bei Vermittlungsprozessen) eine Aufweichung bzw. Abschaffung des Monopols der BA gefordert. Eine solche Privatisierung bzw. "Effizienzsteigerung" durch Zulassung gewerblicher Vermittlung würde in ganz bestimmten Bereichen vielleicht erfolgreich sein, jedoch die Situation für den ohnehin schwer vermittelbaren Teil der Arbeitslosen (sog. Problemgruppen) nur noch verschlechtern bzw. die Arbeitsämter auf den "schlechten Risiken" sitzen lassen.[15]

1.3. Ergänzt wird die Arbeitsvermittlung durch ein System von Maßnahmen zur Förderung der Arbeitsaufnahme (Par.53 AFG) (u.a. Zuschüsse zu Bewerbungs-, Reise- und Umzugskosten, Trennungsbeihilfen, Überbrückungsbeihilfen, Familienheimfahrten). Durch Übernahme der Anpassungskosten soll die räumliche bzw. regionale, also horizontale Mobilität der Arbeitnehmer bei friktioneller bzw. struktureller Arbeitslosigkeit mit räumlichem Bezug verbessert werden. Diese Instrumente wurden vor allem in den späten 70er Jahren eingesetzt; sie sind in Zeiten dauerhafter Massenarbeitslosigkeit nur von begrenztem Wert.

Lohnkostenzuschüsse seitens des Staates oder der BA, d.h. die zeitlich begrenzte Übernahme eines erheblichen Teils der Lohnkosten (Lohnsubvention) vor allem in Form von Eingliederungsbeihilfen (Par.54 AFG) und Einarbeitungszuschüssen, sol-

---

[13] Die BA kann aber andere Institutionen mit der Wahrnehmung dieser Funktion beauftragen (z.B. für die Vermittlung von Künstlern oder Seeleuten). Die gewerbsmäßige Arbeitnehmerüberlassung, die nach einem Urteil des Bundesverfassungsgerichts von 1976 nicht unter das Vermittlungsmonopol fällt, ist im Arbeitnehmerüberlassungsgesetz von 1972 geregelt. Die ursprüngliche maximale Überlassungsdauer von drei Monaten wurde durch das Beschäftigungsförderungsgesetz von 1984 (vgl. im einzelnen Kap.13.4.) auf sechs Monate verlängert.

[14] Seifert, Öffentliche Arbeitsmarktpolitik, 190.

[15] Der Autor einer international vergleichenden Untersuchung von Systemen der Arbeitsvermittlung kommt zu folgendem Ergebnis: "Die Befunde geben keine klaren Hinweise für die Überlegenheit des einen oder anderen Systems. Sie dämpfen aber die Erwartung, daß die auf dem bundesdeutschen Arbeitsmarkt sichtbaren - häufig der öffentlichen Arbeitsvermittlung zugeschriebenen - Struktur- und Besetzungsprobleme allein schon durch die Zulassung privater Arbeitsvermittlung nachhaltig verbessert werden könnten. Ein Systemwechsel durch eine Liberalisierung des Vermittlungsrechts in der Bundesrepublik Deutschland läßt sich mit den Ergebnissen nicht begründen. Eine gezielte Verbesserung des bestehenden Systems (v.a. durch eine Stärkung der Vermittlungseffizienz der BA) erscheint somit als eine zumindest gleichwertige Alternative." Walwei,U., Monopol oder Koexistenz: Arbeitsvermittlung in der Bundesrepublik Deutschland und in Großbritannien, MittAB 24 (1991), 635.

len Niveau und Struktur der Beschäftigung erhöhen bzw. die Chancen vor allem schwer vermittelbarer Arbeitsloser verbessern.[16] Die Wirksamkeit dieses Instruments wird auf der Basis von Evaluationsstudien[17] zunehmend skeptisch beurteilt: Ganz offensichtlich orientieren nur sehr wenige Betriebe ihre tatsächliche Einstellungs- bzw. Personalpolitik an der Existenz von Lohnsubventionen. "Ursachen dafür mögen einmal die geringe Bedeutung des Lohnniveaus als Ursache für den Rückgang der Nachfrage nach Arbeitskräften wie auch die Kurzfristigkeit dieser Maßnahme sein. Die Lohnkostenzuschüsse und Arbeitsplatzsubventionen sollen die Kosten der Unternehmer für neu einzustellende Arbeitskräfte senken, sie sind weder geeignet noch dazu gedacht, das Arbeitsplatzangebot konkreter und längerfristiger zu beeinflussen."[18] Diese Eingliederungsbeihilfen bringen zudem das Problem hoher Mitnahmeeffekte, d.h. die Einstellung wäre auch ohne Lohnsubvention erfolgt, oder Rotationseffekte, d.h. es findet ein mehr oder weniger systematischer, bloßer Austausch von nicht-subventionierten gegen subventionierte Arbeitskräften anstelle echter Mehrbeschäftigung statt. In der Makroperspektive wird zudem andere Nachfrage verdrängt, indem Nachfragerückgänge bei anderen Betrieben entstehen.[19] Folglich lagen die Förderzahlen in den späten 70er Jahren höher als in den 80ern. Die quantitative Bedeutung dieser Strategie ist vergleichsweise gering.[20]

Berufsfördernde Leistungen zur Rehabilitation (Par.56ff AFG) sollen die berufliche Eingliederung körperlich, geistig und seelisch Behinderter in den regulären Arbeitsmarkt vor allem durch Unterhaltszuschüsse bewirken; ihre Erwerbsfähigkeit soll erhalten oder verbessert werden. In Zeiten hoher Arbeitslosigkeit wird eine Vermittlung

---

[16] Gemäß neoklassischer Prämisse, wonach die Beschäftigungshöhe eine Funktion des Lohnsatzes ist, müßten Eingliederungsbeihilfen aufgrund einer verbesserten Kosten-/Ertragsrelation zu mehr Beschäftigung führen.

[17] Vgl. u.a. Maier,F./Schettkat,R., Potentiale aktiver Arbeitsmarkt- und Beschäftigungspolitik. Discussion paper FS I. 88-17, Wissenschaftszentrum Berlin für Sozialforschung, Berlin 1988, 74f; Spitznagel,E., Beschäftigungspolitische Aktionen und Reaktionen von Unternehmen, in: Mertens,D.(Hg.), Konzepte der Arbeitsmarkt- und Berufsforschung, 3.Aufl.Nürnberg 1988, 310f.

[18] Bieback,K.-J., Arbeitsmarktpolitik und Arbeitsvermittlung - Zur Funktion und Kritik der Instrumente staatlicher Arbeitsmarktpolitik nach dem AFG, Zeitschrift für Sozialreform 24 (1978), 397f.

[19] Verschiedene Sonderprogramme des Bundes (u.a. 1974, Sonderprogramm für Regionen mit besonderen Beschäftigungsproblemen 1979) hatten mit diesen Problemen zu tun. Vgl. u.a. Schmid,A., Beschäftigung und Arbeitsmarkt. Eine sozioökonomische Einführung, Frankfurt-New York 1984, 122ff.

[20] Im übrigen stehen auch Programme, die Zuschüsse für die Beschäftigung von Arbeitslosen ab einem bestimmten Alter vorsehen, vor ähnlichen Schwierigkeiten. Das 1989 gestartete Sonderprogramm zur Überwindung von Langzeitarbeitslosigkeit ist ein aktuelles Beispiel.

in Ausbildungs- oder Arbeitsverhältnisse aufgrund der verminderten Leistungsfähigkeit immer schwieriger, obwohl eine Quotenregelung für Schwerbehinderte besteht.[21]

2. Ein zweites Bündel von Maßnahmen umfaßt die Förderung der beruflichen Ausbildung, die aus den drei Teilen Ausbildung, Fortbildung, Umschulung besteht und das Kernstück bzw. die Hauptaufgabe der aktiven Arbeitsmarktpolitik nach dem AFG darstellt[22]; ihr kommt auch vom finanziellen Aspekt her erhebliche Bedeutung zu.[23] Der Einsatz verschiedener Instrumente einer umfassenden Qualifikationspolitik soll strukturelle Arbeitslosigkeit verhindern bzw. die berufliche Mobilität verbessern, friktionelle Engpässe auf bestimmten Teilarbeitsmärkten überwinden, das allgemeine Qualifikationsniveau verbessern sowie die individuellen Vermittlungschancen erhöhen. Das globale Ziel besteht in der Verbesserung der Beschäftigtenstruktur sowie in der Förderung optimaler Allokation. Die als Rechtsanspruch in das AFG aufgenommene individuelle Förderung zielt auf die berufliche Erstausbildung[24], vor allem aber auf die berufliche Weiterbildung; letztere besteht nach Par. 33ff AFG aus den Elementen Fortbildung bzw. Höherqualifizierung und Umschulung bzw. Neuqualifizierung.

Die Maßnahmen der beruflichen Fortbildung (Par. 41ff AFG) beinhalten zum einen die Erhaltung und Erweiterung der beruflichen Kenntnisse und Fertigkeiten bzw. deren Anpassung an die technische Entwicklung (Anpassungsfortbildung ohne formalen Abschluß)[25]; zum andern sollen sie durch Weiterbildung einen beruflichen Aufstieg ermöglichen bzw. die vertikale Mobilität erhöhen (Aufstiegsfortbildung mit formalem Abschluß).[26] Die Ziele dieser präventiv konzipierten Strategie sollen durch

---

[21] Vgl. zusammenfassend Semlinger,K./Schmid,G., Arbeitsmarktpolitik für Behinderte, Basel 1985.

[22] Vgl. zusammenfassend Hardes,H.-D., Öffentliche Arbeitsmarktpolitik und betriebliche Weiterbildung, in: Winterstein,H.(Hg.), Sozialpolitik in der Beschäftigungskrise II, Berlin 1986, 53-89.

[23] "Die Bedeutung, die man der beruflichen Mobilität zur Vermeidung von Arbeitslosigkeit beigemessen hat, wurde durch zwei nahezu revolutionäre Regelungen im Gesetz unterstrichen. Berufliche Weiterbildung wurde als Rechtsanspruch formuliert, und die damalige finanzielle Förderung (Unterhaltsgeld von etwa 90% des ursprünglichen Nettolohns) stellte einen erheblichen Anreiz zur Inanspruchnahme dieses Rechtsanspruchs dar." Schmid, Beschäftigungs- und Arbeitsmarktpolitik, 237.

[24] Im Rahmen der beruflichen Ausbildung können bei berufsvorbereitenden Maßnahmen Zuschüsse und Darlehen (sog. Berufsausbildungsbeihilfen nach Par.40 AFG) gewährt werden.

[25] Angeboten werden sowohl Informations- und Motivationskurse mit einer Dauer von vier bis sechs Wochen (seit 1979 nach Par.41a AFG) als auch berufsqualifizierende Maßnahmen mit einer Dauer von sechs bis zwölf Monaten.

Übernahme der entsprechenden Ausbildungskosten sowie durch Unterstützungsleistungen (sog. Unterhaltsgeld) erreicht werden.

Bei der beruflichen Fortbildung wurden ebenso wie bei anderen Maßnahmen infolge der sich verschlechternden Finanzsituation der öffentlichen Haushalte seit Mitte der 70er Jahre[27] die ursprünglich liberalen Anspruchsvoraussetzungen und hohen Förderungsleistungen, welche zu stark steigenden Teilnehmerzahlen der Weiterbildungskurse geführt hatten, restriktiver gefaßt[28]. Erforderlich sind zudem eine abgeschlossene Berufsausbildung sowie eine mehrjährige Berufstätigkeit vor Förderungsbeginn. Folglich nahmen die Teilnehmerzahlen, die nach der Verabschiedung des AFG zunächst stetig gestiegen waren, nicht weiter zu; Mitte der 70er Jahre kam es aufgrund der eingeschränkten Förderbedingungen sogar zu einem vorübergehenden Rückgang der Teilnehmerzahlen[29]; Weiterbildungspolitik wirkte antizyklisch anstatt prozyklisch und nicht mehr vorausschauend-präventiv.

In der Folgezeit kam es zu verschiedenen Lockerungen.[30] Der Schwerpunkt dieses Maßnahmebündels liegt heutzutage eindeutig bei der Anpassungsfortbildung, während früher die Aufstiegsfortbildung dominierte.[31] Wir beobachten beim Einsatz dieses Instruments eine "Mischung von anti- und prozyklischen Bewegungen (Stop and Go-Politik)"[32]. Insofern hat sich die reaktive Praxis von der ursprünglichen Zielsetzung einer präventiven Bewältigung des ökonomischen und technischen Struk-

---

[26] Par.41 AFG lautet: "Die Bundesanstalt fördert die Teilnahme an Maßnahmen, die das Ziel haben, berufliche Kenntnisse und Fertigkeiten festzustellen, zu erhalten, zu erweitern oder der technischen Entwicklung anzupassen oder einen beruflichen Aufstieg zu ermöglichen, und eine abgeschlossene Berufsausbildung oder eine angemessene Berufserfahrung voraussetzen (berufliche Fortbildung)."

[27] Reaktionen waren u.a. das 1. Haushaltsstrukturgesetz 1975 sowie das Arbeitsförderungskonsolidierungsgesetz 1981. Vgl. im einzelnen Seifert, Öffentliche Arbeitsmarktpolitik, 155ff.

[28] So wurde das Unterhaltsgeld, welches Ende der 60er Jahre 90% des letzten Nettoeinkommes betrug, sukzessive bis Mitte der 80er Jahre auf bestenfalls 63% gesenkt. Die rein finanziellen Anreize sind also deutlich geringer geworden.

[29] "Bedeutsam für die rückläufige Zahl gestellter und bewilligter Anträge war, daß erstens die Teilnehmer einen höheren Eigenbeitrag zu leisten hatten und daß zweitens die Bewilligungskriterien fortan enger gefaßt wurden." Seifert, Öffentliche Arbeitsmarktpolitik, 118.

[30] Vgl. im einzelnen Seifert, Öffentliche Arbeitsmarktpolitik, 177f.

[31] Vgl. im einzelnen Schmid, Arbeitsmarktpolitik im Wandel, 74ff.

[32] Schmid, Arbeitsmarktpolitik im Wandel, 97. "Generell läßt sich sagen, daß die Weiterbildungspolitik von ihrer Bedeutung als vorbeugendes Instrument zur Vermeidung von Arbeitslosigkeit oder unterwertiger Beschäftigung viel verloren hat." Schmid,G., Was tut das Arbeitsamt? Kooperative Arbeitsmarktpolitik im Wandel der Arbeitswelt, in: König,H./v.Greiff,B./Schauer,H.(Hg.), Sozialphilosophie der industriellen Arbeit, Opladen 1990, 399.

turwandels durch vorausschauende Förderung der beruflichen Bildung bzw. Höherqualifizierung und Ermöglichung beruflicher Mobilität deutlich entfernt.[33]

Die Umschulung (Par.47 AFG) soll die berufliche Neuorientierung, d.h. den Übergang in eine andere als die bisher ausgeübte Tätigkeit durch Förderung der beruflichen Mobilität ermöglichen[34]; sie hat heutzutage eine vergleichsweise geringe Bedeutung im Kanon der FuU-Maßnahmen. Neben der individuellen Förderung durch Übernahme der Lehrgangskosten bzw. durch die Zahlung von Unterhaltsgeld besteht eine institutionelle Förderung von verschiedenen, von der Arbeitsverwaltung unabhängigen Einrichtungen der beruflichen Bildung; hierbei handelt es sich um reine "Kannleistungen". Die Maßnahmen finden vor allem außerhalb der Unternehmen als Vollzeit-, Teilzeit- oder Fernunterricht in speziellen Fortbildungseinrichtungen statt, die von der Arbeitsverwaltung mit der Durchführung beauftragt werden. Zwischen 1970 und 1984 haben über drei Millionen Arbeitnehmer an den deutlich prozyklisch und weniger präventiv eingesetzten berufsfördernden Maßnahmen teilgenommen; die Ausgaben für den Bereich der beruflichen Bildung gingen in Relation zu denen für andere AFG-Instrumente zurück. An der Anpassungsfortbildung nehmen vor allem Un- und Angelernte, an der Aufstiegsfortbildung vor allem Fachkräfte teil. Seit den frühen 80er Jahren sind die Teilnehmerzahlen wieder absolut gestiegen (prozyklische Entwicklung).[35] In langfristiger Perspektive sind einzelne Problemgruppen, vor allem Frauen und Unqualifizierte, zwar besser in die Maßnahmen integriert worden, ohne daß aber bestehende Mängel vollständig beseitigt werden konnten.

Auch hier können Mitnahme- und Rotationseffekte (letztere durch Stärkung der individuellen Konkurrenzfähigkeit) auftreten. Über die Effizienz wissen wir auf der Basis von methodisch allerdings nicht unproblematischen Evaluierungsstudien folgendes:[36] Die Dauer der Arbeitslosigkeit ist bei Teilnehmern kürzer als bei Nicht-

---

[33] "Daß sich gerade die Förderung der beruflichen Bildung von einem prophylaktisch wirkenden zu einem kurativen Instrument entwickelt hat und aus sozialen Gründen dazu entwickelt werden mußte, ist daran ablesbar, daß Anfang der 70er Jahre 15% der an Vollzeitmaßnahmen Teilnehmenden Arbeitslosen waren, 1980 dagegen fast 80%, und daß das Gewicht der Aufstiegsfortbildung gegenüber der Anpassungsfortbildung zurückgegangen ist." Lampert, 20 Jahre AFG, 180ff; ähnlich Hardes, Öffentliche Arbeitsmarktpolitik und betriebliche Weiterbildung,63.

[34] Die Teilnahme soll i.d.R. nicht länger als zwei Jahre dauern.

[35] Vgl. Sonderheft zu ANBA 10/86.

[36] Vgl. u.a. Schmid, Beschäftigung und Arbeitsmarkt, 130ff; Hofbauer,H./Dadzio,W., Mittelfristige Wirkungen beruflicher Weiterbildung, MittAB 20 (1987), 129ff; Schmid, Arbeitsmarktpolitik im Wandel, 76ff.

Teilnehmern, d.h. die individuellen Chancen auf Wiederbeschäftigung verbessern sich durch den erfolgreichen Abschluß von Bildungsmaßnahmen. Die Abbruchquote liegt relativ niedrig. Angehörige der eigentlichen Zielgruppe der schwervermittelbaren Erwerbslosen (vor allem Frauen, ältere Arbeitnehmer sowie Arbeitnehmer ohne Berufsausbildung) sind innerhalb der "Erfolgsquote" nach wie vor unterrepräsentiert, obwohl die Programme der beruflichen Bildung ausgebaut und stärker auf Problemgruppen ausgerichtet wurden. Der Anteil der Arbeitslosen an den Teilnehmern von Bildungsmaßnahmen ist im Laufe der 80er Jahre gestiegen.[37] Regionale Ungleichgewichte werden kaum abgebaut. Die Nettokosten (bei einem Vergleich Unterhaltsgeldempfänger/Arbeitsloser) sind gesamtfiskalisch recht niedrig.[38] "Zusammenfassend läßt sich festhalten, daß die Wirksamkeit der beruflichen Weiterbildung gemessen am Wiedereingliederungskriterium durch die Verschlechterung der Arbeitsmarktlage zwar beeinträchtigt wurde, im großen und ganzen jedoch noch beeindruckend ist."[39]

Die recht häufig durchgeführten betrieblichen Weiterbildungsmaßnahmen vermitteln im wesentlichen betriebs- und arbeitsplatzspezifische Fertigkeiten und Qualifikationen, die ausschließlich innerbetrieblich Verwendung finden können und nur selten überbetrieblich-allgemeine Anerkennung in Form von formalen Abschlüssen erzielen; sie fördern weniger die berufliche Mobilität als vor allem die Betriebsbindung der Arbeitnehmer. Der Teilnehmerkreis wird im Gegensatz zu dem bei der öffentlichen Förderung recht genau auf die betrieblichen Anforderungen und Bedürfnisse zugeschnitten; einbezogen werden vor allem bereits Qualifizierte und Leistungsfähige, so daß die Qualifikationsdifferenzen sich eher vergrößern.[40] Betriebliche Bildungsmaßnahmen, die damit primär der betriebsspezifischen Qualifizierung der Stammbelegschaft dienen, sind i.d.R. billiger als überbetriebliche.

Die seit Ende 1985 (7. AFG-Novelle vom Dezember 1985) im Rahmen der angebotsorientierten Wirtschafts- und Arbeitsmarktpolitik eine Zeitlang propagierte sog. Qualifizierungsoffensive verfolgte das Ziel, veraltete Kenntnisse oder zu geringe Qualifikationen den gegenwärtigen und zukünftigen Anforderungen des Arbeitsmarktes anzupassen, also Angebot und Nachfrage besser aneinander anzugleichen. Grundlage dieser von einem breiten politischen Konsens gestützten Strategie

---

[37] Vgl. Müller,H., Auswirkungen der beruflichen Weiterbildungsförderung nach dem AFG, Frankfurt-Bern 1987, 190ff.

[38] Vgl. Müller, Auswirkungen der beruflichen Weiterbildungsförderung, 227f.

[39] Schmid, Arbeitsmarktpolitik im Wandel, 83.

[40] Vgl. Bosch,G./Priewe,J., Perspektiven und Handlungsspielräume der Arbeitsmarktpolitik, WSI-Mitteilungen 35 (1982), 57ff.

ist das als gesichert geltende Ergebnis, daß die Qualifikationsanforderungen infolge des technologischen Wandels im gesamtwirtschaftlichen Durchschnitt weiterhin steigen werden: Während zu Beginn der 80er Jahre noch über 30% aller Arbeitsplätze mit Arbeitnehmern ohne formalen Ausbildungsabschluß besetzt waren, werden es im Jahre 2000 nur noch 20% sein.[41]

Diese Strategie kann sicherlich einen gewissen Beitrag zur Entlastung des Arbeitsmarktes leisten, insofern die Qualifikationen vermittelt werden, die für die Besetzung freier Stellen notwendig sind. Sie kann aber das Arbeitsmarktproblem allein nicht lösen, da die Zahl der Arbeitslosen um ein Vielfaches höher ist als die Zahl der freien Stellen.[42] Außerdem bleibt die Frage unbeantwortet, weshalb die Betriebe ihrerseits nicht rechtzeitig in genügendem Umfang in den zentralen Produktionsfaktor "Weiterbildung" investiert haben bzw. weshalb sie die vorhandenen Stellen nicht durch innerbetriebliche Weiterbildungsmaßnahmen besetzen können anstatt die berufliche Bildung der BA und damit der Finanzierung durch die öffentlichen Haushalte zu überlassen. Mitnahmeeffekte können nicht ausgeschlossen werden. Die Qualifizierungsmaßnahmen wurden aus den Überschüssen der BA finanziert, solange solche auftraten. Neben finanziellen Engpässen, die schon 1987/88 zu einer "Konsolidierung auf hohem Niveau" bzw. zu einer erneuten stop-and-go-Politik führten, traten auch konzeptionelle Mängel zutage (u.a. Qualitätskriterien bei der Vergabe von Weiterbildungskursen, organisatorische und personelle Voraussetzungen bei den Arbeitsämtern).

3. Maßnahmen zur <u>Erhaltung und Schaffung von Arbeitsplätzen</u> (Par. 63ff AFG) bzw. zur Verhinderung der Entstehung von Arbeitsmarktungleichgewichten sollen die Arbeitskräftenachfrage steuern und haben innerhalb der aktiven Arbeitsmarktpolitik prophylaktischen Charakter. Hierzu gehören vor allem:
- Kurzarbeitergeld - KuG (Par.63-73 AFG),
- Förderung der ganzjährigen Beschäftigung in der Bauwirtschaft (sog. produktive Winterbauförderung sowie Schlechtwettergeld nach Par. 74ff. AFG),
- Maßnahmen zur Arbeitsbeschaffung - ABM (Par.91-99 AFG).

---

[41] Vgl. Rothkirch,Chr./Tessaring,M., Projektionen des Arbeitskräftebedarfs nach Qualifikationsebenen bis zum Jahr 2000, MittAB 19 (1986), 105ff.

[42] Arbeitsplätze sind zumindest in manchen Bereichen fast schon als positionale Güter im Sinne von Hirsch anzusehen. Vgl. Hirsch, F., Die sozialen Grenzen des Wachstums. Eine ökonomische Analyse der Wachstumskrise, Reinbek 1980.

3.1. Durch die <u>Gewährung von KuG</u> übernimmt die BA für eine bestimmte Zeit einen Teil der Lohnkosten, d.h. es kommt zu einer kurzfristigen Flexibilisierung der ansonsten fixen Personalkosten. KuG soll bei unvermeidbarem, nicht-strukturbedingtem, vorübergehendem, auf wirtschaftlichen Ursachen beruhendem Arbeits- bzw. Entgeltausfall[43] im Normalfall maximal sechs Monate gezahlt werden.[44] KuG ist auch im internationalen Vergleich ein flexibles und effizientes Instrument zur Verhinderung von Arbeitslosigkeit bei vorübergehendem, vor allem konjunkturell bedingtem, unvermeidbarem Arbeitsausfall.[45] Das Instrument wird jedoch nicht mehr ausschließlich wie in der ursprünglichen Konzeption zur Überbrückung konjunktureller Beschäftigungsschwankungen, sondern auch gezielt zur sozialen Bewältigung struktureller Beschäftigungsprobleme eingesetzt: "War der Beitrag von Kurzarbeit in den sechziger Jahren noch bescheiden, entwickelte sich das Kurzarbeitergeld in den siebziger Jahren neben Fortbildung und Arbeitsbeschaffungsmaßnahmen zum dritten Pfeiler der deutschen Arbeitsmarktpolitik."[46]

Der in deutlicher Abhängigkeit von der konjunkturellen Lage erfolgende variable Einsatz (Mengenflexibilisierung) bringt Vorteile für beide Seiten: Einerseits behalten die Arbeitnehmer im Gegensatz zum Prinzip der zeitweisen Entlassung in anderen Ländern ihre Arbeitsplätze infolge einer solidarischen, temporären Aufteilung des eintretenden Nachfrage- bzw. Arbeitsausfalls auf alle aktuell Beschäftigten, d.h. bei einer gleichmäßigeren Lastenverteilung im Vergleich zur Entlassung bzw. Arbeitslosigkeit einzelner. Andererseits verfügen die Unternehmen weiter über ihre eingearbeiteten, also betriebsspezifisch qualifizierten Arbeitnehmer, so daß später bei wie-

---

[43] Für einen zusammenhängenden Zeitraum von mindestens vier Wochen müssen mehr als 10% der regulären Arbeitszeit für mindestens ein Drittel der Belegschaft entfallen (sog. Erheblichkeitsschwelle).

[44] Bei "außergewöhnlichen Verhältnissen" auf dem Arbeitsmarkt kann die Bezugsdauer durch Rechtsverordnung des BMA auf zwei Jahre, in der Stahlindustrie sogar auf drei Jahre, verlängert werden. Das KuG beträgt 68% des Nettoarbeitsentgelts für Arbeitnehmer mit mindestens einem Kind, 63% für die übrigen Arbeitnehmer.

[45] Flechsenhar,H.R., Kurzarbeit - Kosten und Finanzierung, MittAB 11 (1978), 443-456; Flechsenhar, H.R., Kurzarbeit - Strukturen und Beschäftigungswirkung, MittAB 12 (1979), 362-372; Flechsenhar,H.R., Kurzarbeit als Maßnahme der betrieblichen Anpassung, Frankfurt 1980; Schmid,G./ Semlinger,K., Instrumente gezielter Arbeitsmarktpolitik. Kurzarbeit, Einarbeitungszuschüsse, Eingliederungsbeihilfen, Königstein 1980.

[46] Schmid,G., Flexibilisierung des Arbeitsmarkts durch Recht? Beschäftigungswirksame und sozialverträgliche Regulierung von Teilzeitarbeit, Überstunden und Kurzarbeit, Aus Politik und Zeitgeschichte B23/86 (7.6.86), 37.

Kapitel 13: Arbeitsmarktpolitik

der verbesserten Beschäftigungsbedingungen keine Wiederbeschaffungskosten in Form von Such- bzw. Einarbeitungskosten entstehen.[47] Diese Anpassungsstrategie zielt im Gegensatz zu anderen nur auf den internen Teil des Arbeitsmarktes und hat damit eine gewisse Ausschlußfunktion gegenüber dem externen Markt.[48] Möglichkeiten des Mißbrauchs bestehen insofern, als eine Verkürzung der Arbeitszeit bei einer gleichzeitigen Leistungsverdichtung erfolgen kann (Mitnahmeeffekt), als Kurzarbeit von den Betrieben mit Personalabbau oder Umstrukturierungsprozessen verbunden werden kann und insofern nicht durch konjunkturell bedingten Arbeitsausfall erklärt wird. Schließlich kann KuG zur langfristigen Arbeitsplatz- bzw. Lohnsubventionierung mißbraucht werden.

3.2. Die <u>Förderung der ganzjährigen Beschäftigung in der Bauwirtschaft</u> durch produktive Winterbauförderung sowie Schlechtwettergeld ist im Gegensatz zu den übrigen ein branchenspezifisches Instrument, dessen Notwendigkeit sich aus der besonderen Situation der stark witterungsabhängigen Bauwirtschaft bzw. der daraus resultierenden saisonalen Arbeitslosigkeit ergibt. Das wirtschafts- und sozialpolitische Ziel besteht nicht in der Schaffung zusätzlicher, sondern im Erhalt bestehender Arbeitsplätze sowie in der Steigerung der Bauleistung in den Wintermonaten. Das Instrumentarium der produktiven Winterbauförderung[49] umfaßt Leistungen sowohl an Arbeitgeber (z.B. Investitions- und Mehrkostenzuschüsse zum Erwerb oder zur Miete von Geräten und Einrichtungen) als auch an Arbeitnehmer (Schlechtwettergeld als teilweisen Lohnersatz für Zeiten, in denen wegen ungünstiger Witterungsbedingungen nicht gearbeitet werden kann).[50] Bei hohen Kosten für die BA dominieren die positiven Effekte (u.a. Übergang zu Dauerarbeitsplätzen, Verstetigung der Produktion).

---

[47] Schmid meint, daß "das Kurzarbeitergeld eine innovative Flexibilisierung des Arbeitslosengeldes darstellt, um Ungewißheit und konjunkturelle Schwankungen auf der Nachfrageseite institutionell aufzufangen ..." Schmid,G., Instrumentarium erfolgreicher Beschäftigungspolitik aus internationaler Perspektive, in: Bertelsmann Stiftung (Hg.), Beschäftigungspolitik in einer offenen Gesellschaft, Gütersloh 1992, 71.

[48] "Kurzarbeit dient zur Sicherung der Beschäftigungsverhältnisse von bereits Beschäftigten, kann aber nicht zusätzliche Arbeitskräftenachfrage induzieren ..." Seifert, Öffentliche Arbeitsmarktpolitik, 172.

[49] Die produktive Winterbauförderung wird im Gegensatz zu den anderen Instrumenten durch eine Umlage von den Unternehmen der Baubranche selbst finanziert.

[50] Im Zeitraum vom 1.November bis 31.März muß mindestens eine Stunde der tariflichen Arbeitszeit ausfallen; der Ausfall muß unverzüglich dem Arbeitsamt angezeigt werden. Die Höhe der Zahlungen entspricht der des KuG.

3.3. Arbeitsbeschaffungsmaßnahmen - ABM[51] sollen die Beschäftigungshöhe bzw. die Nachfrage nach Arbeit und nicht wie bei der Mehrzahl der übrigen AFG-Instrumente das Angebot an Arbeit direkt beeinflussen. Die Förderung geschieht vor allem durch die ergänzende Gewährung von Lohnkostenzuschüssen, jedoch auch durch Darlehen und Sachkostenzuschüsse an die Maßnahmeträger, die vor allem öffentlich-rechtliche Institutionen, aber auch private Unternehmen sein können; die finanzielle Unterstützung erfolgt in Höhe eines bestimmten Prozentsatzes des ortsüblichen tariflichen Entgelts.[52] Die Vermittlung von vor allem längerfristig Arbeitslosen soll dem Erhalt bzw. der Verbesserung ihrer Qualifikationen dienen sowie ihre Chancen auf dauerhafte und qualifikationsgerechte Wiedereingliederung in den regulären Arbeitsmarkt erhöhen. Das flexibel einsetzbare Instrument soll damit Selektionsprozessen auf den Arbeitsmärkten entgegenwirken. Es handelt sich um einen relativ neuen, besonderen Arbeitsmarkttyp, dessen Arbeitsplätze infolge der grundsätzlichen Befristung der Anstellung zum sekundären Segment gehören.[53]

Die zur Vergabe notwendigen Voraussetzungen dieser Kann-Leistungen wurden insbesondere in den 80er Jahren mehrfach geändert. Es muß sich um "sozial- und gesellschaftspolitisch besonders wirksame Maßnahmen", wie z.B. im Bereich sozialer Dienste oder im Umweltschutz, handeln, die "im öffentlichen Interesse[54] liegen" und die dem Kriterium der Zusätzlichkeit genügen müssen, d.h. "die sonst nicht oder erst zu einem späteren Zeitpunkt durchgeführt würden" (Par.91 AFG). ABM sind im wesentlichen auf schwervermittelbare Bezieher von Arbeitslosengeld und -hilfe beschränkt; ausgeschlossen bleiben z.B. Berufsanfänger bzw. Jugendliche sowie Frauen, die ins Berufsleben zurückkehren wollen. Da gezielt in wichtigen gesellschaftlichen Bedarfsbereichen zusätzliche Beschäftigungsmöglichkeiten für Arbeitslose geschaffen werden sollen, dürfen die Existenz von bestehenden Dauer- bzw. Vollarbeitsplätzen nicht gefährdet bzw. reguläre Neueinstellungen nicht verhindert werden. Vor allem von den Gewerkschaften befürchtete und gelegentlich auch tatsächlich registrierte Substitutions- bzw. Verdrängungseffekte[55] laufen der beab-

---

[51] Vgl. als Überblick Dückert,Th., Arbeitsbeschaffungsmaßnahmen - ein beschäftigungspolitisches Instrument?, Frankfurt-New York 1984; Huebner,M./Krafft,A./Ulrich,G., Allgemeine Maßnahmen zur Arbeitsbeschaffung - Ein Geschäft auf Gegenseitigkeit? Zur Theorie und Empirie arbeitsmarktpolitischer Feinsteuerung, MittAB 23 (1990), 519-533.

[52] Die 9. AFG-Novelle, die zum 1.1.1989 in Kraft trat, senkt die Förderungssätze auf i.d.R. 50-75%. Dadurch wird notwendigerweise der Eigenanteil des Maßnahmeträgers erhöht, was zu einem Rückgang der beantragten Maßnahmen beiträgt.

[53] Die öffentliche Arbeitsvermittlung verfügt auch faktisch über eine Monopolstellung (Par.93 AFG).

[54] Dieser unbestimmte Rechtsbegriff wird in den verschiedenen ABM-Anordnungen interpretiert.

sichtigten Erhöhung der effektiven Arbeitsnachfrage bzw. der Schaffung zusätzlicher Dauerarbeitsplätze entgegen. Die Beschäftigungswirksamkeit kann weiterhin auch durch Mitnahmeeffekte eingeschränkt werden, d.h. durch eine Ersatzfinanzierung von Maßnahmen, die auch ohne ABM-Förderung durchgeführt worden wären.[56] Das tatsächliche Ausmaß derartiger Effekte ist kaum exakt anzugeben. ABM können allein natürlich die globalen Ungleichgewichte am Arbeitsmarkt nicht beseitigen, sehr wohl aber einen Beitrag leisten. Die Messung der Erfolgsquote, die sich als Übernahme in ein reguläres, unbefristetes Beschäftigungsverhältnis operationalisieren läßt, bereitet erhebliche methodische Probleme; die Angaben in der Literatur sind recht unterschiedlich.[57] Offensichtlich findet nur ein relativ kleiner Prozentsatz der Teilnehmer im direkten Anschluß an die Maßmahme einen Dauerarbeitsplatz bzw. schafft den Sprung ins primäre Segment; in einer längerfristigen Perspektive sieht die Beschäftigungsbilanz mit ca. 50% allerdings günstiger aus. Insgesamt ist festzustellen, daß die Wiedereingliederungsquoten deutlich streuen: Männer sind erfolgreicher als Frauen, jüngere Arbeitnehmer haben bessere Chancen als ältere; von Bedeutung ist weiterhin die Qualifikation; eine geringe Dauer der Arbeitslosigkeit erhöht die Wiedereingliederungschancen. Bei den sog. Einmündungsberufen ergibt sich eine starke Konzentration auf wenige Berufsfelder, vor allem im Bereich sozialer Dienste, was mit der Begrenzung des Berufsspektrums der ABM zusammenhängt. "Zunächst wurden vor allem bauwirksame Projekte gefördert, später traten immer stärker soziale Dienste sowie öffentliche Büro- und Verwaltungstätigkeiten in den Vordergrund. Land-, Forst- und gartenwirtschaftliche Tätigkeiten sowie das Säubern und Pflegen von Parkanlagen sind traditioneller ABM-Bestandteil."[58]

Insgesamt ergibt sich eine relative Effizienz des Instruments und damit eine echte Alternative zur Arbeitslosigkeit. Während ursprünglich Problemgruppen des Arbeits-

---

[55] Dazu gehören z.B. die Besetzung von eigentlichen Planstellen durch ABM-Teilnehmer im öffentlichen Dienst oder die Durchführung von Maßnahmen in eigener Regie statt Vergabe an private Unternehmen.

[56] Vgl. hierzu Hellmich,A., Arbeitsmarkt- und sozialpolitische Effekte von Arbeitsbeschaffungsmaßnahmen, WSI-Mitteilungen 35 (1982), 115.

[57] Aktuelle Untersuchungen beziffern die Chance der Übernahme auf 10%. Vgl. Sellin,C./Spitznagel,E., Chancen, Risiken, Probleme und Expansionspotentiale von allgemeinen Maßnahmen zur Arbeitsbeschaffung (ABM) aus der Sicht der Maßnahmenträger, MittAB 21 (1988), 496. Andere Analysen sind z.T. wesentlich optimistischer, wobei u.a. die Dauer der Zeit zwischen Maßnahmeende und Befragung von Bedeutung ist. Vgl. zusammenfassend Schmid, Arbeitsmarktpolitik im Wandel, 92f.

[58] Schmid, Beschäftigungs- und Arbeitsmarktpolitik, 243; ähnlich auch Schmid, Was tut das Arbeitsamt?, 403.

marktes unterrepräsentiert waren, stellen wir seit dem Arbeitsförderungskonsolidierungsgesetz (AFKG) von 1982 eine deutlichere Konzentration auf die Zielgruppen schwer vermittelbarer Arbeitsloser fest (hohe Zielgruppenorientierung). Neben direkten Beschäftigungseffekten einer unmittelbaren Verringerung der Zahl registrierter Arbeitsloser treten infolge der Verflechtung der Branchen durch Lieferbeziehungen und Vorleistungen sowie durch Steigerung der Nachfrage auch induzierte, indirekte Arbeitsmarkteffekte durch zusätzliche Produktion und Beschäftigung auf; außerdem werden bestehende Stammarbeitsplätze gesichert. Infolge regionaler Disparitäten auf dem Arbeitsmarkt (sog. Süd-Nord-Gefälle) werden ABM vor allem in Regionen bzw. Arbeits-amtsbezirken mit weit überdurchschnittlichen Arbeitslosenquoten eingesetzt.

Die Finanzierung der ABM ist im übrigen gesamtfiskalisch kaum teurer als die reine Finanzierung der Arbeitslosigkeit, die alle öffentlichen Haushalte in Form zusätzlicher Ausgaben bzw. Einnahmeausfällen in der alten Bundesrepublik nahezu 60 Milliarden DM pro Jahr kostet. Die Selbstfinanzierungsquote infolge programmbedingter Einsparungen und Mehreinnahmen liegt bei restriktiven Annahmen bei 70% und kann bei günstigen Bedingungen über 90% betragen.[59] Damit ergeben sich sogar unter reinen Kostengesichtspunkten Argumente für eine produktive Verwendung von Mitteln anstelle einer reinen Finanzierung der Arbeitslosigkeit, d.h. für eine Ausweitung der ABM wie in den 80er Jahren. Im übrigen werden auch erneut Ansprüche der in ABM sozialversicherungspflichtig Beschäftigten gegenüber Arbeitslosen- und Rentenversicherung begründet. Ein grundsätzliches Problem besteht darin, daß Kosten und Erträge bei verschiedenen Organisationen anfallen: Die Kosten werden weitgehend von der BA getragen, die Entlastungen in Form von Minderausgaben kommen vor allem dem Bundeshaushalt, aber auch den Sozialversicherungsträgern zugute.[60]

Das Instrument erfreute sich im Laufe der Jahre unterschiedlicher politischer Beliebtheit, wobei von einem systematischen antizyklischen Einsatz keinesfalls die Rede sein kann. Infolge der Finanzierung aus den Mitteln der Arbeitslosenversicherung wurden ABM in Phasen von Haushaltsdefiziten der BA wiederholt zum bevorzugten Objekt von Sparmaßnahmen: Bis Mitte der 70er Jahre spielten ABM nur eine geringe Rolle. In der zweiten Hälfte der 70er wurde das Volumen vor allem im

---

[59] Eine ABM-Kraft kostete im Jahr 1985 durchschnittlich 38.720 DM; zugleich erfolgte aber eine Entlastung der öffentlichen Haushalte in Form von Minderausgaben und Mehreinnahmen in Höhe von 35.330 DM. Vgl. Bach,H./Kohler,H./Spitznagel,E., Arbeitsmarktpolitische Maßnahmen: Entlastungswirkung und Kostenvergleiche, MittAB 19 (1986), 373f; Willke,G., Arbeitslosigkeit. Diagnosen und Therapien, Hannover 1990, 53ff.

[60] Vgl. ebd. 374.

Rahmen des Sonderprogramms 1979/80 schrittweise erhöht. Anschließend erfolgte auch durch das AFKG eine deutliche Reduktion, d.h. die Strategie wurde prozyklisch zu der Entwicklung der Arbeitslosenzahl eingesetzt. In der Regierungszeit der konservativ-liberalen Koalition stieg dann die Anzahl der Plätze auf über 100.000 im Jahresdurchschnitt Ende der 80er Jahre, was mehr als eine Verdreifachung gegenüber dem Tiefstand des Jahres 1982 mit knapp 30.000 bedeutet.

Eine zusammenfassende Einschätzung der Leistungsfähigkeit des AFG-Instrumentariums kommt zu folgendem Ergebnis: "Weitgehende Übereinstimmung besteht ... darüber, daß die Maßnahmen der beruflichen Fortbildung und Umschulung, einschließlich der Förderung der betrieblichen Einarbeitung, die Arbeitsbeschaffungsmaßnahmen und die Kurzarbeitergeld hinsichtlich ihrer sozialen bzw. sozialpolitischen Wirkungen ganz überwiegend positiv zu beurteilen sind, weil sie ... die wirtschaftliche und soziale Lage der Geförderten verbessern, ihre Eingliederungschancen erhöhen bzw. eine Eingliederung bewirken und dadurch die Langzeitarbeitslosigkeit nicht auf die Schultern eines im wesentlichen gleichbleibenden Kreises legen, sondern das Risiko der Arbeitslosigkeit gleichmäßiger verteilen.
Weitgehende Übereinstimmung besteht auch darüber, daß die Zielgruppengenauigkeit der Förderung der beruflichen Weiterbildung und der Arbeitsbeschaffungsmaßnahmen Wünsche offen läßt, weil die Angehörigen der sogenannten Problemgruppen des Arbeitsmarktes unter den geförderten Teilnehmern unterrepräsentiert sind. Sehr unterschiedliche Auffassungen werden dagegen in bezug auf die Wirkungen der Förderung der beruflichen Weiterbildung und der Arbeitsbeschaffungsmaßnahmen auf den Beschäftigungsgrad und die Arbeitslosigkeit vertreten."[61]

---

[61] Lampert et al, Ordnungs- und prozeßpolitische Probleme der Arbeitsmarktpolitik, 66f.

Einnahmen, Ausgaben und Ausgabenstruktur der Bundesanstalt für Arbeit 1970 bis 1990
– Mrd. DM –

Position	1970	1971	1972	1973	1974	1975	1976	1977	1978	1979	1980	1981	1982	1983	1984	1985	1986	1987	1988	1989	1990
Einnahmen[1]	3,57	4,03	5,77	7,47	7,99	9,23	14,06	15,37	16,31	17,50	19,05	19,87	26,31	31,04	32,80	32,04	31,65	34,57	35,87	37,88	43,85
darunter																					
– Beiträge	3,10	3,55	5,08	5,83	6,44	7,79	12,50	13,77	14,74	15,93	17,32	18,14	24,29	28,67	30,45	29,49	29,12	32,27	33,72	35,57	39,61
in vH der Ausgaben	79,3	72,0	87,7	85,6	62,2	43,7	78,5	91,3	91,7	80,7	79,9	64,4	72,8	87,8	102,7	99,2	91,4	89,7	82,6	89,3	88,9
Ausgaben[2]	3,91	4,93	5,79	6,81	10,35	17,84	15,93	15,08	16,07	19,74	21,67	28,17	33,36	32,64	29,64	29,74	31,86	35,96	40,84	39,83	44,58
darunter:																					
– Arbeitslosengeld	0,65	0,87	1,28	1,40	3,55	7,77	6,91	6,28	6,27	7,47	8,11	13,29	18,03	17,10	14,14	14,09	14,05	15,29	18,05	17,57	19,94
in vH der Ausgaben	16,6	17,6	22,1	20,6	34,3	43,6	43,4	41,6	39,0	37,8	37,4	47,2	54,0	52,4	47,7	47,4	44,1	42,5	44,2	44,1	44,7
– Kurzarbeitergeld	0,01	0,11	0,28	0,07	0,68	2,21	0,99	0,59	0,60	0,33	0,47	1,28	2,22	3,07	1,79	1,23	0,88	1,24	0,98	0,45	1,41
in vH der Ausgaben	0,3	2,2	4,8	1,0	6,6	12,4	6,2	3,9	3,7	1,7	2,2	4,5	6,7	9,4	6,0	4,1	2,8	3,4	2,4	1,1	3,2
– Arbeitsbeschaffungs-maßnahmen[3]	0,14	0,14	0,13	0,16	0,16	0,31	0,44	0,96	1,40	1,79	1,75	1,64	1,26	1,49	2,09	2,58	3,32	3,94	4,37	3,69	3,03
in vH der Ausgaben	3,6	2,8	2,2	2,3	1,5	1,7	2,8	6,4	8,7	9,1	8,1	5,8	3,8	4,6	7,1	8,7	10,4	11,0	10,7	9,3	6,8
– Förderung der beruflichen Bildung[4]	0,85	1,69	2,01	2,14	2,52	3,30	2,63	1,97	2,18	3,28	4,58	5,78	5,69	5,38	5,56	6,37	7,72	9,47	10,71	11,44	14,55
in vH der Ausgaben	21,7	34,3	34,7	31,4	24,3	18,5	16,5	13,1	13,6	16,6	21,1	20,5	17,1	16,5	18,8	21,4	24,2	26,3	26,2	28,7	32,6
Überschuß (+) bzw. Defizit (–)	– 0,33	– 0,90	– 0,03	0,66	– 2,37	– 8,60	– 1,87	0,29	0,23	– 2,24	– 2,62	– 8,29	– 7,05	– 1,61	3,16	2,31	– 0,21	– 1,39	– 4,98	– 1,95	– 0,72
Veränderung der eigenen Mittel	– 0,33	– 0,90	– 0,03	0,66	– 2,37	– 1,32	1,12	0,29	0,23	– 2,24	– 0,78	– 0,08	– 0,05	– 0,03	3,16	2,31	– 0,21	– 1,39	– 3,95	– 0,02	– 0,01
Liquiditätshilfe des Bundes	–	–	–	–	–	7,28	2,99	–	–	–	1,84	8,21	7,00	1,58	–	–	–	–	1,02	1,93	0,71
Vermögensbestand[5]	5,71	4,80	4,79	5,44	3,08	1,77	2,92	3,25	3,47	1,30	0,59	0,73	0,77	0,40	3,56	5,82	5,51	4,13	0,13	0,11	0,79
Beitragssatz in vH[6]	1,3	1,3	1,7	1,7	1,7	2,0	3,0	3,0	3,0	3,0	3,0	3,5	4,0	4,6	4,6	4,4	4,0	4,3	4,3	4,3	4,3
Arbeitslose in 1 000	149	185	246	274	583	1 074	1 060	1 060	993	876	889	1 272	1 833	2 258	2 266	2 304	2 228	2 229	2 242	2 038	1 883

1) 1975 und 1976 ohne Liquiditätshilfe des Bundes; 1978 ohne die pauschale Erstattung des Bundes für die Rentenversicherungsbeiträge für Leistungsempfänger. – 2) 1978 ohne Rentenversicherungsbeiträge für Leistungsempfänger. – 3) Maßnahmen zur Arbeitsbeschaffung, Förderung der Arbeitsaufnahme und sonstige Maßnahmen im Rahmen der Arbeitsmarktpolitik. – 4) Berufliche Ausbildung, Fortbildung, Umschulung, institutionelle Förderung der beruflichen Bildung, Leistungen zur Rehabilitation; ab 1985 einschl. Förderung der Berufsausbildung benachteiligter Auszubildender und Eingliederung der Aus- und Übersiedler. – 5) Ohne Sachvermögen, einschließlich Darlehen. – 6) Für das Jahr 1985 wurde der Beitragssatz ab 1. 6. auf 4,1 vH gesenkt.

Quelle: Bundesanstalt für Arbeit, ANBA, versch. Jg.

13.3. Kritik des AFG[62]

1. Welches allgemeine Fazit können wir jenseits der Einsatzmöglichkeiten und Effektivität einzelner AFG-Instrumente ziehen und welche Handlungsalternativen bestehen? Die aktuelle Debatte zeigt zunächst, daß die Notwendigkeit aktiver Arbeitsmarkt- und Beschäftigungspolitik im Grundsatz inzwischen weitgehend unumstritten ist[63]; das lange Zeit dominierende Vertrauen auf die "Selbstheilungskräfte statt Intervention" sowie auf die "unsichtbare" Hand des Marktes ist merklich erschüttert. Selbst die von der Bundesregierung eingesetzte Deregulierungskommission hat in ihrem Bericht[64] - von der einzigen Ausnahme der Aufhebung des Vermittlungsmonopols der BA abgesehen - keinerlei Vorschläge zur weiteren Deregulierung unterbreitet, die das AFG-Instrumentarium direkt betreffen würden.

Im folgenden geht es um institutionelle und instrumentelle Alternativen innerhalb des AFG-Rahmens und nicht um prinzipiell andere Rahmenbedingungen der Arbeitsmarktpolitik; im Mittelpunkt stehen allgemeine, grundsätzliche Vorschläge und weniger detaillierte Überlegungen zur Veränderung einzelner Instrumente (wie etwa ABM als mögliche Überbrückungs- und Eingliederungshilfen), wie sie anderswo bereits häufig angestellt worden sind.[65] Die konstruktiv gemeinte Kritik der quantitativen Steuerung von Arbeitsmarktpolitik ist keinesfalls in allen Punkten neu[66]; sie hat aber in den vergangenen Jahren aufgrund der Erfahrungen in den alten und nicht zuletzt aufgrund des erheblichen Problemdrucks auf den Arbeitsmärkten der neuen Bun-

---

[62] Vgl. zum folgenden auch Keller,B./Seifert,H., Vom steigerungsfähigen, aber begrenzten Nutzen des Arbeitsförderungsgesetzes, WSI-Mitteilungen 45 (1992), 411-420.

[63] Zu den Ausnahmen gehört Soltwedel,R., Staatliche Intervention am Arbeitsmarkt - Eine Kritik, Diss. Kiel 1984, 181ff., 227ff.; Soltwedel,R., Mehr Markt am Arbeitsmarkt. Ein Plädoyer für weniger Arbeitsmarktpolitik, München-Wien 1984, 74ff., 107ff.

[64] Vgl. Deregulierungskommission, Marktöffnung und Wettbewerb, Stuttgart 1991; vgl. zu diesem Problem in international vergleichender Perspektive Walwei,U., Monopol oder Koexistenz: Arbeitsvermittlung in der Bundesrepublik Deutschland und in Großbritannien, MittAB 24 (1991), 635-647.

[65] Für andere: Engelen-Kefer,U., Spezielle arbeitsmarktpolitische Maßnahmen als notwendige Ergänzung einer globalen Beschäftigungspolitik, in: Krupp,H.-J./Rohwer,B./Rothschild,K.W.(Hg.), Wege zur Vollbeschäftigung. Konzepte einer aktiven Bekämpfung der Arbeitslosigkeit, 2.Aufl. Freiburg 1987, 290-302.

[66] Vgl. zusammenfassend etwa schon Bieback,K.-J., Arbeitsmarktpolitik und Arbeitsvermittlung - Zur Funktion und Kritik der Instrumente staatlicher Arbeitsmarktpolitik nach dem AFG, Zeitschrift für Sozialreform 24 (1978), 400-423; Mertens,D., Haushaltsprobleme und Arbeitsmarktpolitik, Aus Politik und Zeitgeschichte 38/1981, 25-32; Lampert, Beschäftigungspolitische Leistungsfähigkeit und Grenzen der Arbeitsmarktpolitik, 113-142.

desländer deutlich zugenommen.[67] Wir fragen sowohl nach generellen konzeptbedingten Handlungsgrenzen als auch nach den Handlungssystem angelegten Mängeln und Hemmnissen, die sich im Zuge institutioneller Reformen und Neuausrichtungen der Implementationsstrukturen und -bedingungen beheben lassen. Die Arbeitshypothese lautet: Selbst wenn es gelänge, letztere zu beseitigen, würden dadurch nicht auch erstere aufgehoben. Ebenso wenig würden dadurch die für Beschäftigungspolitik zuständige Geld- und Finanzpolitik aus ihrer zentralen Verantwortung entlassen.

2. Das AFG sollte einen grundlegenden Wandel der arbeitsmarktpolitischen Konzeption vollziehen. Innovativ war vor allem die Einführung des Prophylaxegedankens, der den zuvor dominierenden Versicherungsgedanken als zentrales Leitprinzip der Arbeitsmarktpolitik ablösen sollte. Als handlungsleitendes Prinzip sollte fortan gelten, daß operative Aktivitäten zur Schaffung und Erhaltung von Beschäftigungsverhältnissen Vorrang vor kompensatorischen Leistungen haben sollen, die der sozialen Absicherung bei Arbeitslosigkeit dienen.

Die tatsächlichen Schwerpunkte der Arbeitsmarktpolitik haben sich in der seit 1974/75 herrschenden Arbeitsmarktkrise deutlich verschoben: Das ursprüngliche, in den späten 60er und frühen 70er Jahre gemäß der Festschreibung in Par. 5 AFG dominierende Konzept einer vorbeugend-vorausschauenden Arbeitsmarktpolitik hat infolge des globalen Arbeitsplatzdefizits bzw. der fortdauernden Massenarbeitslosigkeit erheblich an Bedeutung verloren. Das recht ehrgeizig formulierte, ursprüngliche Ziel des AFG, "qualifikations- und mobilitätsspezifische Engpässe auf dem Arbeitsmarkt vorausschauend zu beseitigen und die Lage benachteiligter Personengruppen auf dem Arbeitsmarkt zu verbessern"[68], trat immer mehr in den Hintergrund. Statt einer systematischen Verbesserung der Qualifikations- bzw. Beschäftigungsstruktur sowie der individuellen Ausbildung rückte in den 80er Jahren die reine Bekämpfung der Folgen der aktuellen Massenarbeitslosigkeit immer stärker in den Mittelpunkt; in Umkehrung der ursprünglichen, ehrgeizigen Zielsetzung des AFG ging die Entwicklung von der präventiven zurück zur reaktiven Arbeitsmarktpolitik.

---

[67] Vgl. Kühl,J., Reform statt Novellierung - Ideen zu einem AFG der 90er Jahre, Arbeit und Beruf 40 (1989), 290ff.; Schmid,G., Arbeitsmarktpolitik: Zum Verhältnis von Marktsteuerung und staatlicher Beschäftigungssicherung, in: Sarcinelli,U.(Hg.), Demokratische Streitkultur. Theoretische Grundpositionen und Handlungsalternativen in Politikfeldern, Opladen 1990, 392-397.

[68] Schmid,G., Beschäftigungs- und Arbeitsmarktpolitik, in: Beyme,K.v./ Schmidt,M.G.(Hg.), Politik in der Bundesrepublik, Opladen 1990, 228.

Die Beschäftigungs- und Entlastungswirkungen der aktiven Arbeitsmarktpolitik 1973 bis 1991

Jahr	Fortbildungs- und Umschulungsförderung[1]		Arbeitsbeschaffungsmaßnahmen		Kurzarbeitergeld		Summe		Arbeitslose	Beschäftigungsäquivalent in vH der Arbeitslosen
	Teilnehmer	Beschäftigungsäquivalent	Teilnehmer	Beschäftigungsäquivalent	Teilnehmer	Beschäftigungsäquivalent	Teilnehmer	Beschäftigungsäquivalent		
1973	100	100	2	4	44	16	146	120	273	44,0
1974	115	113	3	8	292	73	410	194	582	33,3
1975	127	127	16	41	773	223	916	391	1 074	36,4
1976	97	97	29	75	277	96	403	268	1 060	25,3
1977	65	65	38	72	231	55	334	192	1 030	18,6
1978	63	63	51	90	191	50	305	203	993	20,4
1979	73	73	51	86	88	29	212	188	876	21,5
1980	91	91	41	68	137	46	268	204	889	22,9
1981	111	111	38	63	347	108	496	293	1 272	23,0
1982	120	120	29	46	606	202	755	368	1 833	20,1
1983	117	117	45	67	675	216	837	400	2 258	17,7
1984	128	128	71	105	384	132	583	365	2 266	16,1
1985	134	134	87	128	235	90	456	352	2 304	15,3
1986	154	154	102	142	197	75	453	371	2 228	16,7
1987	187	187	115	161	278	97	580	445	2 229	20,0
1988	199	199	115	161	208	70	522	430	2 242	19,2
1989	190	190	97	136	108	35	395	361	2 038	17,7
1990	215	215	83	117	56	19	354	351	1 883	18,6
1991	237	237	83	117	145	44	465	398	1 689	23,6

1) Vollzeitmaßnahme zur beruflichen Bildung ohne Einarbeitung.
Quelle: Bundesanstalt für Arbeit, Berechnungen des IAB.

Dadurch werden absolut und relativ immer mehr Finanzmittel gebunden: Im langjährigen Durchschnitt verwendet die BA ca. zwei Drittel der Gesamtausgaben für passive (Arbeitslosengeld aus Beitragszahlungen, Arbeitslosenhilfe aus Bundesmitteln, Konkursausfallgeld durch spezielle Arbeitgeberumlage) und nur noch ca. ein Drittel für aktive Maßnahmen (verschiedene Maßnahmen der beruflichen Fortbildung und Umschulung, Eingliederungsbeihilfen, ABM, Schlechtwetter- und Kurzarbeitergeld, Förderung der beruflichen Rehabilitation).[69] Im Laufe der Jahre hat sich die Ausgabenstruktur, d.h. die Relation der Ausgaben für Maßnahmen aktiver bzw. reaktiver Arbeitsmarktpolitik, infolge der Beschäftigungskrise umgedreht. Die Aktivitätsrate, welche den Anteil der Ausgaben für aktive Maßnahmen an den Gesamtausgaben wiedergibt, ging bei starken Schwankungen langfristig erheblich zurück; sie fiel von deutlich über 50% in den frühen 70er auf zeitweise unter 40% in den 80er Jahren.

Seit Mitte der 70er sind die Gesamtausgaben massiv gestiegen, wobei der Anstieg aber keinesfalls kontinuierlich war, sondern sich in einzelnen Phasen eher sprungweise vollzog (1974/75, 1978/82, seit 1986/87) und eher prozyklisch verlief.

Seit Mitte der 70er Jahre sind Veränderungen der Rahmenbedingungen eingetreten, die dazu geführt haben, daß eine zu geringe Gesamtnachfrage auf den Gütermärkten das aufgrund verschiedener Faktoren wachsende Arbeitskräftepotential nicht auslasten konnte. Die "normalen" politischen Reaktionen auf diese Veränderungen bestehen auf der institutionellen Ebene in zahlreichen, mehr oder weniger einschneidenden Änderungen des AFG, das innerhalb von 20 Jahren insgesamt neunmal und damit weit häufiger als allgemein üblich novelliert wurde.[70] Diese wiederholt unternommenen, diskretionären Versuche, im Rahmen der Haushalts- und Finanzpolitik die Kluft zwischen präventiver Programmatik und reaktiver Praxis zu schließen, bringen
- wiederholte Erhöhungen der Beitragssätze, die nach den ursprünglichen Plänen antizyklisch ausgestaltet werden sollten, faktisch jedoch deutlich prozyklisch sind, d.h. sich am Verlauf der Arbeitslosigkeit orientieren und das Ziel kurzfristiger Einnahmesteigerungen verfolgen[71];

---

[69] So wurden zwischen 1980 und 1989 insgesamt rund 220 Milliarden DM für passive, aber nur rund 103 Milliarden für aktive Arbeitsmarktpolitik ausgegeben. Vgl. Kühl,J., Arbeitsmarktpolitik unter Druck: Arbeitsplatzdefizit und Kräftemangel im Westen, Beschäftigungskatastrophe im Osten, in: Blanke,B. et al.(Hg.), Die alte Bundesrepublik. Kontinuität und Wandel, Opladen 1991, 485f.

[70] Zu den AFG-Novellen sowie zahlreichen Änderungen in den Durchführungsvorschriften kommen noch u.a. das 1.Haushaltsstrukturgesetz von 1975, das Arbeitsförderungskonsolidierungsgesetz - AFKG von 1981 sowie mehrere Haushaltsbegleitgesetze (1983, 1984). Vgl. die Zusammenstellungen bei Lampert, 20 Jahre Arbeitsförderungsgesetz, 179 und 185f.

- mehrfache Leistungs- bzw. Ausgabenkürzungen, vor allem bei den vergleichsweise disponiblen "Kann"-Leistungen des Instrumentariums aktiver Arbeitsmarktpolitik, u.a. durch Verschärfungen der sog. Zumutbarkeitsvoraussetzungen, aber auch bei Höhe und Bezugsdauer der gesetzlich garantierten Unterstützungsleistungen;
- sowie Schwerpunktverschiebungen sowohl bei Programmen[72] als auch bei einzelnen Instrumenten, insbes. bei den Anspruchsvoraussetzungen.

Im übrigen bedeutete der Wechsel von der sozialdemokratisch-liberalen zur christdemokratisch-liberalen Regierungskoalition im Jahre 1982 lediglich in der konservativen Programmatik einer weitgehenden beschäftigungspolitischen Enthaltsamkeit sowie in der "Reprivatisierung des Beschäftigungsrisikos", keinesfalls aber in der praktischen Politik einen Strukturbruch. Ein systematischer Rückzug des Staates aus der Arbeitsmarktpolitik findet jedenfalls nicht statt.[73] Entgegen landläufiger Meinungen dominieren die Gemeinsamkeiten trotz eines deutlichen Wechsels der Politikmuster (nachfragestützende Beschäftigungsprogramme von 1974 bis 1982 vs. Abkehr von derartigen Programmen seit 1982).[74] "Nicht die parteipolitische Zusammensetzung der Bundesregierung, sondern das Zusammenwirken von Konjunkturlage, Finanzlage der BA, Finanzierungsweise der Arbeitsmarktpolitik, und gleichgerichteter sparpolitischer Grundsätze ... gestaltete die Arbeitsmarktpolitik im Hinblick auf die Instrumente der beruflichen Weiterbildung und der ABM."[75] Diese <u>relative Kontinuität in den Arbeitsmarktpolitiken</u> einschließlich des im Vergleich zu den frühen 80er Jahren sogar expansiveren Einsatzes der AFG-Instrumente stehen im Gegensatz zu der deutlich unterschiedlichen Sichtweise von Regulierungsproblemen des Arbeitsmarktes, bei denen die christdemokratisch-liberale Regierungskoalition

---

[71] Die Beitragssätze in Prozent betrugen: 1950: 4,0; 1955: 3,0; 1957: 2,0; 1962: 1,4; 1964: 1,3; 1972: 1,7; 1975: 2,0; 1976: 3,0; 1982: 4,0; 1983: 4,6; 1985: 4,4 (ab 1.6.1985: 4,1; 1986: 4,0; 1987: 4,3; 1991: 6,8; 1992: 6,3. Vgl. Bundesminister für Arbeit und Sozialordnung (Hg.), Materialband zum Sozialbudget 1990, Bonn 1990, 254; eigene Ergänzungen.

[72] Vgl. die Auflistung der zahlreichen, zusätzlichen Sonderprogramme seit Mitte der 70er Jahre bei Kühl, Wirkungsanalyse der Arbeitsmarktpolitik, 379; Seifert, Öffentliche Arbeitsmarktpolitik, 212ff.

[73] Interessanterweise sieht auch ein ausländischer Beobachter die zentralen Brüche in der deutschen aktiven Arbeitsmarktpolitik eher Mitte der siebziger als in den frühen achtziger Jahren. Vgl. Janoski,Th., The political economy of unemployment. Active labor market policy in West Germany and the United States, Berkeley-Los Angeles 1990, 85ff., 116ff., 144ff., 182ff.

[74] Vgl. im einzelnen Kühl,J., Beschäftigungs- und Arbeitsmarktpolitik in den 1970er und 1980er Jahren, in: Auer,P.et al.(Hg.), Beschäftigungspolitik und Arbeitsmarktforschung im deutsch-französischen Dialog, Nürnberg 1990, 19-30.

[75] Webber,D., Eine Wende in der deutschen Arbeitsmarktpolitik? Sozialliberale und christlich-liberale Antworten auf die Beschäftigungskrise, in: Abromeit,H./ Blanke,B.(Hg.), Arbeitsmarkt, Arbeitsbeziehungen und Politik in den 80er Jahren, Opladen 1987, 82.

stärker auf Verbesserung der Rahmenbedingungen bzw. auf "Flexibilisierung" und "Deregulierung" setzt.[76]

3. Empirische Analysen zeigen, "daß eine wirksame aktive Arbeitsmarktpolitik nicht nur die öffentlichen Haushalte belastet, sondern gleichzeitig durch vermiedene Kosten der Arbeitslosigkeit und durch Mehreinnahmen zu erheblichen Haushaltsentlastungen führt"[77]. Die reine Finanzierung der Arbeitslosigkeit, die durch direkte Ausgaben für Arbeitslosigkeit plus Mindereinnahmen bei Steuern und Sozialversicherungsbeiträgen erfolgte, kostete in der alten BRD in den 80er Jahren zwischen 50 und 60 Milliarden DM jährlich. Große Teile dieser Mittel hätten bei einer alternativen Vorgehensweise für mehr Maßnahmen aktiver Arbeitsmarktpolitik eingesetzt werden können. Deren Netto- bzw. Zusatzkosten wären wesentlich niedriger als ihre Bruttokosten, da im Rahmen einer fiskalischen Gesamtrechnung die im Beschäftigungsfall zu zahlenden Steuern und Sozialversicherungsbeiträge Berücksichtigung finden müssen; die Selbstfinanzierungsquote aktiver Politik liegt folglich sehr hoch![78] Finanzielle Belastungs- und Entlastungseffekte bzw. Kosten und Nutzen bestimmter Maßnahmen (u.a. FuU, ABM) ergeben sich innerhalb eines fragmentierten politischen Systems allerdings in den Haushalten unterschiedlicher fiskalischer Institutionen (Bund, Länder, Gemeinden, BA, Renten- und Krankenversicherungsträger). Die derzeitigen institutionellen Voraussetzungen behindern wirksamere offensive Maßnahmen und aktive Programme. Während aktive Maßnahmen vorrangig von der BA getragen werden, verteilen sich die dadurch erzielten Einsparungen (Arbeitslosengeld, Sozialhilfe) bzw. Mehreinnahmen (Steuern, Beiträge zur Sozialversicherung) auf verschiedene Institutionen. Die potentiellen Träger einer aktiven Arbeitsmarktpolitik haben kaum Anreize für ein offensives Vorgehen, da sie am Nutzen der Maßnahmen nur zu einem Teil partizipieren. Der Anreiz könnte höher sein, wenn sich die be- und entlastenden Effekte unmittelbar gegeneinander aufrechnen ließen. Ein integriertes Arbeitsmarktbudget mit horizontalen und vertikalen Ausgleichszahlungen zwischen "Nettozahlern" und "Nettobelasteten" könnte die Transparenz der Finanzierungsbeziehungen sowie die Effizienz der aktiven Maßnahmen ebenso

---

[76] Vgl. Kap.15. Pappi,F.U., Politische Entscheidungsprozesse in der deutschen Arbeitsmarktpolitik, Aus Politik und Zeitgeschichte B12/92, 32-44.

[77] Schmid, Arbeitsmarktpolitik im Wandel, 103.

[78] Vgl. Bruche,G./Reissert,B., Die Finanzierung der Arbeitsmarktpolitik. System, Effektivität, Reformansätze, Frankfurt-New York 1985, 81ff.; ähnlich auch Kühl,J., 15 Jahre Massenarbeitslosigkeit - Aspekte einer Halbzeitbilanz, Aus Politik und Zeitgeschichte B38/88, 10ff.

erhöhen wie eine Konzentration der Finanzierung in einer Hand, nämlich beim Bund. Offen bleibt die Frage, wie ein von den beteiligten Institutionen als gerecht akzeptierter Budgetausgleich funktionieren könnte, der zugleich verwaltungsmäßig operabel ist.

Die unterschiedlichen Finanzierungsmodi der Arbeitsmarktpolitik, die über Beiträge bzw. über allgemeine Steuermittel organisiert werden können, präformieren die politischen Reaktionen auf Arbeitslosigkeit. Ein zentraler Konstruktionsmangel institutionell-organisatorischer Art besteht in der gemeinsamen Finanzierung der aktiven und der passiven Arbeitsmarktpolitik, also von Maßnahmen sowohl zur aktiven Bekämpfung als auch zur reinen Finanzierung von Arbeitslosigkeit.[79] Diese Finanzierung geschieht vorrangig über gleiche Beiträge der pflichtversicherten Arbeitnehmer und ihrer Arbeitgeber in Form eines bestimmten Prozentsatzes des Bruttolohnes (Par. 167 AFG). Darüber hinaus besteht eine Gewährleistungspflicht bzw. Defizitdeckungsgarantie seitens des Staates für den Fall einer Erschöpfung der Reserven der BA (Par.187 AFG).

In Zeiten krisenhafter Beschäftigungsentwicklung gehen zum einen die Einnahmen zurück, da die Zahl der Beitragszahler sinkt; zum andern werden höhere Ausgaben für passive, von der BA nicht beeinflußbare "Muß"-Leistungen bes. in Form von Lohnersatzleistungen notwendig, da die Zahl der Leistungsempfänger steigt. In diesen Situationen erfolgen als politische Reaktion Einschnitte vor allem in das aktive Instrumentarium, da dessen Leistungen aufgrund seines "Kann-"Charakters am ehesten disponibel sind.

Die aktive Arbeitsmarktpolitik einer prophylaktischen Verhinderung von Arbeitslosigkeit durch "Kann"-Leistungen gerät immer dann in Turbulenzen, wenn die im Rahmen eines fixen Gesamtbudgets zur Verfügung stehenden Mittel infolge der gemeinsamen Finanzierung passiver und aktiver Maßnahmen abnehmen. Im Budget der BA treten erhebliche Defizite auf, nachdem die vormals erzielten Rücklagen aufgebraucht sind; kurzfristige Bundeszuschüsse zur Defizitdeckung werden notwendig (1975/76, 1980-1983, nach 1988). Der Bund strebt jedoch aus haushalts- und finanzpolitischen Kalkülen eine enge Begrenzung seiner notwendigen Liquiditätshilfen an, indem er Leistungen in der Höhe variiert und/oder deren Kosten auf andere

---

[79] Vgl. zum folgenden Schmid/Reissert/Bruche, Arbeitslosenversicherung und aktive Arbeitsmarktpolitik; Schmid/Reissert, Institutionelle Barrieren der Vollbeschäftigungspolitik; Schmid,G., Steuer- oder Beitragsfinanzierung der Arbeitsmarktpolitik, Wirtschaftsdienst 1986/III, 141-147; Schmid,G., Finanzierung der Arbeitsmarktpolitik. Plädoyer für einen regelgebundenen Bundeszuschuß an die Bundesanstalt für Arbeit. Discussion Paper IIM/LMP 85-15, Wissenschaftszentrum Berlin 1985.

Träger verlagert, was infolge der Fragmentierung der Finanzierungssysteme durchaus möglich ist. Die BA-Überschüsse, die infolge dieser finanzpolitischen "Konsolidierungspolitik"[80] in den jeweils folgenden Perioden "erzielt" werden, werden dann für partielle Rücknahmen der vorher verordneten Verschlechterungen bei den Lohnersatzleistungen sowie (etwa Mitte der 80er Jahre) für neu aufgelegte Qualifizierungsprogramme ausgegeben.

Das Muster der politischen Entscheidungen weist damit folgenden typischen Verlauf auf: Die Ausgaben für aktive Politik sind zunächst antizyklisch, dann prozyklisch und schließlich wieder expansiv. Durch eine derartige, infolge des Finanzierungssystems naheliegende Sparpolitik werden immer wieder Dauerarbeitslose ausgegrenzt, die dann auf Arbeitslosen- bzw. Sozialhilfe angewiesen sind; außerdem werden Problemregionen und -gruppen benachteiligt. Die gesamte Arbeitsmarktpolitik zeichnet sich nicht aus durch mittelfristige Planung und Kontinuität, sondern durch wiederholte, diskretionäre, auf kurzfristige Spareffekte hin angelegte Eingriffe des Gesetzgebers.[81] Die deutlichen Schwankungen beim Einsatz der Instrumente und Mittel sind finanzpolitisch bedingt; die Kürzungen treffen nicht alle Instrumente gleichmäßig, sondern wirken selektiv. Diese eher prozyklische "stop and go"-Politik verhindert mittelfristige Konzeptionen sowie eine Verstetigung oder gar eine antizyklische Orientierung.

Dieses Strukturproblem eines konjunkturabhängigen und reaktiv-prozyklisch wirkenden Sicherungssystems läßt sich innerhalb des bestehenden institutionellen Gefüges mit konjunkturstabilisierender Beitragsfinanzierung kaum grundsätzlich lösen; auch wahltaktisch und parteipolitisch motivierte Veränderungen der Beitragshöhe, wie sie durch Rechtsverordnungen der Bundesregierungen mehrfach vorgenommen wurden, sind auf Dauer kein taugliches Instrument. Im Sinne einer Verstetigung der Politik sollte vielmehr "der Beitragssatz zur BA antizyklisch gestaltet, eine Schwankungsreserve gegen Beschäftigungseinbrüche gebildet und ein Rücklagevermögen vor allem längerfristig strukturverbessernd eingesetzt werden"[82].

---

[80] Hierzu gehören vor allem das Haushaltsstrukturgesetz von 1975, das Gesetz zur Konsolidierung der Arbeitsförderung - AFKG von 1981 sowie die Haushaltsbegleitgesetze von 1983 und 1984.

[81] Außerdem werden der BA aus haushaltspolitischen Gründen wiederholt zusätzliche, eindeutig versicherungsfremde Aufgaben übertragen, für deren Erfüllung sie aufgrund ihrer gesetzlich fixierten Aufgabenstellung eigentlich nicht zuständig sein dürfte (z.B. Benachteiligtenprogramme für Jugendliche, Deutsch-Sprachlehrgänge für Aussiedler, Asylberechtigte und Kontingentflüchtlinge). Der Anteil dieser Ausgaben am BA-Haushalt ist deutlich gestiegen. Vgl. Mackscheidt,K., Finanzierung der Arbeitslosigkeit, Aus Politik und Zeitgeschichte B34-35/91, 32f.

[82] Kühl, Arbeitsmarktpolitik unter Druck, 486.

Eine institutionelle Reform müßte auf eine überwiegende Finanzierung aus dem Staatshaushalt sowie auf die Einrichtung tarifvertraglicher Fonds für betriebliche und branchenspezifische Beschäftigungspolitik zielen - wie sie in einigen vergleichbaren Ländern auch bereits bestehen. Notwendig wären eine stärkere Finanzierung aus dem allgemeinen Steueraufkommen durch regelgebundene anstelle der defizithaftenden Zuschüsse des Bundes an die BA mit einer Festschreibung bestimmter Ausgabenstrukturen bzw. einer Entkoppelung der gemeinsamen Finanzierung aktiver und passiver Maßnahmen durch eine Mischfinanzierung aus Beiträgen und Steuern. Eine derartige Umstellung des Finanzierungsmodus würde Ausgaben für Maßnahmen aktiver Arbeitsmarktpolitik erleichtern; außerdem würden empirisch beobachtbare Ausgrenzungsstrategien aus den diversen Förderprogrammen zu Lasten der Problemgruppen erschwert.[83] M.a.W.: Durch eine Reform des institutionellen Rahmens in Richtung auf eine Budgetausgleichspolitik würden die finanziellen Grundlagen der aktiven Arbeitsmarktpolitik verbreitert sowie deren starke Konjunkturabhängigkeit sowohl auf der Einnahmen- als auch auf der Ausgabenseite gemindert.[84]

Eine institutionelle Reform bzw. eine getrennte Finanzierung von passiver und aktiver Arbeitsmarktpolitik wäre für sich genommen vermutlich nur eine notwendige, aber noch keine hinreichende Bedingung, um ihre Mittel definitiv den politisch motivierten, diskretionären Zugriffen zu entziehen. Notwendig wäre darüber hinaus eine mehr oder weniger feste Koppelung der Finanzierung aktiver Maßnahmen an einen bestimmten Parameter wie etwa die Arbeitslosenquote oder -zahl, um sie gegenüber den Begehrlichkeiten des politischen Tagesgeschäfts wirksam zu immunisieren.

Der gegenwärtige Finanzierungsmodus ist auch noch in anderer Hinsicht problematisch. Die Finanzierung überwiegend aus Beiträgen der versicherungspflichtigen Arbeitnehmer und ihrer Arbeitgeber bei gleichzeitiger Versicherungsfreiheit von Beamten und freiberuflich Tätigen war von Anfang des AFG an heftig umstritten. Kritiker haben "immer wieder auf die Ordnungswidrigkeit der Finanzierung von Bundesaufgaben durch Sozialversicherungsbeiträge hingewiesen"[85]. Dieses System der

---

[83] "Die BA hätte die Möglichkeit, die Bundesregierung daran zu hindern, den Bundeshaushalt zu konsolidieren, indem der BA-Haushalt instrumentalisiert wird." Kühl,J., Institutionelle Reformen in der Beschäftigungs- und Arbeitsmarktpolitik, Arbeit und Beruf 40 (1989), 263.

[84] Schmid,G./Reissert,R./Bruche,G., Arbeitslosenversicherung und aktive Arbeitsmarktpolitik: Finanzierungssysteme im internationalen Vergleich, Berlin 1987; Schmid,G./ Reissert,B., Machen Institutionen einen Unterschied? Finanzierungsprobleme der Arbeitsmarktpolitik im internationalen Vergleich, in: Schmidt,M.G.(Hg.), Staatstätigkeit. International und historisch vergleichende Analysen, Opladen 1988, 284-305.

Beitragsfinanzierung basiert auf dem kostenmäßigen Äquivalenzprinzip, d.h. auf der individuellen oder gruppenbezogenen Koppelung von Leistung und Gegenleistung. Dieses Prinzip ist aber bei einer Verpflichtung auf allgemeine, über den Kreis der aktuellen Beitragszahler hinausreichende Ziele nicht mehr gegeben bzw. verletzt.[86] Bestimmte ökonomische und sozialpolitische Wirkungen aktiver Arbeitsmarktpolitik in Form von Informations-, Beratungs- und Vermittlungsleistungen sowie von infrastrukturverbessernden Maßnahmen gehen seit vielen Jahren deutlich über den Kreis des Risikokollektivs hinaus; sie haben positive externe Effekte und stellen insofern öffentliche Güter im Sinne der Neuen Politischen Ökonomie dar.

Eine deutliche Ausweitung des Personenkreises durch Einbezug der bislang beitragsfreien Gruppen würde die schmale Finanzierungsbasis der eigentlich gesellschaftlichen Aufgaben erheblich verbreitern. Allerdings wäre ein allgemeiner Arbeitsmarktbeitrag aller Erwerbstätigen nur gegen den hartnäckigen Widerstand der Betroffenen durchzusetzen. Die auf die grundsätzliche Ablehnung eines solchen Beitrags zielende, vor allem formaljuristisch ausgerichtete, sich auf Entscheidung des BVerfG beziehende Argumentation der Interessenverbände[87] ist nur die eine Seite einer eigentlich politischen Medaille; empirisch deutlich beobachtbare, positive externe Effekte der Arbeitsmarktpolitik jenseits der reinen Versicherung gegen Arbeitslosigkeit sind die andere. Zumindest haben wir bei anderen Änderungen, die eine Umverteilung von Lasten bewirkten, feststellen können, daß die Verbände ihre zunächst unverrückbar scheinende Ausgangspositionen im Verlauf des politischen bargaining-Prozesses aufgeben und letztendlich Kompromisse eingehen mußten. Die deutlichen Erweiterungen der Möglichkeiten zur Teilzeitarbeit für Beamte in den 70er Jahren mögen als Beispiel dienen.

Andere Alternativen betreffen die instrumentelle Ebene des AFG. Verschiedene Maßnahmen bzw. Instrumente werden nicht hinreichend verknüpft bzw. koordiniert. So könnte etwa "die Wirksamkeit des Instruments der ABM .. durch verstärkte Abstimmung mit der kommunalen Investitionspolitik erheblich verbessert werden"[88].

---

[85] Lampert, 20 Jahre AFG. 185; ähnlich auch Mackscheidt, Finanzierung der Arbeitslosigkeit, 26f, 32f.

[86] "Beitragssysteme setzen immer ein (individuelles oder gruppenbezogenes) Verhältnis von Leistung und Gegenleistung (Äquivalenz) voraus, das bei der Inpflichtnahme für allgemeine (nicht auf Beitragszahler konzentrierte) beschäftigungspolitische Ziele nicht mehr gegeben ist." Schmid, Arbeitsmarktpolitik im Wandel, 106.

[87] Für andere: Bundesleitung des DBB, Geschäftsbericht der Bundesleitung 1983, Düsseldorf 1983, D/21 f.

[88] Schmid, Was tut das Arbeitsamt?, 404.

Weiterhin könnten die Teilnahme an ABM oder vor allem die Zeiten von Arbeitslosigkeit oder Kurzarbeit in stärkerem Maße produktiv genutzt, d.h. mit Qualifizierungsmaßnahmen verbunden werden.[89] Derartige Kombinationen arbeitsmarktpolitischer Instrumente mit Qualifizierungspolitik[90] wären sinnvoll, auch wenn wir konzedieren müssen, daß die Förderung der beruflichen Bildung stets nur von begrenztem Wert sein kann, selbst wenn sie sich auf breite und vielseitig verwendbare Kenntnisse konzentriert. Zumindest die schleichende Entwertung von "Humankapital" bzw. der beruflichen und sozialen Qualifikationen ließe sich vermeiden.

Anreizstrukturen für individuelles Handeln, die diesem kollektiven Ziel entsprechen, sind leicht vorzustellen, wobei die Höhe der jeweiligen Unterstützungsleistungen den zentralen Aktionsparameter darstellt. "Um die Weiterbildung attraktiv zu machen, müssen von ihr auch finanzielle Anreize ausgehen. Wenn weiterhin z.B. bei Kurzarbeit 90% des letzten Arbeitsentgelts gezahlt werden, dürfte die mit persönlicher Anstrengung verbundene Teilnahme an Qualifizierungsmaßnahmen relativ uninteressant sein."[91] Je größer die positive Differenz zwischen rein passiver Finanzierung und Unterstützungsleistungen bei aktiver Teilnahme an Qualifizierungsmaßnahmen, desto höher dürfte die subjektive Bereitschaft zur Teilnahme an derartigen Maßnahmen sein. Weiterhin ist "überlegenswert, den Anreiz zur Teilnahme .. mit zunehmender Dauer der Arbeitslosigkeit dadurch zu erhöhen, daß ab einem bestimmten Zeitpunkt der Satz des Arbeitslosengeldes bei gleichbleibendem Satz des Unterhaltsgeldes kontinuierlich verringert wird, bis er zum Zeitpunkt der längstmöglichen Inanspruchnahme der Arbeitslosenversicherung die Höhe des Arbeitslosenhilfe-Satzes erreicht hat".[92]

Ein weiterer Kritikpunkt instrumenteller Art setzt an beim "Herzstück" des AFG, den FuU-Maßnahmen. Hier wird die mangelnde Betriebsnähe von Qualifizierungsmaßnahmen moniert, vor allem bei Klein- und Mittelbetrieben. Empirische Analysen zeigen, daß die Chancen der Wiedereingliederung mit zunehmender Betriebsnähe der Weiterbildungsmaßnahmen zunehmen. Daher sollten über- und zwischenbetriebliche Verbundeinrichtungen geschaffen werden. Das Modell der dualen Organisation

---

[89] Dies gilt besonders für die aktuelle Variante von Kurzarbeit bis zu null Stunden in den neuen Bundesländern.

[90] Vgl. zu Vorschlägen im einzelnen Keller/Seifert, Vom begrenzten Nutzen des AFG,

[91] Lenk,Th., Einfluß des technologischen Fortschritts und des strukturellen Wandels auf den Arbeitsmarkt, in: Sesselmeier,W.(Hg.), Probleme der Einheit, Band 1. Der Arbeitsmarkt: Probleme, Analyse, Optionen, Marburg 1991, 24.

[92] Lampert et al, Ordnungs- und prozeßpolitische Probleme der Arbeitsmarktpolitik, 248; ähnlich auch 256.

der beruflichen Bildung könnte als Folie für eine neue Arbeitsteilung zwischen Staat bzw. Arbeitsverwaltung und Wirtschaft bzw. Betrieben im Bereich der Fort- und Weiterbildung dienen.[93]

Weitere Alternativen beziehen sich auf die Träger der Arbeitsmarktpolitik. Die Einnahmen der BA werden, wie wir ausgeführt haben, im wesentlichen durch den Gesetzgeber über die Festlegung der Beitragshöhe vorgegeben. Ein erheblicher Teil der Ausgaben ist durch gesetzlich vorgegebene Leistungsverpflichtungen, vor allem für passive Maßnahmen, festgelegt. Die BA verfügt daher kaum über Handlungsspielräume.

Kritiker fordern deshalb mehr haushaltspolitische Autonomie für die BA sowie eine deutlichere Regionalisierung und/oder Lokalisierung der Arbeitsmarktpolitik, "die es erlaubt, alle möglichen lokalen Träger von Arbeitsbeschaffungsmaßnahmen und Repräsentanten arbeitsmarktpolitischer Akteure in Arbeitsmarktkonferenzen zusammenzubringen, um die Arbeitsmarktlage zu analysieren, Beschäftigungsmöglichkeiten zu eruieren und zusammen mit den örtlichen Trägern der Wirtschafts- und Sozialpolitik Konzepte zu entwickeln und umzusetzen"[94]. Durch Abstellung auf spezifische lokale Bedürfnisse und Bedingungen sowie durch Einbezug der Kompetenz verschiedener lokaler Akteure und verbesserte Kooperation im Entscheidungsprozeß könnte die Effizienz von Arbeitsmarktpolitik gesteigert werden. Ähnliche Forderungen nach mehr Unabhängigkeit und größerer Autonomie erheben verschiedene Kritiker in bezug auf die lokale Arbeitsverwaltung - auch und gerade bei der separaten Finanzierung verschiedener Maßnahmen.[95] Eine Erweiterung der Handlungsspielräume der Arbeitsämter als multifunktionalen Serviceinstitutionen durch Dezentralisierung der Entscheidungsprozesse und Kompetenzerweiterung ist angeraten, um bereits vorhandene Ermessens- und Interpretationsspielräume jenseits von zunehmender Verrechtlichung und weiterhin notwendiger Einzelfallgerechtigkeit zu nutzen und auszubauen.

Als aktuelles Beispiel können die auf Anregungen der Selbstverwaltung entstandenen Modellämter dienen, die neue Wege bei der Bekämpfung der Langzeitar-

---

[93] Vgl. Widmaier, Segmentierung und Arbeitsteilung, 23ff.

[94] Lampert et al., Ordnungs- und prozeßpolitische Probleme, 61.

[95] Vgl. u.a. Schmid,G., Handlungsspielräume der Arbeitsämter beim Einsatz operativer Arbeitsförderungsmaßnahmen, in: Hurler,P./Pfaff,M.(Hg.), Lokale Arbeitsmarktpolitik, Berlin 1987, 31-56; Schmid,G./Reissert,B., On the institutional conditions of effective labour market policies, in: Matzner,E./Streeck,W.(eds.), Beyond Keynesianism. The socio-economics of production and full employment, Aldershot-Vermont 1991, 108.

beitslosigkeit erproben sollen. Die zur Verfügung stehenden Sondermittel können abweichend von den geltenden Modalitäten flexibel eingesetzt werden. "Entsprechend den regionalen Möglichkeiten und Bedürfnissen wurden ideenreich Projekte ausgestaltet und verschiedene Maßnahmeelemente miteinander integrativ verknüpft."[96] Nicht-zweckgebundene Budgets können die Eigeninitiative im Rahmen lokal-dezentraler Politik stärken und Anpassungen an lokale Sonderbedingungen erleichtern.[97]

Last but not least: Eine erfolgreiche Implementation arbeitsmarktpolitischer Maßnahmen setzt neben einer sachlichen immer auch eine entsprechende personelle Infrastruktur voraus. Das Personal der Arbeitsverwaltung ist aber trotz entsprechender Forderungen seit vielen Jahren nicht, oder zumindest nicht in dem Maße ausgeweitet worden, wie es die erhebliche quantitative und qualitative Aufgabenexpansion eigentlich notwendig gemacht hätte.[98] Insofern sind die notwendigen Voraussetzungen in Form einer administrativen Infrastruktur der modernisierten, dezentralisierten Arbeitsverwaltung überhaupt erst zu schaffen. "Dazu gehören ein regional tiefgegliedertes System der Arbeitsverwaltung, eine gute Ausstattung mit modernen Informationstechniken, eine ausreichende Zahl qualifizierten Personals und eine gute Koordination mit betrieblichen, kommunalen, gewerkschaftlichen und anderen lokal wichtigen Entscheidungsträgern."[99] Erst nach einer quantitativen und qualitativen Personalausweitung bzw. nach der Beseitigung von Personalengpässen sind intensivierte und verbesserte Beratungs- und Vermittlungsleistungen sowie Kooperation mit anderen lokalen Akteuren der Arbeitsmarktpolitik überhaupt wirksam zu leisten.

4. Verschiedene Faktoren, die vor allem die Angebotsseite des Arbeitsmarktes mitbestimmen, können mit den Instrumenten des AFG überhaupt nicht beeinflußt werden; hierzu gehören u.a. die säkular allmählich zunehmende Erwerbsbeteiligung von Frauen sowie quantitativ bedeutsame Zuwanderungen, die auch nach der Vollendung des Binnenmarktes vor allem aus Nicht-EG-Ländern erfolgen werden. Da wir aufgrund dieser Faktoren auch auf absehbare Zukunft mit einem erheblichen Ange-

---

[96] Bundesanstalt für Arbeit, Geschäftsbericht 1990, Nürnberg 1991, 17.

[97] Modellmaßnahmen zur Weiterentwicklung der Arbeitsvermittlung und Arbeitsberatung mit dem Ziel einer Verbesserung der Effizienz bei der Aufgabenerledigung sind im Rahmen von Diskussions- und Modellämtern geplant.

[98] Auch die zögernde Einstellung von Mitarbeitern mit befristeten Arbeitsverträgen kann keine echte Alternative im Rahmen einer offensiveren Politik auf regionaler und lokaler Ebene sein.

[99] Schmid/Reissert, Institutionelle Barrieren der Vollbeschäftigungspolitik, 177.

botsüberhang am Arbeitsmarkt zu rechnen haben[100], müssen wir von einer Perpetuierung der Schieflage des AFG ausgehen. Solange das Ziel der Vollbeschäftigung in der politischen Diskussion eher nachrangig behandelt wird, bleibt auch der Wirkungsgrad der Arbeitsmarktpolitik beschränkt.

In dem Maße, wie die Wirtschaftspolitik bei der Beseitigung von Arbeitsmarktungleichgewichten, deren Ursachen primär in Wachstumsstörungen zu suchen sind, versagt, wird die Arbeitsmarktpolitik mit Problemen konfrontiert, für deren Bewältigung die vorhandenen Instrumente im Prinzip ungeeignet sind. Das gesamte AFG-Instrumentarium steht vor dem Problem, daß es nicht nur in einer Zeit, sondern letztlich auch für eine Zeit günstiger konjunktureller Bedingungen bzw. der Vollbeschäftigung konstruiert wurde. Das AFG setzt einen hohen Beschäftigungsstand als Bedingung für wirksame Arbeitsmarktpolitik nahezu voraus. Das AFG-Instrumentarium ist vorrangig auf den Ausgleich vorübergehender Ungleichgewichte am Arbeitsmarkt zugeschnitten. Analog zum Gesetz zur Förderung der Stabilität und des Wachstums sind auch beim AFG die wachstumspolitischen Instrumente unterentwickelt, was damit zu tun hat, daß bei Verabschiedung sowohl des StWG als auch des AFG eine erfolgreiche Konjunkturpolitik zugleich für die beste Wachstumspolitik gehalten wurde. Wirksam bekämpft werden können

- friktionelle Arbeitslosigkeit durch Information, Beratung und Vermittlung, Maßnahmen der beruflichen Bildung und die Übernahme diverser Kosten (z.B. Mobilitätshilfen);
- saisonale Arbeitslosigkeit, vor allem durch die Sonderregelungen für die Bauwirtschaft in Form der produktiven Winterbauförderung sowie des Schlechtwettergeldes;
- konjunkturelle Arbeitslosigkeit durch ABM, Kurzarbeitergeld und Lohnkostensubventionen sowie die nachfragestabilisierenden Wirkungen der Lohnersatzleistungen.

Diese drei Typen der Arbeitslosigkeit haben im Zusammenhang mit den Beschäftigungsproblemen der letzten Jahre nur eine nachrangige und mit der allmählichen konjunkturellen Wiederbelebung nach Ende 1982 abnehmende Bedeutung gehabt. Seitdem ist die Unterauslastung des Kapitalstocks als Grund für die Beschäftigungsmisere schrittweise entfallen. Die lang anhaltende, strukturelle Massenarbeitslosigkeit, wie sie mindestens seit den frühen 80er Jahren typisch ist, kann hingegen nicht wirksam angegangen werden, da entsprechende Instrumente fehlen.

---

[100] Vgl. im einzelnen Klauder,W., Längerfristige Arbeitsmarktperspektiven, Aus Politik und Zeitgeschichte B3/90 (12.1.1990), 21-36.

Kapitel 13: Arbeitsmarktpolitik

Unter den veränderten Wirtschafts- bzw. Arbeitsmarktbedingungen hat das AFG sich "zwar als flexibel erwiesen, dennoch ist es für drei Funktionen wenig geeignet: für einen konsequenten antizyklischen Einsatz der Arbeitsförderung, für die Schaffung zusätzlicher Arbeitsplätze und für die Bevorzugung besonders betroffener Regionen sowie benachteiligter Personengruppen."[101] Insofern sind alle weiterreichenden, optimistischeren Erwartungen an das AFG, etwa als Instrument zur Bekämpfung von Massenarbeitslosigkeit, schlichtweg unrealistisch.[102]

Die empirischen Befunde geben Anlaß zur skeptischen Beurteilung von Beschäftigungsniveaueffekten. Wir müssen davon ausgehen, daß "die beschäftigungspolitische Leistungsfähigkeit des AFG um so geringer ist, je größer die Arbeitslosigkeit ist und je länger sie andauert"[103]. Die Entlastungswirkungen lagen in den 80er Jahren niedriger als in den 70er Jahren. Offizielle Schätzungen ergaben, "daß zwischen 1975 und 1987 nie mehr als 16,6% der Arbeitslosen gefördert werden konnten und daß die Entlastungseffekte dementsprechend nicht über diesen Prozentsatz (d.h. über jahresdurchschnittlich 260.000 betroffene Arbeitnehmer, d. Verf.) hinausgingen"[104]. Diese recht geringen direkten Beschäftigungseffekte, zu denen die schwierig zu messenden, indirekt-positiven Auswirkungen addiert werden müßten, entsprechen lediglich einer Verhinderung von Arbeitslosigkeit in Höhe von 1,5 bis 2 Prozent aller abhängigen Erwerbspersonen.[105]

---

[101] Schmid,G., Was tut das Arbeitsamt?, 393.

[102] Vgl. zur Verdeutlichung des Arguments u.a. Spahn,H-P./Vobruba, G., Das Beschäftigungsproblem. Die ökonomische Sonderstellung des Arbeitsmarktes und die Grenzen der Wirtschaftspolitik, Discussion Paper IIM/LMP 86-14. Wissenschaftszentrum Berlin für Sozialforschung 1986, 22f.

[103] Lampert, 20 Jahre AFG, 177.

[104] Lampert et al., Ordnungs- und prozeßpolitische Probleme, 73f.
Auch offizielle Einschätzungen der beschäftigungspolitischen Möglichkeiten des AFG ergeben,
- "daß durch sämtliche Hilfen kein nennenswerter dauerhafter Einfluß auf das Niveau der Arbeitslosigkeit möglich ist. Durch die Arbeitsmarktpolitik nach dem AFG kann die Zahl der Arbeitslosen im Jahr um etwa 360.000 verringert werden. Jedoch handelt es sich hierbei vor allem um Anpassungs- und Überbrückungshilfen. Dauerhafte Beschäftigungsmöglichkeiten können kaum geschaffen werden.
- daß die Hilfen des AFG jedoch dazu beitragen, die strukturellen Veränderungen auf dem Arbeitsmarkt zu erleichtern und einer weiteren Verfestigung der Arbeitslosigkeit entgegenzuwirken und durch den zielgerichteten Einsatz die Lage der besonderen Personengruppen zu erleichtern. Engelen-Kefer,U., Arbeitsmarktpolitische Entwicklung und Probleme, in: Oppolzer,A./Wegener,H./ Zachert,U.(Hg.), Flexibilisierung - Deregulierung. Arbeitspolitik in der Wende, Hamburg 1986, 41.

[105] Kühl unterscheidet insgesamt sieben verschiedene Stabilisierungselemente: Lohnersatzleistungen, Beschäftigungsstabilität und Rotation der Arbeitslosigkeit, Arbeitsmarktpolitik nach dem AFG, Arbeitsmarktpolitik außerhalb des AFG, staatliche Beschäftigungspolitik, Beschäftigungsgewinne im Konjunkturaufschwung, Rhetorik und Realität der Vollbeschäftigung. Vgl.

Aussagefähiger als der absolute ist jedoch der relative Beschäftigungseffekt, d.h. der Beschäftigungseffekt in bezug auf die Zahl der Arbeitslosen, weil er die Beschäftigungswirkungen an der jeweiligen aktuellen Problemlage mißt. Auch diese Größe unterliegt starken Schwankungen. Der Höchstwert wurde zu Beginn der Beschäftigungskrise im Jahre 1975 erreicht. Der Tiefstwert der relativen Beschäftigungswirkungen fällt mit dem Höchststand der Arbeitslosigkeit im Jahre 1985 zusammen, was die Misere aktiver Arbeitsmarktpolitik deutlich macht: Die "beschäftigungspolitische Leistungsfähigkeit (ist) um so geringer .., je größer die Arbeitslosigkeit ist und je länger sie andauert"[106].

Die für aktive Arbeitsmarktpolitik eingesetzten Finanzmittel und damit die erzielbaren Entlastungseffekte sind in relativer Betrachtung, d.h. bezogen auf das Bruttoinlandsprodukt, nicht sonderlich hoch; die Bundesrepublik nimmt im Vergleich entwickelter Industrienationen lediglich einen mittleren Rang ein.[107] Höhere Entlastungseffekte wären sowohl durch institutionelle Reformen als auch durch Setzung anderer politischer Prioritäten, d.h. durch den Einsatz von mehr Mitteln für aktive Politik, zu erreichen. Aber selbst in diesem Fall könnten die AFG-Instrumente per se globale Ungleichgewichte am Arbeitsmarkt wegen der genannten Gründe nicht beseitigen.

Das AFG stößt bei gesamtwirtschaftlich-globalen Beschäftigungsdefiziten infolge einer einseitigen Orientierung auf strukturelle Grenzen: Nahezu alle seine Instrumente - mit Ausnahme der beschäftigungsschaffenden ABM - wirken beschäftigungsstützend, setzen nur bei Qualifikationsstrukturen und Preisen der Angebotsseite an, indem sie versuchen, deren Attraktivität für die Nachfrager zu erhöhen. Diese Ausrichtung ist in Anbetracht der skizzierten impliziten Orientierung des AFG an Vollbeschäftigungsbedingungen nicht einmal verwunderlich. Das Grundproblem der Arbeitsmarktpolitik besteht darin, daß sie die Nachfrageseite, welche im System sozialer Marktwirtschaft die zentralen Investitionsentscheidungen trifft und damit letztendlich die Anzahl der vorhandenen bzw. neu zu schaffenden Arbeitsplätze

---

Kühl,J., Arbeitsmarkt ohne Vollbeschäftigung - Reaktionsweisen und Strategieoptionen öffentlicher Arbeitsmarktpolitik, in: Peters,W.(Hg.), Massenarbeitslosigkeit und Politik. Reaktionsweisen und Strategieoptionen in verschiedenen Politikarenen. SAMF-Arbeitspapier 1989-1, Paderborn 1989, 9-32.

[106] Lampert, 20 Jahre AFG, 177.

[107] Vgl.Schmid,G./Reissert,B./Bruche,G., Arbeitslosenversicherung und aktive Arbeitsmarktpolitik. Finanzierungssysteme im internationalen Vergleich, Berlin 1987, 237; Schmid/Reissert, Machen Institutionen einen Unterschied?, 287ff.; Schmid,G./Reissert,B., Institutionelle Barrieren der Vollbeschäftigungspolitik. Finanzierungssysteme und ihre Wirkungen im internationalen Vergleich, in: Peters,W.(Hg.), Massenarbeitslosigkeit und Politik. Reaktionsweisen und Strategieoptionen in verschiedenen Politikarenen. SAMF-Arbeitspapier 1989-1, Paderborn 1989, 161ff.

bestimmt, nur rudimentär einbeziehen kann. Sie hat so gut wie keine Möglichkeit, die Investitionstätigkeit anzukurbeln und das Wachstum des Kapitalstocks zu beschleunigen.

Daher ist eine stärkere, gleichgewichtige Abstimmung der Instrumente auf Angebot und Nachfrage erforderlich. Eine stärkere Orientierung der Investitionsentscheidungen an arbeitsmarktpolitischen Zielen, d.h. an einer Vergrößerung der lediglich "abgeleiteten" Nachfrage nach Arbeit, erscheint notwendig.[108] Dieses Ziel läßt sich allerdings im Rahmen verschiedener Maßnahmen der allgemeinen Wirtschafts-politik eher erreichen als durch Arbeitsmarktpolitik, die stets nur flankierenden Charakter im Rahmen einer globalen, auf Gesamtangebot and Gesamtnachfrage zielenden Beschäftigungspolitik haben kann. Auch hier gilt: "It still takes two to tango and, in a world with free capital movements, your partner may choose not to dance."[109]

Ein Teil der Instrumente, vor allem die Arbeitsvermittlung, teilweise auch die Beratung, unterstellt zumindest implizit eine eher neoklassische Sichtweise des Arbeitsmarktes, die nur kurzfristige, friktionelle Beschäftigungsprobleme kennt. Der Arbeitsmarkt ist demnach ein Markt wie jeder andere, auf dem sich Angebot und Nachfrage zumindest mittel- und langfristig möglichst frei ausgleichen sollen; staatliches Handelns hat lediglich subsidiären, die Einhaltung der Rahmenbedingungen garantierenden Charakter. Die starke Stützung verschiedener AFG-Instrumente auf positive bzw. negative finanzielle Anreize und Auflagen ist ein weiterer Beleg für diese These.

In der aktuellen arbeitsmarkttheoretischen Diskussion sind die Prämissen neoklassischer Ansätze vielfach kritisiert worden.[110] So haben die Segmentationstheorien die Existenz von deutlich separierten, heterogenen Teilarbeitsmärkten anstelle des einen homogenen Marktes nicht nur theoretisch begründet, sondern auch vielfach empirisch belegt.[111] In deren Perspektive zielen verschiedene Instrumente aktiver Politik (vor allem die Maßnahmen der beruflichen Weiterbildung bzw. der Mobilitätsförderung) vorrangig auf den berufsfachlichen Teilarbeitsmarkt.[112] Sie klammern je-

---

[108] Vgl. die Diskussion bei Bieback, Arbeitsmarktpolitik und Arbeitsvermittlung, 400-407.

[109] Esping-Andersen,G., The three worlds of welfare capitalism, Princeton 1990, 188.

[110] Vgl. zusammenfassend Schmid,H./v.Dosky,H., Ökonomik des Arbeitsmarktes, Band 1, Arbeitsmarkttheorien: Stärken und Schwächen, Bern-Stuttgart 1990; Sesselmeier,W./Blauermel,G., Arbeitsmarkttheorien. Ein Überblick, Heidelberg 1990.

[111] Vgl. Kap.12.3.

[112] Auf dieses grundsätzliche Problem haben Segmentationstheoretiker schon sehr früh aufmerksam gemacht. Vgl. Lutz,B./Sengenberger,W., Arbeitsmarktstrukturen und öffentliche Arbeitsmarktpolitik. Eine kritische Analyse von Zielen und Instrumenten, Göttigen 1974, 110ff., 116ff.

doch den säkular expandierenden, immer wichtigeren betriebsinternen bzw. betrieblichen Teilarbeitsmarkt weitgehend aus und wirken dadurch selektiv.[113] Außerdem werden die Problemgruppen des externen Arbeitsmarktes bzw. des "Jedermannsarbeitsmarktes" (vor allem Frauen, Jugendliche, Ältere, Ausländer) faktisch benachteiligt: Sie sind von Arbeitslosigkeit überproportional häufig betroffen, partizipieren jedoch nur unterproportional an verschiedenen Fördermaßnahmen.[114]

5. Die Verfassung des Arbeitsmarktes in den neuen Bundesländern ist in der offensichtlich länger als ursprünglich erwartet dauernden Übergangsphase von der Plan- zur Marktwirtschaft infolge des massenhaften Verlustes von Beschäftigungsmöglichkeiten bzw. der daraus resultierenden Massenarbeitslosigkeit überaus problematisch. Gerade diese sehr schwierige Situation dokumentiert die fundamentale Bedeutung einer funktionierenden Arbeitsverwaltung für die erfolgreiche Implementation von Arbeitsmarktpolitik, wobei der organisatorische und personelle Neuaufbau der Arbeitsverwaltung in den neuen Bundesländern keine historische Parallele kennt. Dieses Beispiel verdeutlicht zugleich die Wichtigkeit institutioneller Faktoren, d.h. von öffentlichen und privaten Trägerstrukturen sowie von stabilen Kooperationsnetzwerken, für eine effiziente aktive Arbeitsmarktpolitik (der beruflichen Fortbildung und Umschulung sowie von ABM).[115] Aufbaustäbe und öffentliche Beratergesellschaften sind durchaus neue Elemente innerhalb der Implementationsstrategien. Auch über die relativ neuen, bei vergleichsweise geringer Erfahrung heftig umstrittenen Beschäftigungsgesellschaften bzw. Qualifizierungspläne ist (arbeitsmarkt- und beschäftigungs-)politisch wohl noch nicht das letzte Wort gesprochen ...[116]

Zugleich stellt sich in Anbetracht der in den neuen Bundesländern deutlich aktiveren, ungeahnte Ausgabenhöhen erreichenden Arbeitsmarktpolitik[117] und einer deutlich

---

[113] Verschiedene Probleme einer verstärkten Einbeziehung betrieblicher und betriebsnaher Qualifizierung diskutiert Hardes, Öffentliche Arbeitsmarktpolitik und betriebliche Weiterbildung, 74ff.

[114] Eine segmentationstheoretisch orientierte Sicht des AFG bietet Widmaier,U., Segmentierung und Arbeitsteilung. Die Arbeitsmarktpolitik der Bundesrepublik Deutschland in der Diskussion, Aus Politik und Zeitgeschichte B34-35/91, 14-25.

[115] Vgl. etwa zur zentralen Bedeutung lokaler Akteure der Arbeitsmarktpolitik für ABM Huebner,M./Krafft,A./Ulrich,G., Allgemeine Maßnahmen zur Arbeitsbeschaffung - Ein Geschäft auf Gegenseitigkeit? Zur Theorie und Empirie arbeitsmarktpolitischer Feinsteuerung, MittAB 23 (1990), 519-533.

[116] Vgl. zur Verbindung mit einer weiterentwickelten Arbeitsmarktpolitik Bosch,G., Qualifizieren statt entlassen. Beschäftigungspläne in der Praxis, Opladen 1990, 183f.

höheren Aktivitätsrate die Frage, weshalb nicht auch in den alten Bundesländern eine derartige Politik verfolgt wird. Die rechtlichen Rahmenbedingungen können jedenfalls kein zentrales Hindernis sein, denn das am 1.Juli 1990 in der Noch-DDR in Kraft getretene AFG entspricht, abgesehen von wenigen Übergangs- und Sonderregelungen [118], dem der alten BRD.[119] Dieselbe Frage ergibt sich auch in bezug auf die verschiedenen Strategien einer Verringerung des angebotenen Arbeitsvolumens durch vorzeitige Rentenübergänge (vorgezogenes Altersübergangsgeld ab dem 55., Vorruhestandsregelung ab dem 57.Lebensjahr). Offensichtlich ist der politische Wille zur wirksamen Bekämpfung der Massenarbeitslosigkeit die entscheidende Determinante aktiver Arbeitsmarktpolitik.[120] Gemessen an dem Schub auf der Angebotsseite des Arbeitsmarktes haben weder die wirtschaftlichen Impulse auf der Nachfrageseite noch die Umverteilungseffekte der Arbeitszeitverkürzungen ausgereicht, um den enormen Anstieg des Erwerbspersonenpotentials zu bewältigen. Wenn aber weder die Wachstums- noch die Arbeitszeitpolitik ihre Handlungsmöglichkeiten ausschöpfen, dann ist erst recht die Arbeitsmarktpolitik mit ihrem - mit Ausnahme der beschäftigungsfördernden ABM - auf die Angebotsseite des Arbeitsmarktes ausgerichteten Instrumentarium überfordert.

Abschließend sei nochmals explizit auf die eo ipso beschränkte Wirksamkeit jedweder Arbeitsmarktpolitik nach dem AFG in bezug auf das Ziel der Vollbeschäftigung verwiesen, um die positiven Erwartungen an durchaus realistische Reformschritte nicht zu überfrachten. Selbst wenn alle unterbreiteten Vorschläge realisiert würden, wären Reichweite und Leistungsfähigkeit der Instrumente aufgrund der verschiedenen genannten Faktoren nach wie vor begrenzt. Insofern konnten wir uns ausschließlich mit durchaus möglichen Erweiterungen der strategischen Optionen und nicht mit der grundsätzlichen Aufhebung von institutionellen Grenzen befassen.

---

[117] Vgl. Klauder,W./Kühlewind,G., Arbeitsmarkttendenzen und Arbeitsmarktpolitik in den neunziger Jahren, Aus Politik und Zeitgeschichte B34-35/91, 3-13; Autorengemeinschaft, Der Arbeitsmarkt 1991 und 1992 in der Bundesrepublik Deutschland, MittAB 24 (1991), 621-634.

[118] Diese bestehen vor allem in der Lockerung der Kurzarbeitergeldregelungen nach Par. 63 Absatz 5 AFG sowie in der Aufstockung der ABM-Fördersätze, u.a. in der Form von "Mega-ABM". Vgl. im einzelnen Müller-Roden,H., Arbeitsmarkt Ost - neue Wege bei ABM, Neue Zeitschrift für Arbeits- und Sozialrecht 9 (1992), 399-402.

[119] Nachdem organisatorische Anlaufschwierigkeiten beseitigt waren, gab es 1991 in den neuen Ländern 183.000 Inanspruchnahmen mit deutlichen Steigerungsraten von Quartal zur Quartal. Der historische Höchststand in den alten Ländern in den Jahren 1987 und 1988 betrug bei einer wesentlich größeren labor force jeweils 115.000. Der Entlastungseffekt ist in den neuen Ländern deutlich größer als in den alten. Vgl. Autorengemeinschaft, Der Arbeitsmarkt 1991 und 1992, 632.

[120] Vgl. auch Schmid/Reissert, On the institutional conditions, 109.

Wir müssen von der Erkenntnis ausgehen, daß nicht eine einzige (Global-)Strategie, sondern nur ein ganzes Bündel von Maßnahmen bei der Bekämpfung der Arbeitslosigkeit mittel- und langfristig Erfolg haben kann. Neben dem konsequenteren Einsatz des AFG, das aber stets nur flankierend die übergeordnete Sozial- und Wirtschaftspolitik begleiten kann, bedarf es anderer arbeitsmarkt- und beschäftigungspolitischer Instrumente in einem weiteren Sinne als dem des AFG:

1. Eine drastische, solidarische Umverteilung von Arbeit durch raschere Verkürzung der Wochen- und Lebensarbeitszeit[121] als in den 80er Jahren würde angebotsreduzierend wirken. Bei der Wochenarbeitszeitpolitik hätten vor allem die Tarifvertragsparteien, bei der Lebensarbeitszeitpolitik hingegen der Staat entsprechende Rahmenbedingungen zu setzen (einschl. der wichtigen, bislang nur unzureichend erfolgten Förderung von Teilzeitarbeit).[122] In beschäftigungspolitischer Perspektive war etwa die Nicht-Verlängerung des Vorruhestandsgesetzes, das zwischen 1984 und 1988 immerhin zu rd. 100.000 Wiederbesetzungen führte, durchaus problematisch, zumal die ihm folgende Regelung zur "Förderung eines gleitenden Übergangs älterer Arbeitnehmer in den Ruhestand" keinerlei Entlastungswirkungen hat.[123]

2. Eine stärker beschäftigungsorientierte Finanz- und Geldpolitik als globale Nachfragesteuerung kann die dominierende Angebotssteuerung durchaus ergänzen[124] und muß nicht unbedingt als arbeitsmarktpolitische Alternative konzipiert werden. Neuere Theorieentwicklungen innerhalb des Keynesianismus zeigen, daß die landläufigen, sowohl auf der Basis monetaristischer Überlegungen als auch von der Neuen Klassischen Makroökonomik formulierten Thesen über die Wirkungslosigkeit antizyklischer Nachfragepolitik der 70er und frühen 80er Jahre vorschnell gewesen sind.[125] Solche nachfrageseitig ausgerichteten Programme müssen keinesfalls per se unwirksam sein, wenn wir aus der Erfahrung bzw. den Fehlern der Vergangenheit

---

[121] Vgl. zusammenfassend zu Möglichkeiten und Grenzen verschiedener Strategien Seifert,H., Massenarbeitslosigkeit und Arbeitszeitpolitik, in: Peters,W.(Hg.), Massenarbeitslosigkeit und Politik. Reaktionsweisen und Strategieoptionen in verschiedenen Politikarenen. SAMF-Arbeitspapier 1989-1, Paderborn 1989, 135-154.

[122] Auch eine Beschränkung der in letzter Zeit wieder steigenden Zahl von Überstunden, wie sie etwa im Rahmen der anstehenden Novellierung des Arbeitszeit-gesetzes erfolgen könnte, hätte gewisse angebotsverknappende Effekte.

[123] Vgl. Kap.8.

[124] Vgl. verschiedene Beiträge in Krupp et al., Wege zur Vollbeschäftigung.

[125] Vgl. zur "Reinkarnation des Keynesianismus" einschließlich seiner mikrotheoretischen Fundierung Franz,W., Keynesianische Beschäftigungstheorie und Beschäftigungspolitik, Aus Politik und Zeitgeschichte, B12/92, 25-31; ähnlich argumentiert auch Rohwer,B., Spielräume einer stärker expansiven Finanzpolitik, in: Krupp et al., 148-167.

lernen und aufgetretene Probleme bei der finanzpolitischen Umsetzung in Zukunft vermeiden: "Beschäftigungsprogramme müssen längerfristig angelegt und mit einem höheren Finanzvolumen ausgestattet werden als in der Vergangenheit. Mitnehmereffekte können durch eine entsprechende Programmgestaltung verhindert werden ... Die übrige Finanzpolitik sowie die Geldpolitik müssen die expansive Wirkung der Maßnahmen unterstützen."[126]

3. Die allgemeine Wirtschafts- und Strukturpolitik kann mit Arbeitsmarktpolitik institutionell verzahnt und koordiniert werden.[127]

13.4. Politikwissenschaftliche Ansätze

1. Bei den bisher kaum behandelten politikwissenschaftlichen Erklärungsansätzen werden neben demographischen und ökonomischen Ursachen vor allem die historisch singulären, politischen und institutionellen Determinanten des Arbeitsmarktes bzw. der Arbeitslosigkeit in die Analyse einbezogen bzw. miteinander kombiniert. Hierzu gehören u.a.

- Grad und Art der Institutionalisierung und Organisierung von Verbänden,
- gesellschaftliche Entscheidungsstrukturen, etwa korporatistischer Art,
- Organisation des Systems der sozialen Sicherung,
- Struktur des Systems der Arbeitsbeziehungen,
- Institutionen und Instrumente der Arbeitsmarktpolitik.[128]

Institutionen, genauer institutionelle Rahmenbedingungen individuellen und vor allem korporativen Handelns in Form von Restriktionen und Chancen, rücken damit in das Zentrum der Analyse. Diese institutionalistisch orientierten Ansätze betonen vor al-

---

[126] Kühl, Beschäftigungs- und Arbeitsmarktpolitik, 23; vgl. zur Kombination von Angebots- und Nachfragepolitik auch Rohwer, Spielräume einer stärker expansiven Finanzpolitik, 158-166.

[127] Vgl. Schmid,G., Instrumentarium erfolgreicher Beschäftigungspolitik aus internationaler Perspektive, in: Bertelsmann Stiftung (Hg.), Beschäftigungspolitik in einer offenen Gesellschaft, Gütersloh 1992, 74ff; Schmid,G., Flexible Koordination: Instrumentarium erfolgreicher Beschäftigungspolitik aus internationaler Perspektive. Discussion Paper FS I 91-8, Wissenschaftszentrum Berlin für Sozialforschung 1991, 44ff.

[128] Vgl. hierzu neben den verschiedenen Beiträgen von Scharpf vor allem die Arbeiten von Schmid und Schmidt. Für andere: Schmid,G., Zur politisch-institutionellen Theorie des Arbeitsmarkts. Die Rolle der Arbeitsmarktpolitik bei der Wiederherstellung der Vollbeschäftigung, PVS 28 (1987), 133-161; Schmid,G., Flexible Koordination: Instrumentarium erfolgreicher Beschäftigungspolitik aus internationaler Perspektive; Schmidt, M.G., Wohlfahrtsstaatliche Politik unter bürgerlichen und sozialdemokratischen Regierungen. Ein internationaler Vergleich, Frankfurt-New York 1982; Schmidt,M.G., Arbeitslosigkeit und Vollbeschäftigungspolitik. Ein internationaler Vergleich, in: Hickel,R.(Hg.), Radikale Neoklassik. Ein neues Paradigma zur Erklärung der Massenarbeitslosigkeit? - Die Vogt-Kontroverse, Opladen 1986, 115-138. Vgl. auch Groser,M., Beschäftigung und Arbeitsmarktpolitik im internationalen Vergleich, Aus Politik und Zeitgeschichte B29/89, 3-12.

lem die Besonderheiten des Arbeitsmarktes im Vergleich zu Geld- und/oder Gütermärkten. Die Eigenschaften des Arbeitsmarktes als soziales System können in ihrer Komplexität nicht wie etwa in der Neoklassik in einem einfachen, raum-zeitlich abstrakten und außerdem noch universalistisch gültigen Modell erfaßt werden. Vielmehr sind im Rahmen der in diesem Zusammenhang häufig verwandten Methode quantitativ-vergleichender Politikforschung national differenzierende Erklärungen notwendig.

Ein geringer Fragmentierungsgrad der Entscheidungsstrukturen und des Systems der Arbeitsbeziehungen sowie geeignete Politikinstrumente erhöhen demnach deutlich die Wirksamkeit einer notwendigerweise selektiven Beschäftigungspolitik. In der Perspektive dieses Ansatzes muß eine Wirtschafts- und Arbeitsmarktpolitik nicht nur ökonomisch richtig, sondern zugleich auch institutionell machbar sein.[129] Eine Minimierung politisch-institutioneller Einflüsse auf allen Märkten, wie sie von der Neoklassik gefordert wird, führt keinesfalls zu optimalen Ergebnissen; zu fragen ist vielmehr nach den Voraussetzungen und Bedingungen der Steuerung. Notwendig wird also eine Verbindung von rein ökonomischen und eher politikwissenschaftlich-institutionellen Ansätzen.

International vergleichend angelegte empirische Studien der weltwirtschaftlichen Situation von den frühen 70er bis in die späten 70er Jahre[130] zeigen: Verschiedene sozialdemokratische bzw. sozialistische Regierungen in Westeuropa (Bundesrepublik, Österreich, Schweden, Großbritannien) versuchten bei durchaus vergleichbaren makroökonomischen Ausgangsbedingungen und gleichen politischen Zielen (Vorrang der Vollbeschäftigung) zu Beginn der weltweiten krisenhaften Entwick-

---

[129] Vgl. für andere: Scharpf,F.W. et al.(Hg.), Aktive Arbeitsmarktpolitik. Erfahrungen und neue Wege, Frankfurt-New York 1982; Scharpf,F.W./Brockmann,M.(Hg.), Institutionelle Bedingungen der Arbeitsmarkt- und Beschäftigungspolitik, Frankfurt -New York 1983.

[130] Vgl. von den zahlreichen Vorarbeiten u.a. Scharpf,F.W., Neue Arbeitsmarktpolitik in einem wirtschaftspolitischen Gesamtkonzept, in: Dierkes,M./Strümpel,B.(Hg.), Wenig Arbeit - aber viel zu tun. Neue Wege der Arbeitsmarktpolitik, Opladen 1985, 167-182; Scharpf,F.W., Beschäftigungspolitische Strategien in der Krise, Leviathan 13 (1985), 1-22; Scharpf,F.W., Beschäftigungspolitische Strategien in der Krise, in: Hickel, Radikale Neoklassik, 139-160; Scharpf,F.W., War die Massenarbeitslosigkeit unabwendbar? Von der Schwierigkeit beschäftigungspolitischer Optionen, in: Maier,H.E./Schmid,Th. (Hg.), Der goldene Topf. Vorschläge zur Auflockerung des Arbeitsmarktes, Berlin 1986, 9-37; zusammenfassend Scharpf,F.W., Sozialdemokratische Krisenpolitik in Europa, Frankfurt-New York 1987; kritische Anmerkungen finden sich u.a. bei: Chaloupek, G., Rezension, Wirtschaft und Gesellschaft 13 (1987), 537-540; Schmidt, M.G., Rezension, Neue politische Literatur 32 (1987), 512-516; Vogt,W., Sozialdemokratische Wirtschaftspolitik: Eigenständig oder vernünftig?, Leviathan 16 (1988), 436-440; Altvater,E., Nationale Wirtschaftspolitik unter Bedingungen globaler "finanzieller Instabilitäten" - zu Fritz Scharpf's "angebotspolitischem Keynesianismus", Prokla 18 (1988), 121-136; weiterführend: Scharpf,F.W., Inflation und Arbeitslosigkeit in Westeuropa. Eine spieltheoretische Interpretation, PVS 29 (1988), 6-41.

lungen infolge des ersten Ölpreisschocks 1973/74 (mit Inflationsschub und steigender Arbeitslosigkeit) in ihren wirtschaftspolitischen Strategien sehr ähnliche, keynesianisch orientierte Maßnahmen einer Globalsteuerung mit dem Ziel einer Realisierung der Variablen des "magischen Vierecks", vor allem von Preisstabilität und Vollbeschäftigung. Da nicht alle Ziele gleichzeitig realisiert werden konnten, wurden im Verlauf der Krisenperiode differierende wirtschaftspolitische Prioritäten bzw. Optionen hinsichtlich Leistungsbilanz, Arbeitslosigkeit und Inflationsbekämpfung zu Lasten der Beschäftigung gesetzt.

In der Folgezeit wurden Ergebnisse erzielt, die deutlichere Unterschiede hinsichtlich der Realisierung makroökonomischer Ziele aufwiesen als zu Beginn der Krise zu verzeichnen gewesen waren:

- In Österreich und Schweden wurde nicht nur ein Anstieg der registrierten Arbeitslosigkeit verhindert, sondern die Beschäftigung (Zahl der Erwerbstätigen) sogar absolut erhöht; Österreich wies zudem noch im internationalen Vergleich niedrige, Schweden hingegen höhere Preissteigerungsraten auf.
- Die Bundesrepublik war auch im Vergleich mit den anderen OECD-Ländern sehr erfolgreich bei der Bekämpfung der Inflation, verfehlte aber deutlich das Hauptziel sozialdemokratischer Politik, die Beschäftigungssicherung; vielmehr gingen deutlich mehr Arbeitsplätze als in anderen Ländern, mit Ausnahme der Schweiz[131], verloren.
- In England schließlich wurden beide Hauptziele, Beschäftigung und Preisstabilität, nicht erreicht und damit die im Vergleich schlechtesten Ergebnisse erzielt.

Das eine Paradebeispiel für eine gelungene Beschäftigungspolitik ist Schweden, wo es gelang (u.a. durch eine erhebliche, a priori allerdings nicht geplante Ausweitung des öffentlichen Sektors wegen Beschäftigungsverlusten in der Privatwirtschaft sowie durch Einsatz der sog. aktiven Arbeitsmarktpolitik), die Arbeitslosigkeit auf einem auch im internationalen Vergleich sehr niedrigen Niveau zu halten bzw. sogar eine positive Beschäftigungsentwicklung einzuleiten. Auch in Österreich wurden über eine Reihe von Jahren mit Strategien einer Globalsteuerung vergleichsweise sehr gute Erfolge bei der Bekämpfung der Arbeitslosigkeit erzielt. Zentrale Elemente dieser Strategie waren: staatliche Kreditaufnahme vorwiegend im Ausland, zinsverbilligte Kredite für private Investoren, eine insgesamt sehr enge Zusammenarbeit und Interessenabgleichung zwischen Nationalbank, Sozialpartnern und Staat unter Verzicht auf eine Umverteilungspolitik seitens der Gewerkschaften. Dieser "korporatistische Keynesianismus" beruht im Gegensatz zum "etatistischen" auf einer engen und

---

[131] Vgl. zu diesem Sonderfall Schmidt,M.G., Der Schweizerische Weg zur Vollbeschäftigung. Eine Bilanz der Beschäftigung, der Arbeitslosigkeit und der Arbeitsmarktpolitik, Frankfurt-New York 1985.

grundsätzlichen Koordination von staatlicher Finanz- und akkomodierender Geldpolitik und Lohnpolitik der Gewerkschaften. Der Ausweitung der Binnennachfrage entsprach eine expansive Fiskalpolitik, welche durch die Geldpolitik der Zentralbank gestützt und nicht wie in der Bundesrepublik neutralisiert wurde.

Ganz offensichtlich waren spezifische Einflußmöglichkeiten für nationale Wirtschaftspolitiken vorhanden, die durchaus unterschiedlich genutzt wurden. In dieser international vergleichenden Perspektive sind nicht nur ökonomische, sondern vor allem politisch-institutionelle Bedingungen und Besonderheiten von entscheidender Bedeutung für Erfolg oder Mißerfolg einer aufgeklärten keynesianischen Wirtschaftspolitik. Dazu gehören

- die innere Struktur und Organisation der (Einzel-)Gewerkschaften und ihr Verhältnis zueinander sowie ihr Verhalten im Rahmen einer Koordination der Lohnpolitik (Stabilitätsförderung bzw. gesamtwirtschaftliche Orientierung durch eine zurückhaltend-restriktive Lohnpolitik) bzw. zur staatlichen Politik,
- die traditionelle Kooperation bzw. Koordination und Sozialpartnerschaft auf der Ebene der Spitzenverbände,
- unter den Bedingungen internationalisierter Kapitalmärkte die Geldpolitik einer (durch gesetzliche Vorgaben mehr oder weniger gegenüber den Regierungen autonomen) Zentralbank und ihr Verhältnis zur staatlichen Finanzpolitik, welche durch die Finanzverfassung wesentlich geprägt wird,
- die institutionellen Voraussetzungen einer aktiven Arbeitsmarktpolitik.

Die unterschiedlichen Ergebnisse zeigen, daß Massenarbeitslosigkeit kein notwendiges Resultat der eingetretenen Situation war; vielmehr waren spezifische institutionelle Bedingungen auf Seiten des Staates, der Gewerkschaften und des Kollektivverhandlungssystems von Bedeutung innerhalb der verschiedenen Strategien (Koordination zwischen expansiver Fiskalpolitik, unterstützender Geldpolitik und einer Lohnpolitik der Gewerkschaften, welche den Anstieg der Lohnstückkosten unterhalb der Inflationsrate hielt). Die Lösung von Koordinationsproblemen, die aus unterschiedlichen Interessen der Akteure resultieren, hängt also von bestimmten institutionellen Voraussetzungen ab.

Unter den veränderten weltwirtschaftlichen Rahmenbedingungen der 80er Jahre haben sich die wirtschaftspolitischen Optionen wesentlich verengt; Gründe waren vor allem die zweite Ölpreiskrise, die fortschreitende Internationalisierung der Wirtschaft, insbesondere der Geld- bzw. Kapitalmärkte und die durch diese vollendete Weltmarktintegration deutlich eingeschränkten Handlungsspielräume einer expansiven nationalen Fiskal- und Geldpolitik sowie der direkte Einfluß eines von den USA ausgehenden, weltweit hohen Zinsniveaus auf Investition und Beschäftigung in der Privatwirtschaft. Die Höhe der kapazitätserweiternden und arbeitsplatzschaffenden

Investitionen wird im wesentlichen nicht mehr von der absoluten Höhe der Gewinne bzw. erwarteten Gewinne bestimmt, sondern von der erwarteten Rendite-Differenz zwischen den möglichen, aber risikobehafteten Gewinnen aus Investitionen und den Realzinsen von völlig risikolosen Finanzanlagen in Form von Staatsanleihen auf den internationalen Kapitalmärkten, vor allem auf dem US-amerikanischen mit seinem langfristig hohen Zinsniveau.

Der Unterschied zwischen den beiden beschriebenen Phasen (1973-1979, 1979-1985) besteht vor allem in einer deutlichen Anhebung des realen internationalen Zinsniveaus, wodurch das Niveau der Mindest-Rentabilität industrieller Investitionen wesentlich angehoben wurde. "Im Ergebnis wurde .. die Renditeschwelle erhöht, die ein Investitionsvorhaben mindestens überschreiten mußte, damit seine Finanzierung zu Marktbedingungen überhaupt in Frage kam."[132] Damit ergibt sich im Interesse einer Vollbeschäftigungspolitik die Notwendigkeit, höhere Investitionen durch verbesserte Erwartungen bei den Gewinnen zu provozieren, was auf eine massive und drastische Umverteilung zugunsten der Kapitaleinkommen bzw. Gewinne hinausläuft ("Zwang zur angebotsorientierten Umverteilung" bzw. "angebotsökonomischer Imperativ der hohen Gewinne"). Eine ökonomisch plausible und zugleich institutionell machbare Politik zur Überwindung der Massenarbeitslosigkeit hat unter den gegebenen weltwirtschaftlichen Rahmenbedingungen nach Scharpf nur zwei Alternativen:[133]

- staatliche Subventionierung zusätzlicher Beschäftigung in der Privatwirtschaft (durch beschäftigungsintensive Programme),
- solidarische Umverteilung des vorhandenen, zu knappen Arbeitsvolumens auf derzeit Beschäftigte und Arbeitslose durch Verkürzung der Arbeitszeit.[134]

2. Seit längerem werden Forderungen nach einer aktiven Arbeitsmarktpolitik und vor allem von den Gewerkschaften nach Beschäftigungsprogrammen erhoben. Diese Investitionsprogramme der öffentlichen Hand (Bund, Länder und besonders Gemeinden) könnten mehrere hunderttausend Dauerarbeitsplätze in anerkanntermaßen defizitären Bereichen wie Umweltschutz, Energieversorgung, sozialen

---

[132] Scharpf, Sozialdemokratische Krisenpolitik, 304.

[133] Die Chancen einer weltweit oder auch nur europäisch koordinierten keynesianischen Steuerung beurteilt Scharpf aufgrund fundamentaler institutioneller und politischer Schwierigkeiten als sehr gering.

[134] Manchmal wird eine Ausweitung des öffentlichen Dienstes bzw. der öffentlichen und sozialen Dienstleistungen als dritte Alternative erwähnt.

Einrichtungen schaffen und das sog. qualitative Wachstum in seinen sozialen und ökologischen Bezügen verstärken.[135] Die Finanzierung könnte zum Teil aus Mitteln erfolgen, die bislang für die Finanzierung der Arbeitslosigkeit (Steuerausfall und Lohnersatzleistungen) ausgegeben werden.

Außerdem diskutieren und praktizieren seit Ende der 70er, Anfang der 80er Jahre vor allem verschiedene korporative Akteure auf lokaler Ebene vielfältige Konzepte einer regional bzw. kommunal initiierten Arbeitsmarkt- und Beschäftigungspolitik bzw. eines sog. zweiten Arbeitsmarktes.[136] Ausgangspunkt dieser Entwicklungen ist häufig der enorme finanzielle Druck, der für die Gemeinden entsteht infolge der zunehmenden Arbeitslosigkeit und dadurch erhöhter Aufwendungen für Sozialhilfeleistungen bei gleichzeitig sinkenden oder allenfalls stagnierenden kommunalen Einnahmen. Das generelle Ziel besteht in der defensiv ausgerichteten Erhaltung bzw. vor allem in der offensiv orientierten Schaffung zusätzlicher Dauerarbeitsplätze im privaten und öffentlichen Sektor auf kommunaler Ebene durch lokale Beschäftigungsinitiativen.

Die recht heterogenen Vorstellungen intendieren u.a. eine Neuorientierung der kommunalen und regionalen Wirtschaftsförderung unter Einschluß der vom Volumen überaus wichtigen kommunalen Investitionspolitik mit einer stärkeren Ausrichtung auf Beschäftigungsziele; angestrebt wird außerdem eine Verbesserung der notwendigen Koordination zwischen den verschiedenen Akteuren, u.a. innerhalb und zwischen den einzelnen Ämtern der Kommunalverwaltungen durch organisatorische Änderungen sowie der Fachressorts mit Arbeitgebern und Gewerkschaften, Kirchen und Verbänden, Selbsthilfegruppen und privaten Initiativen als relevanten Akteuren bzw. eine Integration verschiedener Politiken auf lokaler-dezentraler Ebene. Die entsprechenden zentralstaatlichen Rahmenvorgaben (vor allem im AFG und GRW) lassen in manchen Bereichen durchaus einen Handlungs- und Gestaltungsspielraum für eine Regionalisierung der Politikprogramme bzw. für einen differenzierten Einsatz

---

[135] Schließlich kann es nicht nur darum gehen, daß Wachstum erzielt wird, sondern wesentlich auch darum, was wachsen soll.

[136] Vgl. zusammenfassend: Blanke,B./Evers,A./Wollmann,H. (Hg.), Die zweite Stadt. Neue Formen lokaler Arbeits- und Sozialpolitik, Opladen 1986; Maier,H.E./Wollmann,H.(Hg.), Lokale Beschäftigungspolitik, Basel-Boston 1986; Maier,F., Beschäftigungspolitik vor Ort - Die Politik der kleinen Schritte, Berlin 1988; Eißel,D., Herausforderungen und Möglichkeiten einer kommunalen Arbeitsmarktpolitik, Aus Politik und Zeitgeschichte B38/88, 29-42; international vergleichend: Mayer,J.(ed.), Bringing jobs to people. Employment promotion at regional and local levels, Geneva 1988; Kuenstler,P., Local employment initiatives: Some recent developments, International Labour Review 127 (1988), 463-478; Europäische Stiftung zur Verbesserung der Lebens- und Arbeitsbedingungen (Hg.), Örtliche Initiativen für Langzeitarbeitslose, Luxemburg 1988.

ihrer Instrumente sowie für eigenständige lokal- und regionalspezifische Beschäftigungsinitiativen.

Ein häufig auf lokaler Ebene gezielt eingesetztes Instrument aktiver Arbeitsmarktpolitik ist neben einer Politik der weitgehend kostenneutralen Arbeitsumverteilung durch Arbeitszeitpolitik im weiteren Sinne[137] eine Ausweitung bzw. Regionalisierung von ABM nach dem AFG durch die Kommunen selbst sowie durch eine Vielzahl verschiedener lokaler Träger (u.a. Wohlfahrtsverbände, private Initiativen). Die entsprechenden Arbeitsplätze sind allerdings schwerpunktmäßig häufig in bestimmten Bereichen (vor allem soziale Dienste gefolgt von Reparatur- und Gartenarbeiten) angesiedelt; ein Wechsel in den ersten Arbeitsmarkt ist aufgrund dieses eingegrenzten Beschäftigungsspektrums zumeist recht schwierig; daher etabliert sich dauerhaft ein sog. zweiter Arbeitsmarkt. Außerdem umfaßt ein erheblicher Teil der ABM recht unqualifizierte Tätigkeiten. Eine Alternative stellen die sog. Auftragsmaßnahmen dar, d.h. eine Vergabe von ABM an private Firmen. Besondere Bedeutung kommt qualifizierenden ABM bzw. Qualifizierungsmaßnahmen zu.

Andere kommunale Maßnahmen sind vor allem ein Ausnutzen der sozialpolitischen Regelungen des BSHG (Par.18ff. Vorschriften zur Hilfe zur Arbeit) zur Beschäftigungsförderung, was entweder durch reguläre, unbefristete Beschäftigungsverhältnisse (Par.19, Abs.1 BSHG) oder durch Heranziehung zu gemeinnütziger und zusätzlicher Arbeit (Par.19, Abs.2 BSHG) geschehen kann. Erstere sind in der Praxis nur sehr selten anzutreffen, letztere sind u.a. infolge ihres Zwangscharakters und wegen der häufig realisierten Möglichkeit untertariflicher Bezahlung nur von zweifelhaftem Nutzen. Weitere kommunale Strategien sind verschiedene Qualifizierungs- und Berufsbildungsmaßnahmen vor allem für arbeitslose Jugendliche sowie die Unterstützung lokaler Beschäftigungsinitiativen (vor allem alternativ-ökonomischer Projekte bzw. Betriebe).

In Anbetracht der durch die Finanzierung der Dauerarbeitslosigkeit stark eingegrenzten Spielräume der Kommunen ist die Finanzierung des breiten Maßnahmenspektrums überaus problematisch; sie geschieht zum kleineren Teil und als Basisfinanzierung durch Entlastung der kommunalen Haushalte infolge wegfallender Sozialhilfezahlungen sowie zum größeren Teil durch die Erschließung zusätzlicher externer Finanzquellen (Bund, Länder, EG, Stiftungen).

Natürlich können diese Strategien aufgrund der Unzulänglichkeiten bzw. der begrenzten Wirksamkeit ihres Instrumentariums lediglich einen gewissen und kaum

---

[137] Die Instrumente sind vor allem: Abbau von Überstunden und Nebentätigkeiten, Langzeiturlaub bzw. befristete Freistellung, Umwandlung von Vollzeit- in Teilzeitarbeitsplätze.

exakt zu quantifizierender Beitrag, nicht jedoch die wirksame Lösung des globalen Beschäftigungsproblems leisten. "Lokale Beschäftigungspolitik kann weder die unternehmerische Aufgabe des "internen" Strukturwandels übernehmen, noch kann sie staatliche Politik für ein beschäftigungswirksames qualitatives Wachstum ersetzen, sie kann sie nur ergänzen und deren Umsetzungsbedingungen verbessern."[138] Zentralstaatliche Enthaltsamkeit in der Wirtschafts- und Arbeitsmarktpolitik kann im Rahmen der bestehenden Finanz- und Wirtschaftsverfassung nur sehr begrenzt durch notwendigerweise defensiv ausgerichtete lokale Gegenstrategien und dezentrale Initiativen konterkariert werden. Die großen regionalen Unterschiede in der Wirtschafts- und vor allem Beschäftigungsentwicklung (sog. Süd-Nord-Gefälle) machen seitens des Zentralstaates eine stärker regionalisierte Arbeitsmarktpolitik statt einfacher Globalstrategien sowie deren Verkoppelung mit Wirtschaftsförderungsansätzen notwendig. Beschäftigungspolitik muß stärker als in der Vergangenheit regionale und lokale Politik sein, "die die regional unterschiedlichen und im wesentlichen strukturellen Probleme der Krisenregionen gezielt angeht und die autonomen beschäftigungspolitischen Handlungsmöglichkeiten auf der lokalen Ebene stärkt"[139].

13.5. Das Beschäftigungsförderungsgesetz

Die konservativ-liberale Regierungskoalition in der Bundesrepublik versucht ähnlich wie die Regierungen in anderen westlichen Industrienationen, durch politisch gesteuerte Deregulierung den unternehmerischen Kurs einer Flexibilisierung von Arbeitsbeziehungen und Arbeitsmärkten zu unterstützen und zu verstärken. Zu den Strategien eines Abbaus bzw. zumindest eines deutlichen Umbaus gesetzlicher Normierungen gehören vor allem
- die 1986 erfolgte Neuregelung der Lohnersatzleistungen bei Arbeitskämpfen durch Änderung von Par.116 Arbeitsförderungsgesetz,
- die 1988 durchgesetzte Novellierung des Betriebsverfassungsgesetzes
- sowie der Entwurf eines neuen Arbeitszeitgesetzes[140].

---

[138] Gabriel,H./Seifert,H., Lokal gestaltete Beschäftigungspolitik: Ansatzpunkte, Wirkungen und Perspektiven, WSI-Mitteilungen 41 (1988), 615.

[139] Maier,H.E., Lokale Beschäftigungspolitik. Eine Einführung in ihre Perspektiven und Probleme, in: Maier/Wollmann, Lokale Beschäftigungspolitik, 31.

[140] Vgl. ArbZG: Gesetzentwurf der Bundesregierung, Entwurf eines Arbeitszeitgesetzes vom 25.5.1987, BT-Drucksache 11/360.

Kapitel 13: Arbeitsmarktpolitik

Ein ganz zentraler Teil der Deregulierungsbemühungen ist das Beschäftigungsförderungsgesetz (BeschFG), dessen tatsächliche Auswirkungen im folgenden ausführlicher behandelt werden sollen.[141]

Das BeschFG[142], welches am 1. Mai 1985 in Kraft trat, will durch verschiedene Deregulierungsmaßnahmen das als zu starr und verkrustet empfundene Arbeitsrecht flexibler gestalten; zusätzliche Beschäftigungsmöglichkeiten sollen durch Zurücknahme verschiedener arbeitsrechtlicher Schutzvorschriften (vor allem Abbau von "beschäftigungshemmenden" Kündigungsschutzrechten) bzw. eine damit verbundene Senkung der Lohnkosten geschaffen werden.[143]

Die Kernbestimmung des Gesetzes ist die im ersten Abschnitt geregelte "erleichterte Zulassung befristeter Arbeitsverträge" durch die Möglichkeit der einmaligen Befristung bis zur Dauer von 18 Monaten ohne besondere sachliche Begründung und ohne gerichtliche Mißbrauchskontrolle, "wenn der Arbeitnehmer neu eingestellt wird oder der Arbeitnehmer im unmittelbaren Anschluß an die Berufsausbildung nur vorübergehend weiterbeschäftigt werden kann, weil kein Arbeitsplatz für einen unbefristet einzustellenden Arbeitnehmer zur Verfügung steht".[144]

Flankierende Instrumente[145] sind vor allem

- die erstmalige gesetzliche Regelung von zwei Formen der Teilzeitarbeit, nämlich der "Anpassung der Arbeitszeit an den Arbeitsanfall" ("Arbeit auf Abruf") hinsichtlich Dauer, Lage und Abruffrist sowie der Arbeitsplatzteilung zwischen zwei oder mehreren Arbeitnehmern ("job sharing),

---

[141] Vgl. als Überblick Dragendorf,R./Heering,W./John,G., Beschäftigungsförderung durch Flexibilisierung. Dynamik befristeter Beschäftigungsverhältnisse in der Bundesrepublik Deutschland, Frankfurt-New York 1988.

[142] Vgl. BGBl.I.,710; Kittner,M.(Hg.), Beschäftigungsförderungsgesetz. Erläuterte Textausgabe, Köln 1985; vgl. zu den juristischen Aspekten zusammenfassend Löwisch,M., Das Beschäftigungsförderungsgesetz 1985, Betriebs-Berater 40 (1985), 1200-1207; v.Hoyningen-Huene,G., Das neue Beschäftigungsförderungsgesetz 1985, Neue Juristische Wochenschrift 38 (1985), 1801-1806.

[143] Für andere: Göbel,J., Flexibilisierung aus Arbeitgebersicht, in: Oppolzer et al., Flexibilisierung - Deregulierung, 48-67.

[144] Diese Frist verlängert sich auf zwei Jahre, wenn der Arbeitgeber seit höchstens sechs Monaten die Erwerbstätigkeit aufgenommen hat und wenn bei einem Arbeitgeber 20 oder weniger Arbeitnehmer tätig sind.

[145] Parallel dazu wurde das Gesetz über befristete Arbeitsverträge mit wissenschaftlichem Personal an Hochschulen und Forschungseinrichtungen verabschiedet; vgl. BGBl,I, 1065. Die Einsatzmöglichkeiten befristeter Arbeitsverträge ohne substantielle sachliche Begründung werden hierin erheblich erweitert. Vgl. zu diesem hier nicht weiter behandelten Problem: Buchner,H., Befristete Arbeitsverhältnisse mit wissenschaftlichem Personal an Hochschulen und Forschungseinrichtungen, Recht der Arbeit 38 (1985), 258-282.

Kapitel 13: Arbeitsmarktpolitik

- die Verlängerung der zulässigen Überlassungsdauer eines Leiharbeitnehmers an denselben Entleiher,
- die Empfehlung an Betriebe, Überstunden der bereits Beschäftigten durch befristete Neueinstellungen abzulösen,
- die Erhöhung der Schwellenwerte beim Abschluß von Sozialplanregelungen (nach § 112 BetrVG).

Das BeschFG war von Anfang an politisch heftigst umstritten: Die Gewerkschaften sprachen von einem "Gesetz des Heuerns und Feuerns"; die Arbeitgeberverbände hingegen begrüßten den Abbau "beschäftigungshemmender, arbeitsrechtlicher Vorschriften".[146] Während die öffentliche Diskussion über potentielle Auswirkungen des Gesetzes sich ursprünglich weitgehend an reinen Vermutungen orientierte, sind wir inzwischen einen wesentlichen Schritt weiter: Statt weiterhin hochgradig kontroverse Spekulationen über mögliche Zusammenhänge anzustellen, können wir nunmehr das empirische Material der inzwischen vorliegenden empirischen Untersuchungen zur Beurteilung der behaupteten Folgen heranziehen.[147]

Sicherlich bestehen gewisse Probleme etwa
- wegen der unterschiedlichen Erhebungszeitpunkte bzw. Untersuchungszeiträume,
- hinsichtlich der Repräsentativität oder Bedeutung der jeweils einbezogenen Wirtschaftszweige,
- infolge der Interessengebundenheit der antwortenden Akteure Unternehmensleitung bzw. Betriebsrat.

Bei allen aus methodischen Erwägungen notwendigen Einschränkungen ergeben sich jedoch eine Reihe von empirisch hinreichend fundierten Hinweisen über die tatsächlichen Auswirkungen des Gesetzes.

Ich will im folgenden im Gegensatz zu den vorliegenden Untersuchungen unterscheiden zwischen eher quantitativen und eher qualitativen Auswirkungen, d.h. zwischen <u>Niveaueffekten</u> auf die Höhe der Beschäftigung und <u>Struktureffekten</u> auf die

---

[146] Vgl. für andere: Das Beschäftigungsförderungsgesetz 1985 (BeschFG) auf dem Prüfstand, Personalführung 11-12/1985, 402-505; Zeitgespräch - Das Beschäftigungsförderungsgesetz 1985, Wirtschaftsdienst 1984/IX, 419-430; Zeitgespräch - Beschäftigungsförderungsgesetz - eine Zwischenbilanz, ebd. 1986/X, 483-487.

[147] Einbezogen wurden u.a. die Untersuchungen des Instituts für Arbeitsmarkt- und Berufsforschung der Bundesanstalt für Arbeit - IAB, des IFO-Instituts für Wirtschaftsforschung, des FORSA-Instituts, der Arbeiterkammer Bremen, der Universität Bremen, der Bundesvereinigung der Deutschen Arbeitgeberverbände - BDA, mehrerer DGB-Gewerkschaften (HBV, IGM, GTB, NGG, GHK) sowie die Arbeit von Dombois. Vgl. auch die Synopse bei: Rudolph,H., Befristete Beschäftigung - ein Überblick, MittAB 21 (1987), 298f; Hlawaty,P., Empirische Untersuchungen über die Wirkungen des Beschäftigungsförderungsgesetzes, Die Mitbestimmung 33 (1987), 602.

Strukturierung bzw. Segmentierung der Arbeitsmärkte. Meine These lautet, daß die häufig behandelten Niveaueffekte kaum meßbar, höchst ungewiß und allenfalls minimal sind, während die zumeist vernachlässigten Struktureffekte weitaus gravierender sind und mit fortdauernder Laufzeit des Gesetzes immer deutlicher werden.

Die beschäftigungspolitischen Wirkungen sind zumindest äußerst strittig und ungewiß: Die verschiedenen Analysen von Gewerkschaften und Arbeitgeberverbänden zeigen übereinstimmend, daß ca. die Hälfte aller Neueinstellungen lediglich befristet erfolgt[148], womit sowohl Ersatz für ausgeschiedene Arbeitnehmer als auch echte, d.h. zusätzliche Neueinstellungen gemeint sind. Dieser Formwandel des Beschäftigungseinstiegs deutet darauf hin, daß die zunehmenden Befristungen tendenziell eher einen Verlust an Dauerarbeitsplätzen als zusätzliche Beschäftigung bewirken. Diese Entwicklung kann aber nicht im Sinne des Gesetzgebers liegen, der zusätzliche Beschäftigungsmöglichkeiten schaffen, nicht jedoch bei der Wiederbesetzung freiwerdender Stellen einen Substitutionsprozess von Dauer- durch befristete Arbeitsverhältnisse einleiten wollte.

Die für die Jahre seit 1983 empirisch eindeutig nachweisbare Zunahme der Gesamtbeschäftigtenzahl kann kaum auf Auswirkungen des BeschFG zurückgeführt werden; vielmehr haben andere Faktoren wesentlich dazu beigetragen, vor allem
- günstige konjunkturelle Einflüsse (moderates Wirtschaftswachstum über mehrere Jahre u.a. infolge des Ölpreisverfalls),
- enorme Handelsbilanzüberschüsse (vor allem im Jahre 1986 wegen der Kursentwicklung des US-Dollar)
- sowie der Beschäftigungsanstieg als Konsequenz der Verkürzung der Wochenarbeitszeit[149].

Positive Beschäftigungseffekte in Richtung eines "massiven Angriffs auf die hohe Arbeitslosigkeit" (Bundesarbeitsminister Blüm) werden in der BDA-Studie[150] behauptet, allerdings auch dort nicht durch konkrete Zahlen belegt. Die Bundesregierung sieht sich außerstande, entsprechende Angaben zu machen.[151] Globale Aussagen sind auf der Basis der vorliegenden Analysen kaum möglich.

---

[148] Dieses Befragungsergebnis wird recht gut gestützt durch Ergebnisse aus Mikrozensus, Vermittlungsstatistiken und begonnenen sozialversicherungspflichtigen Beschäftigungsverhältnissen. Vgl. Rudolph, Befristete Beschäftigung, 296.

[149] Vgl. zusammenfassend: Seifert, H. Was hat die 38,5-Stundenwoche gebracht? Beschäftigungseffekte und Formen der Arbeitszeitverkürzung, Sozialer Fortschritt 36 (1987), 102-107.

[150] BDA, Auswertung der Umfrage der Bundesvereinigung der Deutschen Arbeitgeberverbände über die Auswirkungen des Beschäftigungsförderungsgesetzes 1985, Ms. Köln Juli 1986; vgl. auch BDA, Jahresbericht 1986, Bergisch-Gladbach 1986, 16f., 96ff., 105, 107.

Entgegen offizieller Lesart[152] bewirkt das BeschFG weniger die Schaffung erhoffter zusätzlicher Arbeitsplätze als vielmehr neue, weitergehende Differenzierungen und Segmentierungen innerhalb der Arbeitnehmerschaft und ihrer Erwerbschancen:
- Auf der einen Seite steht eine Stammbelegschaft, die im Laufe der Zeit infolge von Strategien des passiven Personalabbaus bzw. der natürlichen Fluktuation kleiner wird; sie verfügt über Rechte nach dem alten, vom Bundesarbeitsgericht - BAG in seiner ständigen Rechtsprechung in vielen Einzelentscheidungen interpretierten Kündigungsschutz als gesetzliche Form des arbeitsrechtlichen Bestandsschutzes.
- Auf der anderen Seite befindet sich eine infolge der zunehmenden Befristungspraxis größer werdende Randbelegschaft in instabilen, statusgeminderten Beschäftigungsverhältnissen ohne allgemeine Senioritätsrechte oder besonderen sozial- und arbeitsrechtlichen Schutz (z.B. Kündigungsschutz, Mutterschutz, Arbeitsplatzschutz).

Insoweit verstärken diese rechtlichen Regelungen die ohnehin schon bestehenden Segmentationsprozesse innerhalb der betrieblichen Sozialstruktur bzw. auf den Arbeitsmärkten eindeutig und einseitig zu Lasten der Neueingestellten[153]: "Unverkennbar ist .., daß mit der Erleichterung des Abschlusses formalrechtlich unterschiedlicher Beschäftigungsverhältnisse einem größeren Potential für innerbetriebliche Segmentierung ein Stück weit der Boden bereitet worden ist."[154] Hinsichtlich der Grundkriterien des Normalarbeitsverhältnisses, nämlich Dauer und Kontinuität des Beschäftigungsverhältnisses, schafft das Gesetz also zwei Gruppen von Arbeitnehmern und "gibt somit die allgemeine Geltung des Normalarbeitsverhältnisses (als kodifiziertes Senioritätsprinzip, B.K.) auf"[155].

---

[151] Antwort der Bundesregierung auf die Kleine Anfrage der Abgeordneten Hoss, Sellin, Stratmann und der Fraktion DIE GRÜNEN - Drucksache 11/320 - Zwei Jahre Beschäftigungsförderungsgesetz, BT-Drucksache 11/418, 1.

[152] Vgl. BMA, Maßarbeit. Neue Chancen durch das Beschäftigungsförderungsgesetz, Bonn 1985.

[153] Vgl. Kap.12.3.

[154] Sengenberger, Struktur und Funktionsweise von Arbeitsmärkten, 278. Ähnlich argumentieren die Autoren einer empirischen Fallstudie, die innerhalb neuer Formen der Differenzierung und Segmentierung zwei Linien unterscheiden: "Einmal kann ein neuer Typ von Randbelegschaften an den Rändern der betrieblichen Arbeitsmärkte entstehen. Dabei werden sicherlich die Befristungsmöglichkeiten von Arbeitsverträgen (vgl. das gegenwärtige Wachstum dieser Arbeitsvertragsform) ebenso wie Massenentlassungen wieder eine Rolle spielen ... Zum andern könnten Absatzschwankungen stärker als bisher auf Zulieferer verlagert werden." Köhler, Chr./Gründer,H. Stamm- und Randbelegschaften - ein überlebtes Konzept?, SAMF-Arbeitspapier 1988-9, Paderborn 1988, 20f.

[155] Mückenberger,U., Die Krise des Normalarbeitsverhältnisses. Hat das Arbeitsrecht noch Zukunft?, Zeitschrift für Sozialreform 35 (1985), 460.

Aufgrund unserer allgemeinen Kenntnisse über die Handlungslogik der betrieblichen Akteure bzw. über Strukturierung und Segmentierung von Arbeitsmärkten ist zu erwarten, daß die Risiken auch in bezug auf Befristungen nicht gleich verteilt sind. In der Tat sind die Angehörigen bestimmter Gruppen, die erstmals oder wieder einen Arbeitsplatz suchen, überdurchschnittlich häufig von Befristungen betroffen:
- Frauen, die nach der Familienphase wieder berufstätig werden wollen,
- Jugendliche nach Abschluß der Ausbildung, d.h. beim Einstieg ins Berufsleben,
- Personen ohne Berufsausbildung bzw. An- und Ungelernte,
- Hochschulabsolventen unmittelbar nach Abschluß des Studiums.[156]

Die Situation dieser Problemgruppen des Arbeitsmarktes verbessert sich durch die neuen gesetzlichen Regelungen also nicht; ganz im Gegenteil werden die bereits bestehenden generellen Benachteiligungen dieser Gruppen im Beschäftigungssystem aufgrund von statistisch diskriminierenden Faktoren wie Alter, Geschlecht, Qualifikation durch Deregulierungsstrategien noch verstärkt.

Nach der langjährigen Rechtsprechung des BAG waren bis zum Erlaß des BeschFG "sachliche Gründe" unbedingt notwendig, um Arbeitsverträge über einen Zeitraum von sechs Monaten hinaus zu befristen; nach diesem sog. Richterrecht konnten zahlreiche, ganz unterschiedliche Begründungen angeführt werden (u.a. Aushilfsarbeiten, Vertretung z.B. bei Krankheit, Mutterschutz oder Ableistung der Wehrpflicht, Saisonarbeit für vorübergehende Aufgaben, Vertretungsarbeiten, kurzes Probearbeitsverhältnis). Insofern wurde der arbeitsrechtliche Bestandsschutz durch das BeschFG deutlich verschlechtert.[157]

Dieser schleichende Umbau des Arbeitsmarktes führt solange zu einer fortschreitenden Erosion des Normalarbeitsverhältnisses als Dauer- und Vollzeitarbeitsverhältnis, wie betriebliche Kaküle der Amortisation von Humankapital nicht diesem Prozeß widersprechen. Inzwischen gehört jedes vierte Beschäftigungsverhältnis nicht mehr in den Bereich unbefristeter Vollzeitbeschäftigung. Die entsprechenden Stellen befinden sich vor allem im öffentlichen Dienst mit einer infolge der rigorosen Sparpolitik seit Mitte der 70er Jahre zunehmenden Zeitvertragspraxis[158] sowie in den traditionellen Saisonbereichen.

---

[156] Vgl. Adamy,W., Deregulierung des Arbeitsmarktes - Zwischenbilanz des Beschäftigungsförderungsgesetzes, WSI-Mitteilungen 41 (1988), 477; Knuth,M., Das schleichende Gift. Ergebnisse einer Repräsentativbefragung über befristete Arbeitsverhältnisse, Die Mitbestimmung 33 (1987), 598.

[157] Zum Vergleich: Mückenberger,U., Der verfassungsrechtliche Schutz des Dauerarbeitsverhältnisses. Anmerkungen zur Befristungsregelung des Beschäftigungsförderungsgesetzes 1985, Neue Zeitschrift für Arbeits- und Sozialrecht 2 (1985), 518-526; Sowka,H.-H., Befristete Arbeitsverhältnisse - Eine Bestandsaufnahme unter Berücksichtigung des Beschäftigungsförderungsgesetzes, Der Betrieb 41 (1988), 2457-2462.

Das BeschFG hat diese generelle Entwicklung einer deutlichen Zunahme von Arbeitsverhältnissen, die vom Prinzip der Dauer- und Vollzeitbeschäftigung abweichen[159], sicherlich nicht eingeleitet oder verursacht, wie gelegentlich fälschlicherweise behauptet wird. Dieser Trend ist vielmehr infolge der Massenarbeitslosigkeit sowie wegen des wirtschaftlichen Strukturwandels, d.h. auch ohne deregulierende Eingriffe des Staates, schon seit geraumer Zeit zu beobachten. Das BeschFG hat aber diesen Trend einer zunehmenden Zeitvertrags- bzw. Befristungspraxis legalisiert, verstärkt und beschleunigt; die Zunahme der befristeten Beschäftigungsverhältnisse ist deutlich höher als die der Gesamtbeschäftigten.[160] Mitte 1984 waren über vier, Mitte 1985 fast schon sieben, 1986 bereits über acht Prozent[161] aller Arbeitsverträge befristet, d.h. es hat eine Verdoppelung der marginalisierten Beschäftigungsverhältnisse in nur zwei Jahren stattgefunden. Hierbei ist weniger die absolute Zahl als vielmehr die Richtung der Entwicklung besorgniserregend.[162] Im übrigen zeigen auch internationale Vergleiche neuerer Entwicklungstendenzen befristeter Beschäftigungsverhältnisse, "daß Liberalisierungen der entsprechenden rechtlichen Regelungen doch einen nicht unbedeutenden Effekt auf die Befristungspraxis der Unternehmen haben"[163].

Zudem wird aus Sicht der Gewerkschaften die ohnehin schon bestehende Interessendifferenzierung von Arbeitsplatzinhabern und Arbeitslosen und damit die Spaltung des Arbeitsmarktes vertieft[164] und die bei Industrieverbänden notwendiger-

---

[158] Lörcher,K., Die Verbreitung von Zeitarbeitsverträgen im öffentlichen Dienst, MittAB 15 (1982), 58-68.

[159] Vgl. auch: Büchtemann,Chr.F./Burian.K., Befristete Beschäftigungsverhältnisse: ein internationaler Vergleich, Internationale Chronik zur Arbeitsmarktpolitik 24 (April 1986), 1-4; Linne,G./ Voswinkel,St., Befristete Arbeitsverhältnisse und das "Beschäftigungsförderungsgesetz", WSI-Mitteilungen 39 (1986), 502f.

[160] Bedingungen, Erscheinungsformen und betriebliche Funktionen von Zeitverträgen sind recht unterschiedlich (vor allem Rationalisierung und Selektion); vgl. Dombois,R., Flexibilisierung kraft Gesetz? Das Beschäftigungsförderungsgesetz und die Zeitvertragspraxis am Beispiel eines lokalen Arbeitsmarktes. SAMF-Arbeitspapier 1987-1, Paderborn 1987, 18-28; allgemein auch: Adamy,W., Beschäftigungsförderungsgesetz - Brücke zu Arbeit oder zu Arbeitslosigkeit?, Soziale Sicherheit 36 (1987), 164f.

[161] Antwort der Bundesregierung ... BT-Drucksache 11/418, 2.

[162] "Aussagen zur Entwicklung der befristeten Beschäftigung im Zeitvergleich sind wegen der unzureichenden Datenbasis kaum möglich. Die vorhandenen Informationen deuten jedoch darauf hin, daß die befristete Beschäftigung in den letzten Jahren eher zugenommen hat." Rudolph,H., Eine endliche Geschichte. Befristete Beschäftigung von Arbeitern und Angestellten, IAB aktuell 4/89,4.

[163] Internationale Chronik zur Arbeitsmarktpolitik 28 (April 1987), 10.

[164] Vgl. u.a. Zimmermann,L., Flexibilisierung aus Arbeitnehmersicht, in: Oppolzer et al., Flexibilisierung - Deregulierung, 68-74.

weise stets prekäre Politik der Vereinheitlichung von Interessen erschwert; infolge der Veränderungen der rechtlich abgesicherten Vertretungsmöglichkeiten wird aus Sicht der Betriebsräte die aktive betriebliche Interessenvertretung gefährdet.
Der häufigere Fall mit ca. 70 vH ist nach übereinstimmenden Resultaten der vorliegenden Untersuchungen nach wie vor eine Dauer der Befristung auf maximal sechs Monate, also eine erhebliche Unterschreitung der gesetzlich nunmehr zulässigen Höchstgrenze von 18 Monaten. Allerdings nehmen Laufzeiten von über sechs, besonders von über 12 Monaten stark zu; diese waren nach dem alten restriktiveren Recht grundsätzlich nicht möglich.[165] "Diese Verschiebung hin zu einer längeren Befristung ist sicherlich auf die geänderte Rechtslage zurückzuführen."[166] Insofern stellen wir also in der Zwischenzeit einen gewissen Gewöhnungseffekt fest, der sich in Zukunft durchaus ausweiten kann, so daß die erweiterten rechtlichen Möglichkeiten allmählich stärker ausgeschöpft werden.

Diese zunehmende Befristungspraxis ist in nahezu allen Wirtschaftszweigen zu beobachten; sie bedeutet für den einzelnen Arbeitnehmer, der in aller Regel eine feste und dauerhafte Anstellung anstrebt, faktisch eine Verlängerung der unsicheren Probezeit, die bisher häufig in Tarifverträgen geregelt worden war. Zudem sind die Chancen einer Übernahme auf einen Dauerarbeitsplatz nicht unbedingt groß[167]. Die Gewerkschaftsstudien schätzen mehrheitlich diese Chancen eher pessimistisch ein[168]; lediglich zwei dieser Studien (IGM und GTB) vermuten eine recht hohe Übernahmequote[169] nach Ablauf der Befristung, was aber nicht unbedingt zusätzliche Beschäftigung bedeuten muß. Befristete Arbeitsverhältnisse wirken "eher als Drehtür zwischen Arbeitslosigkeit und Beschäftigung"[170] und nicht als "Brücke in die Erwerbsgesellschaft" bzw. "Tor zur Dauerbeschäftigung".

---

[165] Befristungen bis zu sechs Monaten waren grundsätzlich zulässig; danach setzte erst der gesetzliche Kündigungsschutz ein. Vgl. Lorenz, M., Teilzeitarbeit und befristeter Arbeitsvertrag, München 1985.

[166] Adamy,W., Beschäftigungsförderungsgesetz, 164; vgl. auch die quantitativen Angaben bei Rudolph, Befristete Beschäftigung, 294.

[167] Lt. BDA-Studie nach Angabe der Betriebe 25%. Vgl. zu den übrigen Schätzungen Adamy, Beschäftigungsförderungsgesetz, 166f.

[168] Vgl. die Zusammenstellung bei Hlawaty, Empirische Untersuchungen, 603.

[169] "Für sich genommen ist die allgemeine Übernahmequote allerdings nicht besonders informativ, da keine Vergleichszahlen für eine Situation ohne Beschäftigungsförderungsgesetz, d.h. den Anteil Festeingestellter nach der allgemeinen Probezeit, zur Verfügung stehen." Burgbacher,H.G./ Hartwig,M./Liebau,E., Zur Empirie befristeter Arbeitsverträge. Eine Untersuchung in kleinen und mittleren Unternehmen, Sozialer Fortschritt 38 (1989), 104.

[170] Linne/Voswinkel, Befristete Arbeitsverhältnisse, 502.

Andererseits ergibt sich für die spezifische Interessenlage der Betriebe vor allem mit der längeren und damit gründlicheren Erprobung von Arbeitnehmern direkt am Arbeitsplatz und den dadurch wesentlich verbesserten Auswahl- und Selektionsmöglichkeiten ein neuartiges Instrument der mittelfristigen Personalplanung zur problemlosen Flexibilisierung des Personalbestandes und des Arbeitseinsatzes sowie zum Abbau von Personalreserven im Rahmen einer "Personalpolitik der unteren Linie".[171] Insofern sind die Vorteile der Neuregelung in Form von Effizienz- und Flexibilitätsgewinnen recht einseitig verteilt.[172]

Aufgrund der Ergebnisse der vorliegenden Untersuchungen können u.a. folgende Probleme nicht geklärt werden:

- Der Zusammenhang von individueller Qualifikation und Befristung wird nicht ausreichend thematisiert. Wir können jedoch vermuten, daß die Randbelegschaft in zunehmendem Maße aus schlecht oder gar nicht qualifizierten Arbeitnehmern bestehen bzw. daß den gut Qualifizierten am ehesten der Sprung in die Stammbelegschaft gelingen wird.

- Ebenfalls nicht eindeutig geklärt ist die Frage[173], ob das BeschFG eher in Klein- und Mittelbetrieben oder in Großbetrieben Anwendung findet. Kleinbetriebe sind die eigentliche Zielgruppe, bei der die Bundesregierung Einstellungen erleichtern und dadurch eine Entlastung des Arbeitsmarktes erreichen wollte. Wenn sich herausstellen sollte, daß vor allem beschäftigungsintensive größere Betriebe mit einer "flexibleren" Personalpolitik nach dem BeschFG befristet einstellen, hätte das Gesetz insoweit sein Ziel nicht erreicht.[174]

---

[171] Vgl. hierzu im einzelnen: Linne,G./Voswinkel,St., Personalpolitische Funktionen befristeter Arbeitsverträge und ihre Folgen für die Betroffenen im Betrieb, Die Mitbestimmung 33 (1987), 607-611.

[172] Linne/Voswinkel "unterscheiden in erster Linie zwei Grundtypen der Befristungspraxis: die ausgrenzende und die vorbehaltliche. Die ausgrenzende Befristungspraxis ist dadurch gekennzeichnet, daß es kaum Übergänge aus befristeter in unbefristete Beschäftigung gibt. Bei vorbehaltlicher Befristungspraxis hingegen erweist sich der befristete Arbeitsvertrag für einen großen Teil der befristet Beschäftigten als erste Phase eines längeren Beschäftigungsverhältnisses." Linne,G./ Voswinkel,St., Befristete Arbeitsverträge: Aspekte eines Arbeitsverhältnisses ohne Bestands-schutz, SAMF-Arbeitspapier 1989-5, Paderborn 1989, 22, ähnlich auch 11.

[173] Vgl. u.a. Berichte: Das Beschäftigungsförderungsgesetz und seine Auswirkungen auf die Arbeitnehmer, Gewerkschaftliche Monatshefte 37 (1986), 687-697; DGB-Bundesvorstand, Abteilung Arbeitsmarktpolitik, Untersuchungsergebnisse zu Zeitverträgen und zum Beschäftigungsförderungsgesetz 85 - Zusammenstellung, Ms. Düsseldorf November 1986; Kahnert,J./Steffen,J., Befristete Arbeitsverträge und Interessenvertretung. Beschäftigungsförderungsgesetz 1985, Arbeiterkammer Bremen 1988, 23-38.

[174] Vgl. hierzu Burgbacher/Hartwig/Liebau, Zur Empirie befristeter Arbeitsverträge, 101-104.

Besondere Aufmerksamkeit widmet das BeschFG der Teilzeitbeschäftigung, die in der Bundesrepublik im Vergleich etwa zu den anderen EG-Staaten relativ schwach ausgeprägt ist, wobei der öffentliche Dienst noch eine gewisse Sonderposition einnimmt.[175] Eine regierungsoffizielle Förderung der Teilzeitarbeit soll helfen, drängende Arbeitsmarktprobleme durch Umverteilung von Arbeit sowie durch Deregulierung zu bewältigen. Positive Aspekte des BeschFG werden gelegentlich in der stärkeren rechtlichen Normierung und damit Absicherung ganz bestimmter Formen von Teilzeitarbeit gesehen, da einige Minimalrechte der Arbeitnehmer erstmals explizit formuliert werden. Hierzu gehören innerhalb der Variante der kapazitätsorientierten, variablen Arbeitszeit, kurz Kapovaz genannt, vor allem

- Ankündigungs- bzw. Abruffristen von mindestens vier Tagen für die Abrufung der Arbeitsleistung,
- bei fehlender vertraglicher Vereinbarung eine Mindestarbeitszeit von 10 Stunden pro Woche
- sowie eine Mindestbeschäftigungsdauer von drei aufeinanderfolgenden Stunden.[176]

Diese Vermutung positiver Folgen des BeschFG für die Arbeitnehmer könnte also in besonderem Maße für die Kapovaz-Form gelten. Andererseits wird aber aus Sicht der Arbeitnehmer bzw. Gewerkschaften argumentiert, daß diese spezifische Art der Teilzeitbeschäftigung ("Arbeit auf Abruf") infolge ihrer fortschreitenden Legalisierung durch das BeschFG überhaupt erst gebilligt und damit salon- und gesellschaftsfähig gemacht wird. Zudem hält sich der im Vergleich zur alten Rechtslage nunmehr erreichte rechtliche Mindestschutz der Arbeitnehmer, der eigentlich selbstverständlich sein sollte, in sehr engen Grenzen.[177] Eine unterschiedliche Behandlung von Vollzeit- und Teilzeitbeschäftigten wird nicht prinzipiell untersagt, insofern "sachliche Gründe" (Par.2 BeschFG) diese rechtfertigen können (sog. Benachteiligungsverbot). "Die Möglichkeit der diskriminierenden Behandlung bei Vorliegen "sachlicher Gründe" läßt noch zu viele Schlupflöcher für die Umgehung dieses Verbotes zu, solange die Mehrzahl der TZ-Arbeitsplätze von minderwertigem Rang ist."[178] Vor allem die Dispositionsmöglichkeiten im Interesse der Arbeitgeber werden verbessert.

---

[175] Vgl. als Überblick Dittrich,W. et al., Staatliche Teilzeitförderung in der privaten Wirtschaft und im öffentlichen Dienst: Regelungen, Interessen, Wirkungen, MittAB 22 (1989), 277-293.

[176] Vgl. im einzelnen Hanau,P., Befristung und Abrufarbeit nach dem Beschäftigungsförderungsgesetz 1985, Recht der Arbeit 40 (1987), 25-28.

[177] Vgl. Malzahl,M., Das Beschäftigungsförderungsgesetz und kapazitätsorientierte Arbeitszeiten, Arbeit und Recht 33 (1985), 386-390.
Bei einer Analyse des Stellenangebots und der Arbeitslosenzahlen zwischen 1985 und 1986 ergab sich ebenfalls eine "überdurchschnittliche Steigerungsrate für längerfristig befristete Stellenzugänge",

Teilzeitarbeit nach dem Kapovaz-Prinzip ist vor allem in Branchen mit erheblichen Schwankungen des Arbeitsanfalls im Tages-, Wochen- oder Saisonrhythmus (besonders im Handel, aber auch in der Textil- und Bekleidungsindustrie) schon seit längerem weit verbreitet; es handelt sich um ein spezifisches Arbeitsmarktsegment minderqualifizierter, unsteter Beschäftigung in einer arbeits- und sozialrechtlichen Grauzone mit einem sehr hohen Frauenanteil.[179]
Die zweite nunmehr gesetzlich geregelte Teilzeitarbeitsform, das sog. job sharing, wird vor allem bei Banken und Versicherungen praktiziert; sie ist arbeitsmarktpolitisch auch nach Inkrafttreten des BeschFG relativ bedeutungslos geblieben. Nach Einschätzung der BDA gilt für beide Varianten: "Sowohl von der Zahl der neuen Teilzeitarbeitsverhältnisse wie von ihrer Zweckbestimmung kann auf einen nennenswerten Beschäftigungseffekt dieses Instruments nicht geschlossen werden."[180]
Die vorliegenden Untersuchungen zeigen, daß der Anteil befristeter Teilzeit- an allen Arbeitsverhältnissen zunimmt. Neben der Flexibilisierung des Personalbestandes erfolgt also auch eine Flexibilisierung des Personaleinsatzes. Durch eine extreme Flexibilisierung der Arbeitszeit durch Anpassung der Arbeitsleistung an den schwankenden Arbeitsanfall werden erhebliche Rationalisierungsgewinne ermöglicht.
Insgesamt ist die ursprünglich von manchen Befürwortern des BeschFG erhoffte Förderung der Teilzeitarbeit in sozial verträglichen Formen und zugunsten vor allem einer Verbesserung der Arbeitsmarktchancen von Frauen kaum gelungen. Insofern wird keine aktive Beschäftigungspolitik zugunsten dieser Problemgruppe in Richtung auf einen Abbau der geschlechtsspezifischen Segmentierung des Arbeitsmarktes betrieben oder auch nur eingeleitet.[181]

---

d.h. bei solchen mit einer Befristungsdauer von sechs Monaten und mehr. Vgl. Lieber,P., Befristete Beschäftigungsverhältnisse: Greift das Beschäftigungsförderungsgesetz? Fragen an die amtliche Statistik der BA, Arbeit und Beruf 39 (1988), 7.

[178] Schmid,G., Flexibilisierung des Arbeitsmarktes durch Recht? Beschäftigungswirksame und sozialverträgliche Regulierung von Teilzeitarbeit, Überstunden und Kurzarbeit, Aus Politik und Zeitgeschichte, B23/1986 (7.6.1986), 30.

[179] Juristische Detailprobleme werden u.a. behandelt bei Plander, H., Kapazitätsorientierte variable Arbeitszeit als Gegenstand von Tarifverträgen und Betriebsvereinbarungen, Arbeit und Recht 35 (1987), 281-292; Klevemann,J., KAPOVAZ und Überstunden, Betriebs-Berater 42 (1987), 1242-1246; vgl. auch Degen,B., Teilzeitarbeit und Arbeitsrecht. Zur mittelbaren Diskriminierung von Frauen, WSI-Mitteilungen 40 (1987), 627-635.

[180] BDA, Jahresbericht 1986, 97; ähnlich Göbel, Flexibilisierung aus Arbeitgebersicht, 54; ähnlich zu Effekten der Teilzeit Seifert,H., Beschäftigungswirkungen und Perspektiven der Arbeitszeitpolitik, WSI-Mitteilungen 42 (1989), 163.

[181] Vgl. hierzu Däubler-Gmelin,H. et al. (Hg.), "Mehr als nur gleicher Lohn". Handbuch zur beruflichen Förderung von Frauen, Hamburg 1985; Lappe,L., Frauenarbeit und Frauenerwerbslo-

Neuere Untersuchungen zeigen zudem, daß die quantitativen Beschäftigungseffekte der Teilzeitarbeit[182] in der Vergangenheit gering waren. Trotz erheblicher absoluter Zunahmen in den letzten Jahren kann ohne Änderung der zentralen Rahmenbedingungen auf diese Strategie für die absehbare Zukunft kaum gesetzt werden. Im übrigen konzentrieren sich die Stellen für Teilzeitarbeit
- im Dienstleistungssektor mit einer gewissen Vorreiterrolle des öffentlichen Dienstes,
- bei wenig qualifizierten Tätigkeiten
- sowie zu über 90 vH auf traditionell von Frauen ausgeübten jobs, so daß Teilzeitarbeit "als eine geschlechtsspezifische Flexibilisierungsstrategie"[183] angesehen werden kann.

Die Beschäftigungsbedingungen sind oft schlechter und instabiler als bei Ganztagstätigkeiten. Die entsprechenden Einkommen garantieren häufig keine eigenständige Existenzsicherung.

Neben befristeten Verträgen und mit gewissen Abstrichen Teilzeitarbeit als betriebsinternen wird die <u>Leiharbeit</u>[184] immer mehr zu einem wichtigen betriebsexternen Instrument personalpolitischer Flexibilisierung und Rationalisierung. Nach einem vorübergehenden Einbruch in den frühen 80er Jahren ist das Ausmaß der legalen, gewerbsmäßigen Arbeitnehmerüberlassung[185] schon vor Erlaß des BeschFG wieder deutlich gestiegen; es hat jedoch laut der amtlichen Arbeitnehmerüberlassungsstatistik innerhalb kurzer Zeit noch einmal erheblich zugenommen und in den vergangenen Jahren jeweils den Höchststand seit Verabschiedung des Arbeitnehmerüberlassungsgesetzes (AÜL) im Jahre 1972

---

sigkeit. Eine empirische Überprüfung geschlechtsspezifischer Arbeitsmarktsegmentation, SAMF-Arbeitspapier 1986-2, Paderborn 1986; WSI-Mitteilungen 39 (8/1986) Schwerpunktheft "Frauen. Arbeitsleben - Lebensarbeit"; vgl. auch die verschiedenen Beiträge in: Aus Politik und Zeitgeschichte B 9-10/87 (28.2.1987).

[182] Vgl. hierzu: Büchtemann,Ch.F./Schupp,J., Zur Sozio-Ökonomie der Teilzeitbeschäftigung in der Bundesrepublik Deutschland. Analysen aus der ersten Welle des "Sozio-ökonomischen Panel". Discussion Paper IIM/LMP 86-15, Wissenschaftszentrum Berlin für Sozialforschung 1986; vgl. auch Stark,J., Teilzeitarbeit in der Bundesrepublik Deutschland und in anderen OECD-Ländern, Sozialer Fortschritt 36 (1987), 66-70; Maier,Fr., Sozial- und arbeitsrechtliche Absicherung von Teilzeitbeschäftigten im internationalen Vergleich, Internationale Chronik zur Arbeitsmarktpolitik 36 (1989), 3-6,14; Adamy,W./ Steffen,J., Handbuch der Arbeitsbeziehungen, Bonn 1985, 70-91.

[183] Schudlich,E., Vom Konsens zum Konflikt. Arbeitszeiten und Arbeitspolitik in der Bundesrepublik Deutschland, WSI-Mitteilungen 39 (1986), 497.

[184] Vgl. zur Abgrenzung Becker,Fr., Grenzfälle erlaubter Arbeitnehmerüberlassung, Personalwirtschaft 15 (1988), 261ff.

[185] Vgl. Paasch,U., Aktuelle Erfahrungen bei der Anwendung des Arbeitnehmerüberlassungsgesetzes, Soziale Sicherheit 35 (1986), 342.

erreicht.[186] Der Grund für diesen aktuellen Trend liegt darin, daß im BeschFG die maximalen Fristen für die zulässige Über-lassung von Arbeitnehmern gegen Entgelt an Entleihunternehmen von drei auf sechs Monate verdoppelt wurden. Dadurch entstand ein ganz neuer Teilarbeitsmarkt mit veränderten Einsatz- und Dispositionsmöglichkeiten.

Diese sprunghafte und beschleunigte Zunahme unsteter Beschäftigungsverhältnisse - innerhalb eines Jahres (Mai 1985 bis Mai 1986) um fast 50 vH bei einer Verdreifachung zwischen 1983 und 1987[187] - kann im Rahmen einer veränderten "Personalpolitik der unteren Linie" als Aufbau flexibler externer Randbelegschaften (evtl. bei kleiner werdenden Stammbelegschaften) bzw. als Abwälzung des Beschäftigungsrisikos auf ungeschützte marginalisierte Gruppen interpretiert werden.

Allerdings ist das Problem in rein quantitativer Perspektive nicht sonderlich gravierend: Der Anteil der registrierten Leiharbeitnehmer an allen sozialversicherungspflichtigen Arbeitnehmern liegt weit unterhalb von einem Prozent, womit die Bundesrepublik auch im internationalen Vergleich zu den Ländern mit den geringsten Anteilen gehört.[188] Selbst bei Berücksichtigung der recht hohen Fluktuation durch den Indikator "Überlassungsfälle bzw. Zeitarbeitsverhältnisse" ist der rein quantitative Effekt immer noch vergleichsweise gering; es zeigt sich allerdings eine deutliche Konzentration auf bestimmte berufliche Teilarbeitsmärkte, vor allem bei Schlossern/Mechanikern, Organisations-/Verwaltungs- und Büroberufen sowie bei Hilfsarbeitern.

Das tatsächliche Ausmaß der nicht erfaßten illegalen Leiharbeit ist aufgrund notwendigerweise lückenhafter Statistiken kaum exakt zu schätzen, sehr wohl aber erheblich, wie wir aufgrund der Erfahrungen der vergangenen Jahre vermuten müssen.[189] Der DGB schätzt, daß es mehr als doppelt so viele illegal überlassene wie die legal vermittelten 200.000 Leiharbeitnehmer gibt.[190] Diesem Problem (einschl. einer

---

[186] Das AÜL versuchte, das Vermieten von Arbeitskräften von der illegalen Arbeitnehmerüberlassung abzugrenzen. Vgl. zu historischen und juristischen Einzelheiten Krüger,M., Leiharbeit. Zur Entwicklung eines personalpolitischen Flexibilisierungs-Instruments, WSI-Mitteilungen 40 (1987), 423-432.

[187] Vgl. Paasch,U./Ruthenberg,H.-J., Leiharbeit: Keine schwerwiegenden Mißstände? Zum sechsten Erfahrungsbericht der Bundesregierung, Soziale Sicherheit 37 (1988), 295.

[188] Vgl. im einzelnen Brose,H.-G./Schulze-Böing,M./Wohlrab-Sahr, M., Zeitarbeit. Konturen eines "neuen" Beschäftigungsverhältnisses, Soziale Welt 38 (1988), 286ff.

[189] Vgl. z.B. Franke,H./Wanka,R., Ein besorgniserregendes Ausmaß illegaler Beschäftigung und Schwarzarbeit, Arbeit und Beruf 37 (1986), 137-139.

[190] Vgl. hierzu im einzelnen: DGB-Bundesvorstand, Abt. Arbeitsmarktpolitik, Stellungnahme für den 6. Bericht der Bundesregierung über Erfahrungen bei der Anwendung des Arbeitnehmer-

hohen Dunkelziffer) läßt sich durch gesetzliche Regelungen nur schwer beikommen, wenn auch das BeschFG eine strengere Bestrafung bei illegaler Ausländerbeschäftigung vorsieht.[191]

Das Ausmaß der Überstunden, das während der Hochkonjunktur Ende der 60er/Anfang der 70er Jahre beträchtlich gestiegen war, ging seitdem tendenziell zurück (1970: 3,5; 1975: 2,2; 1980: 1,8; 1985: 1,5 Milliarden Stunden pro Jahr); laut "Überstundenbericht" des Bundesministeriums für Arbeit und Sozialordnung betrug ihr Anteil an allen überhaupt geleisteten Arbeitsstunden im Jahre 1985 ca.4 vH.Mehrarbeit hat eine konjunkturelle und eine strukturelle Komponente.[192] Das BeschFG zielt durch den Ausbau der legalen Leiharbeit und die Zulassung befristeter Arbeitsverträge primär auf die konjunkturelle und damit kurzfristige Komponente - wenngleich auch Mehrarbeit infolge von Personalausfall durch Krankheit, Urlaub, Mutterschaftsurlaub, Erziehungsurlaub überbrückt werden soll. Die mit den offiziellen Appellen verbundenen Hoffnungen auf weniger Überstunden und dadurch mehr Neueinstellungen bzw. zusätzliche Beschäftigungsverhältnisse haben sich jedoch eindeutig nicht erfüllt: Seit Inkrafttreten des BeschFG läßt sich empirisch kein Abbau von Überstunden feststellen; stattdessen ist zwischen 1984 und 1986 sogar ein leichter absoluter und relativer Anstieg zu verzeichnen gewesen. Ein gewisser Abbau könnte einen erheblichen Beitrag zur Arbeitsmarktentlastung leisten: Das IAB[193] kalkuliert bei einem Sockel von notwendigen Überstunden mit einem Abbaupotential in der Größenordnung von ca. einem Drittel oder daraus resultierend von rechnerisch ca. 300.000 zusätzlichen Arbeitsplätzen. Im übrigen scheinen Arbeitnehmer mehrheitlich sogar zur Reduzierung ihrer Überstunden durch Abbau bzw. Freizeitausgleich bereit zu sein; die Mehrarbeit wird eher infolge betrieblicher "Sachzwänge" und weniger aufgrund finanzieller Anreize geleistet.[194]

überlassungsgesetzes - AÜG - sowie über die Auswirkungen des Gesetzes zur Bekämpfung der illegalen Beschäftigung - BillBG, Düsseldorf, März 1988; vgl. auch Kock,K., Entwicklungstendenzen der zugelassenen Leiharbeit. Zum 6. Bericht der Bundesregierung über Erfahrungen bei der Anwendung des Arbeitnehmerüberlassungsgesetzes, WSI-Mitteilungen 42 (1989), 24-32.

[191] Der DGB und seine Einzelgewerkschaften fordern seit langem ein generelles Verbot der Leiharbeit. Vgl. Krüger,M., Verbot der Leiharbeit. Gewerkschaftsforderung und Grundgesetz, Köln 1988.

[192] Vgl. zusammenfassend: Hoff,A., Betriebliche Arbeitszeitpolitik zwischen Arbeitszeitverkürzung und Arbeitszeitflexibilisierung, München 1983.

[193] Brinkmann,Chr. et al., Überstunden. Entwicklung, Strukturen und Bestimmungsgrößen von Überstunden, Nürnberg 1986, 162.

[194] Vgl. Internationale Chronik zur Arbeitsmarktpolitik 26 (Oktober 1986), 6. Sicherlich müssen wir bei diesen Ergebnissen berücksichtigen, daß die Antworten bei Befragungen nicht unbedingt dem tatsächlichen Verhalten entsprechen (u.a. soziale Erwünschtheit der Antworten), aber immerhin.

Die Bundesregierung hat bisher keine ernsthaften Initiativen unternommen, um diesen Zustand zu ändern. Stattdessen empfiehlt sie den Tarifpartnern, durch tarifvertragliche Regelungen zum freiwilligen Abbau von Überstunden beizutragen. Bei diesem Vorschlag müssen wir allerdings berücksichtigen, daß bei der Abwägung von Vor- und Nachteilen innerhalb des betriebswirtschaftlichen Kostenkalküls die Alternative vermehrter Überstunden häufig das kostengünstigere Instrument zur Bewältigung von Mehrarbeit darstellt im Vergleich zu ggfl. auch befristeten Neueinstellungen und zu recht teurer legaler Leiharbeit; im Rahmen der Überstundenstrategie werden u.a. Such-, Einarbeitungs- und Personalnebenkosten gespart[195], Qualitätsstandards können problemlos gehalten werden.

Die Arbeitszeitpolitik, welche die Tarifvertragsparteien in den vergangenen Jahren durch den "Einstieg in die 35-Stunden-Woche" verfolgten, müßte also durch eine entsprechende staatliche Regelung flankiert werden. Eine gesetzliche Begrenzung der Überstundenzahl durch Anpassung der aus dem Jahre 1938 stammenden Arbeitszeitordnung, welche die 48-Stunden-Woche festschreibt, an die tarifvertraglich vereinbarte Arbeitszeit würde einen wesentlichen Beitrag zur Problemlösung leisten; erforderlich wäre allerdings ein zwingend vorgeschriebener, beschäftigungswirksamer Freizeitausgleich von unbedingt notwendigen Überstunden, die über ein bestimmtes Maß hinausgehen, innerhalb vorgegebener Fristen.[196] Eine solche Regelung war in der ursprünglichen Vorlage des Gesetzgebungsverfahrens, dem sog. "15-Punkte-Katalog", auch vorgesehen, wurde aber letztendlich nicht in das BeschFG aufgenommen.

Die Oppositionsparteien SPD und Grüne haben Alternativentwürfe unterbreitet, die aber in der 10. Wahlperiode keine parlamentarische Mehrheit fanden.[197] Der Regierungsentwurf eines Arbeitszeitgesetzes, der in der 10. Legislaturperiode nicht mehr verabschiedet wurde, liegt dem 11. Bundestag wieder vor. Vorgesehen ist zwar u.a. eine Begrenzung der gesetzlich höchstzulässigen Arbeitszeit auf 8 Stunden werktäglich, aber mit Verlängerungsmöglichkeit auf 10 Stunden, "wenn innerhalb von 3 Kalendermonaten oder innerhalb von 12 Wochen im Durchschnitt 8 Stunden werktäglich ... nicht überschritten werden"[198]. Damit wird bei Bedarf eine maxi-

---

[195] Vgl. im einzelnen: Seifert,H., Was bringt Deregulierung für den Arbeitsmarkt - Das Beispiel des Beschäftigungsförderungsgesetzes, WSI-Mitteilungen 38 (1985), 290ff.

[196] Vgl. zu den Voraussetzungen und Strategien u.a. Frerichs,J./Ulber,J., Tarifliche und betriebliche Handlungsmöglichkeiten für Arbeitszeitverkürzungen, WSI-Mitteilungen 36 (1983), 248-256.

[197] Eine reine Verteuerung von Überstunden würde das Problem vermutlich nicht lösen, da dann u.a. auch die Attraktivität für die Arbeitnehmer steigen würde.

[198] BT-Drucksache 11/360, 5.

male Arbeitszeit von 10 Stunden täglich bzw. 60 Stunden wöchentlich bei recht langen Ausgleichszeiträumen ermöglicht.[199]

Erzwingbare <u>Sozialpläne</u> wurden als Instrumente zur sozialverträglichen Bewältigung des wirtschaftlichen und sozialen Wandels in Par.112 des BetrVG von 1972 aufgenommen; zumeist wurde ein materieller Ausgleich in Form von Abfindungszahlungen geleistet (z.B. im Steinkohlebergbau und in der Stahlindustrie). Für die Aushandlung von Sozialplänen bestanden bis 1985 nur sehr allgemein gehaltene gesetzliche Vorgaben, wonach die sozialen Belange der Arbeitnehmer und die wirtschaftliche Vertretbarkeit für die Unternehmen berücksichtigt werden sollten.

Durch die Neuregelung des Par.112 BetrVG im BeschFG[200] wird der Abschluß von Sozialplänen aus Sicht der Arbeitnehmer erheblich erschwert; im übrigen werden neu gegründete Unternehmen für die ersten vier Jahre vollkommen ausgenommen. Die Einigungsstelle wird angerufen, wenn Betriebsrat und Unternehmensleitung keinen Kompromiß erzielen können; sie hat nunmehr bei ihrer Entscheidung "sowohl die sozialen Belange der betroffenen Arbeitnehmer zu berücksichtigen als auch auf die wirtschaftliche Vertretbarkeit ihrer Entscheidung für das Unternehmen zu achten" und hat sich "im Rahmen billigen Ermessens" von bestimmten Grundsätzen leiten zu lassen (Art.2 BeschFG). Die Erzwingbarkeit von Sozialplänen bei Betriebseinschränkungen in Form eines Personalabbaus wird durch Erhöhung der von der Rechtsprechung entwickelten Schwellenwerte (auf 19 - 29 vH gegenüber 5 vH des Personals je nach Betriebsgröße) erheblich eingeschränkt.

Nachdem bereits im Gesetz über den Sozialplan im Konkurs- und Vergleichsverfahren vom 20.2.1985 die Chancen zur Vereinbarung von Sozialplänen auf ein eher bescheidenes Maß reduziert worden waren[201], werden durch das BeschFG auch die Sozialplanregelungen für den Nicht-Konkursfall, d.h. Betriebsänderung nur durch Entlassung von Arbeitnehmern, also ohne Änderung der sächlichen Betriebsmittel, erheblich eingeschränkt.[202] Eine durchaus realistische Alternative besteht

---

[199] Zudem sollen zahlreiche Ausnahmen von dem Gebot der Arbeitsruhe an Sonn- und Feiertagen entfallen, d.h. die rechtlichen Möglichkeiten für Nacht- und Sonntagsarbeit erheblich ausgeweitet werden.

[200] Vgl. im einzelnen Löwisch,M., Das Beschäftigungsförderungsgesetz 1985, Betriebs-Berater 40 (1985), 1205f; Vogt,A., Zur gesetzlichen Neuregelung des Sozialplanrechts im Jahre 1985, Personal 38 (1986), 208-211.

[201] Der Gesamtbetrag wurde auf durchschnittlich zweieinhalb Monatsverdienste der von Entlassung Betroffenen festgelegt, die Gesamtsumme durfte ein Drittel der für die Verteilung an die Gläubiger zur Verfügung stehenden Konkursmasse nicht überschreiten. "Möglich ist im Konkursfall nur noch ein "Minikonkursplan", der mehr oder weniger symbolische Bedeutung hat." Däubler, W., Das malträtierte Arbeitsrecht, Gewerkschaftliche Monatshefte 37 (1986), 670.

darin, nicht über die konventionell-traditionelle Sozialplanvariante "Entlassung mit Abfindung" zu reagieren, sondern über Beschäftigungspläne bzw. eine andere, verschiedentlich in Krisenbranchen auch schon praktizierte Form, nämlich über die durchaus innovative Kombination von Sozial- und Beschäftigungsplänen ("Qualifizieren statt Entlassen").[203] Hier wird vor oder während der Umstrukturierung eine Qualifikationsphase für die betroffenen Arbeitnehmer eingeschoben, wobei sowohl eine Reintegration in den Betrieb als Fluktuationsersatz als auch eine Qualifizierung für den externen Arbeitsmarkt angestrebt werden kann.

Das BeschFG, "a moderate German version of labour market deregulation"[204] geht von modellplatonistischen Vorstellungen über die Handlungsrationalität von betrieblichen Akteuren aus; die implizit getroffenen Annahmen über Strukturierung und Funktionsweise von Arbeitsmärkten sowie über eine mangelhafte "Flexibilität" des Arbeitsrechts im allgemeinen sowie des Kündigungsschutzrechts im besonderen sind weitgehend unrealistisch und der Komplexität des realen Arbeitsmarktgeschehens nicht angemessen.[205] Das Gesetz folgt zumindest implizit einer ökonomistischen Logik, wie wir sie aus der orthodoxen Variante der Neoklassik kennen, der institutionalistische Einflüsse fremd sind.

Da die Diagnose nicht zutrifft, d.h. Realität nicht angemessen abbildet, kann die vorgeschlagene Therapie nicht greifen. Die erhofften Effekte einer Strategie der Deregulierung von Arbeitsbeziehungen[206] und Arbeitsmärkten treten offensichtlich nicht ein; stattdessen ergeben sich nicht-intendierte Nebenfolgen, welche die gewünschten Auswirkungen konterkarieren. Die positiven Auswirkungen einer Flexibilisierungsstrategie auf die Höhe der Gesamtbeschäftigung (Niveaueffekte) sind mehr als ungewiß. Der Verfasser der im Auftrag des Bundesministers für Arbeit und Sozialordnung durchgeführten Implementationsstudie faßt seine Ergebnisse

---

[202] Eine andere Meinung vertritt Dichmann,W., Die Problematik des Sozialplans, Wirtschaftsdienst 68 (1988), 98-104.

[203] Vgl. zusammenfassend Bosch, Qualifzieren statt entlassen.

[204] Streeck,W., Industrial relations in West Germany: Agenda for change. Discussion paper IIM/LMP 87-5, Wissenschaftszentrum Berlin für Sozialforschung 1987, 10.

[205] Vgl. zusammenfassend Büchtemann,Chr.F., Betriebliche Personalanpassung zwischen Kündigungsschutz und befristetem Arbeitsvertrag, in: Semlinger,K.(Hg.), Flexibilisierung des Arbeitsmarktes. Interessen, Wirkungen, Perspektiven, Frankfurt-New York 1991, 137-143.

[206] Im internationalen Vergleich spricht Lecher aus gewerkschaftlicher Sicht von Deregulierungstrends, d.h. Schwächung der Gewerkschaften, Flexibilisierung der Arbeit, Abbau des Sozialstaats, Privatisierung statt Staatsintervention, "als neuer historischer Phase der Arbeitsbeziehungen in allen wichtigen Weltmetropolen ..." Lecher,W., Deregulierung der Arbeitsbeziehungen. Gesellschaftliche und gewerkschaftliche Entwicklung in Großbritannien, den USA, Japan und Frankreich, Soziale Welt 38 (1987), 149.

folgendermaßen zusammen: "Die insgesamt geringe Inanspruchnahme der erleichterten Befristungsmöglichkeiten durch die Betriebe, ihre nur marginalen Netto-Beschäftigungswirkungen sowie die der zunehmenden Befristungspraxis innewohnenden (erhöhten) Beschäftigungsrisiken lassen "deregulierende" Maßnahmen vom Typ der Befristungsneuregelung des BeschFG zumindest für die Bundesrepublik Deutschland kaum als geeignete Strategie erscheinen, um die Beschäftigungsdynamik nachhaltig zu erhöhen und dem Problem anhaltend hoher und zunehmend verfestigter Arbeitslosigkeit wirksam zu begegnen."[207]

Oder, anders formuliert: Wer einen Abbau arbeitsrechtlicher Schutzvorschriften als beschäftigungspolitische Strategie konzipiert, überschätzt erheblich die Bedeutung des Arbeitsrechts.[208] Entwicklungstrends auf Arbeitsmärkten können durch bestimmte Formen einer Deregulierung allenfalls beeinflußt, nicht aber erzeugt werden. Nicht die vor allem vom Gesetzgeber und der Mehrzahl der Juristen[209] strategisch hoch bewerteten arbeitsrechtlichen (Rahmen-)Bedingungen, sondern vor allem die Einschätzung der wirtschaftlichen Entwicklung hinsichtlich Ertrag und Gewinn bzw. der Nachfrage ist relevant für die Beschäftigungsentwicklung.

Weiterhin muß bezweifelt werden, ob der Gesetzgeber etwa den gesetzlich verankerten Kündigungs- und Bestandsschutz in seinen angenommenen Auswirkungen als Hindernis für personalpolitisch notwendige flexible Anpassungen im BeschFG wirklich realistisch einschätzt; zumindest ergibt sich aus vorliegenden Analysen, "daß sich der behauptete Ursachenzusammenhang von Kündigungsschutz und mangelnder Einstellungsbereitschaft empirisch nicht belegen läßt"[210]. Neuere Untersuchungen zeigen zudem, daß die These von der Inflexibilität des Arbeitsrechts empirisch nicht haltbar ist; im oft bemühten Vergleich mit den angeblich viel flexibleren Arbeitsmärkten der USA handelt es sich bei uns lediglich um eine andere, nämlich die interne Form der Flexibilität, die aber durchaus ähnliche Ergeb-

---

[207] Büchtemann, Chr.F. (unter Mitarbeit von Armin Höland), Befristete Arbeitsverträge nach dem Beschäftigungsförderungsgesetz (BeschFG 1985). Ergebnisse einer empirischen Untersuchung im Auftrag des Bundesministers für Arbeit und Sozialordnung, Bonn 1989, 549.

[208] Vgl. hierzu grundsätzlich: Schmid, Flexibilisierung des Arbeitsmarkts durch Recht?, 22-38.

[209] Vgl. für andere Heinze,M., Flexibilisierung des Arbeitsrechts. Zur Lage in der Bundesrepublik Deutschland, Zeitschrift für ausländisches und internationales Arbeits- und Sozialrecht 1 (1987), 239-249.

[210] Krahn,K./Ulber,J., Die gesellschaftspolitischen Implikationen des Beschäftigungsförderungsgesetzes 1985, in: Fricke,W. et al. (Hg.), Jahrbuch Arbeit und Technik in Nordrhein - Westfalen 1986, Bonn 1986, 37; ähnlich Dombois, Flexibilisierung kraft Gesetz?, 31f; vgl. grundlegend zu diesem Problem: Falke,J. et al., Kündigungsschutzpraxis und Kündigungsschutz in der Bundesrepublik Deutsch-land, Bonn 1981; Bosch,G. et al., Kündigungsschutz und Kündigungspraxis in der Bundesrepublik Deutschland, SAMF-Arbeitspapier 1983-5, Paderborn 1983.

nisse wie die externe Variante erzielen kann.[211] Der Gesetzgeber zielt im BeschFG jedoch auf die externe und damit auf die für die institutionellen Rahmenbedingungen kaum passende Form. Die eingetretene Situation ist nicht einmal wirklich überraschend; sie war vielmehr aufgrund der vorliegenden Ergebnisse der jüngeren empirischen Arbeitsmarktforschung weitgehend vorhersehbar.[212] Die Arbeitgeber nutzen lediglich konsequent die erweiterten Handlungsmöglichkeiten einer betrieblichen Personalpolitik, die ihnen die geänderten gesetzlichen Regelungen eröffnen. Folglich schien den Arbeitgeberverbänden "eine Verlängerung der Befristungsmöglichkeit über das Jahr 1990 hinaus dringend geboten"[213]. Demgegenüber forderten die Gewerkschaften vehement das Auslaufen. Die Politiker hatten zu entscheiden, ob sie die Kernbestimmungen eines Gesetzes, das seine öffentlich proklamierten Ziele kaum erreichte, am Ende seines Befristungszeitraums auslaufen lassen wollten.[214] Notwendig wären stattdessen gesetzliche Regelungen gewesen, die verbindliche Mindestbedingungen für neuartige Beschäftigungsverhältnisse vorgeben.

---

[211] Vgl. für andere: Sengenberger,W., Zur Flexibilität im Beschäftigungssystem. Ein Vergleich zwischen den USA und der Bundesrepublik Deutschland, SAMF-Arbeitspapier 1984-3, Paderborn 1984; Sengenberger, Struktur und Funktionsweise von Arbeitsmärkten, bes. 221ff.

[212] Vgl. für andere: Büchtemann,Ch.F., Zusätzliche Beschäftigung durch befristete Arbeitsverträge?, Wirtschaftsdienst 1984/XI, 546ff; Fuchs,A., Ein Schritt zurück ins 19. Jahrhundert (Zeitgespräch: Das Beschäftigungsförderungsgesetz), Wirtschaftsdienst 1984/IX, 422ff; Seifert, Was bringt Deregulierung für den Arbeitsmarkt, 286ff. Sehr drastisch formuliert später Buttler diese Vermutung: "Insgesamt handelt es sich möglicherweise bei der Ausweitung der Befristungsmöglichkeiten um ein Flexibilisierungsgeschenk, das beschäftigungspolitisch den Lärm nicht rechtfertigt, den der Bote auf der Gasse gemacht hat." Buttler,Fr., Regulierung und Deregulierung der Arbeitsbeziehungen, in: Winterstein,H.(Hg.), Sozialpolitik in der Beschäftigungskrise II, Berlin 1986, 43.

[213] Hönsch,R., Tarifvorrang für Befristungen, Der Arbeitgeber 40 (1988), 376; ähnlich auch BDA, Jahresbericht 1987, Bergisch-Gladbach 1987, XIV, 13. Allerdings scheint in der Sicht der BDA das BeschFG keine besonders hohe Priorität zu haben; so wird es im Geschäftsbericht 1988 nur einmal kurz erwähnt: "Angesichts der absoluten Höhe des sozialen Schutzniveaus für Arbeitnehmer wären eher Maßnahmen zur Entlastung der Wirtschaft und zur Flexibilisierung des Rechts erforderlich, wie sie das Beschäftigungsförderungsgesetz 1985 in sehr vorsichtiger Dosierung versucht hat." BDA, Jahresbericht 1988, Bergisch-Gladbach 1988, 12.

[214] Das BAG (Urteil vom 25.9. 1987, Az - AZR 315/86) hat aufgrund einer Klage der Gewerkschaft Erziehung und Wissenschaft (GEW) gegen die Tarifgemeinschaft deutscher Länder (TdL) entschieden, daß das BeschFG für den Bereich des Öffentlichen Dienstes nicht gilt. Die Sonderregelungen zum Bundesangestelltentarif (SR 2y des BAT), die für Befristungen besondere sachliche Gründe und andere Voraussetzungen vorschreiben, werden durch das BeschFG nicht außer Kraft gesetzt; für Arbeitnehmer günstigere tarifliche Regelungen werden durch die gesetzlichen Regelungen also nicht ausgeschlossen. Tarifrecht geht in dieser Hinsicht vor Gesetzesrecht. Vgl. zur Vorgeschichte dieser Entscheidung Notter, N.H., Beschäftigungsförderung - Ein Gesetz bestand die Probe nicht!, Die neue Gesellschaft/Frankfurter Hefte 35 (1988), 225f; die Presseinformation ist abgedruckt in: Kahnert/ Steffen, Befristete Arbeitsverträge und Interessenvertretung, 54.

Stattdessen beschloß die Regierungskoalition im Frühjahr 1989, das Gesetz über den 1.Januar 1990 hinaus um weitere fünf Jahre zu verlängern. Die vorliegenden Untersuchungen gehen vor allem den behaupteten Niveaueffekten nach und verstellen sich dadurch andere, eher qualitative Perspektiven. Das eigentliche Problem des BeschFG liegt jedoch in seinen Struktureffekten; die arbeitsmarkt- und vor allem gesellschaftspolitischen Folgen werden infolge einer nachweisbaren Dynamik mit fortdauernder Laufzeit immer gravierender.

Einführende Literatur:

Buttler,Fr. et al.(Hg.), Staat und Beschäftigung. Angebots- und Nachfrageorientierung in Theorie und Praxis, Nürnberg 1985

Krupp,H.J./Rohwer,B./Rothschild,K.W.(Hg.), Wege zur Vollbeschäftigung. Konzepte einer aktiven Bekämpfung der Massenarbeitslosigkeit, 2.Aufl. Freiburg 1987

Lampert,H./Englberger,J./Schüle,U., Ordnungs- und prozeßpolitische Probleme der Arbeitsmarktpolitik in der Bundesrepublik Deutschland, Berlin 1991

Matzner,E./Kregel,J./Roncaglia,A.(Hg.), Arbeit für alle ist möglich. Über ökonomische und institutionelle Bedingungen erfolgreicher Beschäftigungs- und Arbeitsmarktpolitik, Berlin 1987

Scharpf,F.W, Sozialdemokratische Krisenpolitik in Europa, Frankfurt-New York 1987

Schmid,A., Beschäftigung und Arbeitsmarkt, Frankfurt-New York 1984

Schmid,G., Arbeitsmarktpolitik im Wandel. Entwicklungstendenzen des Arbeitsmarktes und Wirksamkeit der Arbeitsmarktpolitik in der Bundesrepublik Deutschland. Discussion Paper IIM/LMP 87-17, Wissenschaftszentrum Berlin für Sozialforschung 1987

Schmid,H./v.Dosky,D., Ökonomik des Arbeitsmarktes, Band 2 Problembereiche und Lösungsansätze, Bern-Stuttgart 1991

Seifert,H., Öffentliche Arbeitsmarktpolitik in der Bundesrepublik Deutschland, Köln 1984.

14. ZUKUNFT DER ARBEITSBEZIEHUNGEN

14.1. Vorbemerkung

Voraussagen sind gefährliche Unternehmungen, setzt man sich doch dem Risiko aus, in absehbarer Zeit Objekt von Häme und Spott zu sein. Andererseits sind alle Versuche, Prognosen zu formulieren und Bandbreiten der Entwicklung abzuschätzen, intellektuell faszinierend und in unserem Fall hoffentlich arbeitspolitisch wichtig; kann man doch so nicht nur den Realitätsbezug und die Tragweite der eigenen Hypothesen und Kalküle prüfen, sondern vielleicht sogar einen Beitrag zur politischen Gestaltung der "neuen Unübersichtlichkeit" und damit zur Bewältigung von Problemen leisten.

Bei letzterem Unterfangen unterstellen wir natürlich explizit, daß die zukünftige Entwicklung der industrial relations (IR) in der "dritten" industriellen Revolution, an der "zweiten Wegscheide der industriellen Entwicklung" zwischen inflexibler Massenproduktion und flexibler Spezialisierung[1] bzw. unter dem Regime "neuer Produktionskonzepte"[2] und den Randbedingungen systemischer Rationalisierung[3] nicht durch technische Entwicklungen und/oder ökonomische Daten eindeutig determiniert ist; vielmehr kann sie grundsätzlich von den verschiedenen Akteuren innerhalb gewisser Bandbreiten durch unterschiedliche Interventionen politisch gestaltet werden (sog. Politikhaltigkeit). Insoweit ist also der alte, nicht nur in den Sozialwissenschaften lange Zeit weit verbreitete Irrglaube eines Technikdeterminismus mit seinen scheinbaren Sachgesetzlichkeiten, jene "Vorstellung einer weitgehend deterministischen Abhängigkeit der Arbeitsformen und ihrer Veränderung von der eingesetzten Technik und ihrer Entwicklung"[4], endgültig passé; es geht nicht länger um Eigenständigkeit der Technik, sondern um deren Beherrschbarkeit.

---

[1] Piore,M.J./Sabel,Ch.F., Das Ende der Massenproduktion. Studie über die Requalifizierung der Arbeit und die Rückkehr der Ökonomie in die Gesellschaft, Berlin 1985; Sabel,Ch.F., A fighting game. Structural change and new labor strategies, International Journal of Political Economy 17 (1987), 26-56.

[2] Kern,H./Schumann,M., Das Ende der Arbeitsteilung? Rationalisierung in der industriellen Produktion: Bestandsaufnahme, Trendbestimmung, München 1984; Kern,H./Schumann,M., Kontinuitätsbrüche, verschobene Problemlagen, gewandelte Orientierungen. Herausforderungen an eine Gesellschaftspolitik in den 90er Jahren, Die neue Gesellschaft/Frankfurter Hefte 35 (1988), 300-308 und 471-480.

[3] Baethge,M./Oberbeck,H., Zukunft der Angestellten. Neue Technologien und berufliche Perspektiven in Büro und Verwaltung, Frankfurt-New York 1986.

[4] Lutz,B., Kann man Technik-Folgen abschätzen, Gewerkschaftliche Monatshefte 37 (1986), 561-570; ähnlich auch Lutz,B., Das Ende des Technikdeterminismus und die Folgen - soziologische Technikforschung vor neuen Aufgaben und neuen Problemen, in: Lutz,B.(Hg.), Technik und sozialer

Ich werde im folgenden die zunächst überraschende These belegen, daß von der vielfach beschworenen Krise der institutionellen Interessenvermittlung in der Bundesrepublik zumindest in bezug auf arbeitspolitische Problemstellungen nicht ernsthaft die Rede sein kann, sondern daß vielmehr die institutionellen und handlungsstrukturellen Voraussetzungen für eine erfolgreiche Bewältigung des notwendigen Strukturwandels im internationalen Vergleich[5] relativ günstig sind.

14.2. Die Ausgangssituation

1. Zunächst möchte ich kurz die wichtigsten, seit der Nachkriegszeit von den korporativen Akteuren entwickelten und inzwischen bewährten Institutionen und Regulierungsmechanismen charakterisieren. Deren Verständnis ist für eine einigermaßen realistische Analyse der Zukunftsperspektiven von zentraler Bedeutung.

Insgesamt sind die westdeutschen IR ähnlich, aber schon wesentlich länger als die "new IR" in den angelsächsischen Ländern innerhalb eines "Systems wechselseitiger Abhängigkeiten" mit beiderseitigen Gratifikations- und Sanktionsmitteln systematisch und dauerhaft ausgerichtet auf den "Typus kooperativer Konfliktverarbeitung" mit Kompromißcharakter nach dem Prinzip des do ut des sowie einem praktizierten betrieblichen Interessenausgleich[6] - gegebenenfalls, faktisch aber selten unter Einschaltung der Einigungsstelle (gemäß Par.76 BetrVG). Kooperative Konfliktverarbeitung impliziert zugleich ein hohes Stabilitäts- und Flexibilitätspotential.

Die tagtäglichen Erfahrungen in den Interaktionszusammenhängen mit den anderen Akteuren zeigen, daß ein striktes Befolgen von eingefahrenen "tit for tat-Strategien" vor allem mittel- und langfristig günstigere Ergebnisse verspricht als alternative Vorgehensweisen wie kurzfristige Nutzenmaximierung. Geronnene Ergebnisse dieser beiderseitigen Erfahrungen mit inoffiziellen Spielregeln auf verschiedenen Ebenen sind ganz bestimmte Institutionen und Mechanismen:

1. Das westdeutsche System der IR wird vor allem in internationalen Vergleichen zutreffend als überaus stark verrechtlicht in nahezu allen seinen Elementen charakterisiert.[7] Vor allem kollektivrechtliche Normierungen der verschiedenen

---

Wandel. Verhandlungen des 23.Deutschen Soziologentages in Hamburg 1986, Frankfurt-New York 1987, 34-52.

[5] Vgl. hierzu u.a. Juris,H./Thompson,M./Daniels,W.(eds.), Industrial relations in a decade of economic change, Madison 1985.

[6] Vgl. Weltz,F., Kooperative Konfliktverarbeitung, Gewerkschaftliche Monatshefte 28 (1977), 291-301 und 489-494; sowie später auch Weinert,R., Kooperative Konfliktverarbeitung in der Krise?, Gewerkschaftliche Monatshefte 38 (1987), 298-307.

[7] Vgl. im einzelnen Kap.7.

Ebenen legitimieren Institutionen als Träger bestimmter Interessen und definieren verschiedene Rechte ihrer korporativen Akteure, vor allem der Interessenvertretungen der Arbeitnehmer. Dies gilt insbesondere für
- das Betriebsverfassungsgesetz für die betriebliche Ebene,
- die unterschiedlichen Mitbestimmungsgesetze für die Unternehmensebene,
- das Tarifvertragsgesetz einschließlich der staatlich garantierten Tarifautonomie für die Austragung des Verteilungskonflikts auf sektoraler (Branchen-)Ebene,
- das Arbeitsförderungsgesetz für die aktive Arbeitsmarktpolitik seitens des Staates
- sowie eine umfangreiche und zunehmende Rechtsetzung durch Rechtsprechung, vor allem des Bundesarbeitsgerichts, zu nahezu allen Problemen des individuellen und kollektiven Arbeitsrechts.

Dadurch wird zwar einerseits ein für alle beteiligten Akteure verbindlicher Handlungsrahmen vorgegeben, d.h. außerhalb dieses Rahmens liegende Optionen werden unmöglich gemacht; andererseits wird aber auch eine gewisse Rechtssicherheit erzeugt, die Handlungsfolgen werden kalkulierbar und prognostizierbar. Die formulierten Regulierungsmechanismen beziehen sich im übrigen zumeist auf Verfahren und Austragungsformen, weniger auf Inhalte (z.B. industrielle Konflikte). Konstitutiv ist im Gegensatz zu anderen nationalen IR-Systemen weiterhin eine strikte und systematische Trennung von Rechts- bzw. Auslegungs- und Regelungs- bzw. Interessenstreitigkeiten, wobei ausschließlich bei letzteren Arbeitskampfmittel zur Konfliktlösung eingesetzt werden dürfen, während für erstere eine ausgebaute Arbeitsrechtssprechung statt vertraglich vereinbarter grievance procedures zuständig ist.

2. Nach dem II. Weltkrieg orientierte sich der gewerkschaftliche Neuaufbau vorrangig am Prinzip der Einheitsgewerkschaft sowie am Industrieverbandsprinzip; damit einher ging intern eine Zurückdrängung partikularer, betrieblicher, berufsständischer oder weltanschaulicher Interessen sowie extern die weitgehende Ausschaltung zwischengewerkschaftlicher Konkurrenz (faktisches Repräsentationsmonopol statt "multiple-union representation" wie etwa in England oder "jurisdictional disputes" wie in den USA). Durch diese Organisationsstruktur wurde eine mit den Verrechtlichungstendenzen korrelierende, vergleichsweise hochgradige Zentralisierung bzw. sehr geringe Fragmentierung der IR stark begünstigt. Die zuletzt genannte Entwicklung wurde durch ähnlich gelagerte Interessen und die parallele Entwicklung entsprechender Organisa-

tionsstrukturen auf Seiten der Arbeitgeber bzw. ihrer Verbände begünstigt und verstärkt. Die Effizienz des kollektiven Verhandlungssystems wurde so wesentlich erhöht.

3. Das collective bargaining-System hat durch seine im internationalen Vergleich relative Zentralisierung mit regionalen (u.a. Metall, Chemie) oder sogar bundesweiten (u.a. öffentlicher Dienst) Verhandlungen zu einer gewissen Vereinheitlichung und weitgehenden Standardisierung von Löhnen und übrigen Arbeitsbedingungen ebenso wesentlich beigetragen wie staatliche Regelungen vor allem durch Gesetze und Rechtsprechung der Arbeitsgerichte. Die Kollektivverhandlungen werden zwar regional geführt, aber seit vielen Jahren auf beiden Seiten zentral von den Spitzenverbänden koordiniert; sog. Pilotabkommen, die traditionell vor allem in bestimmten Bezirken der Metallindustrie (besonders Nordwürttemberg-Nordbaden, gelegentlich auch Nordrhein-Westfalen oder Hessen) abgeschlossen werden, präjudizieren faktisch die übrigen Abschlüsse.[8]

4. Unerläßlich für das Verständnis der IR ist die Ausgestaltung der Beziehung zwischen den Institutionen betrieblicher und sektoraler Interessenvertretung:
- Betriebsräte (BR) als gesetzlich verankerte, betriebliche Interessenvertretungen aller Arbeitnehmer mit Friedenspflicht und der generellen Festlegung auf die handlungsleitende Maxime "vertrauensvoller Zusammenarbeit" (Par.2 BetrVG) sowie Gewerkschaften als grundsätzlich freiwillige, überbetrieblich-sektorale Vertretung (ausgestattet mit einem rechtlich abgesicherten Streikmonopol) sind innerhalb des Systems der "dualen" Interessenvertretung formalrechtlich-institutionell zunächst voneinander unabhängig. Faktisch jedoch sind sie wechselseitig aufeinander angewiesen und stehen in einem engen und stabilen Verhältnis arbeitsteiliger Kooperation bei einer bisher klaren und deutlichen Kompetenzabgrenzung.
Folgen sind vor allem eine zunehmende "Vergewerkschaftung der BR" sowie die Existenz von de facto closed shops trotz eines formalrechtlichen Verbots dieser gewerkschaftlichen Sicherungsform in zumindest einigen zentralen Branchen. Diese enge Symbiose von BR und Gewerkschaften, die angesichts eines langfristig stabilen gewerkschaftlichen Organisationsgrades der BR von ca. 75% fast als local union bzw. national union representatives begriffen werden

---

[8] Diese deutsche Variante eines pattern setting/pattern following setzt vor allem eine hohe Verpflichtungsfähigkeit beider Verbände voraus.

können, ist die institutionelle, die im BetrVG vorgesehene Betriebsvereinbarung (BV) die instrumentelle Verknüpfung der beiden Ebenen.[9]

5. Das "duale" System der Berufsbildung, das im internationalen Vergleich eine Ausnahme darstellt, wird nach einer wechselvollen Geschichte inzwischen in seiner "tripartistischen" Organisation von allen beteiligten Akteuren (Arbeitgeber, Staat und Gewerkschaften) voll anerkannt. Der theoretisch orientierte Teil der Ausbildung, der in eigenständigen Berufsschulen stattfindet, ist verbunden mit einem praktisch ausgerichteten, der im Betrieb absolviert wird. Die mehrjährige, in einer großen Zahl von detaillierten Berufsbildungsplänen definierte Ausbildung ist im Prinzip von allen Jugendlichen zu durchlaufen, die nicht weiterführende Schulen besuchen. Diese vergleichsweise breit angelegte und relativ standardisierte Ausbildung vermittelt sowohl allgemeine als spezielle Kenntnisse. Sie ermöglicht interne Mobilität sowie funktionale Flexibilität, vermeidet Überspezialisierung, vermittelt Schlüsselqualifikationen und erhöht die Anpassungsfähigkeit an veränderte technologische Anforderungen. Das System der beruflichen Bildung erleichtert den Übergang von der Schule auf den Arbeitsmarkt und reduziert das Ausmaß der Jugendarbeitslosigkeit in Perioden eines Überangebots.[10]

2. Diese säkulare Entwicklung eines ganz nationalspezifischen Systems der IR mit einer korrespondierenden Macht- und Kompetenzverteilung wurde wesentlich erleichtert durch die
- über lange Jahre hinweg günstigen gesamtwirtschaftlichen Bedingungen[11] (Prosperitätsphasen mit hohen Wachstumsraten des Sozialprodukts) mit einer Arbeitsmarktsituation, die gekennzeichnet war durch geringe Arbeitslosigkeit bzw. Vollbeschäftigung bis hin zur Überbeschäftigung mit mehr freien Stellen als registrierten Arbeitsuchenden
- sowie durch ganz bestimmte politische Konstellationen, vor allem durch die Existenz sozialliberaler Koalitionen mit gewerkschaftsfreundlicher Gesetzgebung

---

[9] Vgl. Kap.5 und 6.

[10] Vgl. zusammenfassend Timmermann,D., Zukunftsprobleme des dualen Systems unter Bedingungen verschärften Wettbewerbs, in: Sadowski,D./Backes-Gellner,U.(Hg.), Unternehmerische Qualifikationsstrategien im internationalen Wettbewerb, Berlin 1990, 37-58; eine andere Position vertritt Geißler,K.A., Das duale System der industriellen Berufsausbildung hat keine Zukunft, in: Leviathan 19 (1991), 68-77.

[11] Vgl. Jacobi,O./Keller,B./Müller-Jentsch,W., Co-determining the future?, in: Ferner,A./Hyman,R. (eds.), Industrial relations in the new Europe, London 1992 (im Druck).

sowie mit mehr oder weniger erfolgreichen Versuchen keynesianischer Globalsteuerung. Auf dieser soliden und tragfähigen polit-ökonomischen Basis konnten die Tarifvertragsparteien ihrerseits mit komplementären Vereinbarungen etwa zur institutionalisierten Konfliktregelung aufbauen[12] und die Voraussetzungen für eine "kooperative Tarifpolitik" schaffen bzw. ergänzen.[13] Für das deutsche IR-System gilt somit, was für das US-amerikanische häufig gefordert wird: "To be effective, an industrial relations system must be well matched to its economic and social environment and able to meet the strategic needs of employers, the workforce, and the larger society."[14]

14.3. Institutionelle Sicherungen und Anpassung durch Flexibilität

1. Die Initiative des strategischen Handelns, die lange Jahre eher bei den Arbeitnehmervertretungen, besonders den Gewerkschaften gelegen hatte, ist in allen entwickelten Industrieländern eindeutig auf das Management, "the prime mover ... the militant party"[15], übergegangen. Allerdings reagiert das Management auf drastische Änderungen der ökonomischen und technologischen Rahmenbedingungen (vor allem Markt- und Wettbewerbsveränderungen bzw. neue Technologien) durchaus unterschiedlich.[16] Die soeben skizzierten, im Laufe von mehreren Jahrzehnten von den korporativen Akteuren entwickelten Strukturen innerhalb der Institutionen von staatlich garantierter Tarifautonomie und Betriebsverfassung wirken heutzutage als relativ effektive Puffer gegen verschiedene Bestrebungen insbesondere der Unternehmerverbände, sie drastisch und substantiell zu verändern.

Der aktuell wichtige Schutz institutioneller Sicherungen, der sich bei einem gewissen Verlust an Verhandlungsmacht der Gewerkschaften infolge eines deutlichen Überangebots an Arbeitskräften zeigt, ist zunächst einmal ein nicht-intendiertes Ergebnis kollektiven Handelns in vergangenen Perioden, als etwa die Mitbestimmungsrechte auf Betriebs- und Unternehmensebene in den 70er Jahren erheblich ausgeweitet

---

[12] Vgl. Kap.7.2.

[13] Vgl. hierzu im einzelnen Fürstenberg,Fr., Kooperative Tarifpolitik, in: Gamillscheg,F. et al.(Hg.), Sozialpartnerschaft in der Bewährung. Festschrift für Karl Molitor zum 60.Geburtstag, München 1988, 119-131.

[14] Kochan,Th., Adaptability of the U.S. industrial relations system, Science 240 (1988), 287.

[15] Strauss,G., Industrial relations: Time of change, Industrial Relations 23 (1984), 2; ähnlich Garbarino,J.W. Symposium introduction and overview, Industrial Relations 24 (1985), 290.

[16] Vgl. hierzu die Fallstudien in Kochan,Th.A./McKersie,R.B./ Cappelli,P., Strategic choices and industrial relations theory, Industrial Relations 23 (1984), 16-39.

wurden.[17] Immerhin erweisen sich neben den organisationsstrukturellen Voraussetzungen mit einem hohen Zentralisierungsgrad besonders die umfassenden Verrechtlichungstendenzen unter deutlich veränderten Rahmenbedingungen nicht mehr so sehr als Handlungsrestriktionen, sondern durchaus als institutionelle Sicherung und strategischer Vorteil für die Gewerkschaften.[18] Während bis weit in die 70er Jahre die Konsequenzen einer zunehmenden Verrechtlichung häufig beklagt worden waren, wurden in den 80er Jahren ihre zunächst unbeachteten positiven Folgen immer deutlicher.

Die gesetzliche Form der Normierung von verschiedenen Mitbestimmungs- und Mitwirkungsrechten bei sozialen, personellen und wirtschaftlichen Angelegenheiten garantiert im Gegensatz zu entsprechenden tarifvertraglichen Vereinbarungen wie etwa neuerdings in den USA oder England eine hochgradige Vereinheitlichung sowie ein Mindestniveau an Einfluß seitens der BR sowie der Arbeitnehmervertreter im Aufsichtsrat auf bestimmte strategisch relevante Entscheidungen auf Betriebs- und Unternehmensebene (die sog. "management prerogatives").[19] Weiterhin handelt es sich bei den verschiedenen gesetzlichen Mitbestimmungsregelungen um ein traditionelles, über mehrere Jahrzehnte gründlich eingespieltes System eines integrativen bargaining[20], das in Zeiten krisenhafter Entwicklung nicht erst konzipiert und mühsam implementiert werden mußte und insofern die hohen Kosten einer langwierigen trial and error-Periode spart.[21]

---

[17] Damit wurden die verschiedenen Institutionen und Handlungsalternativen des "voice" zu Lasten derjenigen von "exit" weiter gestärkt bzw. ausgebaut. An anderer Stelle habe ich gezeigt, daß beim industrieverbandlichen Organisationsprinzip verschiedene Widerspruchsmechanismen und nicht Abwanderung die dominante individuelle Kontrollform darstellen. Vgl. Hirschman,A.O., Abwanderung und Widerspruch. Reaktionen auf Leistungsabfall bei Unternehmungen, Organisationen und Staaten, Tübingen 1974; Keller,B., Individualistische Sozialwissenschaft. Zur Relevanz einer Theoriediskussion, Kölner Zeitschrift für Soziologie und Sozialpsychologie 35 (1983), 59-82.

[18] Ähnlich argumentiert für Österreich Traxler, F., Von der Hegemonie in die Defensive. Öster-reichs Gewerkschaften im System der "Sozialpartnerschaft", in: Müller-Jentsch,W.(Hg.), Zukunft der Gewerkschaften. Ein internationaler Vergleich, Frankfurt-New York 1988, 45-69.

[19] "One unusual factor in the American experience .. is the lack of any legislative support for consultation at the workplace. Similar arrangements in France, Germany or Canada, for instance, all are stimulated by law. American experiments may be more meaningful when they occur than are other initiatives because they result from voluntary actions of the parties, but this lack of institutional support in public policy also makes them vulnerable to temporary changes in the parties' priorities." Thompson,M./Juris,H., The response of industrial relations to economic change, in: Juris/Thompson/Daniels, Industrial relations in a decade of economic change, 405.

[20] Im Sinne von Walton,R.E./McKersie,R.B., A behavioral theory of labor negotiations. An analysis of a social interaction system, New York 1965.

[21] Vgl. demgegenüber die Fallstudien für die USA in Kochan,Th.A./Katz,H.C./McKersie,R.B., The transformation of American industrial relations, New York 1986, 178-205.

2. Diese von den korporativen Akteuren geschaffenen Institutionen und Regelungsverfahren schließen zugleich ein durchaus erhebliches und erstaunlich hohes Ausmaß an Flexibilität ein[22], welches freilich bestimmten Akteuren noch nicht genügt. Strategische Antworten der Akteure als Reaktionen auf veränderte Rahmenbedingungen auf Produktmärkten[23] sowie auch auf Arbeitsmärkten (langfristiger Angebotsüberhang bis mindestens weit in die 90er Jahre) werden im Vergleich zu anderen Ländern erleichtert bzw. ermöglicht. Insgesamt scheint das IR-System der Bundesrepublik damit im Vergleich zu denen in der Mehrzahl der anderen Länder recht anpassungsfähig und gut geeignet für eine sozialverträgliche Bewältigung des eingetretenen Strukturwandels zu sein.[24]

Innerhalb des collective bargaining-Systems gelingt den Tarifvertragsparteien der gewiß nicht einfache Paradigmenwechsel der Verhandlungsgegenstände von der alten quantitativen zur neuen qualitativen Tarifpolitik, indem sie die gemeinsam geschaffenen Institutionen bzw. Regelungsverfahren grundlegend verändern[25], ohne daß diese funktionslos werden oder zusammenbrechen. Infolge der ökonomischen und technologischen Veränderungen und deren Einfluß auf die Arbeitsmärkte wurde aus gewerkschaftlicher Sicht schon in den 70er Jahren eine Verschiebung bzw. Ausweitung der Verhandlungsgegenstände notwendig; die Arbeitgeber hingegen versuchten mit allen ihnen zur Verfügung stehenden Mitteln (einschl. mehrerer hart geführter Verbandsaussperrungen), einen Einbezug von Arbeitsbedingungen und Beschäftigungsproblemen in die Tarifpolitik zu verhindern.

Die Bedeutung der (traditionell dominierenden) Lohn- und Gehaltspolitik nahm insgesamt deutlich ab - bei allenfalls minimalen Reallohnzuwächsen infolge der wesentlich verkleinerten materiellen Konzessionsspielräume bzw. einer darauf reagierenden gewerkschaftlichen Politik, aber ohne sog. concession bargaining in größe-

---

[22] Dieses Urteil wird von ausländischen Beobachtern durchaus geteilt: "On balance, West Germany's complex industrial relations system has had a stabilizing effect on the political fabric..." Katzenstein,P., Industry in a changing West Germany, in: ders.(ed.), Industry and politics in West Germany. Toward the Third Republic, Ithaca-London 1989, 12.

[23] U.a. verschärfte Preiskonkurrenz auf einheimischen und vor allem auf Weltmärkten durch Eintritt der Schwellenländer in die Märkte, Nachfragestagnation bei langfristigen Konsumgütern, verkürzte Produktzyklen, Verlagerung der Produktion auf spezialisierte Qualitätsprodukte, technologischer Wandel allgemein. Vgl. zusammenfassend für andere Sabel, A fighting, 31ff.

[24] In einem internationalen Vergleich entwickelter Industrieländer kommen die Autoren zu folgendem Ergebnis über die Nationen, die den Strukturwandel am besten bewältigt haben: "Japanese industrial relations adapted to a new economic climate, while the existing German system was capable of dealing with altered circumstances with little structural change." Thompson/Juris, The response of industrial relations, 384.

[25] U.a. erreichen sie eine höhere Flexibilität durch Dezentralisierung der Tarifverhandlungsstruktur.

rem Stil in den Krisenbranchen wie etwa in den USA.[26] Stattdessen vereinbarten die Tarifvertragsparteien in ganz verschiedenen Branchen in den 70er Jahren zunächst vor allem Rationalisierungsschutzabkommen (besonders IG Metall, IG Druck und Papier), später in Anbetracht der Entwicklung auf dem Arbeitsmarkt auch arbeitszeitpolitische Arrangements im Rahmen einer Verkürzung der Wochenarbeitszeit in Richtung auf die 35-Stunden-Woche innerhalb der flexibel gehaltenen Strukturen und unter Beibehaltung der staatlicherseits garantierten und von den Tarifvertragsparteien sorgsam bewahrten Tarifautonomie.

Offensichtlich besteht bei beiden Tarifparteien trotz gelegentlicher anderslautender Äußerungen einzelner Mitgliedergruppen in der Öffentlichkeit ein prinzipielles Interesse an der Beibehaltung des großflächig zentralisierten collective bargaining-Systems.[27] Dessen "Atomisierung" bzw. "Balkanisierung" oder im aktuellen Jargon "Japanisierung" ohne überregionale Regelungsmuster und ohne die generelle Ordnungsfunktion von Tarifverträgen hätte für die korporativen Akteure auf beiden Seiten mittel- und langfristig höchst ungewisse, nicht planbare und nicht mehr kontrollierbare Folgen.[28]

Fazit: Bei genauerer Analyse ist die These von der Starrheit und Ungelenkigkeit des deutschen Arbeitsrechts[29] eher eine unzutreffende, weil unvollständige Be-

---

[26] Vgl. zu den sog. givebacks Strauss, Industrial relations, 8ff.; Kochan, Adaptability of the U.S. industrial relations system, 288f.; empirisch Freeman,R.B., In search of union wage concessions in standard data sets, Industrial Relations 25 (1986), 131-145; zu den institutionellen Folgewirkungen Kassalow,E., Concession bargaining: Towards new roles for American unions and managers, International Labour Review 127 (1988), 573-592.

[27] Für andere: "Die Vorstellung mancher Kritiker des heutigen Tarifvertragssystems, ganz generell durch den Übergang vom Verbandstarif zum Firmentarif größere betriebsindividuelle Gestaltungsfreiheiten zurückzugewinnen, geht völlig an der Realität der deutschen Gewerkschaftsstruktur vorbei... Für die im Wettbewerb stehenden Unternehmen erfüllt der Tarifvertrag mit der Festlegung gleicher Konkurrenzbedingungen bei den Arbeitskosten genauso eine Schutzfunktion wie für den einzelnen Arbeitnehmer gegenüber dem Unternehmen." Göbel,J., Flexibilisierung aus Arbeitgebersicht, in: Oppolzer,A./Wegener,H./Zachert,U.(Hg.), Flexibilisierung - Deregulierung. Arbeitspolitik in der Wende, Hamburg 1986, 59; ähnlich Windmuller,J.P., Comparative study of methods and practices, in: ILO (ed.), Collective bargaining in industrialised market economies: A reappraisal, Geneva 1987, 99f.

[28] Ganz eindeutig ist auch die Position der BDA zu diesem Problem. Die Forderungen nach einer betriebsnahen bzw. differenzierten Tarifpolitik "sind abzulehnen, denn sie würden auf eine Atomisierung der Tarifpolitik hinauslaufen, die mit den Grundsätzen einer koordinierten Lohn- und Tarifpolitik nach übergeordneten volkswirtschaftlichen Gesichtspunkten nicht vereinbar wäre ... Darüber hinaus hätte eine "betriebsnahe Tarifpolitik" die Aufsplitterung auf Arbeitgeberseite zur Folge, die von nicht zu unterschätzender Bedeutung für die Stellung der Arbeitgeberverbände in unserer wirtschaftlichen Ordnung und ihre gemeinsame Haltung in Tarifverhandlungen wäre." BDA, Jahresbericht 1988, Bergisch-Gladbach 1988, 35.

schreibung der Realität denn ernstzunehmender Ansatz einer Rezeptur.[30] Ähnlich ist die Identifikation "institutioneller Sklerose"[31] als wesentliche Krisenursache zu einseitig neoklassischem Denken verpflichtet, dem kollektives Handeln und Institutionen des Arbeitsmarktes und des Systems der IR (im Gegensatz zu anderen, etwa der institutionalistischen Schule der IR oder den Segmentationstheorien der Arbeitsmarktanalyse) traditionell weitgehend fremd sind. Die umfassenden Verteilungskoalitionen handeln faktisch nicht in einem institutionellen und politischen Vakuum, sondern sind in ihren jeweiligen "choices of strategy" an vielfältige politische und soziale Handlungsrestriktionen gebunden.[32]

Zudem wird das im internationalen Vergleich etwa mit den angelsächsischen Ländern überaus hohe horizontale und vertikale Anpassungs- und Austauschpotential der spezifischen betriebsinternen Arbeitsmärkte der Bundesrepublik bei Gegenüberstellungen formaler Strukturen (ohne Berücksichtigung institutioneller Grundlagen wie des Grades der Arbeitsteilung, des spezifischen Typus von breiter, standardisierter Berufsgrundausbildung und umfassendem Qualifikationserwerb im dualen System, Mobilitätsstrategien statt Strategien der Arbeitsplatzkontrolle etc.) systematisch unterschätzt.[33]

---

[29] Für andere Rüthers,B., Die offene ArbeitsGesellschaft. Regeln für soziale Beweglichkeit, Osnabrück 1985; Rüthers,B., Grauzone Arbeitsrechtspolitik, Osnabrück 1986; Adomeit,K., Wen schützt das Arbeitsrecht? Wie Gesetze, Richtersprüche und Tarifzwang Arbeitslosigkeit produzieren, Stuttgart 1987; Heinze,M., Flexibilisierung des Arbeitsrechts - Zur Lage in der Bundesrepublik, Zeitschrift für ausländisches und internationales Arbeits- und Sozialrecht 1 (1987), 239-249; Löwisch,M., Neuorientierung des Arbeitsrechts, in: Maydell,B.v./Kannengießer,W.(Hg.), Handbuch Sozialpolitik, Pfullingen 1988, 404-411.

[30] Vgl. demgegenüber etwa Brandes,W. et al., Grenzen der Kündigungsfreiheit - Kündigungsschutz zwischen Stabilität und Flexibilität, in: Semlinger,K.(Hg.), Flexibilisierung des Arbeitsmarktes. Interessen, Wirkungen, Perspektiven, Frankfurt-New York 1991, 111-131.

[31] U.a. Olson,M., Aufstieg und Niedergang von Nationen. Ökonomisches Wachstum, Stagflation und soziale Starrheit, Tübingen 1985; mit ähnlicher Akzentuierung später auch Wenger,E., Der Einfluß von "Schutzrechten" für Arbeitnehmer auf die Allokation nichtsystematischer Risiken, in: Fischer,W.(Hg.), Währungsreform und Soziale Marktwirtschaft. Erfahrungen und Perspektiven nach 40 Jahren, Berlin 1989, 451-470.

[32] Vgl. die Beiträge in Keman,H./Paloheino,H./ Whiteley,P.F.(eds.), Coping with the economic crisis. Alternative responses to economic recession in advanced industrial societies, London 1987.

[33] Vgl. hierzu detailliert Sengenberger,W., Struktur und Funktionsweise von Arbeitsmärkten. Die Bundesrepublik Deutschland im internationalen Vergleich, Frankfurt-New York 1987, bes. 96ff., 180 ff.; international vergleichend auch Piore,M.J., Perspectives on labor market flexibility, Industrial Relations 25 (1986), 146-166. Die entgegengesetzte Meinung findet sich u.a. bei Soltwedel, R., Mehr Markt am Arbeitsmarkt. Plädoyer für weniger Arbeitsmarktpolitik, München 1984; Engels,W., Über Freiheit, Gleichheit und Brüderlichkeit. Kritik des Wohlfahrtsstaates, Theorie der Sozialordnung und Utopie der sozialen Marktwirtschaft, Bad Homburg 1985.

In diesem Arbeitsmarktkontext und seinem fälschlicherweise häufig vernachlässigten Einfluß auf die IR ist der in anderen Ländern nicht vorhandene Typus des deutschen Facharbeiters von zentraler Bedeutung, der im dualen System der beruflichen Bildung eine breit angelegte Ausbildung absolviert, die ihm vielfältige Einsatzmöglichkeiten einschließlich zwischenbetrieblicher Mobilitätschancen eröffnet und zur hohen Flexibilität des Arbeitskräftepotentials wesentlich beiträgt.

Im übrigen ist das empirisch feststellbare Ausmaß der Lohndifferenzierung sowohl innerhalb und zwischen Branchen, als auch nach Regionen und Qualifikationen trotz sichtbarer Nivellierungstendenzen auch heute noch durchaus erheblich.[34] Trends zu einer Nivellierung der Einkommen unterschiedlicher Qualifikationsgruppen infolge einer "leistungsfeindlichen" Lohnstrukturpolitik der Gewerkschaften sind im Zeitvergleich kaum auszumachen; die Folgen einer in bestimmten Phasen betriebenen Festbetrags- bzw. Sockelpolitik werden vielfach überschätzt. Empirisch zutreffend ist für die jüngere Vergangenheit eher die Differenzierungshypothese, die größer werdende Unterschiede zwischen den Leistungsgruppen unterstellt. Insofern zielen die politischen Forderungen nach einer flexibleren Lohnpolitik bis hin zu der Möglichkeit eines selektiven Lohnverzichts durch Zulassung untertariflicher Bezahlung[35] weitgehend an der Realität vorbei; nicht nur die Gewerkschaften, sondern auch die Arbeitgeberverbände lehnen diese Pläne ab.[36] Außerdem würde eine derartige Politik den notwendigen Strukturwandel eher hemmen als befördern sowie das Produktivitätswachstum bremsen.

3. Auch der häufig unternommene Versuch, "Krisen" der IR vor allem als tiefe Krise der Gewerkschaften zu beschreiben, schlägt im westdeutschen Beispiel im Gegensatz zu eingen anderen[37] weitgehend fehl. Die relativ deutliche Stabilität der IR hat

---

[34] Vgl. Hardes,H.-D., Vorschläge zur Differenzierung und Flexibilisierung der Löhne, Mitteilungen aus der Arbeitsmarkt- und Berufsforschung 21 (1988), 52-74.

[35] Für andere Eisold,H., Gründe und Scheingründe gegen eine Flexibilisierung des Tarifvertragssystems, Wirtschaftsdienst 69 (1989), 94-101.

[36] In der Diskussion um die Vorschläge der von der Bundesregierung eingesetzten "unabhängigen Expertenkommission zum Abbau marktwidriger Regulierungen" (Deregulierungskommission) wird die gemeinsame Position in dieser Frage noch einmal deutlich: Die BDA sieht im Wegfall tarifvertraglicher Mindestregelungen "die Gefahr einer unkontrollierten Lohnentwicklung nach oben", der DGB befürchtet die "Aufhebung der im Grundgesetz garantierten Tarifautonomie". Beide Verbände sprechen auch von der Gefahr einer "ruinösen Konkurrenz".

[37] Vgl. für andere: Revel,S.W., Gewerkschaftspolitik in der Risikogesellschaft, WSI-Mitteilungen 42 (1989), 375ff. Das im internationalen Vergleich atypische Standardbeispiel sind die USA: "This decline in union density was larger than that of the 1920s, and thus arguably represents the most significant change in labor market institutions since the Depression - the effective de-unionization of

ihre Ursachen sowohl in organisationsstrukturellen Determinanten als auch in den strategischen Handlungsoptionen der Akteure. So haben etwa westdeutsche Gewerkschaften[38] wesentlich geringere Organisationsprobleme als z.B. US-amerikanische oder auch nur englische: Phänomene wie "non-union IR"[39] bzw. "unionism without unions: the new industrial relations?"[40] als Alternative zum traditionellen collective bargaining-Modell oder wie "union-busting activities" stellen kein ernsthaftes Problem dar.[41]

Selbst Mitgliederverluste waren in den 80er Jahren kaum zu verzeichnen - trotz konjunkturell-struktureller Krisen und eines deutlichen Wachstums prekärer, instabiler Beschäftigungsverhältnisse.[42] Der Organisationsgrad, als Anteil der gewerkschaftlich organisierten an allen Beschäftigten ein zentraler Indikator für die Durchsetzungsfähigkeit von Interessen[43], konnte bei knapp 40% ziemlich stabil gehalten werden, obwohl die Massenarbeitslosigkeit erheblich zunahm (auf über 2 Millionen offiziell registrierter Arbeitsloser plus einer sog. Stillen Reserve in der Größenordnung von ca. 1 Million).[44] "Generally speaking, it does appear that the countries where labor relations have been widely based on industry wide relationships between national unions and employers associations, as in Scandinavia or West

---

the U.S. labor force." Freeman, R.B., Contraction and expansion: The divergence of private sector and public sector unionism in the United States, Journal of Economic Perspectives 2 (1988), 65.

[38] International vergleichend vor allem Edwards,R./Garonna,P./Tödtling,F. (eds.), Unions in crisis and beyond. Perspectives from six countries, Dover-London 1986; Blanpain,R.(ed.), Unions and industrial relations. Recent trends and prospect. A comparative treatment, Bulletin of Comparative Labour Relations 16 (1987), Deventer 1987; Müller-Jentsch, Zukunft der Gewerkschaften.

[39] Vgl. zusammenfassend Kochan et al., The transformation of American industrial relations, 47-80.

[40] Garbarino,J.W., Unionism without unions: The new industrial relations?, Industrial Relations 23 (1984), 40.

[41] Im übrigen sind schon die Differenzen innerhalb Nordamerikas beträchtlich. Vgl. u.a. Adams, R.J., The "old industrial relations" and corporate competitiveness: A Canadian case, Employee Relations 10 (1988), 3-7; Adams,R.J., North American industrial relations: Divergent trends in Canada and the United States, International Labour Review 128 (1989), 47-64.

[42] Hierzu gehören u.a. die "neue Heimarbeit" sowie eine Zunahme der Teilzeitarbeit, vor allem in den Varianten kapazitätsorientierter variabler Arbeitszeit (Kapovaz) und job sharing sowie eine Ausweitung der legalen Leiharbeit bei einem unbekannten Ausmaß illegaler Leiharbeit. Vgl. Kap.13.5.

[43] Der andere Indikator, das gewerkschaftliche Störpotential, findet in diesem Kontext nur selten Berücksichtigung.

[44] Dem komplexen Zusammenhang von Arbeitslosigkeit und Organisationsgrad soll hier nicht näher nachgegangen werden. Sicherlich sind Arbeitslose nur in geringem Maße organisiert, was z.T. an den sich nur langsam ändernden Aufnahmebedingungen der Gewerkschaften liegt, zum größeren Teil aber wohl daran, daß die gewerkschaftlichen Kerngruppen nur unterdurchschnittlich vom Risiko der Arbeitslosigkeit betroffen sind.

Germany (or for that matter in Belgium or Austria) the rate of unionization has tended to hold up."[45]

Organisatorische Probleme und Defizite bestehen nicht in einer wirklich existentiellen Bedrohung der Gewerkschaften, wohl aber hinsichtlich einer stärkeren Erschließung bestimmter, von Umfang und Bedeutung her wichtiger werdender, bisher aber nur weit unterdurchschnittlich organisierter Arbeitnehmergruppen (vor allem höherqualifizierte Angestellte, Frauen, Jugendliche, auf der anderen Seite aber auch Arbeitslose).[46] M.a.W.: Die aktuellen Mitgliederstrukturen entsprechen nicht der gegenwärtigen Gesamtbeschäftigtenstruktur, sondern der der frühen 50er Jahre.[47] Diese sog. strukturelle Mitgliederlücke kann die zukünftige Interessendurchsetzungs- bzw. Arbeitskampffähigkeit erheblich beeinträchtigen. Zusätzliche Probleme können dadurch entstehen, daß die Großbetriebe der "klassischen" Massenproduktionsbranchen mit traditionell weit überdurchschnittlichen Organisationsgraden weiter schrumpfen werden.[48] Im übrigen wissen auch die Arbeitgeberverbände mehrheitlich im Gegensatz zu denen in manchen anderen Ländern, wie etwa den USA in der Regel Gewerkschaften als quasi-öffentliche "Ordnungsfaktoren" und kompromißfähige Konfliktregulatoren, als Garanten von Stabilität und Kontinuität und, falls möglich, als kalkulierbare Promotoren des strukturellen Wandels zu schätzen.[49]

Auf der sektoralen Ebene ist der prinzipielle Status der Gewerkschaften als Tarifvertragspartei von allen anderen Akteuren seit langem unbestritten und von konjunkturellen Schwankungen unabhängig. Faktisch verhandeln die Gewerkschaften aufgrund institutionell-rechtlicher Vorgaben (u.a. Verbot von Differenzierungsklauseln durch BAG-Urteil, Allgemeinverbindlichkeitserklärung von Tarifverträgen laut TVG) für alle Arbeitnehmer und nicht nur für ihre Mitglieder, d.h. ihre Repräsen-

---

[45] Kassalow,E., Trade unions and industrial relations. Toward the twenty-first century, in: Blanpain, Unions and industrial relations, 7.

[46] Vgl. Blessing,K., Gewerkschaftliche Reformperspektiven, WSI-Mitteilungen 41 (1988), 528-535.

[47] Für andere Armingeon,K., Gewerkschaften heute - krisenresistent und stabil?, Gewerkschaftliche Monatshefte 39 (1988), 330- 342.

[48] Vgl. für die USA die verschiedenen empirischen Befunde in Lipset,S.M.(ed.), Unions in transition. Entering the second century, San Francisco 1986; für die Bundesrepublik Klauder,W., Technischer Fortschritt und Beschäftigung, MittAB 19 (1986), 1-19; allgemein auch Crouch,C., Perspektiven gewerkschaftlicher Interessenvertretung in Westeuropa, in: Erd,R./Jacobi,O./Schumm,W. (Hg.), Strukturwandel in der Industriegesellschaft, Frankfurt-New York 1986, 41-57.

[49] International vergleichend zu verschiedenen möglichen Managementstrategien gegenüber Gewerkschaften Streeck,W., The uncertainties of management in the management of uncertainty, International Journal of Political Economy 17 (1987), 73ff.

tationsfunktion ist nicht direkt und unmittelbar an variierende Mitgliederstärken gekoppelt.

Weitaus eindeutiger als auf der regional-sektoralen Ebene mit weitgehend zentralisierten Tarifverhandlungen könnte allerdings die Unterstützung der Arbeitgeber auf der Unternehmensebene für die BR ausfallen, wenn sich die neuen dezentralisierten Regulierungsmuster stärker durchsetzen. Als einigermaßen hartes Indiz mag die Tatsache dienen, daß die Arbeitgeberverbände 1985/86 ebenso vehement und in ihrem Sinne erfolgreich für die Änderung des Par.116 AFG agitierten wie sie später gegen die geplante Änderung des BetrVG opponierten. Allgemein gilt: "While capital never aimed at destroying labor, it certainly has attempted to weaken the unions by trying to contain their power in virtually every area. On the shop floor, the employers' challenge to the unions has consisted of a systematic attempt to enhance the power of the works council by tempting them with firm-specific "deals" to the detriment of the unions' collectivist agreement."[50]

Dieser gegenwärtig noch nicht eindeutige Trend könnte sich in den vor uns liegenden Jahren verstärken und Probleme für eine zwischen den Arbeitnehmervertretungen auf betrieblicher und sektoraler Ebene eng koordinierte Politik bereiten. Allerdings "wäre seitens der Arbeitgeberverbände die Rückkehr zu einer Art deregulatorischem Manchesterliberalismus bei gleichzeitigem Abbau kooperativer Strukturen mit dem Verzicht auf Gestaltung der Rahmenbedingungen des Arbeitsprozesses gleichzusetzen, die erst eine relativ störungsfreie Ausübung wirtschaftsleitender Funktionen garantieren"[51].

14.4. Folgen der Dezentralisierung der Regulierungsebene

1. Zentralisierungstendenzen innerhalb der Tarifpolitik als notwendige Voraussetzung der kollektiven Handlungsfähigkeit gegenüber den anderen Akteuren waren in den 60er und frühen 70er Jahren bei beiden Tarifvertragsparteien eindeutig festzustellen. In den vergangenen Jahren hingegen zeigt sich immer deutlicher die gegenläufige Tendenz eines gewissen Machtverlusts der Zentralebene und, damit eng verbunden, eines relativen Machtzugewinns der Betriebs- bzw. Unternehmensebene. Diese stärkere Entwicklung einer relativ autonomen, dezentralen Regulie-

---

[50] Markovits,A.S., The politics of the West German trade unions. Strategies of class and interest representation in growth and crisis, Cambridge-London 1986, 423. Außerdem hat die aktuelle US-amerikanische IR-Forschung gezeigt, daß Gewerkschaften durchaus produktive Funktionen für "efficiency and equity" haben können; vgl. für andere Freeman,R.B./Medoff,J.L., What do unions do?, New York 1984.

[51] Fürstenberg, Kooperative Tarifpolitik, 131.

rungsebene wird durch zwei aktuelle Entwicklungen zwar keineswegs verursacht oder eingeleitet, wie in der öffentlichen Diskussion gelegentlich behauptet wird, wohl aber wesentlich beschleunigt und verstärkt. Dies ist zum einen der Einzug der neuen Technologien in Produktion und Verwaltung, zum andern die Wiederaufnahme einer aktiven Arbeitszeitpolitik unter nunmehr primär arbeitsmarktpolitischen Gesichtspunkten, d.h. der Abschluß von Tarifverträgen zur Verkürzung der Wochenarbeitszeit mit von den Arbeitgebern durchgesetzten Flexibilisierungskomponenten.

Dieser Trend läßt sich mindestens zurückverfolgen bis zur Novellierung des BetrVG 1972, als die Mitbestimmungsrechte der BR erweitert wurden, oder bis zum Abschluß bzw. zur Umsetzung des Lohnrahmentarifvertrags II/Manteltarifvertrag für Nordwürttemberg-Nordbaden von 1973 als Beispiel betriebsnaher Tarifpolitik.[52] Da es uns hier eher um die Zukunft der IR als um deren Historie gehen soll, wollen wir diesen Aspekt nicht weiter verfolgen.[53] Nur soviel: Während die älteren, aus den späten 50er und 60er Jahren stammenden Konzepte betriebsnaher Tarifpolitik als Kombination von gewerkschaftlicher Tarifpolitik und betrieblicher Gestaltungspolitik sowohl von den Gewerkschaftsspitzen als auch von den Arbeitgebern einmütig, wenn auch aus ganz unterschiedlichen Gründen, abgelehnt wurden, votieren letztere nunmehr unter den Anwendungsbedingungen neuer Technologien bzw. im Rahmen der Arbeitszeitpolitik für eine gewisse Dezentralisierung.

Flexibilisierung wollen wir zunächst definieren als Entkoppelung von betrieblicher Anlagennutzungszeit und individueller Arbeitszeit mit dem Ziel einer längeren Anlagennutzungsdauer.[54] Die Entwicklung von Flexibilisierungskomponenten wird sich allein schon aufgrund eindeutiger und manifester Interessen der Arbeitgeber an einer raschen Amortisation des für die Nutzung der Neuen Technologien eingesetz-

---

[52] Schauer,H. et al., Tarifvertrag zur Verbesserung industrieller Arbeitsbeziehungen. Arbeitspolitik am Beispiel des Lohnrahmenvertrags II, Frankfurt-New York 1984; Sperling,H.J., Arbeitszeitverkürzung - Ein neues Feld für betriebsnahe Tarifpolitik?, in: Hildebrandt,E./ Schmidt,E./Sperling, H.J.(Hg.), Arbeit zwischen Gift und Grün. Kritisches Gewerkschaftsjahrbuch 1985, Berlin 1985, 150f.; Streeck,W., Industrial relations in the Federal Republic of Germany, 1974-1985: An overview, in: Blanpain, Unions and industrial relations, 161.

[53] Vgl. hierzu im einzelnen Müller-Jentsch,W., Arbeitsorganisation und neue Techniken als Gegenstand tarifpolitischer Konzeptionen und Strategien der IG Metall, Vortrag bei der Automobilkonferenz des WZB im November 1987, Ms. Paderborn 1987, 5ff; Hohn,H.-W., Von der Einheitsgewerkschaft zum Betriebssyndikalismus. Soziale Schließung im dualen System der Interessenvertretung, Berlin 1988, bes. 93ff.

[54] Vgl. zu verschiedenen Dimensionen flexibler Arbeitszeitgestaltung Seifert,H., Durchsetzungsprobleme zukünftiger Arbeitszeitgestaltung, WSI-Mitteilungen 39 (1989), 217-223.

ten Kapitals[55] (bei einer erheblichen Steigerung des notwendigen Kapitaleinsatzes pro Arbeitsplatz in den vergangenen Jahren) in den nächsten Tarifrunden nicht nur fortsetzen, sondern eher noch verstärken. Die Gewerkschaften werden weitere Verkürzungen der Wochenarbeitszeit nur gegen erhebliche zusätzliche Zugeständnisse in Richtung einer weitergehenden Flexibilisierung durchsetzen können.[56] Im übrigen bestehen auch auf Arbeitnehmerseite (nicht nur bei Frauen infolge ihrer typischen Doppelbelastung durch Beruf und Familie) durchaus manifeste Interessen an einer Erweiterung individueller Entscheidungsspielräume, die u.a. herbeigeführt werden könnten durch eine Auflösung starrer und kollektiv geregelter Arbeitszeiten. Hierauf haben die Gewerkschaften in ihrer Tarifpolitik insgesamt zu wenig Rücksicht genommen.[57]

Als typisch für die skizzierte Entwicklung dürfte sich der Metalltarifvertrag vom Frühjahr 1987 erweisen[58]: Eine erhebliche Ausweitung des Ausgleichszeitraums, innerhalb dessen die durchschnittliche individuelle Regelarbeitszeit erreicht sein muß, von zwei Monaten wie im Tarifvertrag von 1984 vereinbart[59] auf sechs Monate wurde gekoppelt mit einer parallel vereinbarten weiteren Verkürzung der Wochenarbeitszeit auf 37 Stunden. Auch der Tarifvertrag für den riesigen Tarifbereich des Öffentlichen Dienstes vom Frühjahr 1988 weist deutliche Tendenzen in Richtung auf eine derartige Flexibilisierung auf: Die stufenweise Verkürzung der Wochenarbeitszeit auf 38,5 Stunden ist mit ganz unterschiedlichen Möglichkeiten der betrieblichen Umsetzung in Betriebs- bzw. Dienstvereinbarungen kombinierbar, wobei letztere später noch ausgehandelt werden mußten.

---

[55] Längere Maschinenlaufzeiten führen zu einer besseren Auslastung von Anlagen; die fixen Kapitalkosten werden dabei auf eine größere Stückzahl verteilt, sodaß die Produktion kostengünstiger wird.

[56] Eine ähnliche strategische Einschätzung gibt aus gewerkschaftlicher Sicht Seifert, Durchsetzungsprobleme zukünftiger Arbeitszeitgestaltung, 224ff.

[57] Vgl. ausführlicher hierzu Kap.15.

[58] Die Risiken dieser Strategien lassen sich folgendermaßen zusammenfassen: "Je größer der betriebliche Gestaltungsspielraum ist, desto ausgeprägter wird die Ausdifferenzierung einer zweiten, betrieblichen, überwiegend informellen Normenstruktur sein, in der sich die tarifvertraglich gesetzten Normen nicht nur - wie gefordert - widerspiegeln und konkretisieren, sondern in der Tarifnormen abgewandelt, an spezifische betriebliche Erfordernisse flexibel angepaßt werden und damit eben auch verzerrt werden; mitunter kann dies zur regelrechten Verfälschung der ursprünglich mit den Tarifnormen verbundenen Zielsetzungen führen." Schmidt,R./Trinczek,R., Die betriebliche Gestaltung tariflicher Arbeitszeitnormen in der Metallindustrie, WSI-Mitteilungen 39 (1986), 645.

[59] Vgl. zu den verschiedenen faktischen Umsetzungsformen und ihren Problemen im einzelnen Bosch,G. et al. Arbeitszeitverkürzung im Betrieb. Die Umsetzung der 38,5-Stunden-Woche in der Metall-, Druck- und Holzindustrie sowie im Einzelhandel, Köln 1988.

Dieser inzwischen schon recht deutliche Trend zur Entkoppelung von individuellen Arbeits- und betrieblichen Anlagennutzungszeiten[60], der nicht beliebig reversibel ist, wird mittelfristig eine gewisse Auflösung des traditionellen Leitbildes des "Normalarbeitstages" im Rahmen eines auf Dauer- und Vollzeitbeschäftigung angelegten, sozialrechtlich abgesicherten, abhängigen "Normalarbeitsverhältnisses"[61] und "flexiblere" Arbeitsbedingungen bewirken. Ganz generell zielt die Einführung neuer Arbeitszeitsysteme auf eine durchaus beachtliche Steigerung der unternehmerischen Wettbewerbsfähigkeit durch Optimierung der Betriebszeiten. Hierzu gehören auch verschiedene, recht neuartige Kontischichtsysteme mit regelmäßiger Wochenendarbeit, möglicherweise sogar unter systematischem und dauerhaftem Einschluß nicht nur des Samstags, sondern auch des Sonntags in einer Reihe von vor allem, aber nicht nur High Techbranchen. Zumindest einige Gewerkschaften werden ihren prinzipiellen Widerstand gegen Sonntagsarbeit vermutlich mittelfristig aufgeben müssen, um über deren konkrete Ausgestaltung bzw. die Arbeitsbedingungen verhandeln zu können.[62] Außerdem muß sich Sonntagsarbeit auch nicht grundsätzlich gegen alle Interessen sämtlicher Arbeitnehmer richten.[63]

2. Instrumentell gewendet bedeutet diese Entwicklung einen gewissen Trend weg von der kollektiven, vereinheitlichenden Normierung der Arbeitsverhältnisse in einem flächendeckenden Tarifvertrag, der in Zukunft lediglich noch allgemein verbindliche Rahmenbedingungen formuliert. Gleichwohl wird der Tarifvertrag allein wegen dieser eminent wichtigen kollektiven Schutzfunktion bedeutungsvoll bleiben; kollektive Absicherung ist die notwendige Voraussetzung für ein Mehr an Individualisierung.

---

[60] Vgl. Groß,H./Stille,F./Thoben,C., Arbeitszeiten und Betriebszeiten, Köln-Berlin 1990

[61] Vgl. Mückenberger,U., Die Krise des Normalarbeitsverhältnisses. Hat das Arbeitsrecht noch Zukunft?, Zeitschrift für Sozialreform 35 (1985), 415-434 und 457-475; Mückenberger,U., Zur Rolle des Normalarbeitsverhältnisses bei der sozialstaatlichen Umverteilung von Risiken, Prokla 64 (1986), 31-45; Mückenberger,U., Der Wandel des Normalarbeitsverhältnisses unter Bedingungen einer "Krise der Normalität", Gewerkschaftliche Monatshefte 40 (1989), 211-223. Vgl. zur empirisch orientierten Auseinandersetzung mit dem Konzept vor allem Hinrichs,K., Irreguläre Beschäftigungsverhältnisse und soziale Sicherheit. Facetten der "Erosion" des Normalarbeitsverhältnisses in der Bundesrepublik, Prokla 77 (1989), 7-32.

[62] Vermutlich wird die Entwicklung auch in diesem Punkt weiter auseinanderdriften: Während in der Druckindustrie Anfang 1989 das freie Wochenende weitgehend festgeschrieben wurde, schloß die IG Chemie-Papier-Keramik Vereinbarungen über Wochenendarbeit ab (z.B. mit dem Reifenhersteller Uniroyal). Die prinzipiellen Konflikte innerhalb des DGB werden durch die konträren Meinungen von IG Metall und IG Chemie zur Regelarbeit an Wochenenden aus wirtschaftlichen Gründen deutlich: Während die IG Metall für den grundsätzlichen Erhalt des freien Wochenendes eintritt, sieht die IG Chemie einen gewissen Verhandlungsspielraum für Wochenendarbeit. Auch innerhalb der politischen Parteien werden ganz unterschiedliche Positionen vertreten.

[63] Die Möglichkeiten der Organisierung von Freizeit spielen eine zentrale Rolle.

Gleichzeitig bedeutet die beschriebene Entwicklung einen Trend hin zur eher individualisierenden Betriebsvereinbarung (nach Par.77 BetrVG), die als nachrangig-dezentralisiertes Regelungsinstrument im Rahmen der innerbetrieblichen Mitbestimmungsregelungen bzw. als "Parallele" zum Tarifvertrag auf betrieblicher Ebene dazu dient, die in der Regel relativ großen und weiten Gestaltungsspielräume des branchen- oder sogar bundesweiten Tarifvertrages unter Berücksichtigung der jeweiligen spezifischen betrieblichen Bedürfnisse und individuellen Belange umzusetzen bzw. flexibel anzupassen (sog. Verbetrieblichung der Tarifpolitik bzw. der Regelungsebene).

Die BV als flexibles Instrument zur Anpassung allgemein-sektoraler an konkret-betriebliche Bedingungen wird damit deutlich aufgewertet.[64] Sie wird nicht mehr wie in konjunkturell günstigen Zeiten von den BR im Rahmen einer sog. zweiten Lohnrunde auf Betriebsebene genutzt, um die am Branchendurchschnitt orientierten, tarifvertraglich vereinbarten Lohn- und Gehaltsabschlüsse durch eine möglichst vollständige Ausschöpfung der unternehmensspezifischen Konzessionsspielräume aufzubessern. Die BV dient heutzutage vor allem dem Zweck, tarifvertraglich festgeschriebene Verkürzungen der Wochenarbeitszeit auf die betriebliche Ebene umzusetzen.[65] Hierbei ist festzustellen, "daß die unterschiedlichen tarifpolitischen Interessen und Tarifvertragsauslegungen generell ein betriebliches Konfliktpotential bei der Umsetzung der Differenzierung in den Betrieben geradezu"[66] vorzeichnen.

Institutionell gewendet wird diese partielle Einfluß- und Kompetenzverschiebung von der Gewerkschaft zum BR[67] für die Zukunft der IR einen richtungweisenden Trend ergeben, der die bestehende, stets prekäre Machtbalance innerhalb des dualen

---

[64] Vgl. zur Situation in den 70er Jahren Knuth,M., Nutzung betrieblicher Mitbestimmungsrechte in Betriebsvereinbarungen, Die Mitbestimmung 28 (1982), 204-208; zur aktuellen Situation Oechsler,W.A./Schönfeld,Th./Düll,H., Konfliktfeld Arbeitszeitverkürzung. Zur Veränderung der industriellen Beziehungen durch erweiterte Regelungsbefugnisse für die betriebliche Ebene, Betriebs-Berater 43 (1988), 847ff.

[65] Falls keine Einigung in freien Verhandlungen zustandekommt, fällt nach geltender Rechtslage die als innerbetriebliches Pendant zur tarifvertraglich vereinbarten Schlichtungsstelle anzusehende Einigungsstelle nach Par.76 BetrVG einen für beide Seiten verbindlichen Schiedsspruch. Im Zusammenhang mit den skizzierten Umsetzungsproblemen von Öffnungsklauseln werden die Einigungsstellen häufiger eingeschaltet als dies früher der Fall war.

[66] Oechsler/Schönfeld/Düll, Konfliktfeld Arbeitszeitverkürzung, 847.

[67] Ähnlich auch Bosch,G./Sengenberger,W., Employment policy, the state, and the unions in the Federal Republic of Germany, in: Rosenberg,S.(ed.), The state and the labor market, New York-London 1989, 103.

Systems der Interessenvertretung mitsamt der eingespielten Aufgabenabgrenzung nachhaltig verändern wird:
- Die Arbeitnehmer werden besser und intensiver an der Ausgestaltung und Verwaltung bzw. konkreten "Umsetzung" der Tarifpolitik beteiligt als dies in der Vergangenheit notwendig war[68]; mit einer solchen, ein Stück weit "demokratisierten" Tarifpolitik kann aber zugleich, deutlich sichtbar etwa bei der Lösung des Überstundenproblems, die Gefahr betriebsegoistischer bzw. partikularistischer Lösungen infolge heterogener Interessen und Präferenzen einzelner Belegschaftsgruppen wachsen, wobei die häufig konstatierte zunehmende Bedeutung betriebsinterner Arbeitsmärkte ein übriges tun wird.
- Die Gewerkschaften werden weniger als in der Vergangenheit rein homogenisierende Funktionen einer Regelsetzung wahrnehmen; sie werden aber stärker als bisher als Informations-, Beratungs- und Hilfeleistungsinstitution für die verschiedenartigen Interessen und neuen Problemlagen der betrieblichen Interessenvertretungen funktionalisiert, worauf ihre gegenwärtigen Organisations- und Kommunikationsstrukturen nicht unbedingt ausgelegt sind.[69] Hierin liegen für die Zukunft einerseits sicherlich beträchtliche Gefahren, andererseits aber auch große Chancen für eine Intensivierung der Kommunikation und damit für eine "lebendigere" Organisation.[70] Ansätze für notwendige innerorganisatorische Veränderungen sind in jüngster Zeit in Ansätzen zu erkennen, vor allem durch zahlreiche, intensivierte Schulungen über konzeptionelle Vorgaben in Verbindung mit der "Umsetzung" von Tarifverhandlungsergebnissen[71].
- Auf die BR kommt bei einer solchen Verbetrieblichung der kollektiven Interessenvertretung bzw. der bisher im wesentlichen großräumig betriebenen Tarifvertragspolitik neben einer gewissen Rechtsunsicherheit infolge unbestimmter tarifvertraglicher Regelungen sowie einem erheblich steigenden Zeit-

---

[68] Eine eher pessimistische Einschätzung geben Schmidt,R./Trinczek,R., Verbetrieblichung - viele Risiken, wenig Chancen. Erfahrungen aus der Umsetzung der 38,5-Stunden-Woche, in: Hildebrandt,E./Schmidt,E./Sperling,H.J.(Hg.), Zweidrittelgesellschaft - Eindrittelgewerkschaft. Kritisches Gewerkschaftsjahrbuch 1988/89, Berlin 1988, 54-62.

[69] "How can unions cope with the centrifugal tendencies of decentralized collective bargaining? One solution is to implement a decentralized works council system ... If unions lose control over a decentralized works council system, the works council may strengthen the centrifugal tendencies." Windolf,P., Productivity coalitions and the future of European corporatism, Industrial Relations 28 (1989), 16f.

[70] Erstere werden sehr häufig beschworen, letztere sind nur selten Gegenstand der Erörterung.

[71] Vgl. z.B. Frerichs,J. et al., Der betriebliche Umsetzungsprozeß der Arbeitszeitverkürzung, in: Fricke,W. et al.(Hg.), Jahrbuch Arbeit und Technik in Nordrhein-Westfalen 1086, Bonn 1986, 51-61.

Kapitel 14: Zukunft der Arbeitsbeziehungen

und Arbeitsaufwand bei der Umsetzung mehr Druck und größere Verantwortung zu. Die zusätzlichen Aufgaben können in Verbindung mit höheren Verhandlungskosten zu einer Überforderung führen und die effektive Erledigung des schon bestehenden und unabhängig von Arbeitszeitproblemen zunehmenden, umfangreichen Aufgabenkatalogs erschweren, wenn es nicht gelingt, die Tätigkeiten zu delegieren und ihre Wahrnehmung zu verteilen.

Die BR werden in jedem Fall im Rahmen einer veränderten arbeitsteiligen Kooperation der Interessenvertretungen der Arbeitnehmer zu einem zentralen Eckpfeiler der IR als sie dies ohnehin im Rahmen der bestehenden Struktur von "constraints and opportunities" schon immer waren; dabei bestehen empirisch fundierte Zweifel, ob die BR selbst an einer solchen, von ihnen überwiegend negativ eingeschätzten Entwicklung überhaupt interessiert sind.[72]

Analoge, allerdings sowohl unter den IR-Experten als auch in der Öffentlichkeit bislang kaum diskutierte Veränderungen als Folge der Dezentralisierungstendenzen ergeben sich auch für die Arbeitgeberseite, d.h. auch hier findet ein gewisser Machtverlust der Verbandsebene und eine damit korrespondierende Ausweitung der Handlungskompetenzen auf der Ebene des Einzelunternehmens statt.[73] Dadurch werden zweifellos einzelbetriebliche Flexibilisierungsmöglichkeiten und Handlungsspielräume erweitert, was in Anbetracht der technologischen Veränderungen wichtig und angesichts der Konkurrenzbedingungen auf den Weltmärkten auch durchaus wünschenswert ist. Auf Verbandsebene wird zwar die bisher durchaus erfolgreich praktizierte, jedoch tendenziell infolge deutlich differierender Partikularinteressen (internationale Konkurrenz bzw. zunehmender Wettbewerb auf Produkt- und Arbeitsmärkten) stets prekäre zentrale Steuerung relevanter kollektiver Parameter wesentlich erschwert; gleichzeitig werden aber "die organisationsinternen Spannungen im Verbandssystem reduziert und die Binnenintegrationsfähigkeit erhöht"[74].

Möglicherweise sind die Arbeitgeberverbände in ihren Organisations- und Kommunikationsstrukturen auf derartige Veränderungen eher als Gewerkschaften vorbereitet, da ein erheblicher Teil ihrer Aufgaben traditionell bei umfangreichen Service-

---

[72] Vgl. Schmidt/Trinczek, Die betriebliche Gestaltung tariflicher Arbeitszeitnormen, 647ff.

[73] Vgl. zur Skizzierung der Situation der Arbeitgeberverbände nach dem Tarifkonflikt im Metallbereich im Jahre 1984 Weber,H., Desynchronisation, Dezentralisierung - und Dekomposition? Die Wirkungsdynamik des Tarifkonflikts 84 und ihre Effekte auf das System industrieller Beziehungen, in: Abromeit,H./Blanke,B. (Hg.), Arbeitsmarkt, Arbeitsbeziehungen und Politik in den 80er Jahren, Opladen 1987, 139ff.

[74] Weber,H., Konflikt in Interorganisationssystemen. Zur Konfliktlogik organisierter Arbeitsmarktparteien im Tarifkonflikt 84, Soziale Welt 37 (1986), 272.

leistungen für die schon immer relativ unabhängigen Einzelmitglieder gelegen hat[75] und weil sie insgesamt weniger Aggregationsleistungen zu erbringen haben als Industriegewerkschaften. Zumindest dürften aber die wegen der enormen Heterogenität der Interessen recht komplizierten Prozesse verbandsinterner Abstimmung und Politikformulierung schwieriger und langwieriger werden.[76]
Auf beiden Seiten dürfte die Bedeutung standardisierter, kollektiver Verbandsinformationen ab- und die detaillierter Einzelinformationen zur Bewältigung von Anpassungsprozessen ganz allgemein sowie zur betrieblichen Umsetzung von Arbeitszeitverkürzungen im einzelnen zunehmen, was auf einen Funktionswandel bei gleichzeitigem Kompetenzverlust der Verbände hindeuten würde. Die Vereinheitlichung von Interessen bzw. die Wahrnehmung der Koordinationsfunktion von Kollektivverträgen wird auf beiden Seiten, vor allem aber für die Gewerkschaften, schwieriger.

3. Und: "..there are no signs of a new, increased militancy going beyond the degree of engagement always shown in matters of vital concern."[77] Bei internationalen Vergleichen von Arbeitskämpfen in den verschiedenen OECD-Ländern gehört die Bundesrepublik traditionell bei allen relevanten Parametern wie Anzahl der Arbeitskämpfe, beteiligte Arbeitnehmer, verlorengegangene Arbeitstage zu den absolut "wirtschaftsfriedlichen" Industrienationen. Hieran wird sich in absehbarer Zukunft auch nichts ändern, u.a. wegen
- der Änderung des Par.116 AFG, der aus gewerkschaftlicher Sicht Arbeitskämpfe erschwert,[78]
- der andauernden Massenarbeitslosigkeit, welche die Arbeitskampffähigkeit der Gewerkschaften schwächt,
- der allmählichen Umstellung der Produktionsstruktur von der Herstellung traditioneller Massengüter auf diversifizierte Qualitätsprodukte, womit eher kooperative IR sowie ein stärkerer Einbezug der Arbeitnehmer in die Gestaltung

---

[75] Vgl. für andere im internationalen Kontrast: Windmuller,J.P/ Gladstone,A.(eds.), Employers associations and industrial relations: A comparative study, Oxford 1984.

[76] "May be employers' associations will have to give up the policy of unified standards for large enterprises on the one hand and small and medium-sized enterprises on the other." Weiss,M., Structural change and industrial relations in the Federal Republic of Germany, in: IIRA (ed.), 8th World Congress, Proceedings - Volume II, Geneva 1989, 131.

[77] Fürstenberg,Fr., Recent trends in collective bargaining in the Federal Republic of Germany, International Labour Review 123 (1984), 629.

[78] Vgl. Kap.9.3.

des Produktionsprozesses sowie die Entwicklung einer spezifischen "Unternehmenskultur" verbunden sind.[79]
Insofern sind freiwillig vereinbarte sog. no-strike clauses, wie wir sie aus anderen nationalen IR-Systemen (etwa dem Englands) kennen, in der Bundesrepublik weitgehend überflüssig. Im übrigen zeigen neuere Untersuchungen für nahezu alle westlichen Industrieländer ganz ähnliche mittelfristige Entwicklungstendenzen in Richtung auf arbeitskampfarme IR.[80]

Das unter den gegenwärtigen Bedingungen durchaus überschaubare Konfliktpotential zwischen BR und Unternehmensleitung könnte aber wachsen[81], wenn die bilateralen Verhandlungs- und Regelungsaufgaben auf betrieblicher Ebene weiter zunehmen. Damit stellt sich die generelle Frage, ob die zwar deutlich unterschiedlichen, aber komplementär wirkenden Regelungsinstrumente des BetrVG und TVG mit ihren je spezifischen Verfahrensnormen[82] den sich verändernden Inhalten und Gewichten der beiden Politikfelder mit der skizzierten Verschiebung der faktischen Regelungskompetenz noch entsprechen. Die existierenden Regelungsformen als institutionalisierte Interessenkompromisse haben vielmehr die bisherige und damit eine andere als die sich gegenwärtig abzeichnende Aufteilung der Verhandlungsgegenstände zwischen der sektoralen und der Betriebsebene zur impliziten Voraussetzung ihrer Funktionsfähigkeit.[83]

---

[79] Vgl. Kap.11.3.

[80] Vgl.u.a. Clarke,R.O., Industrial conflict: Perspectives and trends, in: Blanpain,R. (ed.), Comparative labour law and industrial relations, 3.Aufl. Deventer 1987, 383-399.

[81] Dies gilt zumindest bis zur Vereinbarung neuer, beiderseitig akzeptabler, prinzipiell andersartiger Konfliktlösungsmuster.

[82] U.a. Maxime der "vertrauensvollen Zusammenarbeit" sowie die gesetzlich verankerte Friedenspflicht des BR und damit dessen eindeutige Verpflichtung auf schiedlich-friedliche Formen der Konfliktaustragung vs. eindeutiges Arbeitskampfmonopol der Gewerkschaft. Vgl. Kap.5.

[83] Dieser in der Literatur häufig übersehene Aspekt wird in folgendem Zitat deutlich: Die Arbeitgeber "setzen auf die Stabilität der traditions- und verpflichtungsgemäß kooperativen Zusammenarbeit mit den Betriebsräten, die auf der Basis des Betriebsinteresses dem Modernisierungsprozeß auch in Sachen Arbeitszeitpolitik aufgeschlossener gegenüberstünden. Gerade der verhärteten Fronten mit der IG Metall wegen soll der Umstand genutzt werden, daß sie nicht der unmittelbaren und förmlichen Kontrolle durch die Gewerkschaft unterliegen und zudem qua Betriebsverfassungsgesetz auf den Ausgleich der Arbeitnehmerinteressen mit den "betrieblichen Erfordernissen" verpflichtet sind. Hinzu kommt der für die Arbeitgeber günstige Umstand, daß die betrieblichen Interessenvertretungen nicht über ein so weitreichendes Druckmittel wie den Streik verfügen und unter dem Einigungsdruck weitgehende Zugeständnisse machen müssen". Bahmüller,R., Der Streik. Tarifkonflikt um Arbeitszeitverkürzung in der Metallindustrie 1984, Hamburg 1985, 166.

Eine erhebliche Ausweitung der vor allem innerbetrieblichen Mitstimmungsrechte sowie evtl. sogar die Eröffnung der derzeit aus rechtlichen Gründen nicht vorhandenen Möglichkeit eines gewissen betrieblichen Arbeitskampfrechts zur Erzwingung von BV bzw. als Mittel zur Steigerung der Konflikt- und Durchsetzungsfähigkeit des BR wären als ordnungspolitische Alternativen für potentielle Stabilitäts- und Effektivitätsbedingungen eines IR-Systems unter veränderten Vorzeichen durchaus vorstellbar, wenngleich faktisch nur schwer durchsetzbar und politisch eher unwahrscheinlich. Eine weniger weitreichende Änderung der gegenwärtigen rechtlichen Situation bestünde in der Alternative, eine begrenzte Anzahl verschiedener Umsetzungsmöglichkeiten im Tarifvertrag festzuschreiben und die betrieblichen Akteure auf die Auswahl einer dieser Möglichkeiten zu verpflichten.

4. Wir haben die Tendenzen zur Verbetrieblichung der Tarifpolitik[84] bisher vor allem am Beispiel der Arbeitszeitpolitik dargestellt, da sie bei diesem Objektbereich qualitativer Tarifpolitik derzeit wohl am deutlichsten auszumachen sind.[85] Ähnliche Entwicklungen dürften sich in Zukunft auch bei anderen Verhandlungsgegenständen einstellen:
1. Bei der Einführung neuer Technologien im produzierenden Gewerbe und dem privaten sowie öffentlichen Dienstleistungssektor gleichermaßen (Mikroelektronik als Basistechnologie) werden die wesentlichen Entscheidungen über deren konkrete Anwendung und Ausgestaltung wiederum notwendigerweise von den Akteuren auf der betrieblichen Ebene gefällt. Tarifvertragliche Abmachungen werden jedoch einen globalen Handlungs- und Orientierungsrahmen für die jeweils spezifisch angepaßten Lösungen im Rahmen einer Betriebspolitik vorgeben müssen. Vor allem die derzeit häufig weitgehend ungeplant verlaufende Rationalisierungsplanungs- und -einführungsphase kann durch Interaktionen der Akteure durchaus unterschiedlich gestaltet werden (Implementationsvorgänge als soziale Prozesse). Ohne eine entsprechende Ab-

---

[84] Eine grundsätzlich andere Einschätzung der gegenwärtigen Situation gibt Armingeon, der m.E. jedoch nicht-valide Indikatoren heranzieht, um seine These der nicht-stattfindenden Dezentralisierung zu belegen. Wichtig für eine empirische Überprüfung wäre nicht die pure Anzahl der abgeschlossenen Tarifverträge,die sich in der Tat nicht wesentlich verändert haben dürfte, sondern vielmehr die deutlich zunehmende Zahl der anschließend getroffenen Betriebsvereinbarung bzw. vor allem Veränderungen in deren Inhalten. Auch hat sich der Schwerpunkt der Tarifpolitik eindeutig von der Lohn- bzw. Einkommenspolitik weg und zur Arbeitszeitpolitik hin verschoben. Vgl. Armingeon,K., Dezentralisierung und Entpolitisierung. Zukunftsperspektiven der Gewerkschaften, Ms. Mannheim 1988.

[85] Eine Zusammenfassung dieses auch im internationalen Vergleich deutlich zu beobachtenden Trends bietet Treu,T., Developmens of working-time patterns and flexibility, in: IIRA (ed), 8th World Congress, Proceedings - Volume I, Geneva 1989, 139-150.

sicherung von Interventionsmöglichkeiten würde die betriebliche Interessenvertretung durch die Koexistenz alter, weiter bestehender und neu hinzukommender Handlungsprobleme systematisch überfordert.
2. Gleiches gilt auch für andere Aspekte einer zukünftigen, eher qualitativ orientierten Tarifpolitik, wie etwa Probleme der Weiterbildungs- und Qualifizierungspolitik, die im Rahmen einer gewerkschaftlichen Arbeits- und Produktionspolitik erheblich an Bedeutung gewinnen wird. Auch hier werden die Interessenvertretungen die tarifvertraglichen Rahmenvereinbarungen wiederum auf betrieblicher Ebene umsetzen bzw. konkretisieren müssen; diese neuen Aufgabenfelder stellen erhebliche Anforderungen an die BR.
3. Schließlich weist auch der Entwurf eines Arbeitszeitgesetzes gewisse Tendenzen in Richtung einer Verbetrieblichung auf: "Ein wesentliches Ziel des Gesetzentwurfes ist, den Tarifvertragsparteien und unter bestimmten Voraussetzungen auch den Betriebspartnern im Interesse eines praxisnahen, sachgerechten und effektiven Arbeitszeitschutzes mehr Befugnisse und mehr Verantwortung als bisher zu übertragen."[86]

An diesen knapp skizzierten Entwicklungen können wir zugleich erkennen, daß trotz deutlicher Dezentralisierungstendenzen[87] tarifvertragliche Abmachungen nach wie vor eine gewisse Schutzfunktion etwa hinsichtlich der kollektiven Sicherung bestimmter Mindestbedingungen beibehalten und keinesfalls zur völligen Bedeutungslosigkeit absinken werden. Das entscheidende Problem wird nicht darin bestehen, daß die eine Regelungsebene durch eine andere vollständig ersetzt oder abgelöst wird, sondern vielmehr darin, wie eine neue, institutionalisierte Balance zwischen ihnen aussehen kann. Eine pragmatische Alternative könnte in Zukunft darin bestehen, daß die Tarifvertragsparteien in dem nach wie vor für alle Arbeitnehmer rechtsverbindlichen Tarifvertrag Alternativen in Form von Wahlmöglichkeiten für besondere persönliche und innerbetriebliche Interessen festschreiben, zwischen denen auf betrieblicher Ebene BR und Unternehmensleitung dann auswählen können. Einen solchen Vorschlag für "Tarifverträge à la carte" (sog. Cafeteria-Tarifverträge) hat inzwischen auch die IG Metall unterbreitet. Ein anderer

---

[86] BT-Drucksache 11/360, 15.

[87] Das gelegentlich gegen die These einer Dezentralisierung angeführte Argument, daß gleichzeitig und/oder parallel aber auch deutliche Tendenzen einer Zentralisierung zu beobachten seien, die sich vor allem bei Informations- und damit auch bei Kontrolltechniken zeigten, scheint mir am eigentlichen Problem vorbeizugehen, da hier über Entwicklungen auf der betrieblichen Ebene, nicht aber über Verschiebungen zwischen den Ebenen diskutiert wird.

Vorschlag[88] zielt auf den Abschluß betrieblicher Zusatz-Tarifverträge (ergänzend zu den regionalen Branchentarifverträgen) bzw. die Bildung betrieblicher Tarifkommissionen.[89] Generell haben wir zu erwarten, daß cet. par. Dezentralisierungstendenzen in traditionell stark zentralisierten collective bargaining-Systemen wie dem der Bundesrepublik deutlicher auftreten als bei traditionell stärker dezentralisierten, in denen sie aber ebenfalls eindeutig festzustellen sind.[90] "Generally speaking, where centralized bargaining systems allow for successful macroeconomic wage adjustment ... and allow the devolution of qualitative decisions to enterprise-level bargainers, such as the West German works councils .., employers are unlikely to give up the advantage of multiemployer bargaining, not the least of which is the regulation of competition among firms in the labor market."[91] Die Makrosteuerung durch die Tarifvertragsparteien wird zunehmend schwieriger, bleibt aber wegen gesamtwirtschaftlicher und gesellschaftlicher Erfordernisse notwendig.

14.5. Zerfall makrokorporatistischer Arrangements vs. Mikrokorporatismus auf Betriebsebene

Bestimmte Konsequenzen von Dezentralisierungstendenzen der Regulierungsebene, die von den korporativen Akteuren, vor allem von den Gewerkschaften, intern bewältigt werden müssen, entstehen zunächst und vor allem aus einer deutlichen Verschiebung der Machtverteilung zugunsten der Unternehmerverbände[92] bzw. durch die "Verschiebung des Kräfteverhältnisses zuungusten der Gewerkschafts-

---

[88] Vgl. Kurz-Scherf, Zeit(t)räume per Tarifvertrag, 500ff.; Zwickel,K./Lang,K., Gewerkschaften 2000, WSI-Mitteilungen 40 (1987), 462.

[89] Eine ganz ähnliche Entwicklung im Verhältnis von betrieblicher und sektoraler Interessenvertretung bei einer völlig andersartigen Ausgangssituation beschreibt interessanterweise für die "new IR" in England Rico,L., The new industrial relations: British electricians' new-style agreements, Industrial and Labor Relations Review 41 (1987), 74f.

[90] Vgl. für die USA etwa Strauss, Industrial relations, 9,13; international vergleichend Thompson/Juris, The response of industrial relations, 402f.; Clarke,R.O., Industrial relations developments in Australia, the Federal Republic of Germany, Sweden and Britain: A comment, in: Blanpain, Unions and industrial relations, 205; Kassalow, Trade unions and industrial relations, 16f.

[91] Streeck, The uncertainties of management, 66.

[92] Daß die Machtverteilung grundsätzlich asymmetrisch ist, sei der Vollständigkeit wegen vermerkt. Vgl. zusammenfassend Thompson,M., Union-management relations: Recent research and theory, in: Adams,R.J.(ed.), Comparative industrial relations. Contemporary research and theory, London 1991, 97ff.

bewegung"[93]. Außerdem verursachen verschiedene, nicht unbedingt und notwendigerweise mit unternehmerischen Flexibilisierungsbemühungen verbundene, jedoch zeitlich zu diesen parallel verlaufende Deregulierungsstrategien des Staates sowohl intendierte als auch nicht-intendierte Folgen für das Verhältnis zwischen den drei Akteuren. "Trade unions are weakened, not just for economic reasons but because many governments now seem to place little hope in negotiated adjustment and no longer see it as their responsibility to protect the prinicple of joint labor market regulation from the disruptive effects of a severe power imbalance."[94]

1. Die drei korporativen Akteure (Staat bzw. staatliche Agenturen, Gewerkschaften, Unternehmer- bzw. Arbeitgeberverbände) sind korporatistische Arrangements auf der Makroebene der IR in verschiedenen marktwirtschaftlich verfaßten Ländern vor allem Westeuropas seit dem II.Weltkrieg, besonders aber in den 60er und 70er Jahren eingegangen. Diese Pakte waren
- auf relative Dauer angelegte,
- mehr oder weniger deutlich institutionalisierte und formalisierte,
- häufig von den Regierungen selbst initiierte und stabilisierte, vorwiegend politisch und weniger marktmäßig organisierte Tauschbeziehungen.

Ihr Ziel bestand vor allem in einer mehr oder weniger freiwilligen Koordination der Verhaltensweisen in bezug auf die Realisierung bestimmter makroökonomischer Zielvorstellungen durch die aktive Beteiligung der großen Interessenorganisationen, vor allem der Dachverbände der Tarifvertragsparteien, an den zentralen gesamtgesellschaftlichen Entscheidungsprozessen (u.a. Sicherung der Preisniveaustabilität, Lösung des Verteilungsproblems unter Vollbeschäftigungsbedingungen, Sicherung eines angemessenen und stetigen Wirtschaftswachstums, ab Mitte der 70er Jahre vorrangig Sicherung eines hohen Beschäftigungsniveaus durch aktive Arbeitsmarktpolitik).

Im Prozeß eines impliziten oder expliziten generalisierten Austauschs erreichten die Gewerkschaften durchaus unter Verzicht auf ansonsten kurzfristig erreichbare Vorteile mittel- und langfristig als Kompensationen für ihre Inkorporation vor allem
- gesellschaftliche Anerkennung in einem vorher nicht gekanntem Ausmaß,
- politischen Einfluß als "Sozialpartner" als Folge der staatlichen Kooperationsbereitschaft,

---

[93] Visser,J., Die Mitgliederentwicklung der westeuropäischen Gewerkschaften. Trends und Konjunkturen 1920-1983, Journal für Sozialforschung 26 (1986), 3.

[94] Streeck, The uncertainties of management, 63.

- bestimmte institutionelle Garantien wie mehr und verbesserte Mitbestimmungs- und Partizipationsrechte
- sowie die Erfüllung bestimmter sozialpolitischer Forderungen.

Der traditionelle Einfluß des Staates, der sich grob als Definition von Rahmenbedingungen ohne Einflußnahme auf materielle Ergebnisse zusammenfassen läßt, wurde damit deutlich und systematisch überschritten. Auf jeden Fall bewirkte staatliche Politik einen deutlichen Unterschied im Verlauf des Prozesses.

Solche korporatistischen Aushandlungsstrukturen und Abstimmungsprozesse stellen jedoch stets zeitlich limitierte und prekäre Zweckbündnisse dar, u.a. weil alle Beteiligten jederzeit über die Handlungsalternative des Austritts verfügen, die sie androhen, aber auch tatsächlich realisieren können. Derartige implizite oder explizite, auf mehr oder weniger freiwilliger Basis eingegangene Kontrakte werden daher nicht nur auf einzelnen Feldern der Arbeitspolitik immer problematischer, z.B. bei einer "freiwilligen" Einkommenspolitik ohne permanente Ausnutzung aller vorhandenen lohnpolitischen Konzessionsspielräume zur Stützung der staatlichen Konjunktur- und Beschäftigungspolitik, etwa im Rahmen einer Konzertierten Aktion. Korporatistische Übereinkommen werden vielmehr generell dann zunehmend schwieriger, wenn einzelne korporative Akteure im Rahmen ihres strategisch angelegten, im Sinne von Eigeninteresse rationalen Kosten-/Nutzenkalküls zu dem handlungstheoretisch relevanten Ergebnis gelangen, bei veränderten institutionell-politischen und ökonomischen Rahmenbedingungen die von ihnen repräsentierten Interessen außerhalb solcher formalisierter Pakte eher und besser durchsetzen zu können.[95]

Diese Akteure sind gegenwärtig zunächst und vor allem die Unternehmer und ihre Verbände, für die manche Tauschbeziehungen mit den Gewerkschaften im Rahmen neokorporatistischer Netzwerke infolge veränderter Rahmenbedingungen (u.a. deutlicher Arbeitskräfteüberhang und dadurch Machtverlust sowie geringeres Störpotential der Gewerkschaften, notwendige Betriebsnähe bei der Einführung von neuen Technologien) weniger und "Marktlösungen" eher attraktiv geworden sind.

Oder, anders formuliert: Neben den ökonomischen verändern sich auch die politischen Rahmenbedingungen. Die skizzierten Flexibilisierungsbemühungen der Arbeitgeber werden flankiert und gestützt durch zentrale politische Veränderungen, d.h. durch die Ablösung sozialdemokratisch geführter Regierungskoalitionen durch liberal-neokonservative Regierungen in einer Reihe von westlichen Industrie-

---

[95] Vgl. zur individualistischen Fundierung neokorporatistischer Kooperationen im Gegensatz etwa zu (neo-)marxistischen Begründungen Lehmbruch,G., Neokorporatismus in Westeuropa: Hauptprobleme im internationalen Vergleich, Journal für Sozialforschung 23 (1983), 407-420 sowie vor allem Lange,P., Unions, workers and wage regulation: The rational bases of consent, in: Goldthorpe,J.H.(ed.), Order and conflict in contemporary capitalism, Oxford 1984, 98-123.

nationen. Diese politischen Entwicklungen verlaufen ebenso wie die ökonommischen Veränderungen gegen die Interessen der Gewerkschaften. Die lange Zeit recht erfolgreiche keynesianische Wirtschaftspolitik, welche unter der impliziten Randbedingung einer prosperierenden Wirtschaft vor allem die Ziele eines hohen Beschäftigungsniveaus sowie eines stetigen Wachstums verfolgte und die auftretenden Verteilungsprobleme vor allem durch bargaining-Prozesse - sowie gegebenenfalls durch staatliche Eingriffe - zu regulieren versuchte, verliert zunehmend an Gewicht, ohne daß allerdings die entsprechenden Konfliktlösungsmuster des Kooperationsmodells allerdings vollständig verschwinden würden.[96]

Das Potential staatlicher Globalsteuerung und gesetzlicher Regulierung insgesamt geht zurück, was im Rahmen des neo- konservativen Strategienwechsels weg von eher nachfrageorientierter, keynesianischer und hin zu eher angebotsorientierter, monetaristischer Wirtschaftspolitik aber zunächst gar nicht als Problem empfunden, sondern von den Regierungen durch Strategien der Deregulierung von Arbeitsbeziehungen und Arbeitsmärkten sogar noch bewußt gefördert wird. Eine tendenziell abnehmende Bedeutung des Wohlfahrts- und Interventionsstaates und der von ihm erlassenen Gesetze zur Regulierung der Wirtschafts- und Beschäftigungspolitik wird zu einem wichtigen Programmpunkt konservativer Politik, welche die zentralisierten Formen politischer Regulierung weitgehend durch die dezentralen "freien Selbstheilungskräfte des Marktes" bzw. zumindest kollektive durch individualvertragliche Regulierung ersetzen möchte.[97]

Die Regierung nimmt selbst das lange Zeit staatlicherseits gegebene Vollbeschäftigungsversprechen zumindest partiell zurück und verweist dieses Ziel als Aufgabe an die Tarifpartner ("Reprivatisierung des Beschäftigungsrisikos"). Staatliche Enthaltsamkeit in weiten Bereichen soll z.B. die aktive Arbeitsmarktpolitik als Teil einer Gesamtstrategie eines Ausbaus des Sozial- und Wohlfahrtsstaates zumindest programmatisch ablösen; arbeitsmarktwirksame Sofortprogramme durch öffentliche Investitionen, wie sie u.a. die Gewerkschaften und die Oppositionsparteien fordern, lehnt die Regierung strikt ab. Faktisch ist die neue Situation allerdings weitaus weniger eindeutig als vom Konzept her zu vermuten wäre; Kontinuitäten sind deutlicher zu erkennen.[98] Wir haben es eher mit einem Umbau im Sinne einer

---

[96] Lompe,K., Das Ende des Neokorporatismus? - Konfliktlösungsmuster unter der sozialliberalen und der konservativ-liberalen Koalition im Vergleich, Gewerkschaftliche Monatshefte 37 (1986), 280-295.

[97] Vgl. zu einer sehr treffenden Zusammenfassung dieser Situation die Beschreibung eines ausländischen Beobachters: ".. CDU-led governments have been more prone to let the market mediate capital-labor relations whereas the Social Democrats attempted to enhance the state's role in this exchange." Markovits, The politics of the West German trade unions, 425.

[98] Vgl. z.B. den stetigen Ausbau der Arbeitsbeschaffungsmaßnahmen von 1982 bis 1988.

Umregulierung und weniger mit einem systematischen Abbau der Aufgaben des Staates bzw. mit einem neuen Mischungsverhältnis von "Staat" und "Markt" zu tun. In strategischer Perspektive können die Gewerkschaften für die absehbare Zukunft der IR nicht mehr wie früher in Zeiten sozialdemokratisch-keynesianischer Politik auf die Regierung in ihrer Eigenschaft als ihnen grundsätzlich wohlgesonnener und ihre Ziele stützender Gesetzgeber und politischer Tauschpartner im quid pro quo-bargaining setzen.[99] Die Folgen der unternehmerischen Flexibilisierungs- wären ohne diese staatlichen Deregulierungsstrategien (Veränderung der ordnungspolitischen Rahmenbedingungen sowie der Versuch eines weitgehenden Rückzugs aus der Prozeßpolitik, etwa der Konjunkturpolitik) von den Gewerkschaften natürlich leichter zu bewältigen. Momentan fördert staatliche Politik zwar die Prozesse der Umstrukturierung, die aber auch ohne diese spezifische Form staatlicher Intervention allmählich in Richtung auf eine stärker diversifizierte und qualitativ hochwertige Produktpalette voranschreiten würden. Insofern wären die status quo ante-Bedingungen der traditionellen Massenproduktion auch bei einer anderen Politik des Staates nicht einfach wiederherzustellen.

Deutliche, starke Verrechtlichungstendenzen und ein mit ihnen positiv korrelierender hoher Zentralisierungsgrad der Interessenverbände mit faktisch weitgehenden Repräsentationsmonopolen sowie des gesamten collective bargaining-Systems mit regionalen oder sogar bundesweiten Tarifverträgen erwiesen sich als günstige, vielleicht sogar notwendige institutionelle und politische Voraussetzungen für den Erfolg eines Systems korporatistischer Tauschbeziehungen.[100] Seit einigen Jahren versuchen konservative und neoliberale Regierungen, eine Modernisierungs- und Restrukturierungspolitik zur Beschleunigung des Strukturwandels durchzusetzen, die sich zumindest implizit eher an neoklassischen denn keynesianisch-korporatistischen Kalkülen orientiert.[101]

2. Einerseits zerfallen die makrokorporatistischen Verbünde mit ihren tripartistischen Beziehungsgeflechten zunehmend. Andererseits bilden aber die betrieblichen Akteure mikrokorporatistische Arrangements deutlicher aus, d.h. prima facie nicht

---

[99] Etwa hinsichtlich einer notwendigen Ausweitung der echten Mitbestimmungs- statt bloßer Mitwirkungsrechte bei der Einführung und Nutzung neuer Technologien.

[100] Vgl. für andere Lehmbruch,G., Der Neokorporatismus der Bundesrepublik im internationalen Vergleich und die "Konzertierte Aktion im Gesundheitswesen", in: Gäfgen,G.(Hg.), Neokorporatismus und Gesundheitswesen, Baden-Baden 1988, 11-32.

[101] Vgl. im einzelnen Kap.15.

unbedingt erwartete, enge Interessenkoalitionen zwischen Arbeitgebern und Arbeitnehmern.[102] Derartige bilaterale Pakte sind keinesfalls neu, erfahren aber unter den veränderten Rahmenbedingungen auf Produkt- und Arbeitsmärkten im Vergleich zu den 60er und frühen 70er Jahren eine immer stärkere Ausprägung; sie verfolgen vor allem das Ziel einer Stabilisierung der Produkt- bzw. Arbeitsmärkte des eigenen Unternehmens. Auf den Arbeitsmärkten führt diese Entwicklung von "high trust - low conflict relations" bzw. der betrieblichen Politik einer Konsolidierung der sog. Stamm- oder Kernbelegschaft zu einer zunehmenden sozialen Schließung betriebsinterner Märkte und damit zur Verhinderung von externem Konkurrenzdruck.[103]

Den Vorteilen günstiger Einkommensperspektiven sowie einer längerfristigen Beschäftigungssicherheit der Stammarbeitnehmer stehen hierbei auf Seiten der Unternehmer unterschiedliche Effizienzgewinne gegenüber: Aussichten auf stabile Produktionsabläufe, reibungslose betriebliche Mikromobilität mit dem Ziel einer quantitativen und qualitativen Anpassung des Arbeitskräfteangebots, Rentabilität der betriebsspezifischen Ausbildungsinvestitionen als Resultat erfolgreicher Einschränkung zwischenbetrieblicher Mobilität. Rechtlich-institutionell abgesichert werden diese weichen Beschäftigungsstrategien einer Personalstabilisierung durch kollektivvertragliche und rechtliche Regelungen, vor allem des Kündigungsschutzes und der Einflußmöglichkeiten des BR laut BetrVG, welche die skizzierte Internalisierung erleichtern und begünstigen.

Über die Analyse des Sachverhalts besteht kaum Dissens; schwierig hingegen ist die strategische Einschätzung seiner Bedeutung für die Zukunft der IR. Wahrscheinlich kann der skizzierte Basiskonsens zwischen BR und Unternehmensleitung, der fallweise Interessenkollisionen durchaus zuläßt, in der Tat als "neuer Regulierungsmechanismus" eingestuft werden: "Das Management benötigte die Kooperation der Betriebsräte, um die Umstrukturierung der Produktionsprozesse zustande zu

---

[102] ".. the changes that are under way are fundamental in that they involve a gradual transformation of institutions which once formed an indispensable substructure of centralized joint regulation in to the nuclei of an emergent enterprise unionism - not necessarily in a formal and official sense but, more likely, de facto under the cover of the existing but functionally pre-empted institutional structure." Streeck,W., Neo-corporatist industrial relations and the economic crisis in West Germany, in: Goldthorpe, Order and conflict in contemporary capitalism, 306.

[103] Vgl. Windolf,P./Hohn,H.W., Arbeitsmarktchancen in der Krise. Betriebliche Rekrutierung und soziale Schließung, Frankfurt-New York 1984; Hohn,H.W./Windolf,P., Prozesse sozialer Schließung im Arbeitsmarkt. Eine empirische Skizze betriebsinterner Determinanten von Mobilitätsprozessen, in: Knepel,H./Hujer,R. (Hg.), Mobilitätsprozesse auf dem Arbeitsmarkt, Frankfurt-New York 1985, 305-327; Sengenberger, Struktur und Funktionsweise von Arbeitsmärkten; Hohn, Von der Einheitsgewerkschaft zum Betriebssyndikalismus; aus industriesoziologischer Perspektive neuerdings auch Kern/Schumann, Kontinuitätsbrüche, 471ff.; ähnlich für die USA u.a. auch Walton, R.E., From control to commitment in the workplace, Harvard Business Review 63 (1985), 77-84; Kochan et al., The transformation of American industrial relations, 118ff.

bringen. Die ausgehandelten Interessenkompromisse ... legitimierten die Managemententscheidungen gegenüber der Stammbelegschaft, denn ohne deren Kooperation ist "diversifizierte Qualitätsproduktion" schwer möglich."[104]

3. Dieser Inszenierung von spezifischen, langfristig angelegten kollektiven Tauschbeziehungen und der mit ihnen verbundenen Internalisierung bilateraler ökonomischer Vorteile auf der Mikroebene entspricht allerdings auf der Makroebene kein Interessenausgleich, sondern eine deutliche Externalisierung der Nachteile und Anpassungslasten zuungunsten der Arbeitnehmer des externen Marktes. Diese Verteilung wird vor allem bei lang anhaltender und sich verfestigender Massenarbeitslosigkeit mit einer zunehmenden Strukturierung und Abgrenzung der Teilarbeitsmärkte bis hin zu ihrer gänzlichen Abschottung immer mehr zum ungelösten gesellschaftspolitischen Problem. Die angestrebte Flexibilisierung nicht nur der Arbeitszeit, sondern auch der Arbeitskräfte[105] erfordert die Existenz eines variablen Personalpuffers, d.h. sie geht einseitig zu Lasten der sog. Randbelegschaften.

Diese von den betrieblichen Akteuren institutionalisierten Tauschpakte sind aufgrund der beiderseitig komplementären Vorteile ziemlich stabil, resistent gegenüber Veränderungen der allgemeinen Arbeitsmarktlage und daher kaum reversibel. Eine "Anti-Segmentierungspolitik", die das durchaus beträchtliche inner-, weniger das zwischenbetriebliche Chancengefälle einzuebnen versuchte, wäre nur sehr schwierig durchzusetzen, da sie nicht nur gegen die Interessen der beiden betrieblichen Akteure, sondern auch gegen rechtliche und kollektivvertragliche Regelungen angelegt sein müßte. Außerdem verstärkt diese skizzierte Internalisierung, ähnlich wie die aktuellen Trends u.a. in der Arbeitszeitpolitik, nochmals das relative Gewicht der betrieblichen gegenüber den überbetrieblichen Akteuren innerhalb der IR, da sie einen starken BR als Verhandlungspartner zur notwendigen Funktionsvoraussetzung hat.

Ungeklärt bleibt weiterhin das Problem, ob bzw. wie im Gegensatz zur geschilderten Situation zukünftig eine Interessenwahrnehmung und -durchsetzung in den zahlreichen, vor allem kleineren und mittleren Unternehmen außerhalb der industriellen Ballungsräume geschehen soll.[106] Diese verfügen häufig entweder über gar keinen

---

[104] Bergmann,J., Technik und Arbeit, in: Lutz,B.(Hg.), Technik und sozialer Wandel. Verhandlungen des 23.Deutschen Soziologentages in Hamburg 1986, Frankfurt-New York 1987, 130.

[105] Vgl. Poppe-Bahr,M., Flexibilisierung des Arbeitskräfte-Einsatzes in Recht und Praxis, IIVG/dp 87-204, Wissenschaftszentrum Berlin für Sozialforschung 1987.

[106] Dieses Problem wird in der englischen und US-amerikanischen Literatur unter der Rubrik "non-union IR" recht ausführlich und kontrovers diskutiert. Vgl. für andere Beaumont,P.B., Structural

oder zumindest über keinen wirklich durchsetzungsfähigen BR als bargaining-Agent ihrer Arbeitnehmer[107]; zudem ist der gewerkschaftliche Organisationsgrad, der aller Erfahrung nach hoch positiv mit der Betriebsgröße korreliert, in diesen Unternehmen sehr gering. Empirisch ermittelte Problemschwerpunkte der betrieblichen Interessenvertretung liegen weniger bei den traditionellen Handlungsfeldern (u.a. Fragen der Lohn- und Arbeitszeitgestaltung), sondern vor allem in Handlungs- und Orientierungshilfen bei Fragen der Arbeits- und Technikgestaltung, wobei allerdings die gewerkschaftlichen Beratungsleistungen hinter den betrieblichen Anforderungen deutlich zurückbleiben.[108]

Das skizzierte Szenario einer Verbetrieblichung der Tarifpolitik paßt also eigentlich nur für die betriebliche Infrastruktur größerer Unternehmen mit starken BR in bestimmten industriellen Kernsektoren sowie mit gewissen Modifikationen für den öffentlichen Dienst mit seinen i.d.R. funktionsfähigen Personalräten. Diese praktisch relevante Einschränkung des Geltungsbereichs der vermuteten Zusammenhänge wird aber in der aktuellen Diskussion häufig übersehen. Zumindest besteht unter den Vorzeichen fortschreitender Dezentralisierung des Tarifverhandlungssystems deutlich die Gefahr einer weiter auseinanderdriftenden Entwicklung mit starken Tendenzen weiter zunehmender Segmentierung.[109] Wahrscheinlich wird die "Varianz" innerhalb der IR deutlich größer.[110]

---

change and industrial relations: The U.K. case, in: IIRA (ed.), 8th World Congress, Proceedings - Volume II, Geneva 1989,72ff.

[107] Für andere: Kotthoff,H., Betriebsräte und betriebliche Herrschaft. Eine Typologie partizipativer Handlungs- und Deutungsmuster von Betriebsräten und Unternehmensleitungen, Frankfurt-New York 1981; Kotthoff,H., Betriebliche Interessenvertretung durch Mitbestimmung des Betriebsrats, in: Endruweit,G. et al.(Hg.), Handbuch der Arbeitsbeziehungen, Berlin 1985, 65-87.

[108] Vgl. im einzelnen Rudolph,W./Wassermann,W., "Die Gewerkschaft ist weit, aber der Chef steht uns jeden Tag auf den Füßen." Zwischenergebnisse aus einem Projekt zu Problemen der Interessenvertretung in Klein- und Mittelbetrieben, Die Mitbestimmung 33 (1987), 7-12.

[109] Angesichts der spezifischen institutionell-rechtlichen Bedingungen deutscher Arbeitsmärkte dürften Segmentierungstendenzen zunehmen, während in anderen Ländern eher eine deutlichere Dualisierung stattfinden wird. Vgl. Goldthorpe,J.H., The end of convergence: Corporatist and dualist tendencies in modern western societies, in: Goldthorpe, Order and conflict in contemporary society, 315-343; Crouch, Perspektiven gewerkschaftlicher Interessenvertretung.

[110] Wir wissen in der Bundesrepublik vergleichsweise viel über die Zukunft der IR in der Metallindustrie, besonders der Automobilbranche, ohne jedoch daraus verallgemeinernde Schlüsse ziehen zu dürfen. Wir wissen aber recht wenig über manch anderen wichtigen Wirtschaftszweig mit durchaus erkennbaren Sonderentwicklungen wie den privaten Dienstleistungssektor oder gar den öffentlichen Dienst. Auch über die wachsende Zahl prekärer Beschäftigungsverhältnisse sind wir nur recht unvollkomen informiert. Vgl. demgegenüber die Fallstudien in Garbarino, Symposium introduction and overview.

In einer eher soziologischen Perspektive hat diese Entwicklung Folgen, die über den engeren Bereich von Arbeitsmärkten und IR weit hinaus und tief in die Sozialstruktur hinein reichen: Als übereinstimmendes Resultat verschiedener neuerer Studien[111] zeigt sich als gesellschaftliche Folge der neuen Produktionskonzepte bzw. systemischen Rationalisierung eine immer tiefergehende Spaltung und Segmentierung der Arbeitnehmerschaft mit "Rationalisierungsgewinnern", "-duldern", "-opfern" und Dauerarbeitslosen, also insgesamt eine Verfestigung und Vertiefung der Statusdifferenzen. Die Folge der Neoindustrialisierung in den Kernsektoren der industriellen Produktion bzw. systemischen Rationalisierung in den verschiedenen Dienstleistungsbereichen ist eine zunehmende Verschärfung der Disparität der Lebensverhältnisse innerhalb der Arbeitnehmerschaft mit höchst ungewissen Folgen für die gesellschaftliche Integration (sog. Zweidrittel- oder Dreiviertelgesellschaft).

14.6. Aufgaben zukünftiger Tarifpolitik und Probleme ihrer Träger

Wir unterstellen im folgenden, daß die Politik der Wochenarbeitszeitverkürzung im Laufe der 90er Jahre nach der Realisierung der 35-Stunden-Woche die dominierende Rolle innerhalb der Tarifpolitik verlieren wird, die sie seit Mitte der 80er Jahre hatte. Probleme der ständig steigenden Arbeitsintensität sowie gemeinsame Einkommenstarifverträge für Arbeiter und Angestellte werden dann an Bedeutung gewinnen.

1. In den vergangenen Jahren hat sich infolge des Einsatzes neuer Technologien der technische Wandel sowohl im Produktions- als auch im Dienstleistungssektor verstärkt; dies führt im Vergleich zu dem klassischen, tayloristisch-fordistischen Massenproduktionsmodell zu grundlegend veränderten Qualifikationsanforderungen mit nunmehr polyvalenten und breiten, fachübergreifenden Grundqualifikationen sowie einer "Reprofessionalisierung der Produktionsarbeit" bzw. "Renaissance der Fachqualifikation".[112]
Deshalb wird mittel- und langfristig in verstärktem Maße ein erheblicher Fort- und Weiterbildungsbedarf aller Arbeitnehmer[113] bestehen, der durch die Sicherung und

---

[111] U.a. Kern/Schumann, Ende der Arbeitsteilung; Baethge/Oberbeck, Zukunft der Angestellten.

[112] Vgl. für andere: Kern/Schumann, Ende der Arbeitsteilung; Baethge/Oberbeck, Zukunft der Angestellten.

[113] Vgl. zum hier nicht behandelten Problem einer politischen Ökonomie der beruflichen Bildung Streeck,W., Skills and the limits of neo-liberalism: The enterprise of the future as a place of learning. Discussion Paper FS I 88-16, Wissenschaftszentrum Berlin für Sozialforschung 1988. Eine kritische

Steigerung der Personaleinsatzflexibilität sowie durch den säkularen Strukturwandel des Arbeitskräfteangebots[114] noch gesteigert wird. Dieser expandierende Bedarf wird sowohl über die bisher vor allem in den traditionellen Rationalisierungsschutzabkommen der 70er Jahre vereinbarten beschäftigungs- bzw. arbeitsplatzsichernden Qualifikationsmaßnahmen zur Vermeidung von drohenden Entlassungen weit hinausreichen als auch die seit langem vor allem in Großunternehmen vorhandenen, allgemeinen betrieblichen Maßnahmen überschreiten. M.a.W.: Innerhalb eines Modells der Produktion diversifizierter Qualitätsprodukte wird "Qualifikation" zur Schlüsselvariable, wobei die Bedeutung der Weiterbildungspolitik durch die demographische Entwicklung (höheres Durchschnittsalter der Erwerbspersonen) noch erhöht wird.[115]

Die konkrete Ausgestaltung und Implementation solcher betrieblichen Strategien eines weichen "human resource management" angesichts eines bestehenden und andauernden "Facharbeitermangels" trotz Massenarbeitslosigkeit sind gegenwärtig jedoch einem wirksamen Einfluß der Arbeitnehmervertretungen noch weitgehend entzogen.[116] Die seit langem betriebene, aber rein betrieblich organisierte selektive Weiterqualifizierung ganz bestimmter Gruppen, zumeist von Facharbeitern und Führungskräften, geschieht im Gegensatz zur beruflichen Ausbildung weitestgehend ohne Einflußnahme der Interessenvertretungen der Arbeitnehmer.[117] Ein relativ neues und innovatives Aktionsfeld gewerkschaftlicher Tarifpolitik[118] wird in Zukunft

---

Übersicht bietet Mahnkopf,B., Gewerkschaftspolitik und Weiterbildung. Chancen und Risiken einer qualifikationsorientierten Modernisierung gewerkschaftslicher (Tarif-)Politik, Discussion Paper FS I 89-11, Wissenschaftszentrum Berlin für Sozialforschung 1989; Mahnkopf,B., Betriebliche Weiterbildung. Zwischen Effizienzorientierung und Gleichheitspostulat, Soziale Welt 41 (1990), 70-96.

[114] Dieser Wandel wird gekennzeichnet sein durch eine geringere Zahl von Schulabgängern sowie durch eine größere Zahl von Einwanderern (Ausländern, Aus- und Übersiedlern) und Frauen, die wieder erwerbstätig werden. Diesen Personengruppen mangelt es häufig an Ausbildung und Berufserfahrung.

[115] "Quantitative and qualitative analyses leave no doubt that skill, qualification and training are becoming the key problems to be solved by (micro-level) labour management and (macro-level) manpower policy." Müller-Jentsch,W., Productive forces and industrial citizenship: An evolutionary perspective on labour relations, Economic and Industrial Democracy 12 (1991), 459.

[116] International vergleichend Kassalow, Trade unions and industrial relations, 12f.

[117] "Die Rolle der Verbände in der Weiterbildung ist weniger stark ausgeprägt als in der Berufsausbildung, und dies wird vor allem von den Gewerkschaften beklagt." Streeck,W. et al., Steuerung und Regulierung der beruflichen Bildung. Die Rolle der Sozialpartner in der Ausbildung und beruflichen Weiterbildung in der Bundesrepublik Deutschland, Berlin 1987, 99.

[118] Hiermit unterstelle ich zumindest implizit, daß eine notwendige Auseinandersetzung über die zukünftigen Prioritäten innerhalb der Tarifpolitik bei recht unterschiedlichen Interessenlagen in einer ganz spezifischen Weise gelöst wird.

darin bestehen, gleichberechtigt und aktiv-gestaltend mitzuwirken an der konkreten Ausgestaltung einer systematisch und kontinuierlich betriebenen innerbetrieblichen Aus- und Weiterbildung.

Vereinbarungen sind zu treffen über
- Verankerung eines grundsätzlichen individuellen (und einklagbaren Rechts-) Anspruchs auf Berücksichtigung,
- Art, Umfang und Dauer der Maßnahmen (Qualifikationsplan),
- den einzubeziehenden Personenkreis (Teilnehmerauswahl nach gemeinsam vereinbarten Kriterien, u.a. Qualifikation, Gruppenmerkmale vs. Selektion ganz bestimmter Arbeitnehmer durch den Arbeitgeber),
- die konkreten Qualifizierungsinhalte sowie deren Abgrenzung (arbeitsplatzspezifisch-grundlegende vs. allgemeinere Inhalte),
- die Finanzierung der Maßnahmen als dem wohl zentralen Problem,
- die Honorierung der erworbenen Qualifikationen (Aussicht auf Höhergruppierung bzw. Qualifikationszuschlag auf Zeit oder auf Dauer) als individuelle materielle Anreize zur Teilnahme,
- die Überwachung der Implementation Kontrolle des Vertragsinhalts durch Mitbestimmung der betrieblichen Interessenvertretungen.

Eine solche, nunmehr angebotsseitig aktive Strategie der "Humankapitalinvestition" würde faktisch eine grundsätzliche Neuverteilung von arbeitspolitischen Gestaltungsrechten implizieren müssen. Sie würde notwendigerweise hinauslaufen auf eine erhebliche Ausweitung der im internationalen Vergleich für die deutschen IR zentralen echten inhaltlichen Mitbestimmungsrechte der Arbeitnehmervertretungen[119] auf Fragen der Unternehmensführung einschließlich der Investitionsplanungen sowie auf Organisationsbefugnisse (die sog. "management prerogatives"). Die Strategie hätte insofern mit zumindest anfänglich erheblichen Widerständen der Arbeitgeber zu tun. Auch werden individuelle und betriebliche Interessen nicht unbedingt kongruent sein (u.a. hinsichtlich der Auswahl der Teilnehmer, der Ziele und Inhalte der Weiterbildungsmaßnahmen, der Verteilung der entstehenden Kosten sowie der materiellen Folgen der erworbenen Qualifikationen).[120]

---

[119] Zu denken ist hier vor allem an eine Erweiterung der Rechte des BR nach Par.98 BetrVG, etwa in paritätisch zu besetzenden sog. Weiterbildungskommissionen als Letztentscheidungsorgan.

[120] Die Schwierigkeiten derartiger tarifvertraglicher Regelungen werden deutlich durch Beschreibungen der Position der Arbeitgeberverbände: "Zunächst muß eine praxisgerechte Begriffsbestimmung der Weiterqualifizierung und Abgrenzung zur allgemeinen und sonstigen Bildung gefunden werden. Qualifizierungsinitiativen müssen sodann nach den betrieblichen Erfordernissen orientiert werden, was originäre Rechtsansprüche der Arbeitnehmer ausschließt ... Schließlich bleibt nach wie vor die ausgeübte Tätigkeit Maßstab für die Entlohnung und nicht allein die einmal erreichte Qualifikation.

Auf jeden Fall bieten sich vielfältige Möglichkeiten für kreative Lösungen durch konsensfähige Konzepte infolge partiell parallel gelagerter und daher nicht prinzipiell konflikthafter Interessen an einer verbesserten Qualifikation der Belegschaften. Derartige, potentiell beidseitig vorteilhafte "Produktivitätskoalitionen"[121] auf überbetrieblicher und vor allem betrieblicher Ebene[122] sind weniger verteilungs- als vielmehr produktionspolitischer Natur und können langfristig Qualifizierungs- und Bildungspolitik mit Tarifpolitik zu einer stärker integrierten Arbeits- und Produktionspolitik sinnvoll und stärker verbinden (Nicht-Nullsummenspiele).[123]

Eine solche Strategie der Einbeziehung der beruflichen Weiterbildung in die qualitative Tarifpolitik wäre zudem realistischer als etwa eine alternative Orientierung der Tarifpolitik an sozialer Umverteilung zwischen oder innerhalb von Gruppen oder als eine Ausweitung auf andere Objektbereiche (wie z.B. Kultur oder Freizeit).[124] Letzteres würde auf ein Angebot weiterer Kollektivgüter hinauslaufen, die ex definitione keinen Anreiz zum Beitritt ausüben. Außerdem ist nicht abzusehen, wie ein entsprechendes Angebot bei dem vorhandenen Personal der Organisation realisiert werden sollte. Schließlich ist kaum auszumachen, warum bei zunehmender Heterogenisierung der Interessen ein derartiges Angebot von den Mitgliedern, deren Präferenzen immer stärker differieren, überhaupt angenommen werden sollte. Insofern deuten verschiedene Indikatoren auf eine arbeitsplatz- und berufsspezifisch orientierte Konzentration der Angebotsorientierung hin.

Dabei muß es ebenso bleiben wie bei den Beteiligungsrechten der geltenden Betriebsverfassung, die über Tarifverträge nicht zur Disposition gestellt werden dürfen." BDA, Jahresbericht 1988, 36.
"Die sachliche und finanzielle Weiterbildungsverantwortung eines Betriebes kann nach Auffassung der Arbeitgeber max. so weit reichen, wie Weiterbildung zur Deckung des betrieblichen Qualifikationsbedarfs notwendig ist ... Da betriebliche Weiterbildung vor allem aber auch den Mitarbeitern nutzt, muß bei nur noch relativ kurzen Arbeitszeiten der betriebliche Kostenbeitrag verstärkt dadurch ergänzt werden, daß Weiterbildung zu höheren Anteilen in der arbeitsfreien Zeit stattfindet ... Die gezielte Qualifizierung für den betriebsexternen Arbeitsmarkt und die Weiterbildung von Arbeitslosen sind keine Aufgaben, die in die originäre (Finanz-)Verantwortung der Betriebe fallen." BDA, Geschäftsbericht 1989, Bergisch-Gladbach 1989, 71.

[121] International vergleichend Windolf, Productivity coalitions and the future of European corporatism.

[122] Qualifikations- und Weiterbildungsfragen sind gegenwärtig vor allem bei Klein- und Mittelbetrieben noch kein Problem.

[123] Vgl. zu einer optimistischen Einschätzung derartiger Strategien im einzelnen Streeck, Industrial relations in West Germany.

[124] In diese Richtung argumentiert u.a. Negt,O., Interessenverband oder Menschenrechtspartei? Die Gewerkschaften vor neuen geschichtlichen Aufgaben, in: IG Metall (Hg.), Solidarität und Freiheit. Internationaler Zukunftskongreß 1988, Köln 1989, 290-319.

Die verschiedenen Mitbestimmungsregelungen (z.B. Par.98 BetrVG) bieten günstige Ansatzpunkte, die freilich zu einer wirksamen Einflußnahme nicht ausreichen. Außerdem kann diese Strategie sowohl mit als auch ohne denkbare staatliche Rahmenregulierungen und Aktivitäten im Bereich der beruflichen Bildung und Umschulung verfolgt werden. Andererseits kann auch diese Strategie nicht isoliert auf einzelbetrieblicher Ebene in Form von Betriebsvereinbarungen erfolgversprechend verfolgt werden. Vielmehr bedarf sie der Absicherung durch Institutionalisierung in Tarifverträgen, welche Mindeststandards formulieren und Einzelregelungen verallgemeinern. Von entscheidender Bedeutung wird sein, ob es den Gewerkschaften gelingt, "ihre" BR, die letztendlich ähnlich wie bei der Wochenarbeitszeitverkürzung für die Implementation der Verträge zuständig und verantwortlich sind, für den hohen Stellenwert der beruflichen Weiterbildung zu sensibilisieren, für die Umsetzung der Regelungen zu mobilisieren und entsprechend zu schulen und zu beraten.[125] Insofern wird ein weiterer komplexer Aufgabenbereich mit zusätzlichen Kompetenzen, aber auch Problemen auf die BR zukommen.

Strittig sind innerhalb der Gewerkschaften (vor allem zwischen der IGM und der IGChPK[126]) Probleme der Lage, d.h. ob Zeiten der innerbetrieblichen, "investiven" Weiterbildung nach einem zu bestimmenden Schlüssel mit weiteren Wochenarbeitszeitverkürzungen verrechnet werden dürfen oder ob sie vollständig auf die Arbeitszeiten angerechnet werden sollen.[127] Auch müssen nicht unbedingt alle Arbeitnehmer an der Teilnahme an solchen Maßnahmen interessiert sein (Prinzip der Freiwilligkeit vs. Weiterbildungspflicht); Akzeptanzprobleme können sich, trotz einer Verbesserung der individuellen Konkurrenzsituation, u.a. aufgrund von Lernungewohnheiten und Unsicherheit hinsichtlich der Konsequenzen bei Nicht-Teilnahme ergeben. Schließlich werden auch zwar vertraglich abgesicherte, gleichwohl langfristig angelegte Verbindlichkeiten eingegangen und damit andere Optionen

---

[125] "Hinsichtlich der beruflichen Bildung im Betrieb hat der Betriebsrat ein (begrenztes) Mitbestimmungsrecht. Die entsprechenden Fragen standen traditionell aber nicht im Zentrum seines Interesses. Weiterbildung war üblicherweise kein Konfliktfeld mit dem Management." Altmann,N./Düll,K., Rationalisierung und neue Verhandlungsprobleme im Betrieb, WSI-Mitteilungen 40 (1987), 264.

[126] Vgl. Kurz-Scherf,I., Tarifbewegungen im 1.Halbjahr 1988, WSI-Mitteilungen 41 (1988), 518f.

[127] "Ein .. Vorschlag, Zeit für Weiterbildung vorzusehen, läuft .. darauf hinaus, statt Arbeitszeitverkürzung Qualifikationszeit zu realisieren. Dies trägt weder dem Beschäftigungs- noch dem Freizeitbedarf genügend Rechnung. Die Notwendigkeit besserer Weiterbildung im Arbeitsleben und während der Arbeitszeit ist unbestritten, die Bereitschaft zu einer tarifvertraglichen Regelung bei den Gewerkschaften vorhanden, aber eben nicht als Ersatz für die 35-Stunden-Woche." Lang,K., Aspekte der Arbeitszeitverkürzung und der Flexibilisierung der Arbeit, Gewerkschaftliche Monatshefte 37 (1986), 605.

verbaut. - Auf Seiten der Arbeitgeber bzw. des Managements werden sich Probleme bei einer solchen "Organisation lebenslangen Lernens" vor allem in Klein- und Mittelbetrieben ergeben, die i.d.R. nur aus dem konkretem Anlaß einer qualifikatorischen Engpaßbewältigung, inhaltlich enger auf einzelne Arbeitsplätze bzw. nicht arbeitsplatzübergreifend ausdifferenziert und aus Kostengründen ohne Freistellungen weiterqualifizieren.[128]

Weitgehend unberücksichtigt bleibt in der gegenwärtigen Diskussion die Gefahr, daß die Umsetzung derartiger Tarifverträge die ohnehin schon vorhandenen Segmentationsprozesse noch verstärken bzw. zu Prozessen der Polarisierung sowohl innerhalb als auch zwischen Betrieben (inner- bzw. interbetriebliche Selektivität) führen kann, wenn es den BR nicht gelingt, die schlecht Qualifizierten systematisch einzubeziehen. Weiterhin ist die Strategie ex definitione eher auf die Sicherung bestehender als auf die Schaffung neuer Arbeitsplätze angelegt und insofern durch ihre strikte Ausrichtung auf die betriebsinternen Märkte tendenziell auf eine andere als die gegenwärtige Arbeitsmarktsituation hin orientiert.

Praktische Ansätze einer solchen Politik lassen sich, wenngleich noch vereinzelt, bereits aufzeigen:

1. In der Chemieindustrie (u.a. Deutsche Shell AG) können seit 1988 Arbeitnehmer tariflich vereinbarte Wochenarbeitszeitverkürzungen freiwillig für ein Weiterbildungsprogramm (PC-Trainingsprogramm, Geschäftsenglisch, betriebswirtschaftliche Grundlagen) nutzen.

2. Auch der vermutlich für die Zukunft wegweisende Lohn- und Gehaltsrahmen-Tarifvertrag I für die Beschäftigten in der Metallindustrie in Nordwürttemberg-Nordbaden vom Februar 1988 [129] enthält die ausdrückliche Verpflichtung, "einen vielseitigen Arbeitseinsatz" der Arbeitnehmer zu ermöglichen "sowie den Erhalt und die Erweiterung der Qualifikation der Beschäftigten zu fördern". Der Arbeitgeber ermittelt den jeweiligen betrieblichen Qualifikationsbedarf, der sich aus den aktuellen und zukünftigen Anforderungen ergibt und berät einmal jährlich mit dem in dieser Frage nicht mitbestimmungsberechtigten BR, bevor

---

[128] Innerhalb von Großbetrieben kann es zu Hierarchieproblemen kommen, vor allem zu Widerständen auf der Meisterebene bzw. der Ebene des mittleren Managements infolge der Furcht vor Kompetenz- bzw. Funktionsverlust, wegen fehlender Einsicht in den kurzfristigen praktischen Nutzen sowie wegen fehlendem Verständnis für Sinn und Zweck der Regelung. Bedürfnisse nach Weiterbildung und eine zentrale Steuerung der Produktion stehen in einem gewissen Widerspruch zueinander.

[129] Vgl. im einzelnen Bispinck,R., Rationalisierung, Arbeitspolitik und gewerkschaftliche Tarifpolitik. Das Beispiel des Lohn- und Gehaltsrahmentarifvertrags I für die Metallindustrie in Nordwürttemberg-Nordbaden, WSI-Mitteilungen 41 (1988), 402-412; Kurz-Scherf, Tarifbewegungen im 1. Halbjahr 1988, 516ff.

der endgültige Bedarf festgelegt wird. Die Qualifizierungsmaßnahmen sollen die Teilnehmer für höherwertige Aufgaben mit besserer Eingruppierung und Entlohnung qualifizieren. Der zeitliche Aufwand der Weiterbildungsmaßnahmen gilt als Arbeitszeit; die Kosten trägt der Arbeitgeber. Im übrigen gelten diese Regelungen, die auch neue Maßstäbe für die Bewertung der Arbeitsleistung enthalten, für Arbeiter und Angestellte gleichermaßen.[130] Insofern könnte es sich durchaus um einen Vorläufer eines gemeinsamen Entgelttarifvertrags handeln.

3. Andere Beispiele für ein solches integratives bargaining[131] sind u.a. der gemeinsame Entgelttarifvertrag für gewerbliche Arbeitnehmer und Angestellte statt der bisherigen Lohntarifverträge für gewerbliche Arbeitnehmer und Gehaltstarifverträge für Angestellte in allen Tarifregionen der Chemieindustrie von 1987. Die gemeinsame Entgelttarifregelung führt Facharbeiter und Handwerker im Einkommen mit vergleichbaren kaufmännischen und technischen Angestellten zusammen[132]; gerade dieser Vertrag kann in seiner strategischen Bedeutung hinsichtlich der Überwindung von Statusdifferenzen kaum überschätzt werden. [133]

2. Die zentrale externe Aufgabe von Industriegewerkschaften, nämlich heterogene Partikularinteressen zu aggregieren, zu vereinheitlichen und in eine nach außen durchsetzbare, gemeinsame Verbandspolitik zu transformieren, war immer schon recht diffizil, ihre Lösungen blieben stets labil. Bereits Ende der 70er Jahre zeigte sich als generelle Entwicklungstendenz des Verallgemeinerungsgrades der Mitglie-

---

[130] Andere Beispiele sind: Tarifvertrag zur sozialen Sicherung der Arbeitnehmer bei technischen und arbeitsorganisatorischen Änderungen für die Volkswagen AG von 1987, Werktarifvertrag zwischen der IG Metall und der Firma Vögele von 1988, Tarifvertrag zur berufsbezogenen Weiterbildung im Wirtschaftsbereich Heizungs-, Klima- und Sanitärtechnik für Berlin von 1987. Es handelt sich vor allem um Haus- bzw. Werktarifverträge, die besonders im Organisationsbereich der IG Metall abgeschlossen wurden. Mit dem LGRTV I ist es "erstmals gelungen, in einem Flächentarifvertrag von zentraler Bedeutung detaillierte Regelungen zur Qualifizierung zu vereinbaren." Bispinck, Rationalisierung, Arbeitspolitik und gewerkschaftliche Tarifpolitik, 406. Vgl. auch Hans-Böckler-Stiftung (Hg.), Berufliche Weiterbildung - Gestaltung durch betriebliche Vereinbarungen, Düsseldorf 1989; Hans-Böckler-Stiftung (Hg.), Berufliche Weiterbildung - Regelung durch Tarifvertragsparteien, Düsseldorf 1989; Bispinck,R., Qualifikationsrisiken, berufliche Weiterbildung und gewerkschaftliche Tarifpolitik, Düsseldorf 1990.

[131] Im Sinne von Walton/McKersie, A behavioral theory of labor negotiations.

[132] Vgl. Sozialpolitische Umschau 1987/8, 191f.

[133] Die IGM plant ebenfalls, in absehbarer Zukunft einen gemeinsamen Einkommenstarifvertrag für Arbeiter und Angestellte abzuschließen. Ein weiteres, älteres Beispiel für integratives bargaining sind gemeinsame Einrichtungen (z.B. Sozialkassen in der Bauindustrie, Wohnungsbaugesellschaften im Bergbau).

derinteressen eine Transformation universalistischer, umfassend solidarischer Formen gewerkschaftlicher Politik in partikularistisch-berufsständische Formen der Interessenvertretung zugunsten eines begrenzten Mitgliederstammes.[134]

Die zur Erreichung von kollektiver Handlungsfähigkeit notwendige Mediatisierung von Einzelinteressen wird immer schwieriger, wenn nicht letztlich fast unmöglich[135]
- infolge der skizzierten Prozesse spezifischer Arbeitsmarktstrukturierung (sog. soziale Schließung betriebsinterner Märkte),
- wegen der Veränderungen von Produktionsstrukturen und deren Folgen für die Arbeitsprozesse
- sowie aufgrund zunehmender Interessendifferenzierung und -heterogenisierung der Arbeitnehmer (u.a. in Stamm- und Randbelegschaften, in prosperierenden und stagnierenden Betrieben bzw. Branchen, in normalen und prekären Beschäftigungsverhältnissen, durch Individualisierungstendenzen, durch geschlechtsspezifische Unterschiede).

Innerorganisatorisch gewendet bedeutet dies nicht nur neue Probleme für das ökonomische Selbstverständnis gewerkschaftlicher Politik, sondern auch für die notwendige Solidarität im Rahmen einer mehrheitsfähigen Politik: Die zur Durchsetzung zentralisierter Forderungen erforderliche Mobilisierung der Mitglieder wird schwieriger, was die Durchsetzungsfähigkeit der Interessen durchaus negativ beeinflussen kann.

Eine aus organisationsstrukturellen Imperativen notwendigerweise immer differenzierter zu gestaltende Interessenpolitik wird verstärkt Rücksicht nehmen müssen auf ganz unterschiedliche Soziallagen einer ständig heterogener werdenden Mitgliedschaft bei zunehmender Entstandardisierung der Arbeitsbedingungen; sie wird sich nicht mehr wie in der Vergangenheit weitgehend an den vergleichsweise homogenen Interessen eines Mitgliederstammes von vollzeitbeschäftigten, männlichen Facharbeitern im alten produktivistischen Kern der Wirtschaft orientieren können. Insofern ist eine Veränderung der innergewerkschaftlichen Strukturen notwendig.[136]

Das Risiko betriebsegoistischer und syndikalistischer Lösungen wächst mit der Schwierigkeit, die verschiedenen, häufig eher exklusiven Politiken der BR auf der

---

[134] Vgl. zusammenfassend Brandt,G./Jacobi,O./Müller-Jentsch,W., Anpassung an die Krise: Gewerkschaften in den siebziger Jahren, Frankfurt-New York 1982.

[135] International vergleichend auch Regini,M., Das neue Lexikon industrieller Beziehungen: Flexibilität, Mikrokorporatismus, Dualismus. Herausforderungen und Perspektiven für die westeuropäischen Gewerkschaften, in: Erd et al.(Hg.), Strukturwandel in der Industriegesellschaft, 25-40.

[136] Crouch bringt dieses grundsätzliche Problem der Gewerkschaften auf den Punkt mit der Formel "Die Alternative: Flexibilisierung oder Niedergang". Crouch, Perspektiven gewerkschaftlicher Interessenvertretung, 53.

Mikroebene in eine inklusive gewerkschaftliche Strategie der Interessenvereinheitlichung auf der Makroebene einzubinden.[137] Dieses Dilemma von institutionell vorgeprägter Handlungslogik (Stabilisierung des internen Marktes zugunsten des eigenen Wahlklientels) und Gesamtrationalität (Erfordernis einer Rekrutierung vom externen Markt angesichts um sich greifender Massenarbeitslosigkeit) ist für BR zugegebenermaßen nur schwierig zu lösen.

Die Industriegewerkschaften laufen Gefahr, zwar nicht programmatisch, wohl aber faktisch zu Verfechtern jeweils dominierender Partikularinteressen zu werden, wenn es ihnen nicht gelingt, übergreifende Konzepte umfassender Organisationspolitik und Interessenvertretung unter Einschluß der zunehmenden Zahl von Arbeitnehmern in verschiedenen marginalisierten Beschäftigungsverhältnissen sowie der Arbeitslosen nicht nur zu formulieren und als symbolic politics zu "verkaufen", sondern auch tatsächlich durchzusetzen. Eine Entwicklung in Richtung auf business unions wie in den USA oder neuerdings England würde nicht das Ende der Gewerkschaften bedeuten, wohl aber ihren weitreichenden Anspruch auf Vertretung der Interessen aller Arbeitnehmergruppen entscheidend einschränken.

Die inklusive Strategie mag als interner programmatischer Anspruch von Industriegewerkschaften sinnvoll sowie als externer Anspruch an sie wünschenswert sein, um der "Marginalisierung zu Organisationen industrieller Minderheiten zu entgehen"[138]. Die notwendige Mitgliederorientierung jeder praktischen Verbandspolitik steht einer breit angelegten, solidarischen Interessenpolitik aber eher im Wege[139]: Die Gruppen, die am Arbeitsmarkt kaum über bargaining power verfügen, sind in der Regel auch in den Gewerkschaften nur schwach organisiert und damit von ihren spezifischen Interessenlagen her in den Entscheidungsgremien schlecht repräsentiert. Zudem hat die exklusive Strategie viel an empirischer Evidenz der vergangenen Jahre für sich, was freilich noch nichts über ihre tarif- und gesellschaftspolitische Wünschbarkeit für die Zukunft aussagt.

---

[137] Dieser Sachverhalt ließe sich am Beispiel der in den vergangenen Jahren häufig diskutierten Alternative "Überstunden vs. Neueinstellungen" detaillierter und mehr als deutlich demonstrieren.

[138] Müller-Jentsch,W., Gewerkschaften im Umbruch, in: ders., Zukunft der Gewerkschaften, 286.

[139] Ähnlich auch Goldthorpe: "As is well brought out by several commentators on the present-day West German situation, the possibility of dispersing the costs of economic adjustment within a pool of secondary labour, rather than "internalizing" them, is a powerfully attractive one to union movements, even where they possess some tradition of more solidaristic strategies..." Goldthorpe, The end of convergence, 340.

3. Paradigmenwechsel innerhalb eines nationalen Systems der institutionalisierten Interessenvermittlung brauchen keineswegs in sämtlichen Politikarenen parallel zu verlaufen (sog. sektoraler Korporatismus[140]): Was etwa an insbesondere im internationalen Vergleich durchaus begrenzten Dezentralisierungs- und Fragmentierungstendenzen innerhalb der IR für die jüngere Vergangenheit festzustellen und für die nähere Zukunft zu prognostizieren ist, braucht innerhalb der benach-barten Sozialpolitik (z.B. im Gesundheitswesen oder im Arbeitsschutz) noch lange nicht vorhanden zu sein - von anderen, inhaltlich weiter entfernten Teilsystemen (z.B. Umweltschutz) ganz zu schweigen.[141] Die korporativen Akteure sind andere und die Rahmenbedingungen ihres rationalen Handelns (u.a. veränderte Strategien und Interessen des Staates) sind unterschiedlich. Verallgemeinerungen in leicht griffige Formeln werden nicht nur innerhalb von einzelnen, sondern auch im Vergleich verschiedener Bereiche zunehmend schwieriger.

Die fundamentalen Unterschiede werden in den kommenden Jahren nicht darin bestehen, ob die Prozesse der Dezentralisierung fortschreiten oder nicht. Diese Frage ist längst entschieden: Allein schon wegen des generellen Arbeitgeberinteresses an einer Kostenminimierung werden die Flexibilisierungstendenzen eher noch zunehmen und wahrscheinlich mit einer weitergehenden Dezentralisierung einhergehen. In den zentralisierten IR-Systemen einiger westeuropäischer Länder werden zwar diese Trends offensichtlicher und weitreichender sein als in stärker dezentralisierten (etwa Englands und der USA); aber dies ist eine Frage gradueller, nicht prinzipieller Unterschiede. Eine grundsätzliche Ablehnung jedweder Form der Flexibilisierung und damit der Ausweitung von Handlungsspielräumen auf der Betriebsebene kann deswegen keine realistische Strategie für die Zukunft sein; die betrieblichen Aushandlungsprozesse werden nicht mehr über das ob, sondern über das wie und dessen Beeinflussung im unterschiedlichen Interesse verschiedener Gruppen gehen.

Die begrenzten Tendenzen der Fragmentierung von Arbeitsbeziehungen und Segmentierung von Arbeitsmärkten werden fortschreiten, ohne daß das System der institutionellen Interessenvermittlung auseinanderbricht.[142] Die Gründe liegen zum

---

[140] Vgl. Lehmbruch,G., Concertation and the structure of corporatist networks, in: Goldthorpe, Order and conflict in contemporary capitalism, 60-80.

[141] Vgl. verschiedene Beiträge in Hartwich,H.-H.(Hg.), Macht und Ohnmacht politischer Institutionen. 17. Wissenschaftlicher Kongreß der DVPW, Opladen 1989, 135-221.

[142] Deutlichere Entwicklungen in diese Richtung zeichnen sich für England ab: "Eine konservative Deregulierung tendiert dazu, die Arbeitsbeziehungen zu individualisieren. Die Stabilisatoren des Kollektivverhandlungssystems werden abgeschafft oder ins Wanken gebracht, ohne daß Äquivalente bereitgestellt werden." Prigge,W.-U., Zur Transformation voluntaristischer Traditionsmuster in den britischen Arbeitsbeziehungen, Zeitschrift für Rechtssoziologie 8 (1987), 283.

einen in der skizzierten Verbetrieblichung der Tarifpolitik, d.h. in der partiellen Verlagerung von Regelungskompetenzen von den überbetrieblichen auf die betrieblichen Akteure. Hierbei können die betrieblichen Akteure durchaus anderen Rationalkalkülen folgen können als ihre Pendants auf sektoraler Ebene; die u.a. beschäftigungspolitischen Imperative, unter denen Industriegewerkschaften in ihren interessenvereinheitlichenden Politiken lange agierten, kommen nicht mehr in dem Maße zum Tragen wie unter eher korporatistischen Vorzeichen - zum andern liegen die Gründe auch in den zeitlich parallelen staatlichen Deregulierungsbestrebungen, welche eindeutig die Verfolgung von Partikular- zu Lasten von Kollektivinteressen begünstigen.

Jüngere empirische Studien kommen zu dem Ergebnis, daß die Richtung dieser innovativen Prozesse nicht-tayloristischer Rationalisierung mit politischen Mitteln nicht nur beeinflußt, sondern sogar verändert und gestaltet werden kann.[143] Die grundlegende politische Entscheidung wird darin bestehen, ob diese Prozesse der Dezentralisierung unter irgendeiner Art politischer und damit sozialer Kontrolle seitens des Staates stattfinden oder nicht. Die Regierungen werden, wahrscheinlich unter dem wachsenden Druck drängender Probleme, entscheiden müssen, ob sie einen rechtlichen Bezugsrahmen formulieren oder ob sie diese Prozesse den Kräften des "freien" Marktes überlassen wollen. Bei der zuletzt genannten Alternativen gäbe es keine wirksamen rechtlichen Kontrollen zugunsten der schwächeren Gruppen mit geringer oder keiner Verhandlungsmacht, die den weniger pluralistischen, vielleicht sogar dualistischen Strukturen der Arbeitsmärkte und fragmentierten Arbeitsbeziehungen ausgesetzt sind.

---

[143] Vgl. Piore/Sabel, Das Ende der Massenproduktion; Kern/Schumann, Das Ende der Arbeitsteilung.

Einführende Literatur:

Blanpain,R.(ed.), Unions and industrial relations. Recent trends and prospect. A comparative treatment. Bulletin of Comparative Labour Relations 16 - 1987, Deventer 1987

Edwards,R./Garonna,P./Tödtling,F. (eds.), Unions in crisis and beyond. Perspectives from six countries, Dover-London 1986

Erd,R./Jacobi,O./Schumm,W.(Hg.), Strukturwandel in der Industriegesellschaft, Frankfurt-New York 1986

Feldhoff,J. et al.(Hg.), Regulierung - Deregulierung. Steuerungsprobleme der Arbeitsgesellschaft, Nürnberg 1988

Hoffmann,J. et al.(Hg.), Jenseits der Beschlußlage. Gewerkschaft als Zukunftswerkstatt, Köln 1990

Kochan,Th.A.(ed.), Challenges and choices facing American labor, Cambridge-London 1985

Kochan,Th.A./Katz,H.C./McKersie,R.B., The transformation of American industrial relations, New York 1986

Müller-Jentsch,W.(Hg.), Zukunft der Gewerkschaften. Ein internationaler Vergleich, Frankfurt-New York 1988.

15. REGULIERUNGSPOLITIK ALS ARBEITSPOLITIK

15.1. Einleitung und definitorische Abgrenzungen

Deregulierung, neben Privatisierung politisches Schlagwort und ordnungspolitisches Programm seit Beginn der 80er Jahre, kann sich bekanntlich auf ganz verschiedene Sektoren erstrecken (z.B. Gesundheitswesen, Verkehrs-, Versicherungs- und Versorgungswirtschaft, Kommunikationssektor).[1] Ich werde im folgenden die verschiedenen Deregulierungsversuche ausschließlich in bezug auf das Politikfeld "Arbeitsbeziehungen und Arbeitsmärkte" behandeln, welches immer wieder ein prominentes Anwendungsfeld für das "Marktparadigma" abgibt. Dabei werde ich Deregulierung und Flexibilisierung analytisch deutlich voneinander trennen, was in der öffentlichen Diskussion leider nicht hinreichend geschieht.[2] Der offensichtliche Grund für das vorherrschende Definitionswirrwarr bzw. die unscharfe Begriffstrennung liegt darin, daß beide Strategien in verschiedenen Ländern in den 80er Jahren nahezu zeitgleich eingesetzt wurden, was aber nicht unbedingt der Fall sein muß.

1. Die aktuellen Flexibilisierungsbemühungen gehen in allen westlichen Industrienationen vor allem von den Unternehmern aus, die damit - nationalspezifisch durchaus unterschiedlich[3] - auf stark veränderte technologische und ökonomische Rahmenbedingungen reagieren. Ihr generelles Ziel besteht in einer schnellen Überwindung des Angebotsschocks sowie in einer möglichst raschen Amortisation des eingesetzten Kapitals, wobei in den vergangenen Jahren eine erhebliche Steigerung des notwendigen Kapitaleinsatzes pro Arbeitsplatz zu verzeichnen war. Das zentrale Mittel der Unternehmer sind Flexibilisierungsstrategien in bezug auf den Faktor Arbeit, die gerichtet sind:
- vor allem auf eine Entkoppelung von Betriebs- bzw. Anlagennutzungszeiten und individuellen Arbeitszeiten,

---

[1] Vgl. u.a. Thiemeyer,T. (Hg.), Regulierung und Deregulierung im Bereich der Sozialpolitik. Schriften des Vereins für Socialpolitik Bd.177, Berlin 1988; Seidenfus,H. (Hg.), Deregulierung - eine Herausforderung an die Wirtschafts- und Sozialpolitik in der Marktwirtschaft. Schriften des Vereins für Socialpolitik Bd.184, Berlin 1989; Ewers,H.-J./Wein,T., Gründe und Richtlinien für eine Deregulierungspolitik. Wirtschaftswissenschaftliche Dokumentation der Technischen Universität Berlin, Diskussionspapier 139, Berlin 1989.

[2] Vgl. die Beiträge in WSI-Mitteilungen, Heft 8/1988 und Heft 6/1990 sowie in Die Mitbestimmung, Heft 9+10/1989.

[3] Rodgers,G., Precarious work in Western Europe: The state of the debate, in: Rodgers,G./Rodgers,J. (eds.), Precarious jobs in labour market deregulation: The growth of atypical employ-ment in Western Europe, Geneva 1989, 1-16; Ricca,S., The behaviour of the state and precarious work, in: Rodgers,G./Rodgers,J. (eds.), Precarious jobs in labour market deregulation, 287-293.

- aber auch auf eine verstärkte Differenzierung der Entgelte,
- auf eine Externalisierung (durch Auslagerung von betrieblichen Funktionen),
- auf eine Erhöhung der funktionalen Verwendbarkeit (u.a. durch Intensivierung der innerbetrieblichen Aus- und Weiterbildung)
- sowie auf neue Beschäftigungs- und Vertragsformen mit der Folge einer deutlicheren Segmentation der Arbeitsmärkte[4].

Flexibilisierung ist jedoch nicht, wie es auf den ersten Blick den Anschein haben mag, per se ein Arbeitszeitkonzept, welches nur den Arbeitgebern nutzen kann.[5] Auch bei verschiedenen Arbeitnehmergruppen bestehen durchaus manifeste Interessen an einer Erweiterung individueller Entscheidungsspielräume und mehr beruflicher Autonomie.[6] Solche Wahlmöglichkeiten mit dem Ziel zunehmender Souveränität in der individuellen Zeitgestaltung könnten u.a. herbeigeführt werden durch eine zumindest partielle und notwendigerweise reversible Auflösung starrer und kollektiv geregelter Arbeitsbedingungen, insbes. Arbeitszeiten, bei einer entsprechenden arbeits- und sozialrechtlichen Absicherung der unteilbaren Rechte. Auf diesen wachsenden Flexibilisierungs- bzw. Differenzierungsbedarf der "Angebotsseite" haben die Gewerkschaften in ihrer an den altbekannten Mustern orientierten Tarifpolitik der 80erJahre wohl insgesamt noch zu wenig Rücksicht genommen.[7]

Die Unternehmer hätten die verschiedenen Flexibilisierungsstrategien[8] auch ohne die Wiederaufnahme einer aktiven Wochenarbeitszeitpolitik seitens der Gewerk-

---

[4] Vgl. als kritische Zusammenfassung Lampert,H., Möglichkeiten und Grenzen einer Flexibilisierung der Beschäftigungsverhältnisse, Wirtschaftsdienst 64 (1986), 179-186; vgl. zur Vielschichtigkeit des Konzepts sowie zur empirischen Überprüfung die Beiträge in Pollert,A. (ed.), Farewell to flexibility?, London 1990.

[5] Für andere Lang,K., Aspekte der Arbeitszeitverkürzung und der Flexibilisierung der Arbeit, Gewerkschaftliche Monatshefte 37 (1986), 595-605.

[6] Vgl. u.a. Bosch,G., Hat das Normalarbeitsverhältnis eine Zukunft?, WSI-Mitteilungen 39 (1986), 163-176; Nerb,G., Mehr Beschäftigung durch Flexibilisierung des Arbeitsmarktes? Zusammenfassung der Ergebnisse von Umfragen bei Arbeitnehmern und Unternehmern in den EG-Mitgliedsländern, ifo-Schnelldienst 39 (1986), 6-11; Kurz-Scherf,I., Zeit-(t)räume per Tarifvertrag - Oder: Die Renaissance der betriebsnahen Tarifpolitik, WSI-Mitteilungen 40 (1987), 492-502; Strümpel,B., Arbeitszeitflexibilisierung aus der Sicht der Basis, in: Büchtemann,C.F./Neumann,H. (Hg.), Mehr Arbeit durch weniger Recht? Chancen und Risiken der Arbeitsmarktflexibilisierung, Berlin 1990, 261-282.

[7] Ein wichtiger Grund liegt darin, daß zentrale Mitgliedergruppen (männliche Facharbeiter mittleren Alters) kein sonderlich starkes Interesse an derartigen Arbeitszeitmustern haben, während andere Gruppen mit solchen Präferenzen (vor allem Frauen infolge ihrer nach wie vor typischen Doppelbelastung durch Beruf und Familie) ihre Interessen verbandsintern nicht durchsetzen können.

[8] In der vorliegenden Literatur wird häufig zwischen verschiedenen Formen (u.a. numerische, temporale, funktionale, finanzielle) unterschieden. Wir wollen diese Differenzierungen nicht aufgreifen, da es im folgenden vor allem um Regulierung geht.

schaften eingesetzt, weil die neuen Informations- und Kommunikationstechnologien diesen Schritt zumindest ermöglichen, vielleicht in Verbindung mit betriebswirtschaftlichen Renditekalkülen sogar erfordern. Die Arbeitgeber wären dann allerdings auf stärkeren kollektiven Widerspruch der Arbeitnehmervertretungen ("collective voice") gestoßen als bei dem für die zweite Hälfte der 80er Jahre typischen Tausch einer Verkürzung der Arbeitszeit gegen deren stärkere Flexibilisierung (durch Variabilisierung und/oder Differenzierung).[9]

2. Deregulierung soll im folgenden ausschließlich verstanden werden als Bündel von Eingriffen und Maßnahmen des Staates, die derzeit die ordnungspolitische Flankierung unternehmerischer Flexibilisierungsbemühungen abgeben. Damit fasse ich den Begriff Regulierung im Sinne einer Nominaldefinition relativ eng und beziehe ihn ausschließlich auf die Makroebene; insbesondere die gestaltenden Eingriffe der quasi mit hoheitlichen Rechten ausgestatteten Tarifvertragsparteien werden damit im folgenden nicht berücksichtigt.[10] Freiwillige, ausschließlich auf dezentraler Ebene getroffene und deswegen immer zugleich differenzierende Vereinbarungen wären innerhalb eines im internationalen Vergleich stark verrechtlichten Systems der Arbeitsbeziehungen wie dem der Bundesrepublik nur ein unvollkommener Ersatz für gesetzliche und daher vereinheitlichte, allgemein verbindliche Regulierungsformen. Deregulierungsmaßnahmen beabsichtigen eine dauerhafte, mehr oder weniger deutliche Einschränkung des bisher gültigen, historisch gewachsenen sozialstaatlichen Regelwerkes (vor allem der Schutzvorschriften des individuellen und kollektiven Arbeits- und Sozialrechts) durch einen Abbau von "Arbeitsmarkt-, insbes. Lohnrigiditäten" und "Ineffizienzen" sowie durch eine Beschneidung der Rechte bzw. Handlungsoptionen bestimmter Akteure und Institutionen.[11] Das Ziel eines möglichst

---

[9] Insofern besteht eine nicht-beabsichtigte Folge gewerkschaftlicher Arbeitszeitpolitik darin, Flexibilisierung schneller ermöglicht und dadurch den notwendigen Strukturwandel indirekt sogar gefördert zu haben.

[10] Vgl. zu weiter gefaßten Regulierungsbegriffen Buttler,F., Regulierung und Deregulierung in der Beschäftigungskrise, in: Büchtemann,C.F./Neumann,H. (Hg.), Mehr Arbeit durch weniger Recht?, 67-85; Büchtemann,C.F., "Deregulierung" des Arbeitsmarktes: Begriffsbestimmung und sozialstaatliche Implikationen, in: Büchtemann,C.F./Neumann,H. (Hg.), Mehr Arbeit durch weniger Recht?, 229-243; Die Sondersituation, daß der Staat als Arbeitgeber auftritt, soll im folgenden ebenfalls ausgeklammert bleiben; im öffentlichen Sektor sind Deregulierungsstrategien jedoch ebenfalls deutlich zu erkennen und im Vergleich zur Privatwirtschaft sogar weit fortgeschritten. Vgl. im einzelnen Keller,B./Henneberger,F., Privatwirtschaft und öffentlicher Dienst: Parallelen und Differenzen in den Arbeitspolitiken, in: Müller-Jentsch,W. (Hg.), Konfliktpartnerschaft. Akteure und Institutionen der industriellen Beziehungen, München-Mering 1991, 221-244.

weitgehenden Rückzugs des Staates aus der Wirtschafts- bzw. Sozialpolitik besteht vor allem in der Verbesserung der Anpassungsfähigkeit der Arbeitsmärkte an wirtschaftliche Veränderungen ("mehr Markt am Arbeitsmarkt") bzw. in einer Erhöhung des Beschäftigungsstandes.[12]

15.2. Deregulierung in der Bundesrepublik

1. In der Bundesrepublik umfaßt der in den 80er Jahren zunehmende Trend zur Deregulierung vor allem folgende gesetzgeberische Maßnahmen im Bereich des Sozial- und besonders des Arbeitsrechts:[13]
1. Durch die im Frühjahr 1986 erfolgte Neuregelung der Lohnersatzleistungen bei Arbeitskämpfen durch Änderung des Par. 116 Arbeitsförderungsgesetz (AFG) werden die praktischen Arbeitskampfmöglichkeiten zu Lasten wichtiger Gewerkschaften verschoben sowie deren Handlungsfähigkeit und Verhandlungsmacht bei Tarifauseinandersetzungen wesentlich eingeengt: Mittelbar von einem Arbeitskampf Betroffene, d.h. Arbeitnehmer in demselben fachlichen Geltungsbereich, aber in einem anderen als dem umkämpften Tarifbezirk, erhalten im Regelfall keine Lohnersatzleistungen der Bundesanstalt für Arbeit mehr; dadurch wird die lange Jahre praktizierte, recht erfolgreiche regionalisierte Tarifpolitik - besonders der IG Metall - erheblich erschwert.[14]
2. Mit dem Beschäftigungsförderungsgesetz wird ein Abbau arbeitsrechtlicher Schutzvorschriften, d.h. von wesentlichen Teilen des individuellen Arbeitsrechts, als beschäftigungspolitische Maßnahme versucht. Das zentrale Instrument des zunächst bis Ende 1989 befristeten, inzwischen aber bis Ende 1994 verlängerten BeschFG besteht in der erheblich erweiterten Möglichkeit des Abschlusses befristeter Arbeitsverträge bis zu einer Dauer von 18 anstatt von 6 Monaten nach den üblichen Kündigungsschutzbestimmungen.

Die vorliegenden empirischen Analysen zeigen übereinstimmend, daß das Gesetz den Trend einer Ausbreitung instabiler, prekärer Beschäftigungs-

---

[11] Den Beginn der politischen Diskussion markieren das Lambsdorff-Papier vom September 1982, das George-Papier vom Juli 1983 sowie die Albrecht-Thesen vom August 1983, welche die "neue" Arbeitsmarkt- und Beschäftigungspolitik programmatisch einleiten.

[12] Vgl. zur Zusammenfassung der Argumente Buttler,F., Regulierung und Deregulierung der Arbeitsbeziehungen, in: Winterstein,H. (Hg.), Sozialpolitik in der Beschäftigungskrise II, Berlin 1986, 9-24.

[13] Außer den im folgenden skizzierten Beispielen sind noch zu nennen die Änderungen des Jugendarbeitsschutzgesetzes, des Hochschulrahmengesetzes, des Schwerbehindertengesetzes sowie des Arbeitsförderungsgesetzes.

[14] Vgl. im einzelnen Kap.9.4.

verhältnisse (u.a. Ausweitung der Zeitvertrags- bzw. Befristungspraxis) sicherlich nicht begründet, wohl aber beschleunigt, ohne jedoch zu zusätzlichen Einstellungen in nennenswertem Umfang zu führen.[15] Das BeschFG, "the core of flexibilisation on the labour market"[16], hat minimale Niveaueffekte (eines Beschäftigungszuwachses), seine Struktureffekte (einer zunehmenden Segmentierung der Arbeitsmärkte) hingegen sind überaus deutlich.

3. Die von beiden Tarifvertragsparteien gleichermaßen abgelehnte Novellierung des BetrVG im Jahre 1988 impliziert eine Reihe von Detailänderungen; dazu gehören vor allem: Einrichtung von sog. Sprecherausschüssen für leitende Angestellte als eigenständige, formalisierte Interessenvertretung mit bestimmten Informations- und Einspruchsrechten gegenüber Unternehmensleitung und Betriebsrat, Änderung des Wahlverfahrens zugunsten kleinerer Gruppierungen durch Senkung des Unterschriftenquorums, Änderung des Wahlrechts, Erweiterung der Informations- und Beratungsrechte des Betriebsrats bei der Einführung neuer Technologien, aber keine Einführung echter Mitbestimmungsrechte, sog. Verstärkung von Minderheitenrechten.[17] Diese Änderungen können in ihrer Gesamtwirkung durch die Aufwertung der Rechte von Splittergruppen eine Schwächung des Betriebsrats als einheitlicher, in sich geschlossener betrieblicher Interessenvertretung aller Arbeitnehmer und von der Unternehmensleitung anerkannter Verhandlungspartner bewirken.[18]

4. Ein zunächst politisch durchaus mögliches Auslaufen der paritätischen, zeitlich nur begrenzt gesicherten Montan-Mitb hätte das Ende der aus Arbeitnehmersicht effektivsten und weitestgehenden Form der UnternehmensMitb bedeutet und einen Signaleffekt auf die übrige Wirtschaft ausgeübt. Die Regierungskoalition beschloß jedoch intern einen politischen Tausch, bei dem sie die Änderung

---

[15] Vgl. Kap.13.4. sowie Dragendorf,R./Heering,W./John,G., Beschäftigungsförderung durch Flexibilisierung. Dynamik befristeter Beschäftigungsverhältnisse in der BRD, Frankfurt-New York 1988; die breiteste empirische Untersuchung bietet Büchtemann,C.F., Geringe Beschäftigungswirkung - erhöhte Beschäftigungsrisiken. Zum Beschäftigungsförderungsgesetz (BeschFG 1985): Ergebnisse einer empirischen Untersuchung, Die Mitbestimmung 35 (1989), 548-553.

[16] Kühl,J., Labour policy in the Federal Republic of Germany: Challenges and concepts, Labour 1 (1987), 48.

[17] Vgl. im einzelnen Kap.5.5.

[18] "While the government's reform is aimed at weakening the intra-company presence of the DGB unions at the direct expense of more conservative - and thus presumably more compliant - labor organizations, the employers would rather see the continuation of the status quo than have to deal with the individualized and fragmented shop-floor representation favored by the government." Markovits,A.S., The politics of the West German trade unions. Strategies of class and interest representation in growth and crisis, Cambridge-London 1986, 447.

des BetrVG mit dem grundsätzlichen Erhalt der MontanMitb - allerdings bei einer Verschlechterung ihrer materiellen Inhalte - koppelte: Um die von ihr geforderten "Sprecherausschüsse" im BetrVG durchzusetzen, stimmte die FDP dem Erhalt der von ihr ungeliebten paritätischen MontanMitb zu - et vice versa.

5. Der <u>Entwurf eines Arbeitszeitgesetzes</u> soll die aus dem Jahre 1938 stammende Arbeitszeitordnung ablösen sowie Dauer und Lage der Arbeitszeit an die veränderten Bedingungen anpassen. Er beläßt erhebliche Freiräume für die Lage und Länge der täglichen und wöchentlichen Arbeitszeit[19], was "im praktischen Ergebnis zu einer Aufhebung des Normalarbeitstages führen wird"[20]. Zudem sollen nachdem das Nachtarbeitsverbot für Arbeiterinnen[21], welches im Rahmen des besonderen Frauenarbeitsschutzes bestand, abgeschafft, d.h. gemäß dem Gleichheitsgrundsatz für Männer und Frauen einheitlich geregelt wurde[22] zahlreiche Ausnahmen von dem Gebot der Arbeitsruhe an Sonn- und Feiertagen beibehalten[23] werden. Damit werden die rechtlichen Möglichkeiten für Nacht- und Sonntagsarbeit erheblich ausgeweitet.

Die Regierungskoalition geht mit diesem Gesetzentwurf u.a. das drängende Problem der Überstunden nicht an in Richtung auf eine strikte Begrenzung ihrer zulässigen Zahl und damit einen gewissen Abbau von Mehrarbeit, obwohl durch diese Variante einer Arbeitsumverteilungspolitik beachtliche Beschäftigungseffekte erzielt werden könnten. Die rechtlichen Rahmenvorgaben für die Länge der täglichen und wöchentlichen Arbeitszeiten sollen nicht den Regelarbeitszeiten angeglichen werden, die infolge der Arbeitszeitpolitik der Nachkriegszeit tatsächlich üblich und in vielen Tarifverträgen vereinbart sind; letztere sind im übrigen recht differenziert und flexibel. Der schon seit dem Frühjahr

---

[19] Grundsatz des 8-Stunden-Tages, aber Verlängerungsmöglichkeiten auf bis zu 10 Stunden pro Tag bzw. Wochenarbeitszeiten bis zu 60 Stunden bei recht langen Ausgleichszeiträumen bis zu drei Kalendermonaten.

[20] Mückenberger,U., Zur Rolle des Normalarbeitsverhältnisses bei der sozialstaatlichen Umverteilung von Risiken, Prokla 64 (1986), 37.

[21] Das BVerfG hat Anfang 1992 entschieden, daß das Nachtarbeitsverbot für Arbeiterinnen gegen das Grundgesetz verstößt, weil es Männer und Frauen, Arbeiterinnen und Angestellte ohne sachlichen Grund ungleich behandelt. Der Gesetzgeber hat eine neue Regelung zu schaffen. Gleichzeitig stellte das BVerfG fest, daß Nachtarbeit für alle Menschen schädlich sei; eine völlige Freigabe wäre verfassungswidrig, da das Grundrecht auf körperliche Unversehrtheit verletzt würde.

[22] Nachtarbeiter sollen ein Recht auf regelmäßige Gesundheitsuntersuchungen erhalten und bei nachgewiesenen gesundheitlichen Schwierigkeiten Anspruch auf einen Tagesarbeitsplatz erhalten.

[23] "Besonders deutlich wird die permissive Tendenz am Arbeitszeitgesetzentwurf, der nur aus ganz wenigen substantiellen Regelungen, in der Hauptsache aber aus Bestimmungen über Ausnahmeprozeduren besteht." Mückenberger,U., Zur Rolle des Normalarbeitsverhältnisses, 38.

1987 vorliegende Gesetzentwurf muß in nächster Zukunft weiterverfolgt bzw. verabschiedet werden, da bereits eine EG-Richtlinie vorliegt, die erstmals die Arbeitszeiten und den Mindesturlaub einheitlich regeln soll. Eine Umsetzung dieser Richtlinie ist unumgänglich.

6. Die von der Bundesregierung eingesetzte "unabhängige Expertenkommission zum Abbau marktwidriger Regulierungen" (Deregulierungskommission) will das bestehende Regelwerk anpassen, ohne es abzuschaffen. Zu ihren Vorschlägen, welche die "Funktionsweise des Arbeitsmarktes verbessern" sollen, gehören u.a.:

- Abdingbarkeit von Verbandstarifverträgen entgegen dem Günstigkeitsprinzip (Par.4 TVG) durch leistungsmindernde Betriebsvereinbarungen im "Notfall" (u.a. bei Entgelten, Urlaub, Kündigungsfristen),
- Zulassung der Vereinbarung untertariflicher Arbeitsbedingungen bei Einstellung von Langzeitarbeitslosen für eine Dauer von maximal drei Jahren (Modifizierung des Günstigkeitsprinzips für Problemgruppen),
- Beschränkung der Möglichkeit, Tarifverträge für allgemeinverbindlich zu erklären (Par.5 TVG),
- Ausweitung der Befristung von Arbeitsverträgen über das vom BeschFG erlaubte Ausmaß hinaus (Abschluß von Zeitverträgen ohne Begründungserfordernis),
- Konzentration auf betriebsbezogene Leistungsmerkmale anstelle sozialer Gesichtspunkte beim allgemeinen Kündigungsschutz im Rahmen betriebsbedingter Kündigungen,
- nochmalige Modifikation bzw. weitere Lockerung des Sozialplanrechts (Par.112 BetrVG) durch Veränderung der Verteilung von Anpassungskosten bei Massenentlassungen,
- Verlängerung der Höchstdauer der gewerbsmäßigen Arbeitnehmerüberlassung (über die vom BeschFG in Erweiterung des Arbeitnehmerüberlassungsgesetzes fixierte Höchstdauer von 6 Monaten) hinaus,
- Aufhebung des Vermittlungsmonopols der Bundesanstalt für Arbeit durch Zulassung der gewerbsmäßigen Arbeitsvermittlung.

Diese marktmoderate Position der Kommission, die fast ausschließlich mit Befürwortern weiterer Deregulierungsmaßnahmen aus Wissenschaft und Praxis besetzt war, versucht im Gegensatz zur marktradikalen keine grundsätzliche Abschaffung arbeitsrechtlicher Regulierung, wohl aber deren deutlichen Abbau bzw. Substitution durch den Steuerungsmechanismus Markt; die Maxime der so oder sehr ählich seit langem erhobenen Forderungen lautet "marktorientierte

Regulierung"[24]. Gewerkschaften und Arbeitgeberverbände lehnen eine Änderung des Tarifvertragsrechts gleichermaßen ab: Die BDA sieht im Gegensatz zu bestimmten ihrer Mitglieder[25] durch den Wegfall tarifvertraglicher Mindestregelungen "die Gefahr einer unkontrollierten Lohnentwicklung nach oben", der DGB befürchtet die "Aufhebung der im Grundgesetz garantierten Tarifautonomie". Beide Dachverbände sehen auch die Gefahr einer "ruinösen Konkurrenz".

2. Der Einfluß jeder einzelnen gesetzlichen Änderung auf Institutionen des Arbeitsmarktes und bargaining power der Arbeitnehmervertretungen auf betrieblicher und überbetrieblicher Ebene könnte vermutlich vernachlässigt werden. Die eigentliche Bedeutung und Brisanz entsteht nicht im Rahmen einer langfristig geplanten und systematisch verfolgten politischen Gesamtstrategie, die in der Realität gar nicht existiert. Die eigentliche Gefahr für die Arbeitnehmervertretungen liegt vielmehr in der sukzessiven Kumulation von Einzelmaßnahmen der prozeduralen und besonders der substantiellen Deregulierung mit der Folge eines Abbaus von vor allem individuellen Arbeitnehmerschutzrechten. Erschwerend kommt hinzu, daß diese Änderungen in Zeiten andauernder, hoher Massenarbeitslosigkeit und einer schon deswegen abnehmenden Verhandlungsmacht der Gewerkschaften vollzogen werden. Die Gefahr einer stärkeren vertikalen Segmentation der Arbeitsmärkte, vielleicht sogar in Richtung auf deren Dualisierung, ist nicht länger von der Hand zu weisen.

Diese Deregulierungsversuche haben allerdings in der Bundesrepublik im internationalen Vergleich, vor allem zu England und den USA unter den Regierungen Thatcher bzw. Reagan, lediglich ein durchaus begrenztes Ausmaß.[26] Die Institutionen,

---

[24] Kritisch hierzu aus unterschiedlichen Perspektiven Hickel,R., Befreite Arbeitsmärkte. Zum Endbericht der "Deregulierungskommission", Blätter für deutsche und internationale Politik 6 (1991), 708-716; Müller,G./Seifert,H., Deregulierung aus Prinzip? - Eine Diskussion der Vorschläge der Deregulierungskommission zum Arbeitsmarkt, WSI-Mitteilungen 44 (1991), 489-499; Neifer-Dichmann,E. Arbeitsmarktordnung auf dem Prüfstand, Der Arbeitgeber 43 (1991), 586-589 u. 668-670;, Neumann,H., Die Vorschläge der Deregulierungskommission, Wirtschaftsdienst 71 (1991), 245-249; BDA, Geschäftsbericht 1991, Köln 1991, 44ff.

[25] Vor allem ASU, Mehr Marktwirtschaft am Arbeitsmarkt! Ansätze zum Abbau der Arbeitslosigkeit, Bonn 1985; ASU, Aufbruch zu mehr Marktwirtschaft! Die ASU fordert eine Deregulierungsoffensive, Bonn 1989,12-20.

[26] Vgl. demgegenüber für die USA Erd,R., Amerikanische Gewerkschaften. Strukturprobleme am Beispiel der Teamsters und der Automobilarbeiter, Frankfurt-New-York 1989; für England zusammenfassend Crouch,C., Ausgrenzung der Gewerkschaften? Zur Politik der Konservativen, in: Jacobi,O./Kastendiek,H. (Hg.), Staat und industrielle Beziehungen in Großbritannien, Frankfurt 1985, 251-278; Wilkinson,F., Regierungspolitik und die Umstrukturierung von Arbeitsmärkten: Das Beispiel Großbritannien, WSI-Mitteilungen 41 (1988), 482-492; Mückenberger,U./Deakin,S., From deregulation to a European floor of rights: Labour law, flexibilisation and the European single market, Zeitschrift für ausländisches und internationales Arbeits- und Sozialrecht 3 (1989), 153-207; Im

Regulierungsmechanismen und Handlungsstrategien der korporativen Akteure wirken als Sicherungen, Barrieren und wichtige Stabilitätsbedingungen, so daß von einer Krise der Arbeitsbeziehungen bzw. -märkte im internationalen Vergleich nicht ernsthaft die Rede sein kann.[27] Wir müssen diese erheblichen Differenzen in den unterschiedlichen Konzepten konservativer Politik berücksichtigen, wenn wir ihre Realität und Wirkungen in unserer Analyse angemessen abbilden wollen.

Tatsächliches Ergebnis dieser Entstaatlichung ist nicht ein wirklich konsequent betriebener Abbau der Regelungsdichte arbeitsrechtlicher Schutznormen und -funktionen, "sondern eher eine Änderung des Inhalts von Normen und eine Verlagerung der Regelungsebene ... Regelungsveränderung zugunsten der Arbeitgeber ..".[28] Wir haben es mehr mit einem Umbau des Regulierungssystems in Richtung auf ein neues Mischungsverhältnis von Staat und Markt bzw. mit einer "Dezentralisierung der Regelungskompetenzen"[29] von der gesetzlichen und tarifvertraglichen auf die individuelle Ebene zu tun; es geht weniger um eine marktradikale Ordnungspolitik der echten Deregulierung sozialstaatlicher Institutionen im Sinne einer strikten Ablösung durch Marktprozesse. Faktisch ist diese unübersichtliche Gemengelage von De- und Re-Regulierungsversuchen[30] damit weniger eindeutig und konsistent als vom Konzept her zu vermuten wäre; Kontinuitäten in der praktischen Politik sind deutlich auszumachen.[31]

Die politisch motivierten Änderungen der institutionellen Rahmenbedingungen versuchen eigentlich ohne zwingende Notwendigkeit, eine Jahrzehnte alte und durchaus bewährte Entwicklung zu stoppen; die langfristigen Folgen für die korporativen Akteure und die Formen der Interessenvermittlung sind derzeit kaum abzuschätzen. Eine Konsequenz scheint zu sein, daß unter veränderten institutionellen Rahmenbe-

---

deutschen Szenario an eine Spaltung des Dachverbandes bzw. an die drohende Gründung einer Konkur-renzorganisation zu denken wäre abwegig, im britischen Fall hingegen ist dies Realität.

[27] Vgl. im einzelnen Kap.14.

[28] Linne,G./Voswinkel,S., Befristete Arbeitsverträge: Aspekte eines Arbeitsverhältnisses ohne Bestandsschutz, SAMF-Arbeitspapier 1989-5, Paderborn 1989, 19; ähnlich Buttler,F., Regulierung und Deregulierung der Arbeitsbeziehungen, in: Winterstein,H. (Hg.), Sozialpolitik in der Beschäftigungskrise II, 24.

[29] Büchtemann,C.F./Neumann,H., Mehr Arbeit durch weniger Recht?, 32.

[30] Vgl. Begin,J.P./Beal,E.F., The practice of collective bargaining, Homewood-Boston 1989, 86-124.

[31] Vgl. auch den stetigen Ausbau der Arbeitsbeschaffungsmaßnahmen von 1982 bis 1988, der Hand in Hand ging mit einer "Reprivatisierung und Verantwortungsteilung der Beschäftigungsaufgabe" zwischen Privatwirtschaft, Tarifparteien und Arbeitsmarktpolitik, mit dem "Rückzug des Staates aus seiner Verantwortung für Vollbeschäftigungspolitik" Kühl,J., Beschäftigungspolitik in der BRD von 1973 bis 1987, SAMF-Arbeitspapier 1987-5, Paderborn 1987, 10.

dingungen bestimmte, zentrale Kollektivgüter[32], vor allem ein hohes Beschäftigungsniveau, in den Kalkülen bzw. im Zielkatalog der Akteure eine geringere Rolle spielen als vorher unter den korporatistischen Vorzeichen einer eher kollektiv organisierten Vernunft von aufeinander abgestimmten Partikularinteressen.

15.3. Zur Kritik der Deregulierungskonzepte

Die Frage zu stellen, ob die begonnene Flexibilisierung weitergehen wird oder nicht, ist müßig, weil die Antwort längst feststeht: Allein schon wegen des generellen Arbeitgeberinteresses an einer Kostenminimierung werden die Flexibilisierungstendenzen eher noch zunehmen und wahrscheinlich mit einer weiteren Dezentralisierung der Arbeitsbeziehungen einhergehen.[33] Wir diskutieren diese Verbetrieblichung üblicherwiese anhand des seit Mitte der 80er Jahre aktuellen Beispiels der Arbeitszeitpolitik.[34] Parallele Entwicklungen werden sich in Zukunft aber auch in anderen Bereichen qualitativer Tarifpolitik ergeben, vor allem bei der Einführung und Implementation neuer Technologien sowie bei verschiedenen Problemen einer Weiterbildungs- und Qualifizierungspolitik.

Damit kann eine grundsätzliche Ablehnung jedweder Form der Flexibilisierung - und damit einer Ausweitung von Handlungsspielräumen auf der Betriebsebene - keine realistische Strategie für die Zukunft sein. Die betrieblichen Aushandlungsprozesse werden nicht mehr über das ob, sondern über das wie und dessen Beeinflussung im unterschiedlichen Interesse verschiedener Gruppen gehen.[35]

1. Die Frage hingegen, ob die Deregulierung fortgeführt werden soll, ist auch politisch noch längst nicht entschieden. Die Kritik[36] setzt auf mehreren Ebenen an. Die

---

[32] Wir müssen Abschied nehmen von der zu einfachen, maßgeblich von Olson geprägten Vorstellung, daß wir Verbandsleistungen in individuelle und kollektive aufteilen können; eine derartige Dichotomisierung entspricht nicht mehr der Realität. Vgl. Olson,M., Die Logik des kollektiven Handelns. Kollektivgüter und die Theorie der Gruppen, Tübingen 1968.

[33] Vgl. die Beiträge zu "Technological change and labour relations" bei Gladstone,A. et al.(eds.), Current issues in labour relations. An international perspective, Berlin-New York 1989, Chapter 1.

[34] Die häufig gestellte Frage nach Funktionswandel oder Funktionsverlust der Verbände, insbes. der Gewerkschaften, infolge einer gewissen Kompetenzverlagerung soll hier nicht diskutiert werden. Vgl. Kap.14.

[35] Vgl. Ortmann,G. et al., Computer und Macht in Organisationen. Mikropolitische Analysen, Opladen 1990.

[36] Im folgenden geht es mir um die grundsätzliche Kritik der verschiedenen Konzepte, nicht um die Auseinandersetzung mit einzelnen Elementen. Vgl. etwa zur Kritik der häufig erhobenen Forderung nach Deregulierung des Bestandsschutzes Küchle,H., Kündigungsschutzvorschriften im europäischen Vergleich, WSI-Mitteilungen 43 (1990), 407-414; Neumann,H. Deregulierung des

verschiedenen Deregulierungsstrategien basieren zumindest implizit auf Ableitungen innerhalb einer neoklassischen Modellwelt der vollkommenen Konkurrenz und eines allgemeinen Gleichgewichts. Dieses Marktparadigma
- ist strikt einzelwirtschaftlich ausgerichtet;
- unterstellt, daß die Preisbildung auf Arbeitsmärkten ohne strukturelle Besonderheiten, d.h. wie auf allen anderen Geld-, Güter- und Kapitalmärkten funktioniert, was im Laufe der Jahre vielfach[37] und aktuell u.a. durch die ökonomische Analyse des Arbeitsrechts[38] bestritten wird;
- geht von einer reinen Markträumungsfunktion des Lohnsatzes aus, ohne dessen anderen Funktionen (wie Kontroll-, Motivations-, Leistungssicherungs-, Informations- und Effizienzfunktion) angemessen zu berücksichtigen, was etwa im Rahmen der neuen Mikroökonomie des Arbeitsmarktes, u.a. in den Kontrakt- und Effizienzlohntheorien, durchaus geschieht, die ganz verschiedene Koordinationsmechanismen einbeziehen und z.B. Lohnrigiditäten als Konsequenz rationaler Entscheidungskalküle interpretieren[39];
- fixiert sich in seiner partialanalytischen Betrachtungsweise einseitig auf die Funktionsweise von Arbeitsmärkten, ohne die Interdependenz von Geld-, Güter- und Kapitalmärkten und deren Einfluß auf die Arbeitsmärkte gleichgewichtig, und wie in der Tradition von Keynes üblich, zu berücksichtigen;
- übersieht die auch auf Arbeitsmärkten bestehenden, durchaus auch ökonomisch begründbaren Notwendigkeiten institutioneller Regelungen und nicht-preislicher, vor allem rechtlich-institutioneller Koordinationsmechanismen, welche die not-

---

Bestandsschutzes?, WSI-Mitteilungen 43 (1990), 400-407; Walwei,U., Ökonomische Analyse arbeitsrechtlicher Regelungen am Beispiel des Kündigungsschutzes, WSI-Mitteilungen 43 (1990), 392-400.

[37] Zusammenfassend Hickel,R., Deregulierung der Arbeitsmärkte: Grundlagen, Wirkungen und Kritik, Gewerkschaftliche Monatshefte 40 (1989), 88ff.

[38] Vgl. Brandes,W./Buttler,F./Dorndorf,E., Arbeitsmarkttheorie und Arbeitsrechtswissenschaft: Analoge Probleme und Diskussionsschwerpunkte im Hinblick auf die Funktionsfähigkeit der Arbeitsmärkte, in: Fischer,W. (Hg.), Währungsreform und soziale Marktwirtschaft. Erfahrungen und Perspektiven nach 40 Jahren, Berlin 1989, 489-505; Walwei,U., Ansätze einer ökonomischen Analyse des Arbeitsrechts. Debatte um Deregulierung und Flexibilisierung des Arbeitsrechts aus ökonomischer Sicht, SAMF-Arbeitspapier 1989-6, Paderborn 1989 und ders., Ökonomische Analyse arbeitsrechtlicher Regelungen.

[39] Vgl. Buttler,F., Regulierung und Deregulierung der Arbeitsbeziehungen; Neumann,H., (De-)Regulierung auf dem Arbeitsmarkt aus ökonomischer Sicht, in Büchtemann,C.F./Neumann,H. (Hg.), Mehr Arbeit durch weniger Recht?; Rürup,B./Sesselmeier,W., Lohnpolitische Flexibilisierungsforderungen im Licht der Effizienzlohnhypothesen, Discussion Paper FS I 89-10, Wissenschaftszentrum Berlin 1989.

wendigerweise entstehenden Transaktionskosten senken sowie die Verhaltenssicherheit erhöhen[40] ;
- setzt stattdessen, in durchaus wirtschaftspolitischer Absicht, auf das "freie und ungehinderte Spiel der Kräfte" sowie auf "Selbstregulation" der Ökonomie.[41]

Die Erfahrung zeigt, daß die aus diesen modellplatonistischen Kalkülen abgeleiteten Strategien in der Realität kaum aufgehen: "Die von Deregulierungsmaßnahmen erwartbaren Wirkungen auf das Beschäftigungsniveau werden seitens der Befürworter vermutlich deutlich überschätzt. Soweit verläßliche empirische Informationen vorliegen, können aus ihnen überzeugende Belege für bedeutsame Wirkungen von Deregulierungen auf das Beschäftigungsniveau nicht sicher abgeleitet werden."[42]

Am aktuellen Fall des BeschFG können wir exemplarisch verdeutlichen, daß die Versprechungen von Deregulierungskonzepten häufig nicht eingelöst werden können: Die offiziell immer wieder behaupteten Niveau, d.h. gesamtwirtschaftlichen Beschäftigungseffekte sind empirisch kaum meßbar, höchst ungewiß und allenfalls minimal (quantitative Dimension). Die Struktureffekte hingegen (qualitative Dimension) sind gravierend; die negativen arbeitsmarkt- und vor allem gesellschaftspolitischen Folgen werden mit fortdauernder Laufzeit des Gesetzes immer deutlicher.[43]

Das Dilemma dieser neoklassisch-monetaristischen Angebotspolitik läßt sich folgendermaßen zusammenfassen: "Obwohl der Vergleich von Arbeitslosenzahl und der Zahl offener Stellen ... erkennen läßt, daß das Problem der Arbeitslosigkeit in der Bundesrepublik Deutschland vor allem ein <u>gesamtwirtschaftliches Niveau</u>-Problem, das Problem eines <u>gesamtwirtschaftlichen Fehlbestandes an Arbeitsplätzen</u> darstellt, konzentriert sich der größte Teil der Regulierungs-/Deregulierungsdebatte auf die "Starrheit der Lohn<u>struktur</u>", auf mangelnde Mobilität der Arbeitskräfte und Behinderungen der Anpassungsflexibilität der Unternehmungen auf dem Arbeitsmarkt, beschäftigungspolitisch also auf einen "Nebenkriegsschauplatz".[44]

---

[40] Vgl. Williamson,O.E., Die ökonomischen Institutionen des Kapitalismus. Unternehmen, Märkte, Kooperationen, Tübingen 1990.

[41] Vgl. zur Kritik zusammenfassend Buttler,F., Regulierung und Deregulierung der Arbeitsbeziehungen; Mückenberger,U./Deakin,S., From deregulation to a European floor of rights, 171ff.; Walwei,U., Ansätze einer ökonomischen Analyse des Arbeitsrechts; zur Einführung in die Kontroverse Dichmann,W./Hickel,R., Zur Deregulierung des Arbeitsmarkts - pro und contra, Köln 1989.

[42] Buttler,F., Regulierung und Deregulierung der Arbeitsbeziehungen, 50; ähnlich Franz,W., Beschäftigungsprobleme auf Grund von Inflexibilitäten auf Arbeitsmärkten, in: Scherf,H. (Hg.), Beschäftigungsprobleme hochindustrialisierter Industriegesellschaften, Berlin 1989, 303-340.

[43] Vgl. Kap.13.4.

2. Im Rahmen der Deregulierungsdiskussion identifizieren häufig neben Juristen vor allem Ökonomen "soziale Rigiditäten" bzw. "institutionelle Sklerose"[45] oder in der europäischen Variante marktwidrige "Eurosklerose"[46] als wesentliche oder sogar einzige Krisenursache.[47] Diese vereinfachende Sichtweise ist einseitig neoklassischem Denken verpflichtet, dem kollektives Handeln und Institutionen des Arbeitsmarktes - im Gegensatz zu anderen, etwa der institutionalistischen Schule der Arbeitsbeziehungen oder den Segmentationstheorien der Arbeitsmarktanalyse - traditionell weitgehend fremd geblieben sind.[48] Die "umfassenden Verteilungskoalitionen" bzw. Interessengruppen, die als zentrale Störfaktoren des Marktprozesses ausgemacht werden, agieren faktisch jedoch nicht in dem zumindest implizit unterstellten institutionellen und politischen Vakuum; sie sind vielmehr in ihren jeweiligen "choices of strategy" an vielfältige politische und soziale Regelungen institutioneller Art gebunden.[49] M.a.W.: Die verschiedenen Institutionen des Arbeitsmarktes beeinträchtigen in der Realität nicht einseitig dessen Funktionsfähigkeit, sondern sind zugleich auch produktivitätssichernde und effizienzsteigernde Regulierungsinstanzen.[50]

---

[44] Knappe,E., Arbeitsmarkttheoretische Aspekte von Deregulierungsmaßnahmen, in: Thiemeyer, Regulierung und Deregulierungsmaßnahmen im Bereich der Sozialpolitik, 232; ähnlich auch Lampert,H., Möglichkeiten und Grenzen einer Flexibilisierung, 181.

[45] Vor allem als häufig bemühter, prominenter Kronzeuge Olson,M., Aufstieg und Niedergang von Nationen. Ökonomisches Wachstum, Stagflation und soziale Starrheit, Tübingen 1985; ähnlich, nur angereichert um die bei Olson nicht berücksichtigte Theorie des rent seeking, später besonders Weede,E., Wirtschaft, Staat und Gesellschaft. Zur Soziologie der kapitalistischen Marktwirtschaft und der Demokratie, Tübingen 1990.

[46] Vgl. zur "eurosclerosis school" u.a. Giersch,H., Eurosklerosis, Kieler Diskussionsbeiträge Nr.112, Institut für Weltwirtschaft Kiel 1985.

[47] Jüngst Ewers,H.-J./Wein,T., Gründe und Richtlinien für eine Deregulierungspolitik, 24f.; dies., Grundsätze für eine Deregulierungspolitik, Wirtschaftsdienst 70 (1990), 320, 327f.; Linnenkohl,K./ Kilz,G./Reh,D., Die arbeitsrechtliche Bedeutung des Begriffs der "Deregulierung", Betriebs-Berater 29 (1990), 2040f.

[48] Vgl. zur Kritik an diesem neoklassischen Institutionalismus verschiedene Beiträge in Schubert,K. (Hg.), Leistungen und Grenzen politisch-ökonomischer Theorie. Eine kritische Bestandsaufnahme zu Mancur Olson, Darmstadt 1992.

[49] Vgl. Keman,H./Paloheino,H./Whiteley,P.F. (eds.), Coping with the economic crisis. Alternative responses to economic recession in advanced industrial societies, London 1987.

[50] Ein anderes Beispiel für Beiträge von Verbänden zur Verbesserung der betrieblichen und überbetrieblichen Allokationseffizienz und damit zur Erhöhung des Sozialprodukts stellt das System der beruflichen Bildung dar. Vgl. Streeck,W. et al., Steuerung und Regulierung der beruflichen Bildung. Die Rolle der Sozialpartner in der Ausbildung und beruflichen Weiterbildung in der BRD, Berlin 1987.

Die als Vorbedingung stets notwendige politische Makroregulierung von reinen Marktaktivitäten stiftet also durchaus Nutzen - nicht nur im Sinne einer gewissen politischen Stabilität und Kontinuität - und sucht Marktunvollkommenheiten bzw. -versagen zu verhindern. Sie bleibt jedoch außerhalb einer Betrachtungsweise, die sich auf eine unpolitisch-idealisierte reine Markt- bzw. Wettbewerbsökonomie mit einem weitgehend inaktiven "Minimalstaat" reduziert. Zudem werden selten die Probleme thematisiert, die sich aus der vorschnellen normativ-ideologischen Wendung einer empirisch-positiv angelegten Theorie in Form von Politikempfehlungen und ordnungspolitischen Implikationen ergeben.

Weiterhin ist für die Diskussion typisch, daß ihre Propagandisten die Grenzen der Deregulierung nicht exakt bestimmen, obwohl völlig unstrittig ist, daß ein gewisses Mindestmaß an institutioneller Vorkehr zur Sicherung und zum Schutz von Verfügungsrechten konstitutiv sowie zur Senkung von Transaktionskosten unerläßlich ist. Der realistische Verlust von "Ordnung" bzw. "Wohlfahrt" durch Deregulierung im Sinne einer Verminderung, nicht einer Abschaffung von Regulierung wird nicht thematisiert. Aus diesen Gründen ist auch die These von der investitionshemmenden Starrheit und Ungelenkigkeit des deutschen Arbeitsrechts und damit des Arbeitsmarkts sowie der Arbeitsbeziehungen eher eine unzutreffende Beschreibung der Realität denn ernstzunehmender Ansatz einer Rezeptur.[51]

3. Bei den vor allem in den 80er Jahren beliebten Vergleichen vor allem mit den angelsächsischen Ländern wird das hohe horizontale und vertikale Anpassungs- und Austauschpotential der spezifischen betriebsinternen Arbeitsmärkte der Bundesrepublik nicht adäquat berücksichtigt; vor allem die hohe unternehmensinterne Umsetzungsflexibilität wird systematisch unterschätzt bei Gegenüberstellungen formaler Strukturen ohne Berücksichtigung institutioneller Grundlagen wie Grad der Arbeitsteilung, spezifischer Typus von breit angelegter, standardisierter Grundausbildung und umfassendem Qualifikationserwerb im dualen System der beruflichen Bildung, Mobilitätsstrategien statt Strategien der Arbeitsplatzkontrolle etc.[52] In diesem Arbeitsmarktkontext und seinem häufig vernachlässigten Einfluß auf die Ar-

---

[51] Vgl. Kap.14.3.

[52] Vgl. hierzu Sengenberger,W., Struktur und Funktionsweise von Arbeitsmärkten. Die BRD im internationalen Vergleich, Frankfurt-New York 1987, bes.96ff., 180ff.; ähnlich auch Kühl,J., Beschäftigungspolitik in der BRD, 29ff.; international vergleichend auch OECD (ed.), Labour market flexibility. Trends in enterprises, Paris 1989; Piore,M.J., Perspectives on labour market flexibility, Industrial Relations 25 (1986), 146-166; die entgegengesetzte Meinung findet sich u.a. bei Soltwedel,R. Mehr Markt am Arbeitsmarkt. Plädoyer für weniger Arbeitsmarktpolitik, München-Wien 1984; Engels,W., Über Freiheit, Gleichheit und Brüderlichkeit. Kritik des Wohlfahrtsstaates, Theorie der Sozialordnung und Utopie der sozialen Marktwirtschaft, Bad Homburg 1985.

beitsbeziehungen ist der in anderen Ländern nicht vorhandene Typus des deutschen Facharbeiters von zentraler Bedeutung: Vor allem gewerbliche Arbeitnehmer absolvieren im dualen System der beruflichen Bildung eine sowohl betrieblich als auch überbetrieblich und damit breit angelegte Ausbildung, die ihnen vielfältige Einsatzmöglichkeiten einschließlich zwischenbetrieblicher Mobilitätschancen eröffnet und zur hohen Flexibilität des Arbeitskräftepotentials wesentlich beiträgt.

In den gerade in der Deregulierungsdiskussion beliebten Verweisen auf die hohe Flexibilität und Dynamik des US-amerikanischen Beschäftigungssystem im Vergleich zur Starrheit des deutschen werden diese unterschiedlichen institutionellen Bestimmungsgrößen von Arbeitsmärkten und Arbeitsbeziehungen ebenso wie die positiven Ergebnisse von Regulierung häufig ignoriert; deshalb bleiben diese Vergleiche rein formal und ihre Rezepturen ohne empirische Basis.[53] Die notwendige Anpassungsflexibilität in quantitativer und qualitativer Hinsicht kann aber nicht nur extern durch eine Politik des "hire and fire", sondern auch intern, u.a. durch Variation der Arbeitszeiten oder interne Umsetzung, hergestellt werden.[54]

Das empirisch feststellbare Ausmaß der Lohndifferenzierung sowohl innerhalb und zwischen Branchen als auch nach Regionen und Qualifikationen ist trotz sichtbarer Nivellierungstendenzen auch heute noch durchaus erheblich.[55] Trends zur Nivellierung der Einkommen unterschiedlicher Qualifikationsgruppen infolge einer "leistungsfeindlichen", nivellierenden Lohnstrukturpolitik der Gewerkschaften sind im Zeitvergleich kaum auszumachen; die Folgen einer in bestimmten Phasen betriebenen Festbetrags- bzw. Sockelpolitik werden damit vielfach überschätzt.[56] Empirisch zutreffend ist für die jüngere Vergangenheit eher die Differenzierungshypothese, die

---

[53] Vgl. detailliert Sengenberger,W., Zur Flexibilität im Beschäftigungsverhältnis. Ein Vergleich zwischen den USA und der BRD, SAMF-Arbeitspapier 1984-3, Paderborn 1984; Sengenberger,W., Das amerikanische Beschäftigungssystem - dem deutschen überlegen?, Wirtschaftsdienst 64 (1984), 400-406; Sengenberger,W., Mangelnde Flexibilität auf dem Arbeitsmarkt als Ursache der Arbeitslosigkeit?, in: Krupp,H.-J./Rohwer,B./Rothschild,K.W.(Hg.), Wege zur Vollbeschäftigung. Konzepte einer aktiven Bekämpfung der Arbeitslosigkeit, 2.Aufl. Freiburg 1987, 91-106; Sengenberger,W., Das "amerikanische Beschäftigungswunder" als Vorbild? - Interne versus externe Flexibilität am Arbeitsmarkt, in: Büchtemann,C.F./Neumann,H. (Hg.), Mehr Arbeit durch weniger Recht?, 47-65.

[54] In den USA werden zwar viele neue jobs geschaffen; gleichzeitig sind aber Produktivitätszuwächse und Entlohnung niedrig und die soziale Ungleichheit nimmt innerhalb des "amerikanischen Beschäftigungswunders" zu.

[55] Vgl. Hardes,H.-D., Vorschläge zur Differenzierung und Flexibilisierung der Löhne, MittAB 21 (1988), 52-47; Welzmüller,R., Flexibilisierung der Lohnstruktur: Eine wirtschafts- und arbeitsmarktpolitische Sackgasse, WSI-Mitteilungen 41 (1988), 579-590.

[56] Für andere Ewers/Wein, Gründe und Richtlinien für eine Deregulierungspolitik, 16.

zunehmende Einkommensunterschiede zwischen den Leistungsgruppen unterstellt.[57]

Insofern zielen marktradikale und liberale Forderungen nach einer flexibleren Lohnpolitik bis hin zur Möglichkeit eines selektiven Lohnverzichts durch Zulassung untertariflicher Bezahlung[58] an der Realität vorbei. Gewerkschaften und Arbeitgeberverbände lehnen eine Änderung des Tarifvertragsrechts gleichermaßen ab. Außerdem würde diese Politik bei der derzeitigen Arbeitsmarktsituation den notwendigen Strukturwandel eher hemmen als fördern, da sich Unternehmen der Krisenbranchen durch Lohnkürzungen länger am Markt halten könnten; durch Behinderung der Umstrukturierung der Wirtschaft würde wohl außerdem das Produktivitätswachstum gebremst.

Last but not least: "Flexible Arbeitsmärkte sind kein Allheilmittel für soziale und wirtschaftliche Mißstände."[59] Insofern darf die Deregulierungsdiskussion nicht darüber hinwegtäuschen, daß ausreichende Beschäftigungsmöglichkeiten (Vollbeschäftigung) und nicht arbeitsrechtliche Rahmenbedingungen die conditio sine qua non für die Funktionsfähigkeit der Arbeitsmärkte sind. "Formeln wie mehr Markt am Arbeitsmarkt oder mehr Beschäftigung durch weniger Recht unterliegen dem ideologiekritischen Verdacht, unter dem Deckmantel beschäftigungspolitischer Ziele die Arbeitsmarktordnung mit dem Ziel umzugestalten, die Nutzen-Kosten-Verteilungen im Interesse der vorschlagenden Marktparteien zu verändern."[60]

15.4. Aufgaben und Bausteine einer Re-Regulierung

Nach der empirisch fundierten Kritik der Deregulierungskonzepte wollen wir nach den Handlungsalternativen der Akteure im Spannungsfeld von Flexibilisierung und Regulierung fragen. Dabei kann es in unserem Kontext lediglich um die Skizzierung einiger wichtiger Bausteine, nicht aber um ein vollständiges neues Modell gehen, da wir noch nicht über eine ausgebaute, anwendungsbezogene Theorie der optimalen Regulierung als nicht-preisliche Beeinflussung bzw. Koordination von Optionen verfügen. Allerdings sind auch die älteren Deregulierungskonzepte trotz umfänglicher

---

[57] Weiterhin ist in diesem Zusammenhang darauf hinzuweisen, daß die bereinigte Lohnquote in den späten 80er Jahren auf das niedrigste Niveau seit Anfang der 60er Jahre gefallen ist.

[58] U.a. Eisold,H., Gründe und Scheingründe gegen eine Flexibilisierung des Tarifvertragssystems, Wirtschaftsdienst 67 (1989), 277-293.

[59] OECD (Hg.), Arbeitsmarktflexibilität. Bericht der hochrangigen Sachverständigengruppe an den Generalsekretär der OECD, Paris 1986, 7.

[60] Buttler, Regulierung und Deregulierung in der Beschäftigungskrise, 82.

Bemühungen weit davon entfernt, ein systematisches und geschlossenes Gedankengebäude präsentieren zu können.[61]
Zunächst ist die Vorstellung unrealistisch, eine Restauration des status quo ante und damit die Rückkehr zum alten, bis in die 70er Jahre dominierenden Regulierungsmodell könne die aktuellen Probleme lösen: Die technologisch-organisatorischen und ökonomischen Voraussetzungen haben sich im Strukturwandel der 80er Jahre entscheidend verändert.[62] Die derzeit handlungs- bzw. politikbestimmende Alternative "mehr Recht oder weniger Recht" (im Rahmen der Globalstrategie "weniger Staat, mehr Markt") ist grundsätzlich falsch, weil zu einseitig gestellt. Ihre Strategien führen, wie die Erfahrungen zeigen, kaum zum angepeilten Ziel. Außerdem paßt sie strategisch - wenn überhaupt - eher zu den bisher nur in Ansätzen realisierten, wenngleich zunehmend wichtiger werdenden Konzepten flexibler Spezialisierung, die mit verschiedenen Formen politischer Regulierung zusammenzupassen scheinen; sie paßt nicht zur industriellen Massenproduktion tayloristisch-fordistischen Typs, die obgleich tendenziell rückläufig nach wie vor erhebliche Bedeutung hat.

Ich argumentiere im folgenden gegen den Hauptstrang der Diskussion um "mehr Recht oder weniger Recht", indem ich nicht für weniger, sondern für mehr spezifische, d.h. intelligente und zweckmäßig-gestalterische Regulierung plädiere.[63] Das Problem besteht damit nicht mehr darin, wie den "freien Kräften des Marktes" durch Deregulierung bzw. durch einen weitgehenden Abbau rechtlicher Rahmenbedingungen möglichst optimal zum Durchbruch verholfen werden kann, sondern wie durch gezielte Änderung der bestehenden arbeitsrechtlichen Rahmenbedingungen die Durchsetzung von naturwüchsigen Partikularinteressen im Rahmen der technologischen Entwicklung präventiv gesteuert und in einigermaßen kollektiv akzeptable, "sozialverträgliche" Bahnen gelenkt werden kann.[64]

---

[61] Hickel diagnostiziert neben "theoretischen Unbestimmtheiten" (u.a. einer einzelwirtschaftlichen-kurzfristigen Ausrichtung, vollkommen unbestimmtes Maß an Regulierung der Arbeitsmärkte, fehlende volkswirtschaftliche Beurteilung) den "Verzicht auf eine empirische Untersuchung der Folgen von Deregulierungspolitik" Hickel, Deregulierung der Arbeitsmärkte, 87.

[62] So sind etwa die Absichtserklärungen der Opposition, im Falle der Regierungsübernahme die Novellierung des Par.116 AFG rückgängig zu machen oder das BeschFG abzuschaffen, allenfalls notwendige, jedoch keine hinreichenden Randbedingungen eines neuen Regulierungsmodells.

[63] Dieses Argument bedeutet nicht, daß jede Regulierung sinnvoll sein muß. Ob etwa das 1989 beschlossene "Gesetz zur Einführung eines Sozialversicherungsausweises und zur Änderung anderer Gesetze" sein Ziel der Bekämpfung von illegaler Beschäftigung, Sozialleistungsmißbrauch und mißbräuchlicher Ausnutzung der versicherungsfreien Geringfügigkeitsgrenze erreichen wird, kann durchaus bezweifelt werden. Vgl. demgegenüber zu Regulierungsvorschlägen Däubler,W., Deregulierung und Flexibilisierung im Arbeitsrecht, WSI-Mitteilungen 41 (1988), 453ff.

Welches Recht fördert strukturellen Wandel und Beschäftigung[65] in einer schwierigen, gegenwärtig nicht eindeutig bewertbaren Transformationsphase? Die "zweite industrielle Wegscheide", an der wir uns befinden, impliziert in Anbetracht ihres Experimentier- und Suchcharakters beträchtliche politische Gestaltungsspielräume, wie verschiedene aktuelle arbeitspolitische Untersuchungen zeigen.[66] Richtung und Ausgestaltung des Strukturwandels sind nicht durch einseitigen Technikdeterminismus und/oder ökonomische Sachgesetzlichkeiten vorherbestimmt[67], wie wir lange Jahre fälschlicherweise angenommen haben, sondern grundsätzlich offen (sog. Politikhaltigkeit im Rahmen von constraints und opportunities): Die korporativen Akteure können die Flexibilitätspotentiale der neuen Technologien innerhalb gewisser Bandbreiten durch gezielte Interventionen durchaus gestalten.

Die strategische Handlungsalternative lautet dann "marktmäßige, nicht-kontrollierte vs. politisch kontrollierte Flexibilisierung" und nicht mehr "Flexibilisierung: ja oder nein". Eine zunehmende Flexibilisierung ginge entgegen der derzeitigen Programmatik und Praxis einher mit einer stärkeren Regulierung ihrer Rahmenbedingungen, insbes. der Institutionen des Arbeitsmarktes. Da die Protagonisten von Deregulierung auf aktuelle Problemfelder typischerweise nicht eingehen, können die Objektbe-

---

[64] Ähnlich in anderem Zusammenhang: "Deregulierung als universelle Handlungsstrategie verfehlt die Problemstellung zumindest auf Mikroebene. Es gibt nicht ein Zuviel an (prohibitiven) Regulationen, sondern ein Zuwenig an innovativen Regulationen. Es geht somit wesentlich um ein neues Regulationsmuster auf betrieblicher Ebene." Naschold,F., Regulierung und Produktivität, Österreichische Zeitschrift für Soziologie 13 (1988), 34; vgl. auch ders., Politik und politische Institutionen in neokorporatischtischen und Public-Choice-Ansätzen, in: Hartwich,H.-H. (Hg.), Macht und Ohnmacht politischer Institutionen, 17. Wissenschaftlicher Kongreß der DVPW, Opladen 1989, 217.

[65] Schmid unterscheidet zwischen prohibitivem (deregulierendem) und präventivem (offensiv-gestaltendem) Recht. "Beschäftigungswirksame Flexibilisierung des Arbeitsmarktes wird nicht oder nicht in bedeutsamen Umfang durch zuviel prohibitives Recht, sondern durch zuwenig präventives Recht behindert. In anderen Worten: Das Problem besteht weniger in der Abschaffung defensiver oder prohibitiver Regulierung ("Deregulierung"), sondern in der Innovation offensiver oder gestaltender (also präventiver) Regulative." Schmid,G. Flexibilisierung des Arbeitsmarkts durch Recht? Beschäftigungswirksame und sozialverträgliche Regulierung von Teilzeitarbeit, Überstunden und Kurzarbeit, Aus Politik und Zeitgeschichte B23/1986, 22f; ähnlich auch ders., Flexibilisierung des Arbeitsmarkt durch Recht? Überlegungen zu einer beschäftigungswirksamen und sozialverträglichen Regulierung von Teilzeitarbeit, Überstunden und Kurzarbeit, Discussion Paper IIM/LMP 86-4, Wissenschaftszentrum Berlin 1986.

[66] Vgl. Kap. 11.

[67] Lutz,B., Das Ende des Technikdeterminismus und die Folgen - soziologische Technikforschung vor neuen Aufgaben und neuen Problemen, in ders. (Hg.), Technik und sozialer Wandel, Verhandlungen des 23. Deutschen Soziologentages in Hamburg, Frankfurt-New-York 1987, 48; Lutz spricht in anderem Kontext von der "Lösung aus den Verkürzungen des technologischen Determinismus". Die Technikforschung hat im vergangenen Jahrzehnt einen "wissenschaftlichen Paradigmenwechsel" durchgemacht. Lutz,B., Technikforschung und Technologiepolitik: Förderstrategische Konsequenzen eines wissenschaftlichen Paradigmenwechsels, WSI-Mitteilungen 43 (1990), 614.

reiche von Deregulierung (wie Starrheit bzw. Rigidität der Löhne und/oder der Lohnstruktur, Bestandsschutzregelungen wie vor allem Kündigungsschutzvorschriften und "überzogene" Sozialplanregelungen, "starre" Arbeitszeitregelungen, "unzureichende" interregionale, zwischenbetriebliche und/oder berufliche Mobilität) und Re-Regulierung (u.a. Ausbau der Schutzrechte atypischer Beschäftigungsverhältnisse, "Technikregulierung") nicht identisch sein.

Die folgenden Passagen sind der Versuch, die Regulierungsdiskussion vom Kopf auf die Füße zu stellen und von der defensiven Kritik zu offensiven Vorschlägen einer Gestaltung des kollektiven Interessenausgleichs zu gelangen.[68] Eine konzeptionelle Schwierigkeit besteht darin, daß die Diskussion um Deregulierung (einschl. der Kritik verschiedener Deregulierungsvorschläge) wesentlich umfangreicher ist als die zu zukünftigen "policy implications" einer Re-Regulierung.

1. In soziologischer Perspektive hat die Entwicklung der Mikroelektronik als neuer Basis- bzw. Schlüsseltechnologie auf der Makroebene Konsequenzen, die über den engeren Bereich von Produkt- und Arbeitsorganisation und damit von Arbeitsmärkten und Arbeitsbeziehungen weit hinaus und tief in die Sozialstruktur hinein reichen: Als übereinstimmendes Resultat neuerer organisations- und industriesoziologischer Studien[69] resultiert aus den neuen Produktionskonzepten bzw. aus der systemischen Rationalisierung eine immer tiefergehende Spaltung der Arbeitnehmerschaft im Vergleich zur Epoche tayloristisch-fordistischer Rationalisierung eine zunehmende Verfestigung und Vertiefung der Statusdifferenzen entlang der verschiedenen Segmentationslinien der Arbeitsmärkte. Die Folge der Neoindustrialisierung in den Kernsektoren der industriellen Produktion bzw. der systemischen Rationalisierung in den verschiedenen privaten und öffentlichen Dienstleistungsbereichen ist eine wachsende soziale Ungleichheit bzw. eine Verschärfung der Disparität der Lebensverhältnisse innerhalb der Arbeitnehmerschaft mit höchst ungewissen Folgen für die gesellschaftliche Integration (sog. Zweidrittel- oder Dreiviertelgesellschaft oder "two-tier" society).[70]

Diese Differenzierung innerhalb der Arbeitnehmerschaft kann infolge der Durchsetzung der neuen Produktionskonzepte durchaus noch weiter zunehmen und die Folgen der Deregulierung auf der Makroebene verschärfen.[71] Gewerkschaften bzw.

---

[68] Der wichtige Hinweis auf fehlende Durchsetzungsmöglichkeiten im politischen Prozeß kann kein grundsätzlicher Einwand gegen die Umkehr des skizzierten Argumentationszusammenhangs sein.

[69] Vgl. Kap.11.

[70] Diese Befürchtung äußern auch verschiedene Autoren der vergleichenden Länderstudien in OECD (ed.), Labour market flexibility.

Betriebsräte können mit ihren begrenzten Handlungsoptionen nur sektoral bzw. einzelbetrieblich ansetzen; sie sind deshalb notwendigerweise überfordert mit der Wahrnehmung von Interessen vor allem für die Arbeitnehmer, die sich außerhalb der betriebsinternen Arbeitsmärkte bzw. Produktivitätskoalitionen in den ungeschützten Marktsegmenten befinden.

Deshalb muß auf der Makroebene der korporative Akteur Staat im Rahmen von Re-Regulierung in stärkerem Maße sozial- bzw. arbeitspolitische Schutzfunktionen übernehmen. Ein kollektives Interesse des Staates an Re-Regulierung ergibt sich nicht nur aus dem Sozialstaatsgebot des GG, sondern vor allem aus den sozialen Kosten und Folgeproblemen bzw. negativen externen Effekten, die bei Dominanz einzelbetrieblicher Effizienzüberlegungen bzw. im Falle unterbleibender Regulierung für die Gesellschaft entstehen würden. Außerdem haben staatlich gesetzte Regulierungen, die soziale Kosten durch Anwendung des Verursacherprinzips vermeiden, gleichartige Wirkungen für alle Betroffenen; demgegenüber weisen durch Tarifvertrag oder Betriebsvereinbarung dezentralisierte Regulierungen deutliche Unterschiede in ihrer Wirkungsweise auf.

Neue Politikfelder für verschiedene Formen einer spezifischen politischen Re-Regulierung lassen sich durchaus ausmachen.[72] Zunächst und vor allem sind verschiedene marginale bzw. statusgeminderte Beschäftigungsverhältnisse zu nennen, deren Anzahl und Anteil aufgrund struktureller und sozioökonomischer Wandlungsprozesse der Arbeitsmärkte vor allem seit Mitte der 70er Jahre kontinuierlich zunimmt.[73] Sie sind aber durch die traditionellen sozialstaatlichen Regulierungen des Arbeits- und Sozialrechts, die an den Rahmenbedingungen des ehemals faktisch und normativ dominierenden Normalarbeitsverhältnisses orientiert sind, nur unzureichend ab-

---

[71] In diese Richtung argumentiert auch eine aktuelle US-amerikanische Studie: "Another threat ... rests with the .. creation of ... a segmented two-tier work force... The income, status, and mobility differences between these two groups are likely, indeed, virtually certain, to be substantial, and a wealth of evidence is available to suggest that a bifurcated two-tier economy and society cannot persist for long without major upheaval." Lewin,D., Expert's report on the United States, in: OECD (ed.), Labour market flexibility, 12.

[72] Ähnlich für die USA auch Kochan,T.A./McKersie,R.B./Capelli,P., Strategic choices and industrial relations theory, Industrial Relations 23 (1984), 35: ".. we have seen major changes in the industrial relations policies and strategies of the current Administration and there is good reason to believe that a countervailing swing in government labor policies could occur if an Administration with closer ties to the labor movement were to be elected."

[73] Vgl. zu verschiedenen Formen und ihrer jeweiligen Entwicklung Bollinger,D./Cornetz,W./Pfau-Effinger,B., "Atypische" Beschäftigung - Betriebliche Kalküle und Arbeitnehmerinteressen, in: Semlinger,K.(Hg.), Flexibilisierung des Arbeitsmarktes. Interessen, Wirkungen, Perspektiven, Frankfurt-New York 1991, 177-199; vgl. zu Vorstellungen der Absicherung Landenberger,M., Defizite und Lösungsstrategien bei der sozialversicherungsrechtlichen Absicherung flexibler Beschäftigung, in: Semlinger,K. (Hg.), Flexibilisierung des Arbeitsmarktes, 271-293.

gesichert. Nicht generelle staatliche Verbote oder gewerkschaftliche Blockaden dieser flexibilisierten, von der strikten lebenslangen Vollzeiterwerbstätigkeit des Normalarbeitsverhältnisses aus verschiedenen Gründen abweichenden Beschäftigungsformen sind anzustreben, sondern ein differenzierter Ausbau ihrer derzeit unzulänglichen individuellen und kollektiven Schutzrechte:[74]

1. Laut Sozialgesetzbuch sind sog. geringfügige Beschäftigungsverhältnisse, die ihre Inhaber weniger als 15 Stunden pro Woche ausüben und/oder in denen sie regelmäßig nicht mehr als monatlich 480,-DM (bis 31.12.1990 470,-DM) verdienen, von der Sozialversicherungspflicht befreit; die 2,1 Millionen Stelleninhaber (ca. 9% aller abhängig Beschäftigten)[75] führen weder Beiträge zur gesetzlichen Kranken- noch zur Renten- oder Arbeitslosenversicherung ab. Diese Beschäftigungsform hat der Gesetzgeber ursprünglich geschaffen, "um ansonsten ausreichend versorgten Bevölkerungsgruppen die Möglichkeit eines geringfügigen, abgabenfreien Hinzuverdienstes zu geben".[76] Inzwischen stellt diese Beschäftigungsform, deren Zusammensetzung sich deutlich in Richtung auf eine Heterogenisierung ändert, längst nicht mehr die Ausnahme dar.

Daher wären diese "Geringverdiener" durch Wegfall der Geringfügigkeitsklausel in die Sozialversicherungspflicht einzubeziehen, um sie besser vor den sozialen Risiken zu schützen.[77] Hierbei geht es vor allem um die Schließung von Lücken in den eigenen Rentenanwartschaften bzw. um eine eigenständige soziale Sicherung insbesondere von Frauen, die den überwiegenden Teil (1,5 der 2,1 Millionen geringfügig Beschäftigten) ausmachen.[78] Innerhalb einer generellen

---

[74] Vgl. zum folgenden auch Vorschläge mit Blick auf EG-weite Regelungen. Mückenberger,U., Re-Regulierung neuer Beschäftigungsformen - Kann "atypische" Beschäftigung sozialverträglich sein?, in: Semlinger,K. (Hg.), Flexibilisierung des Arbeitsmarktes, 203-224.

[75] Die Zahl steigt auf 4 Millionen marginaler Beschäftigungsverhältnisse, wenn die als Zweitbeschäftigung ausgeübten Nebentätigkeiten addiert werden. Im übrigen sind die Angaben über den Umfang der geringfügigen Beschäftigten in den verschiedenen Studien recht unterschiedlich. Vgl. u.a. ISG, Sozialverisicherungsfreie Beschäftigung, in: BMA (Hg.) Sozialversicherungsfreie Beschäftigung, Bonn 1989.

[76] Schwarze,J./Wagner,G., Geringfügige Beschäftigung - empirische Befunde und Reformvorschläge, Wirtschaftsdienst 67 (1989), 185.

[77] Im Herbst 1991 wurde durch eine Grundsatzentscheidung des BAG die Gleichstellung dieser Gruppe mit den anderen Arbeitnehmern hinsichtlich der Lohnfortzahlung im Krankheitsfall erreicht. Bis 1991 wurde der Lohn nicht weiter gezahlt. Diese Regelung verstieß laut BAG gegen Art. 119 EWG-Vertrag, der gleichen Lohn für gleiche Arbeit fordert, und führte, wie der Europäische Gerichtshof 1989 entschied, zu einer mittelbaren Diskriminierung von Frauen.

Sozialpflichtigkeit wären Sonderregelungen für spezifische, anderweitig hinreichend abgesicherte und daher weniger schutzbedürftige Teilgruppen (vor allem Schüler, Studenten, Pensionäre bzw. Rentenbezieher und Arbeitslose) durchaus möglich. Insofern geht es nicht um die Einführung einer generellen Versicherungspflicht für diese recht heterogene Gruppe, sondern lediglich um eine differenzierte Ausdehnung der Versicherungspflicht auf etwa die Hälfte der geringfügig Beschäftigten.

Da aufgrund der Arbeitgeberbeiträge zur Sozialversicherung die Lohnnebenkosten steigen würden, werden häufig negative Arbeitsmarktkonsequenzen in Form eines Verschwindens dieser Beschäftigungsform befürchtet. Das DIW konnte allerdings durch eine Analyse der Struktur des Angebots zeigen, daß "... wettbewerbs- wie sozial- und arbeitsmarktpolitische Gründe für eine weitgehende Abschaffung der Vorschriften über geringfügige Beschäftigung"[79] sprechen: Wegen der Notwendigkeit bzw. Unverzichtbarkeit dieser Tätigkeiten in einer Dienstleistungsgesellschaft würden in der überwiegenden Mehrzahl - abgesehen vom Bereich des produzierenden Gewerbes - keine negativen Beschäftigungseffekte auftreten. Arbeitskräfte mit funktionalisierten, unregelmäßigen Arbeitszeiten seien eigentlich nicht geringer, sondern sogar höher zu entlohnen als Arbeitnehmer mit Normalarbeitszeiten.

2. Teilzeitbeschäftigung nimmt bei unterschiedlichen Arbeitsmarktbedingungen und mit variierter Zielsetzung vom Volumen her seit den frühen 60er Jahren zu und umfaßt inzwischen ca.14% aller abhängig Beschäftigten; der Anteil der Frauen beträgt über 80% (sog. Feminisierung). Außerdem steigt der Anteil befristeter Teilzeit- an allen Arbeitsverhältnissen.[80] Aktuelle Analysen[81] zeigen jedoch, daß die Beschäftigungseffekte der Varianten der Teilzeitarbeit in der Vergangenheit gering waren; insofern sind alle Hoffnungen auf eine Erhöhung des Beschäftigungsstandes durch eine Ausweitung der Teilzeitarbeit unrealistisch.

---

[78] Außerdem werden durch die gegenwärtige Regelung bestimmte Arbeitsplätze subventioniert, was zu Wettbewerbsverzerrungen zugunsten der Branchen führen kann, die diese Beschäftigungsform überproportional häufig nutzen (vor allem Einzelhandel, Gebäudereinigerhandwerk, private Haushalte, karitative Organisationen). Vgl. Schwarze/Wagner, Geringfügige Beschäftigung, 185f.

[79] Schwarze,J./Wagner,G., Geringfügige Beschäftigung. Eine Reform der gesetzlichen Regelungen ist wirtschafts- und sozialpolitisch sinnvoll, DIW-Wochenbericht 56 (1989), 601.

[80] Neben der Flexibilisierung des Personalbestandes erfolgt also auch eine Flexibilisierung des Personaleinsatzes. Durch eine extreme Flexibilisierung der Arbeitszeiten (Anpassung der Arbeitsleistung an den schwankenden Arbeitsanfall) werden erhebliche Rationalisierungsgewinne für die Unternehmen ermöglicht.

[81] Vgl. Kap.13.5.

Weitere rechtliche Rahmenbedingungen und nicht Versuche einer Blockade der Ausweitung dieser Beschäftigungsform sind auch hier notwendig.[82] "Bei der Regelung der Teilzeitarbeit geht es zunächst darum, die Benachteiligungen von Teilzeitbeschäftigten gegenüber Vollzeitbeschäftigten vollkommen auszuschalten. Überfällig ist eine tarif- und sozialrechtliche Gleichstellung der Teilzeitbeschäftigten mit den Vollzeitbeschäftigten hinsichtlich u.a. der Bezahlung (auch bei Überstunden), der Eingruppierung, der Aufstiegs- und Weiterbildungsmöglichkeiten, der Teilhabe an betrieblichen Sozialleistungen, insbesondere bei der betrieblichen Altersversorgung bzw. der öffentlichen Zusatzversorgung."[83] M.a.W.: Der Grundsatz der Nicht-Diskriminierung muß bei allen unteilbaren Rechten (wie Mindestarbeitsbedingungen, Bestandsschutzregelungen wie Kündigungsschutz, Beteiligung an Mitbestimmungsgremien sowie an Weiterbildungsmaßnahmen) realisiert werden; bei den teilbaren Rechten dagegen (z.B. Entgelt) erfolgt eine abgestufte, relative Beteiligung.[84] Insofern erweist sich die ansatzweise Regulierung dieser Beschäftigungsform durch Vorgabe einiger gesetzlicher Mindeststandards in Par.2-6 BeschFG[85] als Schritt in die richtige Richtung, der wegen seines Minimalcharakters aber unzureichend bleibt.

3. Die Reihe der Beispiele läßt sich fortsetzen: Eine spezifische Variante der betrieblichen Flexibilisierung, die durch Auslagerung von Arbeitsplätzen aus der unmittelbaren großbetrieblichen Organisation entsteht, stellt die Heimarbeit in der aktuellen Variante der sog. Teleheimarbeit[86] dar. Diese Beschäftigungsform, die vor allem Frauen ausüben, ist zwar vom Umfang her mit ca. 160.000 Arbeitnehmern nicht bedeutend und wächst derzeit kaum; sie kann in Zukunft infolge der Möglichkeiten zur Dezentralisierung, welche die neuen Informations-

---

[82] Die Varianten "kapazitätsorientierte variable Arbeitszeit" (Kapovaz) und "job sharing" werden im BeschFG bloß ansatzweise geregelt. Insgesamt ist Teilzeitarbeit nur in geringem Umfang reguliert.

[83] Bäcker,G./Naegele,G., Gleitender Ruhestand, Altersteilzeitarbeit und Teilrente. Probleme und Chancen einer alternativen Form des Ausscheidens aus dem Arbeitsleben, Soziale Sicherheit 38 (1989), 39.

[84] Vgl. zu den hier nicht behandelten Folgen für Renten-, Kranken- und Arbeitslosenversicherung im einzelnen Landenberger,M., Aktuelle sozialversicherungsrechtliche Fragen zur flexiblen Arbeitszeit und Teilzeitbeschäftigung, Zeitschrift für Sozialreform 31 (1985), 321-335 u. 393-415; vgl. zu rechtlichen Gestaltungsspielräumen der Teilzeitarbeit auch Schmid, Flexibilisierung des Arbeitsmarkts durch Recht?, sowie Maier,F./Schettkat,R., Beschäftigungspotentiale der Arbeitszeitpolitik, Aus Politik und Zeitgeschichte B3/1990, 46ff.

[85] Verbot der unterschiedlichen Behandlung, Veränderung von Dauer oder Lage der Arbeitszeit, Anpassung der Arbeitszeit an den Arbeitsanfall, Arbeitsplatzteilung, Vorrang des Tarifvertrags.

[86] Vgl. zum Problem u.a. Brandes,W./Buttler,F., Alte und neue Heimarbeit. Eine arbeitsökonomische Interpretation, Soziale Welt 37 (1987), 74-91; international vergleichend Schneider de Villegas,G., Home work: A case for social protection, International Labour Review 129 (1990), 423-439.

und Kommunikationstechnologien bieten, durchaus zunehmen. Zur arbeits- und sozialrechtlichen Absicherung und Gestaltung dieser neuen Heimarbeit, welche u.a. die Form der Scheinselbständigkeit annehmen kann, wird eine reine Aktualisierung des Heimarbeitsgesetzes nicht ausreichen. "Insbesondere müssen das Beschäftigungs-, Investitions- und Haftungsrisiko für die unterschiedlichen Ausgestaltungsformen der Telearbeit befriedigend gelöst werden."[87]

Ein weiteres Problem bildet der im internationalen Vergleich zwar geringe, aber von Jahr zu Jahr deutlich zunehmende Umfang der legalen[88] und illegalen Leiharbeit.[89] Das tatsächliche Ausmaß der nicht erfaßten illegalen Leiharbeit ist aufgrund der notwendigerweise lückenhaften Statistiken kaum genau zu schätzen, sehr wohl aber erheblich, wie wir aufgrund der Erfahrungen der vergangenen Jahre vermuten müssen: Der DGB schätzt, daß es mehr als doppelt so viele illegal überlassene wie die legal vermittelten 200.000 Leiharbeitnehmer gibt. Allgemein gilt: "... in the FRG agency labour tends to have worse pay and working conditions than permanent workers, as well as more restricted social security rights, because, on the one hand, they are excluded from the scope of the collective agreements in the user firm and, on the other, the number of collective agreements directly signed by agencies is small."[90] Seit der Öffnung der Grenzen der ehemaligen DDR hat sich die Situation noch verschärft.

Bei der Absicherung ergeben sich die bekannten Probleme ungeschützter Beschäftigungsverhältnisse. Dem Problem läßt sich durch gesetzliche Regelungen - etwa in Richtung auf ein generelles, vor allem vom DGB gefordertes Verbot - nur schwer beikommen. Das BeschFG sieht lediglich eine strengere Bestrafung bei illegaler Ausländerbeschäftigung vor. Eine mögliche Strategie wäre die gesetzliche Verankerung einer systematischen Gleichbehandlung von Betriebsangehörigen und allen Leiharbeitnehmern nicht nur bei den Entgelten, sondern

---

[87] Müllner,W., Arbeitsrecht für eine neue Arbeitswelt. Arbeitsrechtliche Aspekte des technisch organisatorischen Wandels, Zeitschrift für Rechtspolitik 20 (1987), 324.

[88] Vgl. Brose,H.-G./Schulze-Böing,M./Wohlrab-Sahr,M., Zeitarbeit. Konturen eines neuen Beschäftigungsverhältnisses, Soziale Welt 38 (1988), 286ff.

[89] Vgl. DGB-Bundesvorstand, Abt. Arbeitsmarktpolitik, Stellungnahme für den 6.Bericht der Bundesregierung über Erfahrungen bei der Anwendung des Arbeitnehmerüberlassungsgesetzes -AÜG- sowie über die Auswirkungen des Gesetzes zur Bekämpfung der illegalen Beschäftigung- BillBG, Düsseldorf 1988; Kock,K., Entwicklungstendenzen der zugelassenen Leiharbeit. Zum 6.Bericht der Bundesregierung über Erfahrungen bei der Anwendung des Arbeitnehmerüberlassungsgesetzes, WSI-Mitteilungen 42 (1989), 24-32.

[90] Marshall,A., The sequel of unemployment: The changing role of part-time and temporary work in Western Europe, in: Rodgers/Rodgers (eds.), Precarious jobs and labour market deregulation, 41.

auch bei allen anderen Arbeitsbedingungen durch eine Änderung des Arbeitnehmerüberlassungsgesetzes.[91]

2. Bisher habe ich vor allem die sozialen Kosten von Deregulierungsstrategien bzw. die sozialpolitischen Schutzfunktionen von Re-Reregulierungsvorschlägen in Hinsicht auf "untypische" Beschäftigungsverhältnissen hervorgehoben; im folgenden werde ich Richtung und Reichweite verschiedener arbeitspolitischer Gestaltungsfunktionen aufzeigen. Wir gehen damit von einer defensiv-kompensatorischen zu einer offensiv-gestalterischen Variante der Re-Reregulierung über. Die Notwendigkeit dieser zweiten Form der Verhaltensregulierung besteht nicht mehr in der Vermeidung externer Effekte bzw. Senkung sozialer Kosten, sondern vor allem in der Reduzierung von Informations-, Verhandlungs- und Durchsetzungskosten (Transaktionskosten); sie kann durchaus auch das Ziel verfolgen, die "soziale Produktivität" zu erhöhen.

Die sozialverträgliche Einführung und Implementation neuer Technologien ist ein weiteres zentrales Politikfeld, auf dem rechtliche Intervention und damit Steuerung notwendig werden. Das Ziel besteht in der Institutionalisierung verbesserter und erweiterter Partizipationsrechte (von reinen Informations- über Mitwirkungs- bis zu echten Mitbestimmungsrechten) in den verschiedenen Phasen (der Planung, Einführung und Implementation). Zumindest sind die neuen Technologien auch auf der Mikroebene keineswegs durch technologische Eigenlogik oder sonstige Sachgesetzlichkeiten determiniert, sondern als sozialer Prozeß gegenüber praktischen Gestaltungsalternativen und -strategien der Akteure durchaus offen.[92]

Die Gewerkschaften schätzen seit langem die Mitbestimmungsmöglichkeiten bei Rationalisierungsmaßnahmen sowie bei der Einführung und Anwendung neuer Technologien, bei der Arbeitsplatzgestaltung, bei Personalplanung und -entscheidungen sowie bei Betriebsänderungen (vor allem Par. 90, 91 BetrVG) als unzureichend und zu unbestimmt ein. Gegenwärtig sind, wie wir aus verschiedenen Untersuchungen wissen[93], Betriebsräte nur selten aktiv und häufig zu spät an der

---

[91] Ein weiterer regelungsbedürftiger Bereich wird die Nacht- und Wochenendarbeit sein. Vgl. zu Vorschlägen Seifert,H., Sozialverträgliche Arbeitszeitgestaltung - Ein neues Konzept der Arbeitszeitpolitik, WSI-Mitteilungen 42 (1989), 670-680.

[92] Vgl. im einzelnen Altmann,N./Düll,K., Rationalisierung und neue Verhandlungsprobleme im Betrieb, WSI-Mitteilungen 40 (1987), 261-269; Ortmann et al., Computer und Macht in Organisationen. Mikropolitische Analysen; international vergleichend Wassermann,W., Worker participation in technological change, in: OECD (ed.), Labour market flexibility, 61-74.

[93] Vgl. u.a. Kißler,L., Die Mitbestimmung in der Bundesrepublik Deutschland. Modell und Wirklichkeit, Marburg 1992, 76ff.

formalen und informellen Aushandlung der Planungs- und Entscheidungsprozesse beteiligt. Die Gewerkschaften fordern deshalb eine Ausweitung und Verstärkung der bestehenden Mitbestimmungsrechte der Betriebsräte bei der Einführung und Anwendung neuer Technologien ("soziale Gestaltung des technischen Wandels").[94]
In den verschiedenen Konzepten einer stärker betriebsbezogenen Arbeits- und Produktionspolitik geht es um Antworten auf die Frage, ob innerhalb des Spielraums einer Rahmengesetzgebung die verschiedenartigen Auswirkungen von "Technik" auf der betrieblichen Ebene quantitativ und vor allem qualitativ Gegenstand von Kollektivverhandlungen bzw. Betriebsvereinbarungen werden sollen:
- Zum einen können umfassende Rechte echter, präventiver Mitbestimmung "bei der Einführung, Anwendung, Änderung oder Erweiterung neuer technischer Einrichtungen und Verfahren" eingeführt werden, wie sie DGB und SPD durchsetzen wollen.[95]
- Zum andern können lediglich erweiterte Beteiligungsrechte festgeschrieben werden, wie sie die Regierungskoalition bei der Novellierung des BetrVG im Jahre 1988 formulierte.[96]

Die infolge des Einzugs der Mikroelektronik in Produktion und Verwaltung auftretenden neuartigen Probleme einer "technologischen" Partizipation waren bei der ersten Novellierung des BetrVG von 1952 im Jahre 1972 nicht vorherzusehen; diese technisch-qualifikatorisch-arbeitsorganisatorischen Veränderungen hätten aber bei der zweiten Novellierung im Jahre 1988 angegangen werden müssen.[97] Eine Änderung des BetrVG, nämlich ein Ausbau der echten Mitbestimmungsrechte bei Folgen und Wirkungen des Einsatzes neuer Technologien, wäre sinnvoll gewesen.[98]

---

[94] Ein weiteres zentrales Problem wird die Mitbestimmung bei den technischen Möglichkeiten der Personalinformationssysteme sein. Sollen Konzepte datenschutz- und betriebsverfassungsrechtlicher Vereinbarungen in den Bereich der erzwingbaren Mitbestimmung überführt werden? Bislang sind die Handlungsmöglichkeiten von Betriebsräten eher begrenzt.

[95] Der SPD-Gesetzentwurf zur Erneuerung des BetrVG vom Herbst 1988 verfolgt diese Ziele. Den Arbeitgebern hingegen gingen schon die moderaten Änderungen des novellierten BetrVG zu weit. Vgl. BDA, Jahresbericht 1989, Bergisch Gladbach 1989, 10f.

[96] Die Informations- und Beratungsrechte des Betriebsrats bzw. der Arbeitnehmer wurden "präzisiert und für die Praxis besser handhabbar gemacht", jedoch nicht wesentlich erweitert. In Par.81 BetrVG wurden die Unterrichtungspflichten des Arbeitgebers, in Par.90 die Unterrichtungs- und Beratungsrechte des Betriebsrats erweitert.

[97] Eine "Konzeption zur Mitbestimmung am Arbeitsplatz" des DGB liegt seit Ende 1984 vor; jenseits der Programmatik sind bisher jedoch keine praktischen Folgerungen zu erkennen. Vgl. Leminsky,G., Mitbestimmung am Arbeitsplatz - Erfahrungen und Perspektiven, Gewerkschaftliche Monatshefte 36 (1985), 154ff.; Kiefer,B./Schönland,D., Mitbestimmung bei der Gestaltung von Arbeitsplätzen, Köln 1988, 139-150.

Die traditionelle, stark arbeitsteilige und deutlich restriktive Organisation der Arbeit nach tayloristisch-fordistischen Prinzipien verliert im Prozeß des Übergangs von standardisierter Massenproduktion zu flexibler und diversifizierter Qualitätsproduktion allmählich an Bedeutung. Mit der Einführung der Informations- und Kommunikationstechnologien wird eine flexible Reorganisation der nunmehr stärker ganzheitlich gestalteten und genutzten Arbeit möglich. Durch die Einführung der Mikroelektronik ändern sich nicht nur die traditionellen Handlungsalternativen der Betriebsräte, sondern wesentlich auch die gesamte Arbeitsorganisation und damit die individuellen Arbeitsbedingungen.

Notwendig wird neben der bereits skizzierten Ausweitung der bestehenden Gruppen- bzw. Kollektivrechte des Betriebsrats als Repräsentativorgan die Ausgestaltung nicht-repräsentativer, individueller Partizipationsrechte am Arbeitsplatz. Diese beziehen sich sowohl auf die Einführung und Anwendung neuer Technologien als auch auf die allgemeine Gestaltung der Arbeitsbedingungen und Arbeitsorganisation.[99] Insofern wäre das BetrVG, in dem die kollektiven Arbeitsbeziehungen auf betrieblicher Ebene durch Verrechtlichung reguliert werden, nach unten zu ergänzen durch eine Stärkung individueller Rechte am Arbeitsplatz und deren Verzahnung mit den kollektiven Rechten des BR. In der konsequenten Vernachlässigung dieser untersten Ebene der Mitbestimmung liegt traditionell eine wichtige Besonderheit der deutschen Regelungen, die ausschließlich auf die betriebliche und überbetriebliche Ebene ausgerichtet sind und neben der gesamtwirtschaftlichen vor allem die individuelle Ebene ausklammern.[100]

In diesem Zusammenhang gewinnen die in den 60er und frühen 70er Jahren im Vorfeld der ersten Novellierung des BetrVG im Jahre 1972 zwar diskutierten, aber innergewerkschaftlich aufgrund organisationspolitischer, gegen "Gruppensyndikalismus" gerichteten Kalküle nicht mehrheitsfähigen Konzepte der Mitbestimmung

---

[98] Der von der SPD-Bundestagsfraktion 1985 eingebrachte "Entwurf eines Gesetzes zum Ausbau und zur Sicherung der betrieblichen Mitbestimmung" (BT-Drucksache 10/3666), der die Vorstellungen der DGB-Gewerkschaften weitgehend übernahm, war als politische Alternative zu den Plänen der Regierungskoalition zur Novellierung des BetrVG konzipiert.

[99] Auch die häufig diagnostizierten, deutlichen Tendenzen einer durchgängigen Individualisierung von Lebens- und Arbeitsbedingungen, von Handlungsorientierungen und -strategien weisen in Richtung auf eine Verbesserung individueller Beteiligungsrechte bzw. der Gestaltungsfunktion von Regulierung. Beck,U., Risikogesellschaft. Auf dem Weg in eine andere Moderne, Frankfurt a.M. 1986; ders., Gegengifte. Die organisierte Unverantwortlichkeit. Frankfurt a.M. 1988.

[100] "Unlike North America, Germany lacks a tradition of strong worker shop-floor influence. While the American worker finds it incredible that worker representatives should sit on boards of directors, the German worker finds it equally incredible that management's control on the shop floor should be questioned." Adams,R.C./Rummel,C.H., Workers' participation in management in West Germany: Impact on the worker, the enterprise and the trade union, Industrial Relations Journal 8 (1977), 15.

am Arbeitsplatz[101] wieder an Aktualität. Dabei haben sich die Rahmenbedingungen gänzlich verändert und ganz andere Ziele als "Basisdemokratie" und "autonome Arbeiterselbstverwaltung" stehen im Mittelpunkt:
- Einerseits fordern und erwarten nicht nur die hoch qualifizierten und verhaltenssouveränen Produktionsfacharbeiter, welche den betrieblichen Technikeinsatz und die neuen Produktionskonzepte tragen, in hohem Maße direkte, individuelle Beteiligungsrechte und strategisch orientierte Gestaltungsfreiräume mit dem Ziel der verbesserten Wahrnehmung eigener Interessen bei den Aushandlungsprozessen von Arbeitsorganisation und -bedingungen.[102]
- Andererseits machen vor allem die "modernistischen" Teile des Managements seit den 80er Jahren im Rahmen eines Human Resource Management zumindest für bestimmte Gruppen von Stammarbeitnehmern zahlreiche neuartige, dezentrale Beteiligungsangebote, die über Scheinpartizipation und reine Sozialtechniken durchaus hinausgehen können.[103] Diese Angebote sind funktional orientiert, auf Modernisierung und Flexibilisierung des betrieblichen Produktionspotentials sowie auf ganzheitliche Nutzung des individuellen Arbeitsvermögens ausgerichtet. Diese partizipativen Organisationsformen sind entweder reine Gesprächs- bzw. Problemlösungsgruppen (u.a. Werkstattkreise, Lernstätten oder Qualitätszirkel) oder Gruppen, die der optimalen Bewältigung der Arbeitsvollzüge dienen (z.B. teilautonome Arbeitsgruppen).[104] Diese direkte Ar-

---

[101] Vgl. für andere Vilmar,F., Mitbestimmung und Selbstbestimmung am Arbeitsplatz, 3.erw.Aufl. Darmstadt 1974; Vilmar,F., Industrielle Arbeitswelt. Grundriß einer kritischen Betriebssoziologie, Stein/Nürnberg 1974, bes. S.176ff. Die Reaktion auf diese Vorschläge läßt sich folgendermaßen zusammenfassen: "Die Gewerkschaften befürchteten in neuen und zusätzlichen Institutionen auf der betrieblichen Ebene, und zwar neben Betriebsräten und Vertrauensleuten, eine Aufsplitterung der Interessenvertretung, eine Aushöhlung der Betriebsverfassung, eine Schwächung der Tarifpolitik und damit eine Gefahr für die gewerkschaftliche Solidarität." Leminsky, Mitbestimmung am Arbeitsplatz, 153.

[102] Vgl. Birke,M./Schwarz,M., Neue Techniken - neue Arbeitspolitik? Neuansätze betrieblicher Interessenvertretung bei der Gestaltung von Arbeit und Technik, Frankfurt-New York 1989; Birke,M./Schwarz,M., Betrieb als arbeitspolitische Arena der Arbeits- und Technikgestaltung, Soziale Welt 41 (1990), 167-182; vgl. auch verschiedene Beiträge in Kißler,L.(Hg.), Modernisierung der Arbeitsbeziehungen. Direkte Arbeitnehmerbeteiligung in deutschen und französischen Betrieben, Frankfurt-New York 1989; Martens,H./Peter,G.(Hg.), Mitbestimmung und Demokratisierung. Stand und Perspektiven der Forschung, Wiesbaden 1989.

[103] Im aktuellen Jargon geht es dabei um den Übergang von "industrial relations" zu "employee relations", d.h. von kollektiven zu individuellen, von zweiseitigen zu einseitigen Beziehungen.

[104] Vgl. zusammenfassend Helfert,M., Beteiligungsstrategien der Betriebe und Mitbestimmung am Arbeitsplatz, WSI-Mitteilungen 36 (1983), 748ff; Beisheim,M./v.Eckardstein,D./Müller,M., Partizipative Organisationsformen und industrielle Beziehungen, in: Müller-Jentsch,W.(Hg.), Konfliktpartnerschaft. Akteure und Institutionen der industriellen Beziehungen, München-Mering 1991, 123-138.

beitnehmerbeteiligung mit unternehmenspolitischen Zielen kann jedoch mit den im BetrVG institutionalisierten kollektiven Rechten der Betriebsräte durchaus in Konkurrenz geraten[105], wenn diese sie nicht offensiv zur arbeitsplatzbezogenen Erweiterung der innerbetrieblichen Partizipationsrechte aller Arbeitnehmer zu nutzen verstehen.[106]

Wahrscheinlich wird im andauernden Prozeß des Strukturwandels des Systems der Arbeitsbeziehungen mit den bekannten Tendenzen der Verbetrieblichung bzw. allgemeinen Dezentralisierung die faktische Bedeutung der überbetrieblichen Mitbestimmung zugunsten der betrieblichen abnehmen. Im Rahmen dieser Gewichtsverlagerung in einem Gesamtkonzept industrieller Demokratie wird einerseits die Unternehmensmitbestimmung (vor allem nach dem MitbestG von 1976)[107] sicherlich nicht völlig bedeutungslos, weil sie Chancen zur Intenvention in unternehmerische Entscheidungsprozesse im Aufsichtsrat bietet. Andererseits wird aber die dezentralisierte Mitbestimmung am Arbeitsplatz innerhalb einer umfassend regulierten Partizipationsstruktur an Bedeutung gewinnen. Notwendig bleibt eine den veränderten ökonomischen und technischen Rahmenbedingungen adäquate Weiterentwicklung der verschiedenen Formen von institutionalisierter Partizipation als Mischung von verbesserten alten, d.h. repräsentativ-kollektiven Rechten und neuen, d.h. direkt-individuellen Beteiligungsrechten im Rahmen eines "sozialen Modells der Produktivität"[108].

3. Inzwischen besteht allgemeiner Konsens hinsichtlich der zentralen Bedeutung einer über die berufliche Erstausbildung deutlich hinausgehenden systematischen Aus- und Weiterbildung nicht nur für die individuelle, sondern auch für die zukünftige gesellschaftliche und wirtschaftliche Entwicklung. Ein deutlicher Dissens hingegen existiert bei der Frage, wie das Problem im Detail und von den Instrumenten her gelöst werden soll; die grundsätzliche Alternative lautet Betriebsvereinbarung/Tarifvertrag vs. gesetzliche Rahmenregelung plus tarifvertragliche Ergänzung:[109]

---

[105] Gleiches gilt für die von ihrer Bedeutung her aufzuwertenden gewerkschaftlichen Vertrauensleute.

[106] Vgl. zur empirischen Partizipationsfolgenabschätzung Greifenstein,R./Jansen,P./Kißler,L., Direkte Arbeitnehmerbeteiligung mit oder ohne Arbeitnehmervertretung? Die Antwort einer empirischen Partizipationsfolgenabschätzung im Betrieb, WSI-Mitteilungen 43 (1990), 602-610.

[107] Vgl. im einzelnen Kap.6.

[108] Vgl. im einzelnen Lecher,W., Den Tiger reiten - Soziale Produktivität und direkte Mitbestimmung, Gewerkschaftliche Monatshefte 42 (1991), 103ff.

- Der Bundesminister für Bildung und Wissenschaft sieht "keine Alternative zu dem Konzept dezentraler Verantwortung in der beruflichen Weiterbildung ... tarifvertragliche Regelungen werden der Differenziertheit der Aufgabenstellung Weiterbildung wesentlich besser gerecht als gesetzliche Rahmenregelungen".[110] Auch die Arbeitgeberverbände sprechen sich dezidiert gegen gesetzliche Regelungen aus.[111]
- Demgegenüber könnten gesetzliche Vorgaben gewisse Rahmenbedingungen auf ein Recht oder zumindest für Fragen der Weiterqualifizierung vorgeben. Staatliche Maßnahmen erscheinen nicht zuletzt sinnvoll, weil durch eine systematisch forcierte Weiterbildung die eigene Position innerhalb der internationalen Arbeitsteilung sowie die Wettbewerbsfähigkeit auf umkämpften Märkten verbessert werden können: Die Produktion von konkurrenzfähigen, weil qualitativ hochwertigen Gütern setzt entsprechend umfassend qualifizierte Arbeitskräfte voraus. Da es sich zumindest bei den breit anzulegenden Schlüsselqualifikationen um eine spezifische Art von Kollektivgut zur Verbesserung der gesamtwirtschaftlichen Anpassungs- und Wettbewerbsfähigkeit handelt, sollte der Staat dessen Bereitstellung fördern. Schließlich können wir berufliche Weiterbildung ebenso wie das duale System beruflicher Bildung als gesellschaftspolitische Aufgabe ansehen, die daher einer ebenfalls dual angelegten Rahmenregelung bedarf.

Eine sinnvolle Maximalforderung ist, daß "solche Bestimmungen zur beruflichen Weiterbildung kodifiziert werden, die betriebs- und branchenübergreifender Natur sind, wie z.B.:
- Individueller Mindestanspruch auf berufliche Weiterbildung,
- Besondere Berücksichtigung benachteiligter Beschäftigtengruppen,
- Mitbestimmungs- und Beteiligungsrechte der Beschäftigten und der betrieblichen Interessenvertretungen bei der Ermittlung des Qualifikationsbedarfs, der Planung und Durchführung der Maßnahmen sowie der Auswahl der TeilnehmerInnen,
- Inanspruchnahme von Qualifikationsberatern,

---

[109] Vgl. zum folgenden Mahnkopf,B./Maier,Fr., Flexibilisierung und Weiterbildung - Regulierungsdefizite und Regulierungsstrategien, in: Semlinger, Flexibilisierung des Arbeitsmarktes, 225-248.

[110] Presseinfo BMBW, 2.11.1989, 2f.

[111] Die Schwierigkeiten, vor denen tarifvertragliche Regelungen stehen, werden deutlich durch die Beschreibung der Position der BDA. Vgl. BDA, Jahresbericht 1989, 71; vgl. auch Dichmann,W., Neue gewerkschaftliche Politikfelder und politische Instrumente, in: ders. (Hg.), Gewerkschafen in Deutschland. Aus der Legitimationskrise zu neuer Macht, Köln 1990, 64-71.

- Systematisierung der Weiterbildungsmaßnahmen ("Bausteinprinzip"), Festlegung und Kontrolle von Qualitätsstandards und verwertbare Zertifizierung der Teilnahme,
- Regelung der Kostenübernahme,
- Verankerung des Günstigkeitsprinzips"[112].

Den bislang dominierenden Betriebsvereinbarungen bzw. Tarifverträgen käme dann die Aufgabe zu, den gesetzlich vorstrukturierten Rahmen entsprechend der betriebs- bzw. branchenspezifischen Bedingungen auszufüllen, zu konkretisieren und "umzusetzen".[113] Die Mitbestimmungsregelungen (vor allem Par.96-98 BetrVG) bieten hierfür zwar günstige Ansatzpunkte, reichen aber zur wirksamen gleichberechtigten Einflußnahme nicht aus.[114]

In den vergangenen Jahren haben verschiedene Gewerkschaften versucht, Probleme der Weiterbildung zum Gegenstand von Kollektivverhandlungen zu machen. Dieses Vorgehen bietet den Vorteil, sowohl mit als auch ohne staatliche Rahmenregulierung verfolgt werden zu können; Forderungen dürften aber auch in diesem Objektbereich in Verbindung mit staatlichen Aktivitäten einfacher durchzusetzen bzw. ohne sie leicht überfordert sein.[115] Andererseits hat diese Strategie qualitativer Tarifpolitik kaum Aussicht auf Erfolg, wenn sie isoliert und allein auf einzelbetrieblicher Ebene, d.h. in Form von Betriebsvereinbarungen, betrieben wird; sie bedarf mehr als der kollektiven Absicherung durch Tarifverträge, welche allgemein verbindliche Mindeststandards formulieren und spezifische Einzelregelungen verallgemeinern.

---

[112] Bispinck,R., Qualifikationsrisiken, berufliche Weiterbildung und gewerkschaftliche Tarifpolitik, Düsseldorf 1990, 23.

[113] Ähnlich argumentiert Streeck bei einer Analyse des Systems der beruflichen Bildung: "Social regulation and political intervention will be required... Western democratic societies need to preserve their structural capabilities for regulatory intervention in the economy." Streeck,W., Skills and the limits of neo-liberalism: The enterprise of the future as a place of learning, Discussion Paper FS I 88-16, Wissenschaftszentrum Berlin 1988, 36.

[114] Rische-Braun,D., Mitbestimmung in der betrieblichen Weiterbildung, WSI-Mitteilungen 39 (1986), 1ff.

[115] "Ein .. Vorschlag, Zeit für Weiterbildung vorzusehen, läuft .. darauf hinaus, statt Arbeitszeitverkürzung Qualifizierungszeit zu realisieren. Dies trägt weder dem Beschäftigungs- noch dem Freizeitbedarf genügend Rechnung. Die Notwendigkeit besserer Weiterbildung im Arbeitsleben und während der Arbeitszeit ist unbestritten, die Bereitschaft zu einer tarifvertraglichen Regelung bei den Gewerkschaften vorhanden, aber eben nicht als Ersatz für die 35-Stunden-Woche." Lang,K., Aspekte der Arbeitszeitverkürzung und der Flexibilisierung der Arbeit, 605.

15.5. Schluß

Die grundlegende politische Handlungsalternative lautet: Sollen die in der industriellen Produktion sowie im privaten und öffentlichen Dienstleistungssektor gleichermaßen fortschreitenden Prozesse der Umstrukturierung unter politischer und damit auch sozialer Kontrolle bzw. Koordination stattfinden oder sollen diese Prozesse allein den Kräften des freien Marktes überlassen werden (politisch kontrollierte vs. marktmäßig nicht-kontrollierte Restrukturierung)? Andauernde und zunehmende Flexibilisierung macht politische Einflußnahme durch Reformulierung rechtlicher Rahmenbedingungen der gesellschaftlichen Entwicklung sicherlich schwieriger, weil differenzierter, aber nicht überflüssig.[116] Ein mehr an spezifischer Regulierung durch Ausbau der Schutzrechte vor allem der marginalisierten Gruppen sowie durch Erweiterung der kollektiven und individuellen Partizipationsrechte wird notwendig sein. In diesem Szenario einer Re-Regulierung von Arbeitsbeziehungen und Arbeitsmärkten ist der Wohlfahrts- bzw. Sozialstaat nicht als starker Interventionsstaat, wohl aber als dritter korporativer Akteur neben Arbeitnehmer- und Arbeitgebervertretungen gefordert, vor allem in seiner nach wie vor aktuellen Funktion als Gesetzgeber. Demgegenüber soll er nach den gängigen Deregulierungskonzepten keine moderierende Funktion des Ausgleichs und der Eingrenzung von Partikularinteressen übernehmen, sondern gerade in der Arbeits- und Sozialpolitik immer mehr an Bedeutung verlieren und wieder zum "Nacht- bzw. Marktwächterstaat" werden, der lediglich noch die klassischen Ordnungsfunktionen wahrnimmt.

In den gängigen Theorien der Arbeitsbeziehungen unterscheiden wir zwischen Verfahrensregeln und Inhaltsregeln.[117] Der Unterschied besteht darin, daß letztere die Beschäftigungsbedingungen für alle oder für bestimmte Gruppen direkt regulieren (z.B. Lohnhöhe, Arbeitszeiten), während erstere dies indirekt tun, indem sie die Handlungsalternativen der formalen und informellen Organisationen bzw. deren Repräsentanten beeinflussen (z.B. Abmachungen über Verhandlungs- und Konfliktbeilegungsmechanismen wie Mitbestimmungsregelungen oder Schlichtungsvereinbarungen).[118] Wir können die langfristige Entwicklung beschreiben als Trend zu mehr

---

[116] Die Produktionspolitik Schwedens kann als Beispiel für einen andersartigen politischen Umgang mit Flexibilisierung dienen. Vgl. Czada,R., Auf dem Weg zur Produktionspolitik. Zur Entwicklung neokorporatistischer Gewerkschaftseinbindung in Schweden, in: Müller-Jentsch,W.(Hg.), Zukunft der Gewerkschaften. Ein internationaler Vergleich, Frankfurt-New-York 1988, 70-99.

[117] Vgl. für andere Hyman,R., The political economy of industrial relations. Theory and practice in a cold climate, London 1989, 54 et passim.

[118] Vgl. zur Anwendung der Unterscheidung auf Regulierungsfragen Mückenberger,U., Juridification of Industrial Relations: A German-British comparison, Comparative Labour Law Journal 9 (1988),

und umfassenderen Inhaltsregeln, die der Staat häufig durch rechtliche Intervention einleitet. Umgesetzt auf unser allgemeines Problem der Umverteilung individueller und kollektiver Verfügungsrechte bedeutet dieser Trend, daß Formen substantieller Regulierung diejenigen prozeduraler Regulierung nach wie vor dominieren, obwohl die staatlichen Deregulierungsmaßnahmen der 80er Jahre gerade auch auf substantielle Regulierung zielten. Demgegenüber werden die Arbeitsmärkte und Arbeitsbeziehungen der 90er Jahre gekennzeichnet sein durch eine wachsende Bedeutung, wenn nicht gar Beherrschung, von Verfahrensregeln und -regulierungen, die mehr koordinierte Flexibilität und höhere Anpassungsfähigkeit ermöglichen sollen. Deswegen sollten bei der konkreten Ausgestaltung der Re-Regulierung Verfahrensregeln den Vorzug gegenüber inhaltlichen Regeln haben. M.a.W.: Die staatlichen, auf der Makroebene fixierten Verfahrensregeln geben lediglich Rahmenbedingungen vor für nachgeschaltete Aushandlungsprozesse der Konfliktaustragung auf überbetrieblicher und betrieblicher Ebene bzw. werden auf der sektoralen und vor allem der betriebliche Mikroebene inhaltlich ausgefüllt.

Im übrigen stoßen Deregulierungskonzepte auch in anderen als den von uns behandelten Poltikfeldern auf deutliche Grenzen: In den USA gibt es nach den Jahren der Präsidentschaft Reagans, in denen dessen harte Deregulierungsphilosophie die Politik bestimmte, etwa im Bereich der Umweltpolitik keine marktwirtschaftlich orientierte Strategie; stattdessen kommt es zu einer Wiederbelebung und sogar Verschärfung der sozialregulativen Strategie und damit zu einer durchaus aktiven Rolle des Staates, der eigentlich noch deutlicher als in anderen Ländern "Minimalstaat" sein sollte.[119]

Zwei bisher nicht behandelte aktuelle Probleme sollen abschließend kurz erwähnt werden:
- In den neuen Bundesländern wird das grundsätzliche Problem der Regulierung nicht in der Variante der Deregulierung auftreten; vielmehr wird die spezifische Schwierigkeit darin bestehen, überhaupt funktionsfähige Institutionen zu schaffen. Hierbei wird die Arbeitsmarktverfassung der alten Bundesländer weitgehend als Folie dienen und zu den skizzierten Problemen, etwa bei atypischen Beschäftigungsverhältnissen, führen.

526-556; ders., Non-standard forms of employment in the Federal Republic of Germany: The role and effectiveness of the State, in: Rodgers/Rodgers, Precarious jobs in labour market deregulation.

[119] Vgl. Windhoff-Héritier,A., Der aktive Staat: Umweltpolitik in den Vereinigten Staaten, in:Grimm,D. (Hg.), Veröffentlichung der Forschungsgruppe "Staatsaufgaben" des Zentrums für interdisziplinäre Forschung, Bielefeld im Druck.

- Bei der Vollendung des europäischen Binnenmarktes bzw. der Ausgestaltung des "Sozialraums Europa" wird nicht unbedingt kurz-, sehr wohl aber mittel- und langfristig eher ein kleinster gemeinsamer Nenner der nationalstaatlich recht unterschiedlichen Regulierungsformen der Arbeits- und Sozialpolitik durch die EG-Instanzen nicht nur zu formulieren, sondern vor allem zu implementieren sein.[120] Wahrscheinlich wird es sich eher um vorsichtige Rahmenregelungen in Form von Bandbreitenvorgaben bzw. allgemeinen Minimalstandards in ganz bestimmten Bereichen, etwa bei den Formen atypischer Beschäftigungsverhältnisse, handeln als um echte Vereinheitlichung bzw. Sozialharmonisierung umfassender Art; für Form und Ausmaß dieser Re-Regulierung gelten die oben formulierten Maximen.[121]

Einführende Literatur:

Büchtemann,Ch.F./Neumann,H.(Hg.), Mehr Arbeit durch weniger Recht? Chancen und Risiken der Arbeitsmarktflexibilisierung, Berlin 1990

Lampert,H./Englberger,J./Schüle,J.(Hg.), Ordnungs- und prozeßpolitische Probleme der Arbeitsmarktpolitik in der Bundesrepublik Deutschland, Berlin 1991

Matzner,W./Streeck,W.(eds.), Beyond Keynesianism - the socio-economics of production and full employment, Aldershot 1990

OECD (ed.), Labour market flexibility. Trends in enterprises, Paris 1989

Semlinger,K.(Hg.), Flexibilisierung des Arbeitsmarktes. Interessen, Wirkungen, Perspektiven, Frankfurt-New York 1991.

---

[120] Vgl. zum konkreten Beispiel der Arbeitszeitpolitik innerhalb des allgemeinen Problems Bastian,J., "1992" im Visier - Der Europäische Binnenmarkt als Herausforderung für gewerkschaftliche Handlungsstrategien: Das Beispiel der Arbeitszeitpolitik, Zeitschrift für ausländisches und internationales Arbeits- und Sozialrecht 3 (1989), 257-287.

[121] Vgl. Kap.16.

16. NATIONALE ARBEITSPOLITIK UND EUROPÄISCHER BINNENMARKT

16.1. Einleitung

Ein entscheidender Faktor von ökonomischer wie politischer Bedeutung für die zukünftige Entwicklung der Arbeits- und Sozialpolitik ist die Internationalisierung der westeuropäischen Volkswirtschaften, womit nicht nur das seit langem bekannte Problem der Globalisierung, sondern vor allem die Realisierung des EG-Binnenmarktes ohne Grenzkontrollen ab 1.1.1993 gemeint ist.[1] Die Vollendung des Binnenmarktes bedeutet im Vergleich zur ursprünglichen Zollunion mit Agrarprotektionismus einen wesentlichen Schritt auf dem langen und mühsamen Weg zur europäischen Einigung, der über eine pure Liberalisierung der Kapitalbeziehungen deutlich hinausgeht. Auswirkungen sind u.a.

- eine zunehmende Zahl von grenzüberschreitenden Fusionierungen von Unternehmen,
- die Schaffung eines europäischen Gesellschaftsrechts,
- Druck zur Angleichung nationaler Gesetze und Regelungen.[2]

Das Projekt EG 92 entwickelt intern und extern eine ökonomische und politische Ausstrahlungskraft, die in Anbetracht der Tatsache, daß es sich um einen gemeinsamen Binnenmarkt mit mehr als 320 Millionen Bürgern und Konsumenten handelt, auch gar nicht erstaunlich ist.[3]

Der bereits nach dem Abschluß der Römischen Verträge im Jahre 1957 begonnene Prozeß der europäischen Einigung gewinnt nach längeren Phasen der relativen Stagnation[4] erst seit Mitte der 80er Jahre wieder an Schwung, wobei säkulare Verände-

---

[1] Dieser Aspekt spielt in der umfangreichen US-amerikanischen Literatur über die Zukunft der Arbeitsbeziehungen keine Rolle. Die im North American Free Trade Agreement (NAFTA) vertraglich geregelte Freihandelszone zwischen den USA, Kanada und Mexiko ist anderer Natur. Eine Reihe vergleichender EG-/NAFTA-Aspekte wird behandelt in Sbragia,A.M.(ed.), Euro-politics. Institutions and policymaking in the "new European community, Washington, D.C. 1992.

[2] Tendenzen der Internationalisierung können sowohl in der Dimension der Europäisierung als auch in der der Globalisierung diskutiert werden. Internationalisierung darf also nicht automatisch mit EG 92 gleichgesetzt werden, wenngleich dies im folgenden aus pragmatischen Gründen geschieht.

[3] Vgl. Kreile,M.(Hg.), Europa 1992 - Konzeptionen, Strategien, Außenwirkungen, Baden-Baden 1991.

[4] Vgl. zur Beschreibung der verschiedenen Phasen im einzelnen Ullmann,H./Walwei,U./Werner,H., Etappen und Probleme der Vollendung des Europäischen Binnenmarktes, in: Buttler,F. /Walwei,U./Werner,H.(Hg.), Arbeits- und Sozialraum im Europäischen Binnenmarkt, Nürnberg 1990, 22ff.; Hall,M., Industrial relations regulation at European level, Industrial Relations Research Unit, University of Warwick, Ms.Coventry 1991, 5ff; Däubler,W., Die soziale Dimension des Binnenmarktes - Realität oder Propagandafigur? in: Däubler,W./Lecher,W.(Hg.), Die Gewerkschaften in den 12 EG-Ländern. Europäische Integration und Gewerkschaftsbewegung, Köln 1991, 307ff.

rungen auf den Weltmärkten und zunehmender Wettbewerb sowohl mit Japan als auch mit den USA zu den "driving forces" gehören.[5] Zwei politische Signale, nämlich das Weißbuch der EG-Kommission zur Vollendung des Binnenmarktes von 1985 sowie die Einheitliche Europäische Akte (EEA) von 1987, fördern diesen Trend zur Integration.[6] Bis zur Verabschiedung der EEA war gemäß EWG-Vertrag im Ministerrat Einstimmigkeit notwendig, was den Prozeß der politischen Willensbildung und kollektiven Entscheidungsfällung weitgehend paralysierte; seitdem können in bestimmten, nicht ganz eindeutig spezifizierten Bereichen Entscheidungen auch durch qualifizierte Mehrheiten herbeigeführt werden (Art.100a bzw. 118a EWG-Vertrag).[7] Durch die Beschlüsse des Gipfels von Maastricht 1991 wurde das Prinzip der qualifizierten Mehrheitsentscheidungen auf einige weitere Teilgebiete der Arbeits- und Sozialpolitik ausgedehnt[8]; Großbritannien verweigerte allerdings im Gegensatz zu den anderen elf Mitgliedstaaten seine Zustimmung.[9]

Ein wichtiger Eckpfeiler der politisch gewollten und ökonomisch motivierten Integration der Volkswirtschaften ist die stufenweise zu realisierende <u>Wirtschafts- und Währungsunion</u> (WWU)[10]: Die nationalen Wirtschafts- und Finanzpolitiken sollen in ver-

---

[5] Das ökonomisch und politisch brisante Thema der Vollendung des EG-Binnenmarktes wurde gerade in Deutschland lange Zeit ziemlich vernachlässigt; 1988 gelangte es endlich in die politische Diskussion, wurde dann aber durch das dominierende Problem der deutsch-deutschen Vereinigung seit dem Herbst 1989 wieder in den Hintergrund gedrängt.

[6] Vgl. Kreile,M., Strategien der europäischen Integration und das Projekt des Binnenmarktes, Gegenwartskunde (1988), 453-463.

[7] In den 80er Jahren blockierte vor allem die britische Regierung unter Margaret Thatcher immer wieder Entscheidungen durch ihr Veto bzw. dessen Androhung. Hinter dieser minimalistischen Position zur europäischen Integration konnten sich andere Akteure bequem verstecken, ohne ihren eigenen Widerstand direkt und offen bekunden zu müssen. Diese Strategie wird in den 90er Jahren bei veränderten Abstimmungsregeln schwieriger durchzuhalten sein. Vgl. zur Situation in den 80er Jahren Volle,A., Der Wandel Großbritanniens vom zögernden Außenseiter zum widerspenstigen Partner in der Europäischen Gemeinschaft, Aus Politik und Zeitgeschichte B3/89 (13.1.1989), 30-43.

[8] Die Stimmen im Ministerrat verteilen sich wie folgt: Deutschland, Frankreich, Italien, Großbritannien je 10; Spanien 8; Belgien, Griechenland, Niederlande, Portugal je 5; Dänemark, Irland je 3; Luxemburg 2. Von den insgesamt 76 Stimmen sind 54 für die qualifizierte Mehrheit notwendig. In Anbetracht dieser Stimmenverhältnisse ist eine wichtige Entscheidungen blockierende Minderheit allemal leichter zu formen als eine qualifizierte Mehrheit.

[9] Vgl. im einzelnen Social policy and the Maastricht summit - confusion reigns, European Industrial Relations Review 216 (1992), 2f; Blank,M./Köppen,M., Europäischer Binnenmarkt, in: Kittner,M.(Hg.), Gewerkschaftsjahrbuch 1992. Daten-Fakten-Analysen, Köln 1992, 653f.

[10] Vgl. einführend Woolley,J.T., Policy credibility and European monetary instituions, in: Sbragia, Euro-politics, 157-190; Blank/Köppen, Europäischer Binnenmarkt, 641-650; Thiel,E., Europäische Wirtschafts- und Währungsunion. Von der Marktintegration zur politischen Integration, Aus Politik und Zeitgeschichte B7-8/92 (7.2.1992), 3-11; Hasse,R.H., Europäische Zentralbank. Europäische Währungsunion ante portas?, Aus Politik und Zeitgeschichte B7-8/92 (7.2.1992), 23-32.

bindlicher Form harmonisiert und auf das vorrangige Ziel der Preisstabilität verpflichtet werden. Die Initiatoren der Währungsverfassung planen im Rahmen eines von anderen Organen unabhängigen "Europäischen Systems der Zentralbanken" neben den nationalen Zentralbanken u.a. eine gemeinsame Europäische Zentralbank, die nach dem Modell der deutschen Bundesbank errichtet werden und von Weisungen der nationalen Regierungen unabhängig sein soll[11]; außerdem soll eine einheitliche EG-Währung mit dem Ecu (European Currency Unit) als gemeinsamen Zahlungsmittel für die wirtschaftlich homogenen, strenge Stabilitäts- und Konvergenzkriterien erfüllenden Mitgliedstaaten eingeführt werden.[12] Die WWU wird zumindest mit den europäischen Kernländern gegen Ende der 90er Jahre beginnen, was zu einem unter Integrationsaspekten nicht unproblematischen "Europa der zwei Geschwindigkeiten" führen wird.[13]

Parallel zur Realisierung der WWU stehen auch weitere Schritte an auf dem Weg zur Politischen Union mit dem Ziel einer gemeinsamen Außen-, Sicherheits-, Sozial- und Einwanderungspolitik. Wegen grundlegender Meinungsverschiedenheiten zwischen den EG-Mitgliedstaaten sind diese Pläne einer Europäischen Union weniger weit vorangekommen als die der WWU, obwohl eine gleichzeitige Fortentwicklung im Interesse der EG-Integration wünschenswert gewesen wäre.[14]

Die Verwirklichung des Binnenmarktes war ursprünglich ein Projekt der rein ökonomischen Integration ohne jedwede politische Dimension; die ausschließlich in nationaler Verantwortung verbleibende Arbeits- und Sozialpolitik hatte lediglich die Rahmenbedingungen für wirtschaftliches Handeln zu schaffen.[15] Eine Harmonisierung

---

[11] Diese soll aus dem als Zwischenstufe konzipierten Europäischen Währungsinstitut (EWI) hervorgehen.

[12] Die Voraussetzungen für den Beitritt sind eindeutig definiert: Der Preisanstieg darf höchstens 1,5 Prozentpunkte über dem der drei stabilsten EG-Ländern liegen, die aktuellen Defizite der öffentlichen Haushalte dürfen drei Prozent des Bruttosozialprodukts nicht überschreiten, die Staatsverschuldung darf nicht höher liegen als 60 Prozent der gesamtwirtschaftlichen Leistung eines Jahres.

[13] Die Pläne zur WWU sind in verschiedenen Ländern nicht unstrittig. Vgl. skeptisch u.a. Stellungnahme der Deutschen Bundesbank zur Errichtung einer Wirtschafts- und Währungsunion in Europa, Monatsberichte der Deutschen Bundesbank 42 (1990), 41ff.

[14] Der von den EG-Regierungschefs in Maastricht beschlossene "Vertrag über die Europäische Union" muß von allen Mitgliedstaaten ratifiziert werden, um in Kraft treten zu können. In Dänemark wurden die Vereinbarungen durch das Referendum im Jahre 1992 abgelehnt. Eine partielle Ausklammerung Dänemarks aus den verschiedenen Verpflichtungen würde eine nicht akzeptable "Zweiklassengesellschaft" festschreiben.

[15] Vgl. zu Phaseneinteilungen im einzelnen Teague,P., Constitution or regime? The social dimension to the 1992 project, British Journal of Industrial Relations 27 (1989), 312ff; Mosley,H.G., The social dimension of European integration, International Labour Review 129 (1990), 149-154.

sollte gemäß wirtschaftsliberalen Vorstellungen das Ergebnis, nicht jedoch die notwendige Voraussetzung des Einigungsprozesses sein. Daher hinkt die Entwicklung des Sozialraums deutlich nach hinter der des Wirtschaftsraums (Markt- bzw. Politikintegration)[16]; die Internationalisierung der Volkswirtschaften ist weiter fortgeschritten als die "soziale Dimension des Binnenmarktes".

Die vor allem von den Gewerkschaften der nördlichen Mitgliedsländer wiederholt geübte Kritik am Binnenmarktprojekt[17], besonders die Gefahr eines "Sozialdumpings" durch Verschärfung eines sozialen Unterbietungswettbewerbs infolge niedrigerer Lohnkosten bzw. Sozialleistungsniveaus in den südlichen Mitgliedstaaten, ist generell unzutreffend, in bestimmten Fällen jedoch nicht von der Hand zu weisen.[18] Innerhalb des größten Projekts der europäischen Geschichte zur massiven Deregulierung nationalspezifischer Regeln vor allem der Kapitalbeziehungen werden wie in anderen Politikfeldern (z.B. Umweltschutz) auch innerhalb der Arbeits- und Sozialpolitik Re-Regulierungen notwendig. Nur Gemeinschaftsvorschriften können die Gefahr des Sozialdumpings durch Vorgabe von supranationalen Schutznormen bannen. Diese neuen, politisch jeweils heftig umstrittenen und aufgrund der Interessendivergenzen nur allmählich und fallweise durchzusetzenden Elemente der prozeduralen wie substantiellen Re-Regulierung auf supranationaler Ebene müssen flexibel sein und Kriterien der Sozialverträglichkeit genügen. Neben der Institutionalisierung eines "sozialen Sockels" von Grundrechten geht es u.a. um: Probleme von Beschäftigung und Abbau der Arbeitslosigkeit, Arbeitsschutzregelungen, Arbeitszeitflexibilisierung, atypische Beschäftigungsverhältnisse sowie verschiedenartige Beteiligungsrechte der Arbeitnehmer.

Eine wichtige Etappe auf dem Weg zu einem sozialen Europa war die Verabschiedung der "Gemeinschaftscharta der sozialen Grundrechte der Arbeitnehmer" als po-

---

[16] Vgl. zu den Differenzen und Kongruenzen in den Konzepten im einzelnen Kreile,M., Politische Dimensionen des europäischen Binnenmarktes, Aus Politik und Zeitgeschichte B24-25/89 (9.6.1989), 29ff; Kreile,M., European market integration, institutional competition, and employers' interests, in: Sadowski,D./Jacobi,O.(eds.), Employers' associations in Europe: Policy and organisation, Baden-Baden 1991, 17ff.

[17] Vgl. zur Sicht der deutschen Gewerkschaften u.a. Breit,E.(Hg.), Europäischer Binnenmarkt: Wirtschafts- oder Sozialraum, Hamburg 1989; Steinkühler,F.(Hg.), Europa '92. Industriestandort oder sozialer Lebensraum, Hamburg 1989; Däubler/Lecher, Die Gewerkschaften in den 12 EG-Ländern.

[18] Falls z.B. das Territorial- bzw. Produktionsortprinzip wirklich durchgesetzt wird, gelten für die direkt im Ausland tätigen Beschäftigten eines Unternehmens nicht die rechtlichen und tariflichen Regelungen des Sitzlandes, sondern die des Produktionsorts. Ein besonderes Problem stellt die grenzüberschreitende Leiharbeit dar.

litische Absichtserklärung[19] im Jahre 1989 sowie die eines "sozialen Aktionsprogramms"[20] der Kommission zur Umsetzung bzw. inhaltlichen Konkretisierung der Sozialcharta mit Hilfe von Richtlinienvorschlägen in einer Vielzahl von Bereichen (u.a. Sicherheit und Gesundheit am Arbeitsplatz, Teilzeitarbeit, befristete Arbeitsverträge und unregelmäßige Arbeit, Mutterschaftsschutz, Arbeit von Kindern und Jugendlichen, Massenentlassungen).[21] Die Einschätzung der Sozialcharta ist ambivalent[22]: Einerseits gewinnt die lange vernachlässigte "soziale Dimension des Binnenmarktes" durch öffentlichkeitswirksame Aufwertung an Bedeutung, obwohl die Sozialcharta aufgrund der fehlenden Zustimmung Großbritanniens nur eine freiwillige, unverbindliche Empfehlung an die Mitgliedstaaten zur Einhaltung bestimmter europaweiter Mindeststandards darstellt. Andererseits gilt: "A range of constraints, including disagreement between member states about Community labour market policy objectives, the strong emphasis the charter placed on "subsidiarity", and difficulties associated with the current Treaty basis for industrial relations measures, point to a pessimistic assessment of the prospects of success for the social charter initiative, at least in the short term."[23]

Eine Harmonisierung der unterschiedlichen nationalen Standards kann nicht, wie in den 60er und 70er Jahren geplant und initiiert, durch eine einseitig aufwärts gerichtete Angleichung aller übrigen an die jeweils beste nationale Regelung erfolgen, sondern nur durch die Vorgabe von verbindlichen, Unterbietungskonkurrenz in ge-

---

[19] Vgl. zur Vorgeschichte, Inhalt und Implementation der "feierlichen Erklärung" Adamy,W., Soziale Grundrechte in der Europäischen Gemeinschaft - Zwischen leeren Versprechungen und sozialem Fortschritt, WSI-Mitteilungen 42 (1989), 550-557; Story,J., Social Europe: Ariadne's thread, Journal of European Integration 13 (1990), 151-165; Falkner,G., EG-Sozialcharta: Feierlich erklärt ist nicht gewonnen, Österreichische Zeitschrift für Politikwissenschaft 20 (1991), 289-300; Silvia,St.J., The social charta of the European community: A defeat for European labor, Industrial and Labor Relations Review 44 (1991), 626-643; Addison,J.T./Siebert,W.St., The social charta of the European Community: Evolution and controversies, Industrial and Labor Relations Review 44 (1991), 597-625.

[20] Die arbeitsrechtliche Situation in der Bundesrepublik wird sich durch die Sozialcharta bzw. das Aktionsprogramm nicht grundlegend ändern, wenngleich in einigen Aspekten Anpassungen notwendig sein werden, wie z.B. bei der versicherungsfreien geringfügigen Beschäftigung.

[21] Vgl. einführend Lodge,J., Social Europe, Journal of European integration 13 (1990), 146ff; Lange,P., The politics of the social dimension, in: Sbragia, Euro-politics, 225-256; vgl. im einzelnen, Social Charta state of play, European Industrial Relations Review 221 (June 1992), 23-30.

[22] Vgl. zur Auseinandersetzung zwischen Euro-Optimisten und Euro-Pessimisten etwa Jacobi,O., Trade unions and the single European market - remarks on a certain disorientation bzw. Hyman,R., The new kakania - a rejoinder to O.Jacobi's theses, in: Sadowski/Jacobi, Employers' associations in Europe, 223-231 bzw. 233-243; vgl. zur pessimistischen Sichtweise zusammenfassend auch Streeck,W., More uncertainties: German unions facing 1992, Industrial Relations 30 (1991), 340ff.

[23] Hall, Industrial relations regulation at European level, 15; ähnlich Silvia, The social charta of the European Community, 638 et passim.

wissem Maße verhindernden Minimalstandards, die kein EG-Mitgliedsland unter-, wohl aber überschreiten darf. Insofern steht nicht eine strikte Vereinheitlichung im Sinne einer definitiven Abschaffung bislang autonomer Regeln und Regulierungsformen auf der politischen Agenda, sondern eine vorsichtige, allmähliche Annäherung durch Formulierung von weit gefaßten sozialen Mindeststandards.[24] Die Vereinbarung einer gegenseitigen Anerkennung gleichwertiger Normen ersetzt also die Harmonisierung durch einheitliche Gemeinschaftsnormen. Alle anderen, rigoroseren Strategien der Integration wären aller Erfahrung nach und in Anbetracht der fortbestehenden enormen sozialen und ökonomischen Unterschiede innerhalb der EG unrealistisch und nicht konsensfähig. Selbst diese notwendige Angleichung wird politisch nur äußerst schwierig zu erreichen sein.

Die Gemeinschaft will keine "bürokratischen" Vorgaben machen; Vorrang haben vielmehr Selbstregulierung durch Übereinkommen zwischen Verbänden sowie der in ordnungspolitischer Sicht neoliberale Grundsatz der Subsidiarität, wonach die Vorgehensweise so dezentral wie eben möglich ansetzen und gemeinschaftsweite Regelungen gegenüber einzelstaatlichen die Ausnahme bleiben sollen. Seit dem Maastrichter Vertrag über die Europäische Union können die Sozialpartner sowohl auf gesamteuropäischer als auch auf Branchenebene das Instrument des durch die EEA aufgewerteten sozialen Dialogs (nach Art.118b EWG-Vertrag) ausbauen und in gegenseitiger Übereinstimmung nutzen, um zu vertraglichen Vereinbarungen zu kommen. Die politischen Institutionen werden den Vorrang bilateraler, verbindlicher Verträge vor gesetzgeberischen Initiativen anerkennen und nicht einseitig in diese Sphäre staatsfreier Selbstregulierung und Gestaltungsautonomie eingreifen.[25] Damit sind die Autonomiespielräume der Tarifvertragsparteien und ihr Einfluß auf das Gesetzgebungsverfahren deutlich erweitert worden; zugleich ist für die Tarifpartner der Druck gewachsen, anstelle der Kommission selbst initiativ zu werden und zu konsensualen Übereinkommen zu gelangen, um die skizzierte Pattsituation in der Arbeits- und Sozialpolitik zu überwinden.

---

[24] Vgl. im einzelnen Walwei,U., Arbeits- und Sozialrecht im Europäischen Binnenmarkt, in: Buttler et al., Arbeits- und Sozialraum im Europäischen Binnenmarkt, 45-68.

[25] Vgl. Kommission der Europäischen Gemeinschaften, Der soziale Dialog auf europäischer Ebene. Gemeinsame Stellungnahmen, Brüssel o.J; aus gewerkschaftlicher Perspektive Köpke,G., Kein Binnenmarkt ohne soziale Dimension, Gewerkschaftliche Monatshefte 40 (1989), 638-646.

16.2. Akteure

National isolierte Wirtschafts-, Sozial- und Arbeitspolitiken verlieren in den 90er Jahren allmählich an Bedeutung. Stattdessen werden neue Politikfelder wichtiger, u.a. eine eigenständige, europäische Arbeitspolitik; diese ergänzen die rein nationalen, ohne sie jedoch vollständig zu ersetzen (horizontale vs. vertikalen Dimension). Die ohnehin komplexen internen und externen Abstimmungsprozesse sowie die organisatorischen und strategischen Planungen aller korporativen Akteure, d.h. Gewerkschaften, Arbeitgeberverbände, Nationalstaaten und "Euro-Akteure", werden noch schwieriger.

1. Eine <u>Europäisierung der Arbeitsbeziehungen</u> wirft aus verschiedenen Gründen erhebliche Probleme für die Gewerkschaften auf:
- Nach wie vor bestehen deutliche Interessendifferenzen, die aus der notwendigen Orientierung an der Vertretung von national begrenzten und insofern beschränkten ökonomischen Interessen resultieren. "While for unions from advanced economies a joint European strategy is unlikely to offer improvements over what they have already gained on their own, to unions from weaker countries common demands tend to appear unrealistically ambitious and remote from their everyday practical concerns."[26] Diese Ausrichtung wird sich, wenn überhaupt, nur ganz allmählich ändern.
- Weiterhin bestehen auf der institutionellen Ebene erhebliche Unterschiede in den Verbandsstrukturen nicht nur innerhalb[27], sondern vor allem auch zwischen den Ländern, u.a. in
- den Organisationsprinzipien mit Richtungs- bzw. Industrie- und Einheitsgewerkschaften,
- den Organisationsgraden bzw. Mitgliederstärken,
- den Beziehungen zwischen betrieblichen und überbetrieblichen Interessenvertretungen,
- dem Zentralisierungsgrad der Tarifpolitik und dem Konfliktverhalten
- sowie dem Grad der Zentralisierung der Entscheidungsfällung.[28]

---

[26] Streeck,W./Schmitter,Ph.C., From national corporatism to transnational pluralism: Organized interests in the single European market, Politics and Society 19 (1991), 140.

[27] Seit Frühjahr 1990 ist nicht nur der DGB, sondern auch die DAG Mitglied des EGB.

[28] Vgl. für andere zusammenfassend Beyme,K.v., Gewerkschaften und Arbeitsbeziehungen in kapitalistischen Ländern, München 1977; Däubler/Lecher, Die Gewerkschaften in den 12 EG-Ländern.

Seit dem II.Weltkrieg haben nur "minimale Annäherungen der Organisationsstrukturen westeuropäischer Gewerkschaften"[29] stattgefunden; Veränderungen, die bei nationalen Gewerkschaften eingetreten sind, haben die Unterschiede im internationalen Vergleich kaum verringert.[30] Insofern sind die für eine europaweite Kooperation notwendigen institutionellen Voraussetzungen in erheblichem Maße unterentwickelt.[31] Kooperation wird angesichts dieser fortbestehenden Heterogenität erschwert; internationale "Solidarität" und "Gegenmacht" ist unter den Vorzeichen rational-eigeninteressierten Handelns kaum dauerhaft zu organisieren. Dennoch ist eine gewisse Annäherung der nationalspezifischen Gesetze und Regelungen auf einem Minimalniveau unumgänglich. Einerseits bedeutet eine derartige Internationalisierung langfristig eine gewisse Zentralisierung von Kompetenzen; andererseits müssen die Rahmenregelungen aber nicht nur national-, sondern auch branchen- und sogar betriebsspezifisch umgesetzt werden. Daher werden Prozesse der Angleichung und Differenzierung gleichzeitig stattfinden müssen.

Notwendig wird nicht nur eine supranationale Koordinierung der Politiken der nationalen Dachverbände, sondern vor allem eine engere sektoral-übernationale Abstimmung der Branchengewerkschaften (horizontal-allgemeine vs. vertikal-sektorspezifische Organisation).[32] Die bereits bestehenden 15 sektoralen <u>Gewerkschaftsausschüsse</u> (z.B. Europäischer Metallgewerkschaftsbund in der Gemeinschaft - EMB) sind Vereinigungen bzw. Brückenköpfe autonomer Branchengewerkschaften mit grenzüberschreitenden Aufgaben. Sie sind seit 1991 ordentliche Mitglieder des EGB mit Stimmrecht bei allen außer Finanzfragen; sie bilden als europäische Verlängerungen nationaler Branchengewerkschaften den sektoralen Unterbau der

---

[29] Armingeon,K., Die doppelte Herausforderung der europäischen Gewerkschaften, Gewerkschaftliche Monatshefte 42 (1991), 379; eine andere Position vertritt Platzer,H.-W., Eine neue Rolle für den Europäischen Gewerkschaftsbund, Gewerkschaftliche Monatshefte 42 (1991), 696f.

[30] "Als Fazit läßt sich festhalten, daß der Grad an Institutionalisierung und Verrechtlichung sowie das Niveau von Zentralität, Repräsentativität und Professionalität erheblich variieren. Wir haben mithin geschützte und ungeschützte Vertretungssysteme, flexible und starre Regeln, robuste und anfällige Strukturen, koordinierte und fragmentierte Interessenvertretungen, innovationsfreudige und reformkonservative Gewerkschaften." Jacobi,O., Soziale Demokratie als gewerkschaftliche Perspektive in Europa, Ms. Frankfurt, European Observatory of Industrial Relations 1992, 20f.

[31] So gibt es, um ein prominentes Beispiel zu zitieren, etwa in England überhaupt kein Pendant zur IG Metall.

[32] Der Vollständigkeit wegen ist noch hinzuweisen auf die vor allem für die Regionalpolitik sowie für die Vertretung spezifischer Gruppeninteressen wichtigen interregionalen Gewerkschaftsräte, die in Grenzregionen tätig sind. Vgl. Lecher,W., Koordination gewerkschaftlicher Europapolitik, WSI-Mitteilungen 43 (1989), 645f.; Lecher,W., Umrisse einer europäischen Arbeitsbeziehungsstruktur aus Sicht der Gewerkschaften, in: Marr,R.(Hg.), Euro-strategisches Personalmanagement, Bd.2, München-Mering 1991, 458ff.

europäischen Koordinationsinstanz EGB und sollen "ihre nationalen Mitgliedsbünde informieren und ihre europabezogenen Aktivitäten koordinieren;
- die Vertretung der arbeitnehmerbezogenen Brancheninteressen gegenüber den EG-Institutionen wahrnehmen;
- ein Gegengewicht zur Arbeitgeberorganisation in der EG aufbauen sowie die Koordination von Kontakten zu transnationalen Unternehmen in der EG leisten .."[33]
Die Gewerkschaftsausschüsse sind unterschiedlich weit entwickelt und generell nicht ausreichend vorbereitet auf die tarifpolitische und allgemein politische Vertretung sektoraler Rahmeninteressen, die vor allem durch Kollektivverhandlungen mit den Arbeitgeberverbänden bzw. durch Lobbyismus gegenüber den EG-Organen zu erfolgen hätte.[34]

2. Die notwendige Internationalisierung der Interessenvertretung impliziert nota bene eine gewisse Entnationalisierung durch Abgabe von Kompetenzen, vor allem der Tarifhoheit, an supranationale Institutionen. Aber bisher dominieren bei allen Akteuren Politiken zur Vertretung von nationalen Klientelinteressen. Die Verbände auf beiden Seiten können die notwendige "soziale Flankierung" des EG-Binnenmarktes nicht leisten. Diese These gilt nicht nur für Gewerkschaften, sondern auch für Arbeitgeberverbände, weniger allerdings für Unternehmensverbände. Die europäischen Dachverbände der nationalen Dachverbände, Europäischer Gewerkschaftsbund (EGB)[35] und Union of Industrial and Employers' Confederations of Europe (UNICE)[36], müßten eigentlich längst supranationale Akteure sowie privilegierte Gesprächspartner der EG-Gremien sein. Faktisch sind UNICE und vor allem EGB als "Euro-Akteure" bislang kaum politikfähig: Die erforderlichen Handlungsstrukturen sind nur schwach entwickelt, die Entscheidungsbefugnisse verbleiben bei den nationalen Dachverbänden, Personal ist kaum vorhanden, die bestehenden Interessendifferenzen sind im Rahmen der Verbandspolitiken nicht zu harmonisieren, Entwicklungskonzepte sind rar.[37] Insgesamt zeigt sich eine deutliche Differenz zwischen

---

[33] Lecher,W., Konturen europäischer Tarifpolitik, WSI-Mitteilungen 44 (1991), 200.

[34] Als deren Politikfelder werden genannt: "Kampf gegen Arbeitslosigkeit und für Vollbeschäftigung, Arbeitszeitverkürzung, gewerkschaftliche Haltung zu neuen Technologien, Status der Arbeitnehmer, Sicherheit am Arbeitsplatz, Gesundheitswesen." Rath,F., Strukturelle Koordination gewerkschaftlicher Europapolitik, in: Däubler/Lecher, Die Gewerkschaften in den 12 EG-Ländern, 268.

[35] Vgl. Rath, Strukturelle Koordination gewerkschaftlicher Europapolitik, 245-252; Platzer, Eine neue Rolle für den Europäischen Gewerkschaftsbund, 690-699.

[36] Vgl. Tyszkiewicz,Z., UNICE: The voice of European business and industry in Brussels - A programmatic self-presentation, in: Sadowski/Jacobi, Employers' associations in Europe, 85-101.

den ökonomischen und politischen Strukturveränderungen und den kaum entwikkelten "europäischen" Verbandspolitiken.

Die Arbeitgeberverbände waren lange Zeit reine Negativkoalitionen, wobei vor allem der britische Industriellenverband Confederation of British Industry (CBI) die Vorreiterrolle einer Fundamentalopposition bei der verbandsinternen Willensbildung einnahm. Der Europäische Dachverband UNICE verstand sich lange Jahre ausschließlich als Loyybist auf der europäischen Ebene; er lockerte erst 1991 unter zunehmendem Druck drohender Intervention sein prinzipielles Veto gegen europaweit verbindliche Tarifverträge und damit gegen Ansätze zu autonomen europäischen Arbeitsbeziehungen, indem er vorsichtig Verhandlungsbereitschaft hinsichtlich allgemeiner Grundsatzvereinbarungen signalisierte. Erst Ende 1991 einigten sich UNICE, der Zentralverband der öffentlichen Unternehmen CEEP und der EGB auf die in den Vertrag über die Politische Union aufzunehmende Möglichkeit, multinationale Tarifverträge sowie andere Vereinbarungen zwischen Gewerkschaften und Arbeitgebern abschließen zu können.[38] Insofern dürften die Kontroversen in Zukunft stärker um das wie, nicht mehr um das ob tarifvertraglicher Normierungen gehen.

3. Länderspezifische, relativ einheitliche Strukturen auf beiden Seiten dominieren Prozesse internationaler Annäherung auf jeder Seite. Koalitionen zwischen den Spitzenorganisationen auf nationaler Ebene sind bei bestimmten, übereinstimmenden Interessen wahrscheinlich (z.B. gemeinsame Erklärung zur sozialen Dimension des Binnenmarkts von 1989). Weiterhin ist ein Szenario realistisch, in dem Gewerkschaften und Arbeitgeberverbände auf ihre nationalen Regierungen Druck ausüben, sich gemeinsam mit ihnen für die Durchsetzung bestimmter Forderungen einzusetzen (etwa im Rahmen von Regionalpolitik oder von Regelungen für einzelne Branchen oder auch für die Erhaltung zentraler Elemente des eigenen Systems). Damit wären sowohl branchenspezifische als auch übergreifende Koalitionen auf nationaler Ebene, einschl. enger Kooperation mit den nationalen Regierungen, mindestens ebenso wichtig für die Durchsetzung eigener (Partial-)Interessen wie eine Internationalisierung von bargaining-Prozessen mit eindeutigen Interessengegensätzen zwischen Arbeitgeberverbänden und Gewerkschaften.

Ein zentrales Problem besteht in der Organisation des Interessenausgleichs auf europäischer Ebene. Die naheliegende Annahme einer neo-korporatistischen Form der Interessenvermittlung und -schlichtung, die eine Parallele zu Entwicklungen eines

---

[37] Vgl. European Industrial Relations Review, Collective bargaining, trade unions and employers' organisations in Europe, EIRR Report Number Seven, London 1991.

[38] Die Frage, ob der für öffentliche Unternehmen geltende "Europäische Rahmenvertrag zwischen CEEP und EGB" Modellcharakter für die Privatwirtschaft haben kann, ist durchaus strittig.

social contract auf nationalstaatlicher Ebene vor allem in den 70er Jahren darstellen würde, ist bei näherer Analyse aller wichtigen Akteure nicht realistisch:
- Die Nationalstaaten, insbesondere ihre Regierungen werden auch bei fortschreitender Integration neben den supranationalen Institutionen der Gemeinschaft zentrale Akteure in den in unserem Kontext relevanten Politikfeldern bleiben; ein supranationaler Wohlfahrts- und Sozialstaat mit ausgebildeten, funktionierenden Institutionen als notwendiger Partner im politischen bargaining, der seinerseits den Gewerkschaften vor allem sozialpolitische Kompensationen für deren Zugeständnisse bei Tarifverhandlungen bieten könnte, wird in absehbarer Zukunft nicht entstehen.
- Außerdem verhindert die Verweigerungshaltung der Arbeitgeberverbände die politische Organisation von trilateralen Tauschprozessen; für korporative Akteure wie UNICE sind aufgrund der eigenen Interessenlage gerade im Bereich der Arbeits- und Sozialpolitik der status quo nationaler Zuständigkeiten bzw. Nicht-Entscheidungen auf europäischer Ebene vorteilhafter als eine Institutionalisierung von zentralisierten Verhandlungen.
- Schließlich sind die Gewerkschaften keine "umfassenden" Verbände, die zur Etablierung eines "Euro-Korporatismus" notwendig wären; sie sind organisatorisch und politisch zu schwach, um entsprechende trilaterale Abkommen sowohl intern als auch extern durchzusetzen.

Die weitere Entwicklung eines "transnationalen Pluralismus" im Rahmen eines europäischen Minimalstaates ohne ausgebildete Institutionen ist damit wahrscheinlicher als eine korporatistische Ausformung des Systems der Interessenvermittlung.[39]

Eine Umkehr auf dem eingeschlagenen Weg einer grundsätzlichen Zustimmung zum Entwicklungspfad "Europa" ist trotz der genannten Probleme nicht mehr möglich, da die faktische Verschmelzung der Volkswirtschaften bereits zu weit fortgeschritten ist. Da der "point of no return" längst erreicht ist, unterstützen alle relevanten Gewerkschaften der Mitgliedstaaten das Binnenmarktprojekt, obwohl dessen Realisierung erhebliche Risiken für sie birgt, indem es ihre institutionelle und politische Machtbasis auf nationaler Ebene schwächt, ohne Kompensationen auf supranationaler Ebene zu bieten. Die deutschen Gewerkschaften haben das Binnenmarktprojekt nicht nur deutlicher, sondern auch viel früher als andere unterstützt und werden dies weiterhin tun.[40]

---

[39] Vgl. im einzelnen Streeck/Schmitter, From national corporatism to transnational pluralism.

[40] Vgl. Streeck, More uncertainties, 322ff.

16.3. Politikfelder

In der BRD beobachten wir eine nahezu symbiotische Vereinigung und arbeitsteilige Kooperation der Verbände, wodurch komplexere und differenziertere Strategien als in anderen Ländern ermöglicht werden. Zentrale Elemente des kooperativ-wirtschaftsfriedlichen Systems der Arbeitsbeziehungen (u.a. relative Zentralisierung, starke Verrechtlichung, hoher Grad an Institutionalisierung) gelten inzwischen aufgrund seines Erfolgs im Vergleich zu den eher konfliktorisch orientierten und stärker fragmentierten Systemen anderer Länder als vorbildlich und richtungweisend, was bis in die 80er Jahre nicht der Fall war. Die technologischen und wirtschaftlichen Entwicklungen der 80er Jahre begünstigen offensichtlich das vergleichsweise zentralisierte deutsch/skandinavische Modell der Arbeitsbeziehungen im Gegensatz zum stark fragmentierten italienischen oder englischen. Die Vermutung, daß die deutschen Gewerkschaften eine gewisse Pionier- oder Vorreiterrolle im Binnenmarkt übernehmen können, ist daher durchaus realistisch.[41]

Wir wollen im folgenden nacheinander die betriebliche, überbetriebliche und sektorale Ebene der Arbeitsbeziehungen behandeln. Auf weitere Gegenstandsbereiche (z.B. Betriebsübergänge, Massenentlassungen, Arbeitssicherheit)[42] sowie auf alle Versuche, Arbeitnehmer finanziell am Unternehmen partizipieren zu lassen, werden wir nicht eingehen.

1. Auf dezentraler Ebene stellt sich die Frage nach der Einrichtung supranationaler betrieblicher Interessenvertretungen mit spezifischen Handlungsoptionen. Die Entscheidungsstrukturen der Unternehmen werden durch Entwicklungen im Binnenmarkt, u.a. durch eine Welle von Unternehmenszusammenschlüssen, grundlegend verändert, während die kodifizierten Rechte von Arbeitnehmervertretungen an den jeweiligen Landesgrenzen enden. Diese Rechte können zudem durch zunehmende Zentralisierung und Internationalisierung wichtiger Unternehmensentscheidungen ausgehöhlt werden. Daher werden auf Arbeitnehmerseite grenzüberschreitende Gremien notwendig, die nationale keinesfalls ersetzen, sondern ergänzen sollen. Bislang ist eine derartige internationale Kooperation aufgrund fehlender eingespielter Regelungen rechtlich und faktisch extrem schwierig.

Die Lösung des Problems kann nicht darin liegen, irgendein nationales Modell der betrieblichen Interessenvertretung europaweit zu exportieren, wie es in bezug auf

---

[41] Jacobi,O., Pionierrolle, aber keine Vormachtstellung für die deutschen Gewerkschaften, Gewerkschaftliche Monatshefte 42 (1991), 682ff.

[42] Vgl. im einzelnen Addison/Siebert, The social charta of the European community.

das deutsche in den frühen 70er Jahren in der Diskussion war. Eine völlige Angleichung im Sinne einer Transplantation eines nationalen Systems auf andere Länder wird nicht stattfinden. Ein solcher Schritt wäre aufgrund historischer Besonderheiten und institutioneller Unterschiede weder sinnvoll noch möglich: Die Interessen der korporativen Akteure in den einzelnen Ländern sind kaum harmonisierungsfähig; zudem sind die nationalen Rechtssysteme recht unterschiedlich hinsichtlich Regelungsformen, realen Ausprägungen, Verbreitung, Intensität und strategischen Bereichen der Partizipation.[43] Die Idee einer Transplantation der vergleichsweise weitreichenden deutschen Mitbestimmung etwa wäre innerhalb der EG ebenso wenig konsensfähig wie eine Lösung der "mittleren" Linie, die vor allem in Deutschland einen Abbau von Arbeitnehmerrechten bedeuten würde. Es geht vielmehr in einer generelleren Perspektive um eine Institutionalisierung von Regeln und damit um eine gewisse Verläßlichkeit, Berechenbarkeit und Stabilität des Handelns. Gegenstand ist weniger Mitbestimmung im spezifisch deutschen Kontext, sondern verbesserte Partizipation von Arbeitnehmern durch Anhörung, Konsultation und Mitwirkung als allgemeinen Prinzipien, auch und gerade als Mittel der Steigerung "sozialer" Produktivität im Sinne eines Positivsummenspiels.[44]

Verschiedene frühere Gesetzesinitiativen (vor allem fünfte Richtlinie zum Unternehmensrecht von 1972, Entwurf der Vredeling-Richtlinie von 1980, überarbeitete Fassung 1983 [45]) sind fehlgeschlagen. Nach langwierigen, kontroversen Diskussionen präsentierte die Kommission schließlich im Dezember 1990 ihren Vorschlag für eine "Richtlinie des Rates über die Einsetzung Europäischer Betriebsräte zur Information und Konsultation der Arbeitnehmer in gemeinschaftsweit operierenden Unternehmen bzw. Unternehmensgruppen". In "gemeinschaftsweit operierenden Unternehmen" - nicht hingegen in rein nationalen - mit mindestens 1000 Beschäftigten innerhalb der Gemeinschaft und mindestens zwei Unternehmen in verschiedenen Mitgliedstaaten mit ihrerseits jeweils mindestens 100 Beschäftigten sollen <u>Europäische Betriebsräte</u> (EBR) gebildet werden. Diese EBR, die aus mindestens drei und höchstens 30 Arbeitnehmervertretern bestehen und mindestens einmal im Jahr zusammentreten

---

[43] Vgl. im einzelnen Krieger, Mitbestimmung in Europa, 20-34; Jaeger,R., Arbeitnehmervertretung und Arbeitnehmerrechte in den Unternehmen Westeuropas, in: Hans-Böckler-Stiftung (Hg.), Europäische Betriebsräte. Ein Beitrag zum sozialen Europa, Düsseldorf 1991, 59-95.

[44] Dabei ist eine Konzentration auf Partizipation bei der Einführung neuer Technologien festzustellen. Vgl. Cressey,P./Williams,R., Mitbestimmung in Europa. Neue Technologien und die Rolle der Arbeitnehmerbeteiligung. Ergebnisse der Forschung über Arbeitnehmerbeteiligung im technologischen Wandel, Dublin o.J.

[45] Die Arbeitgeber lehnten diesen Entwurf einhellig ab; 1986 wurde beschlossen, ihn nicht weiter zu verfolgen.

sollen, sollen von der Unternehmensleitung rechtzeitig über Vorhaben unterrichtet und angehört werden, die schwerwiegende Folgen für die Belange der Arbeitnehmer und des Unternehmens haben können. In diese Unterrichtungs- und Anhörungspflicht sollen insbesondere Investitionsprojekte sowie Überlegungen zum Ab- oder Ausbau der Belegschaft einbezogen werden. Eine weitergehende, jenseits der Minimalstandards der Richtlinie liegende Ausgestaltung von Partizipationsrechten unterliegt gemäß dem Günstigkeits- bzw. Subsidiaritätsprinzip ausschließlich freien, autonomen Verhandlungen zwischen den betrieblichen oder tariflichen Vertragsparteien. Insgesamt handelt es sich nicht um multinationale "Gesamtbetriebsräte" mit einer differenzierten Reihe von echten Mitbestimmungs-, schwächeren Mitwirkungs- und puren Beratungsrechten im Sinne der deutschen Betriebsverfassung, sondern lediglich um Arbeitnehmerausschüsse mit reinen Konsultations- und Informationsaufgaben; die Letztentscheidung bleibt auf jeden Fall bei der Unternehmensleitung.[46] Im Vergleich zu verschiedenen früheren Inititativen beobachten wir eine Entwicklung von der Materialisierung zur Prozeduralisierung der Regelungen, die gemeinschaftsweite Kooperationsformen rechtlich und finanziell absichern sollen. "Damit wäre erstmals eine reale Chance gegeben, von der vertikalen Binnenmarktpolitik in ohnmächtigen gewerkschaftlichen Dachverbänden zu einer horizontalen Zusammenarbeit in europaweit tätigen Unternehmen und Konzernen überzugehen und - auf lange Sicht - die europäische Gewerkschaftsbewegung vom Kopf auf die Füße zu stellen. Voraussetzung wäre allerdings, daß die EBR reale Einflußmöglichkeiten erhielten. Die Gewerkschaften müßten dann allerdings ihre Bewährungsprobe bestehen, indem sie sich fähig erweisen, gemeinsam zu handeln."[47]

Die Tarifvertragsparteien bewerten den Richtlinienvorschlag recht unterschiedlich:
- BDA und BDI befürchten Friktionen auf den verschiedenen Ebenen zwischen Betriebsräten und EBR aufgrund unterschiedlicher Zuständigkeiten sowie negative Einflußnahmen auf geplante unternehmerische Entscheidungen; beide lehnen den Richtlinienvorschlag nachdrücklich ab und favorisieren eine unverbindliche Empfehlung statt einer verbindlichen Richtlinie.[48]

---

[46] Gesprächspartner ist nicht mehr wie etwa in der Vredeling-Richtlinie das örtliche Management sondern das der Konzernobergesellschaft.

[47] Blank,M./Köppen,M., Europäischer Binnenmarkt, in: Kittner,M.(Hg.), Gewerkschaftsjahrbuch 1991. Daten-Fakten-Analysen, Köln 1991, 620.

[48] BDA und BDI haben gemeinsam "eine ablehnende Stellungnahme zum Richtlinienvorschlag abgegeben, da er in Widerspruch zu wesentlichen Grundsätzen der deutschen Betriebsverfassung stehe, an den grundsätzlich anzuerkennenden Interessen der Arbeitnehmer zur Information und Konsultation vorbeigehe und unverhältnismäßige organisatorisch-bürokratische Belastungen mit sich bringe. Der Vorschlag führe zu einem eigenständigen und zusätzlichen System der Mitwirkung der

- Der DGB betrachtet den Entwurf als "einen Schritt in die richtige Richtung", kritisiert aber die hohe Einrichtungsschwelle bei der Beschäftigtenzahl und fordert qualitative Verbesserungen bei den Aufgaben und Zuständigkeiten des EBR in Richtung auf echte Mitbestimmungsrechte. Informationen müssen "schriftlich, umfassend und so rechtzeitig erfolgen, daß die Vorschläge und Bedenken der Arbeitnehmervertreter noch berücksichtigt werden können"; die Hinzuziehung von Sachverständigen und Gewerkschaftsvertretern müsse im Bedarfsfalle möglich sein.[49] Ähnlich wie der DGB äußert sich der EGB, der ebenfalls Verbesserungen fordert.[50]

Die EG-Gremien, die auch auf diesem Politikfeld einstimmige Beschlüsse fassen müssen, zögerten viele Jahre mit Vorschlägen, die seit den 70er Jahren anstanden.[51] UNICE leistete lange und heftig Widerstand gegen EBR; die deutschen Spitzenverbände BDI und BDA unterstützten diese Strategie trotz eigener positiver Erfahrungen mit den verschiedenen Mitbestimmungsregelungen. Daher haben nationale bzw. betriebliche Arbeitnehmervertretungen von sich aus auf supranationaler Ebene die Initiative ergriffen, um strategische Beteiligungsdefizite und entstandene Informationsnachteile sowie das Ausnutzen von nationalen Interessendivergenzen zu kompensieren.[52] Allerdings haben nur einige transnationale Großkonzerne mit starken Arbeitnehmervertretungen unterschiedliche EBR-Modelle mit Informations-

---

Arbeitnehmer, das sich im Ansatz von der geltenden Betriebsverfassung unterscheidet." BDA, Jahresbericht 1991, Köln 1991, 11.

[49] Vgl. DGB-Bundesvorstand, Stellungnahme des Deutschen Gewerkschaftsbundes zur Anhörung des Ausschusses für Arbeit und Sozialordnung des Deutschen Bundestages am 6.November 1991 zu dem Vorschlag für eine Richtlinie des Rates über die Einsetzung Europäischer Betriebsräte zur Information und Konsultation der Arbeitnehmer in gemeinschaftsweit operierenden Unternehmen und Unternehmensgruppen, Ms. Düsseldorf Oktober 1991; DGB-Bundesvorstand, Ergänzende Stellungnahme des DGB zu dem Vorschlag für eine Richtlinie des Rates über die Einsetzung Europäischer Betriebsräte zur Information und Konsulation der Arbeitnehmer in gemeinschaftsweit operierenen Unternehmen und Unternehmensgruppen, zugleich Erwiderung zu der Arbeitgeber-Stellungnahme zum Richtlinien-Entwurf der EG-Kommission vom März 1991, Ms. Düsseldorf Oktober 1991; zusammenfassend Schneider,W., Betriebsverfassungsrecht, in: Kittner,M. (Hg.), Gewerkschaftsjahrbuch 1991. Daten, Fakten, Analysen, Köln 1991, 426ff.

[50] Die unterschiedlichen Positionen (DGB, EGB, WSA, Arbeitgeber) sind dokumentiert in Hans-Böckler-Stiftung, Europäische Betriebsräte, 11ff.

[51] Vgl. die Schilderung der verschiedenen Etappen bei Northrup,H.R./Campbell,D.C./Slowinski,B.J., Multinational union-management consultation in Europe: Resurgence in the 1980's?, International Labour Review 127 (1988), 526ff.

[52] Zumeist vereinbarten Betriebsräte zunächst untereinander eine Geschäftsordnung, die als Basis für die gemeinsame Arbeit diente. Nach der faktischen Anerkennung durch das Management wurde dann die eigentliche Vereinbarung mit dem Unternehmen geschlossen.

und Konsultationsrechten ohne rechtlich-verbindliche Normierung auf rein freiwillig-vertraglicher Basis realisiert: VW ist das erste deutsche multinationale Unternehmen mit einem "europäischen Konzernbetriebsrat"[53]; vorher haben vor allem multinationale Konzerne mit Hauptsitz in Frankreich grenzüberschreitende Arbeitnehmervertretungen akzeptiert (u.a. Thomson-Brandt, Bull, BSN, Elf-Aquitaine, BSN, Nestle).[54] Die Arbeit dieser Ausschüsse läßt sich folgendermaßen zusammenfassen: "Meetings are typically held yearly. In all cases the companies meet the costs of the meetings including travel, accomodation and paid time-off for employee representatives. Trade unions operating within the companies generally have the right to determine employee representation at meetings. In most cases that nature of the arrangement is informational rather than consultative."[55] Überspitzt formuliert sind diese EBR lediglich Organe

- zur dauerhaften Kontaktaufnahme zwischen den Interessenvertretern aus verschiedenen Ländern,
- zur gegenseitigen Unterrichtung über eigene Absichten und Pläne des Managements (u.a. hinsichtlich der Arbeits- bzw. Betriebszeiten, übrigen Arbeitsbedingungen und länderübergreifenden Investitionsstrategien)
- sowie zur ansatzweisen Abstimmung durchaus differierender Interessen der Arbeitnehmer an den verschiedenen Standorten.

Infolge fehlender Rechte und Kompetenzen können die EBR kaum Gremien einer effektiven Interessenwahrnehmung gegenüber dem Management sein, sondern nur als deren Vorläufer angesehen werden.[56] Daher machen diese freiwillig vereinbarten, reinen Informationsausschüsse gesetzliche und damit vereinheitlichende Regelungen in Form von Richtlinien und Verordnungen der Gemeinschaft keinesfalls

---

[53] Vgl. Fuchs,M./Uhl,H.-J./Widuckel-Mathias,W., Europäischer VW-Konzernbetriebsrat, Gewerkschaftliche Monatshefte 42 (1991), 729-732; vgl. zu einem anderen, weniger bekannten Beispiel aus der Chemieindustrie Wiedemeyer,G.R., Europäische Betriebsräte, in: Marr, Euro-strategisches Personalmanagement, 327-338.

[54] Vgl. zu einigen Beispielen Northrup et al., Multinational union-management consultation, 531-537; Buda,D., Auf dem Weg zum europäischen Betriebsrat, Friedrich Ebert Stiftung, Reihe Eurokolleg 6 (1991); Buda,D., Arbeitnehmertreffs quer durch Europa unterstützen die nationale Interessenvertretung, Die Mitbestimmung 37 (1991), 241-244; IG Metall (Hg.), Europäische Wirtschaftsausschüsse und gewerkschaftliche Interessenvertretung im Binnenmarkt '92, Frankfurt o.J., 59-100.

[55] Industrial Relations Research Unit, European level managament-union relations in transnational enterprises, Research Review 4 (1991), 2.

[56] Ganz praktische Probleme liegen u.a. in fehlenden Sprachkenntnissen sowie in der Finanzierung von Reisen. EBR sind recht flexible Modelle, die im Gegensatz etwa zu Konzernbetriebsräten keinen "europäischen" Unterbau haben; ihr Unterbau besteht lediglich in der jeweiligen nationalen Interessenvertretung.

überflüssig. Die Erfahrung verschiedener Länder zeigt, daß rein vertragliche und damit reversible Abmachungen nicht in der Lage sind, rechtliche und damit verbindliche Garantien zu ersetzen. Dieser qualitative Nachteil bleibt selbst für den als wahrscheinlich einzustufenden Fall bestehen, daß die Zahl der europäischen Informations- und Wirtschaftsausschüsse in den kommenden Jahren zunehmen wird, weil weitere betriebliche und überbetriebliche Arbeitnehmervertretungen versuchen werden, über die Institutionalisierung derartiger Gremien eine gewisse de facto-Kooperation des Managements zu erreichen.[57]

Innerhalb der Arbeitsbeziehungen sind rein voluntaristische Strategien im Vergleich zu stärker verrechtlichten nicht nur zu langwierig, um übersektoral-flächendeckend wirklich effektiv zu sein; ihre implizite Stückwerktechnologie absorbiert auch zu viele personelle und zeitliche Ressourcen, schafft neue Probleme eines "Betriebssyndikalismus" hinsichtlich der Kooperation zwischen betrieblichen und überbetrieblicher Interessenvertretungen und überfordert die Handlungsmöglichkeiten nationaler Arbeitnehmervertretungen. Allerdings könnten sich EBR im langwierigen Prozeß der Entwicklung europäischer Arbeitsbeziehungen eher als Kristallisationspunkte eignen als etwa Tarifverhandlungssysteme, zumal die Institutionen der betrieblichen Ebene wegen der in allen Ländern anhaltenden Tendenzen der Dezentralisierung[58] an Bedeutung gewinnen in Relation zu denen auf sektoraler Ebene (sog. Verbetrieblichung innerhalb des Systems der Arbeitsbeziehungen). Solange EBR nicht überall bestehen, kann die notwendige, stets prekäre Verschränkung betrieblicher und überbetrieblich-sektoraler Politiken der Arbeitnehmervertretungen nicht funktionieren. Wahrscheinlich ist eine weitere Verbetrieblichungstendenz infolge der Entwicklung innerhalb der EG.

2. Wenn wir in der Bundesrepublik von Mitbestimmung reden, meinen wir immer betriebliche und überbetriebliche Mitbestimmung bzw. das BetrVG sowie die verschiedenen MitbG als rechtlichen Rahmen.[59] Bei der <u>Mitbestimmung auf Unternehmensebene</u> unterstellen wir implizit ein Zwei-Organ-Modell mit Vorstand und Aufsichtsrat als getrennten Organen und nicht ein Ein-Organ-Modell wie in anderen Ländern (monistisches vs. dualistisches System). Im Kontext des europäischen Binnenmarktes hingegen geht es zunächst und vor allem um betriebliche, kaum hingegen um

---

[57] Die inzwischen auf Antrag mögliche Finanzierung von vorbereitenden Konferenzen aus EG-Mitteln ist dabei hilfreich.

[58] Vgl. Sisson,K., Employers' organisations and industrial relations: The significance of the strategies of large companies, in: Sadowski/Jacobi, Employers' associations in Europe, 153ff.

[59] Vgl. im einzelnen Kap.5.

überbetriebliche Mitbestimmung, die nur in einer begrenzten Zahl von Ländern besteht (Deutschland, Dänemark, Holland, Luxemburg). Verschiedene nationale Gewerkschaften sind an derartigen "sozialpartnerschaftlichen" Regelungen überhaupt nicht interessiert. Die Unterschiede innerhalb der EG sind bei der überbetrieblichen Mitbestimmung noch größer als bei den betrieblichen. Generell besteht - mit Ausnahme Englands - ein deutliches Nord-/Südgefälle.

Die Kommission hat im Rahmen eines Richtlinienvorschlags für die neue Rechtsform einer "Europäischen Aktiengesellschaft" (Société Européenne - SE) als "Nebenprodukt" drei Mitbestimmungsmodelle in die Diskussion gebracht, die sowohl in Ein- als auch in Zwei-Organ-Systemen Anwendung finden können:

1. In einem von der Geschäftsführung getrennten Kontrollorgan (Aufsichtsrat oder Verwaltungsorgan) stellen die Arbeitnehmervertreter ein Drittel bis die Hälfte der Mitglieder ("deutsch-niederländisches Modell").

2. Die Firmenleitung informiert vierteljährlich die Arbeitnehmervertreter, die in einem separaten Organ der SE vertreten sind, über den Geschäftsverlauf und die voraussichtliche Entwicklung ("französisch-belgisches Modell").

3. Eine Vereinbarung über Mitbestimmungsrechte wird nicht gesetzlich, sondern tarifvertraglich zwischen Geschäftsleitung und Arbeitnehmervertretung geschlossen ("italienisches oder schwedisches Modell").

Die Kommission, die mit ihrem Vorschlag das Cafeteria- statt des Einheitsprinzips verfolgt, eröffnet Wahlmöglichkeiten, "a menu of worker participation options"[60], indem sie vorschlägt, daß jedes Land sich verbindlich für ein Modell entscheidet und die anderen dadurch ausschließt.[61] Diese Lösung würde vermutlich das Unternehmens- und Arbeitsrecht eher verkomplizieren als vereinfachen.

Massive Kritik äußerten die Gewerkschaften, die eine "Mitbestimmungsflucht"[62] in Länder mit schwächeren Arbeitnehmerrechten befürchteten, sowie das Europäische Parlament, das eine materielle Nachbesserung durchsetzte, wonach die Entscheidung für ein Modell der Zustimmung des Betriebsrats bedarf. Der Wirtschafts- und Sozialausschuß (WSA) unterbreitete eine Reihe von Vorschlägen, um eine Gleichwertigkeit des Mitbestimmungsniveaus der Modelle 2 und 3 zu erreichen.[63] Außer-

---

[60] Addison/Siebert, The social charta of the European community, 604.

[61] SE's, die ihren Hauptsitz in der Bundesrepublik haben, müßten dann die Mitbestimmung nach dem deutschen Modell gewährleisten.

[62] In empirischer Perspektive hat allerdings die unterstellte "Mitbestimmungsflucht" nicht stattgefunden. Andere Faktoren (wie Steuersystem, Infrastruktur, politische Stabilität) dürften für Strategien der Standortverlagerung entscheidender sein. Möglicherweise gilt sogar der entgegengesetzte Zusammenhang und die deutschen Mitbestimmungsregelungen erweisen sich als Standortvorteil.

dem gilt: "Despite its optional nature, the European Company Statute has been strongly opposed by certain member state governments and employers organisations, not least because they see it as a stalking-horse for other, more far-reaching Community instruments on worker participation."[64] Ähnlich wie auf der Betriebs- bestehen auch auf der Unternehmensebene einige wenige freiwillige Vereinbarungen zur Mitbestimmung.[65]

3. Transformationsprozesse innerhalb der nationalen Systeme der Arbeitsbeziehungen sind in allen entwickelten Industrienationen festzustellen; aktuelle Tendenzen sind etwa Internationalisierung, Flexibisierung, Deregulierung sowie Dezentralisierung.[66] Die nationalen Tarifverhandlungssysteme passen sich mehr oder weniger erfolgreich an veränderte ökonomische und technische Rahmenbedingungen an. Die europäische Einigung wird, u.a. über eine fortschreitende Liberalisierung aller nationalen Märkte, eine gewisse Internationalisierung auch der Gewerkschaften und ihrer bislang nationalspezifisch ausgerichteten und aufgesplitterten Politik erfordern, u.a. in Richtung auf eine international koordinierte Tarifpolitik[67] unter Einschluß von Schlichtungsverfahren und Streikrecht, die Vereinbarung von Partizipationsrechten, die Definition minimaler Beschäftigungsstandards auch und gerade für prekäre, vom "Normalarbeitsverhältnis" abweichende Beschäftigungsverhältnisse (u.a. befristete, Leiharbeits-, Teilzeitarbeitsverhältnisse).[68]

Ein Szenario umfassender, grenzüberschreitender Tarifverträge im Rahmen autonomer Kollektivverhandlungen auf Gemeinschaftsebene ist jedoch auch mittel- und langfristig unrealistisch, da die vorhandenen Interessendivergenzen und institutionellen Unterschiede bestehen bleiben.[69] Während gewisse weiträumig-gemein-

---

[63] Vgl. Wendeling-Schröder,U., Mitbestimmung auf Unternehmensebene und gesamtwirtschaftliche Mitbestimmung, in: Kittner,M.(Hg.), Gewerkschaftsjahrbuch 1991. Daten, Fakten, Analysen, Köln 1991, 418.

[64] Hall, Industrial relations regulation at European level, 27.

[65] Vgl. Wendeling-Schröder,U., Mitbestimmung auf Unternehmensebene, in: Kittner, Gewerkschaftsjahrbuch 1992, 418f.,

[66] Vgl. im einzelnen Kap.14.

[67] Vgl. im einzelnen Lecher, Konturen europäischer Tarifpolitik, 194-201.

[68] Vgl. Mückenberger,U., Neue Beschäftigungsformen, EG-Charta der Arbeitnehmerrechte und Ansätze europäischer Normsetzung, Kritische Justiz 24 (1991), 1-17; Walwei,U./Konle-Seidl,R. /Ullmann,H., Atypische Beschäftigungsformen und Arbeitszeiten im EG-Vergleich, in: Walwei,U. /Werner,H.(Hg.), Beschäftigungsaspekte und soziale Fragen des EG-Arbeitsmarktes, Nürnberg 1991, 30-71.

schaftsweite Vorgaben allgemeiner Rahmentarifvereinbarungen bei bestimmten Fragen vor allem qualitativer Tarifpolitik durchaus denkbar und möglich sind (etwa Arbeitsschutz und -sicherheit, Urlaub, Flexibilisierung, Dauer und Lage der Arbeitszeit[70], Fragen der Gestaltung der Arbeitsorganisation), werden bei anderen Verhandlungsgegenständen detaillierte Regelungen weiterhin auf der nationalen bzw. Branchenebene erfolgen müssen (u.a. Ausbildung, berufliche Weiterqualifikation bzw. Fortbildung, Entgelt). Erhebliche, durch Produktivitätsunterschiede bedingte Differenzen in der Entlohnung werden bestehen bleiben - und EG-weite Lohn- und Gehaltstarifverträge verhindern. Die Systeme der Arbeitsbeziehungen werden sich, wenn überhaupt, nur sehr allmählich angleichen; Anzeichen für eine schnelle Entwicklung einer relativ zentralisierten, einheitlichen europäischen Tarifvertragspolitik sind noch weniger zu erkennen als solche eines Systems der betrieblichen Interessenvertretung in multinationalen Konzernen.[71]

Für diese Situation sind ökonomische, juristische und organisatorische Faktoren verantwortlich:

- Die Dachverbände EGB und UNICE wären als Träger einer solchen europäischen Tarifpolitik denkbar ungeeignet, zumal verschiedene nationale Dachverbände (wie der DGB oder der TUC) nicht selbst verhandeln.

- Die europäischen Spitzenverbände auf Branchenebene, bei denen die Tarifhoheit liegen könnte, würden bei einem sektoralen bargaining vor erheblichen innerorganisatorischen Koordinationsproblemen aufgrund heterogener Interessen stehen, welche die von nationalen Industrieverbänden deutlich übersteigen.[72]

---

[69] "A Europeanwide system of collective bargaining remains an unlikely immediate outcoume of the continuing effort to complete the internal European market." Silvia, The social charta of the European Community, 641.

[70] Der EGB-Kongreß erklärte 1988 die 35-Stunden-Woche in seinem Beschluß über kollektikvertragliche Ziele zum Ziel aller europäischen Gewerkschaften. Ein Richtlinienentwurf zur Arbeitszeit enthält Schutzvorschriften für Nacht- und Schichtarbeit. Vgl. skeptisch zu dieser Perspektive Bastian,J., "1992" im Visier - Der Europäische Binnenmarkt als Herausforderung für gewerkschaftliche Handlungsstrategien: Das Beispiel Arbeitszeitpolitik, Zeitschrift für ausländisches und internationales Arbeits- und Sozialrecht 3 (1989), 257-287.

[71] Vgl. aus gewerkschaftlicher Perspektive Köpke,G., Tarifpolitische Perspektiven im europäischen Binnenmarkt: Hemmnisse und Chancen, Gewerkschaftliche Monatshefte 41 (1990), 757-766; Lecher,W., Arbeitsbeziehungen und Tarifpolitik in Europa, Gewerkschaftliche Monatshefte 42 (1991), 700-710.

[72] Lecher unterscheidet auf dieser Ebene vier mögliche Varianten europäischer Tarifpolitik: Abkommen, welche die europäische Dimension bisheriger, nationaler Tarifpolitik betreffen, Abkommen zu national zwar regelbaren, aber nicht geregelten Sachverhalten, Abkommen zur Festschreibung nationaler Tarifverträge auf europäischer Ebene, Abkommen zur Vereinheitlichung nationaler Tarifverträge. Vgl. Lecher, Umrisse einer europäischen Arbeitsbeziehungsstruktur aus der Sicht der Gewerkschaften, 463f.

- Weiterhin wäre die notwendige Implementation tarifpolitischer Rahmenrichtlinien im Sinne einer Kontrolle der Einhaltung von Verträgen in den einzelnen Ländern - vor allem in Klein- und Mittelbetrieben - aufgrund fehlender Durchsetzungsmacht kaum zu leisten.
- Schließlich wird die Gemeinschaft in absehbarer Zukunft kaum die für den Abschluß transnationaler Tarifverträge notwendigen, bislang, d.h. auch im Aktionsprogramm der Kommission, jedoch fehlenden einheitlichen koalitions- und tarifrechtlichen Voraussetzungen schaffen.
- Diese derzeit nicht gegebenen Rahmenbedingungen müßten innerhalb eines Systems der Kollektivverhandlungen mit Tarifautonomie auch die Möglichkeit zu internationalen bzw. länderübergreifenden Mobilisierungs- und Arbeitskampfaktionen, d.h. ein gemeinsames Arbeitskampfrecht einschließen.

Ansätze zu einer echten Integration der recht verschiedenartigen nationalen Arbeitsrechte[73] zu einem eigenständigen, europäischen kollektiven Arbeitsrecht sind kaum vorhanden. Eine vollständige Harmonisierung wäre bei realistischer Betrachtung auch gar nicht unbedingt wünschenswert, eine gewisse Angleichung hingegen im Interesse der sozialen Integration zumindest aus Arbeitnehmersicht notwendig. Eine Regelung auf EG-Ebene "wird weiterhin schwierig bleiben; kurzfristig sind nur geringe Veränderungen zu erwarten. Wenn Fortschritte auftreten, so werden diese eher aus politischen Veränderungen in den Mitgliedsländern oder aus dem Europaparlament als durch den Einfluß der Sozialpartner auf europäischer Ebene ausgelöst werden."[74]

16.4. Europäisierung der Arbeitsmärkte?

Auf der politischen Agenda steht die Vollendung des Binnenmarktes vor allem durch die uneingeschränkte Mobilität für Güter und Dienstleistungen sowie für Kapital. Die vierte Grundfreiheit, die vollständige und ungehinderte <u>Freizügigkeit für EG-Arbeitnehmer</u>[75], wurde bereits seit der 1964 erlassenen "Freizügigkeitsverordnung"

---

[73] So kennt etwa Großbritannien keine verbindlichen Kollektivverträge. Das Aussperrungsrecht ist recht unterschiedlich geregelt. Der Grad der Verrechtlichung differiert beträchtlich. Die Bedeutung der Regelungsinstrumente (Gesetz vs. Tarifvertrag) unterscheidet sich von Land zu Land. Kollektivverhandlungen finden auf unterschiedlichen Ebenen statt (Betrieb, Sektor, Land). Die Beziehungen zwischen betrieblicher und überbetrieblicher Vertretung sind rechtlich und faktisch unterschiedlich ausgestaltet (monistisches vs. duales System). Regelungsebene und -dichte weisen deutliche Differenzen auf (national, sektoral, betrieblich).

[74] Krieger,H., Mitbestimmung in Europa in den neunziger Jahren. Bestandsaufnahme, Konzepte und Perspektiven, Aus Politik und Zeitgeschichte B13/91 (22.3.1991), 34.

(gemäß Art.48 Abs. 2 und 3 des EWG-Vertrages) kontinuierlich vorangetrieben und stufenweise realisiert.[76] Seit 1968 können alle Bürger der EG-Gründerstaaten in den übrigen Mitgliedsländern Beschäftigung suchen, ohne eine besondere Arbeits- oder Aufenthaltserlaubnis zu benötigen.[77] Eine im Vergleich zum bereits erreichten Rechtszustand weitergehende formale Gleichbehandlung aller Arbeitnehmer ist daher kaum noch notwendig.

Die Abschaffung der formal-gesetzlichen Hindernisse hat faktisch nicht zu erheblichen Wanderungen innerhalb der EG bzw. zu keiner "Überflutung" der BRD mit ausländischen Arbeitskräften geführt. Die EG-Ausländer-Wohnbevölkerung ging seit Mitte der 70er Jahre sogar zurück, obwohl gleichzeitig die Gesamt-Ausländer-Wohnbevölkerung anstieg. Die Zahl der EG-Arbeitnehmer zeigt einen deutlich abnehmenden Trend, der sich erst in den letzten Jahren aufgrund der günstigeren Arbeitsmarktlage wieder umdrehte (1977: 730.000, 1987: 492.000; 1990: 503.000).[78] Über 70% der Anfang der 90er Jahre in Deutschland sozialversicherungspflichtig beschäftigten knapp 1,78 Mill. Ausländer stammt aus Nicht-EG-Staaten[79]; ihr Anteil hat langfristig sogar zugenommen.

Diese Relationen, die sich auch für andere EG-Länder nachweisen lassen, werden sich in Zukunft kaum ändern. Die gelegentlich geäußerte Vermutung, daß nach Vollendung des Binnenmarktes zahlreiche Arbeitnehmer vor allem aus den südlichen EG-Staaten wegen der besseren Verdienstmöglichkeiten auf den deutschen Arbeitsmarkt drängen würden, ist aus verschiedenen Gründen recht unwahrscheinlich[80]:

---

[75] Diese schließt die Niederlassungsfreiheit von EG-Selbständigen ein.

[76] Vgl. im einzelnen Schmid,H./v.Dosky,D., Ökonomik des Arbeitsmarktes, Band 2 Problembereiche und Lösungsansätze, Bern-Stuttgart 1990, 49ff.

[77] Gewisse Einschränkungen bestehen in ganz bestimmten Teilen des öffentlichen Dienstes. Vgl. Keller,B./Henneberger,F., Europäische Einigung und nationaler öffentlicher Dienst, WSI-Mitteilungen 45 (1992), 18-23.

[78] Vgl. Straubhaar,Th., International labour migration within a common market - some aspects of EC experience, Journal of Common Market Studies 27 (1988), 45-62; Werner,W./Walwei,U., Zur Freizügigkeit für Arbeitskräfte in der EG. Bildungsabschluß und Beschäftigung von EG-Arbeitnehmern aus der Sicht der Unternehmen, MittAB 25 (1992), 1-12.

[79] Vgl. im einzelnen Bundesanstalt für Arbeit, Arbeitsmarkt 1990. Strukturanalyse anhand ausgewählter Bestands- und Bewegungsdaten, Nürnberg 1991, 717ff; vgl. auch Werner,H., Die Freizügigkeit der Arbeitskräfte und der EG-Binnenmarkt - Konsequenzen für den Arbeitsmarkt, in: Buttler et al., Arbeits- und Sozialraum im Europäischen Binnenmarkt, 113-121.

[80] Vgl. Vogler-Ludwig,K., Europäischer Binnenmarkt und Beschäftigung - ein Problemaufriß, Nürnberg 1989.

- Die seit Mitte der 70er Jahre vorliegenden Erfahrungen lassen, selbst wenn unterschiedliche Lohnniveaus und Sozialleistungen bestehen bleiben, keine massenhaften Wanderungen, sondern eher das Gegenteil erwarten.
- Eine Angleichung des wirtschaftlichen Entwicklungs- und Wohlstandsniveaus, die sich auch in Löhnen und Gehältern spiegelt, sowie die Entwicklung des Sozialraums Europa würden ökonomisch motivierte Wanderungen eher verringern.[81]
- Die fortbestehende Arbeitslosigkeit wird weiterhin eher mobilitätshemmend wirken.
- Ein qualifikatorischer mismatch wie in den 90er hat in den 60er Jahren kaum bestanden. Er verhindert Wanderungen von Unqualifizierten in Länder, in denen Anzahl und Anteil unqualifizierter Tätigkeiten langfristig abnehmen, da individuelle Wanderungsentscheidungen von der Wahrscheinlichkeit abhängen, im Zielland eine adäquate Beschäftigung finden zu können.

Die Frage der zukünftigen Mobilität von Arbeitskräften innerhalb der EG muß in einer differenzierteren Analyse getrennt nach Qualifikationsgruppen beantwortet werden.[82] Vor allem qualifizierte Fach- und Führungskräfte, insbesondere diejenigen mit Fachhochschul- oder Hochschulabschluß, werden mobiler, ohne daß jedoch Massenwanderungen in einer Richtung entstehen. Zunehmende Mobilität wird eher ein Problem von Produkt- und Gütermärkten als von Arbeitsmärkten sein.[83]

Bei den Auswirkungen können wir u.a. zwischen Folgen für Güter- und Dienstleistungsmärkte unterscheiden. Während sich bei Märkten für standardisierte Massengüter eher Tendenzen einer Verlagerung der Produktion ins Ausland - nicht nur, aber auch als Drohung gegenüber den Gewerkschaften - vorstellen lassen, sind derartige Prozesse bei bestimmten Dienstleistungen eher unwahrscheinlich. Alle privaten und

---

[81] Mit einer integrierten Arbeitsmarktpolitik ist in absehbarer Zukunft nicht zu rechnen.

[82] Eine weitere Modifikation der Überlegungen zur Mobilität muß nach dem Kriterium Betriebsgröße erfolgen; Folgen werden sich vor allem für größere Unternehmen ergeben.

[83] Auf die bekannte, seit Jahren öffentlich geführte Diskussion um die Wettbewerbsfähigkeit der deutschen Unternehmen und um "Standortvorteile bzw. -nachteile im Binnenmarkt" wollen wir nicht näher eingehen. Tatsache ist, daß die Entwicklung der Lohnstückkosten, d.h. der Löhne in Relation zu Produktionsergebnis bzw. -leistung, in der Bundesrepublik im EG-Vergleich ebenso günstig verläuft wie die Zunahme der gesamtwirtschaftlichen Leistung je Erwerbstätigen; das oft zitierte hohe Lohnniveau für sich ist noch kein aussagefähiger Indikator für die relative Wettbewerbsposition. Auch andere relevante Standortkriterien wie Stand der Infrastruktur, Qualifikationsniveau der Arbeitnehmer, politische Rahmenbedingungen und System der kooperativen Arbeitsbeziehungen sind im EG-Vergleich nicht unbedingt nachteilig zu bewerten. Vgl. im einzelnen Volkmann,G., EG-Binnenmarkt 1992 - Standortdiskussion, Europastrategien der Unternehmen und Arbeitnehmerinteressen, WSI-Mitteilungen 42 (1989), 543-549; eine andere Position vertreten Soltwedel,R. et al., Regulierungen auf dem Arbeitsmarkt der Bundesrepublik, Tübingen 1990, 240ff.

öffentlichen Dienstleistungen, die vor Ort erbracht werden müssen, können ex definitione nicht verlagert werden (haushalts- vs unternehmensorientierte Dienstleistungen).[84]

Die arbeitsmarktpolitisch relevante Frage, wie sich die Anzahl der Arbeitsplätze infolge der Vollendung des Binnenmarktes entwickeln wird, ist kaum genau zu beantworten. Der Ende der 80er Jahre vorgelegte Cecchini-Bericht zu den "Kosten der Nichtverwirklichung Europas"[85] war recht optimistisch in seinen mittel- und langfristigen Wachstums- und Beschäftigungsprognosen: Infolge der Beseitigung nicht-tarifärer Handelshemmnisse sollen ohne weitere flankierende wirtschaftspolitische Maßnahmen knapp zwei Millionen zusätzlicher Arbeitsplätze innerhalb von sechs Jahren entstehen sowie ein deutlicher Abbau der registrierten Arbeitslosigkeit eintreten. Diese mittelfristigen Beschäftigungszuwächse durch Intensivierung des nationalen und internationalen Wettbewerbs, Kosteneinsparungen durch Realisierung von Skalenerträgen in Produktion und Absatz, Abschaffung der Grenzkontrollen sowie stärkerer Spezialisierung sind vermutlich unrealistisch hoch kalkuliert.[86]

Andere Analysen sind weniger optimistisch als der Cecchini-Report. Aus der Realisierung des Binnenmarktprojekts resultiert demnach zwischen 1988 und 2000 eine Erhöhung der Bruttowertschöpfung von 4,2% oder jährlich 0,3% - 0.4%. Die positiven Beschäftigungseffekte belaufen sich auf 2.2 Mill. Erwerbstätige (Anstieg um 1.6%), von denen 500.000 auf die BRD entfallen. Aufgrund der demographischen Entwicklung kommt es zu einem gewissen Rückgang der Arbeitslosenquote, ohne daß allerdings Arbeitslosigkeit als Problem verschwindet.[87]

Innerhalb der gesamtwirtschaftlichen Nettoeffekte sind ungleiche Verteilungen der durchaus realistischen Beschäftigungsgewinne des Binnenmarktes in bezug auf Sektoren, Regionen, Gruppen der Bevölkerung, Betriebsgrößen etc. wahrschein-

---

[84] Bei Banken gibt es natürlich deutliche Tendenzen der Internationalisierung.

[85] Vgl. im einzelnen Cecchini,P./Catinat,M./Jacquemin,A., Europa `92. Der Vorteil des Binnenmarktes, Baden-Baden 1988; zur Kritik zusammenfassend Franzmeyer,F., Die Auswirkungen des Binnenmarktes auf Arbeitsmarkt und Beschäftigung, in: Birk,R.(Hg.), Die soziale Dimension des Europäischen Binnenmarktes, Baden- Baden 1990, 29ff.

[86] "Diese Zahlen wird man wohl eher als politische Daten verstehen müssen, die der Öffentlichkeit einen groben Eindruck von den Möglichkeiten vermitteln sollten, die der Binnenmarkt der EG verschafft." Suntum,U.v., Wettbewerb und Wachstum im europäischen Binnenmarkt, Aus Politik und Zeitgeschichte B7-8/92 (7.2.1992), 18.

[87] Vgl. im einzelnen Konle-Seidl,R. et al., Die Entwicklung der Arbeitsmärkte im Europäischen Binnenmarkt bis zum Jahr 2000, MittAB 23 (1990), 205-226; Konle-Seidl,R./Walwei,U./Werner,H., Die Entwicklung der Arbeitsmärkte im Europäischen Binnenmarkt bis zum Jahr 2000. Einige zentrale Ergebnisse und Folgerungen aus der Studie der Prognos AG, in: Walwei/Werner, Beschäftigungsaspekte und soziale Fragen des EG-Arbeitsmarktes, Nürnberg 1991, 7-19.

lich.[88] Das relative Entwicklungsgefälle, welches entgegen den ursprünglichen Intentionen durch die Süderweiterung der EG um Spanien, Portugal und Griechenland in den 80er Jahren zugenommen hat, kann sich eher weiter vergrößern. Deshalb bleibt Umverteilungspolitik notwendig, um im Verteilungskampf die Akzeptanz der weniger privilegierten Mitglieder zum Binnenmarkt zu sichern.[89] Dazu gehört etwa die Sozialpolitik[90], die verschiedenen, beträchtlich aufgestockten EG-Strukturfonds oder der geplante Kohäsionsfonds zugunsten der vier ärmsten Länder.

Generell kommt es zu Rationalisierungsmaßnahmen, einer stärkeren internationalen Arbeitsteilung und Spezialisierung der Volkswirtschaften bzw. entwickelter Regionen auf die Produktion qualitativ hochwertiger Güter im Rahmen eines Systems "diversifizierter Qualitätsproduktion" bzw. flexibler Spezialisierung, welches das tayloristisch-fordistische Modell der Produktion standardisierter Massengüter allmählich ablöst.[91] Die für einen Erfolg dieses neuen Produktionsmodells institutionellen Voraussetzungen im Sinne eines Systems von constraints und opportunities, die durch politische Intervention geschaffen werden müßten, fehlen derzeit jedoch weitgehend.[92]

Eine wechselseitige Anerkennung von schulischen und beruflichen Ausbildungsgängen und -abschlüssen aus recht unterschiedlichen nationalen Berufsbildungssystemen wird im Rahmen der Vollendung der beruflichen Freizügigkeit aus Gründen der

---

[88] Vgl. u.a. Busch,B., EG-Binnenmarkt. Herausforderung für Unternehmen und Politik. Beiträge zur Wirtschafts- und Sozialpolitik 169, Institut der deutschen Wirtschaft, Köln 1989, 34ff.; Sperling,I., Zu den Arbeitsmarktwirkungen des EG-Binnenmarktes, in: Mayer,O.G./Scharrer,H.-E./Schmahl,H.-J.(Hg.), Der Europäische Binnenmarkt. Perspektiven und Probleme, Hamburg 1989, 313-339; eine "euro-optimistische" Sicht vermittelt Schubert,L., Der Binnenmarkt 1992 - Chance und Herausforderung, WSI-Mitteilungen 42 (1989), 566-575.

[89] Vgl. zum hier nicht näher behandelten Problem der Gleichbehandlung jenseits von Art. 119 EWG-Vertrag Autorinnengemeinschaft (Hg.), Beschäftigungsperspektiven von Frauen im EG-Binnenmarkt, SAMF-Arbeitspapier 1991-2, Gelsenkirchen 1991.

[90] Bei den Leistungen der verschiedenen Sozialversicherungssysteme, vor allem der Arbeitslosenversicherung, bestehen institutionelle Schranken gegen einen Leistungsmißbrauch auf EG-Ebene ("Sozialtourismus") infolge des Territorialitätsprinzips. Demnach müssen Ansprüche innerhalb der Landesgrenzen erworben sein und ein Wohnsitz im entsprechenden Lande vorhanden sein. Zu einer echten Harmonisierung der verschiedenen Sozialversicherungssysteme auf hohem Niveau wird es in absehbarer Zukunft nicht kommen. Vgl. im einzelnen Walwei,U./Werner,H., Soziale Sicherung bei Arbeitslosigkeit im Europäischen Binnenmarkt - Konsequenzen für die Bundesrepublik Deutschland?, in: Walwei/Werner, Beschäftigungsaspekte und soziale Fragen des EG-Arbeitsmarktes, 72-88.

[91] Vgl. im einzelnen Kap.11.

[92] Vgl. hierzu die Überlegungen bei Streeck,W., The social dimension of the European economy. Paper prepared for the 1989 meeting of the Andrew Shonfield Association, Florence, September 14-15, 1989, Madison 1989, 24-53 sowie Streeck/Schmitter, From national corporatism to transnational pluralism, 153ff.

Herstellung von Transparenz erfolgen müssen; der Schritt zur Harmonisierung im Bereich der berufsqualifizierenden "Hochschuldiplome, die eine mindestens dreijährige Berufsausbildung abschließen", erfolgte bereits 1988.[93] Dabei kann sich auch ohne formale Harmonisierung eine gewisse Vorreiterrolle des gerade international als vorbildlich anerkannten deutschen Systems der dualen beruflichen Bildung ergeben, was durchaus einen komparativen Vorteil im intensivierten europäischen Wettbewerb ausmachen kann.[94] Die Situation bei der immer wichtiger werdenden Weiterbildung stellt sich ganz anders dar; hier liegt die Bundesrepublik mit ihrer eher kurativen als präventitven Politik lediglich im Mittelfeld der EG-Mitgliedsländer.[95]

Wahrscheinlicher als spektakuläre Wanderungsbewegungen innerhalb der EG sind in den 90er Jahren erhebliche Zuwanderungen in die EG aus den Ländern des Mittelmeerraums sowie vor allem aus Ost- und Mitteleuropa, nachdem die grundlegenden politischen Veränderungen die ehemals vorhandenen, nahezu unüberwindbaren Mobilitätsbarrieren beseitigt und damit zugleich die jahrzehntelange, hermetische Abschottung der westeuropäischen Arbeitsmärkte beendet haben. Solange deutliche Wohlstandsgefälle zwischen West- und Osteuropa bestehen bleiben, werden sich Wanderungen - mit welchen politischen Mitteln auch immer - nicht wirksam verhindern lassen, wie die Erfahrungen anderer westlicher Industrienationen mit offenen Grenzen zu weniger entwickelten Ländern zeigen. Die in rechtlicher Perspektive zentrale Unterscheidung zwischen Gewährung von Freizügigkeit für gemeinschaftsangehörige Arbeitnehmer und Ausschluß der Drittstaatsangehörigen ist faktisch nur von begrenzter Bedeutung.[96] Eine zunehmende Segmentation der Arbeitsmärkte ist bei Zunahme illegaler Zuwanderung wahrscheinlich. Eine gemeinsame Migrations- bzw. Einwanderungspolitik der EG ist nicht in Sicht, geschweigedenn realisiert. Ressourcentransfer sowie Investitionen in die Entwicklung der osteuropäischen Staaten sind daher schon aus egoistischen Motiven notwendig.[97]

---

[93] Vgl. Fels,G./Lemke,H./Wittkämper,G.W., Beruf und Arbeitsrecht im EG-Binnenmarkt. Beiträge zur Gesellschafts- und Bildungspolitik 147, Institut der deutschen Wirtschaft, Köln 1989.

[94] Vgl. zusammenfassend Tessaring,M., Das deutsche Bildungssystem und der EG-Binnenmarkt, in: Buttler et al., Arbeits- und Sozialraum im Europäischen Binnenmarkt, 89-112.

[95] Vgl. Reissert,B., Thesen zum Reformbedarf der Arbeitsmarktpolitik im Europäischen Binnenmarkt, WSI-Mitteilungen 45 (1992), 467-471.

[96] Vgl. Ketelsen,J.V., Rechtliche Aspekte der Freizügigkeit der Arbeitnehmer im EG-Binnenmarkt, in: Walwei/Werner, Beschäftigungsaspekte und soziale Fragen des EG-Binnenmarktes, 114-125.

[97] Vgl. Böhning,W.R., Integration and immigration pressures in western Europe, International Labour Review 130 (1991), 445-458.

16.5. Ausblick

In der Nachkriegszeit haben Prozesse sozio-ökonomischer Annäherungen in allen westlichen Demokratien stattgefunden; Stichworte sind u.a. Ökonomisierung und Säkularisierung. Erhebliche sozio-kulturelle Differenzen bestehen aber nach wie vor (etwa Parteiensysteme, Grad der Verrechtlichung, Grad von Föderalismus/Zentralismus). Die Schwierigkeiten bestehen darin, daß die Interessendifferenzen sowie die Unterschiede in den rechtlichen Rahmenbedingungen nach wie vor beträchtlich sind und auch nur ganz allmählich abgebaut werden können. Eine Verringerung der Bandbreiten verschiedener Regulierungen wird kommen müssen; die Frage "Vielfalt oder Harmonisierung" wird sich eher latent und nicht unbedingt als Dichotomie stellen. Innerhalb der EG ist mittel- und langfristig mit vorsichtigen, schrittweisen Angleichungen zu rechnen, jedoch nicht mit einer Harmonisierung im Sinne einer strikten Vereinheitlichung nationaler Regelungen, die weder notwendig noch sinnvoll ist.

Die bisher in der Arbeits- und Sozialpolitik erzielten materiellen Ergebnisse des Binnenmarktprojekts sind dürftig. In den 90er Jahren werden nach der Intensivierung des Wettbewerbs durch den Abbau der Handelsschranken vor allem Regeln des sozialen Zusammenwachsens zu formulieren und zu implementieren sein, um die soziale Dimension zu realisieren.[98] Die Entwicklung eines europäischen Wohlfahrts- und Sozialstaats durch Harmonisierung steht jedoch ebenso wenig auf der politischen Agenda wie die eines kohärenten Systems der Arbeitsbeziehungen.[99] Möglicherweise wird der Gerichtshof der Europäischen Gemeinschaft (EuGH)[100], die Verfassungs- und Rechtsschutzinstanz, wie bereits in der Vergangenheit in stärkerem Maße zum Initiator von Entwicklungen zur politischen "Vergemeinschaftung" als andere, vor allem nationale Akteure.[101]

---

[98] Vgl. einführend Birk, Die soziale Dimension des Europäischen Binnenmarktes.

[99] "The combination of fragmented interests, a continued critical role for governments, and a particular set of decision rules governing Community social policy implies that no generel European social "model" is likely to develop." Lange, Politics of the social dimension, 256.

[100] Der EuGH, der die Einhaltung des gemeinsamen Rechts überwacht, vertritt in seiner ständigen Rechtsprechung das Prinzip des Vorrangs des Gemeinschaftsrechts vor nationalem Recht; das BVerfG hat sich dieser Position angeschlossen und eine einseitige nationale Korrektur im Falle von Grundrechtsverletzungen durch Gemeinschaftsrecht ausgeschlossen. Vgl. als Überblick Shapiro,M., The European court of justice, in: Sbragia, Euro-politics, 123-156.

[101] Für diese Vermutung spricht dessen Interpretation des Art.48,4 EWG-Vertrag oder die der Arbeitszeitrichtlinie. Zurückhaltender ist der EuGH, der den Vorrang der Rechtsetzung des Rates anerkennt, hinsichtlich der Umsetzung von Richtlinien. Eine gewisse Handlungsunfähigkeit des Rates führt dazu, daß der EuGH zum Katalysator wird.

Eine weitere, über die auf dem Gipfel von Maastricht 1991 beschlossene Ausdehnung des Prinzips der qualifizierten Mehrheitsentscheidung auf möglichst viele Politikfelder[102] anstelle der noch dominierenden Einstimmigkeit im Ministerrat erscheint unumgänglich im Interesse einer Beschleunigung des Einigungsprozesses in Richtung auf das Fernziel eines europäischen Bundesstaates mit einem Minimalmaß an Binnenföderalismus.[103] Eine allmähliche, freiwillige Aufgabe nationaler Souveränitätsrechte bzw. deren Übertragung auf supranationale Institutionen, d.h. auf Kommission und Parlament, wäre die notwendige Konsequenz auf dem langen Wege zur umfassenden Politischen Union. Verschiedene nationale Akteure lehnen eine derartige Europäisierung der Politik mehr oder weniger kategorisch ab. Von einem deutlichen Ausbau der zentralen Kompetenzen (sog. Demokratisierung politischer Entscheidungsstrukturen bzw. der Gemeinschaft) würden profitieren:

- Der Ministerrat, dem Minister aus den Mitgliedstaaten und ein Mitglied der EG-Komission angehören und der als "Legislative" die zentralen Entscheidungen fällt.
- Die Kommission als "Exekutive", die sich aus von den Regierungen der Mitgliedstaaten entsandten Mitgliedern zusammensetzt, entwickelt und unterbreitet Vorschläge über die zukünftige Politik und implementiert die getroffenen Entscheidungen.
- Das seit 1979 direkt gewählte Europäische Parlament, das ursprünglich nur beratende Funktionen hatte, aber immer stärker eine deutliche Erweiterung seiner Kontroll- und legislativen Entscheidungsbefugnisse in Richtung auf Gleichberechtigung und Gleichgewicht mit dem Ministerrat fordert, um dadurch das vorhandene "Demokratiedefizit" der Gemeinschaft abzubauen.

Die EG steht zu Beginn der 90er Jahre vor der Frage, ob sie ihre Politik in zeitlicher Hinsicht eher auf eine Vertiefung der wirtschaftlichen Integration oder auf eine erneute Erweiterung ausrichten soll. Die zeitgleiche Erreichung beider Ziele, welche die Mitglieder unterschiedlich bewerten, wird kaum möglich sein. Wahrscheinlich behindert das eine das andere: Eine Erweiterung nach Norden und Osten würde u.a. die bestehenden Probleme der politischen Willensbildung verkomplizieren und einen Umbau der institutionellen Strukturen erfordern.[104] Das Wachstum von ursprünglich

---

[102] Dadurch würden die notwendigen inter- und intraorganisatorischen Prozesse der Koalitionsbildung für bestimmte issues verändert.

[103] Vor allem die Bundesländer befürchten eine Aushöhlung ihrer durch den föderalen Staatsaufbau vorgegebenen Kompetenzen durch deren Verlagerung auf die Gemeinschaft; sie fordern ihre Einbeziehung in diejenigen Entscheidungsprozesse der Gemeinschaft, die Interessen und Rechte der Länder tangieren.

sechs Mitgliedern (Benelux, BRD, Frankreich, Italien) auf zwölf in den 70er (England, Dänemark, Irland) und 80er Jahren (Griechenland, Portugal und Spanien) bereitete bereits erhebliche Schwierigkeiten bei der sozialen Integration infolge zunehmender Heterogenität. Die Beitrittsanträge von Österreich (1989) und Schweden (1991) dürften aus Sicht der Mitgliedstaaten noch relativ unproblematisch zu bewältigen sein, zumal beide den Entwicklungsstand der Mitgliedsländer haben und zu den Nettozahlern der Gemeinschaft gehören würden.[105] Außerdem wollen seit 1991 die ehemaligen RGW-Mitgliedstaaten CSFR, Polen und Ungarn über die bestehenden Kooperations- und Handelsabkommen hinaus die EG zu einem "Gemeinsamen Europäischen Haus" erweitern, was ihnen im Status der Vollmitgliedschaft vermutlich aber nicht vor der Jahrtausendwende gelingen wird.[106]

Anfang 1992 haben die EG und die Staaten der Europäischen Freihandelszone (EFTA) nach längeren Sondierungsgesprächen[107] einen Vertrag über die Schaffung eines gemeinsamen Europäischen Wirtschaftsraums (EWR) ratifiziert, der den seit den 70er Jahren zollfreien Handel zwischen den Wirtschaftsblöcken ablösen und die wirtschaftliche Spaltung beenden soll. Demnach werden zum 1.1.1993 die vier Grundfreiheiten des freien Verkehrs von Waren, Personen, Kapital und Dienstleistungen auf die sieben Mitgliedsländer der EFTA (Schweiz, Österreich, Liechtenstein, Schweden, Finnland, Norwegen und Island) ausgedehnt und damit eine Freihandelszone mit über 380 Millionen Verbrauchern vom Nordkap bis zum Mittelmeer geschaffen. Im Rahmen der Beteiligung am Binnenmarkt ohne Vollmitgliedschaft müssen die EFTA-Mitglieder, die kein echtes Mitentscheidungsrecht beanspruchen, sämtliche geltenden EG-Beschlüsse (einschl. des Maastrichter Unionsvertrages) in

---

[104] Die ehemalige DDR wurde durch die Herstellung der staatlichen Einheit am 3.Oktober 1990 auch Teil der EG; das gesamte Gemeinschaftsrecht findet automatisch Anwendung. Vgl. im einzelnen Kohler-Koch,B.(Hg.), Die Osterweiterung der EG. Die Einbeziehung der ehemaligen DDR in die Gemeinschaft, Baden-Baden 1991; Däubler,W., EG und deutsche Einheit, in: Däubler/Lecher, Die Gewerkschaften in den 12 EG-Ländern, 323-333; Werner,H., Die deutsche Einigung, die europäische Integration und die Vollendung des Europäischen Binnenmarktes, in: Walwei/Werner, Beschäftigungsaspekte und soziale Fragen des EG-Binnenmarktes, 141-153.

[105] Demgegenüber wird dem Antrag der Türkei in absehbarer Zukunft wohl nicht entsprochen werden.

[106] "Admitting countries whose policy legacy is rooted in a command economy creates unique challenges as well as more generic ones, such as how to ensure that the wealthy countries will not be overwhelmed by those needing assistance, how to protect decisionmaking processes from paralysis, how to handle extraordinary cultural diversity, and whether to continue to require that member states accept all the Community's accumulated regulations..." Sbragia,A., Introduction, in: Sbragia, Euro-politics, 14.

[107] Vgl. zur Vorgeschichte Laursen,F., EFTA countries as actors in European integration: the emergence of the European Economic Area (EEA), International Review of Administrative Science 57 (1991), 543-555.

ihre nationale Gesetzgebung übernehmen. Die politische Autonomie bzw. die nationalen Souveränitätsrechte der EFTA-Staaten dürften dabei nicht völlig gewahrt bleiben. Der EWR könnte durchaus als "Schleusenkammer" bzw. "Wartezimmer" für den EG-Beitritt anderer Interessenten dienen. Beitrittswillige Länder finden nach 1992 eine qualitativ andere Situation vor und müssen mit mehr Restriktionen für nationale Politiken rechnen als in den 70er und 80er Jahre, da sämtliche Integrationsprozesse weiter fortgeschritten sind.

Einführende Literatur:

Busch,K., Umbruch in Europa. Die ökonomischen, ökologischen und sozialen Perspektiven des einheitlichen Binnenmarktes, 2.erw. Auflage, Köln 1992

Buttler,F. et al.(Hg.), Arbeits- und Sozialraum im Europäischen Binnenmarkt, Nürnberg 1990

Däubler,W./Lecher,W.(Hg.), Die Gewerkschaften in den 12 EG-Ländern. Europäische Integration und Gewerkschaftsbewegung, Köln 1991

Ferner,A./Hyman,R.(eds.), Industrial relations in the new Europe, London 1992

Platzer,H.-W., Gewerkschaftspolitik ohne Grenzen? Die transnationale Zusammenarbeit der Gewerkschaften im Europa der 90er Jahre, Bonn 1991

Sadowski,D./Jacobi,O.(eds.), Employers' associations in Europe: Policy and organisation, Baden-Baden 1991

Walwei,U./Werner,H.(Hg.), Beschäftigungsaspekte und soziale Fragen des EG-Binnenmarktes, Nürnberg 1991.

Index

ABM 265, 285
Abwehraussperrung 173
AFG 249, 255, 263, 283
Aktivitätsrate 285
Allgemeinverbindlichkeitserklärung 116
Altersteilzeit 157
Angriffsstreik 173
Anpassungsfortbildung 270
Antistreikvereine 10
Äquivalenzprinzip 255, 291
Arbeiterselbstverwaltung 400
Arbeitgeber 190
Arbeitgeberkoalition 201
Arbeitgeberumlage 285
Arbeitgeberverbände 12, 189, 348,
Arbeitnehmerüberlassung 379
Arbeitnehmerüberlassungsgesetz 320
Arbeitsämter 264
Arbeitsaufnahme 268
Arbeitsbeschaffung 274
Arbeitsbeschaffungsmaßnahmen 277
Arbeitsdirektor 96, 101, 106
Arbeitsförderung 257
Arbeitsförderungsgesetz 177, 376
Arbeitskampf 113, 118, 163
Arbeitskampffolgen 173
Arbeitskampfformen 165
Arbeitskräftemangel 247
Arbeitslosengeld 253, 255, 265, 285
Arbeitslosenhilfe 256, 265, 285
Arbeitslosenquote 249
Arbeitslosenversicherung 259
Arbeitslosigkeit 229, 234, 247, 265
Arbeitsmarkt 227
Arbeitsmarktablaufpolitik 265
Arbeitsmarktkrise 283
Arbeitsmarktordnungspolitik 265
Arbeitsmarktpolitik 263, 283, 303
Arbeitsmarktstrukturierung 240
Arbeitsmarkttheorien 228
Arbeitsplatzsubventionen 269
Arbeitsteilung 205, 222
Arbeitsvermittlung 255, 267, 298, 379
Arbeitszeitflexibilisierung 137, 144
Arbeitszeitgesetz 309, 323, 378
Arbeitszeitordnung 150, 323, 378
Arbeitszeitpolitik 135, 136
Arbeitszeitverkürzung 136, 217
Aufsichtsrat 95
Aufstiegsfortbildung 270
Ausbildung 270
Ausbildungszeiten 161
Ausgabenpolitik 239
Ausgleichszeitraum 142
Ausländerbeschäftigung 249
Aussperrungen 163
Auszubildendenvertretung 68

Automation 216
AVAVG 263

Basisdemokratie 400
BDA 10, 14, 380, 85
BDI 10
Beamte 188
Befristete Arbeitsverträge 310
Beitragssätze 285
Beitragszeit 256
Berufsbeamtentum 188
Berufsberatung 265, 267
Berufsbildung 333
Berufsverbände 36
Berufsverbandsprinzip 191
Beschäftigungseffekte 136, 296
Beschäftigungsförderungsgesetz 310
Beschäftigungsinitiativen 307
Beschäftigungspolitik 134, 304
Beschäftigungstheorie 237
Beschäftigungswirkungen 140
Beschäftigungswunder 258
Besoldungsabschlüsse 189
Besoldungspolitik 194
Betriebsrat 64
Betriebsvereinbarung 66, 67, 346
Betriebsverfassungsgesetz 62, 309
Betriebsversammlung 68
Biedenkopf-Kommission 97
Bildungsbeihilfegesetz 259
Bummelstreik 199
Bundesanstalt für Arbeit 264
Bundespersonalvertretungsgesetz 95

CDA 156
CDU 86, 99, 150, 156
Cecchini-Bericht 430
CGB 25, 91
Closed shop 32, 79
CSU 86, 150, 156

DAG 25, 85, 191
DBB 25,195
Dequalifizierung 206, 216
Deregulierung 309, 373, 375, 430
Deregulierungskommission 379
Deregulierungsmaßnahmen 375
Deregulierungsstrategien 354
Dezentralisierung 381
DGB 14, 85, 191, 380, 398
Dienstleistungssektor 217, 258
Dienstverhältnisstruktur 201
DIHT 10, 11
Doppelstimmrecht 101

DPG 193, 195
Dreiecksverhandlungen 193
Drittelbeteiligung 100
Duales System 78

Effektivklauseln 117
Effektivlohn 117
Effizienzlohntheorien 235
Eingliederungsbeihilfen 268, 285
Einheitliche Europäische Akte 408
Einheitsgewerkschaften 24
Einigungsstelle 66
Einrichtungszwang 70
Einzelaussperrungen 173
Erwerbsquote 248
Euro-Korporatismus 417
Europäische Betriebsräte 419
Europäischer Gewerkschaftsbund 415
Europäischer Wirtschaftsraum 435
Eurosklerose 385

Fachprinzip 12
FDP 86, 99, 150
Fiskalpolitik 239, 305
Flächenstreiks 180
Flexibilisierung 309, 343, 374
Flexibilisierungsstrategien 373
Flexible Spezialisierung 220
Fließbandproduktion 205
Fortbildung 265, 270, 285
Frauenbeauftragte 77
Freischichtenregelungen 161
Freizügigkeit 427
Friedenspflicht 63, 113, 114, 165
Frühverrentungen 159

GdED 193, 195
GdP 192, 195
Gegnerfreiheit 111
Geldillusion 238
Geldpolitik 239, 305
Geringverdiener 393
Gesamtmetall 85
Geschäftsführung 95
GEW 195
Gewerkschaften 23, 189, 347
Gewerkschaftsausschüsse 414
GGVöD 192
Gleichstellungsstellen 77
Globalsteuerung 240
Gruppenprinzip 65
Gruppenwahl 102
Günstigkeitsprinzip 115, 379

Handelskammer 10
Harmonisierung 409
Haustarifvertrag 115
Heimarbeit 395
Humanisierung 107
Humankapitaltheorie 230

IG Medien 28
IHK 11
Industrieverbandsprinzip 24, 191
Inhaltsregeln 404
Institutionelle Sklerose 385
Investitionsfalle 238

Jahresarbeitszeit 160
Job sharing 310, 319
Jugendarbeitslosigkeit 254, 267
Jugendvertretung 68

Kammern 10
Kapovaz 318
Keynesianismus 237
Koalitionsfreiheit 31, 111, 167, 185
Kollektivgut 16
Konfliktverarbeitung 74
Konkursausfallgeld 264, 285
Kontrahierungszwang 152
Kontrakttheorien 233
Konzertierte Aktion 52
Kooperationsmaxime 63
Korporatismus 46, 370
Kündigungsschutz 379
Kurzarbeitergeld 274, 285

Langzeitarbeitslosigkeit 253
Lean design 223
Lean distribution 224
Lean enterprise 224
Lean Production 221
Lean supply 223
Lebensarbeitszeitverkürzung 150
Leiharbeit 320, 396
Leiharbeitnehmer 311
Liquiditätsfalle 238
Lobbying 196
Lohndifferenzierung 339, 387
Lohnersatzleistungen 257, 265, 309
Lohnkostenzuschüsse 268
Lohnleitlinien 124
Lohnpolitik 129, 130, 305
Lohnquote 130
Lohnstrukturpolitik 191
Lohnsubventionen 269

Manteltarifverhandlungen 194
Marburger Bund 192
Marktunvollkommenheiten 229
Massenarbeitslosigkeit 266, 248
Massenproduktion 218, 221
Mehrarbeit 143, 322
Mikroelektronik 206, 391
Mikrokorporatismus 58
Minimax-Strategie 171
Ministerialbürokratie 198
MIT 221
Mitbestimmung 61, 419
Mitbestimmungsgesetz 95, 101
Mitbestimmungsrechte 65
Mitgliedsbeiträge 21
Mitnahmeeffekte 269, 278
Monitoring 235
Montan-Mitbestimmungsgesetz 95
Montanquote 100

Nachfrageausfall 237
Neoindustrialisierung 209
Neoklassik 228
Neue Armut 257
Neue Mikroökonomie 230
Neutralitätsanordnung 178
Neutralitätsausschuß 182
New Deal 108
Normalarbeitsverhältnis 314

Öffentlich Bedienstete 187
Öffentlicher Dienst 187
Ölkrise 248
Organisationsgrad 15, 30, 202, 340
ÖTV 26, 135, 191, 195

Paradigmenwechsel 207, 221
Parität 96
Paritätsprinzip 166
Partizipation 109
Personalvertretungsgesetze 64
Pilotabkommen 130, 332
Politische Union 409
Privatisierung 373
Produktionskonzepte 207
Produktivitätskoalitionen 364

Qualifikationspolitik 270
Qualifizierungsoffensive 273
Quotenregelungen 77

Randbelegschaft 134, 313

Rationalisierung 205
Rationalisierungsdulder 208
Rationalisierungseffekte 209
Rationalisierungsgewinner 208
Rationalisierungsschutz 134
Rationalisierungsstrategien 206
Rationalisierungsverlierer 208
Re-Regulierung 391, 410
Rehabilitation 269, 285
Rentenreform 160
Requalifizierung 216, 220
Richterrecht 164
Richtungsgewerkschaft 24,
Rotationseffekte 269, 272

Sabbaticals 161
Samstagsarbeit 143, 147
Saysches Theorem 228, 238
Schiedsverfahren 118
Schlechtwettergeld 274, 276
Schlichtung 118
Schlichtungsvereinbarungen 121
Schlichtungsverfahren 113, 118
Schwerbehinderte 270
Schwerpunktstreiks 180
Segmentationsprozesse 313
Segmentationstheorien 240
Segmentierung 83, 209, 313
Selbstfinanzierungsquote 279, 287
Shirking 236
Shop stewards 63
Solidaraktionen 167
Sonntagsarbeitsverbot 146
Sozialadäquanz 165
Sozialcharta 411
Soziale Dimension 410
Sozialer Dialog 412
Sozialgesetzbuch 393
Sozialhilfe 257
Sozialkapital 255
Sozialpläne 324
Sozialplanrecht 379
Sozialplanregelung 69, 311
Sozialstruktur 361
SPD 85, 185, 398
Spezialitätsprinzip 117
Sprecherausschüsse 87, 378
Stabilisierungspolitik 240
Stammbelegschaft 134, 313
Stille Reserve 250
Streikfähigkeit 180
Streikkassen 171
Streikmonopol 63, 165, 169
Streikrecht 188
Streiks 163, 200
Streiktaktik 171, 202

Streikunterstützung 171
Streikverbot 200
Strukturmaßnahmen 196
StWG 263
Subsidiaritätsprinzip 256, 412
Suchtheorien 234
Suspensierungstheorie 165
Sympathiekampfmaßnahmen 167
Systemische Rationalisierung 214

Tarifautonomie 112, 188
Tarifgemeinschaft 192
Tarifgemeinschaftsvertrag 192
Tarifkommission 35, 192
Tarifkonkurrenz 117
Tariflohn 117
Tarifpolitik 34, 127, 181,
Tarifverhandlung 113, 129
Tarifvertrag 112, 113, 379
Tarifvertragsgesetz 112
Tarifvertragsparteien 129
Tarifvertragspolitik 129
Tarifvertragssystem 189
Tauschtheorie 51
TdL 189
Technikdeterminismus 205
Technischer Wandel 205
Technisierung 206
Teilarbeitsmärkte 241
Teilrentenmodelle 157
Teilzeitarbeit 310
Teilzeitarbeitsplätze 158
Teilzeitbeschäftigung 318
Teleheimarbeit 395
Tendenzbetriebe 64
Territorialprinzip 12
Tertiärer Sektor 214

Übermaßverbot 166
Überstunden 322
ULA 89
Ultima ratio-Prinzip 165
Umschulung 265, 270, 285
Unabdingbarkeit 115
UNICE 415
Union shop 32, 79
Unterbeschäftigung 238
Unterhaltsgeld 271
Unternehmerverbände 10
Unterstützungsfonds 21, 171, 176
Urabstimmung 35

Verbandsaussperrung 172
Verbandstarifvertrag 115

Verbetrieblichung 145, 346, 382
Verdrängungseffekte 277
Verfahrensregeln 404
Vermittlungsmonopol 268, 379
Verrechtlichung 41, 164
Vertrauensleute 81
VkA 189
Vollbeschäftigung 229, 247, 266
Vorruhestandstarifverträge 152
Vorruhestandsgesetz 151

Wage drift 117
Wahlverfahren 104
Warnstreiks 166, 204
Wechselstreiks 180
Weißbuch 408
Weiterbildung 401
Weiterbildungspolitik 271
Wiederbesetzungsquote 153
Wiederbesetzungszuschuß 157
Winterbauförderung 274, 276
Wirtschaftsausschüsse 68
Wirtschafts- u. Währungsunion 408
Wirtschaftsverbände 10
Wochenendarbeit 146

Zeitsouveränität 148
Zwangsmitgliedschaft 12
Zwangsschlichtung 121

Personenverzeichnis

Aaron	204
Abromeit	2, 4, 7, 9, 16, 136, 145, 171, 286, 348
Adam	10
Adams	9, 41, 45, 48, 54, 57, 62, 77, 81, 97, 103, 109, 340, 353, 399
Adamy	7, 69, 103, 104, 113, 168, 176, 264, 314, 315, 316, 320, 411
Addison	37, 411, 418, 424
Adomeit	67, 111, 128, 338
Akerlof	235
Alber	4, 258
Albrecht	376
Altmann	206, 365, 397
Altvater	213, 303
Apitzsch	91, 178, 184
Arendt	172
Armingeon	25, 30, 33, 36, 38, 40, 72, 81, 169, 341, 351, 414
Auer	159, 249, 286
Bach	248, 253, 263, 279
Bäcker	4, 159, 248, 257, 395
Backes-Gellner	333
Backhaus	53
Bader	213
Baethge	213, 214, 215, 225, 329, 361
Bagguley	57, 59
Baglioni	166
Bahnmüller	151, 163, 170, 177, 350
Ballwieser	76, 97
Bamberg	103, 104, 109
Barbash	5, 39
Bastian	406, 426
Baumann	178, 186
Bayer	34
Beal	381
Bean	40
Beaumont	359
Beck	399
Becker	148, 230, 320
Begin	381
Beisheim	400
Bellmann	227
Benda	185
Berger	62, 76, 97, 141
Berghahn	7
Bergmann	29, 38, 164, 168, 205, 211, 359
Bernschneider	45
Berthold	260
Bieback	4, 269, 282, 298
Biehler	245
Bierfelder	64, 111
Billerbeck	134, 162, 204
Birk	164, 430, 433
Birke	400
Bispinck	4, 115, 366, 367, 403
Blank	408, 420
Blanke	2, 4, 7, 136, 145, 171, 180, 185, 285, 286, 307, 348
Blanpain	31, 169, 340, 343, 350, 353, 372
Blaschke	254
Blauermel	227, 230, 260, 298

Bleek	188
Blessing	341
Bluestone	258
Blum	117
Blüm	248
Bobke	176, 186
Bobke-von Camen	87
Böhm	159
Böhning	432
Bollinger	392
Bombach	234, 265
Bonß	261
Borgmann	70, 72, 94
Borgwardt	86
Borsdorf	24, 96, 97
Bosch	137, 140, 151, 273, 299, 325, 326, 344, 346, 374
Braczyk	206
Brandes	204, 229, 241, 261, 338, 383, 395
Brandt	131, 137, 162, 220, 368
Brauer	261
Breit	410
Briefs	36
Briggs	231
Brinkmann	245, 249, 250, 253, 322
Brockmann	303
Brose	321, 396
Brosius	140
Brox	118, 163, 164, 186
Bruche	261, 287, 288, 290, 297
Buchner	185, 310
Büchtemann	158, 315, 320, 325, 326, 327, 374, 375, 377, 381, 383, 387, 406
Buda	422
Bunn	172
Burgbacher	316, 317
Bürger	101
Burian	315
Busch	431, 436
Büssing	253
Buß	2
Buttler	227, 229, 230, 260, 327, 328, 376, 381, 383, 384, 388, 395, 407, 412, 428, 432, 436
Cammack	60
Campbell	421
Cappelli	40, 334, 392
Catinat	430
Cecchini	430
Chaloupek	303
Chelius	39
Christopherson	221
Clarke	350, 353
Coleman	5, 33
Cordes	4
Cordova	80
Cornetz	392
Cramer	258
Cressey	419

Crouch	38, 46, 47, 51, 166, 168, 341, 360, 368, 380
Cullen	171
Czada	9, 15, 404
Dabschek	5, 39, 59, 220
Dadzio	272
Dahrendorf	3, 42, 103, 119
Daniels	330, 335
Dankbaar	221
Däubler	128, 164, 186, 324, 389, 407, 410, 413, 415, 435, 436
Däubler-Gmelin	77, 319
Deakin	380, 384
Deeke	254, 261
Deeke	82
Degen	319
Deutschmann	136, 145, 204
Dichmann	325, 384, 402
Diefenbacher	103
Diekmann	233
Dierkes	197, 303
Dittrich	318
Doeringer	241
Dombois	311, 315, 326
Dorndorf	229, 383
Dörr	1
Dragendorf	310, 377
Dückert	277
Düll	67, 346, 365, 397
Dworkin	39
Dybowski-Johannson	70
Dzielak	106, 163
Ebert	64
Eberwein	254
Eckardstein	400
Edelstein	33
Edwards	40, 242, 340, 372
Ehrenberg	231
Eisold	339, 388
Eißel	307
Ellwein	15, 204, 188, 189
Elster	5
Endruweit	5, 7, 23, 62, 75, 118, 141, 360
Engelen-Kefer	282, 296
Engels	338, 386
Englberger	112, 264, 328, 406
Erd	79, 164, 167, 186, 220, 341, 368, 380, 372
Esping-Andersen	45, 298
Evers	307
Ewers	373, 385, 387
Faber	64
Falke	326
Falkner	411
Fashoyin	41
Feldhoff	145, 372
Fels	432
Ferner	61, 333, 436
Fiorito	38
Fischer	82, 227, 229, 254, 257, 260, 261, 338, 383

Personenverzeichnis

Fisher	119, 167
Flanders	9
Flechsenhar	275
Ford	206, 221
Franke	248, 321
Franz	3, 230, 234, 240, 260, 301, 384
Franzmeyer	430
Freeman	37, 38, 337, 340, 342
Frei	2
Frenkel	48
Frerich	4
Frerichs	323, 347
Frey	147
Frick	66, 118
Fricke	326, 347
Friedrich	261
Frieling	2
Fuchs	327, 422
Fürstenberg	7, 71, 129, 342, 349
Gabriel	309
Gäfgen	53, 357
Gahlen	234
Gallagher	38
Gamillscheg	334
Garbarino	334, 340, 360
Garonna	340, 372
Gaugler	7, 227
Geißler	333
George	376
Gergs	28
Gerlach	227, 235, 260
Giersch	385
Giles	60, 39
Gladstone	7, 22, 44, 55, 56, 62, 69, 108, 109, 141, 162, 172, 349, 382
Göbel	310, 319, 337
Goldthorpe	46, 51, 52, 60, 355, 358, 360, 369, 370
Gondek	213
Gordon	242
Graf	2, 237
Greif	109
Greifenstein	401
Griffin	220
Griffith	66, 118
Grimm	405
Grodin	204
Groser	5, 11, 72, 302
Groß	70, 148, 345
Gründer	313
Haas	151
Hacker	2
Hall	407, 411, 425
Hamer	186
Hanami	169
Hanau	67, 111, 128, 318
Hanson	80
Hardes	52, 253, 270, 272, 299, 339, 387
Harrison	258

Hartmann	62, 168
Hartwich	1, 2, 5, 370, 390
Hartwig	316, 317
Hasse	408
Hauser	257
Heering	310, 377
Hege	128
Heier	227, 229, 260
Heinemann	151
Heinze	181, 261, 326, 338
Heisig	213
Helfert	400
Hellmich	278
Henneberger	187, 198, 375, 428
Herder-Dorneich	264
Héthy	41
Heyen	187
Hickel	230, 302, 303, 380, 383, 384, 389
Hilbert	11,
Hildebrandt	212, 343, 347
Himmelmann	85
Hinrichs	136, 145, 185, 254, 345
Hirsch	37, 274
Hirschman	51, 335
Hlawaty	311, 316
Hodeige	234
Hofbauer	272
Hofemann	4
Hoff	322
Hoffmann	258, 372
Höhmann	116
Hohn	82, 83, 217, 260, 343, 358
Holling	2, 109
Holtkamp	111
Holtmann	170
Hönsch	327
Hoppmann	52
Hoss	313
Hromadka	87, 90
Hübler	77, 227, 234, 235
Huebner	277, 299
Hujer	82, 358
Hurler	293
Hyman	60, 61, 169, 186, 225, 333, 404, 411, 436
Jackson	42, 80, 119
Jacobi	38, 61, 131, 137, 162, 166, 181, 220, 333, 341, 368, 372, 380, 410, 411, 414, 415, 418, 423, 436
Jacobs	153, 157, 159, 160
Jacquemin	430
Jaeger	419
Janoski	263, 264, 286
Jansen	401
John	310, 377
Jones	221, 225
Judith	98, 109
Jürgens	4, 7, 16, 136, 221
Juris	48, 330, 335, 336, 353

Kahnert	317, 327
Kalbitz	163, 173, 174, 186
Kannengießer	163, 338
Karsten	7
Kassalow	108, 337, 341, 362
Kastendiek	380
Katz	30, 39, 108, 177, 182, 335, 372
Katzenstein	225, 336
Katzer	185
Kaufman	231
Keller	5, 15, 17, 25, 28, 33, 61, 118, 187, 189, 196, 197, 198, 200, 204, 282, 292, 333, 335, 375, 428
Keman	60, 338, 385
Kern	33, 52, 206, 207, 212, 213, 215, 217, 225, 329, 361, 371
Ketelsen	432
Kevelaer	136, 145
Keynes	238
Kiefer	398
Kieser	98
Kilz	385
Kirchner	120
Kirner	159
Kißler	70, 94, 103, 397, 400, 401
Kittner	38, 87, 93, 99, 100, 184, 186, 172, 310, 408, 420, 421, 425
Klauder	158, 249, 295, 300, 341
Klebe	91
Klein	233, 257
Kleinhückelskoten	117
Klems	261
Klevemann	319
Klönne	24
Kluge	70
Knappe	385
Knepel	82, 358
Knesebeck	206
Knuth	66, 67, 314, 346
Kochan	30, 39, 40, 92, 108, 123, 177, 182, 218, 372, 334, 335, 340, 337, 358, 392
Kock	184, 322, 396
Kohler	136, 279
Kohler-Koch	435
Köhler	313
Kohli	151, 159, 160
König	234, 253, 271
Königbauer	118
Konle-Seidl	425, 430
Koopmann	81
Köppke	412, 426
Köppen	408, 420
Kosche	248
Kotthoff	70, 75, 79, 360
Krafft	277, 299
Krahn	326
Krause	98
Kregel	328
Kreile	407, 408, 410
Kreutz	2

Krieger	7, 419, 427
Kronenberg	103
Krüger	321, 322
Krupp	239, 282, 301, 328, 387
Kübler	64
Küchle	382
Kuda	62
Kuenstler	307
Kühl	159, 253, 264, 265, 283, 285, 286, 287, 289, 290, 296, 297, 302, 377, 381, 386
Kühlewind	4, 154, 300
Külp	37, 122
Kurz-Scherf	144, 353, 365, 366, 374
Kutsch	2
Lambsdorff	376
Lampert	4, 112, 263, 264, 272, 280, 282, 285, 291, 292, 293, 296, 297, 328, 374, 385, 406
Landenberger	149, 392, 395
Lang	171, 353, 365, 374, 403
Lange	21, 51, 172, 178, 355, 411, 433
Langner	101
Lappe	77, 319
Lash	57, 59
Laursen	435
Lecher	325, 401, 407, 410, 413, 414, 415, 425, 426, 435, 436
Leciejewski	205
Lehmbruch	47, 51, 355, 357, 370
Leibfried	257
Leminsky	107, 398, 400
Lemke	432
Lenk	292
Lewin	204, 245, 392
Lidena	116
Liebau	316, 317
Lieber	319
Lindbeck	236
Linne	315, 316, 317, 381
Linnenkohl	385
Lipset	33, 37, 40, 341
Littek	80, 129, 213, 240
Lodge	411
Lohr	118, 128
Lompe	62, 86, 89, 356
Lörcher	315
Lorenz	316
Loveman	258
Löwisch	310, 324, 338
Lutz	1, 205, 207, 212, 213, 244, 246, 248, 260, 298, 329, 359, 390
Mackscheidt	289, 291
Madison	431
Mahnkopf	362, 402
Maier	46, 249, 269, 303, 307, 309, 320, 395, 402
Malsch	212, 213, 221, 225
Malzahl	318
Maneval	252
Manske	206
Markmann	129

Personenverzeichnis

Markovits	38, 342, 356, 377
Marr	24, 414, 422
Marshall	231, 396
Martens	87, 89, 104, 109, 221, 400
Masters	322
Matthes	3, 78, 133, 181
Matthias	24
Matzner	225, 293, 328, 406
Maydell	163, 338
Mayer	178, 307, 431
McKersie	30, 39, 40, 58, 108, 125, 127, 177, 182, 334, 335, 367, 372, 392
Medoff	37, 38, 342
Meißner	118
Mendius	246
Mertens	269, 282
Mettelsiefen	246
Metzke	186
Michels	32
Mickel	2
Mikl-Horke	2
Miller	80, 81
Mincer	230
Molitor	334
Möller	185
Moser	232
Mosley	249, 409
Mückenberger	164, 167, 178, 181, 313, 314, 345, 378, 380, 384, 393, 404, 425
Müller	33, 96, 178, 185, 273, 380, 400
Müller-Jentsch	1, 4, 7, 9, 10, 15, 23, 30, 38, 40, 50, 61, 65, 76, 79, 80, 81, 111, 112, 129, 131, 133, 137, 162, 164, 166, 168, 171, 181, 198, 205, 206, 241, 333, 335, 340, 343, 362, 368, 369, 372, 375, 400, 404
Müller-Roden	300
Müllner	396
Naegele	4, 159, 395
Nägele	150, 152
Naschold	1, 2, 4, 7, 136, 390
Neal	108
Negt	364
Neifer-Dichmann	140, 380
Nerb	374
Neuloh	62
Neumann	30, 62, 374, 375, 380, 381, 382, 383, 387, 406
Nicholson	2, 109
Niedenhoff	29, 64, 66, 72, 85, 89, 91, 93
Nohlen	169
Northrup	421
Notter	327
Nutzinger	103
Oberbeck	213, 214, 215, 225, 329, 361
Oberzig	28,
OECD	225, 406
Oechsler	66, 67, 346
Offe	15, 34, 35, 47, 162, 254
Ohm	173

Olson	15, 16, 32, 38, 79, 131, 338, 382, 385
Oppolzer	140, 296, 310, 315, 337
Ortmann	382, 397
Ortwein	64
Ossenbühl	186
Osterloh	76, 97
Oswald	37
Ott	234
Owen-Smith	66, 118
Ozaki	80
Paasch	320, 321
Palmer	48, 51
Paloheino	60, 338, 385
Panitch	51
Pappi	287
Pedersen	30
Pege	89, 91
Pekruhl	148
Pelz	246
Peter	109, 221, 400
Peters	249, 297, 301
Petersen	4
Pfaff	293
Pfau-Effinger	392
Pfromm	131
Piore	54, 209, 210, 211, 217, 218, 219, 221, 241, 225, 329, 338, 371, 386
Pizzorno	46, 49, 168
Plander	196, 319
Platzer	414, 415, 436
Plowman	9, 54
Pollert	374
Poole	40
Poppe-Bahr	359
Preisendörfer	254
Priewe	273
Prigge	22, 24, 370
Pumberger	142
Rahmann	246
Rammert	205, 240
Rampelt	9, 22
Rath	415
Raub	5
Rayley	94
Reese	24
Regini	368
Reh	385
Rehmus	125
Reich	242
Reidegeld	264
Rein	158, 160
Reinert	64
Reinhold	2
Reissert	261, 287, 288, 290, 293, 294, 297, 300, 432
Revel	32, 339
Reyher	136
Reynolds	232

Ricca	373
Richardi	85, 87, 146, 186
Rico	92, 353
Riester	172
Rimlinger	40
Rinderspacher	149
Rische-Braun	403
Rodgers	373, 396, 405
Rohwer	239, 282, 301, 302, 328, 387
Rommelspacher	118
Roncaglia	328
Roos	221, 225
Rose	218
Rosen	233
Rosenberg	151, 346
Rösner	85
Ross	168
Rothschild	239, 282, 328, 387
Rudolph	70, 311, 312, 315, 360
Rummel	62, 77, 81, 97, 103, 399
Rürup	383
Ruthenberg	321
Rüthers	2, 118, 164, 186, 338
Rydzy	169
Sabel	54, 209, 210, 211, 217, 218, 219, 220, 221, 225,329, 336, 371
Sadowski	333, 410, 411, 415, 423, 436
Sanmann	122
Sarcinelli	283
Sbragia	407, 408, 411, 433, 435
Schabedoth	221
Schäfer	130, 132
Schaper	62
Scharf	147
Scharpf	328, 302, 303, 306
Scharrer	79, 431
Schauer	253, 271, 343
Scheibe-Lange	103
Scherf	384
Schettkat	225, 269, 395
Scheuer	230, 235, 236
Schienstock	5
Schiller	52
Schmahl	431
Schmähl	151, 157, 159
Schmid	227, 230, 240, 253, 261, 263, 266, 269, 270, 271, 272, 273, 275, 276, 278, 283, 287, 288, 290, 291, 293, 294, 296, 297, 298, 300, 301, 303, 319, 326, 328, 390, 428
Schmidt	2, 4, 28, 40, 60, 76, 79, 145, 146, 148, 206, 263, 249, 283, 290, 302, 303, 304, 343, 344, 347, 348
Schmiede	136, 145, 227, 260
Schmitter	9, 22, 46, 47, 413, 417, 431
Schnabel	37, 38, 170
Schneider	62, 85, 87, 92, 93, 174, 421
Schneider de Villegas	395
Schobel	147
Schönfeld	66, 67, 346

Schönhoven	24
Schönland	398
Schorr	253
Schregle	69, 108
Schubert	38, 385, 431
Schudlich	136, 145, 320
Schüle	112, 264, 328, 406
Schulze-Böing	321, 396
Schumann	86, 91, 169, 206, 207, 212, 213, 215, 217, 225, 329, 361, 371
Schumm	220, 341, 372
Schumm-Garling	82, 254, 261
Schupp	158, 320
Schwarz	400
Schwarze	393, 394
Segbers	176, 186
Seidenfus	373
Seifert	139, 140, 141, 255, 264, 268, 271, 276, 282, 286, 292, 301, 309, 312, 319, 323, 327, 328, 343, 344, 380, 397
Seiter	186
Sellin	278, 313
Seltz	212, 213, 225
Semlinger	270, 275, 325, 338, 392, 393, 402, 406
Sengenberger	151, 240, 241, 244, 245, 246, 258, 260, 298, 313, 327, 338, 346, 358, 386, 387
Sesselmeier	227, 230, 260, 292, 298, 383
Shapiro	433
Siebert	411, 418, 424
Silvia	178, 179, 181, 186, 411, 426
Simitis	169
Sisson	14, 130, 423
Slowinski	421
Smith	231
Snower	236
Söllner	64, 128
Solow	227, 260
Soltwedel	170, 282, 338, 386, 429
Sonntag	2
Sontheimer	188
Sowka	314
Spaetling	117
Spahn	296
Sperling	343, 347, 431
Spieker	90, 96
Spitznagel	269, 278, 279
Staehle	2, 7, 76, 97
Stahlmann	1, 23, 205
Stark	320
Steffen	7, 69, 103, 104, 113, 168, 176, 317, 320, 327
Steffens	90
Steinkühler	410
Stern	204
Stille	345
Stitzel	157
Storper	221
Story	411
Stratmann	313
Straubhaar	428

Strauss	38, 334, 337, 353
Streeck	5, 9, 15, 22, 31, 38, 46, 94, 62, 78, 79, 84, 98, 103, 221, 225, 293, 325, 341, 343, 353, 354, 358, 361, 362, 364, 385, 403, 406, 411, 413, 417, 431
Streit	52
Striefler	178
Strinati	41, 51
Strümpel	197, 205, 303, 374
Szydlik	245
Taylor	206
Teague	409
Teicher	220
Teichmann	38
Tennstedt	257
Teschner	117
Tessaring	248, 274, 432
Teuteberg	62
Thatcher	408
Thiel	408
Thiemeyer	373, 385
Thoben	148, 345
Tholen	254
Tholfus	70
Thompson	54, 330, 335, 336, 353
Tiemann	89, 104
Tilly	258
Timmermann	333
Tödtling	340, 372
Tomlins	40
Traxler	15, 18, 22, 112, 335
Treu	44, 55, 351
Trinczek	28, 70, 76, 79, 145, 146, 344, 347, 348
Trow	33
Türk	2
Tyszkiewicz	415
Udris	2
Uhl	422
Ulber	323, 326
Ulich	2
Ullmann	407, 425
Ulrich	277, 299
Unterhinninghofen	184
Unterseher	118
Vanberg	6
Vilmar	107, 400
Visser	30, 354
Vobruba	296
Voelzkow	11
Voges	159
Vogler-Ludwig	428
Vogt	303, 324
Volkmann	429
Volle	408
vom Berg	120
von Beyme	4, 48, 107, 263, 283, 413
von Dosky	230, 240, 298, 328, 428
von Greiff	253, 271

von Hauff	38
von Hoyningen-Huene	310
von Rothkirch	248, 274
von Suntum	430
Voss	5, 254
Voswinkel	315, 316, 317, 381
Wachtler	240
Wagner	159, 225, 393, 394
Walton	58, 125, 127, 335, 358, 367
Walwei	268, 282, 383, 384, 407, 412, 425, 428, 430, 431, 432, 435, 436
Wanka	321
Wannagat	185
Warner	33
Wassermann	70, 71, 360, 397
Webber	286
Weber	5, 19, 22, 70, 83, 145, 163, 171, 178, 221, 348
Weede	385
Wegener	296, 337
Weimer	246
Wein	373, 385, 387
Weinert	74, 330
Weise	241, 261
Weiss	4, 7, 116, 169, 172, 178, 179, 182, 349
Weitbrecht	36
Weitnauer	111
Weltz	74, 330
Welzmüller	131, 387
Wendeling-Schröder	99, 100, 425
Wenger	245, 338
Wermter	258
Werner	407, 425, 428, 430, 431, 432, 435, 436
Westergard-Nielsen	30
Wewer	5
Whiteley	60, 338, 385
Widmaier	35, 293, 299
Widuckel	422
Wiedemeyer	422
Wiesenthal	5, 15, 136, 145, 162
Wilke	29, 149
Wilkinson	380
Williams	82, 419
Williamson	384
Willke	130, 252, 261, 279
Wilpert	7, 94, 109
Windhoff-Héritier	15, 189, 405
Windmuller	18, 22, 39, 41, 45, 52, 56, 116, 172, 349
Windolf	56, 82, 83, 217, 260, 347, 358, 364
Winterstein	253, 270, 327, 376
Wiswede	2
Witjes	33
Wittemann	207
Wittkämper	432
Wohlrab-Sahr	321, 396
Wolf	151, 159, 160
Wollmann	307, 309
Womack	221, 222, 223, 224, 225

Wood	82
Woolley	408
Yellen	235
Zacher	248
Zachert	128, 186, 296, 337
Zimmermann	315
Zoll	188
Zwickel	353

59,80 $
BAG 2.1.95